원/리/와/이/미/지/로/배/우/는/상/용/한/자

한자정석

최동표·안종남 공저

한자! 원리를 알면 쉽다

부수 170자,
기본글자 525자만 알면
만자(萬字)가 술술!

추천 이종진(이화여대 중문과 교수)

신아사

저자

최동표

연세대학교 대학원 중문과 졸업(문학박사)
극동대학 · 백석대학 · 연세대학 · 충주대학강사

안종남

홍익대학교 대학원 한교과 졸업(문학석사)
서울지역 공립고등학교 교사

원/리/와/이/미/지/로/배/우/는/상/용/한/자

한자정석

초판 1쇄 발행 _ 2009년 3월 10일
초판 2쇄 발행 _ 2011년 8월 20일

저 자 | 최동표, 안종남
발 행 인 | 정 현 걸
발 행 | 신 아 사
인 쇄 | 예지인쇄
출판등록 | 1956년 1월 5일 (제9-52호)
주 소 | 서울특별시 은평구 녹번동 28-36번지 2F
전 화 | 02)382-6411 • 팩스 02)382-6401
홈페이지 | www.shinasa.co.kr
E-MAIL | shinasa@chol.com

ISBN 978-89-8396-627-8 (93720)

정가 *20,000* 원

한자!
원리를 알면 쉽다

한자정석

원/리/와/이/미/지/로/배/우/는/상/용/한/자

추천사

한자는 고대 중국인의 사고(思考)와 생활상을 그대로 표현해 낸 표의(表意) 문자이기에 중국문화를 폭넓게 반영하고 있을 뿐 아니라, 우리말 속에도 그대로 쓰이면서 우리의 사고를 끊임없이 지배해 왔다. 따라서 한자의 자형(字形)을 파악하고 그 뜻을 이해하는 일은 우리 생활에서 선행될 일이다. 중국과 수교를 맺으면서 이러한 인식은 더욱 중시되었고, 이에 따라 한자의 이해를 돕는 많은 책들이 출간되어 왔다.

교단에서 한자의 자형과 뜻을 쉽게 알릴 수 있는 방법을 오래도록 고민해 오던 최동표, 안종남 두 선생은 중국 문자학(文字學)의 석학인 좌민안(左民安)의≪한자예화 漢字例話≫가 우리의 정서에 가장 부합하는 입문서라고 여겨 이를 저본(底本)으로 독자가 다가갈 수 있도록 편역하는 작업을 시작하였다. 필자들의 교학(教學) 경험의 바탕 위에서 근 10년이란 긴 세월 동안 각고(刻苦)의 노력으로 완성된 이 책은 무엇보다도 쉽고 흥미로운 특징을 지닌다. 자형이 형성된 원리는 물론, 본(本) 뜻에서 또 다른 뜻으로 변천한 과정을 예문(例文)을 들면서 쉽고도 친절하게 소개하는 수고를 아끼지 않았다. 그래서 이 책은 한자와 한문, 그리고 중국어에 관심이 있는 고등학생에서 대학생을 비롯한 일반 사회인까지 폭 넓게 읽히면서 크게 환영받을 것임을 의심치 않는다. 특히 중국문화에 대한 이해가 절실해지는 이즈음 중국문화에 대한 근원적인 이해를 도울 수 있도록 배려한 이 책은 많은 독자들이 깊은 흥미를 보이면서 다가올 것이 틀림없다.

대학시절 같은 강의실에서 문자학에 흥미를 갖게 된 것이 계기가 되어, 20여 년이 지난 오늘 이 책을 독자에게 바치기 위해 온갖 정성을 다한 집념과 우정(友情)에 새삼 경의를 표한다. 이 책을 시작으로 두 선생의 학문 생활이 더욱 풍성해지기를 기원한다.

2002년 1월

이화여자대학교 인문대학

중어중문학전공 교수 이종진

수정판 추천사

2002년 1월 처음 본서를 출간한 이래 적지 않은 독자들의 성원으로 7년이 지난 지금 수정판을 낼 수 있게 된 데에 축하와 감사를 표한다.

그동안 필자들은 한자 교육에서도 현대인의 언어적 감각과 지성에 호소할 수 있는 방법론이 새롭게 모색되어야 함을 절실히 느껴, 자음과 자형의 유기적인 관련성을 단순화시키며, 이를 한자 학습에 실천적으로 적용시키려는 노력을 아끼지 않아 왔다. 따라서 수정판 ≪한자정석≫의 출간은 범아시아 국가와의 교류가 날로 확대되는 이즈음의 대중적 한자 학습에 기여하는 바가 적지 않으리라고 확신한다.

수정판 ≪한자정석≫은 한자의 조자원리를 가장 체계적으로 설명한 데다 자형과 자음의 관계를 일목요연하게 관찰하고 음미할 수 있도록 편집되었기에 대중적 학습서로서 독자들의 기대를 가장 효과적으로 충족시킬 수 있을 것이다. 이 책은 초판의 오자를 바로잡고 탈자를 보완했으나, 독자와 시대의 요구에 따라 앞으로도 계속 수정·증보해 갈 것이기에 가장 완미(完美)한 한자 학습서로 최고의 칭송을 받게 될 것이다. 그간 필자들이 독자의 요구를 십이분 수용하기 위해 들여온 남다른 노고에 위로를 보내는 동시에, 이 책을 한자 학습의 필독서로 독자들께 강력히 추천하는 바이다.

2009년 2월

이화여자대학교 인문대학

중어중문학전공 교수 이종진 씀

머리말

우리 사회가 한글전용을 표방한지도 이미 오래다. 한글전용은 작게는 언어생활을 순화하려는 노력의 결정이요, 크게는 민족기상을 일신하려는 의지의 상징이다. 공교육에서 한자의 위상이 차츰 약화된 것은 이를 반영한 교육현실이다. 그럼에도 불구하고, 생활현장과 학문 곳곳에서 한자는 여전히 주요하게 쓰인다. 대중문화의 지표가 되어야 할 지식문화 속에서 이런 경향은 더욱 뚜렷하다. 사교육에서 한자에 대한 관심이 여전히 끊이지 않는 것은 이를 반영하는 또 하나 교육의 현실이다.

그러나 한자교육은 21세기를 맞아 새로운 시대를 맞고 있다. 경제의 국제시장 의존도가 고도로 확대된 국제화의 시대에 한자는 '중국어'를 통해서 다시금 우리들의 공교육에 부상하고 있기 때문이다. 역사의 유물로서가 아니라 새로운 한 세기를 열어가야 할 범동아시아문화로서 한자를 효율적으로 활용하는 데 기여하기 위하여, 이 책은 아래와 같은 점에 주의하였다.

1. 이 책은 상용한자 5백여 자를 소개하면서, 상형문자인 한자의 구성소를 그림으로 찾아 읽고 감상할 수 있게 하였다.

2. 한자는 표음문자는 아니지만 독특한 방식으로 뜻을 파생시켜 나갈 수 있는 문자이다. 한자는 대략 5만 자이며, 이 중 9할에 이러한 표음부호를 사용하였다. 이 책에서는 표음부호[음결]가 같은 한자들을 비교 소개함으로써, 한자 속에서 음과 뜻을 찾아 읽을 수 있게 하였다.

3. 한자는 단어형태가 변하지 않는 채 다양한 뜻을 파생시켜 나갈 수 있는 문자이다. 글자마다 수많은 갈래뜻이 파생되어 나오는 과정을 명쾌하게 설명하였으므로, 한 글자가 갖는 수많은 뜻이 기원적인 '본래 뜻'에서 파생되어 나오는 과정임을 이해하게 하였다.

4. 중국은 문맹자를 퇴치하기 위하여, 수십 년에 걸친 문자개혁으로, 한자의 획을 간략하게 만드는 작업을 한 결과, '간체자'를 확정하였다. 간체자와 우리가 쓰는 한자가 다른 경우 이를 비교 제시하여 간체자를 함께 익히게 하였다.

5. 한문은 고립어이다. 고립어는 문장 속의 기능을 주로 어순에 의해서 나타내므로, 어순이 비교적 단순한 언어이다. 2천여 개에 평범한 문장을 뽑아 각주로 소개하여, 읽을거리 삼아 읽으면서 소박한 한문의 구조를 쉽게 이해하게 하였다.

이 책을 집필하도록 격려하고 이끌어주신 이화여대 이종진 교수님의 열정과 사랑에 깊은 존경을 드린다. 또한 독자에게 한자를 쉽게 이해시킨다는 일념으로 이 책의 출판을 흔쾌히 허락하신 신아사 정현걸 사장님께 삼가 감사를 드린다.

2009년 1월 30일

저자 최동표 · 안종남

먼저 읽기

1. 한자와 상형문자

상형문자는 문화발생기에 인류가 사용하던 시원적인 문자이다. 다만, 일일이 그림을 그리다 보니 급속히 확산되는 인류의 사상을 적절히 표기할 수가 없다고 여겨, 기원전 수세기 무렵에는, 이미 표음문자에 의해 도태되었다. 나폴레옹의 포병 장교가 알렉산드리아 근처 해변도시 로제타에서 발견한 '로제타스톤'은 바로 이러한 문자 대변혁기의 유물로서 널리 알려져 있다. 세계의 상형문자가 이미 쓰이지 않는 문자[死文字]가 되었음에도 불구하고, 한자는 도태되기는커녕 세계 1/4의 인구가 상용하는 문자로 정착할 수 있었던 데는 주요한 이유가 있다. 이는 한자가 상형문자의 한계를 극복하고, 독특한 방식의 표음 형식을 지녔기 때문이다.

아래에서는 특히 한국의 젊은이들에게 한자와 한문, 그리고 한자의 독음이 어렵게 느껴지는 까닭을 분석해 보았다.

가. 한자가 어렵다.

한자는 왜 어렵게 여겨지는가? 한자는 시각을 통하여 의미를 전달한다는 점에서 표음문자와 다르다. 한자를 어려워한다면, 이는 청각 위주의 표음문자에 익숙하여 시각 위주의 상형문자에 담긴 그림 구성소 자체에 익숙하지 않기 때문이다.

나. 한문은 어렵다.

한문은 왜 어렵게 여겨지는가? 세계의 언어는 크게 '굴절어', '교착어', '고립어'로 3분된다. 국어는 교착어이고, 영어는 굴절어이다. 그리고 한문은 국어나 영어와는 달리 '고립어'이다. 이들은 문장 속의 쓰임과, 격이나 시제, 성이나 수를 나타내는 방법이 서로 전혀 다르다. 다음의 표에서 이들의 차이를 간단히 비교해 볼 수 있다.

분류 \ 종류	국어 (교착어)	영어 (굴절어)	한문 (고립어)
기본형	그	he	他
쓰임(목적어)	그(를)	hi(m)	他
성(여성)	그(녀)	(s) he	他
수(복수)	그(들)	(t) he(m)	他
격(소유격)	그(의)	hi(s)	他
시제(과거)	그(였다)	(It was) hi(m)	他

위의 표에서 보듯이, 한자는 문장 속의 환경이 바뀌어도 어형은 변하지 않는다. 어형변화나 조사가 없다면 문장 속에서의 쓰임을 구분할 방법이 없으므로, 어순에 의지하게 된다. 따라서 한문은 그 구조가 영어나 국어처럼 복잡해질 수가 없다. 한문의 구조는, 첫째, 술어를 중심으로 앞은 언제나 주어이며 뒤는 언제나 목적어이다. 못다 말한 정보가 있다면, 다시 새로운 술어를 사용하며, 이들 복수 술어를 오로지 사건발생의 시간순서에 따라 나열할 뿐이다. 둘째, 수식하는 말은 반드시 수식받는 말의 앞에만 놓인다. 이 순서를 어기지 않는다. 어기면 문장 속의 역할이 애매해지기 때문이다. 결국 고립어이므로, 한문은 문장 구조가 지극히 간단하다. 따라서 한문은 어려운 것이 아니라 오히려 너무 쉬운 것이다. 다만, 굴절어나 교착어와 그 전개방식이 다를 뿐이다. 이러한 차이에 주의를 기울이지 못함으로써, 우리가 혼란을 자초하고 있을 뿐이다.

다 독음이 어렵다.

영어나 국어가 자음과 모음을 결합시켜 하나의 '음절[소리덩이]'[1]을 나타내는데 반하여, 한자는 '소리덩이'를 통째로 적는다. 예컨대 '상어'를 말하기 위하여 한글은 'ㅅㅏㅇㅇㅓ'라고 그 소리만 적으며, 영어는 's h a r k'라고 소리만 적는 데 반하여, 한자는 '사(鯊)'에서처럼, 위쪽에 '사(沙)'[2]의 음절을 통째로 적는 반면, 아래쪽에는 뜻이 '물고기'임을 드러내는 어[魚]자를 적는다. 이처럼 소리와 뜻을 함께 나타내므로, 자형을 살펴 독음을 쉽게 파악할 수 있다는 점은 한자의 장점이다.

1) 국어의 '애'나, '정', 혹은 영어의 'love', 'like' 등을 말한다. 자음은 모음과 어울려서만 소리를 구분할 수가 있으므로, 말할 때는 반드시 모음과 결합하게 되는데, '자음-모음-받침'의 형태로 모음과 결합한 소리덩이 하나, 하나를 음절이라 한다. 한자는 언제나 한 글자, 한 글자가 하나의 '소리덩이'를 이룬다. 국어도 한 글자, 한 글자가 하나의 '소리덩이'를 이루는 점은 한자와 같음.

2) '상어'는 훈민정음을 창제 당시의 음 '사어'의 변형이다. 어(魚)의 초성자음은 옛이응[ㆁ]으로 울림소리여서, 이것이 앞 음절 받침으로 옮겨 가 영향을 미친 때문임.

단점도 있다. 자음과 모음을 결합시켜 쓰면 30여 개 남짓한 자음과 모음의 부호만 필요하지만, 음절을 통째로 구분하면, 음절수만큼 부호가 필요하므로, 약 1천여 개의 음절부호가 요구된다는 것이 가장 큰 단점이다. 3천 년의 기나긴 세월동안 광범한 지역에서 쓰였으므로, 사투리[방언]에 영향 받아 음절[표음] 부호 자체의 독음이 변한다는 점 역시 빼놓을 수 없는 단점이다.

2. 한자가 만들어진 유형

독음의 원리를 파악하기 위하여서는, 한자가 만들어진 유형을 파악해야 한다. 한자가 만들어진 유형은 크게 3가지이다. 하나는 구성소의 뜻을 단독으로, 혹은 둘 이상 결합시켜 만든 경우이며, 또다른 하나는 둘 이상 결합시키되 어떤 구성소는 표음부호[음겉]로 삼는 경우이다. 상형자, 지사자, 회의자는 구성소 모두를 뜻으로 썼으며, 형성자는 일부 구성소를 표음부호[음겉]로 썼기에, 이 표음부호를 그 글자의 독음으로 읽으면 되는 것이다. 그 외에 기존 한자를 활용하요 글자를 만들거나 이를 빌려쓰는 것으로서, 전주(轉注)자와 가차(假借)자도 있다.

가. 구성소 모두를 '뜻'으로 쓰는 유형

(1) 상형자

상형자란 사물의 모양을 그려 그 사물을 가리키는 전형적인 상형문자이다. 어(魚)는 물고기의 형상을 그림 상형자이며, 마(馬)는 말의 형상을 그린 상형자인 예가 이것이다. 립(立)은 사람[大>亣]이 땅[一] 위에 선 모양이므로 '선다'는 뜻의 상형자이다. 다만, 땅[一]과 같은 '상형부호'을 동원하기도 한다.

(2) 지사자

지사자란 사물의 모양을 그린 것이라는 점은 상형자와 같다. 다만, 그 사물 자체가 아니라 이로부터 추리되고 있는 연상된 개념을 나타낸다는 점이 특이하다. 본(本)은 '나무'를 상형한 것이지만, 이를 빌어 '뿌리'라는 추리된 개념, 혹은 '근본'이라는 추상 개념을 나타내므로 지사자인 예가 이것이다. 나무의 밑둥에 그은 가루선[-] 같이 추리를 돕는 부호를 특히 '지사부호'라고 말하기도 한다.

(3) 회의자

회의자란 둘 이상의 상형문자를 어울러 쓰고 이들의 뜻을 합한 점이 다를 뿐, 그 구성소들이 모두 상형문자인 점에는 다름이 없다. 휴(休)는 '사람'[人]이 '나무'[木]의 그늘 아래서 '쉰다'는 뜻이지만, 인(人)과 목(木) 각각은 상형자이다.

나. 구성소의 일부를 '표음부호'로 쓴 한자 - 형성자

형성자는 이미 만들어진 상형자, 지사자, 회의자를 아울러 쓴다. 구성소 가운데 반드시 음부호를 배치하므로써 표음문자의 특징을 겸비하고 있다. 곧 '형성(形聲)자'란 뜻[形]과 표음부호[음곁: 聲]가 서로 합해진 글자를 말한다. 음절을 통째로 보이는 이 표음부호를 이책에서는 '음곁'이라 하였다. 음곁으로 쓰이는 글자는 869자를 넘지 않는다.

다. 기존 한자를 활용하는 유형

(1) 전주(轉注)자 : 기존 한자의 어근에 음곁[聲符]이나 뜻곁[形符]을 첨가하며 뜻이 비슷한 새 한자를 만드는 방식이다. 늙은이 로(老)의 어근에 음곁[丂]을 첨가하여 선친 고(考)를 만들거나, 허리 요(要)를 어근으로 삼고 뜻곁[月]을 첨가하여 허리 요(腰)를 만드는 예가 이것이다. 이 방식은 기존 한자와 어근이 같은 새 한자를 만듦으로써, 글자 수를 확산시키는 결과를 낳는다.[3)]

(2) 가차(假借)자 : 글자가 없으나, 새로운 한자를 만들지 않고 음이 비슷한 기존 한자를 빌려쓰는 방식이다. 보리 래(來) 자를 '온다'는 뜻에 빌려 쓰거나, 봉황 붕(朋) 자를 '벗'이라는 뜻으로 빌려 쓰는 예가 이것이다. 이 방식은 기존 글자를 널리 이용함으로써, 글자수를 절제하는 효과를 낳는다.[4)]

3. 독음의 원리 - 변이음의 유형과 폭

형성자는 대개 5만여 한자 가운데 9할을 차지하므로, 독음의 원리를 이해하기 위해서는 형성의 원칙을 이해하지 않으면 안 된다. 형성자에서 음곁이 서로 같은 자는 독음이 같다. 이것이 형성의 원칙이다. 다만 일부 형성자는 독음이 같지 않다. 그 주요한 원인의 하나는 사투리[방언]이다. 왕조가 바뀌거나, 수도가 옮겨지면 이때마다 말소리에도 다소간 변화가 따랐기 때문이다. 다만, 독음의 변화는 규칙적이기 때문에 변화의 유형이나 폭을 어느 정도 납득할 수가 있다. 음곁을 읽는 데 참고하기 위하여 독음이 바뀌는 유형과 폭을 소개하면 아래와 같다.[5)]

---

3) 수수(授↔受), 매매(賣↔買) 등은 자형에서 어근을 살필 수 있는 전주자이나, 천지(天↔地), 남녀(男↔女)와 같이 서로 의미가 대립쌍을 이룸으로써, 자음에서만 어근을 살필수 있는 '어원이 같은 자'들은 훈고학적 관점의 동원(同源)자에 해당함.

4) 가차(假借)는 인신(引伸)이나 통가(通假)와 혼동되기 쉽다. 인신(引伸)이란 의미가 파생되며 확산하는 '과정'을 가리킨다. 령(令)이 '명령한다'는 데서 '우두머리'를 가리키거나, 장(長)이 '수염이 길다'는 데서 '어른'을 가리키는 예가 이것이다. 통가(通假)란 훈고학적 관점에서 글자가 있는데도 다른 자를 빌려 쓰는 현상을 널리 가리키는 명칭임.

5) 아래에는 자음만 들어 변이음의 차이를 비교하였다. '/'기호의 왼쪽은 '형성자(음곁이 같은 자)'의 음을 서로 비교한 것이며, 오른쪽은 '다음자 [변이음이 있는 자]'의 변이음들을 비교한 것임.

가. 초성자음의 변화 유형과 변화의 폭

(1) 발음장소가 같은 초성자음끼리는 서로 바뀌기 쉽다.

발음장소	초 성	변화의 예
입술소리	ㅂ, ㅍ, ㅁ	필(必)↔비(泌)/ 佛(필↔불)
이소리	ㄷ, ㅌ, ㄴ, ㄹ	노(奴)↔라(拏)/ 老(노↔로)
혀소리	ㅈ, ㅊ, ㅅ	상(尙)↔장(掌)/ 徵(징↔치)
혀뿌리소리	ㄱ, ㅋ, ㅎ, ㅇ	고(古)↔호(胡)/ 見(견↔현)

(2) 구개음화 되므로, 이소리(ㄷ, ㅌ, ㄴ, ㄹ)는 혀소리(ㅈ, ㅊ, ㅅ)와 가깝다.

당(堂)↔상(尙)/ 拓(탁↔척)

등(燈)↔증(證)/ 單(단↔선)

(3) 구개음화 되므로, 혀뿌리소리(ㄱ, ㅋ, ㅎ, ㅇ)도 혀소리(ㅈ, ㅊ, ㅅ)와 가깝다.

경(耕)↔정(井)/ 佚(일↔질)

현(顯)↔습(濕)/ 亘(환↔선)

(4) 발음방법 상 'ㄹ'음과 가까운 초성자음들도 있다.

각(各)↔락(洛)/ 剠(경↔략)

목(睦)↔륙(陸)/ 率(솔↔률)

품(稟)↔름(凜)

(5) 발음방법 상 'ㅎ'음과 가까운 초성자음들도 있다.

매(每)↔해(海)/ 亨(팽↔형)

묵(墨)↔흑(黑)/ 向(상↔향)

나. 종성자음(ㅂ, ㄹ, ㄱ, ㄴ, ㅇ)의 변화 유형과 변화의 폭

(1) 종성이 없는 소리는 종성이 있는 소리와 서로 바뀌기 쉽다.

내(內)↔납(納)/ 亞(아↔압)

세(世)↔설(泄)/ 害(해↔할)

아(亞)↔악(惡)/ 告(고↔곡)

세(洗)↔선(先)/ 匪(비↔분)

(2) 종성끼리는 서로 바뀌기 쉽다.

금(今)↔긍(伶)/ 贛(감↔공)

등(等)↔특(特)/ 掠(량↔략)

익(益)↔일(溢)/ 喞(즉↔즐)

단(旦)↔달(妲)/ 按(안↔알)

점(占)↔첩(帖)/ 腌(엄↔업)

이상에서 형성자나 다음자의 독음이 서로 바뀌는 폭과 유형을 살펴본 까닭은, 이런 현상에 비추어 '음결이 같은 한자는 독음이 같다'는 독음의 원리를 융통성 있게 활용하게 하기 위해서이다.

4. 한자의 다양한 자형

한자는 이미 3천 년간 변천해 오면서 다양한 자형을 지니게 되었다. 자형은 대개 8단계로 나누어 살필 수 있다.

가. 갑골문(甲骨文) : 오늘날 살펴볼 수 있는 가장 이른 한자이다. 갑골문이란 은(殷)[6]나라 때에 거북의 배딱지나 짐승의 뼈에 새겼던 문자이다. 1899년에 처음 발견되었다. 이후 80년간 계속된 발굴의 결과, 문자가 새겨진 갑골은 대략 16, 7만 편 수집되었다. 3,500여 갑골문자 중 이미 2천여 자가 해석되었으며 알 수 없는 자의 대부분은 인명, 지명, 부족명 등이다. 노예사회였던 은나라는 신을 매우 숭배하여 수렵과 제사, 정벌과 날씨까지 다양한 일에 점을 쳤으며, 갑골문은 이런 점의 내용을 기록하였으므로, 이를 복사(卜辭)라고도 한다.

갑골문의 특징은 아래와 같다.

(1) 자형이 고정되지 않아 구성소의 모양이나 배치, 혹은 획수가 일정치 않다.

(2) 문장을 써나가는 방향이 일정치 않아, 오른쪽을 향하여 쓰이기도 하고 왼쪽을 향하기도 하므로, 읽어 나가기가 쉽지 않다.

(3) 청동칼이나 돌칼로 거북 딱지와 짐승 뼈에 문자를 새겼으므로 필획이 가늘고 거칠며, 곡선은 적고 모난 획이 많다.

그 외에도 고고학적 분석에 따르면 은상(殷商) 시절에는 갑골문 이외에 죽간문자[竹書]도 쓰인 것으로 확인되고 있다. 갑골문에 이미 가죽으로 엮은 죽간을 상형한 책(冊)자가 있기 때문이다.

나. 금문(金文) : 금문은 대개 주(周)나라 때 청동기에 새겨졌던 문자이다. 고대인들은 청동을 '상서로운 쇠'란 의미로 길금(吉金)이라 하였으므로, 청동기 문자를 금문이라 일컫게 되었다. 청동기에는 술잔[鍾]과 솥[鼎]이 비교적 근간을 이루므로 금문을 종정문(鍾鼎文)이라고도 부른다. 그 외에 동기명문(銅器銘文), 길금문자(吉金文字), 이기관지(彝器款識) 등의 명칭도 있다.

---

6) 산동(山東)성 곡부(曲阜) 지방에서 1766B.C.년에 발원한 고대국가 상(商)을 가리킨다. 동이족(東夷族)과 연관된 나라였을 것으로 여겨지기도 한다. 후기에 하남(河南)성 안양(安陽)현 서북쪽의 소둔(小屯)촌으로 천도하면서, 옛 지명을 따라 은(殷), 혹은 은상(殷商)이라고 부름.

주나라는 은나라보다 문화가 성대해지고, 문물도 풍부해졌을 뿐만 아니라, 은나라만큼 귀신에게 의지하지도 않았으므로, 갑골문의 복사도 금문에 그 지위를 건네주게 된다. 은나라 말기에도 금문은 있었지만 양이 많지 않으므로, 금문은 주로 주나라 청동기의 명문을 가리킨다. 서주(西周) 시대에 청동기는 주로 왕실의 기물로서 제후나 대신들에게서는 주조되지 않는다. 그러나 동주(東周) 시대에 이르면 제후가 패권을 잡고 청동기물을 마음대로 주조하면서 오히려 왕실의 기물이 거의 종적을 감춘다. 자형에서도 변화가 큰데, 특히 전국 시대에 이르면 남방의 오(吳), 초(楚) 등 나라의 문자에는 새 발톱 자국 모양의 장식 성분이 증가된 것도 있다. 소위 조충서(鳥蟲書)라 하는 것이 이것이다. 청동기에는 주로 누구의 소유인가, 어떤 전공을 세웠는가, 제왕에게서 어떤 상을 받았는가 하는 등의 내용이 기록되어 있다. 그 자형은 필획과 구조가 갑골문보다 간단해졌다.

금문의 특징은 아래와 같다.

(1) 곡선이 비교적 많아져 자연스럽다.

(2) 청동을 붓기 이전의 주물에 글자를 새기므로, 선이 굵고, 말기에는 유려해 진다.

(3) 자형이 가지런해 졌으나 아직 통일되지 않아, 동일한 자에 여러 자형이 있다.

금문 이외에도 남방의 장사(長沙) 지역에서는 초나라 때의 묘에 매장되어 있던 비단문서[帛書]가 출토되기도 하였다. 그 외 목간, 인장, 도기, 화폐, 병기 등의 문자가 장사(長沙)나 신양(信陽) 등지에서 여러 차례 발견되었으나, 대부분 거칠고 조악한 문자여서 종정문의 정교함에는 미치지 못 한다.

다. 전서(篆書) : 전서란 '연서(掾書)'의 다른 말로, '관청용 문자'임을 가리킨 말이다. 대전(大篆)과 소전(小篆)의 2가지를 함께 가리킨다. 대전이란 주문(籀文)이라고도 하며, 대개 진(秦)나라 시황제 이전에 쓰여지던 문자이며, 그 자료로는 동한(東漢) 때 허신(許愼)이 지은 ≪설문해자≫에 수록된 223자의 주문과 석고문(石鼓文)을 들 수 있다. 석고문이란 당(唐)나라 초기에 지금의 섬서(陝西)성 보계(寶鷄) 지방에서 발견된 것으로 북 모양의 돌 윗면에 새겨진 글을 말한다. 운문으로 수렵에 관한 일을 기록하였다. 전국 시대에는 각국의 문자가 서로 달랐다. 이는 제후들이 정벌을 일삼던 역사와 연관된 현상이다. 진나라가 전국을 통일하기 전까지 진나라를 제외한 동쪽 6국의 문자를 고문(古文)이라고도 구분하는 것은 이 때문이다. 소전이란, 진나라 시황제가 처음 천하를 병탄하고 승상 이사의 주청을 받아들여 고문을 근절시키며, 대전에서 획을 줄이거나 고쳐 만든 자형이다.

소전의 특징은 아래와 같다.

(1) 획은 곡선을 위주로 하며, 굵기가 고르고 유연하다.

(2) 구조가 가지런해졌으며, 모서리가 둥근 채로 방형에 가까워졌다.

(3) 자형이 표준화되어 이체자가 거의 없다.

(4) 획수는 아직 번거로워 쓰기에 그다지 간편하지 않다.

≪설문해자 說文解字≫에 표제자로 쓰여진 자형은 전형적인 소전체로, 획선이 규범적이면서도 예술적이다.

라. 예서(隸書) : 진나라 초기에 관청용 문서는 모두 소전으로 썼다. 그러나 민간에는 필체가 곧고 필획이 적어 쓰기에 간편한 초전(草篆)이 쓰였으며, 진시왕도 일반인들에게 이를 쓰도록 권유하였다. 이 초전이 한나라 때에 성행한 것이 예서이므로, 한예(漢隸)라 일컬어지기도 한다. 예서가 완성되면서, 한자는 그림의 속성을 많이 잃고 순수 부호로 변하기 시작하였다. 예서에 이르러 한자는 글꼴이 원형에서 방형으로 변하고, 선이 곡선에서 직선으로 변하였으며, 획이 번잡한 데서 간단한 데로 변하였다. 이러한 변화를 예변(隸變)이라 한다. 예변이란 한자가 비약적으로 발전하여 한자의 자형이 고체에서 금체로 변하는 고금한자의 분수령을 가리킨다.

마. 초서(草書) : 초서란 한나라 때 예서와 병행된 자형으로 예서를 흘려 쓴 필체이다. 필사하는 시간을 줄이기 위하여 몇 획을 묶어 썼으므로, 자형의 윤곽만 갖추어 쓴 글씨체이다. 붓 가는 데로 썼기에 갈수록 거칠고 활달해져서 어떤 글자는 본인 이외에는 알아볼 수 없는 자들도 생겨났다.

바. 해서(楷書) : 해서는 예서가 정형화한 것으로, 진서(眞書)라고도 한다. 구조가 단정하여 쓰기도 간편하다. 필체는 당나라 때의 장회관(張懷瓘)이 제안한 '영자8법(永字8法)'을 기본으로 한다. 영(永) 자는 대체로 한자의 8가지 필체를 포함하고 있다. 예컨대, 측(側)이란 '점'이고, 륵(勒)이란 '가로획', 노(努)란 '세로획'이다. 적(趯)은 '갈고리'이고, 책(策)은 '쳐올림', 략(掠)은 '긴 삐침', 탁(啄)은 '짧은 삐침', 책(磔)은 '파임'이다. '가로획'에서 '세로획'에 이르다 꺾이는 곳은 '꺾임[折]'이다. 지금도 한자의 필획은 이 8가지를 넘지 않는다.

사. 행서(行書) : 행서는 해서의 변이형으로, 위진(魏晋) 시기에 형성되었다. 해서는 너무 엄격하고, 초서는 너무 방만하므로, 이를 조절하여 생긴 것이 행서이다. 그래서 해서에 가까우면 진행(眞行)이라 하였고, 초서에 가까우면 행초(行草)라 하였다. 한 글자 안에서는 획을 이어 쓰지만 글자끼리는 띄어 써서, 해서보다 빠르고, 초서보다 알아보기 쉬운 장점이 있다. 행서는 가장 대중적으로 쓰여 왔다.

아. 간체자(簡体字) : 간체자는 고대부터 널리 쓰여 왔다. 획이 적은 이체자(異體字)나 속자(俗子)는 고대의 간체자이다. 예컨대 ≪시경 詩經≫에는 어(於)가 모두 이체자 우(于)로 쓰여졌으며, ≪정자통 正字通≫에는 분(墳), 청(聽)의 속자로 분(坟), 청(听)이 쓰여졌는

데, 이들은 모두 현대의 간체자에 해당한다. 특히 속자는 일찍이 민간에서 유행하던 간체자이다. 현재에는 간체자가 해서를 대신하는 새로운 자형으로 인정되고 있다. 해서로 간체자를 만드는 데에는 아래와 같은 기준이 있다.

(1) 고대의 본디자를 쓴다 : 기(气), 망(网) 등은 각각 기(氣)와 망(網)의 본디자이다.

(2) 고대의 통용자를 쓴다. : 천(荐)과 양(痒)은 천(薦)과 양(癢)의 고대 이래의 통용자이다.

(3) 고대의 이체자를 쓴다. : 선(线)과 루(泪)는 선(線)과 루(淚)의 고대 이래의 이체자이다.

이러한 관계를 이해한다면 간체자란 고대 이래 이미 쓰이던 초서 등의 자형을 해서화하여 통용자로 통일시킨 것임을 알 수 있다.

그 외에 현대에 새롭게 고안된 간체자에는 아래와 같은 기준이 있다.

(1) 해서에서 일부만 뽑아 쓴다. 뽑는 기준은 아래와 같다.

* 음결에서 뽑는다 : 리(里)와 면(面)은 리(裏)와 면(麵)의 음결만을 쓴 간체자이다.

* 뜻결에서 뽑는다 : 향(乡)과 충(虫)은 향(鄉)과 충(蟲)의 간체자이다.

(2) 해서의 일부를 대치한다. 대치하는 기준은 아래와 같다.

* 형성자로 바꾼다 : 종(钟)과 력(历)은 종(鍾)과 력(歷)의 간체자이다.

* 회의자로 바꾼다 : 진(尘)과 양(阳)은 진(塵)과 양(陽)의 간체자이다.

* 부호로 바꾼다 : 판(办)과 한(汉)은 판(辦)과 한(漢)의 간체자이다.

(3) 다른 해서자로 쓴다 : 간(干)과 곡(谷)은 건(乾)과 곡(穀)의 간체자이다.

5. 참고한 책

✓좌민안(左民安) ≪한자예화 漢字例話≫

✓허신(許愼) ≪설문해자 說文解字≫

✓심겸사(沈兼士) ≪광운성계 廣韻聲系≫

✓강은(康殷) ≪문자원류천설 文字源流淺說≫

✓나죽풍(羅竹風) ≪한어대사전 漢語大詞典≫

✓고수번(高樹藩) ≪중문형음의종합대자전 中文形音義綜合大字典≫

한자! 원리를 알면 쉽다

한자정석

차례

• 4 획

범 례

1. 현대중국어의 음을 소개하면 ( ) 안에 (한자 한어병음)을 차례로 쓰되, 그 앞에 반드시 '현대중국어'임을 밝혔다. 현대중국어의 한글표기음은 '최영애-김용옥 중국어표기법'을 따랐다.

> '준우승'은 현대중국어에 야쥔(亞軍 yàjūn)이라 한다.

2. 구성소를 분석할 때는 아래 두 가지 방법을 썼다.

1) 회의

> 우(麀): 위뜻 사슴[鹿] 밑뜻 암컷[匕]

2) 형성

> 숭(崧): 위뜻 산[山] 밑음 송(松)
> 군(羣): 위음 군(君) 밑뜻 양[羊]
> 포(圃): 겉뜻 밭[口] 속음 보(甫)

3. 조자법칙이 복합되어 적용된 예는 '겸'이라 하였다.

1) 상형 겸 회의자: 회의자이나 상형자의 요소도 지닌 글자
2) 상형 겸 형성자: 형성자이나 상형자의 요소도 지닌 글자
3) 회의 겸 형성자: 형성자이나 회의자의 요소도 지닌 글자

4. 부호 용례

1) A>B: A는 B로 발전한 글자이다.

숟가락[匕>匙]
아(疋>雅)

2) A<B: A는 B의 변형이다.

죄인[幸<辛]
작(爵<雀)

5. 반절음 ; 반절음이란 한 음절을 자음과 모음이 서로 같은 2개의 다른 한자로 나누어, '……反' 혹은 '……切'이라 표기했던 한자의 고대 표음방법이다. 읽는 방법은 아래와 같다.

방력반(方力反)→자음 'ㅂ[方]'에 모음 'ㅕㄱ[力]'을 더한 소리[反], '벽'음

호맥절(胡陌切)→자음 'ㅎ[胡]'에 모음 'ㅐㄱ[陌]'을 더한 소리[切], '핵'음

6. 각 표제자에는 ①갑골문, ②금문, ③소전, ④해서의 자형을 순서대로 보였으며, 간체자가 해서와 다른 자에만 ⑤간체자를 제시하였다. 이들 사이의 자형의 변천과정은 해당 한자를 분석해 보이면서 하나하나 대조 설명하였다.

7. 자형 분석이 끝나면, 고전[고대중국어] 및 현대중국어의 문장을 들어, 그 글자가 지닌 수많은 갈래뜻이 본래 뜻에서 파생되어 나오는 과정을 추적하였다. 한자의 지식을 한문에 대한 이해로 확장시키고자 하는 목적을 만족시키기 위하여 각주에는 인용한 문장의 원문을 제시하였다.

8. 표제 한자와 음곁이 같은 글자는 표제 한자의 자형과 자의의 설명이 끝나는 곳에 제시하여 표음부호[음곁]를 읽는 원칙을 실제 활용하게 하였다. 다만 이때 한자를 예시하는 방법은 아래와 같다.

가. 예시된 한자에 줄간격이 큰 것은 '음곁'의 '발전단계'가 다름을 뜻한다. 음곁의 발전단계란 아래 예와 같다.

한자/ 음/ 중국음/뜻

丁* m 정 dīng 성년 남자. ← 1단계 바탕음곁

丁* 정 zhēng 쩡쩡. 딱딱. 뚱땅. ← 2단계 바탕음곁

成 m 성 chéng 이루다. 완성하다.

城 m 성 chéng 성 안. 성벽. 도시.

宬 성 chéng 고대의 장서각.

誠 m 성 chéng 진심의. 진실하다. 성실하다. ← 3단계 바탕음곁

盛* m 성 chéng 물건을 용기에 담다.

盛* 성 shèng 흥성하다. 번성하다.

晟 성 shèng 밝다. 왕성하다. 흥성하다.

나. 'ⓜ'은 '중학교(middle school) 교육용 한자'이며, 'ⓗ'는 '고등학교(high school) 교육용 한자'를 뜻한다.

다. '이탤릭'체의 글자는 그림설명 된 표제글자에 해당하는 글자이다.

라. '*'표는 서로 자형이 같으나 음과 뜻이 다른 자임을 나타낸다.

마. 한자의 뜻은 현대중국어의 뜻을 위주하여 설명하였다.

9. '찾아보기'는 음곁[聲部]이 같은 자들 중심으로 배열하고, 변이음이 있는 자들은 그중 빈도가 높은 음에 제시하였다.

한자!
원리를 알면 쉽다

한자정석

원/리/와/이/미/지/로/배/우/는/상/용/한/자

1. 일(一) 부

하나 일(一)

①갑골문	②금문	③소전	④해서

"한[一] 병사가 관문을 지키면 만군도 열지 못한다"[1] 할 때의 일(一) 자이다. ①은 가로로 놓인 산가지로 추상개념을 상징한 지사자[一]이며, 로마자 'I'은 이를 세로로 세워놓은 점이 다를 뿐이다. ④에 이르기까지 자형이 같다.

일(一)의 본래 뜻은 가장 작은 정수로서 '하나'이다. "한[一] 사람이 불을 때나 백 명이 흩어버리면, 더할 것이 없다"[2]는 예가 이것이다. 하나라는 데서 널리 '한결같나'서나 '온통'으로 쓰인다. '일심(一心)'이란 '한결같은 마음', 혹은 '온 마음'을 가리킨다. "지렁이는 올라가 먼지흙을 먹고 내려가 황천을 마시느라 온[一] 마음을 기울인다"[3]는 예가 이것이다. '모두'로도 쓰인다. "모두[一] 법칙화할 수 있다"[4]는 예가 이것이다. 널리 '혹은'으로 쓰일 수도 있다. "남을 모르지만 자신을 안다면, 혹은[一] 이기기도 하고, 혹은[一] 지기도 한다"[5]는 예가 이것이다. "관리들 외침은 한갓[一] 얼마나 사납고, 아낙네 울음은 한갓[一] 얼마나 괴로운지!"[6]라는 시구에서 일(一)은 '한갓'이라 풀었지만, 실제는 의미 없이 말의 기세를 강화할 뿐이다.

일(一)은 부수자이다. 대개 자형을 보아 부수를 모았을 뿐, 함께 나누는 의미소는 없다. 넷째 천간 정(丁), 위 상(上), 아래 하(下), 언덕 구(丘), 세상 세(世) 등이 이것이다.

一 [m] 일 yī　하나. 첫 번째. 같다. 다른. 모든.

聿　률 yù　붓. [진나라 이후 필筆로 씀]

筆 [m] 필 bǐ　붓.
律 [m] 률 lǜ　법.

---

1) 이백(李白) <촉도길 험난해라 蜀道難> ; 一夫當關, 萬夫莫開.
2) 매승(枚乘) <상서간오왕 上書諫吳王> , 一人炊之, 百人揚之, 無益也.
3) ≪순자 荀子≫<권학 勸學> ; (螾)上食埃土, 下飮黃川, 用心一也.
4) 순경(荀卿) ≪순자・권학편 荀子・勸學篇≫ ; 一可以爲法則.
5) ≪손자 孫子≫<모공 謀攻> ; 不知彼而知己, 一勝一負.
6) 두보(杜甫) <석호리 石壕吏> ; 吏呼一何怒! 婦啼一何苦!

盡 m 진 jìn　　다하다.

儘　진 jǐn　　될수록. 힘닿는 대로.
濜　진 jìn　　강 이름.

사내 정(丁)

①갑골문	②금문	③소전	④해서

"낫 놓고 기역자[丁]도 모른다"[7] 할 때의 정(丁) 자이다. ①의 네모는 내려다 본 '못머리[□]'이므로, 못[□>▼>个>丁]의 상형자이다. ②는 옆에서 바라본 못[▼]이다.[8] 위의 넓은 면은 못머리이고, 아래 뾰족한 부분은 못 끝으로 좀 무뎌 보이지만 못의 모양이 있다. ③의 윗부분은 못머리가 인(人) 자 같이 바뀐 것이고, ④의 윗부분 가로획[一]은 인(人)이 펴진 것이다.

정(丁)의 본래 뜻은 '못'이지만, 머지않아 음이 같으므로 천간 이름의 넷째, 곧 '갑을병정(甲乙丙丁)'이라 할 때의 정(丁)으로 빌려 쓰인다. 본래 뜻 '못'은 왼곁 금(金)을 더하여 금속으로 만든 것임을 나타내며 정(釘) 자를 분화시켜 나타내었다. 상형문자에서 왼곁 금(金), 오른곁 정(丁)의 회의 겸 형성자가 된 것이다.

못은 금속으로 만들어져 단단하다는 데서 널리 '건장하다'로 쓰인다. "이가 빠졌다 다시 나고, 신체와 기운이 건장하고[丁] 강해진다"[9]는 예가 이것이다. 건장하다는 데서 널리 성인 남자를 정(丁)이라 한다. "머지않아 천보년 대토벌전이 벌어져, 한 집 장정[丁] 셋마다 한 명 장정[丁]을 징병한다"[10]는 예가 이것이다.

丁 m 정 dīng　　성년남자. 인구. 식구 수.*
丁　쟁 zhēng　　쩡쩡.(나무 베는 소리)*

---

7) ≪구당서 舊唐書≫<장홍정전 張弘靖傳>; 目不識丁.
8) 금문 정(▼) 자가 속이 꽉 차도록 그려진 것은 금문 자형의 특징 중 하나이다. 갑골문은 거북의 배껍질이나 짐승의 뼈에 칼로 새겨 쓰므로 획이 가늘고, 날카로우며, 직선을 위주로 한다. 금문은 이와 달리 주형에 청동을 부어 만든 솥이나 제기, 무기 등에 쓰여진 문자로, 청동을 부을 주형이 아직 굳기 이전 부드러운 상태의 흙에 쓰므로 그 획이 굵고, 부드러우며, 곡선을 위주로 한다. 따라서 금문에는 속이 꽉 차도록 음각 되거나 양각된 문자가 적지 않음.
9) 왕충(王充) ≪논형 · 무형 論衡 · 無形≫; 齒落復生, 身氣丁强.
10) 백거이(白居易) <신풍현의 팔 없는 노인 新豊折臂翁>; 無何天寶大征兵, 戶有三丁点一丁.

叮　정 dīng　모기 따위가 물다. 캐묻다.
玎　정 dīng　옥소리. 옥이 부딪혀 울리는 소리.
疔　정 dīng　부스럼의 일종.
盯　정 dīng　시선을 한 곳에 집중하다. 주시하다.
靪　정 dīng　신에 창받이를 하다.
釘　정 dīng　못. 바짝 뒤좇다. 독촉하다.
酊*　정 dīng　술 취하다.
酊*　정 dǐng　잔뜩 취하다. 곤드레만드레 취하다.
頂 [h] 정 dǐng　꼭대기. 머리로 받치다.
訂 [h] 정 dìng　문자상의 잘못을 고치다.
汀　정 tīng　물가. 물가의 평지. 작은 섬.
亭 [h] 정 tíng　정자. 정자 모양의 작은 건축물.
成 [m] 성 chéng　이루다. 완성하다. 성공하다.

城 [m] 성 chéng　성 안. 나라. 도읍.
宬　성 chéng　고대의 장서각.
誠 [m] 성 chéng　진실하다. 성실하다.
盛* [m] 성 chéng　담다.
盛*　성 shèng　흥성하다. 번성하다.
晟　성 shèng　밝다. 환하다. 흥성하다.

윗 상(上)

①갑골문	②금문	③소전	④해서

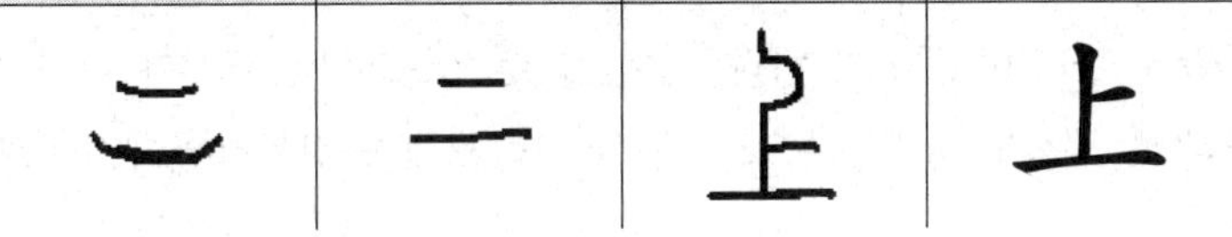

"천리 끝끝 바라보려, 누각 한 층 또 오른다[上]"[11]할 때의 상(上) 자이다. ①의 아래 호선은 지면[一]을 나타내고 위의 짧은 가로획은 지면의 위[一]를 가리키는 지사부호[二>二>上>上]이므로, 지사자이다. ②에서 호선은 직선이 되었을 뿐 ①과 자형이 같으며, ③은 상(上)을 미화한 것이다.

상(上)의 본래 뜻은 '위'이다. "위[上]에는 천당이 있고 밑에는 소주며 항주의 풍경이

11) 왕지환(王之渙) <등관작루 登鸛雀樓> ; 欲窮千里目, 更上一層樓.

있다"[12]는 예가 이것이다. '위'에서 널리 '오른다'로 쓰인다. "구름은 하늘로 오른다[上]"[13]는 예가 이것이다. 오른다는 데서 널리 '나아간다'로 쓰인다. "세 번 북을 울렸으나, 병사들이 나아가지[上] 않았다"[14]는 예가 이것이다. 오른다는 데서 널리 '숭상하다'로도 쓰인다. "농업을 숭상하고[上] 상업을 배척하자, 백성들이 부유해졌다"[15]는 예가 이것이다. 이는 머지않아 '숭상하다' 상(尙)에 분화되어 쓰인다.

上[m] 상 shàng 위. 오르다.*
上 상 shǎng 고한어 성조의 상성.*

让 양 ràng <사양하다 양讓의 간체자>

아래 하(下)

①갑골문	②금문	③소전	④해서

"풍경 고운 봄 3월, 양주로 내려간다[下]"[16] 할 때의 하(下) 자이다. ①은 위의 호선은 하늘[⌒]을 가리키고, 아래 짧은 가로획은 그 밑[一]을 가리키는 지사부호[⌓>二>丅>下]이므로, 자형이 상(上)과 정반대인 지사자이다.

하(下)의 본래 뜻은 '아래'이다. "물이 아래[下]를 좇음과 같다"[17]는 예가 이것이다. 아래라는 데서 널리 지위가 '낮다'로 쓰인다. "어진 사람을 높은 지위에 두고, 못난 사람을 낮은 지위에[下] 둔다"[18]는 예가 이것이다. 낮다는 데서 '물리친다'거나 '제거한다'로 쓰인다. "어진 사람을 영입하고 못난 사람을 물리치[下]고자 하나, 어찌 할 수 있으랴"[19]는 예가 이것이다. 물리친다는 데서 '정복한다'로도 쓰인다. "동쪽으로 제나라 성 72개를 정복하였다[下]"[20]는 예가 이것이다.

하제(下第)란 '열등하다'거나 '질이 낮다'는 뜻이다. "열등한[下第] 이는 파직시켰다"[21]는

12) ≪수호전 · 114회 水湖傳 · 一一四回≫ ; 上有天堂, 下有蘇杭.
13) ≪역경 易經≫<수괘 需卦> ; 雲上於天.
14) ≪전국책 戰國策≫<진책 · 2 秦策 · 二> ; 三鼓之而卒不上.
15) ≪사기 史記≫<진시황본기 秦始皇本紀> ; 上農除末, 黔首是富.
16) 이백(李白) <황학루에서 광릉 가는 맹호연을 배웅하며 黃鶴樓送孟浩然之廣陵> ; 煙花三月下揚州.
17) ≪맹자 孟子≫<이루 離婁> ; 猶水之就下.
18) 유종원(柳宗元) ≪봉건론 封建論≫ ; 使賢者居上, 不肖者居下.
19) ≪신당서 新唐書≫<진자앙전 陳子昂傳> ; 慾望進賢下不肖, 豈可得邪?
20) 이백(李白) <양보음 梁甫吟> ; 東下齊城七十二.
21) ≪후한서 後漢書≫<헌제기 獻帝紀> ; 下第者罷之.

예가 이것이다. 다만, “낙방[下第]이 저마다 수치스럽다지만, 소년은 홀로 마음 가볍구나”[22] 라는 예에서는 ‘등수에 들지 못 한’ 사람으로, 낙제(落第)의 다른 표현이다.

下 m 하 xià　　아래. 밑. 나중.*
下 하 xià　　아래로 향해 움직이는 것을 나타냄.*

苄 하 xià　　지황. 부들.
虾 하 xiā　　<새우 하蝦의 간체자>

언덕 구(丘)

①갑골문	②금문	③소전	④해서

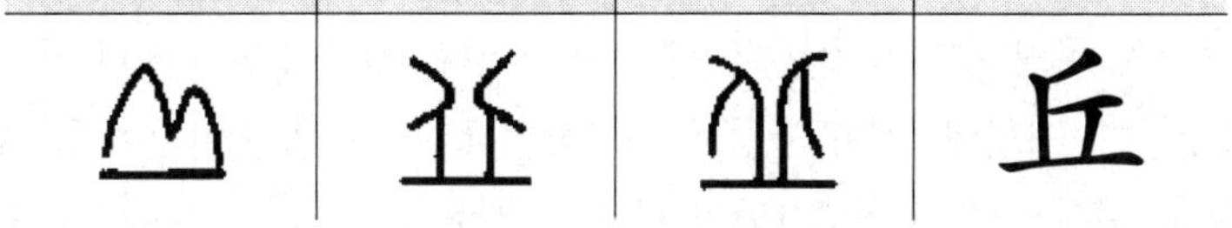

①은 산봉우리 수가 적을 뿐 아니라 왜소하므로 언덕[…>…>…>丘]을 가리키는 상형자이다. 산봉우리가 둘 뿐이며, 산봉우리가 셋인 산(山) 자는 갑골문에 없다. ②는 산 사이에 골이 져 있으며, ③도 ②와 거의 같다. ④는 전혀 언덕 모양을 알아볼 수 없다.

구(丘)의 본래 뜻은 ‘작은 산’, 곧 ‘언덕’이다. “제방 위에 언덕[丘]이 있고, 대나무와 수목이 자란다”[23]는 예가 이것이다. 언덕은 평지에 높이 솟은 곳이므로, ‘불거진 무덤’을 분구(墳丘)나 구묘(丘墓)라 한다. “무슨 면목으로 부모님 무덤[丘墓]을 다시 갈까?”[24] 라는 예가 이것이다. 언덕이라는 뜻에서 널리 ‘폐허’의 뜻으로도 쓰인다. “대궐이 폐허[丘] 될 줄을 왜 몰랐던가”[25]라는 예가 이것이다.

산(山)은 령(嶺), 릉(陵), 구(丘)와 담긴 뜻이 서로 다르다. 큰 바위산이 산(山)이라면, 작고 뾰족한 산은 령(嶺)이다. 큰 흙산은 릉(陵)이며, 큰 흙산 사이에 낀 작은 흙산이 구(丘)이다.

丘 h 구 qiū　　언덕. 둔덕. 구릉. 무덤.*

邱 구 qiū　　땅 이름. 언덕
蚯 구 qiū　　지렁이.

---

22) 위응물(韋應物) <송괴광락제귀양주 送槐廣落第歸揚州> ; 下第常稱屈, 少年心獨輕.
23) 유종원(柳宗元) <고무담서소구기 鈷鉧潭西小丘記> ; 梁之上有丘焉, 生竹樹.
24) 사마천(司馬遷) <임소경에게 알리는 글 報任少卿書> ; 何面目復上父母之丘墓乎?
25) 굴원(屈原) <구장 · 슬픈 영도 九章 · 哀郢> ; 曾不知夏之爲丘兮.

세상 세(世)

①갑골문	②금문	③소전	④해서
			世

"힘은 산을 뽑을 만하고, 기세는 세상[世]을 덮네"[26] 할 때의 세(世) 자이다. ②는 점을 띤 3개의 세로획[丗]으로, 각각이 10[十]씩이므로, 30[卅]의 회의자이다. ③은 3개의 점이 좌우로 펴져 짧은 가로획이 되었으며, 역시 30[丗>世]을 가리킨다. ④는 ③이 정형화한 것이다.

1세(世)란 '30년의 기간'을 가리킨다.[27] "만약 군왕이 막 일어났다면, 반드시 30년[世]이 지난 이후에나 사랑의 정치가 펴질 것이다"[28]라는 예가 이것이다. 30년이라는 데서 자식이 이어지는 한 '세대'를 가리킨다. "3세대[世]가 국정에 종사하였다"[29]는 예가 이것이다. 세대라는 데서 널리 한 '평생'을 뜻하기도 한다. "사람이 한 평생[世] 살며, 슬프기 어찌 이만하리"[30]라는 예가 이것이다. 평생이라는 데서 널리 '세세 대대로'나 '계승한다'로 쓰인다. "그 가업을 계승하였다[世]"[31]는 예가 이것이다. 이는 명사가 널리 동사로 쓰인 예이다.

세(世)는 어원으로 대(代)와 쓰임이 구분된다. 세(世)는 사람의 한 평생이나 부자계승을 가리키는 말이다. "지금은 이미 4세(世)가 한 집안에 산다"[32]는 예에서 4세(世)란 조부에서 자신의 자식까지의 4세대를 가리킨다. 반하여, 대(代)란 조정의 세대로, 4대(代)란 4개 조정을 가리킨다. 당나라 태종 이세민(李世民)이 세(世)를 이름자로 썼으므로, 이를 꺼려 쓰지 않으면서부터 '가계의 세대'를 가리킬 때도 대(代)를 빌려 쓰면서, 이들은 구분 없이 쓰이기 시작한다.

世 [m] 세 shì　생애. 일생. 한평생. 세상.

貰	세	shì	세내다. 세주다. 세를 주고 빌리다.
紲	설	xiè	새끼. 줄. 밧줄. 고삐.
泄	설	xiè	액체나 공기가 새다. 누설되다.
葉	엽	yè	나뭇잎.

---

26) ≪사기 史記≫<항우본기 項羽本紀> ; 力拔山兮氣蓋世.
27) ≪설문해자 說文解字≫ ; 三十年爲一世.
28) ≪논어 論語≫<자로 子路> ; 如有王者, 必世而後仁.
29) ≪좌전 左傳≫<소공7년 昭公七年> ; 從政三世矣.
30) ≪사기 史記≫<회남왕전 淮南王傳> ; 人生一世間, 安能邑邑如此.
31) ≪한서 漢書≫<가의전 賈誼傳> ; 世其家.
32) 노사(老舍) ≪4세동당・2 四世同堂・二≫ ; 到今天已是四世同堂.

또 차(且)

①갑골문	②금문	③소전	④해서
			且

①은 제사 때에 쓰이던 예기[>>>且]로, 상형자이다.[33] ②와 ③은 ①과 자형이 비슷하며, ④는 ③이 정형화한 것이다.

차(且)의 본래 뜻은 제사할 때 쓰이던 '예기'로, "차(且)란 제물을 담아 바치는 용기이다"[34]라고 한 풀이가 이와 같다. 다만, 이 뜻은, 바친다는 데서 머지않아 '선조' 조(祖)에 분화되고, 제물을 모아 담는다는 데서 널리 '또'로 쓰인다. "도덕심으로 이끌고, 예절로 삼가게 한다면 사람들이 부끄러워 할 줄 알뿐만 아니라 또[且] 스스로 바로잡기까지 한다"[35]는 예가 이것이다. '또' 라는 데서 널리 '장차'로 쓰인다. "날씨가 장차[且] 바람이 불려하면, 둥지 위의 새들이 부산해진다"[36]는 예가 이것이다. 장차라는 데서 '곧'으로 쓰인다. "군주가 알면 곧[且] 벌을 내리고, 대중이 알면 비난한다"[37]는 예가 이것이다. '곧' 이란 데서 널리 '지금'으로 쓰인다. "지금[且] 유가의 도리는 전하는데, 묵가의 도리는 폐지된 까닭을 생각해보면, 유가의 도리는 의의가 실천할 만하나, 묵가의 법도는 논의가 좇기 어려웠기 때문이다"[38]라는 예가 이것이다. 이전과 지금을 비교한다는 데서 '오히려'로 쓰인다. "저는 죽음도 오히려[且] 물리치지 않겠거늘, 잔술을 어찌 사양할 수 있으리오!"[39]라는 예가 이것이다. 오히려 라는 데서 널리 '구차하다'로 쓰인다. "사물에 구차한[且] 이는 자신도 수용할 수 없을 터이니, 어찌 남을 수용하리!"[40]라는 예가 이것이다.

"내가 생각하던 것이 아니구나[且]"[41] 할 때의 저(且)는 어감을 강조할 뿐, 특별한 의미가 없다. 이 때에는 독음도 '저(且)'로 읽히며, 현대중국어에서도 치에(qĭe)가 아니라 쥐(jū)로 읽힌다. 범저(范雎)를 범저(范且)라고 쓰는 예도 이와 같다.

차(且)는 구성소이다. 이를 구성소로 하는 글자는 모두 제사와 관계있다. 도마 조(俎)

---

33) 일본인 사도량안(寺島良安)은 이를 남자의 성기로 보았으나, 최남선(崔南善)은 정초(鄭樵)의 ≪통지 通志≫에 이미 "조(亅)는 'ㅈ'과 'ㅛ'를 합한 음이며, 남자의 성기이다(亅, 丁了切, 男子陰)"라고 한 점을 들어, 이를 억지주장이라 여겼음.(崔南善, ≪怪奇≫第壹號, 1929) pp. 22-24참조)
34) ≪설문해자 說文解字≫<차부 且部> ; 且, 薦也.
35) ≪논어 論語≫<위정 爲政> ; 道之以德, 齊之以禮, 有恥且格.
36) 왕충(王充) ≪논형 · 변동 論衡 · 變動≫ ; 天且風, 巢居之蟲動.
37) ≪묵자 墨子≫<상동·하 尙同·下> ; 上得且罰之, 衆聞則非之.
38) 왕충(王充) ≪논형 · 안서 論衡 · 案書≫ ; 且案儒傳而墨法廢者, 儒之道義可爲, 而墨之法議難從也.
39) ≪사기 史記≫<항우본기 項羽本紀> ; 臣死且不避, 卮酒安足辭.
40) ≪장자 莊子≫<경상초 庚桑楚> ; 與物且者, 其身之不能容, 焉能容人!
41) ≪시경 詩經≫<정풍 · 출기동문 鄭風 · 出其東門> ; 匪我思且.

등이 이것이다.

且 [m] 차 qiě 또 다시금.*
且 저 jū 어기사.*

租 [h] 조 zū 세금.
祖 [m] 조 zǔ 할아버지.
組 [h] 조 zǔ 짜다.
助 [m] 조 zhù 돕다
粗 조 cū 거칠다.
俎 조 zǔ 도마.
徂 저 cú 가다.
沮* 저 jǔ 가로 막다. 기가 꺾이다.
沮* 저 jù 수초로 막히다.
疽 저 jū 등창. 악성 종기.
狙 저 jū 원숭이. 엿보다.
罝 저 jū 짐승 그물.
雎 저 jū 물수리
齟 저 jǔ 치아의 아래위가 맞지 않다. 어긋나다.
姐 저 jiě 누이.
蛆 저 qū 구더기. 지네.
詛 저 zǔ 저주하다. 맹세하다.
咀* 저 jǔ 씹다. 저주하다. 씹어서 맛을 보다.
咀* 취 zuǐ <주둥이 취嘴의 속자>
査* [h] 사 chá 조사하다.
査* 사 zhā 산사나무 이름.

筯 저 zhù 젓가락.
菹 저 zū 수초의 늪. 채소 절임.

돕다 승(丞)

①갑골문	②금문	③소전	④해서

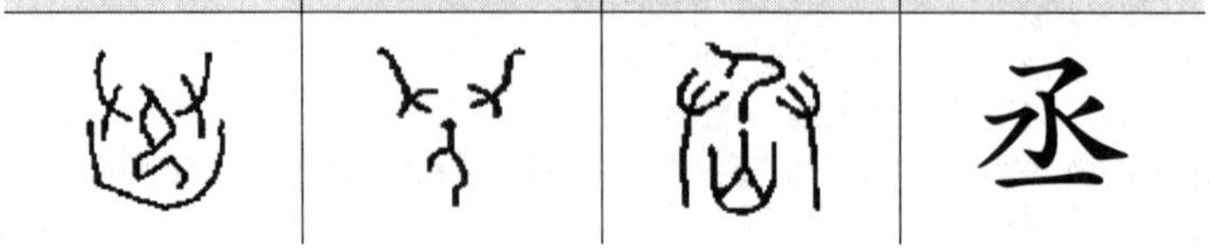

①은 구덩이함정[凵]에 빠져 왼쪽을 향한 채 꿇어앉은 사람[]을 위의 두 손[]이 구출한다[>丞]는 뜻의 회의자이다. ②는 구덩이[凵]를 나타내는 곡선이 없을 뿐 ①과 자형이 비슷하며, ③은 ①의 구덩이[凵] 대신 흙[<山]이 아래에 놓이고 손[]이 사람[]의 양옆 아래로 놓였을 뿐 ①과 비슷하다. ④는 ③이 정형화하면서 흙(<山)이 가로획의 땅[一]으로 쓰였다.

승(丞)의 본래 뜻은 '구원하다'이다. "농업과 잠업으로 백성을 구제한다[丞]"[42]는 예가 이것이다. 다만 이 뜻은 머지않아 왼뜻결 수(扌)를 더하여 회의 겸 형성자 증(拯)에 분화되었으므로, 이 뜻으로는 증(丞)이라 읽는 점을 주의해야 한다. 구원한다는 데서 널리 '보좌한다'로 쓰인다. "황금 도장, 자줏빛 인끈을 차고 천자를 도와[丞] 국가의 모든 대사를 처리하였다"[43]는 예가 이것이다. 승상(丞相)이란 진나라 때 제왕을 보좌하던 고관이다. "상국이나 승상(丞相)은 모두 진나라의 관직이다."[44]라는 예가 이것이다. 승(丞)은 종종 지방의 '차관'직을 가리키기도 한다. 현의 부현령을 '현승(縣丞)'이라 하고, 부(府)의 부지사를 '부승(府丞)'이라 한 예가 이것이다. 보좌한다는 데서 널리 '받든다'로 쓰인다. "황제의 뜻을 받들었다[丞]"[45]는 예가 이것이다. 다만, 이는 머지않아 승(承)에 분화되어 쓰인다.

丞 승 chéng 돕다. 잇다.

烝 증 zhēng 김이 오르다. 찌다.
蒸 증 zhēng 찌다. 덥다. 무덥다.

2. 곤(丨) 부

가운데 중(中)

①갑골문	②금문	③소전	④해서

42) 양웅(揚雄) <우렵부(羽獵賦)> ; 丞民乎農桑.
43) ≪한서 漢書≫<백관공경표상 百官公卿表上> ; 金印・紫綬, 掌丞天子助理萬機
44) ≪한서 漢書≫<백관공경표상 百官公卿表上> ; 相國丞相, 皆秦官.
45) ≪사기 史記≫<장탕전 張湯傳> ; 丞上指.

①은 병영[口>口>口>口] 한 가운데 깃발[[illegible]>[illegible]>[illegible]>丨]이 날려, 대장군이 있는 중심[[illegible]>[illegible]>[illegible]>中]을 가리키므로, 상형자이다. 아래위에 좌군과 우군의 깃발[[illegible]]이 나뉘어 펄럭이는 한 가운데 중군[口]을 가리킨다고도 한다.[1] ②는 깃발의 술이 나부끼는 방향만 다를 뿐 자형이 ①과 같다. ③은 깃대의 아래 획을 휘어 놓아 유사 자형과 혼동을 피하였으며,[2] ④는 ③이 정형화한 것이다.

중(中)의 본래 뜻은 '가운데', 혹은 '속'이다. "풀 속[中]의 삵괭이와 쥐들이 참으로 근심거리일세"[3]라는 예가 이것이다. 가운데란 데서 널리 시간이나 거리의 '중간'의 뜻으로 쓰인다. "한[中]밤에 슬피 운다"[4]는 예가 이것이다. 한밤이라 한 것은 밤의 중간, 곧 깊은 밤을 말한 것이다. 가운데란 데서 널리 '들어맞다'거나 '명중하다'로 쓰인다. "둥글기는 그림쇠와 들어맞고[中], 모나기는 곱자와 부합한다[中]"[5]거나, 백발백중(百發百中) 등은 모두 같은 예이다.

中[m] 중 zhōng 한가운데.*
中[m] 중 zhòng 맞히다.*

仲 [h] 중 zhòng 버금. 가운데.
衷 충 zhōng 속마음. 가운데.
忠 [m] 충 zhōng 충성.
盅 충 zhōng 그릇 이름.
沖* 충 chōng 비다. 공허하다.
沖* 충 chòng 힘차다. 세차다.
忡 충 chōng 근심하는 모양. 걱정하는 모양.

잡다 극(丮)

①갑골문	②금문	③소전	④해서

1) 갑골문 중(中) 자의 이체자 중에는 좌우의 깃발에 술이 나부낄 뿐만 아니라, 가운데 구(口)자에도 깃발의 술이 나부끼는 자형이 있으므로, 구(口)도 대장군기를 세운 중군의 군영일 것으로 추정한 것임.
2) 예컨대, 지금 십(十) 자와 동화된 고(古)의 윗부분은 갑골문 자형에 '방패'이며, 때로 중(中) 자와 동화되기도 하였음. 고(古 : '口'부의 2획)를 참고할 수 있음.
3) 유종원(柳宗元) <농응사 籠鷹詞> ; 草中狸鼠足爲患.
4) 부현(傅玄) <단가행 短歌行> ; 中夜哀鳴.
5) ≪순자 荀子≫<부편 賦篇> ; (雲)圓者中規, 方者中矩.

①은 왼쪽을 향해 무릎 꿇고[ㄊ>ㄋ>ㄋ>ㄟ] 두 손[ㄓ>ㄓ>ㄓ>ㄓ]을 들어올려 마주 잡는 모양이므로, 잡는다[丮>丮>丮>丮]는 뜻의 상형자이다. ②는 ①과 자형이 비슷하며, ③은 어깨가 너무 굽어 사람의 형상임을 알기는 어려우나, 자형이 ②와 같다. ④는 ③이 정형화한 것이다.

극(丮)의 본래 뜻은 '잡는다'이다. 홑자로 쓰이는 일은 적고, 대개 구성소로 쓰이면 환(丸)과 잘못 동화되는 경향이 있다. 이를 구성소로 하는 글자는 대개 각종의 동작이나 노동과 관련이 있다. 재주 예(藝), 익다 숙(熟) 등이 이것이다.

丮　　극 jǐ　　　잡다

3. 주(丶) 부

붉다 단(丹)

①갑골문	②금문	③소전	④해서
			丹

①은 갱[日>𠃍>月>井]과, 그 갱에서 캐낸 광물질을 가리키는 지사부호 점[-> • >->丶]으로 '단사[日>𠃍>月>丹]'[1]를 가리키는 지사자이다. ②와 ③은 ①과 자형이 같고, ④는 이들이 정형화한 것이다.

단(丹)의 본래 뜻은 '단사'이다. "파군 지방의 과부가 젊어 남편을 사별하였으나, 남편이 단사[丹]의 광맥을 찾아놓은지라, 여러 대 혜택을 누렸다"[2]는 예가 이것이다. 붉은 빛을 띠고 있으므로 널리 '붉다'로 쓰인다. "붉은[丹] 입술은 하얀 이를 사이에 두고"[3]라 한 예가 이것이다. 붉다는 데서 널리 '한결같다'로 쓰인다. 일편단심(一片丹心)이란 '오로지 한결같은 마음'의 뜻이다. 단성(丹誠)이란 '한결같은 정성'의 뜻인 예가 이것이다. 이때 단(丹)은 '붉다' 적(赤)과 쓰임이 같으므로, 단심(丹心)이나 단성(丹誠)은 적심(赤心)이나 적성(赤誠)이라

1) 단사(丹砂)는 주사(朱砂)라고도 하며, 수은과 유황의 화합물로 붉은빛을 띤 광석이다. 불변성 때문에 신비롭게 여겨져 갑골문의 복사(卜辭)에 입혀지거나, 신선가의 단약(丹藥) 재료가 되기도 하였음.
2) ≪사기 史記≫<화식열전 貨殖列傳> ; 巴寡婦淸, 其先得丹穴, 而擅其利數世.
3) 노조린(盧照隣) <화왕석추야유소사 和王奭秋夜有所思> ; 丹脣間皓齒.

쓰이기도 한다.

"단서(丹書)"란 '붉은 글씨'나, '붉은 글씨로 쓰인 책'을 말한다. 주술적인 효과를 노리거나, 특수한 용도로 쓰일 때 붉은 글씨를 쓴 예가 있다. "저의 선조는 제후의 신표나 면죄부[丹書]를 하사 받은 적이 없습니다"4)는 예가 이것이다. 대개 노예나 죄인의 명부를 붉은 글씨로 썼으므로, 지금도 붉은 먹으로 서신 등을 쓰는 일은 금기시한다.

丹ⓜ 단 dān 붉다.*
丹 란 dān 꽃 이름. 모란牡丹의 활음조 현상.*

旃 전 zhān 깃대가 구부정한 붉은 깃발.

4. 별(丿) 부

가다 지(之)

①갑골문	②금문	③소전	④해서
			之

①은 아래 출발선[一>一>一>⌒]을 두고, 발가락을 위로 향한 발[ψ>ψ>ψ>之]이 이곳을 떠나려 하므로, 간다[㞢>㞢>㞢>之<㞢]는 뜻의 지사자이다. ②와 ③은 ①과 자형이 같으며, ④는 ③이 정형화한 것이다.

지(之)의 본래 뜻은 '간다'이다. "11월에 유방이 군대를 이끌고 설 땅으로 갔다[之]"1)는 예가 이것이다. 가 닿는 곳이란 데서 널리 '그것'이나 '이것' 같은 대명사로 쓰인다. "이[之] 여식아이 시집가네"2)라는 예가 이것이다. 그의 것이라는 데서, 의미가 약화되어 '의'의 뜻으로 쓰인다. "어린양의[之] 가죽"3)이라는 예가 이것이다. "공자가[之] 중국에 있는 것은, 권세가들이 떠받들어 올렸기 때문이다"4)라는 예에서는 주격의 뒤에서 의미가 약화된 것이며,

4) 사마천(司馬遷) <보임소경서 報任少卿書> ; 僕之先, 非有剖符丹書之功.

1) ≪한서 漢書≫<고제기 高帝紀> ; 十一月, 沛公(劉邦)引兵之薛.
2) ≪시경 詩經≫<주남 · 도요 周南 · 桃夭> ; 之子于歸.
3) ≪시경 詩經≫<소남 · 고양 召南 · 羔羊> ; 羔羊之皮.
4) 노신(魯迅) <현대중국에서의 공자 在現代中國的孔夫子> ; 孔夫子之在中國, 是權勢者們捧起來的.

"내가 오직 그대만을[之]보았다"[5]는 예에서는 목적격의 뒤에서 약화된 것이다.

之 [m] 지 zhī 가다. 그 이. 그 사람. ~의.<㞢와 이체자>

芝 지 zhī 지초. 영지.
志 [m] 지 zhì 뜻.
寺 [m] 사 sì 절.
事 [m] 사 shì 일.
臺 [h] 대 tái 무대.

持 [m] 지 chí 지니다.
誌 [h] 지 zhì 기록하다.
峙* 치 zhì 우뚝 솟다. 비축하다.
峙* 치 shì 지방 이름.
詩 [m] 시 shī 시.
侍 [h] 시 shì 모시다.
時 [m] 시 shí 때.
恃 시 shì 믿다.
待* 대 dāi 머물다. 체재하다.
待* [m] 대 dài 대우하다. 기다리다.
等 [m] 등 děng 가지런하다. 같다. 등급. 기다리다.
特 [m] 특 tè 독특하다.

타다 승(乘)

①갑골문	②금문	③소전	④해서
			乘

①은 아래의 나무[[illegible]>[illegible]>[illegible]>木] 위에 사람[[illegible]>大>[illegible]>[illegible]]이 올라가 있으므로, 나무에 올라간다[[illegible]>[illegible]>[illegible]>乘]는 뜻의 회의자이며, ②도 비슷하다. ③은 아래 나무[[illegible]>木]는 여전하나, 사람[[illegible]]이 인(人<人) 자와 양편의 발[[illegible]>北]로 나뉘어 있다. ④는 ③이 정형화한 것으로, 나무줄기[丨] 양편에 북(北) 자를 나누어 쓴 것은 두 발[[illegible]]의 잘못된 변형이며 사람[人]이 별(丿)로 잘못 변형된 것이다.

---

5) ≪좌전 左傳≫<정공13년 定公十三年> ; 吾唯子之見.

승(乘)의 본래 뜻은 '올라가다'이다. "모두 높은 누대에 올라갔다[乘]"[6]는 예가 이것이다. 오른다는 데서 널리 '탄다'로 쓰인다. "소에게 멍에를 메우고 말에 올라탄다[乘]"[7]는 예가 이것이다. 올라타는 데는 그를 능가하는 힘이 있기 때문이므로, 널리 '괴롭힌다'로 쓰인다. "3국이 반드시 함께 일어나 우리 제나라를 괴롭힐[乘] 것이다"[8]라는 예가 이것이다. 올라탄다는 데서 널리 수레를 헤아리는 '단위수'로 쓰인다. 다만 량(輛)이 바퀴가 둘인 수레를 규정한 데서 쓰이기 시작한 데 반하여, 승(乘)은 4필의 말이 끄는 수레 1량을 가리킨다. 승(乘)은 현대중국어음이 츠엉(乘 chéng)이나, 단위수 '량'의 뜻일 때는 현대중국어음이 성(shèng)인 점 주의해야 한다. 우리 음에는 차이가 없다. "정나라 장공이 공자려에게 수레 2백 량[乘]를 거느리고 경읍을 정벌하게 하였다"[9]는 예가 이것이다. 4필이 가지런히 끄는 수레라는 데서 승시(乘矢)나 승호(乘壺)란 4개의 화살과 4개의 술병을 말한다.

乘 [m] 승 chéng 타다.*
乘 승 shèng 역사책 이름(춘추시대 진晋나라 역사). 한쌍. 넷.*

剩 잉 shèng 남다. 나머지.
嵊 승 shèng 산 이름.

5. 을(乙) 부

새 을(乙)

①갑골문	②금문	③소전	④해서

"죄는 갑이란 놈이 짓고, 화는 을이란 사람[乙]에게 미친다"[1] 할 때의 을(乙) 자이다. ①은 물고기의 내장, 혹은 아가미[乙>乙>乙>乙]로, 상형자이다.[2] ② 이후는 ①과 자형이 같다.

6) ≪열자 列子≫<황제 皇帝> ; 俱乘高臺.
7) ≪역경 易經≫<계사・하 繫辭・下> ; 服牛乘馬.
8) ≪순자 荀子≫<강국 强國> ; 三國必起而乘我.
9) ≪좌전 左傳≫<은공원년 隱公元年> ; (鄭伯莊公)命(公子呂)子封帥車二百乘以伐京.

1) ≪한비자 韓非子≫<용인 用人> ; 罪生甲, 禍歸乙.
2) ≪이아 爾雅≫<석어 釋魚> ; 魚腸謂之乙.

을(乙)의 본래 뜻은 '물고기 내장', 혹은 '아가미'이다. "물고기를 먹으면 내장[乙]은 버리고, 오얏을 먹으면 씨앗을 버린다"[3]는 예가 이것이다. 머지않아 본래 뜻은 잃고, 널리 둘째 천간의 이름으로 빌려 쓰인다. "갑을(甲乙)"이라 할 때가 이것이다. 천간이 10까지의 서수로 쓰이자, 을(乙)은 '두 번째', 제 2위를 가리킨다. 병(丙)은 물고기의 꼬리를 그린 것이므로, 병(丙)과는 나름대로 일련의 선후가 있던 자를 함께 서수(序數)에 빌어 쓴 것이다.

자형이 새의 형상과 비슷하여 널리 '제비'를 가리키기도 한다. "둥지 찾아온 제비[乙]를 다시 만난다"[4]는 예가 이것이다. 제비를 을조(乙鳥)라 하는 것도 같은 예다. "위로부터 읽다가 문맥이 멎으면, 그곳에 을(乙) 자를 표시하였다"[5]는 예에서, 을(乙)은 휴지부호를 가리킨다. 요즘도 편집자가 문장을 지우거나 보충하는 일을 도을(塗乙)이라 하는 것은 같은 예다.

을(乙)은 부수자이다. 다만 자형을 보아 부수를 모았을 뿐, 함께 나누는 의미소는 없다. 아홉 구(九), 어조사 야(也), 젖 유(乳), 마르다 건(乾), 어지럽다 란(亂) 등이 이것이다.

乙	*[m]*	*을*	*yǐ*	*새. 10간의 둘째.*
失	[m]	실	shī	잃다. 놓치다. 실수하다.
戹		액	è	요해처. 재난.
厄	[h]	액	è	요해처. 재난.
扎*		찰	zā	묶다. 매다. 몰래 이간질하다.
扎*		찰	zhā	찌르다. 추위가 뼈 속까지 파고들다.
扎*		찰	zhá	참다. 견디어 내다. 안간힘을 쓰다.
札		찰	zhá	편지.
曰		왈	yuē	말하다

6. 궐(亅) 부

일 사(事)

①갑골문	②금문	③소전	④해서
			事

3) 비석황(費錫璜·淸) <아어 兒語> ; 食魚去乙, 食李去核.
4) 목수(穆修·宋) <추포회우 秋浦會遇> ; 再見來巢乙.
5) ≪사기 史記≫<골계열전 滑稽列傳> ; 從上方讀之, 止, 輒乙其處.

①은 기치의 깃대, 혹은 위끝이 갈라진 나뭇가지[ᅩ>ᅩ>ᅩ>ᅩ] 아래의 손[ᄏ>ᄏ>ᄏ>ᄏ]에 수렵도구, 혹은 붓[中>中>中>中]을 들고 있으므로, 수렵 행사, 혹은 이를 주관하던 관직[事>事>事>事]을 나타낸 회의자이다. ②는 ①과 자형이 비슷하나, 깃대, 혹은 위끝이 갈라진 나뭇가지가 이미 음결 지[之<之<之<虫]로 바뀌어 형성자가 된 것이며, 손[ᄏ]도 오른손[ᄏ>ᄏ]으로 바뀌었다. ③은 ②와 자형이 대체로 같으며, ④는 ③이 정형화한 것이다.

사(事)의 본래 뜻은 주관 부서로서의 '관직'이다. "3공[事] 대부부터, 밤낮을 꺼린다"[1]는 예가 이것이다. 널리 '직업'을 가리킨다. "개 잡기를 직업[事] 삼았다"[2]는 예가 이것이다. 머지않아 '일'은 모두 사(事)라 일컬었다. "세상이 달라지면 일[事]도 달라진다"[3]는 예가 이것이다. '일[事]'에서 널리 '종사한다'로 쓰인다. "은거하고 몸소 밭갈이에 종사하였다[事]"[4]는 예가 이것이다. 종사한다는 데서 널리 '섬긴다'로 쓰인다. "모심[事] 가운데서 큰 일이 무엇인고 하면, 어버이를 섬김[事]이 큰 일이다"[5]라는 예가 이것이다.

"천하에 영구히 변고[事]가 없으면 그만이지만, 변고[事]가 생기면 낙양이 먼저 전란을 겪을 것이다"[6] 할 때처럼, 사(事)는 널리 '변고'를 가리키기도 한다. 무사(無事)하다는 말이 곧 이것이다. 사건(事件)이란 큰 변고를 가리킨다. 다만, "새벽시장에서 곱창이나 양, 거위 내장[事件] 따위의 볶음 간식을 팔았다"[7]고 할 때, 사건(事件)이란 '새나 짐승의 내장'을 가리키기도 한다는 점은 특이하다.

사고(事故)란 뜻밖의 변고나 재앙을 가리키지만, 꼭 재앙만 가리켰던 것은 아니다. "지난해 이래 사연[事故]도 많더니, 오늘 이후는 친지 왕래도 적을 터"[8]라고 할 때, 사고(事故)란 일반적인 삶의 일들을 폭넓게 가리킨 것이다.

사(事)는 갑골문에 리(吏)와 구분 없이 쓰이는 점은 주의할 만하다.

음결이 같은 자들의 체계는 앞쪽의 별(丿) 부 가다 지(之)자를 참고.

---

1) ≪시경 詩經≫<소아·우무정 小雅·雨無正> ; 三事大夫, 不肯夙夜.
2) ≪사기 史記≫<번쾌열전 樊噲列傳> ; 以屠狗爲事.
3) ≪한비자 韓非子≫<오두 五蠹> ; 世異則事異.
4) 이백(李白) <업중증대왕 鄴中贈大王> ; 龍蟠事躬耕.
5) ≪맹자 孟子≫<이루 離婁> ; 事孰爲大, 事親爲大.
6) 이격비(李格非) <서낙양명원기후 書洛陽名園記后> ; 天下常無事則已, 有事, 則洛陽必先受兵.
7) 오자목(吳自牧) ≪몽량록 夢粱錄≫ ; 賣早市點心, 如煎白腸羊鵝事件.
8) 백거이(白居易) <대주권금공개춘유연 對酒勸今公開春游宴> ; 自去年來多事故, 從今日去少交親.

7. 이(二) 부

우물 정(井)

①갑골문	②금문	③소전	④해서
	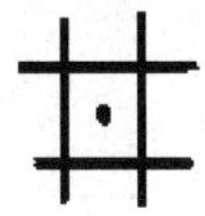	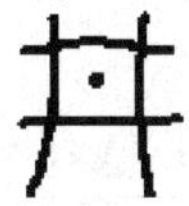	井

"물을 얻어 마시면 우물[井]에 물긷던 사람을 잊지 않는다"[1] 할 때의 정(井) 자이다. ①은 입구가 방형인 우물 난간[丼>丼>丼>井]을 본뜬 것이므로 상형자이다. ②와 ③은 우물[井] 가운데 점을 더하여 물[•]을 상징하였다. ④는 ①의 자형을 되찾은 것이다.

정(井)의 본래 뜻은 '우물'이다. "마을은 고쳐도, 우물[井]은 고치지 않는다"[2]는 예가 이것이다. 널리 우물 형상을 한 함정 같은 것을 가리킨다. "놓은 지 오래된 함정[井]에는 걸려드는 짐승은 없다"[3]고 할 때의 정(井)이 이것이다. "천정(天井)"이란 말도 이와 같은 예이다. 다만 함정의 뜻으로는 머지않아 정(穽)이나 정(阱)을 다시 분화시켜 사용한다. 우물의 모양이라는 데서 널리 '정전(井田)'을 가리킨다. 정전이란 국가소유인 공전(公田)을 가운데 두고, 8가구가 이를 공동 경작하는 단위 농경제도를 가리킨다. "정전[井]은 면적이 9만 평방보이다"[4]라는 예가 이것이다. 정전이라는 데서 널리 '정전으로 삼는다'로 쓰인다. "사방 1리이면 이를 정전으로 삼는다[井]"[5]는 예가 이것이다. 8가구가 공전 주변에 모여 우물난간[井] 꼴로 모여 공동체를 이룬다 하여, 정(井)은 널리 '마을'이나 '집'을 가리키기도 한다. "온 마을[井]이 기뻐한다"[6]는 예가 이것이다. 정전의 구획이 가지런하므로, 널리 '가지런하다'로 쓰이기도 한다. "질서가 정연(井然)하다"는 예가 이것이다. 정정(井井)이란 가지런한 모양을 가리킨다. "가지런도 하지[井井], 그들은 조리를 갖추었구나"[7]라는 예가 이것이다. 다만, 이 뜻은 머지않아 정(正), 혹은 정(整)에 분화되어 쓰인다.

정(井)은 구성소이다. 이를 구성소로 하는 글자는 대개 우물과 관계있다. 함정 정(穽) 같은 자들이 이것이다.

井 [m] *정 jǐng 우물.*

1) 현대한어(現代漢語) ; 吃水不忘打井人.
2) ≪주역 周易≫<정괘 井卦> ; 改邑不改井.
3) ≪주역 周易≫<정괘 井卦> ; 舊井無獸.
4) ≪맹자 孟子≫<등문공·상 滕文公·上> ; 井九百畝.
5) ≪맹자 孟子≫<등문공·상 滕文公·上> ; 方里而井.
6) 진자앙(陳子昂) <사사동의표 謝賜冬衣表> ; 萬井相歡.
7) ≪순자 荀子≫<유효 儒效> ; 井井兮其有理也.

汫	정	jǐng	물 모양. 땅 이름.
穽	정	jǐng	허방다리. 함정.
阱	정	jǐng	함정.
耕	경	gēng	밭갈다.

버금 아(亞)

①갑골문	②금문	③소전	④해서	⑤간체자
	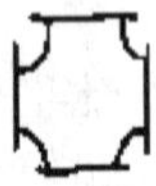		亞	亚

①은 주거지 안의 구덩이 화로[✥>□>亞>亞]를 그린 상형자이다. ②는 구덩이가 넓을 뿐 ①과 자형이 같으며, ③은 아래와 위의 가로획을 강조하며 구성미를 갖춘 것이다. ④는 ③이 정형화한 것이며, ⑤는 초서를 간체자 삼은 것이다.

아(亞)의 본래 뜻은 '구덩이 화로'이다. 원시사회 습속에 불은 조상의 존재로 여겨져 숭배되었으므로, 방 가운데에 십자 구덩이를 파고 불을 피워 밤낮 꺼트리지 않았으나, 습속이 바뀌어 구덩이 화로가 사라질 무렵에는 오히려 모양이 '추한 것'을 가리켰다. "대개 땅에는 산과 연못이 있고, 검은 것과 흰 것이 있으며, 아름다운 것과 추한 것[亞]이 있다"[8]는 예가 이것이다. 추하다는 데서 널리 '못하다', 혹은 '낮다'로 쓰인다. "정건이란 이도 산수화에 뛰어났지만, 명성이 왕유 만은 못하다[亞]"[9]는 예가 이것이다. 못하다는 데서 '버금'의 뜻으로 쓰인다. '준우승'을 현대중국어에 야쥔(亞軍 yàjūn)이라 한 것은 우승, 곧 꾸안쥔[冠軍 guànjūn]에 '버금가는 팀'이란 뜻이며, "아버지에 버금가는 이[亞父]란 범증을 가리킨다"[10]는 예에서, 아부(亞父)란 항우가 범증을 존칭한 말이다. 공자를 지성(至聖)이라 한 데 대하여 맹자를 아성(亞聖)이라 한 것도 같은 예이다. 버금이라는 뜻에서 널리 '필적한다'거나 '나란히 한다'로 쓰인다. "그의 명성이 그대와 필적한다[亞]"[11]는 예가 이것이다. 필적한다는 데서 널리 '동류'로도 쓰인다. "왕징도 평소에 그를 알아, 자신과 동류[亞]라 여겼다"[12]는 예가 이것이다.

亞	*[h]*	*아*	*yà*	*버금. 다음가다.*
椏		아	yā	가장귀.

---

8) ≪16경 十六經≫<과동 果童>；夫地有山有澤, 有黑有白, 有美有亞(馬王堆漢墓帛書)
9) 봉연(封演·唐) ≪봉씨문견기·도화 封氏聞見記·圖畵≫；鄭虔亦工山水, 名亞於維.
10) ≪사기 史記≫<항우본기 項羽本紀>；亞父者, 范增也.
11) 방문(方文・淸) <송유민영・공성여개 宋遺民詠・龔聖予開>；其名與君亞.
12) ≪진서 晋書≫<왕기전 王機傳>；(王)澄亦雅知之, 以爲己亞.

啞*	아	yā	깍깍. 옹알옹알.
啞*	아	yǎ	벙어리. 목이 쉬다.
瘂	아	yǎ	벙어리. 목이 쉬다.
婭	아	yà	동서.
掗	아	yà	남에게 물건을 억지로 주다.
錏	아	yà	암모늄. 안銨Ammonium의 옛 글자.
氬	아	yà	아르곤Ar.
堊	악	è	석회. 백토.
惡*[m]	악	è	악행. 흉악하다. 악하다.
惡*[m]	오	wū	어찌. 어떻게. 오오. 아. 아니.
惡*[m]	오	wù	싫어하다. 미워하다. 증오하다.
埡	오	yà	작은 방죽.

8. 두(亠) 부

역시 역(亦)

①갑골문	②금문	③소전	④해서
			亦

①은 정면을 향해 서 있는 사람[[illegible]>[illegible]>[illegible]>亣<大]으로, 양필 아래 두 개의 점이 지시부호[[illegible]>[illegible]>[illegible]>[illegible]]로 쓰여, 그곳이 나타내고자 하는 곳, 즉 겨드랑이[[illegible]>[illegible]>[illegible]>亦]임을 표시하므로 지사자이다. ②와 ③은 ①과 자형이 같고, ④는 정형화하면서 사람[大]의 모양을 찾기가 어려워 졌다.

역(亦)의 본래 뜻은 '겨드랑이'이다. 다만, 이 뜻은 머지않아 '겨드랑이' 액(腋) 자에 분화되고, 이후 양쪽이 같다는 데서 '또한'으로 쓰인다. "지금 달아나도 죽고, 거사를 일으켜도 또한[亦] 죽어, 죽기가 같다면 나라를 위하여 죽음이 옳다!"[1]는 예가 이것이다. '또한'이라는 뜻으로 빌려 쓰이자, 본래 뜻 '겨드랑이'는 왼뜻[月] 오른음[夜]의 새 형성자 액(腋)에 분화되어 쓰인다. '또한'에서 널리 '오히려', 혹은 '더욱이'로 쓰인다. "왕이 더욱이[亦] 선비를 좋아하

---

1) ≪사기 史記≫<진섭세가 陳涉世家>; 今亡亦死, 擧大計亦死, 等死, 死國可乎!

지 않으니, 선비가 없다고 걱정할 게 무엇이랴"[2]라는 예가 이것이다.

불역(不亦)이란 완곡하게 반문하는 어기를 보인다. "배우며 수시로 익힌다면, 또한[亦] 즐겁지 않은가[不]?"[3]라는 예가 이것이다. 역보역추(亦步亦趨)라는 숙어는 시대를 따라 의미가 달리 이해되기도 한다. "선생님이 걷는다면 나도 걷고[亦步], 선생님이 좇는다면 나도 좇으며[亦趨], 선생님이 달린다면 나도 달리지요"[4]라고 한 예는 안연이라는 제자가 공자에게 했다는 말로 스승을 모범 삼는 긍정적 인생관으로 이해할 수 있다. 다만, 후세에는 '남이 걸으면 따라 걷고, 남이 뛰면 따라 뛴다'는 맹목의 모방을 비난하는 말로도 쓰인다.

亦 [m] *역 yì 또. 또한.*

弈 혁 yì 바둑.
奕 혁 yì 크다.
夜 [m] 야 yè 밤.
狄 적 dí 오랑캐.
迹 적 jì 자취.
跡 [h] 적 jī 자취. 흔적.

사귀다 교(交)

①갑골문	②금문	③소전	④해서

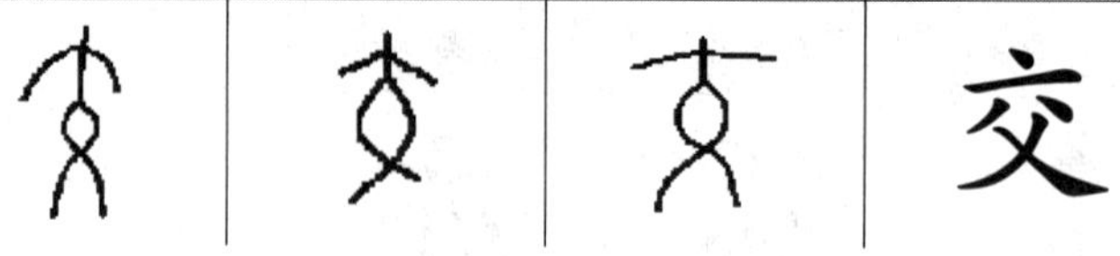

①은 정면을 향해 서 있는 사람으로, 정강이가 서로 교차[> > >交]해 있으므로 상형자이다. ②와 ③도 자형이 ①과 같으며, ④는 이들이 정형화한 것이다.

교(交)의 본래 뜻은 '엇갈린다', 곧 '교차한다'이다. "화살은 엇갈려[交] 떨어지는데, 병사들은 앞을 다툰다"[5]는 예가 이것이다. 엇갈린다는 데서 널리 '주고받는다', 곧 '교류한다'로 쓰인다. "모든 물건을 교류하여[交] 민중을 편리하게 한다"[6]는 예가 이것이다. 교류한다는 데서 널리 '사귄다'로 쓰인다. "벗과 사귀면서[交] 믿음을 주지 못 하였는가?"[7]라는 예가

2) ≪전국책 戰國策≫<제책 · 4 齊策 · 四> ; 王亦不好士也, 何患無士!
3) ≪논어 論語≫<학이 學而> ; 學而時習之, 不亦說乎?
4) ≪장자 莊子≫<전자방 田子方> ; 夫子步亦步, 夫子趨亦趨, 夫子馳亦馳.
5) 굴원(屈原) <구가 · 국상 九歌 · 國殤> ; 矢交墜兮士爭先.
6) <염철론 · 본의 鹽鐵論 · 本議> ; 交庶物而便百姓.
7) ≪논어 論語≫<학이 學而> ; 與朋友交而不信乎?

이것이다. 사귄다는 데서 다시 널리 '교배한다'로 쓰인다. "음력 11월이면 범은 교배하기[交] 시작한다"[8]는 예가 이것이다. 주고받는다는 데서 다시 널리 '건넨다'로 쓰인다. "방안에서 쓸 것이면 방문에서 건네며[交], 마루에서 쓸 것이면 섬돌에서 건넨다[交]"[9]는 예가 이것이다. 준다, 혹은 받게 한다는 데서 널리 '하게 한다'거나 '시킨다'로 쓰인다. "흰머리 삽시간에 훨훨 날려, 사람더러 어쩔 도리 없게 하지[交]"[10]라는 예가 이것이다. 다만, 이는 머지않아 교(教)에 분화되어 쓰인다.

교통(交通)은 현재 각종 운송이나 통신을 함께 일컫는 말이다. 기원적으로는 '왕래하며 통한다'는 뜻일 뿐이다. "밭둑이 엇섞여 통하고[交通], 닭과 개 울음소리가 들려 온다"[11]는 예가 이것이다.

交	*[m]*	*교*	*jiāo*	*사귀다.*
郊	[h]	교	jiāo	교외. 시외.
茭		교	jiāo	꼴. 건초. 줄풀.
姣		교	jiāo	아름답다.
鵁		교	jiāo	교청. 푸른백로.
鮫		교	jiāo	상어.
蛟		교	jiāo	교룡. 명주잠자리.
佼		교	jiǎo	예쁘다. 아름답다.
狡		교	jiǎo	교활하다. 간사하다.
絞		교	jiǎo	비틀다. 꼬다.
筊		교	jiǎo	대오리로 꼰 새끼. 옛날 단소의 일종.
鉸		교	jiǎo	가위로 자르다.
珓		교	jiào	옥 산통.
校*	[m]	교	jiào	교정하다. 정정하다.
校*	[m]	교	xiào	학교.
較	[h]	교	jiào	견주다. 비교하다.
齩		교	yǎo	깨물다.
咬		교	yǎo	새 지저귀다. 씹다. <교齩의 간체자>
駮		박	bó	논박하다. 잡색의.<박駁의 이체자>
效	[m]	효	xiào	본받다.

8) ≪회남자 淮南子≫<시칙훈 時則訓> ; (仲冬之月)虎始交.
9) ≪예기 禮記≫<예기 禮器> ; 室事交乎戶, 堂事交乎階.
10) 잠삼(岑參) <탄백발 嘆白髮> ; 白髮生偏速, 交人不奈何.
11) 도연명(陶淵明) <도화원기 桃花源記> ; 阡陌交通, 鷄犬相聞.

돼지 해(亥)

①갑골문	②금문	③소전	④해서
			亥

①은 흙[－>一] 아래 감추어진 곧은 뿌리에 잔뿌리가 난 모양[>]이므로, 풀뿌리[>]의 상형자이다. ②는 ①과 자형이 비슷하나, ③은 흙[一]이 상(二>亠<上) 자로 잘못 변하고, 풀뿌리[ ]가 아이[( ]를 안은 남녀 한 쌍의 두 사람[>]으로 잘못 변한 것이며,[12) ④는 ③이 정형화한 것이다.

해(亥)의 본래 뜻은 '풀뿌리'다. 다만, 이는 머지않아 해(荄)에 분화되어 쓰이고, 널리 '열두 번째 지지', 곧 12위의 순서를 가리키는 말로 빌려 쓰이면서, 한해로서는 음력 10월, 하루로는 21시부터 23시경을 가리킨다. 12지지 각각에 짐승의 상징을 부여하면서 '돼지'를 상징하기도 한다. 예컨대, 자(子)는 쥐, 축(丑)은 소, 인(寅)은 호랑이, 묘(卯)는 토끼, 진(辰)은 용, 사(巳)는 뱀, 오(午)는 말, 미(未)는 양, 신(申)은 원숭이, 유(酉)는 닭, 술(戌)은 개, 해(亥)는 돼지를 상징하는 예가 이것이다. 옛날, 이틀 걸러 서던 장, 곧 3일장이 인(寅), 사(巳), 신(申), 해(亥) 일에 각각 열렸으므로 이를 해시(亥市)라고도 한다. 혹은 하루 걸러 서던 장, 곧 2일장이라고도 한다. "3일장[亥市] 열려 물고기며 소금은 모여든다"[13)는 예가 이것이다.

亥 m 해 hài　돼지. 12지의 열두 번째.

該 h	해	gāi	그. 해야 한다.
荄	해	gāi	풀뿌리.
垓	해	gāi	지경. 경계.
賅	해	gāi	재화. 재물.
孩	해	hái	어린아이.
胲	해	hǎi	엄지발가락.
痎	해	jiē	학질. 이틀거리.
咳*	해	haī	어린아이가 웃다.
咳*	해	ké	<기침하다 해欬의 이체자 겸 간체자.>
咳*	해	kài	咳ké의 옛 음.
欬*	해	ké	기침하다.
欬*	해	kài	欬ké의 옛 음.
核	핵	hé, hù	씨.

12) ≪설문해자 說文解字≫<해조 亥條> ; 從二, 二古文上字也, 一人男, 一人女也. 從乙, 象裹子咳咳之形也.
13) 백거이(白居易) <강주부충주주중 江州赴忠州舟中> ; 亥市魚鹽聚.

劾　　핵　hé　　　캐묻다. 탄핵하다.
刻 [h]　각　kè　　　새기다. 시각.
閡　　애　hé　　　문을 잠그다. 막히다.

서울 경(京)

①갑골문	②금문	③소전	④해서

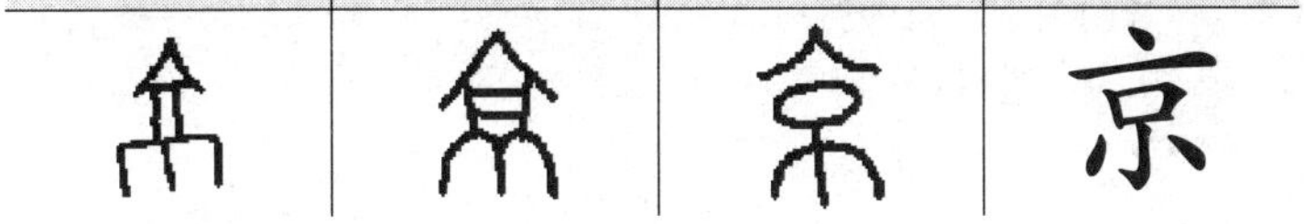

①은 둔덕[…>小] 위에 멀리 바라볼 수 있는 망루[…]가 있으므로, 멀리 조경할 만큼 지대가 높다[…>京]는 뜻의 지사자이다. ②는 망루에 창이 나 있을 뿐 ①과 자형이 같다. ③은 둔덕[…]임을 알기가 쉽지 않고 망루의 지붕[人]이나 창[口]이 분리되었을 뿐, ②와 자형이 비슷하며, ④는 ③이 정형화한 것이다.

경(京)의 본래 뜻은 '높다'이다. "몹시 높은 곳이 경(京)이 된다"[14]는 예가 이것이다. 다만, 이는 머지않아 새 형성자 고(高)에 분화시켜 나타내며, 널리 다리를 세워 높이 가설한 곡식창고를 가리킨다. "네모졌으며, 높고 크다는 뜻을 살려, 창고를 경(京)이라 한다"[15]는 예가 이것이다. 다시 널리 '크고 많다'는 뜻으로도 쓰인다. "8대손 이후로는 그 만큼 세력이 크고 성한[京] 후손이 없을 것이다"[16]라는 예가 이것이다. 크고 많다는 데서 널리 '수도'를 가리킨다. "도읍을 옮기고 수도[京]를 바꾼다"[17]는 예가 이것이다.

경(京)이 구성소로 쓰일 때는 흔히 자형이 경(亰)이며, 대개 '높은 것'이나 '망루'와 연관된 글자를 구성한다. 나아가다 취(就), 높다 고(高), 정자 정(亭)이 이것이다.

京 [iii]　징　jing　　　서울. 크다.

景 [m]　경　jǐng　　　볕. 경치.
倞*　　경　jìng　　　굳세다.
倞*　　량　liàng　　　구하다. 밝다. 멀다.
鯨　　경　jīng　　　고래.
勍　　경　qíng　　　강하다.

14) ≪이아 爾雅≫<석구 釋丘> ; 絶高爲之京.
15) 왕정(王禎) ≪농서・16 農書・卷十六≫ ; 取其方而高大之義, 以名倉曰京.
16) ≪좌전 左傳≫<장공22년 莊公二十二年> ; 八世之後, 莫之與京.
17) 장형(張衡) <동경부 東京賦> ; 遷邑易京.

黥	경	qíng	묵형하다. 문신.
掠 [h]	략	lüè	노략질하다.
凉* [m]	량	liáng	서늘하다. 차갑다.
凉*	량	liàng	식히다.
晾	량	liàng	햇볕에 쪼이다.
椋	량	liáng	푸조나무.
輬	량	liáng	상여차.
諒 [h]	량	liàng	용서하다. 이해하다. 믿다.
亮	량	liàng	밝다. 환하다.

9. 인(人) 부

사람 인(人)

①갑골문	②금문	③소전	④해서

"천지간에는 사람[人]이 귀하다"[1] 할 때의 인(人) 자이다. ①은 왼쪽을 향한 사람[ᄼ>ᄀ>ᄼ>人<亻<儿]으로, 위는 머리이고 왼쪽 아래로 짧게 편 것은 팔이며, 오른쪽으로 굽은 것은 허리와 둔부, 그 아래는 다리이므로, 상형자이다. ②는 허리 아래가 곧은 대신 어깨 위가 굽었으며, ③은 구성미에 치중하여 팔이 다리만큼 길어지고 등이 크게 굽었을 뿐, 자형이 ①과 비슷하다. ④는 ③이 정형화한 것이나, 사람의 모양을 찾아보기 어렵다.

인(人)의 본래 뜻은 '사람'이다. "어질다는 게 무엇인지 묻자, 공자는 '사람[人]을 사랑하는 것'이라 하였다"[2]는 예가 이것이다. 널리 '사람들'로 쓰인다. "사람들[人]이 감히 그의 성미를 건드리지 못 하였다"[3]는 예가 이것이다. 자신과 대비되어 쓰일 때는 '남'으로 쓰이기도 한다. "남들이[人] 자신을 알아주지 않을까 근심치 말고, 남[人]을 알아주지 못 할까 근심하라"[4]는 예가 이것이다. 널리 '어른'을 가리키기도 한다. "계집아이 13세요 사내가 8세니, 채 성인[人]이 되지 못 하였다"[5]는 예가 이것이다. 널리 '몸'을 가리키기도 한다. 현대중국어에 "그는

1) 홍수전(洪秀全 · 太平天國) <원도각세훈 原道覺世訓> ; 天地之中人爲貴.
2) 《논어 論語》<안연 顔淵> ; 問仁, 子曰愛人.
3) 《금병매사화 · 98회 金甁梅詞話 · 九八回》 ; 人不敢惹他.
4) 《논어 論語》<학이 學而> ; 不患人之不己知, 患不知人也.

요 며칠 몸[人]이 불편하다"[6]는 예가 이것이다. 몸이란 데서 다시 널리 '씨앗'이나 '속'을 가리키기도 한다. 조인(棗人)이란 '대추 씨'를 말하며, 핵인(核人)이란 '씨앗의 속'을 말하는 예가 이것이다. 이 뜻은 머지않아 인(仁)에 분화되어 쓰인다.

인사(人事)란 '세상사'를 널리 일컫는 말이다. "일찍이 직무[人事]를 좇아, 온통 먹거리에 자신을 매었다"[7]는 예에서는 '직책'이나 '직무'를 가리키며, "어떤 선물[人事]을 나리께 보냈는가"[8]라는 예에서는 '예물'을 가리킨다.

인(人)은 부수자이다. 이를 구성소로 하는 글자는 모두 사람과 관계있다. 끼다 개(介), 종 복(僕), 치다 벌(伐), 쉬다 휴(休), 엎드리다 복(伏) 등이 이것이다.

人 [m] *인 rén 사람. 인간. 어른. 성인.*

认 인 rèn <알다 인認의 간체자>

모으다 집(亼)

①갑골문	②금문	③소전	④해서
			亼

③은 소전의 자형이며, 갑골문이나 금문에 이제껏 발견된 적이 없다. 3획[Α]이 함께 있다는 데서 '모인다[Α>亼]'는 뜻을 나타내는 회의자이다. "집(亼)은 셋이 모인다는 뜻이다"[9] 하였으니, 실은 모이다 집(集)과 자형만 다를 뿐 뜻이 같다.

홑자로는 쓰이지 않으며 구성소로만 쓰인다. 집(亼)을 구성소로 하는 글자는 모두 '모은다'는 뜻이거나, '덮개'나 '그릇'의 기능이 있거나 이와 관련된 자들이다. 창고 창(倉), 집 사(舍), 모으다 합(合), 모이다 회(會) 등이 이것이다.

亼 집 jí 모으다.

끼다 개(介)

①갑골문	②금문	③소전	④해서
			介

5) 혜강(嵇康·魏) <여산거원절교서 與山巨源絶交書>; 女年十三, 男年八歲, 未及成人.
6) 현대한어(現代漢語); 他這幾天人不舒服.
7) 도잠(陶潛) <귀거래사·서 歸去來辭·序>; 嘗從人事, 皆口腹自役.
8) 장국빈(張國賓·元) ≪합한삼·4절 合汗衫·四折≫; 有甚麽人事送些與老爺.
9) ≪설문해자 說文解字≫<집부 亼部>; 亼, 三合也.

"갑옷[介]과 투구에 이와 서캐가 나도, 백성들은 하소연할 데가 없다"[10] 할 때의 개(介) 자이다. ①은 오른쪽을 향한 사람[亻>亻>亻>人]의 다리부분 앞뒤 4개 점은 갑옷[::>丿乀>八>儿]이므로, 갑옷차림[介>介>介>介]의 상형자이다. ②는 등과 허리가 굽고 왼쪽을 향하였으며[亻], 갑옷[丿乀]차림도 간략해졌을 뿐 ①과 자형이 비슷하다. ③은 ②와 자형이 같으며, ④는 ③이 정형화한 것이다.

개(介)의 원래뜻은 '갑옷'이다. "갑옷 입은[介] 사람은 절하지 않는다"[11]는 예가 이것이다. 개충(介蟲)이란 '갑각류 곤충'을 가리킨다. 단단한 껍질을 쓰고 있는 데서 생긴 이름이다. 몸을 싼다는 데서 널리 '격리한다'로 쓰인다. "뒤는 황하로 격리되었다[介]"[12]는 예가 이것이다. 격리한다는 데서 널리 '낀다'로 쓰인다. "하늘이 정나라에 재앙을 내려, 진과 초나라 두 강대국 사이에 끼이게[介] 하였다"[13]는 예가 이것이다. 낀다는 데서 널리 '소개한다'로도 쓰인다. "한번 만나자 감복되어 그를 이응에게 소개하여[介] 이름이 알려졌다"[14]는 예가 이것이다. 격리한다는 데서 다시 널리 '혼자'로도 쓰인다. "일개(一介)서생"[15]이란 예가 이것이다. 하나라는 데서 널리 '크다'거나 '좋다'로도 쓰여, 개제(介弟)란 자신의 아우에 대한 애칭, 혹은 남의 아우에 대한 경칭으로 쓰인다. "짐의 귀중한 아우[介弟]이다"[16]라는 예가 이것이다.

介 [h] *개* *jiè* *끼다. 소개하다. 걱정하다.*

芥* 개 jiè 갓. 몹시 작은 것.
芥* 개 gài 갓의 변종. 동갓.
疥 개 jiè 옴.
蚧 개 jiè 조개 이름.
玠 개 jiè 큰 홀[제후를 봉한 신표로 씀].
价* 개 jiè 하인. 심부름꾼.
价* 가 jià <값 가價의 간체자>
界 [m] 계 jiè 지경. 경계. 범위. 집단. 사회.
齘 계 xiè 이를 갈다. 가지런하지 않다.
骱 갈 jiè 관절.

10) ≪사기 史記≫<평진후주공열전 平津侯主父列傳> ; 介冑生蟣蝨, 民無所告愬.
11) ≪예기 禮記≫<곡례상 曲禮上> ; 介者不拜.
12) ≪한서 漢書≫<익봉전 翼奉傳> ; 後介大河.
13) ≪좌전 左傳≫<양공9년 襄公九年> ; 天禍鄭國, 使介居二大國(晋楚)之間.
14) ≪후한서 後漢書≫<부융전 符融傳> ; 一見嗟服, 因以介於李膺, 由是知名.
15) 왕발(王勃) <등왕각서 騰王閣序> ; 一介書生.
16) ≪좌전 左傳≫<양공26년 襄公二十六年> ; 寡君之貴介弟也.

자세하다 자(仔)

①갑골문	②금문	③소전	④해서
			仔

①은 오른결은 오른쪽으로 반쯤 걸터앉은 어른[亻>亻>亻>亻]이고, 왼결은 어린아이[子>子>子>子]이다. 어른[亻]이 돌보는 어린아이[子]라는 뜻이므로 회의자이며, 자(子)는 음결이기도 하므로 회의 겸 형성자이다. ②는 좌우가 바뀌었을 뿐, 여전히 어른이 아기를 낳거나, 아이를 업고 있다. ③의 왼결은 ②의 왼결 어른과 같은 인변(亻>亻)이고, 오른결은 여전히 '아들 자(子>子)'이니, ②가 정형화한 것이다. ④도 ③이 다시 정형화한 것이다.

자(仔)의 본래 뜻은 '어린아이'이나, 지금은 속어로만 쓰인다. 광동 사투리로는 현대에도 '아이'를 자이(仔 zǎi)라 한다. 작다는 데서 널리 '새끼'로 쓰인다. "나의 양이 새끼[仔]를 낳았다"[17]는 예가 이것이다. 작다는 데서 다시 널리 '세심하다'로도 쓰인다. "취한 채 수유나무 잡아 꼼꼼히[仔細] 살핀다"[18] 할 때, '자세(仔細)하다'는 예가 이것이다.

子 [m] 자 zǐ 아들. 사람에 대한 통칭.

孜 자 zī 부지런하다. 근면하다.
仔* 자 zī 책임. 부담.
仔* 자 zǐ 가축 따위가 어리다. 작다.
仔* 자 zǎi 아들. 아이. 동물의 새끼.
耔 자 zǐ 흙을 북돋우다.
字 [m] 자 zì 글자. 문자.
李 [m] 리 lǐ 자두나무. 오얏나무. 자두.

명령하다 령(令)

①갑골문	②금문	③소전	④해서
			令

①은 위는 지붕[A>人>亼>亼<亼]이며, 아래는 사람[卩>卩>卩>卩<卩]이 꿇어앉이 지

17) 소군(蕭軍) ≪羊 · 羊 양 · 양≫ ; 我的羊生了仔了.
18) 두보(杜甫) <구일남전최씨장 九日藍田崔氏莊> ; 醉把茱萸仔細看.

시를 받고 있어, 명령한다[令>令>令>令]는 뜻을 나타낸 회의자이다. ②는 ①과 자형이 비슷하나 사람[卩]이 허리를 굽힌 형상이다. ③은 허리를 굽힌 외에 다리도 심하게 굽어[卩] 예술화하는 경향이 있다. ④는 회화성을 잃어 사람의 모양을 알아보기 어렵다.

령(令)의 본래 뜻은 '명령한다'이다. "자식이 부모의 명령[令]에 순종하면 효성스럽다 할 수 있겠습니까?"[19] 라는 예가 이것이다. 명령한다는 데서 널리 관직으로서 '수장'을 가리킨다. "만 가구 이상을 다스리면 령(令)이라 한다"[20]는 예가 이것이다. 수장이란 데서 널리 남을 높여 미화하여 '좋다' '아름답다'로 쓰인다. 영존(令尊)이란 남의 아버지에 대하여 높여 불러 '좋은 어르신'이라 일컬은 것이며, 영당(令堂)은 남의 어머니를 높여 불러 '아름다운 부인'이라 일컬었던 예가 이것이다. 영형(令兄), 영제(令弟), 영매(令妹)란 상대방의 형, 아우, 누이동생 각각에 대한 미칭이다. 영식(令息), 영랑(令郎) 혹은 영사(令嗣)란 상대방 아들에 대한 미칭이며, 영애(令愛) 혹은 영원(令媛)이란 상대방 딸에 대한 미칭인 예가 이것이다. 명령한다는 데서 다시 널리 '하게 한다'로 쓰인다. "저는 왕이 이기게 할[令] 수 있습니다"[21] 라는 예가 이것이다. 하게 한다는 데서 널리 '만약'의 뜻으로도 쓰인다. "만약[令] 하늘이 오를 수 있는 것이었다면, 지상에서 백성을 어떻게 구했으랴!"[22]는 예가 이것이다.

*令**	*령*	*líng*	*고독하다. 의지할 곳이 없다.*
*令**	*령*	*lǐng*	*연連[전지 500장의 한 묶음].*
*令** [m]	*령*	*lìng*	*명령하다.*
伶	령	líng	영리하다.
狑	령	líng	좋은 개.
泠	령	líng	깨우치다.
囹	령	líng	감옥.
玲	령	líng	옥이 부딪쳐 나는 소리.
瓴	령	líng	물동이.
苓	령	líng	복령.
羚	령	líng	영양. 영양의 뿔.
翎	령	líng	깃털.
聆	령	líng	듣다.
蛉	령	líng	잠자리.
舲	령	líng	작은 배.

19) ≪효경 孝經≫<간쟁 諫諍> ; 子從父之令, 可謂孝乎?
20) ≪한서 漢書≫<백관공경표 百官公卿表> ; 萬戶以上爲令.
21) ≪사기 史記≫<손자오기열전 孫子吳起列傳> ; 臣能令君勝.
22) ≪후한서 後漢書≫<오행지·1 五行志·一> ; 令天可上, 地上安得民!

軨	령	líng	사냥 수레.
鈴	령	líng	방울.
零* h	령	líng	조용히 오는 비.
零*	련	lián	중국 소수 민족의 고대 명칭.
齡	령	líng	나이.
領 m	령	lǐng	목덜미. 옷깃.
呤	령	lìng	속삭이다. 말하다.
拎	령	līn	손에 들다.
冷 m	랭	lěng	춥다. 차다.

치다 벌(伐)

①갑골문	②금문	③소전	④해서
			伐

"박달나무 찍어[伐] 쩡쩡 울린다"[23] 할 때의 벌(伐) 자이다. ①은 오른곁은 창[戈>戈>戈>戈]이며, 긴 창날[一]이 왼곁에 선 사람[亻>亻>亻>亻]의 목을 지나고 있으므로, 벤다[伐>伐>伐>伐]는 뜻의 회의자이다. ②는 ①과 자형이 비슷하며, ③은 창[戈>戈]의 날이 짧아졌을 뿐, ①, ②와 자형이 같다. ④는 ③이 정형화한 것이다.

벌(伐)의 본래 뜻은 '벤다'이다. "집의 재목을 헐어내고 가림벽 나무를 베어[伐], 세금을 바친다"[24]는 예가 이것이다. 널리 '친다', 곧 '정벌한다'로 쓰인다. "무왕이 은나라를 쳤다[伐]"[25]는 예가 이것이다. 적을 물리친다는 데서 '공'으로 쓰인다. "장차 너의 공[伐]을 표창하겠다"[26]는 예가 이것이다. '공'에서 널리 '과장한다'로 쓰인다. "스스로 재능을 과시하는[伐] 이는 성공할 수 없다"[27]는 예가 이것이다.

벌가인(伐柯人)은 홍낭(紅娘)이나 월로(月老)와 같이 '중매쟁이'의 별명으로 쓰인다. "도끼 자루 베려면[伐柯] 어쩌지? 도끼 없이 안되지. 색시 얻으려면 어쩌지? 중매 없이 안되지"[28] 하는 데 근거하여 비유한 쓰임이다.

---

23) ≪시경 詩經≫<위풍・벌단 魏風・伐檀>; 坎坎伐檀兮.
24) 한유(韓愈) <논천한인기상 論天旱人饑狀>; 坼屋伐樹, 以納稅錢.
25) ≪서경 書經≫<무성 武成>; 武王伐殷.
26) ≪좌전 左傳≫<장공28년 莊公二十八年>; 且旌君伐.
27) ≪장자 莊子≫<산목 山木>; 自伐者無功.
28) ≪시경 詩經≫<빈풍・벌가 豳風・伐柯>; 伐柯如何? 匪斧不克. 取妻如何? 匪媒不得.

伐 ⓜ *벌 fá*　　　*베다. 벌목하다. 치다.*

筏　벌　fá　　뗏목.
閥　벌　fá　　가문. 문벌.
垡　벌　fá　　일구다. 갈다. 파 뒤집어엎다.
茷　패　fá　　풀잎이 무성하다.

쉬다 휴(休)

①갑골문	②금문	③소전	④해서
			休

"비바람이 돌연히 닥쳐, 나무 아래 쉬었다[休]"29) 할 때의 휴(休) 자이다. ①은 사람[[illegible]>[illegible]>[illegible]>亻]이 나무[[illegible]>[illegible]>[illegible]>木] 그늘 아래서 쉰다[[illegible]>[illegible]>[illegible]>休]는 뜻의 회의자이다. ②는 사람과 나무가 위치를 바꾸었을 뿐, ①과 자형이 비슷하며, ③과 ④는 ②가 정형화한 것이다.

휴(休)의 본래 뜻은 '쉰다'이다. "한껏 바빠도 적원에 쉬어[休] 가니, 봄빛만 비칠 뿐 근심은 보이지 않는다"30)는 예가 이것이다. 쉰다는 데서 널리 '그친다'로 쓰인다. "재물이 거덜나도 거두기를 멈추지[休] 않는다"31)는 예가 이것이다. '그친다'에서 널리 '하지 말라'로 쓰인다. "그대는 탄식하고 원망하지 말라[休]"32)는 예가 이것이다. '쉰다'는 데서 널리 '편안하다'거나, 더 나아가 '기쁘다'로도 쓰인다. "스승을 이미 만났으니, 내 마음 기뻐라[休]"33)는 예가 이것이다.

休 ⓜ *휴 xiū*　　　*쉬다. 퇴직하다. 그만두다.*

咻　휴　xiū　　큰소리로 떠들다.
庥　휴　xiū　　나무 그늘.
貅　휴　xiū　　짐승 이름.
髹　휴　xiū　　옻칠을 하다.
鵂　휴　xiū　　수리부엉이.

29) 《사기 史記》<진시황본기 秦始皇本紀>; 風雨暴至, 休于樹下.
30) 양만리(楊萬里) <한식상장제자유적원 寒食相將諸子游翟園>; 儘忙也到翟園休, 只見春光不見愁.
31) 한유(韓愈) <송허영주·서 送許郢州·序>; 財已竭而斂不休.
32) 두보(杜甫) <희증우 戲贈友>; 勸君休歎恨.
33) 《시경 詩經》<소아·청청자아 小雅·菁菁者莪>; 旣見君子, 我心則休.

엎드리다 복(伏)

①갑골문	②금문	③소전	④해서
			伏

②는 왼결의 왼쪽을 향한 사람[> >亻]과 엉덩이 뒤의 개[> >犬]로, 사람을 물어 당겨 넘겼으므로, 손을 짚고 고꾸라진다[> >伏]는 뜻의 회의자이다. ③과 ④는 ②가 정형화한 것이다.

복(伏)의 본래 뜻은 '고꾸라진다' 혹은 '엎드린다'이다. "비유하자면 엎드려서[伏] 하늘을 핥으려는 것과 같다"34)는 예가 이것이다. 엎드린다는 데서 널리 '잠복한다'로 쓰인다. "길을 가운데 끼고 잠복하였다[伏]"35)는 예가 이것이다. 다시 널리 '복병'을 가리킨다. "큰 나라는 예측하기 어려우니, 복병[伏]이 있지 않겠는가"36)라는 예가 이것이다. 숨긴다는 데서 다시 널리 '품는다'로도 쓰인다. "작은 닭이 고니의 알을 품을[伏] 수는 없다"37)는 예가 이것이니, 이는 머지않아 '알까다' 부(孵)에 분화되어 쓰인다. 다시 널리 '가라앉는다'로도 쓰인다. "파도가 잦아져[伏] 일지 않는다"38)는 예가 이것이다. 몸을 낮춘다는 데서 '복종한다'로도 쓰인다. "북방 주변 나라가 복종하지[伏] 않으면, 중국은 베개를 높이 베지 못 한다"39)는 예가 이것이다. 이는 머지않아 '복종하다' 복(服)에 분화되어 쓰인다.

伏 m	*복*	*fú*	*엎드리다. 머리를 숙이다. 숨다.*
茯	복	fú	복령[한약재의 하나].
栿	복	fú	들보.
洑*	복	fú	소용돌이. 소용돌이치는 모양.
洑*	복	fù	헤엄치다. 수영하다.
洑*	모		보마기[국어 한자음이므로 해당 중국음은 없음]

34) ≪순자 荀子≫<중니 仲尼> ; 辟之是猶伏而咶天.
35) ≪사기 史記≫<손자오기열전 孫子吳起列傳> ; 夾道而伏.
36) ≪좌전 左傳≫<장공10년 莊公十年> ; 夫大國難測也, 懼有伏焉.
37) ≪장자 莊子≫<경상초 庚桑楚> ; 越鷄不能伏鵠卵.
38) 한유(韓愈) <남해신묘비 南海神廟碑> ; 波伏不興.
39) 순열(荀悅・漢)≪한기・고제기 漢紀・高帝紀≫ ; 北狄不伏, 中國不得高沈.

자리 위(位)

①갑골문	②금문	③소전	④해서

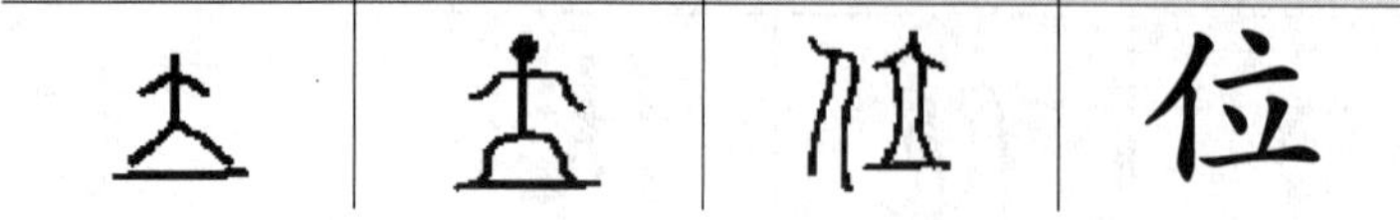

①은 사람[大>大>亣>大<亣]이 자리, 혹은 지면[一>一>一>一]에 서 있음을 가리키나, '서다' 립(立)과 자형이 같아 분화되지 않았으므로, 선다[立]는 뜻의 지사자, 혹은 선 곳[立>立]을 가리키는 상형자이다. ②는 ①과 자형이 같다. ③은 왼뜻 사람[亻>亻]을 더하여 새 회의자를 만들며, 회의자 위(位)는 '자리[位>位]'로, 지사자 립(立)은 '선다'로 쓰임이 나뉘게 되었다. ④는 ③이 정형화한 것이다.

위(位)의 본래 뜻은 '선 곳'이며, 널리 '자리'로 쓰인다. "그 자리[位]에서 창으로 죽였다"[40]는 예가 이것이다. '자리'에서 널리 '지위'로 쓰인다. "지위[位]가 높으나 공적이 없고, 봉급은 많으나 업적이 없다"[41]는 예가 이것이다. 널리 '방위'로도 쓰인다. "방향을 나누고, 방위[位]를 정한다"[42]는 예가 이것이다.

위치(位置)란 '위치'나 '지위'를 가리킨다. "앞뒤 위치(位置)를 감히 어지럽히지 않는다"[43]거나 "초등학교 교원의 지위[位置]를 찾았다"[44]는 예가 이것이다. 다만, 이는 근래의 쓰임이며, 고대에는 '배치한다'거나 '안배한다'로 쓰인다. "몹시 소박하게 배치되었다[位置]"[45]는 예가 이것이다.

位 [m] *위 wèi* *자리. 위치. 지위. 직위.*

莅 리 lì 다다르다. 임하다.
涖 리 lì 다다르다. 임하다.

오다 래(來)

①갑골문	②금문	③소전	④해서	⑤간체자

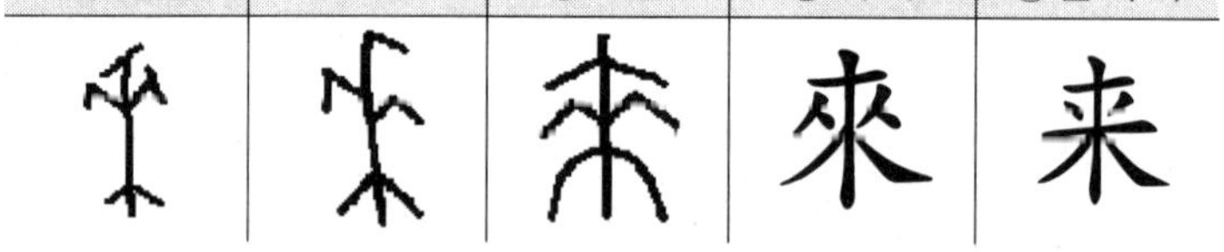

40) ≪좌전 左傳≫<성공17년 成公十七年> ; (以戈殺)于其位.
41) ≪전국책 戰國策≫<조책4 趙策四> ; 位尊而無功, 奉厚而無勞.
42) ≪주례・천관・서관 周禮・天官・序官≫ ; 辨方正位.
43) 손지울(孫枝蔚・淸) <제방이지사임자도 題方爾止四壬子圖> ; 位置不敢亂後先.
44) 양말(楊沫) ≪청춘지가・1부3장 靑春之歌・一部三章≫ ; 找到一個小學校員的位置.
45) 진곡(陳鵠・宋) ≪기구속문 耆舊續聞≫ ; 位置極瀟灑.

"우리에게 밀[來], 보리를 심으라고 주었다"[46] 할 때의 래(來) 자이다. ①은 위는 이삭[ノ>丶>⌒>一]이고, 가운데 양쪽은 잎[ㅅㅅ>ㅏㅅ>ㅅㅅ>人人], 아래는 뿌리[个>木>巾>个]로 한 그루 익은 밀[朩>朩>朿>來]이므로, 상형자이다. ②는 숙인 이삭[丶]의 방향이 다를 뿐, ①과 자형이 같다. ③은 이삭[⌒]이 좌우 양쪽에 나뉘어 있고, ④는 이삭[一]이 가로획으로 정형화한 것이며, ⑤는 초서를 간체자로 삼은 것이다.

래(來)의 본래 뜻은 외지에서 전래된 '밀'이었으나, 이 뜻은 일찍부터 '보리' 맥(麥)자로 분화되고, 외지에서 왔다는 데서 널리 '온다'로 쓰인다. 온다는 데서 널리 '오게 한다'로 쓰인다. "장차 어떻게 먼 곳의 어진 이들을 불러올까[來]?"[47]라는 예가 이것이다. 다만, 이 뜻으로는 머지않아 래(徠)를 분화시켜 쓰기도 한다.

"백발 되자 어부와 머물기 싫어져, 황두건에 짚신 신은 채 돌아간단다[來]"[48]는 예에서는, 어떤 상태가 오게 한다는 데서 널리 '한단다'는 과장이나 환기의 어감을 나타낸 것이다. 대개 현대중국어 말끝의 '리에(咧 lie)'에 해당하는 어기조사이다.

來 [m]	*래*	*lái*	*오다.*
徠*	래	lái	'래來'의 옛글자.
徠*	래	lài	오다. 위로하다.
淶	래	lái	강 이름.
萊	래	lái	명아주 풀.
鶆	래	lái	새매.
睞	래	lài	곁눈질하다.
賚	뢰	lài	주다. 하사하다.

의지하다 의(依)

①갑골문	②금문	③소전	④해서
		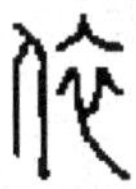	依

"나무 주위 맴돌며 망설이는구나, 어느 가지에 의지할꼬[依]?"[49] 할 때의 의(依) 자이다.

---

46) ≪시경 詩經≫<주송·사문 周頌·思文> ; 貽我來牟.
47) ≪사기 史記≫<문제본기 文帝本紀> ; 將何以來遠方之賢良?
48) 두보(杜甫) <유랑포를 떠나며 發劉郞浦> ; 白頭厭伴漁人宿, 黃帽青鞋歸去來.
49) 조조(曹操) <단가행 短歌行> ; 繞樹三匝, 何枝可依?

①의 겉은 큰 옷[> > 衣]이며, 좌우 양편의 터진 곳은 소매이다. 옷안에는 왼쪽을 향한 사람[> > 亻]이 있어, 사람이 의복에 의지하여 몸을 따뜻이 하거나 가린다[> > 依]는 뜻이므로 회의 겸 형성자이다. ③은 옷 속의 사람[ ]이 옷 왼곁[ ]에 옮겨졌을 뿐, 구성소가 같으며, ④는 ③이 정형화한 것이다.

의(依)의 본래 뜻은 '의지하다'이다. "내 삶 끝내 의지할[依] 곳 없다"[50]는 예가 이것이다. 의지하다에서 널리 '기댄다'로 쓰인다. "태양이 높은 산에 기대어[依] 떨어진다"[51]는 예가 이것이다.

의의(依依)란 '기댄다'는 데서 널리 놓지 못 하는 모양을 가리킨다. "마음에 사무쳐 머뭇머뭇한다[依依]"[52]는 예가 이것이다. 다만, '버들은 가지가 하늘하늘(依依)'[53] 할 때, 의의(依依)는 '부드럽게 스치는 모양'을 가리킨다.

의(依)와 의(倚)는 모두 '의지한다'는 뜻이나, 경중의 차이가 있다. 의(依)는 '어떤 사물에 가깝다'는 뜻으로 가볍고, 의(倚)는 '어떤 사물에 기댄다'는 뜻으로 무겁다. "나무에 기대어[倚] 읊조린다"[54] 할 때는 의(倚)는 쓸 수 있으나, 의(依)는 쓸 수 없다.

衣 m 의 yī 옷. 의복. 커버.*
衣 의 yì 옷을 입다.*

依 m 의 yī 의지하다. 기대다. 따르다.
銥 의 yī 이리듐Ir.
扆 의 yǐ 병풍. 간막이. 숨다.
哀 m 애 āi 슬프다. 애달프다. 애도하다.

명령하다 명(命)

①갑골문	②금문	③소전	④해서

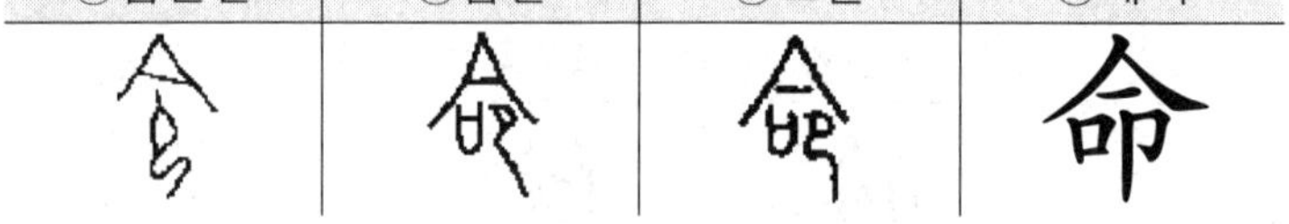

①은 령(令) 자이다. 갑골문에는 아직 명(命)이 분화되지 않았으므로, 령(> > > 令)과 함께 쓰였다. ②는 령(>令)의 왼편 아래에 뜻결 입[> > 口]을 더하여, 명령을 내린다

50) ≪초사 楚辭≫<칠간・원세 七諫・怨世>; 余生終無所依.
51) 왕지환(王之渙) <등관작루 登鸛雀樓>; 白日依山盡.
52) ≪초사 楚辭≫<구사・상시 九思・傷時>; 志戀戀兮依依.
53) ≪시경 詩經≫<소아・채미 小雅・采薇>; 楊柳依依
54) ≪장자 莊子≫<충덕부 充德符>; 倚樹而吟.

[令>令>命]는 뜻을 부각하였다. ③은 ②와 자형이 같고, ④는 정형화하여, 꿇어앉은 사람[卩>卩]의 모양을 찾을 수 없다.

명(命)의 본래 뜻은 '명령'이다. "명령[命]에 따르되 군왕에게 이로우면 이를 순종한다 하고, 명령[命]을 따르되 군왕에게 해로우면 이를 아첨한다고 한다"[55]는 예가 이것이다. 옛날, 생명이란 자연의 명령을 따르는 것이라 여겨, '천명', 혹은 '운명'이라는 뜻으로 쓰인다. "삶과 죽음이 운명[命]에 따르며, 부귀도 순리에 따른다"[56]는 예가 이것이다. '천명'이란 데서 다시 널리 '생명', 혹은 '목숨'의 뜻으로 쓰인다. "불행히도 짧은 목숨[命]에 죽었다"[57]는 예가 이것이다.

다만, 령(令)은 남을 어찌하도록 '시킨다'는 사역의 의미로도 쓰이지만, 명(命)에는 이러한 기능이 없다.

命 m 명 mìng 명령하다.

침노하다 침(侵)

①갑골문	②금문	③소전	④해서

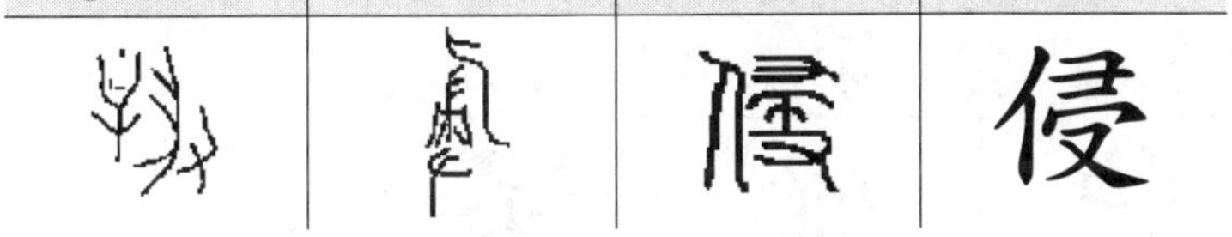

①은 왼곁은 소의 대가리[牛]로 2개의 뿔이 위로 휘었으며, 가운데는 빗자루[帚>帚>帚>彐]이고, 왼곁아래는 손[又>又>又>又]이어서, 손에 빗자루를 잡고 소를 하나 하나 쓸어준다[侵]는 뜻이므로, 회의자이다. 대가리 위의 3점[∴]은 쓸린 흙먼지이다. ②는 오른편 위에 소[牛>牛] 대신 사람[人>亻>亻]이 오른쪽을 향해 있는 점이 다를 뿐, 왼편 아래 손[又>又]으로 빗자루[帚>帚>彐]를 잡고 그의 엉덩이와 다리를 쓸고 있으며, 빗자루[帚] 안에 좌우 2점[∵]은 쓸려 떨어진 흙먼지인 점은 ①과 같다. ③은 사람[亻>亻]이 왼곁에 옮겨졌을 뿐 ②와 자형이 같으며, ④는 오른곁의 빗자루[彐]와 이를 잡은 손[又]의 획이 간략해진 것이다.

침(侵)의 본래 뜻은 '소제한다'이지만, 방향을 정해 차츰 진행한다는 데서 일찍부터 '점진한다'로 쓰였다. 침신(侵晨)이란 '새벽이 점차 가까워짐'을 가리킨다. "동이 막 틀 무렵[侵晨] 진격하였다"[58]는 예가 이것이다. 점진한다는 데서 널리 '침범한다'로 쓰인다. "강대국이 약소국을 침범하지[侵] 않는다"[59]는 예가 이것이다. 침략(侵略)이란 '침범하여 노략질함'을 가리

55) ≪순자 荀子≫<신도 臣道> ; 從命而利君謂之順, 從命而不利君謂之諂.
56) ≪논어 論語≫<안연 顔淵> ; 死生有命, 富貴在天.
57) ≪논어 論語≫<옹야 雍也> ; (顔淵)不幸短命死矣.
58) ≪삼국지 三國志≫<오서 · 여몽전 吳書 · 呂蒙傳> ; 侵晨進攻.

킨다. 침범하여 빼앗다는 데서 널리 '흉년들다'로 쓰이기도 한다. "오곡이 잘 자라지 못 하면, 크게 흉년들었다[侵]고 한다"[60]는 예가 이것이다. "전분은 용모가 추하다[侵]"[61] 할 때 침(侵)은 '키가 작고 못생겼다'는 뜻으로, 머지않아 '못생기다' 침(寑 qǐn)에 분화되어 쓰인다.

侵 [h] *침* *qīn* *침략하다. 침범하다.*

駸		침	qīn	말이 달리는 모양.
梫		침	qǐn	계수나무의 두꺼운 껍질.
鋟		침	qǐn	새기다. 조각하다.
寑		침	qǐn	잠자다. 침실. 제왕의 분묘.
寢	[h]	침	qǐn	침寑과 같음.
祲		침	jìn	상서롭지 못한 기운.
浸	[h]	침	jìn	담그다. 잠그다. 젖다.
濅		침	jìn	침浸과 같음.

지키다 보(保)

①갑골문	②금문	③소전	④해서
			保

①은 왼쪽을 향한 사람[[illegible]>[illegible]>[illegible]>亻]이 긴 팔로 등뒤에 업힌 아기[[illegible]>[illegible]>[illegible]>呆]를 세심히 보살피고 있으므로, 보살핀다[[illegible]>[illegible]>[illegible]>保]는 뜻의 회의자이다. ②는 보다 구체적일 뿐, ①과 자형이 같으며, ③은 어른과 아기가 양곁으로 나뉘어 구성미를 갖춘 것으로, 왼곁은 어른[[illegible]>亻]이며 오른곁은 아기[[illegible]>子]인데, 아기 아래 좌우 2점은 아기를 감싼 손[[illegible]]의 상형부호이다. ④는 ③이 정형화한 것이다.

보(保)의 본래 뜻은 '보살핀다'이다. "갓난아이를 보살핀다[保]"[62]는 예가 이것이다. 보살핀다에서 널리 '지킨다'거나 '보전하다'로 쓰인다. "백성들은 힘이 쇠진하여, 그 생명을 보전하지[保] 못한다"[63]는 예가 이것이다. 지킨다는 데서 널리 '보루'로 쓰인다. "큰 나라는 성곽을 수비하고, 작은 나라는 보루[保]에 틀어박힌다"[64]는 예가 이것이다. 다만, 보루란 흙을 쌓아 담을 두른

---

59) ≪삼국지 三國志≫<촉서 · 제갈량전 蜀書 · 諸葛亮傳> ; 强不侵弱.
60) ≪곡량전 谷梁傳≫<양공24년 襄公二十四年> ; 五穀不升, 謂之大侵.
61) ≪한서 漢書≫<전분전 田蚡傳> ; 田蚡貌侵.
62) ≪상서 尙書≫<강고 强固> ; 保赤子.
63) ≪좌전 좌전≫<소공8년 昭公八年> ; (民力雕盡)莫保其性.

작은 성이니, 머지않아 위음[保] 밑뜻[土]의 새 형성자 보[堡]에 분화되어 쓰인다.

保 m	*보*	*bǎo*	*보호하다. 지키다. 유지하다.*
煲	보	bāo	속이 깊은 남비. 솥.
葆	보	bǎo	숨기다. 풀이 무성하다.
褓	보	bǎo	포대기. 강보.
緥	보	bǎo	포대기. 강보.
堡*	보	bǎo	보루. 외성.
堡*	보	bǔ	작은 성벽이 있는 소규모 도시나 시골.
堡*	보	pù	지명에 쓰이는 글자.
褒	포	bāo	칭찬하다. 찬양하다. 옷이 크다.<포襃와 이체자>

과녁 후(侯)

①갑골문	②금문	③소전	④해서
			侯

①은 가운데 화살[〓>〓>〓>矢]이 위와 왼편에 버텨놓은 과녁[厂>厂>厂>コ]에 적중하였으므로, 과녁, 혹은 이를 쏘아 적중시킨다[〓>〓>〓]는 뜻의 회의자이다. ②는 ①과 자형이 같다. ③은 위에 왼쪽을 향한 사람[〓>亻]을 더하여, 화살을 적중시키는 사람[〓>侯]임을 보인 것이며, ④는 사람[亻]이 왼곁에 옮겨져 구성미를 갖춘 것이다.

후(侯)의 본래 뜻은 '과녁'이다. "1개 큰 과녁[侯]을 두고 8개 과녁[侯]으로 이를 에워싼다"[65]는 예가 이것이다. 화살을 적중시킨다는 데서 널리 '능력 있는 사람'이나, 그의 '작위'를 가리킨다. 작위로서는 5등급 중 제 2등급이니, "천자가 제정한 봉록과 작위에는 공, 후(侯), 백, 자, 남의 5등급이 있다"[66]는 예가 이것이다. 널리 제후들의 통칭으로 쓰인다. "후(侯)란 군주이다"[67]라는 예가 이것이다. 사대부 사이의 존칭으로도 쓰였으니, 대개 오늘날 '군(君)'에 해당한다. "이 군[侯]에게는 훌륭한 시구가 있다"[68]는 예가 이것이다.

후문(侯門)이란 귀족 가문을 널리 이르는 말이다. "귀족 가문[侯門] 한 번 들어가서는,

64) ≪장자 莊子≫<도척 盜跖> ; 大國守城, 小國入保.
65) 구양수(歐陽修) <구사격 九射格> ; 爲一大侯而寓以八侯.
66) ≪예기 禮記≫<왕제 王制> ; 王者之制祿爵, 公侯伯子男凡五等.
67) ≪예기 禮記≫<왕제 王制> ; 侯, 君也.(鄭玄注)
68) 두보(杜甫) <여이십이백동심 與李十二白同尋> ; 李侯有佳句.

감감 종적 없기가 바다 같구나"[69]라는 예가 이것이다.

복건성 민후현(閩侯縣)의 후(侯)는 본래 뜻과 상관없이 지명에 빌려 쓰여, 유독 '살피다' 후(候)와 같이 허우(hòu 侯)로 읽는 점 주의해야 한다. 후(候)는 후(侯)와 자형과 음이 비슷하므로 주의해야 한다. 현대중국어에 '때'를 스허우(時候 shíhòu), '조짐'을 정허우(徵候 zhēnghòu), '안부묻기'를 원허우(問候 wènhòu)라 하는 예가 이것이다. 이와 달리 '원숭이 후(猴)', '목구멍 후(喉)', '한 눈 멀다 후(睺)', '돈대 후(堠)', '공후 후(篌)'등은 모두 후(侯)를 음곁으로 쓴 글자들이다.

侯[h]* 후 hóu 후작. 고관대작. 과녁. 아름답다.*
侯 후 hòu 지명에 쓰이는 글자.*

喉 후 hóu 목구멍. 인후.
猴 후 hóu 원숭이.
瘊 후 hóu 작은 혹. 사마귀.
糇 후 hóu 말린 밥.
餱 후 hóu 말린 밥.
篌 후 hóu 공후[하프와 비슷한 동양의 현악기].
堠 후 hòu 봉화대. 흙으로 쌓아 만든 이정표.

도마 조(俎)

①갑골문	②금문	③소전	④해서

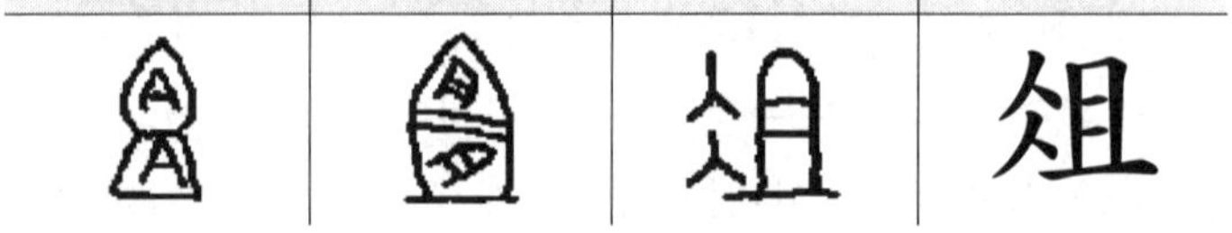

①은 고대 제사에서 희생으로 마련한 소나 양 같은 희생물의 고기[> > > 仌]가 담긴 제사기구[> > > 且]이므로, 회의 겸 걸음 차(> > > 且)의 형성자이다. ②는 고기[ ]가 고기[ ]로 바뀌었을 뿐 ①과 자형이 비슷하며, ③은 고기가 제사기구 밖으로 옮겨 놓였을 뿐만 아니라 고기가 다시 상형부호[> 仌]로 바뀌어 상형 겸 형성자를 회복한 것이다. ④는 ③이 정형화한 것이다.

조(俎)의 본래 뜻은 '제사기구'이다. "조류나 들짐승의 고기는 제기[俎]에 담지 않는다"[70]는 예가 이것이다. 이 조(俎)는 제사기구라는 뜻에서 고기를 써는 '도마'의 뜻으로 쓰인다. "몸소 솥이나 도마[俎]와 씨름하며 요리사가 되었다"[71]는 예가 이것이다.

---

69) 범터(范攄・唐) ≪운계우의・1권 雲溪友議・卷一≫ ; 侯門一入深如海.
70) ≪좌전 左傳≫<은공5년 隱公五年> ; 鳥獸之肉不登于俎.

조상육(俎上肉)이란 '도마에 오른 고기'를 가리킨다. 널리 남에게 무시 받고 억압되면서도 이를 모면할 여지가 없음을 비유한 말이다. "지금은 도마에 오른 고기[俎上肉]와 같으니 남이 요리하는 대로 맡길 뿐이다"[72]라는 예가 이것이다.

음결이 같은 자들의 체계는 앞쪽의 일(一) 부 또 차(且) 자를 참조.

곳집 창(倉)

①갑골문	②금문	③소전	④해서	⑤간체자

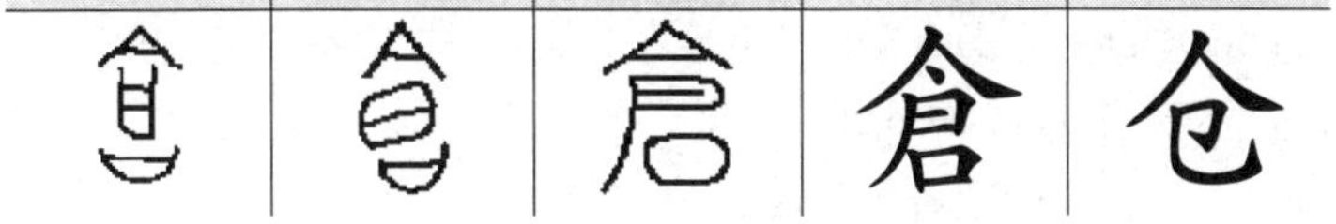

①은 위는 지붕[A>A>△>人], 가운데는 보관실, 혹은 보관실의 외짝문[日>日>戶>戶], 아래는 보관실의 터[ᗜ>ᗜ>口>口]를 그린 창고[倉>倉>倉>倉]이다. 이런 외짝문 창고는 산동(山東)의 교동(膠東) 일대에 흔한 형식이다. ②와 ③은 ①과 자형이 비슷하나 외짝문의 형태가 바뀌었으며, ④는 ③이 정형화한 것이다. ⑤는 창(倉)의 초서를 간체자로 정형화한 것이다.

창(倉)의 본래 뜻은 '양식곳간'이다. "곡창[倉廩]이 차면, 예절을 차릴 줄도 안다"[73]는 예에서 창름(倉廩)이란 미곡창고이다. 창(倉)은 고(庫)와는 구별된다. 예컨대, 양식곳간은 창(倉)이지만, 기타 물품창고는 고(庫)라 하였다. 또한, 창(倉)과 균(囷)은 모두 식량곳간이지만, 형태가 서로 다르다. "둥글면 균(囷)이라 하고, 모나면 창(倉)이라 한다"[74]는 예가 이것이다. 창(倉)은 창(艙), 창(蒼), 창(滄) 등의 글자를 대신하여 쓰이기도 한다. "배의 선실[倉]은 사방이 다섯 자였다"[75] 할 때는 '선창[艙]' 대신 쓰인 예이며, "푸른[倉] 말을 몬다"[76] 할 때는 '푸르다[蒼]'의 뜻으로 쓰인 예가 이것이다. "동쪽으로 큰[倉] 바다를 밝히고, 서쪽으로 사막까지 빛났다"[77]는 예에서는 '크다'는 뜻이며, 이는 머지않아 창(滄)에 분화되어 쓰인다.

倉 [*h*] *창 cāng* *창고. 곳간.*

傖 창 cāng 천하다. 문란하다.
滄 창 cāng 검푸르다.

---

71) ≪한비자 韓非子≫<난언 難言> ; 身執鼎俎爲庖宰.
72) ≪진서 晋書≫<공탄전 孔坦傳> ; 今由俎上肉, 任人膾截耳.
73) ≪관자 管子≫<목민 牧民> ; 倉廩實則知禮節.
74) ≪여씨춘추 呂氏春秋≫<중추 仲秋> ; 圓曰囷, 方曰倉.(高誘注)
75) 양만리(楊萬里) <초이일고열 初二日苦熱> ; 船倉周圍各五尺.
76) ≪예기 禮記≫<월령 月令> ; 駕倉龍.
77) ≪한서 漢書≫<양웅전・상 揚雄傳・上> ; 東燭倉海, 西耀流沙.

鶬　창　cāng　꾀꼬리.
蒼　창　cāng　푸르다.
創*[h]　창　chuāng　상처.
創*　창　chuàng　시작하다.
瘡　창　chuāng　부스럼.
滄　창　chuàng　차다. 한랭하다.
愴　창　chuàng　슬퍼하다.
槍　창　qiāng　창.
瑲　창　qiāng　옥 소리.
搶*　창　qiāng　닿다.
搶*　창　qiǎng　탈취하다. 빼앗다.
蹌*　창　qiāng　걷는 모양. 춤추는 모양.
蹌*　창　qiàng　비틀거리다.

노예 복(僕)

①갑골문	②금문	③소전	④해서	⑤간체자
			僕	仆

①은 왼쪽을 향한 사람[人>亻>亻>亻]의 머리[ᵕ] 위에 노예의 표지인 형벌기구[辛<辛]가 있고, 손[又>又>廾>大]에는 점점이 곡식[∴]이 흩어지는 키[甾>甾>甾>业]가 들려 있으며, 왼쪽 밑으로 굽혀 뻗은 다리가 시작되는 둔부에는 꼬리[尾>业>丰>丰]표지가 달린 노예 옷을 입고 있으므로, 노예[僕>僕>僕>僕]라는 뜻의 회의자이다. ②는 손[又]이 왼편의 사람[亻>人]과 분리되어 오른밑에 놓이고, 오른위의 키[甾]와 꼬리[业]는 빗자루 같아서 알아보기 어려우나, 구성소가 ①과 비슷하며, ③은 왼손[屮]이 더 늘었을 뿐 ②와 자형이 같다. ④는 ③이 정형화한 것이며, ⑤는 '엎어진다' 부(仆)와 동화된 자형이다.

복(僕)의 본래 뜻은 '노예'로서, '하인'이나 '노비'를 널리 일컫는 말이다. "제후를 섬기면 신하라 하고, 사가를 섬기면 노비[僕]라 한다"[78]는 예가 이것이다. 천하다는 데서 널리 '자신을 겸칭하는 말'로 쓰인다. "저[僕]는 감히 이렇게 하지 않습니다"[79]는 예가 이것이다. 수레를 하인이 끌었으므로 '수레꾼' 혹은 '수레 끌다'로도 쓰인다. "공자가 위나라에 갔을 때, 제자

78) ≪예기 禮記≫ ; 仕於公曰臣, 仕於家曰僕.
79) 사마천(司馬遷) <보임안서 報任安書> ; 僕非敢如是也.

염유는 공자가 탄 수레를 끌었다[僕]"[80]는 예가 이것이다.

부(仆)는 '엎어진다'는 뜻으로, 원래는 복(僕)과 음이 비슷했을 뿐, 무관한 자이다. "위병이 땅에 고꾸라졌다[仆]"[81]는 예가 이것이다. 따라서 간체자로 쓰인 문헌에서 복(僕)의 간체자는 푸(仆 pú)로, '엎어진다'는 뜻은 푸(仆 pū)로 구분해서 읽어야 하는 점 주의해야 한다.

菐	*복*	*pú*	*종. 하인.*
僕	복	pú	종. 하인. 저.
鏷	복	pú	무쇠. 프로탁티늄.
蹼	복	pǔ	물갈퀴.
濮	복	pú	강 이름. 지명 이름.
幞	복	fú	두건.
襆	복	fú	홑이불. 보자기.
醭	복	bú	골마지. <옛음은 pú>
樸*	복	pò	떡갈나무.
樸*	박	pǔ	나무등치. 순박하다.
撲	박	pū	뛰어들다. 돌진하다.
璞	박	pú	옥돌.

10. 인(儿) 부

토끼 토(兔)

①갑골문	②금문	③소전	④해서
			兔

"교활한 토끼[兔]가 잡히면 사냥개를 삶는다"[1] 할 때의 토(兔) 자이다. ①은 귀가 길게 솟은 머리[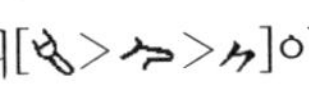]아래에 짧은 꼬리[]와 다리[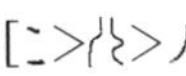]가 몸통[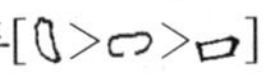]에

80) ≪논어 論語≫<자로 子路> ; 子適衛, 冉有僕.
81) ≪사기 史記≫<항우본기 項羽本紀> ; 衛士仆地.

1) ≪사기 史記≫<越王句踐世家> ; 狡兔死, 走狗烹.

난 토끼[[illegible]>[illegible]>兔]로, 상형자이다. ③은 구성미를 갖추긴 하였으나, 토끼의 형상을 찾기 어려우며, ④는 ③이 정형화한 것이다.

토(兎)의 본래 뜻은 '토끼'이다. "토끼[兔]가 죽으면 여우가 슬퍼하니, 동물도 동류를 아파한다"[2]는 예가 이것이다. 토백(兎魄)이란 '달'의 다른 이름이다. "달[兎魄]이 또 찬다"[3]는 예가 이것이다. 토(兎)는 면(免)과 자형이 비슷하나, 짧은 꼬리에 해당하는 '점[丶]'이 있으므로 주의해야 한다.

토(兎)는 구성소로 쓰인다. 이를 구성소로 하는 글자는 토끼와 연관이 있다. 숨다 일(逸), 원통할 원(冤) 등이 이것이다.

兎 토 tù 토끼.

菟* 토 tú 호랑이.
菟* 토 tù 새삼. 너도 바람 꽃.

아이 아(兒)

①갑골문	②금문	③소전	④해서	⑤간체자
			兒	儿

"아버지에겐 장성한 아이[兒]가 없다"[4] 할 때의 아(兒) 자이다. ①은 왼쪽을 향한 아이[[illegible]>[illegible]>[illegible]>兒]의 상형자이다. 몸[[illegible]>[illegible]>[illegible]>儿] 위의 머리가 위로 터진 것[[illegible]>[illegible]>[illegible]>臼]은 "정수리뼈가 채 굳지 않은"[5] 시기이기 때문이다. ②는 ①과 자형이 비슷하며, ③은 다리가 하나이던 몸[[illegible]]에서 팔[[illegible]]이 분리되어 인([illegible]>儿)이 되었을 뿐, ②와 자형이 비슷하다. ④는 ③이 정형화한 것이며, ⑤는 ④의 자형 중 일부[儿]만 남겨 간체자로 삼은 것이다.

아(兒)의 본래 뜻은 '아이'로, 널리 어린 자식이나 사내의 호칭으로 쓰인다. "집안을 보전할 자식[兒]이 없다"[6]는 예가 이것이다. 널리 딸이 부모에게 자신을 일컬을 수도 있었다. "옥반지는 제가[兒] 어려서 가지고 놀던 것입니다"[7]라는 예가 이것이다. 지금도 부모에게 편지를 쓰는 딸이 친밀하고 점잖은 표현으로서 '아이[兒]'라 자칭하곤 한다. 널리 경멸하는 칭호로도 쓰인다. "지금 너 같은 놈이[兒] 나를 조정에서 비방하는가"[8]라는 예가 이것이다.

---

2) ≪삼국연의 三國演義≫<89회 八十九回> ; 兎死狐悲, 物傷其類.
3) 유기(劉基) <원왕손(怨王孫)> ; 兎魄又滿.
4) ≪악부시집 樂府詩集≫<목란시 木蘭詩> ; 阿爺無大兒.
5) 허신(許愼) ≪설문해자 說文解字≫ ; 頭囟未合.
6) 한유(韓愈) <유서림사 游西林寺> ; 無兒可保家.
7) 원진(元縝) ≪앵앵전 鶯鶯傳≫ ; 玉環一枚, 是兒嬰年所弄.

아치(兒齒)란, 드물지만, 노인에게 이가 빠진 다음 다시 나는 간니를 말한다. "누런 머리칼에 새삼 가는 이[兒齒]"[9]라는 예가 이것이다.

兒[m]*	*아*	*ér*	*아이. 어린이. 젊은이.*
*兒**	*예*	*ní*	*춘추시대의 나라 이름.*
唲*	아	ér	어색한 웃음을 짓다.
唲*	애	ér	응석하다.
倪	예	ní	어린이. 끝. 가장자리.
猊	예	ní	사자.
婗	예	ní	갓난아이.
郳	예	ní	춘추시대의 나라 이름.
蜺	예	ní	쓰르라미. 이차 무지개.
輗	예	ní	끌채 끝 쐐기.
霓	예	ní	무지개. 암무지개.
鯢	예	ní	도롱뇽. 고래의 암컷.
齯	예	ní	다시 난 이.
麑	예	ní	작은 사슴.
堄	예	nì	성 위에 쌓은 낮은 담.
睨	예	nì	흘겨보다. 쏘아보다.

우뚝 솟다 올(兀)

①갑골문	②금문	③소전	④해서
		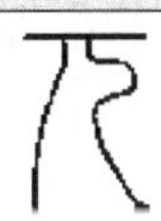	

①은 상고머리처럼 보이는 지사부호로 사람[亻>亻>㇉>儿]의 머리 위 평평한 곳[—>●>—>一]을 가리켜 솟았다[丆>亻>丆>兀]는 뜻을 나타낸 지사자이다. ②는 ①의 가로획[—]이 점[●]으로 바뀐 것이다. ③은 머리 아래팔[丿]이 한 쪽 뿐인 다리[㇉]와 나뉘어 인(丿㇉>儿)으로 바뀐 것이며, ④는 ③이 정형화한 것이다.

---

8) ≪사기 史記≫<원앙조착열전 袁盎晁錯列傳> ; 今兒廷毁我.
9) ≪시경 詩經≫<노송 · 비궁 魯頌 · 閟宮> ; 黃發兒齒.

올(兀)의 본래 뜻은 '우뚝 솟다', 혹은 '우뚝 선다'이다. '으뜸' 원(元)과는 어원이 같았으나, 뒤에 쓰임이 구분된 것이다. "지난해 필마 타고 봄 한기에 우뚝 섰지[兀]"[10]라는 예가 이것이다. 머리 위가 평평하다는 데서 널리 '평평하게 솟은 것'을 올(兀)이라고도 한다. "촉산이 민둥산[兀] 되고서야, 아방궁은 섰네"[11]라는 예가 이것이다. 평평하다는 데서 널리 '깨달음이 없는 모양'으로 쓰인다. "책을 모두 읽고도 망연하여[兀] 안 읽은 것 같다"[12]는 예가 이것이다. 평평하다는 데서 다시 널리 '고요하다'로도 쓰인다. "마른 등걸처럼 고요하고[兀], 마른 시내처럼 트였다"[13]는 예가 이것이다. '우뚝 솟는다'는 데서 널리 '한쪽 발을 잘린 외다리'를 가리키기도 한다. "노나라에 숙산이란 이름의 외다리[兀] 사내가 발가락이 없어서, 뒤꿈치 걸음으로 공자를 만났다"[14]는 예가 이것이다.

올적(兀的)이란 근대에 쓰이던 입말[口語]이다. "어찌[兀的] 좋아서 죽지 않겠느냐!"[15] 할 때, 올적(兀的)이란 '어찌'나 '어떻게'로 의문이나 감탄의 어감을 나타낸다.

兀 올 wù 우뚝 솟다. 머리가 벗겨진 모양.*
兀 올 wū 일을 흐지부지하다. 우물쭈물하다.*

屼 올 wù 산이 민둥민둥한 모양.
扤 올 wù 뒤흔들다.
杌 올 wù 등받이가 없는 방형의 작은 걸상. 그루터기.
元 m 원 yuán 처음. 시작. 으뜸.
軏 월 yuè 수레의 멍에.
豗 회 huī 서로 치다. 공격하다. 떠들썩하다.
虺* 회 huī 병들고 지치다. 시들시들하다.
虺* 훼 huǐ 살무사.
髡 곤 kūn 삭발하는 형벌. 가지치기하다.

으뜸 원(元)

①갑골문	②금문	③소전	④해서
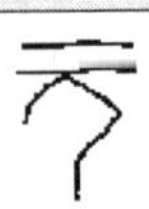		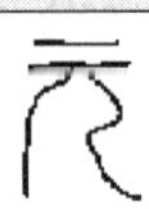	

10) 범성대(范成大) <과송강 過松江> ; 去年匹馬兀春寒.
11) 두목(杜牧) <아방궁부 阿房宮賦> ; 蜀山兀, 阿房出.
12) 유종원(柳宗元) <독서 讀書> ; 徹卷兀若無.
13) 육기(陸機) ≪문부 文賦≫ ; 兀若枯木, 豁若涸流.
14) ≪장자 莊子≫<덕충부 德充符> ; 魯有兀者叔山無趾, 踵見仲尼.
15) 왕구사(王九思 · 明) ≪단정호 · 춘유 端正好 · 春游≫ ; 兀的不喜殺人也!

①은 밑은 상고머리 지사부호[一]가 있는 사람[?>儿], 곧 '솟다' 올(兀) 자이며, 위의 가로 한 획은 머리[一]를 강조한 것으로서, 상고머리 지사부호 한 획과 합하여 '위' 상(二<上)[16] 자를 만들어, 신체[?>亻>?>儿]의 위[二>二>二>二]임을 가리키므로, 머리[?>?>?>元]의 회의 겸 밑음 올(兀)의 형성자이다. ② 이후는 ①과 자형이 같다.

원(元)의 본래 뜻은 '머리'이다. "용감한 무사는 머리[元] 바칠 각오를 잊지 않는다"[17]는 예가 이것이다. '머리'에서 널리 '군주'를 가리킨다. "군주[元]가 되거나 재상에 오름이 모두 허사이다"[18]라는 예가 이것이다. 군주에서 널리 '으뜸'을 가리킨다. "유능한 장수로는 으뜸[元]이었으나, 농업과 상업을 다스릴 수 없었다"[19]는 예가 이것이다. 으뜸이라는 데서 다시 널리 어떤 일의 '시작'을 가리킨다. 개시하는 해를 원년(元年)이라 하거나, 한 해의 처음, 정월 초하루를 원일(元日)이라 하는 예가 이것이다. '시작'에서 널리 '근원'을 가리킨다. "도리란 덕성의 근원[元]이다"[20]라는 예가 이것이다. 근원이란 데서 널리 '백성'을 가리키기도 한다. "아래로는 백성들[元元]의 의지가 된다"[21] 할 때의 원원(元元)이 이것이다. 백성이란 데서 널리 '선량하다'거나 '길하다'로도 쓰인다. "길한[元] 날을 택한다"[22]는 예가 이것이다.

원색(元色)이란 빛의 '근원' 3색을 가리키는 원색(原色)과 달리 청나라 때는 '검정색'을 가리키기도 한다. 청나라 강희제의 이름이 현엽(玄燁)이어서, 이를 피해 쓰느라 '검다' 현(玄)과 자형이나 음이 비슷한 원(元)을 대신 쓴 때문이다. '현묘(玄妙)하다'를 '원묘(元妙)하다'로 고친 예도 이와 같다.

兀*	올	wù	우뚝 솟다. 머리가 벗겨진 모양.
兀*	올	wū	일을 흐지부지하다. 우물쭈물하다.
元 ㎙	*원*	*yuán*	*처음. 시작. 으뜸.*
沅	원	yuán	강 이름.
芫	원	yuán	팥꽃나무. 가뢰.
蚖	원	yuán	살무사.
阮	완	ruǎn	옛날, 나라 이름.
刓	완	wán	깎다. 도려내다.
岏	완	wán	산세가 깎아지른 듯 험준하다.

---

16) 진(秦)나라 이전, 곧 소전 이전의 자형에서 위아래 획의 길이가 같은 자[=]는 지금의 이(二)이며, 위 획이 짧은 자[二]는 지금의 상(上) 자임.

17) ≪맹자 孟子≫<등문공 · 하 滕文公 · 下> ; 勇者不忘喪其元.

18) 문천상(文天祥) ≪득아녀소식 得兒女消息≫ ; 爭元作相總成塵.

19) 갈홍(葛洪) ≪포박자 · 비궐 抱朴子 · 備闕≫ ; 良將之元也, 而不能修農商.

20) ≪문자 文子≫<도덕 道德> ; 道者德之元.

21) ≪후한서 後漢書≫<광무제기 · 상 光武帝紀 · 上> ; 下爲元元所歸.

22) ≪회남자 淮南子≫<시칙훈 時則訓> ; 擇元日.

抏	완	wán	기세를 꺾다. 좌절시키다.
完 ⓜ	완	wán	완전하다. 완벽하다. 완성하다.
頑	완	wán	완고하다. 미련하다. 어리석다.
玩	완	wán	놀다. 놀이하다. 장난하다.

빛 광(光)

①갑골문	②금문	③소전	④해서
			光

"달 빛[光]은 무슨 덕성이 있어, 죽었다가 다시 커질까?"[23] 할 때의 광(光) 자이다. ①은 왼쪽을 향해 꿇어앉은 사람[[illegible]>[illegible]>[illegible]>儿<人]의 머리 위에 큰불[[illegible]>[illegible]>[illegible]>[illegible]<火]이 밝게 비치고 있어, 머리 위에 높이 밝힌 불빛[[illegible]>[illegible]>[illegible]>光]이 사방을 널리 비춘다는 뜻의 회의자이다. ②는 머리 위 불의 불꽃이 두 점으로 분리되었을 뿐, ①과 자형이 같으며, ③은 위는 불[[illegible]>火]이지만, 밑은 이미 사람임을 알기가 어렵다. ④는 사람[人]도 불[火]도 모양을 찾을 수가 없다.

광(光)의 본래 뜻은 '빛'이다. "해와 달은 밝아서, 틈만 있으면 빛[光]이 반드시 그곳을 비췬다"[24]는 예가 이것이다. '빛'에서 널리 '빛낸다'로 쓰인다. "선왕이 남긴 미덕을 빛낸다[光]"[25]거나, "선왕의 미덕을 빛내고[光] 선양하려 힘쓰지 않을 수 있을까?"[26]라는 예가 이것이다. 빛낸다는 데서 널리 '영광스럽다'로 쓰인다. "먼길 멀다 않고, 와주신 영광[光]을 입어 기쁘다"[27]는 예가 이것이다. 빛이 난다는 데서 널리 '텅 비다'로도 쓰인다. "산채를 불질러 텅 빈[光] 땅을 만들었다"[28]는 예가 이것이다.

光 ⓜ 광 guāng 빛. 광선. 풍경. 경치.

侊	광	guāng	성대하다.
洸	광	guāng	물이 넓고 큰 모양.
桄*	광	guāng	광랑나무[야자과의 상록 교목].
桄*	광	guàng	실을 실패에 감다. 실타래.

23) ≪초사 楚辭≫<천문 天問> ; 夜光何德, 死則又育.
24) ≪맹자 孟子≫<진심・상 盡心・上> ; 日月有明, 容光必照焉.
25) 제갈량(諸葛亮) ≪출사표 出師表≫ ; 以光先帝之遺德.
26) ≪좌전 좌전≫<은공3년 隱公三年> ; 光昭先君之令德, 可不務乎?
27) 조식(曹植) <칠계 七啓> ; 不遠遐路, 幸見光臨.
28) ≪수호전・35회 水滸傳・三五回≫ ; 把山寨燒做光地.

胱	광	guāng	오줌통. 방광.
黄 m	황	huáng	황색. 노란색. 노랗다. 누렇다.
恍	황	huǎng	얼떨하다. 황홀하다.
晃*	황	huǎng	황홀하다. 눈부시다.
晃*	황	huàng	흔들다. 흔들리다. 요동하다.
銧	황	huàng	엄숙한 모양.
觥	굉	gōng	뿔잔. 크다.

앞 선(先)

①갑골문	②금문	③소전	④해서
			先

"봄, 여름은 앞서고[先] 가을, 겨울은 뒤서는 것이 사철의 순서이다"29) 할 때의 선(先) 자이다. ①은 왼쪽을 향한 사람[[illegible]>[illegible]>[illegible]>儿]의 머리 위에 '발'[[illegible]<止]이 놓여 있으므로, 남보다 앞서 간다[[illegible]>[illegible]>[illegible]>先]는 뜻의 회의자이다. ②는 ①의 '발'[[illegible]<止]이 '가다'[[illegible]>[illegible]>之<㞢]로 바뀌었을 뿐 ①과 자형이 같으며, ③은 위에서 발을 찾기가 어렵고, 밑에서도 사람을 찾기가 어렵다. ④는 이미 원형을 잃어 발과 사람의 모양을 전혀 찾을 수 없다.

선(先)의 본래 뜻은 '앞서 간다'이다. "화살은 오락가락 쏟아지고 장사는 앞서고자[先] 다툰다"30)는 예가 이것이다. 나중에는 널리 시간의 선후를 나타낸다. "먼저[先] 관중에 들어가 그곳을 평정하는 이가 왕이 된다"31)는 예가 이것이다. 앞선다는 데서 널리 '선생', 혹은 '선조'의 경칭으로 쓰인다. "선조[先]를 잊는 이들이 많다"32)는 예가 이것이다. 다시 널리 교제할 때 가운데 사람을 '앞장세운다'로도 쓰인다. "초나라 왕이 대부 2명을 앞장세워[先] 보냈다"33)는 예가 이것이다.

先 m	*선*	*xiān*	*앞. 앞장. 선두. 선조. 고인.*
筅	선	xiǎn	대를 잘게 쪼개어 만든 솔.
毨	선	xiǎn	털을 갈다.
跣	선	xiǎn	맨발.

29) ≪장자 莊子≫<천도 天道> ; 春夏先, 秋冬後, 四時之序也.
30) 굴원(屈原) <구가·국상 九歌·國殤> ; 矢交墜兮士爭先.
31) ≪사기 史記≫·<고조본기 高祖本紀> ; 先入定關中者王之.
32) ≪한서 漢書≫<예악지 禮樂志> ; 忘先者衆.
33) ≪장자 莊子≫<추수 秋水> ; 楚王使大夫二人往先焉.

銑* 선 xiǎn 무쇠. 선철.
侁 선 shēn 걷는 모양. 많은 모양.
詵 선 shēn 많다. 우글우글하다.
銑* 선 xǐ 프레이즈반(fraise盤)으로 금속을 깎다.
洗 [m] 세 xǐ 씻다. 세례.
駪 신 shēn 말[馬]이 아주 많은 모양.

11. 팔(八) 부

여덟 팔(八)

①갑골문	②금문	③소전	④해서

①은 한 물건이 쪼개졌거나, 두 물건이 떨어진 모양이므로, 나뉘었다[)(>)(>⟩⟨>八]는 뜻의 지사자이다. ②는 ①과 자형이 같고, ③은 두 사람이 등을 진 것처럼 보이기도 하지만, 의미는 같다. ④는 이들이 정형화한 것이다.

팔(八)의 본래 뜻은 '나눈다'이지만, 머지않아 본래 뜻은 새 회의자 분(分)에 분화되고, 널리 '여덟'의 숫자를 가리킨다. 다만, 분(分) 자처럼 팔(八)을 구성소로 하는 자들에는 아직 본래 뜻이 남아 있다.

팔자(八字)란 60갑자로 나타낼 때 모두 여덟 자로 쓰여지는 태어난 '해・달・날・시'를 가리키는 말이나, 이것이 좋거나 사납다고 말할 때는 이를 별의 운행과 연관지어 점쳤던 '운명'을 가리켜 말한 것이다. 팔사(八蜡)란 고대 납월(臘月), 곧 12월에 드리는 사제(蜡祭)를 가리킨다. 종묘에서 소금에 절인 고기로 조상에게 지내던 납제(臘祭)와 달리, 교외에서 농작물로 팔방의 신에게 드리던 제사로, 팔(八)이란 팔방, 곧 온갖 신을 가리킨다.

팔(八)은 부수자이다. 이를 구성소로 하는 글자는 모두 나눈다는 뜻과 관련이 있다. 작다 소(小), 나누다 분(分), 절반 반(半) 등의 글자가 이것이다.

八 [m] 팔 bā 여덟.

扒 팔 bā 고무래.

扒* 배 bā 빼다. 뽑다.
扒* 배 pá 긁다. 소매치기하다.
匹 [m] 필 pǐ 짝. 단독. 평범하다.
穴 [h] 혈 xué 동굴. 구멍.

군사 병(兵)

①갑골문	②금문	③소전	④해서
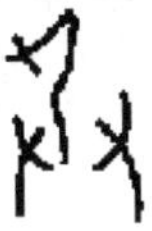			兵

①은 자루가 굽은 도끼[>>>斤]이다. 왼쪽을 향한 화살촉은 도끼 날[]이며, 도끼자루[] 양편은 두 손[>>><廾]으로, 손에 드는 도끼[>>>兵]를 가리키는 회의자이나. ②는 노끼 날[]의 방향이 바뀌었을 뿐, ①과 자형이 비슷하며, ③은 ②가 구성미를 갖춘 것이다. ④는 부분으로는 도끼가 근(>斤)으로, 이를 든 두 손은 공(>廾)으로, ③이 정형화한 것임을 알 수 있으나, 전체로는 두 손이 도끼를 쥔 모습임을 찾아 보기 어렵다.

병(兵)의 본래 뜻은 '병기'이다. "천하의 병기[兵]를 거두어, 함양에 모았다"[1]는 예가 이것이다. 널리 '군대'로 쓰인다. "국가를 안정시키는 방도는 군대[兵]를 증강하고 양식을 충족시키는 데 있다"[2]는 예가 이것이다. 널리 '군사업무'를 가리키기도 한다. "군사 업무는 국가의 가장 중요한 일이다"[3]라는 예가 이것이다. 비교적 늦게나마 널리 '군사'를 가리키기도 한다. "장군 하달 등은 군사[兵] 만 명을 거느렸다"[4]는 예가 이것이다.

병(兵)과 졸(卒), 사(士) 세 자는 쓰임이 뚜렷이 다르다. 병(兵)은 대부분 병기를 가리킨다. 대신 졸(卒)은 보병이며, 사(士)는 전차를 타고 싸우는 무사이다. 그래서 졸사(卒士)란 널리 '병사'를 일컫는다. "병졸들에게[士卒] 앞장선다(身先士卒)"는 예가 이것이다.

兵 [m] 병 bīng 군인. 병사. 병기. 무기. 군사.

浜* 병 bāng 운하
浜* 빈 bīn <물가 빈濱의 간체자>

---

1) 가의(賈誼) <과진론 · 상 過秦論 · 上> ; 收天下之兵, 聚之咸陽.
2) 조조(曹操) <치둔전령 置屯田令> ; 夫定國之術, 在于强兵足食.
3) ≪손자병법 孫子兵法≫<계편 計篇> ; 兵者, 國之大事.
4) ≪삼국지 三國志≫<오서 · 오주전 吳書 · 吳主傳> ; 將軍賀達等將兵萬人.

갖추다 구(具)

①갑골문	②금문	③소전	④해서

①은 가운데 솥[]을 두고 좌우 양편 아래 두 손[>>><廾]이 있어, 손으로 솥을 받들어 갖춘다[>>>具]는 뜻의 회의자이다. ②는 솥[] 대신 조개[]가 놓였을 뿐, ①과 자형이 비슷하며, ③은 솥[], 혹은 조개[]가 목(>目)으로 잘못 변형되었을 뿐, ②와 자형이 비슷하다. ④는 ③이 정형화한 것이다.

구(具)의 본래 뜻은 '갖춘다'이다. 특히 식사나 주연을 '갖춘다'로 쓰인다. "위기후에게 술과 음식을 갖추라[具] 이르고, 장군은 내일 밝는 대로 일찍 오라"[5]는 예가 이것이다. 널리 음식 등의 '차림'을 가리킨다. "그에게 거친 차림[具]을 먹였다"[6]는 예가 이것이다. '갖춘다'는 데서 널리 '기구'를 가리킨다. "진중에 명하여 급히 공격 기구[具]를 만들게 하였다"[7]는 예가 이것이다. 공구(工具)니 도구(道具)니 기구(器具)니 하는 예가 모두 이 뜻이다. 빠뜨리지 않고 갖춘다는 데서 '전부'를 가리키기도 한다. "장량이 들어가 유방에게 전부[具] 말하였다"[8]는 예가 이것이다. 다시 널리 '진술한다'로도 쓰인다. "풍속의 폐단을 낱낱이 진술하게[具] 하였다"[9]는 예가 이것이다.

구(具)가 '전부'로 쓰일 때는 머지않아 구(俱)에 분화되어, 동일한 일을 함께 한다는 뜻을 나타낸다.

具	*h*	*구*	*jù*	*갖추다. 기구. 도구. 준비하다.*
俱	h	구	jù	모두. 전부.
惧		구	jù	<두려워하다 구懼의 속자>
犋		구	jù	겨리[소 두 마리가 끄는 큰 쟁기].

---

5) ≪한서 漢書≫<관부전 灌夫傳> ; 請語魏其(侯)具, 將軍旦日蚤臨.
6) ≪전국책 戰國策≫<제책・4 齊策・四> ; 食以草具.
7) ≪삼국지 三國志≫<위서・무제기 魏書・武制紀> ; 令軍中促爲攻具.
8) ≪사기 史記≫<항우본기 項羽本紀> ; (張)良乃入, 具告沛公(劉邦).
9) ≪송사 宋史≫<양극가전 梁克家傳> ; 命條具風俗之弊.

법 전(典)

①갑골문	②금문	③소전	④해서

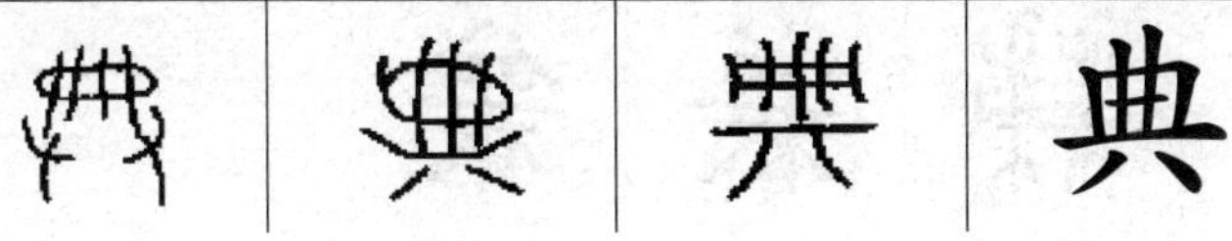

①은 위는 책(冊>冊>冊>冊>曲)이고 아래는 좌우 양손[廾>ㅅ>八>六>廾]이며, 두 손으로 정중하게 책을 바치는 것으로 전적[典>典>典>典]을 뜻하는 회의자이다. ②는 잘못된 변형이 생겨 양손이 오늘날의 책꽂이[丌]와 같은 모양이 되었다. 따라서 책꽂이에 얹어 놓는 책도 역시 전(典)이라 할 수 있다. ③은 ②와 자형이 비슷하며, ④는 ③이 정형화한 것이다.

전(典)의 본래 뜻은 본보기가 되는 중요한 '전적'을 가리킨다. "후대의 사적을 이어, 한 시대의 대규모 전적[典]을 완성한다"[10]는 예가 이것이다. 경전(經典)이나 법전(法典), 약전(藥典) 등은 모두 이와 같은 예이다. 경전이라는 데서 널리 '법칙'이나 '전장제도'로 쓰인다. "제사의례를 신중히 제정하여, 국가의 전장제도[典]로 삼는다"[11]는 예가 이것이다. 제도라는 데서 널리 '주관한다'로 쓰인다. "기밀을 도맡았다[典]"[12]는 예가 이것이다.

전아(典雅)란 전통에 근거하여, '규범적으로 우아함'을 가리킨다. "글귀에 담긴 의미가 규범적이고 우아하다[典雅]"[13]는 예가 이것이다. 또는 그러한 '전적'을 가리키기도 한다. "전적[典雅]을 자세히 살핀다"[14]는 예가 이것이다.

전형(典型)이란 '규범적인 모형' 혹은 '모범'을 가리킨다. "나무로 본떠 만든 것을 모(模)라 하고, 대나무로 역어 만든 것을 범(範)이라 하며, 흙으로 빚어 만든 것을 형(型)이라 하니, 여기서 널리 전형(典型)이라 한 것이다"[15]한 예에서 그 유래를 엿볼 수 있다. 전형(典型)적 인물, 전형(典型)적 성격이라고 하는 예가 모두 이것이다.

典 [m] *전 diǎn* *법. 규정. 표준.*

倎	선	tiǎn	부끄러워하다.
淟	전	tiǎo	흐리다. 혼탁하다.
腆	전	tiǎn	풍성하다. 배나 가슴을 내밀다.
痶	전	diǎn	다리를 절다.
碘	전	diǎn	요오드iodine.

---

10) ≪후한서 後漢書≫<채옹전 蔡邕傳> ; 續成後史, 爲一代大典.
11) ≪국어 國語≫<노어·상 魯語·上> ; 故愼制祀, 以爲國典.
12) ≪삼국지 三國志≫<오서 吳書> ; 專典機密.
13) 조비(曹丕) <여오질서 與吳質書> ; 辭義典雅.
14) 마융(馬融) <장적부서 長笛賦序> ; 情覽典雅.
15) ≪설문해자 說文解字≫ ; 以木爲之曰模, 以竹曰範, 以土曰型, 引申之爲典型.(段玉裁注)

겸하다 겸(兼)

①갑골문	②금문	③소전	④a해서	④b해서
		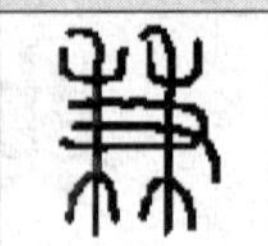		

②는 오른손[彐>彐>彐<又]으로 두 그루 벼[秝>秝>秝<秝]를 잡았으므로, 어우른다[兼>兼>兼]는 뜻의 회의자이다. ③은 ②와 자형이 같다. ④a와 ④b는 모두 ③이 정형화한 것으로, ④a는 번거로워 이미 쓰이지 않으며, ④b는 상형된 모습은 잃었으나 간략하여 지금 쓰여지는 글자이다.

겸(兼)의 본래 뜻은 '아우른다'이다. "황제는 천하를 병합하고, 모든 국사를 아울러[兼] 결정하였다"[16]는 예가 이것이다. 아우른다는 데서 널리 '두루'로 쓰인다. "두루[兼] 들으면 밝아지나, 치우쳐 들으면 미욱해진다"[17]는 예가 이것이다. 함께 한다는 데서 널리 '합친다'로도 쓰인다. "진나라 사람은 농업을 특히 중시하여 천하를 한 데 합쳤다[兼]"[18]는 예가 이것이다. 다시 널리 '갑절'의 뜻으로도 쓰인다. "일부러 발걸음 갑절로[兼] 재촉해 간다"[19]는 예가 이것이다.

겸미(兼味)란 '여러 가지 반찬과 안주'를 가리킨다. "소반 위의 저녁밥은 저자가 멀어 두 가지 반찬[兼味]도 없다"[20]는 예가 이것이다.

兼 h 겸 jiān 겸하다. 두 배의. 곱절의.

鶼	겸	jiān	비익조.
蒹	겸	jiān	갈대의 일종.
鰜	겸	jiān	넙치. 가자미. 청어.
縑	겸	jiān	고운 비단. 합사비단.
鎌	겸	lián	낫. 모. 모서리.
謙 h	겸	qiān	겸손하다. 겸허하다.
膁	겸	qiǎn	짐승의 허구리.
歉	겸	qiàn	흉년 들다. 작황이 나쁘다.
慊*	겸	qiàn	불만스럽다. 한스럽다.
慊*	협	qiè	만족하다. 흐뭇하다.

16) ≪사기 史記≫<진시황본기 秦始皇本紀>；皇帝並宇, 兼聽萬事.
17) 속담[諺語] ；兼聽則明, 偏聽則暗.
18) 조조(曹操) <치둔전령 置屯田令>；秦人以急農兼天下.
19) 전기(錢起) <송원공남유 送原公南遊>；有意兼程去.
20) 두보(杜甫) <객지 客至>；盤飧市遠無兼味.

搛	겸	jiān	젓가락으로 집다.
廉 ⓗ	렴	lián	청렴하다. 싸다. 모서리.
鬑	렴	lián	텁수룩하다.
磏*	렴	lián	숫돌.
磏*	겸	qiān	지명에 쓰이는 글자.
嫌 ⓗ	혐	xián	싫어하다.

12. 경(冂) 부

늘어지다 冉(염)

①갑골문	②금문	③소전	④해서
			冉

①은 뺨 옆 턱수염이 드리운 모양으로, 수염[>>>冉]의 뜻이므로 상형자이다. ②와 ③은 모두 ①과 자형이 비슷하다. ④는 이들이 정형화한 것이나, 이미 턱수염임을 알기 어렵다.

염(冉)의 본래 뜻은 '수염'이다. 다만 이 뜻은 머지않아 위 뜻곁[髟] 밑 음곁[冉]의 새 형성자 염(髯)에 분화되어 쓰인다. "관우는 수염(須髯)이 멋져서, 제갈량이 그를 염(髯)이라 불렀다"[21]는 예가 이것이다. 염(冉)은 바로 이 염(髯)의 본래자이다. '수염'에서 널리 수염이 드리우듯이 '늘어진다'는 뜻으로 쓰인다. "연한 가지 어지럽게 늘어진다[冉冉]"[22]는 예에서 염염(冉冉)은 가지가 '늘어진 모양'이다. "이제 차츰[冉冉] 늙어가니, 끝내 공명을 못 이룰까 근심이네"[23] 할 때는 묵묵히 '세월이 가는 모양'이며, "큰 뱀이 천천히[冉冉] 다가오자, 초목이 모두 쓰러졌다"[24]거나, "관아를 총총히[冉冉] 재어 걷는다"[25] 할 때는 '움직이는 모양'을 가리킨 것이다.

冉	*염*	*rǎn*	*늘어지다. 나아가다.*
姌	염	rǎn	휘청거리다. 연약하다.

---

21) ≪삼국지 三國志≫<촉서·관우전 蜀書·關羽傳>; 羽美須髯, 故亮謂之髯.
22) 조식(曹植) <미녀편 美女篇>; 柔條紛冉冉.
23) 굴원(屈原) <이소 離騷>; 老冉冉其將至兮, 恐脩名之不立.
24) 소백온(邵伯溫) ≪문견전록 聞見前錄≫; 有大蛇冉冉而至, 草木皆披靡.
25) ≪옥대신영 玉臺新咏≫<일출동남우행 日出東南隅行>; 冉冉府中趨.

蚺　염 rán　비단뱀. 이무기.
那*　나 nā　고유명사의 음역에서 사용 함.
那*　나 nǎ　어느. 어떤. 어느 것. 어찌하여. 왜.
那*　나 nà　저것. 그것. 그렇다면.
枏*　남 nán　녹나무.
楠*　남 nán　<남枏의 속자>

책 책(冊)

①갑골문	②금문	③소전	④해서
			冊

①은 가운데 장방형은 죽간이나 목간을 꿴 실이나 가죽끈[▭>⬭>⬭>一], 즉 고대에 위(韋)라 일컫던 것이며, 아래위를 꿰뚫고 있는 다섯 줄의 선은 문자가 새겨진 죽간이나 목간[ǀǀǀǀ>ǀǀǀǀ>ǀǀǀǀ>ǀǀǀǀ]이므로, 책[冊>冊>冊>冊]의 상형자이다. ②와 ③은 ①과 자형이 비슷하며, ④는 ③이 정형화한 것이다.

책(冊)의 본래 뜻은 '책'이다. "은대의 선조들에게 서책[冊]과 전적이 있다"[26]는 예가 이것이다. 장부책[帳冊]이니 기념하는 책(紀念冊)이니 하는 말도 같은 예이다. 관직과 작록을 수여할 때 내리는 조서가 책의 형상을 한 데서, '책봉하다'고 한다. "태자를 책봉하면[冊] 인장과 인끈을 수여한다"[27]는 예가 이것이다. 널리 '책략'의 뜻으로 쓰인다. "이는 군대를 보전하고 승리를 보장하며 변경을 편안케 할 계책이다[冊]"[28]라는 예가 이것이다. 다만, 이는 머지않아 '계책' 책(策)에 분화되어 쓰인다.

책(冊)은 구성소이다. 이를 구성소로 하는 글자는 모두 서책이나 명부와 관계 있다. 법 전(典), 잇다 사(嗣), 액자, 혹은 넓적하다 편(扁) 등이 이것이다.

冊 [m] *책 cè　책.*

柵*　책 zhà　울타리. 울짱. 책.
柵*　산 shān　<외래어 음역자>

26) ≪상서 尙書≫<다사 多士>; 殷先人有冊有典.
27) ≪신당서 新唐書≫<백관지・2 百官志・二>; 冊太子則授璽綬.
28) ≪한서 漢書≫<조충국전 趙充國傳>; 此全師保勝安邊之冊.

13. 빙(冫) 부

얼음 빙(冰)

①갑골문	②금문	③소전	④해서
			冰

①과 ②는 얼음의 결, 혹은 얼어서 여기저기 돌기된 흙덩이[仌>仌>仌>冫]의 상형자이다. ③은 빙(仌>冫)의 오른곁에 물[水>水]을 더하여, 물이 언 것[冰>冰]임을 보였으므로, 회의겸 형성자로 변한 것이며, ④는 ③이 정형화한 것이다.

빙(冰)의 본래 뜻은 '얼음'이다. "얼음[冰]과 석탄을 같은 그릇에 넣을 수 없음과 같다"1)는 예가 이것이다. '얼음'이라는 데서 '언다'로도 쓰인다. "그대 농수 강물이, 거울처럼 얼어도[冰] 흐르는 듯 하소서"2)라는 예가 이것이다. 다시 널리 '차다'로도 쓰인다. "피부가 이미 차갑고[冰], 코에도 숨이 끊어졌었다."3)거나, "휘영청 차가운[冰] 달 깨끗한 빛을 뿌린다"4)는 예가 이것이다. 차갑다는 데서 '고결하다'거나 '순결하다'는 뜻으로도 쓰인다. "한 조각 고결한[冰] 마음이 옥 병에 담긴 듯 맑다"5)는 예가 이것이다. 그 외에, 빙인(冰人)이란 빙상인(冰上人)이라고도 하며, 월하노인(月下老人), 곧 매파의 다른 이름이다. "특별히 매파[冰人]를 보내 부부의 연분을 잇게 하였다"6)는 예가 이것이다.

빙(氷)은 빙(冰)의 이체자이나, 간체자에서는 폐지되어 빙(冰)만 쓰인다. 빙(冰)은 '엉긴다'는 뜻으로 쓰일 때는 응(凝 níng)과 음과 뜻이 같았으므로, 현대중국어에 '닝(níng)'으로 읽기도 한다. "눈물과 콧물이 수염에 엉겼다[冰]"7)거나, "신령스런 사람이 사는데, 피부는 지방이 엉긴[冰] 듯하고 백설 같았다"8)는 예가 그것이다.

빙(冫)은 부수자이다. 빙(冫)을 구성소로 하는 자들은 모두 차다는 뜻이 있다. 차다 한(寒), 얼다 동(冬), 차다 냉(冷), 얼다 동(凍), 얼음 릉(凌), 차다 렬(冽), 서늘하다 량(凉), 차다 름(凜) 등이 모두 이것이다.

---

1) ≪후한서 後漢書≫<부섭전 傅燮傳> ; 猶冰炭不可同器.
2) 맹교(孟郊) <옛 생각 古意> ; 原君如隴水, 冰鏡水還流.
3) ≪요재지이 聊齋志異≫<축옹 祝翁> ; 膚已冰而鼻無息矣.
4) 공평중(孔平仲) <완월 玩月> ; 團團冰鏡吐清輝.
5) 왕창령(王昌齡) <송신점시 送辛漸詩> ; 一片冰心在玉壺.
6) 엽헌조(葉憲祖·明)≪진서(晉書≫ ; 特遣冰人繫赤繩.
7) ≪신당서 新唐書≫<위사겸전 韋思謙傳> ; 涕泗冰須.
8) ≪장자 莊子≫<소요유 逍遙遊> ; 有神人居焉, 肌膚若冰雪.

冫 빙 bīng 얼음. 차다.

冰 m 빙 bīng 얼음 빙氷의 본디글자.
凭 빙 píng 타다.

겨울 동(冬)

①갑골문	②금문	③소전	④해서
	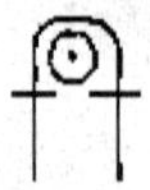		冬

①은 끈의 양끝을 매듭지어, 끝났음[> > >夂]을 가리키는 상형자이다. 겨울은 한 해의 마지막 계절이므로, 이를 빌어 겨울[> > >冬]을 나타낸 것이다. ②는 양쪽에 매듭이 있는 끈[ ] 안에 태양[⊙]을 보여, 계절의 끝, 겨울[ ]임을 나타낸 회의자로 변한 것이다. ③은 양쪽의 매듭[--]을 가로선[一]으로 잇고, 얼음[仌>冫]을 더하여 절후의 끝이 추운 때[ ]임을 나타낸 회의자이다. ④는 ③의 매듭 끈[ ]이 '뒤쳐져 있음'을 가리키는 치(夂) 자로, 그리고 밑의 얼음[仌]은 두 점[⺀]으로 정형화한 것이다.

동(冬)의 본래 뜻은 '끝난다'이지만, 머지않아 왼뜻 실[糸]을 더한 새 회의 겸 형성자 종(終)에 '끝난다'는 본래 뜻을 분화시킨 다음, 널리 '겨울'을 나타내게 되었으므로, 동(冬)은 '종(終)'의 바탕글자인 셈이다. '끝난다'는 데서 널리 '겨울', 곧 입동(立冬)에서 입춘(立春) 이전까지를 가리킨다. "봄에 경작하고, 여름에 성장하니, 기상이 어질며, 가을에 추수하고, 겨울[冬]에 갈무리하니, 기상이 올바르다"9)는 예가 이것이다. '겨울'이란 데서 널리 '겨울을 난다'거나 '견딘다'로 쓰인다. "지역이 혹독히 차서 한나라의 말은 견딜 수 없다"10)는 예가 이것이다.

동동(冬冬)은 북소리이다. "찔레, 배는 꽃 피고 봄제사 술은 익는데, 이 마을 저 마을마다 북소리는 둥둥둥[冬冬]"11) 한 예가 그것이다. 나중에 위뜻[鼓] 아래음[冬]의 새 형성자 동(鼕)을 만들어 북소리를 나타내기도 하였으나, 간체자에는 무시하고, 여전히 동동(冬冬)을 의성어로 쓴다.

冬 m 동 dōng 겨울.

疼 동 téng 아프다. 몹시 아끼다.

9) ≪예기 禮記≫<악기 樂記> ; 春作夏長, 仁也, 秋斂冬藏, 義也.
10) ≪사기 史記≫<흉노전 匈奴傳> ; 土地苦寒, 漢馬不能冬.
11) 도유(陶游) <2월24일작 二月二十四日作> ; 棠梨花開社酒濃, 南村北村鼓冬冬.

鼕		동 dōng	둥둥[북이나 문을 두드리는 소리].
終	m	종 zhōng	끝나다. 죽다. 결국. 마침내.

14. 감(凵) 부

나가다 출(出)

①갑골문	②금문	③소전	④해서
			出

①은 이래 굽은 곡신[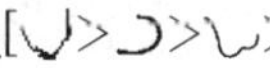]은 고대 주거지이며, 이곳에서 발가락을 밖으로 향한 발[]이 나가고 있으므로 주거지를 나간다[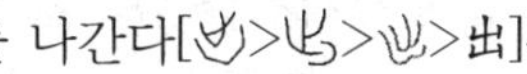]는 뜻의 회의자이다. ②와 ③은 ①과 자형이 비슷하며, ④는 ③이 정형화한 것이나 발이 초(屮) 자꼴을 하여 원래뜻을 찾아볼 수 없다.

출(出)의 본래 뜻은 '나간다'이다. "발을 다쳐 여러 달 동안 나가지[出] 못 하였다"[1]는 예가 이것이다. 나가게 한다는 데서 널리 '발표한다'로 쓰인다. "마침내 황무지를 개간하라는 영을 발표하였다[出]"[2]는 예가 이것이다. 다시 "생긴다"로도 쓰인다. "고기가 썩으면 벌레가 생긴다[出]"[3]는 예가 이것이다. 다시 널리 '드러난다'로 쓰인다. "산은 높고 달은 작은데, 물이 줄자 돌이 드러난다[出]"[4]는 예가 이것이다.

出	*m*	*출 chū*	*나가다.*
絀		출 chù	부족하다. 모자라다.
黜		출 chù	파면하다. 제거하다. 쫓아내다.
屈	h	굴 qū	구부리다. 굽히다. 굴복하다.
詘		굴 qū	줄어들다. 굴복하다. 뜻을 굽히다.
柮		돌 duò	목재를 자르고 남은 나무토막.
拙	h	졸 zhuō	서투르다. 우둔하다.

1) ≪예기 禮記≫<제의 祭義> ; 傷其足, 數月不出.
2) ≪상군서 商君書≫<갱법 更法> ; 于是遂出墾草令.
3) ≪순자 荀子≫<권학 勸學> ; 肉腐出蟲.
4) 소식(蘇軾) <후적벽부 後赤壁賦> ; 山高月小, 水落石出.

상자 함(函)

①갑골문	②금문	③소전	④해서
			函

①은 왼편에 허리걸이[[illegible]] 손잡이가 난 화살주머니[[illegible]>ㄩ]에 화살[[illegible]>¥>羊>氺]이 들어 있는 화살통으로 궤[[illegible]>函]를 가리키는 상형자이다. ②는 허리걸이의 위치가 바뀌었을 뿐, ①과 자형이 비슷하며, ③은 허리걸이[[illegible]]가 위로 옮기고, 화살[¥>氺]도 변형이 심해 화살통을 찾아보기가 쉽지 않다. ④는 ③이 정형화한 것이다.

함(函)의 본래 뜻은 '궤'이다. "옥의 바닥을 네 길 여 파자 돌 궤짝[函]이 하나 있었다"[5] 궤라는 데서 널리 '갑옷'을 가리킨다. "화살을 만드는 장인이 갑옷[函]을 만드는 장인보다 어찌 어질지 못했으랴"[6]라는 예가 이것이다. 궤라는 데서 널리 '포용한다'로 쓰인다. "바다같이 포용한다[函]"[7]는 예가 이것이다. 담는다는 데서 널리 '봉투', 혹은 '편지봉투'를 가리킨다. "편지봉투[函]를 열고 편지지를 편다"[8]는 예가 이것이다. 다시 널리 '편지'로도 쓰인다. "의심스런 일이 있을 때마다 즉시 편지[函]로 유엽에게 물었다"[9]는 예가 이것이다. 지금도 '보내온 편지'를 일컬어 내함(來函)이라 한다.

函	*함*	*hán*	*상자. 편지.*
涵	함	hán	적시다. 포함하다. 내포하다.
崡	함	hán	산 이름. 땅 이름.
菡	함	hàn	연꽃의 봉우리.

---

5) ≪진서 晉書≫<장화전 張華傳>；掘獄室基入四丈餘, 得一石函.
6) ≪맹자 孟子≫<공손추·상 公孫丑·上>；矢人豈不仁於函人哉?
7) ≪한서 漢書≫<서전·상 叙傳·上>；函之如海.
8) 오질(吳質) <답동아왕서 答東阿王書>；發函伸紙.
9) ≪삼국지 三國志≫<위서·유엽전 魏書·劉曄傳>；每有疑事, 輒以函問曄.

15. 도(刀) 부

칼 도(刀)

①갑골문	②금문	③소전	④해서
			刀

"함박눈이 활과 칼[刀]에 가득 쌓였다"[1] 할 때의 도(刀) 자이다. ①은 칼의 손잡이와 칼등 [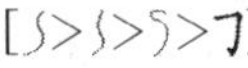ㄱ]을 세워 놓은 가운데 칼날[丿]이 왼편으로 난 무기[刀]의 상형자이다. ②는 ①과 자형이 비슷하며, ③은 칼자루 끝에 고리가 있어 손잡이 끝이 굽었을 뿐, 여전히 칼의 모양이 남아 있으나, ④는 칼의 등과 날만 남으면서 정형화하자, 칼의 모습을 찾기가 어렵다.

도(刀)의 본래 뜻은 '병기'이다. "하얀 날이 부딪히자, 보검[刀]이 동강난다"[2]는 예가 이것이다. 널리 자르고, 베고, 깎고, 새기는 모든 '칼'을 가리킨다. 가위[剪刀]나 낫[鐮刀]이라 한 것이 이것이며, "칼[刀]을 잡을 줄도 모르는데, 물건을 자르게 함과 같다"[3]는 예가 이것이다. 고대의 금속화폐는 칼 모양이었으므로, 금속화폐를 도(刀)라 하기도 한다. "화폐[刀布] 조세를 과중하게 부과하여 그들에게서 재물을 빼앗는다"[4] 할 때 도포(刀布)란 각각 금속화폐와 직물화폐를 가리킨 것이다. "누가 황하를 넓다 했는가? 쪽배[刀] 한 척 띄우기 어려운데"[5]라고 할 때, 도(刀)는 '작은 배'를 가리키기도 한다. 이는 머지않아 새 형성자 도(舠)에 분화되어 쓰인다.

도(刀)는 편방에서 도(刂)로 쓰이기도 한다. 오른곁에만 쓰이며, '선칼 도 곁[立刀旁]' 혹은 '칼 도 곁[側刀旁]'이라 부른다. 도(刂)를 구성소로 하는 글자는 모두 칼의 작용과 연관되어 있다. 길날 인(刃), 형벌 형(刑), 씩다 타(剁), 이롭다 리(利), 나누다 할(割), 쪼개다 부(剖), 찢다 박(剝) 등이 그것이다.

刀	m	도	dāo	칼.
到	m	도	dào	도착하다. 도달하다.
叨*		도	dāo	말을 많이 하다.

---

1) 노륜(盧綸) <장복야의 새하곡에 화답하며 和張僕射塞下曲> ; 大雪滿弓刀.
2) 이화(李華) <조고전장문 弔古戰場文> ; 白刃交兮寶刀折.
3) ≪좌전 左傳≫<양공31년 襄公三十一年> ; 猶未能操刀而使割也.
4) ≪순자 荀子≫<부국 富國> ; 厚刀布之斂以奪之財.
5) ≪시경 詩經≫<위풍 · 하광 衛風 · 河廣> ; 誰謂河廣? 曾不容刀.

叨* 도 dáo 중얼거리다.
叨* 도 tāo 욕심부리다. 탐내다.
召* h 소 zhào 부르다. 불러모으다. 소집하다.
召* 소 shào 나라 이름.

倒* h 도 dǎo 넘어지다. 도산하다.
倒* 도 dào 거꾸로 되다. 후퇴하다. 붓다.
紹 소 shào 소개하다. 이어받다.
昭 h 소 zhāo 밝다. 빛나다.
超 h 초 chāo 뛰어 넘다.

照 h 조 zhào 비치다. 비추다.

羔 고 gāo 새끼 양. 동물의 새끼.

窯 요 yáo 기와나 도자기를 굽는 가마.

칼날 인(刃)

①갑골문	②금문	③소전	④해서
			刃

①은 칼끝이 오른편으로 난 칼[[illegible]>[illegible]>刀]의 칼날[㇏>丿>丿] 부분에 지사부호 한 점(、>、>、)을 더하여 예리한 곳, 곧 칼날[[illegible]>[illegible]>刃]임을 나타내었으므로, 지사자이다. ③은 대체로 ①과 자형이 비슷하나, 칼끝이 왼편으로 났을 뿐이며, ④는 ③이 정형화한 것이다.

인(刃)의 본래 뜻은 '칼날'이다. "살인함에, 곤봉으로 한 것과 칼날[刃]로 한 것이 다를까?"[6] 한 예가 이것이다. '칼날'에서 널리 '칼'을 가리킨다. "아이가 칼[刃]을 잡고 맹분과 싸운다면, 아이는 반드시 이기지 못할 것이다"[7]라는 예가 이것이다. 때로 '죽인다'는 동사로도 쓰인다. "좌우 신하가 모두가 인상여를 죽이[刃]고자 하였다"[8]는 예가 이것이다.

刃 인 rèn 칼·가위 따위의 날.

---

6) ≪맹자 孟子≫<양혜왕 梁惠王> ; 殺人以梃與刃有以異乎?
7) 왕충(王充) ≪논형 論衡≫ ; 童子操刃與孟賁戰, 童子必不勝.
8) ≪사기 史記≫<염파인상여열전 廉頗藺相如列傳> ; 左右欲刃相如.

忍	m	인 rěn	참다. 견디다.
仞		인 rèn	길. 깊이를 재다.
牣		인 rèn	가득 차다. 가득 채우다.
紉		인 rèn	새끼. 바늘로 꿰매다.
訒		인 rèn	말을 더듬다.
軔		인 rèn	바퀴굄목.
靭		인 rèn	인韌과 같은 글자.
韌		인 rèn	질기다.
認	m	인 rèn	알다.

나누다 분(分)

①갑골문	②금문	③소전	④해서
			分

①은 팔(八>八>) (>八) 자를 좌우로 가르며 칼(刀>刀>刀>刀)이 파고들어, 이를 나누었으므로, 나눈다[分>分>分>分]는 뜻의 회의자이다. ②와 ③은 ①과 자형이 같으며, ④는 이들이 정형화한 것이다.

분(分)의 본래 뜻은 '나눈다'로, "천하를 36개 군으로 나누었다[分]"[9]는 예가 이것이다. '나눈다'에서 널리 '구분한다'로 쓰인다. "사지가 부지런치 않고, 오곡을 구분치[分] 못한다"[10]는 예가 이것이다. 다시 널리 '절반'의 뜻으로도 쓰인다. "인생 백년에는 밤과 낮이 각각 절반[分]이다"[11]라는 예가 이것이다.

'나눈다'에서 널리 '직분'이나 '명분'을 가리킨다. "각각 그 직분[分]을 지켜, 서로 침범할 수 없다"[12]는 예가 이것이다. 다시 널리 '여긴다'로 쓰인다. "스스로 이미 죽었다 여긴지[分] 오래다"[13]라는 예가 이것이다. 분외(分外)란 '직분 밖'이나 '뜻밖'으로 쓰인다. "권모술수로 분수넘치는[分外] 것을 얻으려 힘쓴다"[14]에서는 '직분 밖'을 가리킨 예이며, "버들잎 봄날 특히[分外] 길게 자랐다"[15]에서는 '뜻밖'을 가리킨 예이다.

---

9) ≪사기 史記≫<진시황본기 秦始皇本紀> ; 分天下以爲三十六郡.
10) ≪논어 論語≫<미자 微子> ; 四體不勤, 五穀不分.
11) ≪열자 列子≫<주목왕 周穆王> ; 人生百年, 晝夜各分.
12) ≪회남자 淮南子≫<본경훈 本經訓> ; 各守其分, 不得相侵.
13) ≪한서 漢書≫<소무전 蘇武傳> ; 自分已死久矣.
14) 심작철(沈作喆 · 宋) ≪우간 · 2권 寓簡 · 卷二≫ ; 以智計力取分外之事.
15) 고섬(高蟾 · 唐) <만사 晩思> ; 楊葉春期分外長.

分 m 분 fēn 나누다.*

分 분 fèn 성분. 본분.*

芬 분 fēn 향기. 좋은 냄새.

紛 h 분 fēn 어지러워지다. 뒤섞여 어지럽다.

雰 분 fēn 안개. 기운.

氛 분 fēn 기분. 모양.

枌 분 fén 느릅나무의 일종.

汾 분 fén 지명에 쓰이는 글자.

蚡 분 fén 두더지.

蚠 분 fén 분蚡과 같은 글자.

鼢 분 fén 두더지.

棼 분 fén 마룻대. 혼란해지다. 짧은 대들보.

粉 h 분 fěn 가루. 분말.

坋 분 fèn 바르다. 칠하다.

忿 분 fèn 화를 내다. 분개하다.

扮 분 bàn 꾸미다. 분장하다.

坌 분 bèn 파다. 파 업다. 먼지.

盆 분 pén 동이. 밥 짓는 그릇.

份 빈 fèn 빛나다.

貧 m 빈 pín 가난하다. 구차하다.

頒 반 bān 나누다. 분배하다.

발꿈치 벨 월(刖)

①갑골문	②금문	③소전	④해서
			刖

①은 다리가 긴 사람[]이다. 왼 다리에는 발[]이 강조된 데 반하여, 상형부호 톱[]이 놓인 오른 다리에는 발이 없으므로, 형벌[16]을 당하여 발이 잘렸다[]는 상형자이다. ③은

16) ≪좌전 左傳≫에 따르면, "제(齊) 나라 경공이 형벌을 남용하자, 가족(假足)을 파는 이가 생겼다. 그래서, 안자(晏子)는 '가족은 비싸고 신발은 싸지요'라고 대답하였다(景公繁于刑, 有鬻踊者, 故對曰, '踊貴屨賤'<昭公三年>)"고 하므로, 고대 월형의 실상을 엿볼 수 있음.

왼음 월(⺼>月) 오른뜻 '베다'[刀>刂<刀]의 형성자로 변한 것이다. 왼편을 신체[月<肉]로 보아 '신체[月]를 자른다[刂]'는 뜻의 회의자로 여기기도 한다. ④는 ③이 정형화한 것이다.

월(刖)의 본래 뜻은 '발을 벤다'이다. "왕은 화씨가 속였다고 생각하여, 그의 왼발을 베게[刖] 하였다"[17]는 예가 이것이다. 머지않아 이를 비(剕)라고도 하였다. '발을 자른다'는 데서 널리 사물을 '자른다'로도 쓰인다. "뿌리 잘린[刖] 등걸에서는, 꽃과 잎이 시들어 떨어진다"[18]는 예가 이것이다. 널리 '깎는다'로도 쓰인다. "발가락을 깎아[刖] 미투리에 맞춘다"[19]는 예가 이것이다. 이를 사전에서 '발꿈치를 벤다'고 푼 것은 대개 발목 이하의 발[足趾]을 베었음을 말한 것이다.

月	*m*	*월 yuè*	*달.*
刖		월 yuè	고대의 발을 자르는 형벌.
抈		월 yuè	동요하다. 흔들리다. 절단하다. 끊다.

벌줄 형(刑)

①갑골문	②금문	③소전	④해서
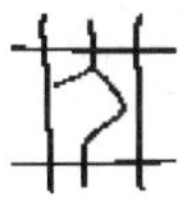			刑

①은 사람[人>⺈]이 감옥, 혹은 우물[井>井>井>开]에 갇힌 모양이므로, '형벌[井>井>井>刑]'의 회의자이다. ②는 사람[⺈]이 감옥[井] 밖에 옮겨져, '사람[人]을 가둔다[井]'는 뜻의 회의자로 바뀐 것이다. ③은 감옥이 물의 상형부호 점[·]이 있는 정(井) 자로 잘못 변하고, 사람[⺈]이 칼[刀>刂<刀]로 잘못 바뀌어 형벌 도구를 나타내므로, 왼음[井] 오른뜻[刂]의 형성자로 바뀐 것이다. ④는 음곁 정(井)이 견(幵<开) 자로, 또 잘못 변하여 원래의 자형이 훼손되자, 자형과 자의의 상관관계가 약해졌다.

형(刑)의 본래 뜻은 '형벌'이다. "죽임을 내리는 것이 형벌[刑]이며, 기려 포상하는 것이 덕이다"[20]라는 예가 이것이다. 널리 '처벌한다'로도 쓰인다. "한사람을 처벌하여[刑] 백인을 바로잡으며, 한사람을 죽여 만인을 경계한다"[21]는 예가 이것이다. '처벌한다'는 데서 '본보기'를 가리키기

17) ≪한비지 韓非子≫<화씨 和氏> ; 王以和爲誑, 而刖其左足.
18) ≪역림 易林≫<간지수 艮之需> ; 根刖殘樹, 花葉落去.
19) ≪삼국지 三國志≫<위지·명제기 魏志·明帝紀> ; 刖趾適屨(裴松之注)
20) ≪한비자 韓非子≫<2병 二柄> ; 殺戮之謂刑, 慶賞之謂德.
21) 환관(桓寬) ≪염철론 鹽鐵論≫<질빈 疾貧> ; 刑一而正百, 殺一而愼萬.

도 한다. "옛 신하는 없을지라도, 옛 본보기[刑]는 남았다"22)는 예가 이것이다. 이 뜻은 머지않아 '거푸집' 형(型)에 분화되어 쓰인다. '본보기'라는 데서 널리 '바로잡는다'로도 쓰인다. "왕을 도와 나라를 바로잡는다[刑]"23)는 예가 이것이다. '처벌한다'는 데서 '죽인다'로도 쓰인다. "백마를 죽여[刑] 원수 강가에서 우방을 맺었다"24)는 예가 이것이다.

幵	견	jiān	평평하다. 오랑캐이름. 산 이름.
趼	견	jiǎn	굳은 살. 못.
妍	연	yán	아름답다. 예쁘다.
研*ⓜ	연	yán	갈다. 연구하다. 탐구하다.
硏*	연	yàn	벼루. 동창.
形 ⓜ	형	xíng	모양. 형상. 형체. 본체. 나타나다.
刑 ⓜ	*형*	*xíng*	*형벌. 체벌. 고문. 형구.*
型	*형*	*xíng*	*거푸집. 모형. 유형. 모양.*

날카롭다 리(利)

①갑골문	②금문	③소전	④해서

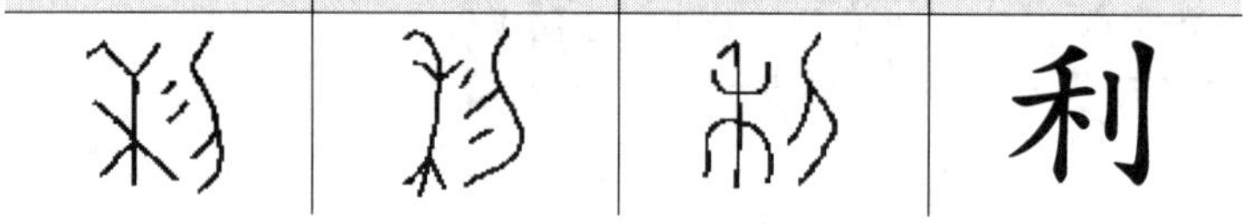

①은 왼편에 작물이 익어 이삭[>>>禾]을 드리웠고, 오른편에 이를 수확하는 낫[>>>刂<刀]과 흩어진 볍씨들[>]이 있어, 낫으로 작물을 수확하는 모습이므로, 낫이 벼를 벨만큼 날카롭다[>>>利]는 뜻의 회의자이다. ②는 볍씨[ ]의 배열이 다를 뿐, ①과 자형이 비슷하고, ③는 볍씨[ ]가 없을 뿐이며, ④는 낫[刀]이 '선칼 도 곁[刂]'으로 바뀌며, 정형화하였다.

'리(利)'의 본래 뜻은 '날카롭다'이다. "창은 날카로워[利] 사물 가운데 꿰뚫지 못 할 것이 없다"25)는 예가 이것이다. "논쟁하면, 혀가 날카롭다[利]"26) 할 때, 리[利]는 표현의 예리함을 칼날에 비유한 것이다. '날카롭다'는 데서 널리 '이롭다'로 쓰인다. '날카로움'을 수확에 대한 노동의 효율성에서 말한 것이다. "지형의 이로움[利]도 사람의 단결력보다 중요하지는 않

22) ≪시경 詩經≫<대아·탕 大雅·蕩> ; 雖無老成人, 尙有典刑.
23) ≪주례 周禮≫<추관 · 서관 秋官 · 序官> ; 以佐王刑邦國.
24) ≪전국책 戰國策≫<위책 魏策> ; 刑白馬以盟洹水之上.
25) ≪한비자 韓非子≫<난일 難一> ; 矛之利, 于物無不陷也.
26) ≪논형 論衡≫<물세 物勢> ; 辯口利舌.

다”[27]는 예가 이것으로, ‘지형의 이로움’이란, 공격이나 수비의 효율성을 함께 일컬은 표현이다. ‘이롭다’는 데서 널리 ‘이익’을 가리킨다. “이익[利]이 땅에서 나오면, 백성들은 경작에 힘을 다한다”[28]는 예가 이것이다. “1할의 이윤[利]을 추구한다”[29]는 예도 같다.

利 [m] 리 lì　　날카롭다. 예리하다. 이롭다.

梨 [h] 리 lí　　배나무. 배.
蜊　리 lí　　동죽조개. 무명조개.
筣　리 lí　　대울타리. 대로 엮은 새우잡이 기구.
犁　리 lí　　쟁기. 쟁기로 갈다.
痢　리 lì　　이질.
莉　리 lì　　말리.
黎　려 lí　　검다. 어둡다.

나아가다 전(前)

①갑골문	②금문	③소전	④해서
			前

“서새산 앞[前]에 백로는 날아가고, 복사꽃 떠가는 물에 쏘가리는 살졌다”[30] 할 때의 전(前) 자이다. ②은 발가락이 위를 향한 발[止>止>丷]이 배[舟>舟>月<舟] 위에 놓여 있어, 배를 타고 나아감[歬>歬>前]을 나타내므로, 회의자이다. ③은 ②와 자형이 같다. ④는 발[止]이 속자로 쓰인 초(丷<艹)와 동화되어 배[月<舟] 위에 놓여 있어 ③이 정형화한 것이나, 오른곁에 칼[刂]을 첨가하여, ‘벤다’는 뜻의 형성자 전(前)으로 바뀐 것이다. 다만, 머지않아 뜻길 칼[刀]을 한번 더 쓴 새 형성자 전(剪)을 만들어 ‘벤다’는 뜻을 나타내었으므로, 전(前)은 다시 ‘나아간다’는 뜻으로 쓰이게 된 것이다. 결국, 전(剪) 자에는 ‘칼’ 도(刀) 자가 2중으로 쓰여 있다. 파생 과정에서 동일한 구성소가 2중으로 쓰이게 된 글자로는 이외에도 ‘저물다’ 모(暮), ‘캐다’ 채(採), ‘넘치다’ 일(溢) 등이 있다.

전(前)의 본래 뜻은 ‘벤다’였지만 일찍이 ‘나아간다’는 뜻으로 옮겨 쓰인다. “공자가 수레에

27) ≪맹자 孟子≫<공손추 公孫丑> ; 地利不如人和也.
28) ≪상군서 商君書≫<산지 算地> ; 利出于地, 則民盡力.
29) ≪사기 史記≫<월세가 越世家> ; 逐什一之利.
30) 장지화(張志和) <어가 · 1 漁歌 · 一> ; 西塞山前白鷺飛, 桃花流水鱖魚肥. 서새(西塞)산은 절강(浙江)성 호주(湖州)시 서남쪽에 있는 산임.

서 내려 나아갔다[前]"[31]는 예가 이것이다. 나아간다는 뜻에서 널리 '앞'으로도 쓰인다. "앞[前] 세대의 가르침이 서로 다르니, 어떤 옛 가르침을 따를까?"[32]라는 예가 이것이다.

전거(前車)란 교훈 삼을 만한 '이전의 실패'를 '앞선 수레'에 비유한 말로, "앞선 수레[前車]가 뒤집히면, 뒤따르는 수레는 이를 경계 삼는다"[33]는 데서 유래한 말이다. "전거지감(前車之鑒)"이란 이를 성어화한 말로 '기왕의 실패를 귀감 삼는다'는 뜻이다.

前 [m] *전 qián* *앞.*

湔	전	jiān	씻다. 헹구다.
煎	전	jiān	달이다. 졸이다.
揃	전	jiǎn	자르다. 베다.

16. 력(力) 부

힘 력(力)

①갑골문	②금문	③소전	④해서
			力

"힘[力]이 산을 뽑고 기운이 세상을 덮는다"[1] 할 때의 력(力) 자이다. ①은 밭갈이 쟁기[]이다. 위로 굽은 부분은 쟁기의 손잡이[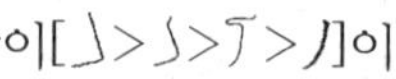]이고, 아래는 쟁기의 날[]이므로, '밭을 간다[>力]'는 뜻의 지사자이다. 력(力)을 "사람의 근육 형상"[2]의 상형자라고도 하나, 참고삼을 뿐, 따르기 어려운 주장이다. ②는 ①과 자형이 비슷하며, ③은 구성미를 고려한 것이다. ④는 이를 정형화한 것이다.

력(力)의 본래 뜻은 '밭을 간다'이지만, 널리 '힘쓴다'로 쓰인다. "밭갈이에 힘쓰며[力] 곡식을 쌓아, 널리 베풀기를 그치지 않았다"[3]는 예가 이것이다. '힘쓴다'는 데서 널리 '힘'으로 쓰이자, '밭간다'는 뜻은 위음[利] 밑뜻[牛]의 새 형성자 리(犁)에 분화되었다. 소[牛]가 밑뜻에

31) ≪장자 莊子≫<도척 盜跖> ; 孔子下車而前
32) ≪상군서 商君書≫<갱법 更法> ; 前世不同教, 何古之法.
33) ≪한서 漢書≫<가의전 賈誼傳> ; 前車覆, 後車誡.

1) ≪사기 史記≫<항우본기 項羽本紀> ; 力拔山兮氣蓋世.
2) 허신(許愼) ≪설문해자 說文解字≫ ; 人筋之形.
3) ≪북사 北史≫<염원명전 閻元明傳> ; 力田積粟, 博施不已.

쓰인 것은 이를 경작에 이용하였음을 나타낸 것이다. ‘힘’에서 널리 ‘공로’로 쓰인다. “저에게 무슨 공로[力]가 있겠습니까?”[4]라는 예가 이것이다.

력(力)은 부수자이다. 이를 구성소로 하는 글자는 대부분 힘이나 행동과 관계 있다. 사내 남(男), 수고롭다 로(勞), 움직이다 동(動), 힘쓰다 노(努), 돕다 조(助), 굳세다 경(勁) 등이 그것이다.

力 [m]	*력*	*lì*	*힘. 노력하다.*
朸	력	lì	나뭇결.
仂	륵	lè	나머지 수.
勒	륵	lè	굴레. 재갈.
艻	륵	lè	향기풀 이름.
玏	륵	lè	옥 비슷한 돌.
竻	륵	lè	대뿌리.
肋	륵	lèi	옆구리.

17. 포(勹) 부

하지 말라 물(勿)

①갑골문	②금문	③소전	④해서

“자신이 하고 싶지 않은 일은, 남에게 시키지 말라[勿]”[1] 할 때의 물(勿) 자이다. ①은 칼끝이 왼쪽으로 난 칼[⋯>⋯>⋯>勹], 혹은 낫이며, 가운데 점들은 낫을 사용하다가 묻은 지푸라기[⋯>⋯>⋯>〃]의 지사부호이다. 지푸라기는 무용지물이므로, ‘없이한다[⋯>⋯>⋯>勿]’는 뜻의 지사자이다. ②는 ①과 자형이 비슷하고, ③은 점들을 삐침으로 썼을 뿐이며, ④는 ③이 정형화한 것이다.

물(勿)의 본래 뜻은 ‘없이한다’이다. “다스림의 처음에 다급한 호령 없이하여도[勿], 평민들이 자식인양 따랐다오”[2]라는 예가 이것이다. ‘없이한다’는 데서 ‘없다’로도 쓰인다. “작심하되,

---

4) ≪좌전 左傳≫<성공2년 成公二年> ; 臣何力之有焉?

1) ≪논어 論語≫<위령공 衛靈公> ; 己所不欲, 勿施於人.
2) ≪시경 詩經≫<대아·영대 大雅·靈臺> ; 經始勿亟, 庶民子來.

항구함이 없다[勿]”[3]는 예가 이것이다. ‘없이한다’는 데서 ‘하지 말라’로 쓰인다. “미끼로 던져진 병력은 삼키지 말라[勿]”[4]는 예가 이것이다. ‘하지 말라’는 데서 널리 ‘아니 한다’로 쓰인다. “위나라 사람은 주지 않고[勿]자 하였다”[5]거나, “예의에 합당한 것이 아니면 보지 않고[勿], 예의에 합당한 것이 아니면 듣지 않는다[勿]”[6]는 예가 이것이다.

편지 등에 ‘물물(勿勿)’은 간혹 ‘총총(匆匆)’의 뜻으로 쓰이기도 한다. 그렇게 된 연유를 알기는 어려우나,[7] ‘물물(勿勿)’은 ‘황망(慌忙)’의 망(忙), ‘촉박(促迫)’의 박(迫) 등과 고대에 음이 비슷해서 빌려 쓰인 듯하다.

勿 [m] *물* *wù* *하지 말라.*

物	[m]	물	wù	물건. 물체. 물질.
芴		물	wù	플루오렌fluorene. 순무.
惚		홀	hū	황홀하다. 얼떨떨하다.
忽	[h]	홀	hū	소홀히 하다. 갑자기.
笏		홀	hù	홀.
吻		문	wěn	입술. 입맞춤하다. 주둥이.
刎		문	wěn	목을 베다.

질그릇 도(匋)

①갑골문	②금문	③소전	④해서
			匋

②는 위는 오른편으로 허리를 굽힌 사람[⺈>勹>勹]이고, 아래는 오지그릇[缶>缶>缶]이므로, 오지그릇을 빚는다[匋>匋>匋]는 뜻의 회의 겸 곁음 포(⺈>勹>勹)의 형성자이다. ③은 사람[⺈]이 포(勹>勹)로 변하였을 뿐 ②와 자형이 같고, ④는 이들이 정형화한 것이다.

노(匋)의 본래 뜻은 ‘도기’이다. “도(匋)란 토기항아리이다”[8]라는 풀이가 이와 같다. 머지않아 왼뜻 언덕[阝<阜]을 더하여 토기를 만드는 점토가 언덕에서 취한 것임을 보임으로써,

3) ≪주역 周易≫<익괘 益卦> ; 立心勿恒.
4) ≪손자병법 孫子兵法≫<군사 軍事> ; 餌兵勿食.
5) ≪좌전 左傳≫<장공12년 莊公十二年> ; 衛人欲勿與.
6) ≪논어 論語≫<안연 顔淵> ; 非禮勿視, 非禮勿聽.
7) 안지추(顔之推) ≪안씨가훈 · 면학 顔氏家訓 · 勉學≫ ; 世中書翰, 多稱勿勿, 相承如此, 不知所由.
8) ≪설문해자 說文解字≫<부부 缶部> ; 匋, 瓦器也.

왼뜻[阝] 오른음[匋]의 새 회의 겸 형성자 도(陶)를 만들자 도(匋)는 더 이상 쓰이지 않았다. 왼뜻을 첨가한 까닭은, 도자기 특산 지방의 고을 이름임을 나타내기 위한 것일 수도 있을 것이다. 요임금을 도당씨(陶唐氏)라 일컬은 예가 이것이다.

도(陶)의 본래 뜻은 '도자기를 빚는다'이다. "도자기 빚느라[陶] 문 앞의 흙을 다 쓰고, 지붕 위엔 가릴 기와 한 조각도 없다"[9]는 예가 이것이다. '도자기를 빚는다'는 데서 널리 '인재를 기른다'는 뜻으로 쓰인다. "천하의 인재를 육성한다[陶]"[10]는 예가 이것이다. "씨앗을 깨끗이 일었다[陶]"[11]는 예에서 도(陶)는 '물에 담가 가벼운 것을 가려낸다'는 뜻이다. 이는 도(淘) 자 대신 쓰인 예이다.

勹	포	bāo	둘러싸다.
匋	*도*	*táo*	*질그릇. 질그릇을 굽다.*
陶*[h]	도	táo	질그릇. 옹기장이.
陶*	요	yáo	순임금 신하 이름.
掏*	도	tāo	가리다. 골라잡다.
掏*	도	táo	우물·도랑 따위를 치다.
萄	도	táo	포도. 풀이름.
啕	도	táo	울다.
綯	도	táo	노끈. 밧줄. 동아줄.

꼴 추(芻)

①갑골문	②금문	③소전	④해서	⑤간체자

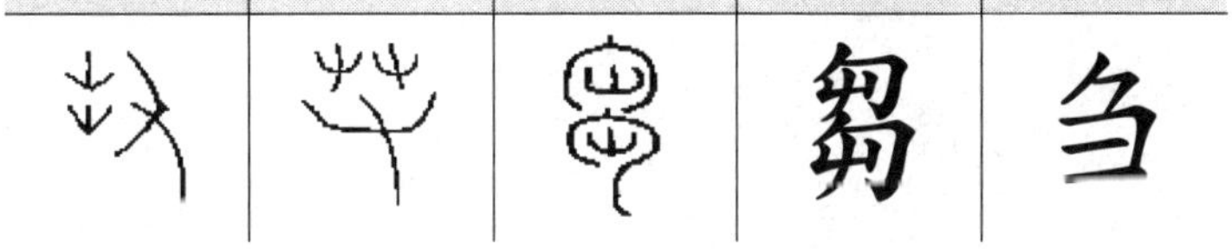

①은 왼곁은 두 포기의 풀[屮>艸>艸>艸]이며, 오른곁은 큰 손[又>又>又>勹]이다. 손으로 소 먹일 풀을 뽑으므로[芻>芻>芻>芻], 회의자이다. ②는 배열 위치만 다를 뿐 ①과 자형이 같으나, ③은 손[又]이 잘못 변하여 위 아래로 2분[又>勹]되어 있다. ④는 ③이 발전한 자형이며, ⑤는 초서를 반영한 간체자이다.

추(芻)의 본래 뜻은 '풀을 뽑다', 혹은 '풀을 벤다'로 쓰인다. "가을 농작물을 베었다[芻]"[12]

---

9) 매요신(梅堯臣) <도자 陶者> ; 陶盡門前土, 屋上無片瓦.

10) 왕안석(王安石) <상황제만언서 上皇帝萬言書> ; 陶成天下之才.

11) 가사협(賈思勰) ≪제민요술 齊民要術≫ ; 淨陶種子.

는 예가 이것이다. 널리 베어놓은 '풀', 혹은 '사료', 곧 '꼴'도 추(芻)라 하였다. "꼴[芻]과 콩을 소에게 먹였다"[13]는 예가 그것이다. 소나 양의 되새김질을 반추(反芻)라고 한 것은 이 때문이다.

추요(芻蕘)란 '꼴과 나무'의 뜻이나, 널리 '꼴꾼과 나무꾼'을 가리키기도 한다. "문왕의 장원은 사방 70리였으나, 꼴꾼과 나무꾼[芻蕘]이 그곳에 가 꼴과 나무를 하였다"[14]는 예가 이것이다. '꼴꾼과 나무꾼'이란 데서 자신을 낮추어 이르기도 한다. "제[芻蕘]가 바친 것은 대인께서 혹시 가려 쓰실까 준비한 것뿐입니다"[15]라는 예가 이것이다. 나아가, 추언(芻言)이란 '자신의 말'을 낮추어 이른 것이며, 추의(芻議)란 '자신의 의론'을 낮추어 이른 것으로, 대개 그 견해가 조잡하여 수정되어야 할 것임을 겸허하게 밝힌 말이다.

芻	*추*	*chú*	*꼴.*
鶵	추	chú	고서에서 나오는 봉황새 따위의 새.
雛	추	chú	병아리.
㑇	추	zhòu	영리하다. 똘똘하다.
皺	추	zhòu	주름살. 주름.
縐	추	zhòu	주름지다. 주름진 피륙.
㑳*	추	zhòu	영리하다. 말쑥하다. 아름답다.
搊*	추	chōu	악기를 타다. 켜다. 부축하다.
篘	추	chōu	용수[술을 거르는, 대로 만든 기구].
趨	추	qū	달리다. 빨리 가다.
騶	추	zōu	말 먹이는 사람.
謅	초	zhōu	꾸며대다. 헛소리하다.

12) ≪북사 北史≫<토곡혼전 吐谷渾傳> ; 芻其秋稼.
13) ≪장자 莊子≫<열어구 列御寇> ; 食以芻叔.
14) ≪맹자 孟子≫<양혜왕·하 梁惠王·下> ; 文王之囿方七十里, 芻蕘往焉.
15) ≪서호가화 西湖佳話≫<갈령선적 葛嶺仙迹> ; 芻蕘上獻, 不過備大人之一採.

18. 비(匕) 부

북녘 북(北)

①갑골문	②금문	③소전	④해서
			北

①은 두 사람이 등지고 있으므로, 등진다[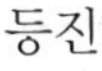>>>北]는 뜻의 회의자이다. ②, ③은 ①과 자형이 같으며, ④는 ③이 정형화한 것이나, 이미 등진 사람임을 알기가 어렵다.

북(北)의 본래 뜻은 '등진다'이다. "군사들은 돌이켜 등질[北] 마음이 없다"[1]는 예가 이것이다. '등진다'거나 '배반한다'는 뜻은 머지않아 배(背)에 분화되었으므로, 이 뜻으로는 '배(背)'의 음을 좇아 '배(北)'라고 읽으며, 현대중국어에서도 4성의 뻬이(北>背 bèi)로 읽는다.

등을 보인다는 뜻에서 널리 '패한다'로 쓰인다. "거짓 패한[北] 척하면 좇지 말라"[2]는 예가 이것이다. 패배(敗北)도 이와 같은 예이다. "시합에 지고[敗北] 돌아갔다"[3]는 예가 이것이다. 패한다는 뜻에서 널리 '패주병'을 가리키기도 한다. "패주병[北]을 추격한지 15일 뒤에 돌아왔다"[4]는 예가 이것이다. 패배와 관련된 이런 쓰임은 '등을 보인다'는 데서 널리 쓰인 것이므로, 모두 '배'라 읽는다. 패배(敗北)한다는 뜻으로서는 우리 음으로는 '배'로 읽으나, 현대중국어에는 이들을 '북(北)'으로 읽는 아래의 예들에서와 똑같이 3성의 뻬이(běi)로 읽는 점 아울러 주의해야 한다.

남향하고 살던 주거관습에 등뒤는 곧 북쪽이므로, 머지않아 널리 '북쪽'을 가리키게 되었으며, 이때는 음도 북(北)이라 읽어, 등과 관계된 다른 쓰임과 이를 구분한다. 북면(北面)이란 '북쪽을 마주한다'는 말로, '스승을 모신다'거나 '신하의 예를 갖춘다'는 뜻이다. 스승이나 제왕은 북쪽에 앉아 남쪽을 향하였기 때문이다. "스승으로 모셔[北面] 학생의 예의를 갖춘다"[5]거나, "연나라에 신하의 예를 갖추지[北面] 않았다"[6]는 예가 이것이다. 근대 이후에는 북면(北面)으로 다만 '북쪽'을 가리키기도 한다. "한 사람은 북쪽[北面]에 선다"[7]는 예가 이것이다.

---

1) ≪전국책 戰國策≫<제책·6 齊策·六> ; 士無反北之心.
2) ≪손자병법 孫子兵法≫<군쟁 軍爭> ; 佯北勿從.
3) 유종원(柳宗元) <상대리최대경계 上大理崔大卿啓> ; 敗北而歸.
4) ≪징자 莊子≫<칙양 則陽> ; 遂北旬有五日而後反.
5) ≪한서 漢書≫<우정국전 于定國傳> ; 北面備弟子禮.
6) ≪사기 史記≫<전단열전 田單列傳> ; 不北面于燕.
7) ≪아녀영웅전·15회 兒女英雄傳·十五回≫ ; 一個站在北面.

北[m] 북 běi 북녘.*

北 배 bèi 나누다. 배반하다. 패배하다.*

背* 배 bēi 업다. 짊어지다.

背*[h] 배 bèi 등 부분. 등지다. 배반하다. 위반하다.

邶 패 bèi 춘추시대의 나라 이름.

19. 방(匚) 부

상자 방(匚)

①갑골문	②금문	③소전	④해서
			匚

①은 왼쪽으로 입이 터진 대바구니[⊐>⊏>匚>匚]의 상형자이다. ②는 대바구니의 입이 오른쪽으로 터졌으며, ③은 ②와 자형이 비슷하되, 겹선이 홑선으로 변하였다. ④는 ③이 정형화한 것이다. 다만, 방(匚)은 이미 홀로 쓰이는 예가 없이 다른 글자의 구성소로만 쓰인다.

방(匚)은 부수자로, 이를 구성소로 하는 글자는 바구니처럼 물건 담는 그릇과 관련된 글자들로, 함 궤(匱), 작은 상자 갑(匣), 바로잡다 광(匡), 기술자 장(匠) 등이 그것이다.

匚 방 fāng 상자. 모진 그릇.

장인 장(匠)

①갑골문	②금문	③소전	④해서
			匠

"장인[匠]은 솜씨를 갈고, 의사는 약을 조제한다"[1] 할 때의 장(匠) 자이다. ②는 겉의 방(匚>匚>匚)은 바구니 같은 목공예품이며, 가운데 도끼[斤>斤>斤]는 목공도구이니, 도구로

1) ≪한비자 韓非子≫<정법 定法> ; 夫匠者手巧也, 而醫者齊藥也.

공예품을 만드는 목공예, 혹은 목공[匚>匚>匠]을 가리키는 회의자이다. ③과 ④는 모두 ②와 자형이 비슷하다.

장(匠)의 본래 뜻은 '목공'이다. 옛날에는 대개 7가지 목공업무가 있었으며[2], 그 중 특히 '건축공'을 가리켰다. "목기공, 건축공[匠], 수레공, 가마공이 모두 너에게서 먹거리를 얻는다"[3]는 예가 이것이다. '건축공'에서 널리 '장인', 곧 전문기술자 일반을 가리킨다. "조예깊은 장인[匠]은 도제를 가르칠 때 반드시 법도에 따른다"[4]는 예가 이것이다. 이후 지금까지 '건축공'은 '장인'의 일부로서, '목장(木匠)'이라 하여 이를 구분한다.

장심(匠心)이란 '조예'를 가리킨다. "정채로움은 붓끝에 보이건만, 지척 간에도 조예[匠心]는 알기 어려워라"[5]라는 예가 이것으로, 문학예술의 착상이나 구상을 말한 것이다.

匠 장 jiàng 기술자.

20. 십(十) 부

낮 오(午)

①갑골문	②금문	③소전	④해서

①은 공이의 손잡이[ᄋ>人>ᄉ>ㅅ]가 아래 공이머리[ᄋ>♦>十>十]와 가는 허리로 이어진 절구 공이[8>个>午>午]의 상형자이다. ②는 손잡이[人]가 좌우 양편으로 펼쳐져 두 사람이 함께 쓸 수 있을 듯 하고, 아래에 쏠린 공이머리의 무게중심이 굵은 덩이[♦]로 강조되었다. ③은 ②와 자형이 같되 공이머리의 무게 중심표시[♦]가 가로획[一]으로 바뀌었으며, ④는 ③이 정형화한 것이다.

오(午)의 본래 뜻은 '공이'이다. 다만, 이 뜻은 머지않아 왼뜻[木] 오른음[午]의 새 형성자 저(杵)에 분화되어 오늘에 이른다. "공이(杵)로 약을 찧는다"[1]는 말이 이것이다. 공이로

---

2) ≪주례 周禮≫<고공기·윤인 考工記·輪人> ; 攻木之工, 輪輿弓廬匠車梓.
3) ≪맹자 孟子≫<등문공·하 滕文公·下> ; 梓匠輪輿, 皆得食於子.
4) ≪맹자 孟子≫<고자 告子> ; 大匠誨人必以規矩.
5) 장호(張祜) <제왕우승산수장 題王右丞山水障> ; 精華在筆端, 咫尺匠心難.

곡식을 찧을 때는, 절구의 가운데를 가르며 찧는 데서, 오(午)는 널리 '한 가운데'를 가리킨다. 오(午)가 12진법 지지(地支)의 제 7위를 차지한 이유가 이것이다. 하루 24시간을 12진법으로 헤아리면 하루의 한 가운데인 낮 12시를 앞뒤로 한 1시간씩, 곧 오전 11시부터 오후 1시까지가 제 7위인 오(午)시에 해당하기 때문이다. 따라서 오(午)는 '해가 중천에 솟은 시간'이며, 그 한가운데가 '정오'이다. "김매다 보니 해가 중천[午]에 닿았다"[2]는 예가 이것이다.

5월을 오월(午月)이라고도 하는데, 이는 하(夏)나라 때의 달력이 정월을 지지의 제 3위에 배합시켜 헤아렸던 습관에 따른 것이다. 5월 5일을 중오(重五), 혹은 단오(端午)라 이르는 까닭이 이 때문이다. 한밤중은 자야(子夜)라고 한다. 다만, 때로는 이를 오야(午夜)라고도 하나, 이 때의 오(午)는 지지의 제 7위가 아니라, 위에서 살펴본 '한 가운데'의 뜻으로 쓰인 한정어일 뿐이란 점, 주의해야 한다.

곡식의 한가운데를 가르며 찧는다는 데서, 널리 '마주친다'로 쓰인다. "적군과 마주쳐[午] 그 장수를 잡는다"[3]는 예가 이것이다. 마주친다는 데서 널리 '종횡으로 교차한다'로 쓰인다. "종횡으로 교차하게[午] 나눈다"[4]는 예가 이것이다. 종횡으로 교차한다는 데서 널리 '저촉한다'거나 '거스른다'로 쓰인다. 다만 이 뜻은 머지않아 '거스른다' 오(忤)나 '거역한다' 오(迕)에 분화시켜 쓴다.

오(午) 자와 '소' 우(牛) 자는 모양이 비슷하여 혼동하기 쉬우니 주의해야 한다.

오(午)를 구성소로 하는 글자는 '거스른다'나 '저촉한다'는 뜻과 연관이 있다. 거스른다 오(牾) 등이 이것이다.

午 [m] 오 wǔ 12지지의 일곱 번째. 정오.

仵 오 wǔ 짝. 거스르다. 검시하다.
忤 오 wǔ 거역하다. 거스르다.
迕 오 wǔ 만나다. 조우하다.
杵 저 chǔ 절굿공이. 공이.
許 [m] 허 xǔ 허락하다. 승낙하다.
卸 사 xiè 풀다. 떨어지다.

---

1) 현대한어(現代漢語) ; 用杵搗藥.
2) 이신(李紳) <민농 憫農> ; 鋤禾日當午.
3) ≪순자 荀子≫<부국 富國> ; 午其軍, 取其將.
4) ≪의례 儀禮≫<특성궤식례 特性饋食禮> ; 午割之.

절반 반(半)

①갑골문	②금문	③소전	④해서
			半

"깊은[半] 밤 인적 없을 때 둘만 나누던 이야기"[5]라 할 때의 반(半) 자이다. ②의 윗부분은 팔(八>丿乀>八<丶丿)로 '나눈다'는 뜻이며, 아래는 소[牛>牛>牛<牛]이므로, 소를 갈라 쪼갠 뒤의 절반[半>半>半]을 가리키는 회의자이다. ③은 ②와 자형이 같으나, ④는 본래 뜻을 알기가 쉽지 않다.

반(半)의 본래 뜻은 '절반'이다. "남서쪽 절반[半] 강산의 하늘을 떠받쳤구나"[6]라는 예가 이것이다. 널리 '가운데'로도 쓰인다. "깊은[半] 밤에 장사가 등에 업고 가버린다"[7]는 예가 이것이다. 절반이란 데서 널리 '큰 조각'의 뜻으로도 쓰인다. "병사마다 마른 양식 두 되와 얼음 한 덩어리[半]를 지니게 하였다"[8]는 예가 이것이다. 다만, 음이 분화되어 현대중국어로는 빤(bàn)이 아니라 판(pàn)으로 읽는 점 주의해야 한다.

半 [m] 반 bàn 절반. 한 가운데의. 반쯤의.*
半 반 pàn 조각.*

伴 [h] 반 bàn 동료. 반려자. 벗. 짝.
拌 반 bàn 버리다.
柈 반 bàn 장작. 땔나무.
絆 반 bàn 굴레. 멍에. 고삐. 올가미.
靽 반 bàn 밀치끈.
坢* 반 bàn 똥거름.
坢* 반 pàn 편편하다. 파서 일으키다.
畔 반 pàn 두둑. 밭이나 논의 두렁.
泮 반 pàn 녹다. 옛날의 학교.
袢 번 pàn 속옷.
判 [m] 판 pàn 판단하다.

---

5) 백거이(白居易) <장한가 長恨歌> ; 夜半無人私語時.
6) 정광조(鄭光祖·元) <왕찬등루 王粲登樓> ; 撑住西南半壁天.
7) ≪장자 莊子≫<대종사 大宗師> ; 夜半有力者負之而走.
8) ≪한서 漢書≫<이릉전 李陵傳> ; 令軍士人持二升糒, 一半氷.

21. 복(卜) 부

점 복(卜)

①갑골문	②금문	③소전	④해서

①은 거북 껍질의 터진 무늬 모양으로 점[卜>卜>卜>卜]을 가리켰으므로, 지사자이다.[1] ②는 가로 터진 무늬 선이 휘어 있을 뿐 자형이 비슷하고, ③은 사선의 무늬가 가로획으로 바뀌었으며, ④는 이들이 정형화한 것이다.

복(卜)의 본래 뜻은 '점'이다. "점[卜]이란 세상에 쓸데없는 기술이다"[2] 한 예가 이것이다. '점'에서 널리 '점친다'로 쓰인다. "점[卜]이란 의혹을 풀자는 것이니, 의심하지 않는다면 왜 점치는가?[卜]"[3]라는 예가 이것이다. 점친다는 데서 '선택한다'로 쓰인다. "여러분은 먼저 이웃을 선택하시오[卜]"[4]라는 예가 이것이다. 점친다는 데서 다시 널리 '예측한다'로 쓰인다. "이 사람은, 이 점으로 예측하건대[卜], 훗날 반드시 중용될 것이다"[5]라는 예가 이것이다.

복(卜)과 서(筮)는 같지 않다. 거북껍질을 구워 길흉을 판단하는 것은 복(卜)이고, 가새풀[蓍草]의 줄기를 늘어놓고 길흉을 판단하는 것은 서(筮)이다.

복(卜)은 부수자로, 이를 구성소로 하는 글자는 모두 '점'과 관련이 있다. 점치다 점(占), 곧다 정(貞) 등이 그것이다.

卜 [h] *복 bǔ* *점치다. 예상하다.*
卜 *복 bó* *<먹는 무 복蔔bó의 간체자>*

扑 복 pū 치다. 때리다.
朴* 박 pō 칼. 박도 장검.
朴* 박 pò 후박나무.

---

1) 은상(殷商) 시대에는 수확의 작황, 전쟁의 승패, 날씨의 맑고 흐림 까지 매사에 먼저 점을 쳤다. 점을 치기 위해서는 먼저 거북껍질, 특히 배딱지의 표면을 곱게 연마한 다음, 송곳[鑽]과 끌[鑿]로 구멍나지 않을만큼 깊이 원형과 타원형의 홈을 서로 맞물리게 파고, 점을 치면서 불을 쪼이면 껍질이 두께가 가장 얇게 파인 곳으로부터 가로 세로 터지며 복(卜) 자 무늬가 나타나는데, 이 터진 무늬의 모양을 근거로 길흉을 분석하였음.
2) 유종원(柳宗元) <비국어 · 복 非國語 · 卜> ; 卜者, 世之餘技也.
3) ≪좌전 左傳≫<환공11년 桓公十一年> ; 卜以決疑, 不疑何卜?
4) ≪좌전 左傳≫<소공3년 召公三年> ; 二三子先卜鄰矣.
5) 손광헌(孫光憲·宋) ≪북몽쇄언·5권 北夢瑣言·卷五≫ ; 斯人也, 以是卜之, 他日必爲大用.

朴* [m]	박	pǔ	<소박하다 박樸의 간체자>
仆*	부	pū	엎어지다. 쓰러지다.
仆*	복	pú	<종 복僕의 간체자>
赴 [h]	부	fù	가다. 향하다.
訃	부	fù	사망을 알리다.
攴	복	pū	똑똑 두드리다. 치다.

점치다 점(占)

①갑골문	②금문	③소전	④해서
			占

①은 복(卜>卜>卜) 자 아래에 입[ㅂ>ㅂ>口]이 있으므로, 점을 풀어 말함[占>占>占]을 가리키는 회의자이다. ③과 ④는 ①과 자형이 같다.

점(占)의 본래 뜻은 '점치다'이다. "점쳐보더니[占] '불길하다' 하였다"[6]는 예가 이것이다. '점치다'는 데서 널리 '예측하다'로 쓰인다. "천하의 변화를 예측하다[占]"[7]는 예가 그것이다.

점(占)은 널리 '차지하다'는 뜻으로 빌려 쓰이기도 한다. "남자 1인이 밭 70마지기를 차지하다[占]"[8]는 예가 이것이다. 다만 '차지하다'는 뜻은 머지않아 새로운 형성자 점[佔]으로 분화해 썼지만, 간체자에는 다시 점(占)을 빌려 쓰고 있다.

占 [h]	*점*	*zhān*	*점치다. 읊조리다.*
*占**	*점*	*zhàn*	*차지하다. 점령하다.*

粘	점	zhān	끈적끈적하다. 점성이 있다.
颭	점	zhǎn	바람이 불어 움직이다. 물결이 일다.
佔	점	zhàn	차지하다. 점령하다.
敁	점	diān	헤아리다. 손대중하다.
點 [h]	점	diǎn	방울. 작은 얼룩.
店 [m]	점	diàn	여관. 여인숙. 상점. 가게.
坫	점	diàn	경계. 한계.
玷	점	diàn	옥의 티. 흠.

6) ≪좌전 左傳≫<희공15년 僖公十五年> ; 占之曰, 不吉.
7) 공자진(龔自珍) <송흠차대신후관림공서 送欽差大臣侯官林公序> ; 占天下之變.
8) ≪진서 晉書≫<식화지 食貨志> ; 男子一人, 占田七十畝.

疰	점	diàn	학질. <옛음은 shān>
阽	점	diàn	위험하다. 접근하다.
鲇	점	nián	메기.
黏	점	niān	찰지다. 찐득찐득하다.
觇	점	chān	엿보다. 훔쳐 보다.
苫*	점	shān	풀로 만든 덮개나 깔개. 거적.
苫*	점	shàn	덮다.
跕*	접	dié	걸려 넘어지다. 떨어지다.
跕*	접	diǎn	발끝으로 서다. 발돋움하다.
貼	첩	tiē	붙이다. 바짝 붙다.
怗	첩	tiē	조용하다. 고요하다.
帖*	첩	tiē	복종하다. 순종하다.
帖*	첩	tiě	초대장. 청첩장.
帖*	첩	tiè	습자교본. 글씨본. 그림본.
鞊	첩	chàn	안장과 말다래.
沾	첨	zhān	적시다. 젖다.
砧	침	zhēn	다듬잇돌. 도마.

22. 절(卩) 부

도장 인(印)

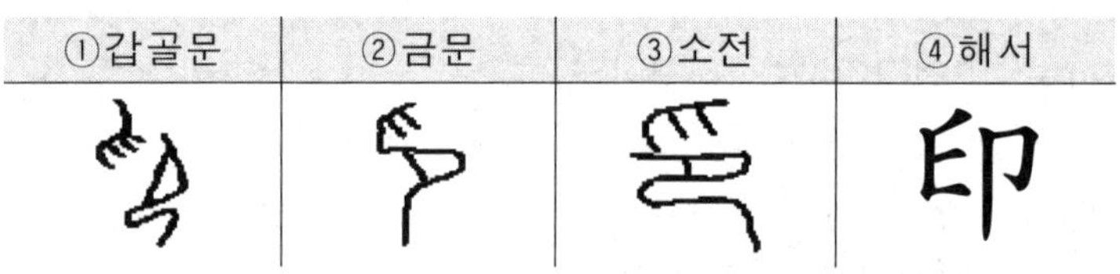

①은 왼편 위의 손[[illegible]>[illegible]>[illegible]>爪<𠂎]으로 아래의 꿇어앉은 사람[[illegible]>[illegible]>[illegible]>㔾<卩], 곧 신표[卩]를 누르는 모양이므로, 흔적을 남기려고 신표를 누른다[[illegible]>[illegible]>[illegible]>印]는 뜻의 회의자이다. ②는 ①과 자형이 같으나, 아래 사람[[illegible]]의 허리가 굽어, 손[[illegible]]으로 누르는 형상이 더 완연하다. ③은 구성미에 치중하여 아래 사람[[illegible]]이 이미 절(㔾<卩)[1] 자로 변하였으며,

1) 절(卩)이란 신표, 곧 부절(符節)이다. 꿇어앉은 사람을 상형한 자이나, 이는 상대를 굴복시키는 신표의 기능을 지사의 방법으로 나타낸 것이기 때문임.

④는 손[爫>E]이 왼곁에 놓이고, 사람[卩]이 오른곁의 절(卩) 자로 정형화하여, 원래의 그림은 찾을 수가 없다.

인(印)의 본래 뜻은 '누른다'이다. "꽃나무를 심어 노년시절을 누른다[印]"[2]는 예가 이것이다. 신표를 누른다는 데서 널리 '도장'으로 쓰인다. "시나 글을 지으면, 이름을 새긴 도장[印]은 위에, 자를 새긴 도장[印]은 아래 찍는다"[3]는 예가 이것이다. 옛날에는 주로 관리들이 썼으므로, '관인'으로 쓰인다. "세습 작위를 표지하는 관인[印]은 세대마다 유전한다"[4]는 예가 이것이다. 다시 널리 '활자'를 가리킨다. "글자마다 여러 개 활자[印]가 있다"[5]는 예가 이것이다. 도장에서 널리 '도장찍다'로도 쓰인다. "수레바퀴가 길바닥에 두 줄 자국을 도장찍었다[印]"[6]는 예가 이것이다. 도장찍는다는 데서 '부합한다'로도 쓰인다. "마음과 마음이 서로 부합한다[印]"[7]는 예가 이것이다.

진나라 이전에는 도장을 모두 새(璽)라 하였다. 진나라 시황제 이후는 황제의 도장만 새(璽)라 할 뿐, 관가나 개인의 것은 모두 인(印)이라 하였다. 한나라 때는 이를 장(章)이라고도 하였으므로, 인장(印章)이란 말이 쓰인다. 당나라 이후, 제왕의 도장은 보(寶)라 하였고, 관청이나 개인의 것은 도장(圖章)이라 하였다.

印 ⓜ *인 yìn 도장. 찍다.*

곧 즉(卽)

①갑골문	②금문	③소전	④해서

①은 왼곁에 식기에 가득 담긴 음식[皀>皀>皀>皀]을 두고, 오른곁에 사람[卩]이 이를 향해 꿇어앉았으므로, 음식을 마주한다[卽>卽>卽>卽]는 뜻의 회의 겸 오른음 절(卩>卩>卩>卩)의 형성자이다. ②는 ①과 자형이 같으며, ③은 왼곁의 음식[皀]이 흡(皀) 자와 같은 과정으로 잘못 변형되고, 꿇어앉은 사람[卩]도 변형이 심하여 음식[皀]을 마주한 사람[卩]임을 알기가 쉽지 않다. ④는 ③이 정형화한 것으로, 원래의 자형을 찾아보기 어렵다.

즉(卽)의 본래 뜻은 '음식을 마주한다'이다. "솥에 음식이 있어도, 배필이 병들어, 내가 음식을

2) 섭자술(聶子述·宋) <상량문 上梁文> ; 藝花木以印歲寒.
3) 서관(徐官)≪고금인사·용인법 古今印史·用印法≫ ; 凡寫詩文, 名印當在上, 字印當在下.
4) ≪송서 宋書≫<공림지전 孔琳之傳> ; 襲封之印, 奕世相傳.
5) 심괄(沈括·宋) ≪몽계필담·기예 夢溪筆談·技藝≫ ; 每一字皆有數印.
6) 모순(矛盾) <색맹·5 色盲·五> ; 車輪在地面印出兩道線.
7) ≪황얼산단제선사전심법요 黃蘗山斷際禪師傳心法要≫ ; 心心相印.

마주할[卽] 수 없다”[8]는 예가 이것이다. 음식을 곁에 둔다는 데서 널리 ‘가까이 한다’로 쓰인다. “가까운[卽] 듯 먼 듯한 거리를 두고 말을 나누지 않았다”[9]는 예가 이것이다. ‘가까이 한다’는 데서 다시 널리 ‘나아간다’거나 ‘이른다’는 뜻으로 쓰인다. “화롯불에 이르게[卽] 하여 손의 포승줄을 태워 끊었다”[10]는 예가 이것이다. 가깝다는 데서 널리 ‘곧’의 뜻으로 쓰인다. “즉시[卽] 병사 3만을 보내 유비를 도왔다”[11]는 예가 이것이다. 즉시라는 데서 널리 ‘당장이라도’ 라고 가정하는 일임을 나타낸다. “소승상이 금방이라도[卽] 죽으면, 누구에게 그를 대신하게 합니까”[12]라는 예가 이것이다. 가정한다는 데서 널리 ‘만약’의 뜻으로 쓰인다. “만약[卽] 재목이 쓸 만하기만 하다면, 비록 원수라도 물리치지 않는다”[13]는 예가 이것이다.

卩 절 jié 병부. 신표.

卽 m *즉* *jí* *곧. 가깝다. 나아가다.*

蝍 즉 jié 절지동물.
鯽 즉 jì 붕어.
喞* 즉 jī 뿜다. 뿌리다.
喞* 즐 jī 두런거리다.
節* 절 jiē 결정적인 중요한 시기.
節* m 절 jié 마디.

벼슬 경(卿)

①갑골문	②금문	③소전	④해서

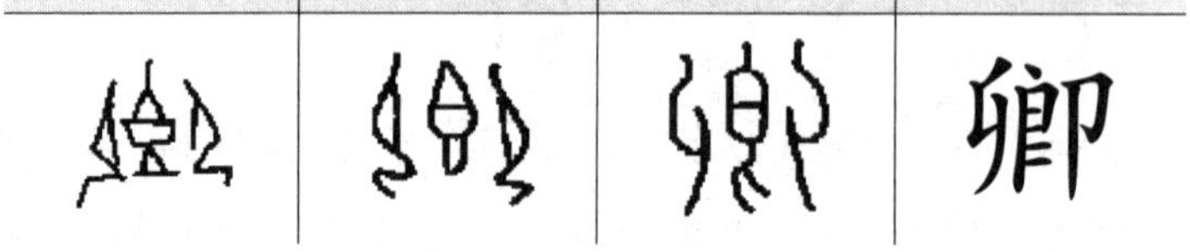

①은 음식이 가득 담긴 식기[[illegible]>[illegible]]를 가운데 두고 양쪽에 부부, 혹은 주객으로 보이는 두 사람[[illegible]>[illegible]>[illegible]>[illegible]]이 마주 앉아 이를 먹는다[[illegible]>[illegible]>[illegible]>卿<卿>]는 뜻의 회의자이다. ②는 ①과 자형이 같으나, ③은 가운데 음식 그릇이 흡([illegible]>[illegible]<皀)으로 잘못 변하여 이미 형성자로 바뀐 것이며, 마주앉은 사람 모습도 찾기가 쉽지 않다. ④는 ③이 정형화한 것이다.

8) ≪역경 易經≫<정괘 鼎卦> ; 鼎有實, 我仇有疾, 不我能卽.
9) 요설은(姚雪垠) ≪이자성·2권16장 李自成·二卷十六章≫ ; 若卽若離, 幷不言語.
10) 유종원(柳宗元) <동구기전 童區寄傳> ; 以縛卽爐火燒絶之.
11) ≪삼국지 三國志≫<촉서 · 제갈량전 蜀書 · 諸葛亮傳> ; 卽遣兵三萬以助備.
12) ≪사기 史記≫<고조본기 高祖本紀> ; 蕭相國卽死, 令誰代之.
13) 증공(曾鞏) <태조황제총서 太祖皇帝總叙> ; 卽材可用, 雖讎不廢.

경(卿)의 본래 뜻은 '마주 식사한다'이다. 이 뜻은 머지않아 위음[鄕] 밑뜻[食]의 새 형성자 향(饗)에 분화되어 쓰이며, 이후 널리 부부를 일컫는 애칭으로 쓰인다. "나는 당신[卿]을 내치고 싶지 않지만, 어머니가 다그친다오"[14]라는 예가 이것이다. 양자강 중류의 무한 지방에서는 지금도 남편을 '난지앙', 아내를 '위지앙'이라 일컬어, 현대중국어의 '지앙(將 jiāng)'과 같은 음으로 부부를 호칭하는데,[15] 이는 부부를 경(卿)이라 일컫던 호칭 관습의 흔적인 것 같다. 머지않아, 군신을 부부에 비유한 데서, 공(公)을 보좌하는 사람을 널리 경(卿)이라 일컬었다. 제후국 출신의 관리를 객경(客卿)이라 한 예가 이것이다. "진나라 왕은 이사에게 객경(客卿)의 작위를 주었다"[16]는 예가 그것이다.

향(饗)은 경(卿)에서 분화되어 '술과 음식으로 접대한다'는 뜻을 나타내던 글자로, 신을 접대하여 그들로 하여금 누리게 한다는 데서 '제사한다'거나 '바친다'로도 쓰인다. "12월에는, 온갖 제물을 갖추고, 모든 귀신을 모셔다 흠향한다[饗]"[17]는 예가 이것이다.

향(鄕)은 진나라 이후 '시골'의 뜻으로 쓰이기 시작한 글자로, 경(卿)과 음결을 같이하고는 있으나, 좌우 양쪽에 '마을' 읍(邑)을 뜻곁으로 쓴 형성자로서, 경(卿)과는 전혀 다른 자인 점 주의해야 한다. 향(鄕)은 간체화 이후 자형의 일부만 부각시켜 향(乡)이라 쓴다.

皀* 향 xiāng 벼 향기.
皀* 흡 jí 고소하다. 낟알.

鄕 [m] 향 xiāng 시골. 고향.
卿 [h] 경 qīng 벼슬. 경.

23. 한(厂) 부

언덕 한(厂)

①갑골문	금문②	소전③	해서④
		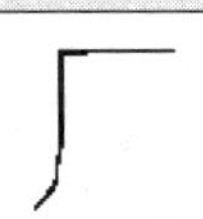	厂

14) ≪옥대신영 玉臺新詠≫<위초중경처작 爲焦仲卿妻作>; 我自不驅卿, 逼迫有阿母.
15) 북경대학편(北京大學編) ≪한어방언사휘 漢語方言詞彙≫296쪽 장부(丈夫) 처자(妻子) 조의 무한(武漢) 방언점 참조.
16) ≪사기 史記≫<이사열전 李斯列傳>; 秦王拜斯爲客卿.
17) ≪예기 禮記≫<교특생 郊特牲>; 十二月, 合聚萬物而索饗之也.

②는 겉 뜻 언덕[厂>厂>厂], 안 음 간(干>干)의 형성자이다. 한(厂)은 불거진 언덕으로, 그 아래 사람이 묵을 수도 있다. ③, ④는 다시 상형자로 바뀐 것이다.

한(厂)의 본래 뜻은 '언덕'이다. 다만 홑자로 쓰이는 예는 드물고, 대개 다른 글자의 구성소로만 쓰인다.

한(厂)은 곧잘 엄(广)과 구분 없이 쓰여, 하(廈), 주(廚) 등은 하(厦), 주(厨)로 쓰이기도 한다. 다만 현대중국어 간체자에는 하(厦), 주(厨)로 쓸 뿐, 하(廈), 주(廚), 혹은 주(厨)는 폐지하고 섞어 쓰지 않는다.

현대중국어의 창(厂 chǎng)은 창(廠)의 간체자로 쓰인 것이다. 고대한어의 한(厂)과 혼동하기 쉬우므로 주의해야 한다.

한(厂)은 부수자이다. 한(厂)을 구성소로 쓴 글자는 모두 건물, 혹은 언덕과 관련이 있다. 근원 원(原), 언덕 애(厓), 지나다 력(歷)이 그것이다.

厂 엄 ān 암자 암庵과 같음.*
厂 한 hán 기슭. 언덕.*

雁 h 안 yàn 기러기.
彦 언 yàn 선비. 재덕을 겸비한 사람.
辰* m 진 chén 별 이름. 12지의 다섯째.
辰* 신 chén 때. 날[하루].

근원 원(原)

①갑골문	②금문	③소전	④해서
		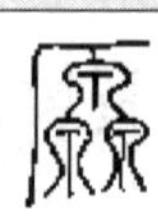	原

"위로 하늘의 뜻을 궁구하고[原], 아래로 민심을 추구한다"1) 할 때의 원(原) 자이다. ②는 불거진 언덕[厂>厂>厂] 아래 물이 솟는 맑은 샘[泉>泉>泉<泉]이 있으므로, 물의 근원[原>原>原]을 가리키는 회의자이다. ③은 샘이 많아졌을 뿐, ②와 자형이 비슷하며, ④는 ②가 정형화한 것이다.

원(原)의 본래 뜻은 '물의 근원'이다. "나무와 물은 각각 근본과 근원[原]이 있다"2)는 예가 이것이다. 물의 근원이란, 바라보자면 지평선 너머, 넓은 들판의 끝에서 발원하는 것이므로, 곧 '가없이 넓은 들'을 가리킨다. 대개 옛날에는 큰 들[野]을 '평(平)'이라 하였고, 평보다

---

1) 하경명(何景明·明) <응조진언치안소 應詔陳言治安疏> ; 上原天意, 下究民心.
2) ≪좌전 左傳≫<소공구년 昭公九年> ; 木水之有本原.

넓은 들판을 '원(原)'이라 여겨[3] 이를 대개 평원(平原)이라 하였다. 중국 초나라의 한 시인은 "평원(平原)은 아득하고 원정길 멀기만 하여라"[4]라고 노래한 적이 있다. 이 시인은 이름이 평(平)인데, 그의 자를 원(原)이라 하였으므로, 이런 지리 개념이 적용된 것임을 엿볼 수 있다.[5] 가없이 넓은 들이라는 데서 널리 '들판'을 가리키기도 한다. "백성의 삶에는 힘쓰지 않고, 들판[原]에서 수렵에 탐닉하였다"[6]는 예가 이것이다. 근원이란 데서 다시 널리 '근본'으로 쓰인다. "땅이란 만물의 근본[本原]이다"[7]라는 예가 이것이다. 근본에서 널리 '근본한다'로 쓰인다. "반드시 부자간의 친애에 근본하여야[原] 한다"[8]는 예가 이것이다. 근본한다는 데서 널리 '속속들이 살핀다'로도 쓰인다. "어느 순간 사랑과 합리성의 근본을 속속들이 살피고[原], 옳고 그름을 분별한다"[9]는 예가 이것이다. 속속들이 살핀다는 데서 다시 널리 '원래'로 쓰인다. "붉게 상기되었던 낯빛이 원래[原]로 돌아왔다"[10]는 예가 이것이다. '원래'로 돌이킨다는 데서 널리 '용서한다'로도 쓰인다. "법을 어기는 이는 세 번을 용서한[原] 다음 형을 집행하였다."[11]는 예가 이것이다.

원(原)이 '평원'을 가리키자, '물의 근원'의 뜻은 왼뜻 물[氵]을 더하여 새 회의 겸 형성자 원(源)에 분화시켜 나타내었으며, 이후 원(原)과 원(源)은 역할이 엄격히 나뉘었다.

原 [m] 원 yuán 근원. 들.

源 [h] 원 yuán 물의 근원. 발원지.
嫄 원 yuán 인명에 쓰이는 글자.
羱 완 yuán 야생 산양.
愿 원 yuàn 성실하고 신중하다.
願 [m] 원 yuàn 원하다. 바라다. 희망하다.

3) ≪이아 爾雅≫<석지 釋地> ; 大野曰平, 廣平曰原.
4) 굴원(屈原) ≪구가·국상 九歌·國殤≫ ; 平原忽兮路超遠.
5) 고대인들이 자[字]를 지을 때는 이름[名]의 의미를 살리는 경향이 있었다. 예컨대 공자의 맏아들은 이름이 '잉어[鯉]'였는데, 그의 자는 '물고기[魚: 伯魚]'였으며, 공자의 한 제자는 이름이 '좇음[由]'이었는데 자가 '길[路: 子路]'이었던 예가 그러함.
6) ≪좌전 左傳≫<양공4년 襄公四年> ; 不修民事, 而淫於原獸.
7) ≪관자 管子≫<수지 水地> ; 地者, 萬物之本原.
8) ≪예기 禮記≫<왕세 王制> ; 必原父子之親.
9) ≪순자 荀子≫<유효 儒效> ; 俄而原仁義, 分是非.
10) 노신(魯迅) <공을기 孔乙己> ; 漲紅的臉色復了原.
11) ≪삼국지 三國志≫<위지·장로전 魏志·張魯傳> ; 犯法者, 三原, 然後乃行刑.

24. 사(厶) 부

가다 거(去)

①갑골문	②금문	③소전	④해서
			去

①은 위는 사람[大>大>大>土<大]이고 아래는 문의 출입구[ㅂ>ㅂ>凵>厶]이니, 사람이 출구를 떠난다[去>去>去>去]는 뜻으로, 회의자이다. ②와 ③은 ①과 같은 뜻이며, ④는 사람[大>大]이 토(土) 자와 동화되며 정형화한 것이다.

거(去)의 본래 뜻은 '떠나다'이다. "양호는 제나라를 떠나[去] 월나라로 달아났다"[1]는 예가 이것이다. 떠난다는 데서 널리 '가다'로 쓰인다. "불러도 오지 않고, 손짓하여도 가지[去] 않는다"[2]는 예가 이것이다. '간다'는 데서 널리 '지나가다'로 쓰인다. "지난[去] 해 이 날 이 문안에는, 여인의 얼굴이 복사꽃 함께 붉게 비추었는데"[3]라는 예가 이것이다. 떠나게 한다는 데서 널리 '없애다'로 쓰인다. "찌꺼기를 제거하고 때를 없앤다[去]"[4]는 예가 이것이다. 다시 널리 '간격이 떨어지다'로 쓰이기도 한다. "팽조의 장수나 안회의 요절에서, 서로 떨어진 간격[去]이란 오히려 순식간이다"[5]라는 예가 이것이다.

현대중국어에서 취(去 qù)는 주로 '가다'고 풀이되지만, 이는 '어디로 떠나다'거나, '어디를 향해 떠나다'는 뜻을 전제로 하는 쓰임일 뿐, 고대한어에서처럼 '어디를 떠나다'는 뜻으로는 결코 쓰이지 않는다. '상해로 간다'[6]는 예가 이것이다.

去 [m]	*거*	*qù*	*떠나다. 가다.*
呿	거	qū	입이 헤벌어지다.
胠	거	qū	옆구리.
祛	거	qū	제거하다. 떨쳐 버리다.
袪	거	qū	소맷부리.
怯	겁	qiè	비겁하다.

1) ≪한비자 韓非子≫<외저설·좌하 外儲說·左下>; 陽虎去齊走越.
2) ≪사기 史記≫<급정렬전 汲鄭列傳>; 招之不來, 麾之不去.
3) 최호(崔護) <제도성남장(題都城南莊>; 去年今日此門中, 人面桃花相映紅.
4) 조조(曹操) <양현자명본지령 讓縣自明本志令≫; 除殘去穢.
5) 매요신(梅堯臣·宋) <답영숙 答永叔>; 彭祖與顏回, 相去猶瞬息.
6) 현대한어(現代漢語); 去上海.

25. 우(又) 부

또 우(又)

①갑골문	②금문	③소전	④해서
			又

"버들은 그늘 짙게 드리우고, 꽃빛이 선명한 곳에 또[又] 한 마을"[1]이라 할 때의 우(又)자이다. ①은 윗부분은 왼쪽으로 향한 손가락이고, 아랫부분은 오른쪽 아래로 향한 손목이므로, 오른손[>>>又]의 상형자이다. ②와 ③은 ①과 자형이 비슷하나, ④는 균형미에 치중하느라 이미 손가락의 모양을 찾기가 쉽지 않다.

우(又)의 본래 뜻은 '오른손'이지만, 머지않아 본래 뜻은 새 회의자 우(右)에 분화되고, 널리 '다시'나 '또'의 뜻으로 쓰인다. "들불도 태워 못 없애지, 봄바람 불면 다시[又] 사니"[2]라는 예가 이것이다. '다시'라는 데서 널리 '더욱이'로 쓰인다. "나 한복은 원소의 옛 신하인데다, 재능은 더욱이[又] 그만 못 하다"[3]는 예가 이것이다. '더욱'이라는 데서 널리 '우수리'를 이끌기도 한다. "나는 회계장부와 함께 남은 돈 10전에 우수리[又] 2전을 건네주었다"[4]는 예가 이것이다.

≪시경≫에 우(又)는 종종 유(有) 자처럼 쓰이기도 한다. 예컨대 "또 무슨 요구가 있는가[又]"[5] 할 때, '있다'로 쓰인 예가 이것이다.

우(又)는 부수자이다. 이를 구성소로 하는 글자는 모두 손과 관계있다. 미치다 급(及), 짝 쌍(雙), 아비 부(父), 벗 우(友), 돕다 우(佑), 꼴 추(芻), 가죽 피(皮), 역사 사(史), 다투다 쟁(爭), 받다 수(受) 등이 이것이다.

又	m	우	yòu	*또 다시.*
尤	m	우	yóu	더우기. 특히
右	m	우	yòu	오른쪽.
有*	m	유	yǒu	소유하다. 있다.
有*		유	yòu	또.

1) 육유(陸游) <유산서촌 游山西村> ; 柳暗花明又一村.
2) 백거이(白居易) <부득고원초송별 賦得古原草送別> ; 野火燒不盡, 春風吹又生.
3) ≪삼국연의 · 7회 三國演義 · 七回≫ ; 吾(韓馥)乃袁氏(紹)之故吏, 才能又不如本初.
4) 노신(魯迅) ≪조화석습 朝花夕拾≫<범애농 范愛農> ; 我交出賬目和餘款一角又兩銅元.
5) ≪시경 詩經≫<주송 · 신공 周頌 · 臣工> ; 亦又何求.

벗 우(友)

①갑골문	②금문	③소전	④해서
			友

"벗[友] 가운데 자기 만하지 못 한 사람은 없이 하였다"[6] 할 때의 우(友) 자이다. ①은 오른손 둘[𠂇𠂇]이 나란히 놓여, 두 사람이 뜻을 같이 함[𠂇𠂇>又又>㕛>友]을 나타내었으므로, 회의자이다. ②는 손가락이 굽어졌을 뿐 자형이 비슷하며, ③은 아래위로 고쳐 배열되었을 뿐이다. ④는 위의 오른손[又>ナ]이 우(ナ) 자형으로 변하였는데, 이는 예술성을 고려한 결과로서, '왼손' 좌(左)자의 윗부분인 좌(ナ)와는 자형이 같아졌으나, 서로 기원과 필순이 다르다.

우(友)의 본래 뜻은 '뜻을 같이 한다'이다. "좋은 벗[友]을 가려 뜻을 같이한다[友]"[7]는 예가 이것이다. '벗 삼는다' 함은 곧 '뜻을 같이함'을 이른 말이다. "스승이 같으면 붕(朋)이라 하고, 뜻이 같으면 벗[友]이라 한다"[8]는 예가 이것이다. '뜻을 같이 한다'는 데서 널리 '친애한다'로도 쓰인다. "참하고 예쁜 처녀, 거문고라 가까이하고[友]"[9]라는 예가 이것이다.

옛글에 간혹 우우(友于)라는 말이 보인다. "형제를 아낀다[友于]"[10]는 예에서 우우(友于)란 '아낀다'는 뜻이나, 널리 형제의 별명으로 쓰인다. "다시금 형제들[友于] 기쁘게 만나리"[11]라는 예가 이것이다.

友 [m] *우* *yǒu* *친구. 벗.*

미치다 급(及)

①갑골문	②금문	③소전	④해서
			及

①은 아래의 손[又>又>又>又]이 위의 사람[人>人>人>人<人]에게 닿았으므로, 앞사람에게 손이 미친다[及>及>及>及]는 뜻의 회의자이다. ②는 아래의 오른손이 앞선 사람의 다리를 감쌌을 뿐 자형이 ①과 비슷하다. ③은 균형미에 치중하느라 팔을 길게 드리웠을 뿐, ②와

6) ≪논어 論語≫<학이 學而>; 無友不如己者.
7) ≪순자 荀子≫<성악 性惡>; 擇良友而友之.
8) ≪주례 周禮≫<地官·大師道 지관·대사도>; 同師曰朋, 同志曰友.(鄭玄注)
9) ≪시경 詩經≫<관저 關雎>; 窈窕淑女, 琴瑟友之.
10) ≪서경 書經≫<군진 君陳>; 友于兄弟.
11) 도잠(陶潛) <경자년 5월 수도에서 돌아오다 바람에 막혀 庚子歲五月從都還阻風>; 再喜見友于.

자형이 비슷하며, ④는 ③이 정형화한 것이다.

급(及)의 본래 뜻은 '미치다'이다. "4마 수레도 이미 뱉은 말에는 미치지[及] 못 한다오"[12]라는 예가 이것이다. '미치다'는 데서 널리 '이르렀다'로 쓰인다. "손님이 들어와 뜰에 이르렀다[及]"[13]는 예가 이것이다. '이른다'는 데서 널리 '따라 잡는다'로 쓰인다. "수레를 밀 수가 없어, 따라잡혔다[及]"[14]는 예가 이것이다. '따라 잡는다'는 데서 다시 널리 '부닥치다'로 쓰인다. "모두 그를 '때 맞춰[及] 내리는 비'라 불렀다"[15]는 예가 이것이다. 다시 널리 '견준다'로 쓰인다. "도화담의 물이 천 자나 깊어도, 내게 바친 왕륜의 정에 견주지는[及] 못하리"[16]라는 예가 이것이다. 결국 앞선 것과 나란히 있게 된다는 데서 '과'나 '와'라는 뜻의 대등한 것들끼리의 연결 기능을 갖기도 한다. "칠월이면 아욱과[及] 콩을 삶는다"[17]는 예가 이것이며, 대개 '화(和)'나 '여(與)'와 쓰임이 같다.

及 [*m*] *급* *jí* *도달하다. 이르다.*

級 [h] 급 jí 등급.
汲 급 jí 물을 긷다.
岌 급 jí 산이 우뚝하다.
伋 급 jí 속이다.
笈 급 jí 책상자.
㞒 급 jí 문빗장.
急 [m] 급 jí 성급하다.
极 겁 jí 나귀길마. <극極의 간체자>
趿 삽 tā 발가락으로 집다. 신발을 질질 끌다.
靸 삽 sǎ 신발 뒤축을 구부려 신다.
吸 [h] 흡 xī 숨을 들이쉬다. 들이마시다.

받다 수(受)

①갑골문	②금문	③소전	④해서

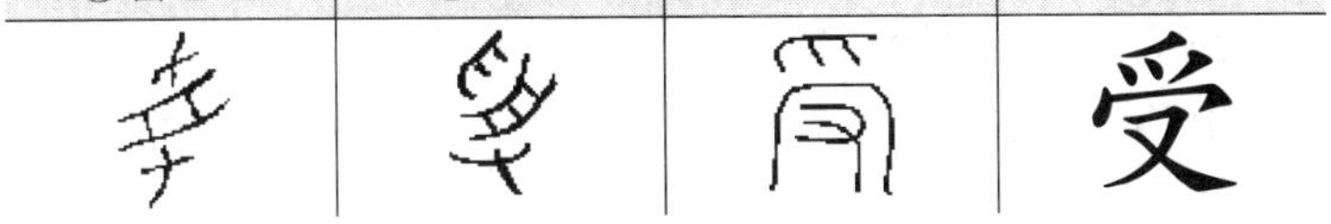

12) ≪논어 論語≫<안연 顔淵> ; 駟不及舌.
13) ≪의례 儀禮≫<연예 燕禮> ; 賓入及庭.
14) ≪좌전 左傳≫<성공2년 成公二年> ; 不能推車而及.
15) ≪수호전 水滸傳≫<18회 十八回> ; 都稱他做及時雨.
16) 이백(李白) <증왕륜 贈汪倫> ; 桃花潭水深千尺, 不及汪倫送我情.
17) ≪시경 詩經≫<빈풍 · 칠월 豳風 · 七月> ; 七月亨葵及菽.

①은 아래위 손[…>…>…>𠬪]이 가운데 배[…>…>冂>冖] 한 척을 두고 서로 주고받는다 […>…>…>受]는 뜻의 회의겸 속음 주[…<舟]의 형성자이다. 이때는 아직 '받는다[受]'와 '준다[授]'가 분화되지 않은 채 한 어휘로 표현되고 있다. ②는 ①과 자형이 비슷하나, ③은 배[…]가 한 획의 부호[冂>冖]로 바뀌어 필획이 간략해졌다. ④는 ③이 정형화한 것이다.

수(受)의 본래 뜻은 '주고 받는다'이다. 문맥을 보아 "손권은 사양하고 받지[受] 않았다"[18] 고도 할 수 있으며, "재능에 따라 관직을 주었다[受]"[19]고도 할 수 있으나, 머지않아 '준다'는 뜻은 왼뜻[扌] 오른음[受]의 새 형성자 수(授)에 분화되어, '주고받음'을 수수(授受)라고 할 때처럼 수(受)는 '받는다'로만 쓰이게 되었다. 이렇게 의미 분담이 이루어져, '수여(授與)', '교수(敎授)' 등에는 수(授)가 쓰이고, '수신(受信)', '접수(接受)' 등에는 수(受)가 쓰이게 되었다. 따라서 수상(授賞)과 수상(受賞), 수업(授業)과 수업(受業) 등은 경우에 따라 구분해 써야 하는 점 주의해야 한다.

舟 *h* *주* *zhōu* *배.*

受 m 수 shòu 받다. 받아들이다.
授 m 수 shòu 주다. 수여하다.
綬 수 shòu 인끈.

취하다 취(取)

①갑골문	②금문	③소전	④해서

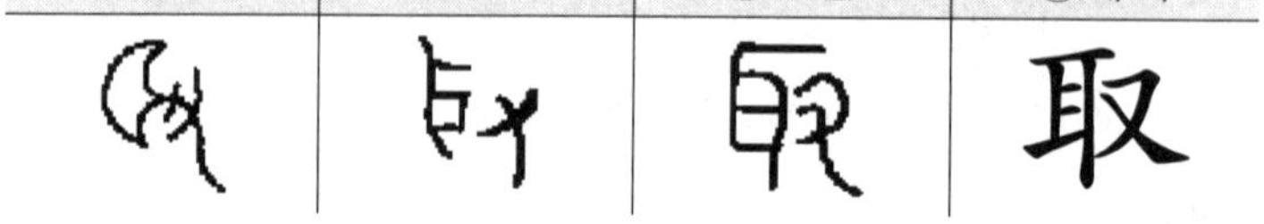

①은 왼곁은 귀[…>…>…>耳]이고, 오른곁은 손[…>…>…>又]으로, 손이 귀를 잡아 이를 '가진다[…>…>…>取]'는 뜻이므로 회의자이다. ②와 ③은 귀를 쉬 알아보기 어려울 뿐, ①과 자형이 비슷하며, ④는 ③이 정형화한 것이다.

취(取)의 본래 뜻은 '가진다'이다. "짐승을 포획한 이는 그 왼편 귀를 가진다[取]"[20]는 예가 이것이다. 가진다는 데서 널리 '잡는다'는 뜻으로 쓰인다. "저기 여우를 잡아다[取], 공자분네 입을 가죽옷 짓는다"[21]는 예가 이것이다. 널리 '구한다'는 뜻으로 쓰이기도 한다.

18) ≪삼국지 三國志≫<오서 · 오주전 吳書 · 吳主傳> ; 權辭讓不受.
19) ≪한비자 韓非子≫<외저설좌상 外儲說左上> ; 因能而受官.
20) ≪주례 周禮≫<하관 · 대사마 夏官 · 大司馬> ; 獲者取左耳.
21) ≪시경 詩經≫<빈풍 · 7월 豳風 · 七月> ; 取彼狐狸, 爲公子裘.

"세 되를 구하여[取] 마신다"[22]는 예가 이것이다. 널리 '함락시킨다'는 뜻으로 쓰이기도 한다. "군사를 일으켜 정벌한다면 반드시 함락시킬[取] 것이다"[23]는 예가 이것이다. 널리 '아내를 맞이한다'는 뜻으로 쓰이기도 한다. "오기는 제나라땅 여자를 아내로 맞았다[取]"[24]는 예가 이것이다. 머지않아 이 뜻은 새 형성자 취(娶)에 분화되어 쓰인다.

잡는다는 데서 널리 '향하여 좇는다'는 '추향'을 가리킨다."예의란 남을 좇아[取] 배우는 것이지, 남을 좇아[取] 가르치는 것이 아니다"[25]라는 예가 이것이다. 다만, 이는 머지않아 추(趨)에 분화되어 쓰인다.

取	*[m]*	*취*	*qǔ*	*취하다. 가지다.*
娶		취	qǔ	장가들다. 장가가다.
趣	[h]	취	qù	취미. 재미.
聚		취	jù	모이다. 모으다.
鯫		추	zōu	뱅어. 잡어.
緅		추	zōu	검붉은 색. 흑적색.
諏		추	zōu	꾀하다. 상의하다.
陬		추	zōu	모퉁이. 산기슭.
掫		추	zhōu	지키다. 들어 올리다.
叢		총	cóng	떼지어 모이다. 떨기.

26. 구(口) 부

입 구(口)

①갑골문	②금문	③소선	④해서
			口

①, ③은 모두 사람의 입[ㅂ>ㅂ>口]으로, 상형자이다. ④는 정형화한 것이다.

구(口)의 본래 뜻은 '입'이다. "저마다 입[口]이 느끼는 맛이란 같은 기호를 가진다"[1]는

22) ≪후한서 後漢書≫<화타전 華佗傳> ; 取三升飮之.
23) ≪상군서 商君書≫<거강 去强> ; 興兵而伐必取.
24) ≪사기 史記≫<오기전 吳起傳> ; 吳起取齊女爲妻.
25) ≪예기 禮記≫<곡례·상 曲禮·上> ; 禮聞取於人, 不聞取人.

1) ≪맹자 孟子≫<고자·상 告子·上> ; 口之於味, 有同耆也.

예가 이것이다. 입에서 널리 '인구'나 '식구', 혹은 이를 헤아리는 단위로 쓰인다. "열 식구[口]의 집에서는 열 사람이 소금을 먹는다"[2]는 예가 이것이다.

가축을 헤아릴 때도 쓰인다. "다섯 마리[口] 돼지"[3] 같은 예가 이것이다. 다만, 이는 현재의 쓰임일 뿐이며, 옛날에 가축을 구(口)라 헤아린 예는 없다.

구(口)는 부수자로, 이를 구성소로 하는 글자는 입, 혹은 주위가 둘러 쌓인 물건과 관련이 있다.[4] 먹다 흘(吃), 부르짖다 규(叫), 가운데 중(中), 맡다 사(司), 시끄럽다 효(囂) 등이 이것이다.

口 [m] *구 kǒu* *입.*

扣 구 kòu 두드리다. 치다.
釦 구 kòu 금테를 두르다.
叩 고 kòu 두드리다. 머리를 땅에 대고 절하다.

오른쪽 우(右)

①갑골문	②금문	③소전	④해서
			右

①은 '오른' 우(右)의 기원 자형으로, 오른손[[illegible]>[illegible]>[illegible]>ナ<又]의 상형자이다. ②는 오른손[[illegible]] 아래에 입[[illegible]>[illegible]>口]을 더하여 입이 음식을 먹도록 오른손이 '돕는다[[illegible]>[illegible]>右]'는 뜻의 회의 겸 형성자이다. 머지않아 우(又) 대신 오른손의 뜻으로 쓰인다. ④는 오른손[[illegible]]의 양쪽 바깥 손가락[コ]이 삐침[ノ]으로 변한 것이다.

우(又)는 '오른손', 우(右)는 '돕는다'는 뜻이었다. "천자가 도우시는[右] 이를 저의 군주 또한 도울 것이오[右]"[5]라고 한 예가 그것이다. 우(又)가 머지않아 '또'의 뜻에 빌려 쓰이자, 우(右)는 '돕는다'의 뜻을 왼뜻[亻] 오른음[右]의 새 형성자 '우(佑)'에 분화시킨 다음, 우(又) 대신 '오른쪽'의 뜻을 맡으므로 의미 분담 상, 일련의 이동이 이루어졌다.

옛날에는 동쪽과 서쪽을 자주 좌(左), 우(右)로 표현하였다. "농산 서쪽[右] 시방의 문인들이 격문의 체제를 낳았다고 하겠다"[6]는 예가 이것이다. 서쪽을 우(右)라 한 것은 오늘날

2) ≪관자 管子≫<해왕 海王> ; 十口之家, 十人食鹽.
3) 현대한어(現代漢語) ; 五口猪.
4) 원래 입[口]이 아니면서 구(口) 자와 동화된 구성소도 많기 때문이다. 예컨대 고(古)나 고(告) 자의 구(口)는 '단상', 혹은 '제단'을 가리키며, 품(品) 자의 구(口)는 '그릇'들이며, 려(呂) 자의 구(口)는 '척추뼈', 혹은 조감해 본 '건축물'을 대표한 것임.
5) ≪좌전 左傳≫<양공10년 襄公十年> ; 天子所右, 寡君亦右之.

지도의 좌우 방위개념과는 정반대이다. 지금의 지도에는 동쪽이 우측에 놓이기 때문이다. 실제로 기원전 2세기 중엽 한나라 시대의 고분 마왕퇴(馬王堆)에서 발견된 당시의 지도는 지금의 지도와는 달리 남향하여 그린 것으로서, 위가 남쪽 방향이며, 이에 따르면 서쪽은 오른쪽에 놓이게 된다.

옛 사람은 왼편을 낮춘 데 반하여, 오른편을 높이곤 하였다. 예컨대 우성(右姓)이란 호족 성씨를 가리키고, 우족(右族)은 권문세가를 가리키며, 우직(右職)은 요직을 가리킨다. 평시나 길사에는 좌(左)를 높인 데 반하여, 전시나 흉사에는 우(右)를 높이기도 하였다. "길상스런 일에는 왼편을 숭상하고, 흉사에는 오른편[右]을 숭상한다"[7]는 예가 이것이다. 근세 정치, 사상에서 진보적인 경향을 좌(左)라 한 데 반하여 보수적인 경향을 우(右)라 한 것 역시 좌우의 이러한 대비적인 쓰임에 연유한 것이다.

又	m	우	yòu	또.
右	*m*	우	*yòu*	*오른쪽.*
佑		우	yòu	돕다.
祐		우	yòu	돕다. 복. 행복.

옛날 고(古)

①갑골문	②금문	③소전	④해서

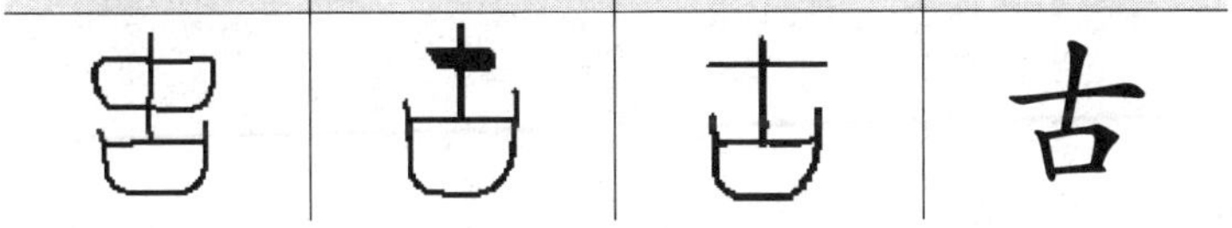

①은 밑에 단상[ㅂ>ㅂ>ㅂ>ㅁ]을 마련하고 방패[中>十>十>十]를 전시한 것으로, 장수의 사망 같은 변고[古>古>古>古]를 알리므로, 회의자이다.[8] ②는 ①과 자형이 비슷하며, ③은 방패[十]의 자형이 간략해 졌다. ④는 ③이 정형화한 것이다.

고(古)의 본래 뜻은 '변고'이다. "누구에게 죽음의 변고[古]가 없으랴"[9]라는 예가 이것이다. 다만, 이 뜻은 머지않아 고(故)에 분화되고, 널리 '오래다'는 뜻으로 쓰인다. "타향살이란 말은 유래된 지가 이미 오래다[古]"[10]라는 예가 이것이다. 오래다는 데서 '옛날'을 가리킨다.

---

6) 유협(劉勰) ≪문심조룡·격이 文心雕龍·檄移≫ ; 隴右文士, 得檄之體矣.
7) ≪노자 老子≫ ; 吉事尙左, 凶事尙右.
8) 서현(徐鉉)이 ≪설문해자계전 說文解字繫傳≫에서 "열 사람[十]의 입[口]으로 자자손손 전하는 일(十口所傳)"이라 주장한 것은 견강부회한 견해로 보임.
9) 사공도(司空圖) ≪24시품·광달 二十四詩品·曠達≫ ; 孰不有古.
10) 조여시(趙與時·宋) ≪빈퇴록·3권 賓退錄·卷三≫ ; 客土二字, 其來甚古.

"옛날[古]과 지금은 풍속이 다르다"[11]는 예가 이것이다. 옛날이라는 데서 옛날의 문화, 문헌, 사람 등을 널리 가리키기도 한다. "논술하되 창작하지 않으며, 신념을 가지고 옛 문헌[古]을 가까이 한다"[12]는 예에서는 옛 문헌이나 문화, 혹은 도리를 말한 것이며, "눈물지으며 '옛 사람[古]이 남긴 풍모 그대로의 사랑이었는데' 라고 말하였다"[13]는 예문에서는 옛 사람을 말한 것이다.

고풍(古風)이란 '옛날 풍습'을 가리킨다. "의관의 간소함이 옛날 풍습[古風]을 간직한다"[14]는 예가 이것이다. 다만, "고체시[古風]는 대적할 이가 없구려"[15] 할 때, 고풍(古風)은 '고체시'로서, 시의 한 장르를 가리킨 것이다. 이백의 문집에는 고풍(古風) 59수가 있다 하였으니, 역시 같은 예이다.

古	*m*	*고*	*gǔ*	*옛날.*
估*		고	gū	평가하다. 추측하다.
估*		고	gù	판매용 헌옷.
沽		고	gū	사다. 팔다.
姑		고	gū	고모. 시누이. 시어머니.
蛄*		고	gū	땅강아지. 씽씽매미.
蛄*		고	gǔ	가재. 땅강아지.
酤		고	gū	맑은 술. 청주. 술을 팔다.
辜		고	gū	허물. 죄.
鴣		고	gū	자고새. 산비둘기.
牯		고	gǔ	암소.
罟		고	gǔ	그물.
詁		고	gǔ	옛말을 해석하다.
固	m	고	gù	튼튼하다. 견고하다. 굳다.
故	m	고	gù	연고. 고의로. 사람이 죽다.
枯	h	고	kū	시들다. 마르다.
苦	m	고	kǔ	쓰다. 괴롭다. 고생스럽다.
居	m	거	jū	살다. 거주하다.
胡	h	호	hú	턱 밑 살. 수염.

11) ≪한비자 韓非子≫<오두 五蠹> ; 古今異俗.
12) ≪논어 論語≫<술이 述而> ; 述而不作, 信而好古.
13) ≪좌전 左傳≫<소공21년 昭公二十一年> ; 出涕曰, "古之遺愛也".
14) 육유(陸游) <유산서촌 游山西村> ; 衣冠簡朴古風存.
15) 요합(姚合) <증장적 贈張籍≫ ; 古風無手敵.

관리 사(司)

①갑골문	②금문	③소전	④해서
			司

①은 왼편 아래는 입[ㅂ>ㅂ>ㅂ>ㅁ]이고 오른곁은 손[ㅅ>ㅡ>ㅡ>ㅡ]을 든 사람[ㄱ>ㄱ>ㄱ>ㄱ]으로, 손으로 가리키며 명령하므로, 우두머리[司>司>司>司]라는 뜻의 회의자이다. ②와 ③은 자형이 같고, ④는 ③이 정형화한 것이다.

사(司)의 본래 뜻은 '우두머리', 혹은 '관리'이다. "고을 관리[司]가 문 앞까지 와서, 유성이 긋는 빛보다 급히 다그친다"16)는 예가 이것이다. 관리에서 널리 '주관하다', 또는 '맡아본다'로 쓰인다. "전욱은, 남정 중에게 제천의식을 주관하게[司] 하였다"17)는 예가 이것이다. 기기를 관리하는 사람을 현대중국어에 쓰지(司機 sījī)'라 하고, 의식을 사회하는 이를 현대중국어에 쓰이(司儀 sīyí)라 함도 이와 같은 예이다. 도맡아본다는 데서 널리 '관찰한다'로 쓰인다. "해와 달의 길이를 관찰한다[司]"18)는 예가 이것이다. 다만, 이는 머지않아 '엿본다' 사(伺)에 분화되어 쓰인다.

司 [h]	*사*	*sī*	*맡다. 주관하다.*
伺*	사	sì	기회를 엿보다.
伺*	사	cì	시중을 들다. 거들어주다. 돌보다.
覗	사	sì	엿보다.
笥	사	sì	상자.
嗣	사	sì	잇다. 계승하다.
飼	사	sì	기르다. 먹이다.
祠	사	cí	사당.
詞 [h]	사	cí	말. 말의 구절. 가사.

역사 사(史)

①갑골문	②금문	③소전	④해서
		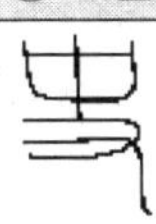	史

16) 이밀(李密) <진정표 陳情表> ; 州司臨門, 急於星火.
17) ≪사기 史記≫<태사공자서 太史公自序> ; (顓頊)命南正重以司天.
18) ≪산해경 山海經≫<대황서경 大荒西經> ; 司日月之長短.

①은 아래 오른손[> > > <又]이 짐승 포획용 채, 혹은 수렵의 점괘나 결과를 기록하는 붓[> > >中]을 잡고 있으므로, 수렵과 같은 대사를 관장하거나 기록하는 관리[> > >史]를 가리키는 회의자이다. ②는 ①과 자형이 비슷하다. ③은 ①과 자형이 대동소이하고, ④는 ③이 정형화한 것이다.

사(史)의 본래 뜻은 '수렵관리자'로서, 제정일치 시대의 수렵관리자란 '무속인'의 역할을 겸하였으므로, '무속인'의 뜻으로 쓰인다. "무속[史]들이 모두 상서롭다고 하였다"[19]는 예가 이것이다. '무속인', 혹은 '수렵관리자'라는 데서 널리 '사관'의 관직을 가리킨다. "이 사람은 고대의 훌륭한 사관[史]이다"[20]라는 예가 이것이다. '사관'에서 널리 '역사서'를 가리킨다. "국가의 역사서[史]는 전대까지의 연대기를 싣는 것이며, 가문의 전기는 세상 사람의 모범을 펴는 것이다"[21]라는 예가 이것이다.

사승(史乘)이란 널리 '역사책'을 가리킨다. 사(史)는 사기(史記)를 가리키며, 승(乘)이란 진(晉)나라의 역사책을 가리켰던 데서 이들을 함께 이른 것이다.

사(史)는 갑골문에 사(使)와 구분 없이 쓰이는 점 주의할 만하다.

史 *m* *사* *shǐ* *역사. 사관.*

駛 사 shǐ 차나 말 등이 빨리 달리다.
吏 h 리 lì 옛날의 하급 관리. 옛날의 관리.
使 h 사 shǐ, shì 하여금. 시키다.

향하다 향(向)

①갑골문	②금문	③소전	④해서

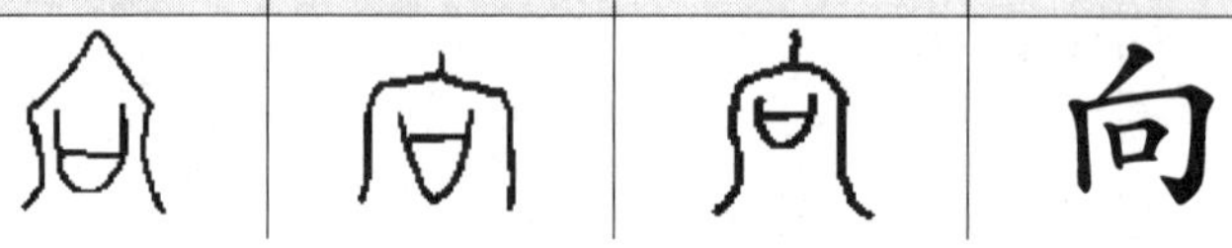

①은 집[> > >]의 벽에 난 창[> > > 口으]로, 북쪽 창[> > > 向]을 가리키는 상형자이다. ②와 ③은 ①과 자형이 같으며, ④는 이들이 정형화한 것이다.

향(向)의 본래 뜻은 '북쪽으로 난 창'이다. "북창[向]을 막고, 문풍지를 댄다"[22]는 예가 이것이다. '북쪽'이란 데서 널리 '방향', 혹은 '향한다'는 뜻으로 쓰인다. "패공은 북쪽을 향하여[向] 앉았고, 장량은 서쪽을 향하여[向] 그를 모셨다"[23]는 예가 이것이다. 널리 '종전'의 뜻으

19) ≪좌전 左傳≫<양공25년 襄公二十五年> ; 士皆曰吉.
20) ≪좌전 左傳≫<소공12년 昭公十二年> ; 是良史也.
21) 사령운(謝靈運) <산거부 山居賦> ; 國史以載前紀, 家傳以申世模.
22) ≪시경 詩經≫<빈풍 · 칠월 豳風 · 七月> ; 塞向墐戶.
23) ≪사기 史記≫<항우본기 項羽本紀> ; 沛公北向坐, 張良西向侍.

로 쓰이나, 머지않아, 향(嚮)에 분화되어 쓰인다. “저번[嚮]때 저는 일찍이 대부의 하위 반열에 속해 있었습니다”[24]라고 한 예가 이것이다. 다만, 간체자 이후에는 여전히 향(向)에 동화되어 쓰인다.

向 m 향 xiàng 방향. (앞을) 향하다.

餉 향 xiǎng 마른 음식. 술과 음식을 대접하다.
蚼 향 xiǎng 벼의 해충.
尚 m 상 shàng 숭상하다.

모으다 합(合)

①갑골문	②금문	③소전	④해서

①은 식기이다. 위는 뚜껑[Ａ>Ａ>Ａ>亼]이고, 아래는 그릇[ㅂ>ㅂ>ㅂ>ㅁ]이므로, 뚜껑을 그릇에 ‘모은다[合>合>合>合]’는 뜻의 지사자이다. ②와 ③은 모두 ①과 자형이 비슷하고 ④는 이들이 정형화한 것이다.

합(合)의 본래 뜻은 ‘모인다’이다. “그건 분명 밀가루가 아닐 게다. 연하디 연하여 한 곳에 모여있지[合]를 못하니까”[25] 라는 예가 이것이다. 맞물리게 모인다는 데서 널리 ‘닫는다’로 쓰인다. “방합은 입을 닫아[合] 도요새의 부리를 재갈로 물었다”[26]는 예가 이것이다. 합한다는 데서 다시 널리 ‘짝’, 혹은 ‘배필’로 쓰인다. “하늘이 문왕, 그에게 짝[合]을 주셨네”[27] 라는 예가 이것이다. ‘배필’에서 널리 ‘부합한다’로 쓰인다. “글은 시대상에 부합되게[合] 써야하고, 시는 상황성에 부합되게[合] 지어야 한다”[28]는 예가 이것이다. 또는 널리 ‘모은다’로도 쓰인다.

합(合)은 용량의 단위로, ‘홉(合)’이라 읽기도 한다. “열 홉(合)이 한 되이다”[29]라는 예가 이것으로, 현대중국어로는 꺼(gě)라고 읽는다.

合 홉 gě 용량단위. 부르다.*
合 m 합 hé 합하다. 갑다.*

---

24) 사마천(司馬遷) <보임소경서 報任少卿書> ; 嚮者僕嘗廁下大夫之列.
25) 노사(老舍) ≪사세동당 四世同堂≫ ; 它一定不是麵粉, 因爲它不棉棉軟軟的合在一處.
26) ≪전국책 戰國策≫<연책·2 燕策·二> ; 蚌合而拑其喙.
27) ≪시경 詩經≫<대아 · 대명 大雅 · 大明> ; 天作之合.
28) 백거이(白居易) <여원구서 與元九書> ; 文章合爲時而著, 歌詩合爲事而作.
29) 유향(劉向) ≪설원·변물 說苑·辨物≫ ; 十合爲一升.

欱	합	hē	마시다. 술을 마시다.
郃	합	hé	고을 이름.
盒	합	hé	통. 갑. 함. 합.
閤*	합	hé	전체. 모두.
閤*	합	gé	높다란 집. 누각.
閤*	합	gaǒ	신상을 모셔 놓고 제사 지내는 건물.
哈*	합	hā	호 하고 입김을 불다.
哈*	합	hǎ	큰 소리로 꾸짖다.
哈*	합	hà	안짱다리로 걷다.
鴿	합	gē	비둘기.
跲	겁	jiá	넘어지다.
給 [m]	급	gěi, jǐ	넉넉하다.
答 [m]	답	dá, dā	팥. 소두. 대답하다.
拾*	습	shī	마구 뒤지다.
拾* [m]	습	shí	줍다. 집다. 수습하다.
拾* [m]	십	shí	십十의 갖은자.
拾*	섭	shè	건너다.
洽	흡	qià	적시다. 윤택하게 하다.
恰	흡	qià	적당하다. 타당하다.
翕	흡	xī	합하다. 화합하다.

각각 각(各)

①갑골문	②금문	③소전	④해서

①은 아래로 향한 발[夂>夂>夂>夊]이 그 아래 집, 혹은 문[ㅂ>ㅂ>ㅂ>ㅁ]에 이르렀으므로, '이른다[各>各>各>各]'는 뜻의 회의자이며, 이는 '이른다', 혹은 '온다'는 뜻의 격(格) 자의 본래자이다. ②와 ③은 모두 ①과 자형이 비슷하며, ④는 정형화한 것이다.

본래 뜻은 '이른다'이나, 이 뜻은 이미 격(格)에 분화되어 쓰이며, 지금은 저마다 이르는 곳이 달리 있다는 데서 '하나하나', '저마다'의 뜻으로 쓰인다. "선량한 백성이 저마다[各] 제 자리를 차지한다"30)는 예가 이것이며, "교역을 마치고 물러갈 때는, 각각[各] 소용되는

30) ≪한서 漢書≫<동방삭전 東方朔傳> ; 元元之民, 各得其所.

것을 얻는다"[31]는 예도 이와 같다.

*各**	*각*	*gě*	*특별하다. 유별나다.*
各[m]*	*각*	*gè*	*여러. 갖가지. 각각.*
袼	각	gē	소매. 겨드랑이의 솔기.
閣*[h]	각	gé	문설주. 누각.
閣*	각	gǎo	신상을 모셔 놓고 제사 지내는 건물.
胳*	각	gē	팔.
胳*	각	gā	겨드랑이.
胳*	각	gé	간지럽다.
恪	각	kè	삼가다.
客[m]	객	kè	손님.
骼	격	gé	뼈.
格*	격	gē	껄껄[우렁찬 소리로 웃는 소리].
格*[h]	격	gé	바로잡다.
咎	구	jiù	허물.
洛	락	luò	강 이름.
酪	락	lào	식초.
絡*[h]	락	luò	헌 솜. 명주. 덮다.
絡*	락	lào	뜻은 絡luò과 같음.
烙*	락	lào	다리다. 다리미질하다.
烙*	락	luò	고대의 형벌. 지지다.
略[h]	략	lüè	생략하다. 계획.
輅	로	lù	수레.
路[m]	로	lù	길. 도로.
賂	뢰	lù	뇌물 주다. 재물. 금품
*貉**	*맥*	*mò*	*오랑캐.*
*貉**	*학*	*háo*	*담비.*
*貉**	*학*	*hé*	*담비.*

31) ≪역경 易經≫<계사 · 하 繫辭 · 下> ; 交易而退, 各得其所.

등뼈 려(呂)

①갑골문	②금문	③소전	④해서	⑤간체자

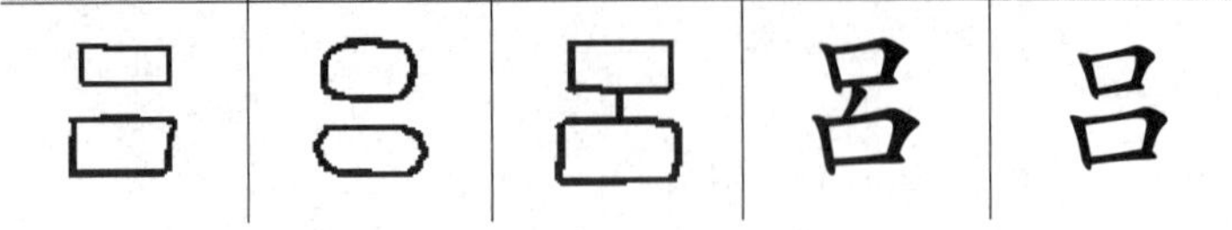

①은 등뼈조각[ㅁ]이 상하로 이어진 모양이므로, 등뼈[吕>吕>吕>呂]의 상형자이다. ②는 모가 나지 않았을 뿐 ①과 자형이 같고, ③은 이들이 서로 연결되었으며, ④는 ③이 정형화한 것이다. ⑤는 갑골문의 자형을 되찾은 것이다.

려(呂)의 본래 뜻은 '척추'이다. "우임금의 심장이나 척추[呂]와 같은 신하였으므로, 그를 여후(呂侯)로 봉하였다"[32]는 예가 이것이다. 척추의 뜻은 머지않아 위음[旅] 아래뜻[月]의 새 형성자 려(膂)에 분화되고, 등뼈[ㅁ]가 마주 이어진 것이란 데서 널리 고대음악의 '6려'를 통칭하는 말로 쓰인다. 6려란 높낮이가 고정, 배합된 고대악률의 12율 가운데 양의 기운 6음 각각에 상대하는 음의 기운 6음이다. "4번 협종, 음의 기운 율관[呂]에 갈대의 재 갓 날던 지난 춘분 절기가 떠오른다"[33]는 예가 이것이다.

呂　려 lǚ　음률. 등뼈.

侶　려 lǚ　짝. 동료. 동반자.
閭　려 lǘ　마을 어귀. 동구. 마을.

불다 취(吹)

①갑골문	②금문	③소전	④해서

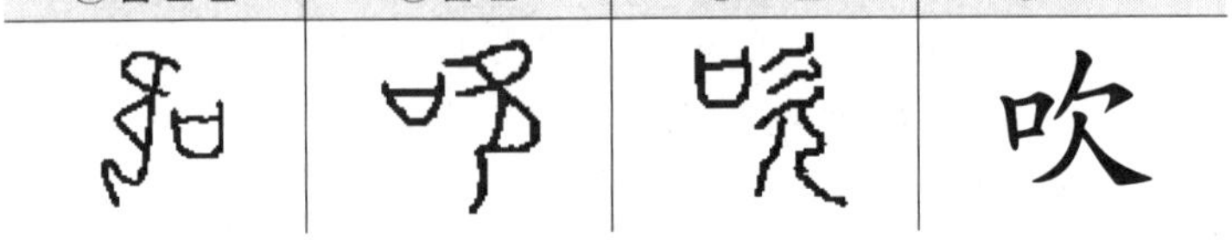

①은 오른쪽을 향해 입을 벌리고 꿇어앉은 사람[>>>欠]의 오른편에 뜨거운 국그릇[>>>ㅁ]이 있어, 사람[]이 입김[]으로 뜨거운 국[]을 분다[>>>吹]는 뜻이므로 회의자이다. ②와 ③은 구성소의 위치가 바뀌었을 뿐, ①과 자형이 같으며, ④는 이들이 정형화한 것이다.

취(吹)의 본래 뜻은 '입으로 분다'이다. "물고기 잔물결을 불어내니[吹] 춤추던 부채마저도 흔들린다"[34]는 예가 이것이다. 널리 '바람이 분다'로 쓰이기도 한다. "들불도 태워 못 없애지,

32) ≪설문해자 說文解字≫<려부 呂部> ; (大獄)爲禹心呂之臣, 故封呂侯.
33) 한유(韓愈) <억작행 憶昨行> ; 憶昨夾鐘之呂初吹灰.

봄바람 불면[吹] 다시 사니"[35] 한 예가 이것이다. 분다는 데서 널리 악기를 '취주한다'는 뜻으로 쓰인다. "악관장에게 교방에 들어가 취주[吹]를 익히게 하였다"[36]는 예가 이것이다.

취모(吹毛)란 '터럭을 분다'는 말로, '쉽다'거나, '예리하다', 혹은 '샅샅이'라는 여러 가지 상황에 두루 쓰인다. "샅샅이[吹毛] 흠을 찾지는 않는다"[37]거나, "터럭을 얹고 불어보아(吹毛) 시험할 뿐, 손을 댈 수가 없다"[38]는 예가 이것이다.

吹 [m] 취 chuī 바람이 불다. 입으로 힘껏 불다.

炊 취 chuī 밥을 짓다.

알리다 고(告)

①갑골문	②금문	③소전	④해서
			告

①은 위는 소[Ψ>Ψ>Ψ>牛]이고, 아래는 제단[ㅂ>ㅂ>ㅂ>口][39]으로, 제단 위에 희생소를 바치고 신에게 변고를 '알린다[告>告>告>告]'는 뜻이므로 회의자이다. ②와 ③은 ①과 자형이 같으며, ④는 이들이 정형화한 것이다.

고(告)의 본래 뜻은 '알린다'이다. "지난 일을 그에게 알리면[告], 다가 올 일을 아는구나"[40]라는 예가 이것이다. 널리 '말한다'로 쓰인다. "내가 재삼 너에게 말한다[告]"[41]는 예가 이것이다. 말한다는 데서 다시 널리 '보고한다'로 쓰인다. "월나라 사람이 오나라 왕의 머리를 참수했음을 보고하였다[告]"[42]는 예가 이것이다. 보고한다는 데서 널리 '고발한다'로 쓰인다. "간사한 자를 고발[告]한 이에게 상을 주었다"[43]는 예가 이것이다. 요구를 알린다는 데서 널리 '청하다'로 쓰이기도 한다. 곡가(告假)란 '휴가를 청한다'는 말이고, 곡요(告饒)란 '용서를 청한다'는 말이며, 곡적(告糴)이란 '쌀을 사고자 청하다'는 뜻이다. "자공은 들의 농부에게 쌀을 사고자 청하여[告糴], 쌀 한 섬을 얻었다"[44]는 예가 이것이다.

---

34) 두보(杜甫) <성서피범주 城西陂泛舟> ; 魚吹細浪搖歌扇.
35) 백거이(白居易) <부득고원초송별 賦得古原草送別> ; 野火燒不盡, 春風吹又生.
36) ≪예기 禮記≫<월령 月令> ; 命樂正入學習吹.
37) ≪한비자 韓非子≫<대체 大體> ; 不吹毛而求小疵.
38) 노론(盧論) <난관도자가 難綰刀子歌> ; 吹毛可試不可觸.
39) 구(口) 자와 동화되었을 뿐이다. 앞 쪽 구(口) 자의 주를 참고할 수 있음.
40) ≪논어 論語≫<학이 學而> ; 告諸往而知來者.
41) ≪장자 莊子≫<유상초 庚桑楚> ; 吾固告汝曰.
42) ≪사기 史記≫<강후주발세가 絳侯周勃世家> ; 越人斬吳王頭以告.
43) ≪상군서 商君書≫<개색 開塞> ; 賞施于告奸.

고(告), 고(誥), 조(詔) 세 자는 모두 '알린다'는 뜻이다. 다만 아랫사람이 윗사람에게 '아뢸' 때는 곡(告) 자만 쓰며, 음도 '곡'이라 읽는다. "집에 돌아오면 반드시 부모께 아뢰야[告] 한다"45)는 예가 이것이다. 윗사람이 아랫사람에게 알리면 고(告), 혹은 고(誥)를 쓴다. 다만, 진나라 이후 군왕이 신하에게 명령을 내릴 때는 조(詔)만 쓴다. 송나라 이후에는 고(誥) 자도 군왕이 관리를 임명하거나 작위를 책봉할 때만 사용하였다.

告 [m] 고 gào 알리다. 말하다.*
告 [m] 곡 gù 뵙고 청하다. 휴가.*

誥 고 gào 고하다. 아랫사람에게 알리다.
郜 고 gào 나라 이름. 고을 이름.
靠 고 kào 기대다. 의지하다.
梏 곡 gù 고대의 나무로 만든 수갑.
牿 곡 gù 마소의 우리.
鵠* 곡 gǔ 과녁.
鵠* 혹 hú 백조. 똑바로 서다.
造 [m] 조 zào 만들다. 제작하다.
浩 [h] 호 hào 크다. 넓다.
酷 혹 kù 술이 독하다. 잔혹하다.

열다 계(啓)

①갑골문	②금문	③소전	④해서	⑤간체자

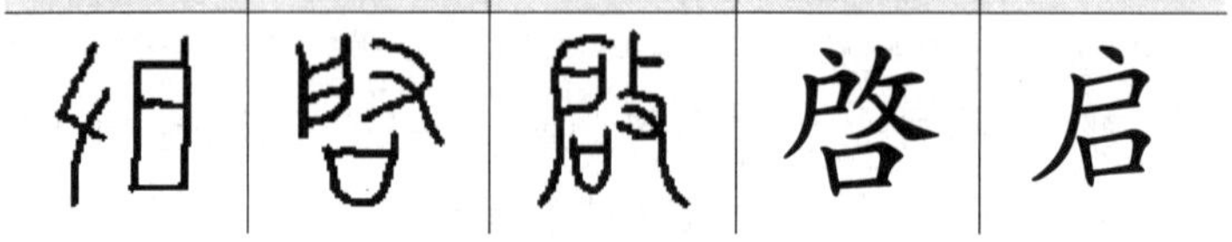

①은 왼곁은 왼손[又>又]이고 오른곁은 문짝[戶>戶>戶>戶]이므로 손으로 문을 연다[啓>啓>啓>啓]는 뜻의 회의자이다. ②는 문(戶>戶)과 손[又<又]의 위치가 바뀐 데다가, 아래 입[口>口>口]은 말로써 깨우쳐 주기도 함을 나타낸 것이다. ③은 손[又>又]이 '친다' 복(攴>攵<攴)으로 잘못 변형되어, 변화를 강조한 것이며, ④는 ③이 정형화한 것이다. ⑤는 문(戶)과 깨우친다[口]는 뜻만으로 새로 만든 회의자이다.

계(啓)의 본래 뜻은 '열다'이다. "서쪽 문을 열고[啓] 나갔다"46)는 예가 이것이다. 연다는

44) ≪공자가어 孔子家語≫<재액 在厄>; (子貢)告糴於野人, 得米一石焉.
45) ≪예기 禮記≫<곡례·하 曲禮·下>; 反必告.
46) ≪좌전 左傳≫<소공19년 昭公十九年>; 啓西門而出.

데서 널리 '개척하다'나 '개발한다'로 쓰인다. "제나라 환공은 주위의 삼천리를 개척하였다[啓]"[47]는 예가 이것이다. 널리 '계발한다', 혹은 '일깨운다'로 쓰이기도 한다. "숙손씨의 마음을 일깨워 주었다[啓]"[48]는 예가 이것이다. 일깨우자면 도리를 일러주어야 하므로, 널리 '알린다'로도 쓰인다. "제가 아뢰기로[啓], 지난날에는 가르침을 받았습니다"[49]라는 예가 이것이다. 오늘날까지 공고문에서 '사정을 알림[啓]'을 계사(啓事)라 하는 것도 역시 같은 예이다.

啓 [h] 계 qǐ　　열다. 펼치다.

홑 단(單)

①갑골문	②금문	③소전	④해서	⑤간체자
		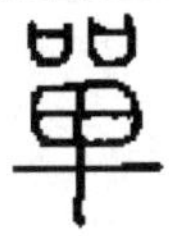	單	单

"꿈속에는 함께 했건만, 깨어보니 다시 혼자[單]"[50]라고 할 때의 단(單) 자이다. ①은 손잡이 끝에 쇠스랑 같은 귀가 난, 간단한 사냥용 채[>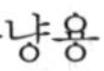>單>單]이므로 상형자이다. ②는 ①과 자형이 같으며, ③은 아래에 손잡이임을 표시하는 가로획[一]이 한 획 늘었을 뿐, ①, ②와 자형이 같다. ④는 ③이 정형화한 것이며, ⑤는 간체자이다.

단(單)의 본래 뜻은 새나 짐승을 가두거나 눌러서, 혹은 돌을 쏘아서 잡던 새총 같은 간단한 수렵용 '채'이다. 다만, 이는 머지않아 탄(彈)에 분화되어 쓰이고, 낱낱의 조수를 잡는다는 데서 널리 '홑'의 뜻으로 쓰인다. "눈 내리는 겨울에 홑[單] 옷만 입어도 되겠다"[51]는 예가 이것이다. 널리 '하나'의 뜻으로 쓰인다. "한[單] 칼에 정곡을 찌른다"[52]는 예가 이것이다. 하나라는 데서 널리 '외롭다'로도 쓰인다. "제 그림자 하나 뿐, 몸이 외롭다[單]"[53]는 예가 이것이다. 외롭다는 데서 널리 '간단하다'로도 쓰인다. "아내가 병들어도 약 쓸 돈이 없어, 홀로 들풀을 찾아 간단한[單] 처방 써 본다"[54]는 예가 이것이다.

지명이나 성씨로 쓰일 때는 선(單)이라 읽는 점 주의해야 한다. 산동성 서남방의 선현(單縣)이라 하거나, 흉노족이 수령을 선우(單于)라 일컫는 예가 이것이다.

---

47) ≪한비자 韓非子≫<유탁 有度> ; (齊桓公)啓地三千里.
48) ≪좌전 左傳≫<소공27년 昭公二十七年> ; 啓叔孫氏之心.
49) 왕안석(王安石) <답사마간의서 答司馬諫議書> ; 某啓, 昨日蒙教.
50) 사당(謝讜) ≪사희기・홍루건사 四喜記・紅樓遣思≫ ; 夢裏成雙醒又單.
51) 왕사정(王士禎) ≪지북우담・담이・4 池北偶談・談異・四≫ ; 雪天可著單衣.
52) ≪경덕전등록 景德傳燈錄≫<민덕화상 旻德和尚> ; 單刀直入.
53) 한유(韓愈) <제12랑문 祭十二郎文> ; 形單影隻.
54) 대복고(戴復古)<친구집을 찾았다가 訪友人家卽事> ; 妻病無錢供藥物, 自尋野草試單方.

단(單)을 구성소로 하는 글자는 '잡는다'나 '친다'는 뜻과 연관이 있다. 짐승 수(獸)가 이것이다.

單[m]*	*단*	*dān*	*다만. 홑겹의.*
*單**	*선*	*chán*	*한나라 때, 흉노의 군주를 부르던 말.*
鄲	단	dān	지명 이름.
癉*	단	dān	학질.
癉*	단	dàn	피로가 쌓여 생긴 병.
簞	단	dān	대광주리.
蟬	선	chán	매미.
嬋	선	chán	곱다. 잇닿다.
禪*	선	chán	하늘에 제사지내다.
禪*	선	shàn	선양하다.
墠	선	shàn	제사지내는 터.
戰 [m]	전	zhàn	싸움. 전쟁.
觶	치	zhì	술잔.
彈*	탄	dàn	탄환.
彈*[h]	탄	tán	튕기다. 연주하다.
憚	탄	dàn	삼가다. 꺼리다.
嘽*	천	chǎn	부드럽고 느긋하다. 느슨하다.
嘽*	탄	tān	헐떡이다.
闡	천	chǎn	상세히 설명하다. 열다.
撣*	선	shàn	당기다. 운남성의 태傣족의 옛 이름.
撣*	탄	dǎn	손에 들다. 먼지 따위를 털다.
殫	탄	dān	다하다. 다 써버리다.

인색하다 색(嗇)

①갑골문	②금문	③소전	④해서	⑤간체자
			嗇	啬

①은 밭[田>田] 위에, 이삭을 드리운 두 줄기 보리[來來]가 밭에서 떨어져 있어, 수확한 것임을 나타내므로 거둔다[嗇>嗇>嗇>嗇]는 뜻의 회의자이다. ②는 보리가 한 줄기[來] 뿐이

며 밭[冂]도 잘못 변형되었으나, 여전히 ①과 구성소가 비슷하나, ③은 보리[來>屮<來] 아래 밭[田]이 곡식창고[回>回]로 잘못 변형된 것이다. ④는 보리의 뿌리[人]가 가로획[一]으로 변하였을 뿐, ③이 정형화한 것이며, ⑤는 간체자이다.

색(嗇)의 본래 뜻은 '거둔다'이다. "밭을 갈고, 힘써 거둔다[嗇]"[55]는 예가 이것이다. 다만, 이 뜻은 머지않아 왼뜻[禾] 오른음[嗇]의 새 형성자 색(穡)에 분화되어 쓰이고, 거둔 곡식을 잘 간수한다는 데서 널리 물자를 '아껴 쓴다'는 뜻으로 쓰인다. "낭비를 줄이는 것을 색(嗇)이라 한다"[56]는 예가 이것이다. 아껴 쓴다는 데서 널리 '인색하다'로 쓰인다. "공중은 재물에 인색하다[嗇]"[57]는 예가 이것이다.

嗇	*색*	*sè*	*아끼다. 인색하다.*
穡	색	sè	거두다. 곡식.
薔	장	qiáng	장미.
牆	장	qiáng	담. 울타리.
墻 h	장	qiáng	장牆과 같은 글자.
檣	장	qiáng	돛대. 마스트.
嬙	장	qiáng	궁녀.

시끄럽다 효(囂)

①갑골문	②금문	③소전	④해서	⑤간체자
			囂	嚣

②는 눈썹과 눈으로 머리를 상징한 사람[頁>頁>頁]의 좌우에 네 개의 입[口>口]이 놓였으므로, 그에게 모여 여러 사람이 다투느라 소란스럽다[囂>囂>囂]는 뜻의 회의자이다. ③은 입[口]의 위치가 다를 뿐, ②와 자형이 같으며, ④는 ③이 정형화한 것이며, ⑤는 간체자이다.

효(囂)의 본래 뜻은 '시끄럽다' 혹은 '다툰다'이다. "교역하느라 시장에 모였으니 시끌벅적한[囂] 것이다"[58]라는 예가 이것이다. 효진(囂塵)이란 '소란하고 먼지 난다'거나, 그런 '속세'

---

55) ≪전국책 戰國策≫<성제기 成帝紀> ; 服田力嗇.
56) ≪한비자 韓非子≫<해로 解老> ; 少費之爲嗇.
57) ≪전국책 戰國策≫<한책 韓策> ; (公)仲嗇于財.
58) ≪정자통 正字通≫ ; 交易市合則囂.

를 가리킨다. “그대 집은 시장에 가까워 저습하고 좁은 데다 소란하고 먼지 나니[囂塵] 머물 수가 없소”[59]라는 예가 이것이다. 소란하다는 데서 널리 ‘근심한다’로 쓰인다. “농업이 피폐하여 백성이 근심한다[囂]”[60]는 예가 이것이다. 이는 머지않아 ‘근심하다’ 오(嗷)에 분화되어 쓰이므로, 음도 ‘오’라 읽는다. 현대중국어에도 이때는 샤오(囂 xiāo)가 아닌 아오(囂 áo)인 점 주의해야 한다.

囂 효 xiāo 시끄럽다. 소란스럽다.*
囂 오 áo 근심하다.*

27. 위(囗) 부

둘레 위(囗)

①갑골문	②금문	③소전	④해서

①은 에워싼 담, 혹은 성벽[□>○>□>口]의 형상으로, 상형자이다. ② 이하는 ①과 자형이 같다. 머지않아 구(口)와 자형을 구별하기 위해, 음결 위(韋)를 더한 새 형성자 위(圍)를 만든 이후, 홀자로는 쓰이지 않는다.

‘둘러싸다’ 위(圍)를 포함하여 위(囗)를 구성소로 하는 글자는 ‘담으로 둘러싸인’ 경계와 관련된 뜻으로 쓰인다. 죄수 수(囚), 정원 원(園), 우리 권(圈) 등이 이것이다.

囗 위 wéi 위圍의 옛글자. <국國의 속자>*

韋 위 wéi 다룬 가죽. 무두질한 가죽.
員 [h] 원 yuán 단체를 조직하는 구성원.

圓 원 yuán 둥글다. 원. 동그라미.

59) ≪좌전 左傳≫<소공3년 昭公三年> ; 子之宅近市, 湫溢囂塵, 不可以居.
60) ≪삼국지 三國志≫<위서 · 화흡전 魏書 · 和洽傳> ; 農業有廢, 百姓囂然.

죄수 수(囚)

①갑골문	②금문	③소전	④해서
			囚

①은 담[□>□>口] 안에 갇힌 사람[>>人]이다. 주위의 점들은 흙이나 짚, 혹은 견디기 어려워 나는 땀[:] 등을 표시한다. 갇힌 곳에 가둔 죄수나 포로[>>囚]를 뜻하므로 회의자이다. ③은 보다 단순해졌을 뿐, ①과 자형이 비슷하며, ④는 ③이 정형화한 것이다.

수(囚)의 본래 뜻은 '죄수'이다. "그 안에 얼어죽은 죄수가 있다"[1]는 예가 이것이다. 본래 뜻에서 널리 '가둔다'로 쓰인다. "초나라 회왕은 진나라 사람들에게 속아서 갔다가, 갇힌[囚] 채 죽었다"[2]는 예가 이것이다. 죄수라는 데서 널리 '포로'를 가리키기도 한다. "반 땅에서 포로[囚]를 잡아 바쳤다"[3]는 예가 이것이다.

囚　수　qiú　구금하다. 가두다.

泅　수　qiú　헤엄치다.

돌다 회(回)

①갑골문	②금문	③소전	④해서
			回

①은 선회하는 물, 혹은 선(宣) 자에서처럼 돌아가며 두른 담[]으로, '돈다[>>>回]'는 뜻의 상형자이다. ②는 선회하는 방향이 다를 뿐이다. ③에서 자형이 규범화되어, ④는 이것이 정형화한 것이다.

회(回)의 본래 뜻은 '돌다'이다. "물이 깊으면 소용돌이친다[回]"[4]는 예가 이것이다. "소용돌이치는[回] 바람이 회오리 바람이다"[5]라는 예도 역시 '돈다'는 뜻이 널리 쓰인 예이다. 널리 지향하는 방향을 '되돌린다'로 쓰이기도 한다. "비록 죽더라도 뜻을 되돌릴[回] 수는 없다"[6]는 예가 이것이다. '돈다'에서 널리 '돌아온다'거나 '돌아간다'로 쓰인다. "황하의 물은

---

1) 백거이(白居易) <가무 歌舞> ; 中有凍死囚.
2) 곽말약(郭沫若) ≪굴원연구 屈原硏究≫ ; 楚懷王被秦人詐騙了去, 囚死了.
3) ≪시경 詩經≫<노송・반수 魯頌・泮水> ; 在泮獻囚.
4) ≪순자 荀子≫<치사 致士> ; 水深而回.
5) ≪이아 爾雅≫<석천 釋天> ; 回風爲飄.
6) 유종원(柳宗元) <여한유논사관서 與韓愈論史官書> ; 雖死不可回也.

하늘에서 왔다가, 바다로 달려가면 다시는 돌아오지[回] 않네"[7]라는 예가 이것이다. 다시 정도를 벗어나 '어긋진다'로도 쓰인다. "거짓되고 어긋진다[回]"[8]는 예가 이것이니, '간회(奸回)'란 '간사(奸邪)하다'와 같은 말이다. 돌아온다는 뜻으로는 머지않아 회(迴) 자를 따로 만들어 썼지만, '어긋진다'는 뜻으로는 다만 회(回) 자만 쓰일 뿐이다. 간체화 이후 회(迴)는 다시 회(回)와 동화되어, 더 이상 쓰이지 않는다.

回 ***m***	*회*	*huí*	*돌다.*
迴	회	huí	회回와 같은 글자.
徊*	회	huái	배회하다.
佪*	회	huí	배회하다. 떠나기 싫어 머뭇거리다.
洄	회	huí	물이 빙 돌아서 흐르다.
茴	회	huí	회향풀. 회향유.

동산 유(囿)

①갑골문	②금문	③소전	④해서

①은 풀이나 나무[↓]를 재배하여 무성한 곳의 바깥에 담[口>囗]을 두른 궁궐이나 장원의 동산[囿]이므로, 회의자이다. ②는 안음[有>有>有] 겉뜻[囗>囗>囗]의 새 형성자로 바뀐 것이며, ③과 ④는 ②와 자형이 같다.

유(囿)는 수목을 조성하고 금수를 기르던 '동산'이다. "왕이 영유 동산[囿]을 노니는구나, 암사슴은 숲에 묻혀 있는데"[9]라는 예가 이것이다. 한나라 이래로는 원(苑)이라 불리기도 한다. 동산에서 널리 '채소밭'이나 '과수원'으로 쓰이기도 한다. "촌락의 과수원[囿]에는 복숭아나무 흩어져 있다"[10]는 예가 이것이다. 사물이 모인 곳을 비유적으로 '동산'이라 하기도 한다. "시서나 예악 6예의 동산[囿]에 노닌다"[11]는 예가 이것이다. "궤변가의 울타리[囿]이다"[12] 할 때의 유(囿)는 '한계'의 뜻이다. 좁은 지식에 갇혀 있음을 울타리에 비유한 것이다.

---

7) 이백(李白) <장진주 將進酒> ; 黃河之水天上來, 奔流到海不復回.
8) 왕안석(王安石) <겸병 兼幷> ; 奸回.
9) ≪시경 詩經≫<대아·영대 大雅·靈臺> ; 王在靈囿, 麀鹿攸伏.
10) 사령운(謝靈運) <종유경구북고응조 從游京口北固應詔> ; 墟囿散紅桃.
11) 사마상여(司馬相與) <상림부 上林賦> ; 游于六藝之囿.
12) ≪장자 莊子≫<천하 天下> ; 辯者之囿.

"우리는 옛것에 얽매이는 습관에 제한 받지[囿] 않아야 한다"[13]는 말은 유(囿)를 '제한한다'는 동사로 쓴 예이다.

又 ⓜ 우 yòu 또 다시. 거듭.

有*ⓜ 유 yǒu 가지고 있다. 소유하다.
有* 유 yòu 또.

囿 유 yòu 우리[동물을 가두어 기르는 곳].
侑 유 yòu 먹거나 마시기를 권하다.
宥 유 yòu 용서하다.
洧 유 wěi 강 이름. 지명에 쓰이는 글자.
郁 욱 yù 빛나다. 화려하다.
賄 회 huì 뇌물.

채소밭 포(圃)

①갑골문	②금문	③소전	④해서

①은 골[丰]이 난 채소밭[田]이고, 위에는 두 포기 채소[屮屮]이므로, '채소밭[圃>圃>圃>圃]'을 가리키는 회의자이다. ②는 채소[屮]가 밭둑[囗] 안으로 옮겨진 데다, 골[田]이 밭둑과 독립되었을 뿐, ①과 자형이 비슷하며, ③은 가운데 놓였던 채소밭[甫]을 보(甫>甫)로 잘못 변형시킴으로써, 안음[甫] 겉뜻[囗]의 새 형성자가 되었다. ④는 ③이 정형화한 것이다.

포(圃)의 본래 뜻은 '채소밭'이다. "울 안 채소밭[圃]에는 과실과 채소를 기르게 한다"[14]는 예가 이것이다. 채소밭에서 널리 '채소경작인'으로 쓰인다. "나는 채소경작인[圃] 노인만 못하다"[15]는 예가 이것이다.

父 보 fǔ 남자의 미칭[=甫]

甫 보 fǔ 크다. 남자의 미칭[=보(父)].

庯 포 bū 풍채나 문필이 뛰어나다.

13) 곽말약(郭沫若) <청년약 青年喲> ; 我們不要爲泥古的習慣所囿.
14) ≪주례 周禮≫<천관 · 대재 天官 · 大宰> ; 園圃毓草木.
15) ≪논어 論語≫<자로 子路> ; 吾不如老圃.

晡 포 bū 저녁 무렵.
逋 포 bū 달아나다.
捕 h 포 bǔ,bù 사로잡다.
餔 포 bù 새참. 밥.
莆 포 pú 부들.
匍 포 pú 기다.
脯* 포 pú 가슴. 흉부.
脯* 포 fǔ 포. 말린 고기.
圃 포 pǔ 채소밭.
浦 h 포 pǔ 물가.
鋪* 포 pū 펴다. 깔다.
鋪* 포 pù 가게. 상점.
補 h 보 bǔ 깁다. 보수하다.
輔 보 fǔ 돕다. 보좌하다.

28. 토(土) 부

흙 토(土)

①갑골문	②금문	③소전	④해서
			土

①은 지면 위[一]에 솟은 한 덩이 흙[◊>⧫>个>十], 혹은 돌기둥[menhir]으로 상형자이다. 흙은 신앙의 대상이다. 흙이 있으면 농업이 있고, 농업이 있으면 의식주가 있기 때문이다. 그래서, 고대인들은 돌기둥을 세워 이를 상징하고 숭배한 것 같다. ②는 속이 찼을 뿐 ①과 자형이 같으며, ③은 ②의 굵은 부분이 가로획으로 변형한 것이며, ④는 ③이 정형화한 것이다.

토(土)의 본래 뜻은 '흙'이다. "태산은 작은 덩이 흙[土]도 사양하지 않아, 그 거대함을 이룰 수 있었다"[1]는 예가 이것이다. 흙이란 데서 널리 '땅'을 가리킨다. "온갖 곡식과 초목은 땅[土]에서 아름답다"[2]는 예가 이것이다. 땅에서 널리 '고향'을 가리킨다. "나이 들고 늙자

1) ≪사기 史記≫<이사열전 李斯列傳> ; 泰山不讓土壤, 故能成其大.

고향[土]이 그리웠다"[3]는 예가 이것이다. 고향이란 데서 널리 '본디 지역'을 가리키기도 한다. 토속(土俗)이나 토종(土種)이란 '본디 지역'에 뿌리를 둔 속성이나 품종을 가리켜 말한 것이다.

상토(桑土)란 뽕을 심기 알맞은 흙을 가리킨다. 다만, '뿌리'를 가리킬 때는 '두(土)'라 읽으므로, 상두(桑土)라 읽으면, '뽕나무 뿌리껍질'을 가리킨다. "아직 하늘에 비 내리지 않을 때, 뽕나무 뿌리껍질[桑土] 벗겨다, 둥지의 창이며 문을 얽었다"[4]는 예가 이것이다. 이 시에서 유래하여 '닥치지 않아 미리 재난을 예방함'을 상두주무(桑土綢繆), 혹은 상두지방(桑土之防)이라 한다.

중국인들은 무덤을 흙만두[土饅頭]에 비유하기도 했다. "천년 견딜 쇠문턱을 달았더라도, 결국은 한 덩이 흙만두[土饅頭]인 것을"[5] 하는 예가 이것이다.

토(土)는 부수자로, 이를 구성소로 하는 글자는 모두 흙과 관련이 있다. 담 원(垣), 묻다 매(埋), 성 성(城), 막다 색(塞) 등이 이것이다.

*土** m	*토*	*tǔ*	*흙. 토양. 땅.*
*土**	*두*	*dǔ*	*뿌리.*
吐* h	토	tǔ	토하다.
吐*	토	tù	구토하다.
芏	토	dù	방동사니과에 속하는 다년초 식물.
肚*	두	dǔ	위胃.
肚*	두	dù	배. 복부.
杜	두	dù	팥배나무. 막다.
徒	도	tú	걷다. 다만. 무리.
牡	모	mǔ	수컷.
社 h	사	shè	단체.

2) ≪주역 周易≫<이괘 離卦> ; 百穀草木麗乎土.
3) ≪후한서 後漢書≫<반초전 班超傳> ; 年老懷土.
4) ≪시경 詩經≫<빈풍 · 치효 豳風 · 鴟鴞> ; 迨天之未陰雨, 徹彼桑土, 綢繆牖戶.
5) 범성대(范成大) <중구일행영수장지지 重九日行營壽藏之地> ; 縱有千年鐵門限, 終須一個土饅頭.

덩어리 괴(塊)

①갑골문	②금문	③소전a	③소전b	④해서	⑤간체자
				塊	块

③a는 겉은 광주리[凵]이고, 안은 흙[土>土]으로, 광주리 안에 담긴 흙덩이[凷]로, 회의자이다. ③b는 왼뜻[土>土] 오른음[鬼>鬼]의 형성자로 바뀐 자형이다. ④는 ③b가 정형화한 것이며, ⑤는 간체자이다.

괴(塊)의 본래 뜻은 '흙덩이'로, "흙은 고르게 갈아 흙덩이[塊]가 없어야 한다"[6]는 예가 이것이다. 흙덩이에서 널리 '덩어리' 일반을 가리킨다. 쇳덩이를 철괴(鐵塊)라 하거나, 석탄덩이를 매괴(煤塊)라 하는 것이 이것이다. 널리 덩이진 물건을 헤아리는 단위수로도 쓰인다. "술 한 병을 사고, 두 덩어리[塊] 쇠고기를 쌌다"[7]는 예가 이것이다. 덩어리져 고립되었다는 데서 널리 '고독하다'로도 쓰인다. "고독하기[塊]가 물 마른 못의 물고기 같구나"[8] 라는 예가 이것이다.

중국은 아편전쟁 당시만 해도 은덩이를 화폐로 썼으며, 이 때문에 현대까지도 돈을 '덩이'로 헤아려, 현대중국어의 콰이(塊 kuài)는 돈을 헤아리는 단위수로 쓰인다. 1원을 현대중국어에 '이 콰이(一塊 yí kuài)'라 하는 것이 이것이다.

鬼 [h]	*귀*	*guǐ*	*귀신.*
傀*	괴	guī	괴이하다.
傀*	괴	kuǐ	꼭두각시.
魁	괴	kuí	우두머리. 두목. 수령. 괴수.
媿	괴	kuì	창피주다. 부끄럽다.
愧	괴	kuì	부끄럽다. 부끄러워하다.
槐	괴	huái	홰나무. 회화나무.
塊 [h]	괴	kuài	덩어리.
嵬*	외	guī	산 이름.
嵬*	외	wěi	인명에 쓰이는 글자.
嵬	외	wéi	높고 크다. 우뚝하다.

---

6) 가사협(賈思勰) ≪제민요술・대두 齊民要述・大豆≫ ; 土和無塊.
7) ≪수호전 水滸傳≫<제10회 第十回> ; 買了一葫蘆酒, 包了那兩塊牛肉.
8) 좌사(左思) <영사시 咏史詩> ; 塊若枯池魚.

담 원(垣)

①갑골문	②석각문자	③소전	④해서
	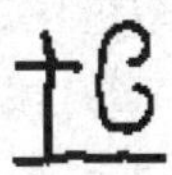	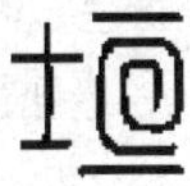	垣

②는 춘추전국시대의 석각 문자로, 오른편 위의 담[...>...>亘]이 흙[...>...>土]으로 쌓은 것임을 보이므로, 왼뜻[土] 오른뜻 겸 오른음 선(亘)의 회의 겸 형성자이다. ③은 ②와 구성소가 같으며, ④는 ③이 정형화한 것이다.

원(垣)의 본래 뜻은 '낮은 담'이나 '울'이다. "안으로 집을 헐고, 밖으로 담과 울[垣]을 허문다"[9]는 예가 이것이다. 담에서 널리 '성'을 가리킨다. "서하 사람들에게 전하는 말에, '도적은 성[垣] 안에 있다'고 한다"[10]는 예가 이것이다. 성에서 널리 '관서'로 쓰인다. "꽃에 둘러싸여 황궁의 관서[垣]는 날이 저문다"[11]는 예가 이것이다.

亘 선 xuān 베풀다. 구하다. 펴다.*
亘 환 huán 굳세다. 환桓과 같은 자.*

宣 [h] 선 xuān 베풀다. 펴다.
垣 원 yuán 담. 울타리.
洹 원 huán 강 이름.
狟* 훤 huán 담비 새끼.
狟* 환 huán 개 다니다.
貆 환 huán 담비 새끼.
桓 환 huán 푯말. 굳세다.
烜 훤 xuǎn 햇볕에 말리다.

성 성(城)

①갑골문	②금문	③소전	④해서
			城

②는 왼곁은 사방에 망루가 서있는 성벽[...]이며, 오른편은 시퍼런 날이 왼쪽을 향한 도끼

9) ≪관자 管子≫<경중을 輕重乙> ; 內毁室屋, 壞墻垣.
10) 소순(蘇洵) <장익주화상기 張益州畫像記> ; 西(夏)人傳言, 有寇在垣.
11) 두보(杜甫) <춘숙좌성 春宿左省> ; 花隱掖垣暮.

[戉>戊]이므로, 도끼를 갖추고 망루에서 수비한다는 데서 성[𢧵]을 가리키는 회의자이다. ③은 왼곁의 성곽[𩫏]이 흙[土>土]으로 변하고, 도끼[戉]가 음곁 성(戍>成)으로 변하여, 왼뜻[土] 오른음[成]의 형성자로 변한 것이며, ④는 ③이 정형화한 것이다.

성(城)의 본래 뜻은 '성벽'으로, "성벽[城]이 종횡 3리이고, 외성벽이 종횡 7리라도 에워싸고 공격하여 함락시키지 못 한다"12)는 예가 이것이다. '성벽'에서 널리 '도성'으로 쓰인다. "진나라를 공격하여 다섯 도성[城]을 함락시켰다"13)는 예가 이것이다. 널리 '성벽을 쌓는다'는 뜻으로도 쓰인다.

성(城)과 곽(郭)은 다르다. 성벽은 2중으로 쌓으며, 이 중 내성벽이 성(城)이며, 외성벽은 곽(郭)이다. 성곽(城郭)이란 널리 '도시'를 가리킨다.

丁*[m]	정	dīng	성년 남자.
丁*	정	zhēng	쩡쩡. 딱딱. 뚱땅.
成 [m]	성	chéng	이루다. 완성하다.
城 [m]	*성*	*chéng*	*성 안. 성벽. 도시.*
宬	성	chéng	고대의 장서각.
誠 [m]	성	chéng	진심의. 진실하다. 성실하다.
盛*[m]	성	chéng	물건을 용기에 담다.
盛*	성	shèng	흥성하다. 번성하다.
晟	성	shèng	밝다. 왕성하다. 흥성하다.

묻다 매(埋)

①갑골문	②금문	③소전	④a해서	④b해서
			薶	埋

①은 이레 피놓은 함정[凵]에 소[牛>牛]를 넣고 양편 사이에 흙[,,]을 메웠음을 네 개의 점으로 나타내고 있어, 소를 땅에 묻는다[埋]는 회의자이다. ③은 위는 풀[艸], 아래는 리(貍)자로, 초원에 묻는다는 위뜻[艸>艸<艹] 아래음[貍>貍]의 형성자가 되었다. ④a는 ③이 정형화한 것이며, ④b는 새로 만든 왼뜻[土] 오른음[里]의 형성자이다. 매(薶)와 매(埋)는 똑같이 '묻는다'는 뜻이지만 간편하므로 이체자인 매(埋)가 널리 쓰였고, 지금은 이체자를 간체자로

12) ≪맹자 孟子≫<공손추·하 公孫丑·下>; 三里之城, 七里之郭, 環而攻之而不勝.
13) ≪사기 史記≫<오기전 吳起傳>; 擊秦, 拔五城.

쓰고 있다.

매(埋)의 본래 뜻은 '묻다'이다. "지금 땅속에 묻은지 넉넉히 9년하고도 7개월이 되었다"[14]는 예가 이것이다. 묻는다는 데서 널리 '장사지내다'로 쓰인다. "죽으면 마땅히 뼈를 장사지낸다[埋]"[15]는 예가 이것이다. 다시 널리 '덮는다', 혹은 '가린다'로 쓰인다. "온 하늘 비구름이 햇빛을 가린다[埋]"[16]는 예가 이것이다.

매옥(埋玉)이란 말이 있다. 죽은 자를 매장하면서 아름다운 옥을 묻음에 비유하여 재능 있던 자의 죽음을 애도한 말이다. 매원(埋怨)이란 '질책한다'는 뜻이다. "저팔계는 큰소리로 외치며, 성질 급한 원숭이라고 손오공을 질책하였다[埋怨]"[17]는 예가 이것이다. 다만 현대중국어로는 이를 만위앤(埋怨 mányuàn)이라 읽히는 점 주의해야 한다.

음결이 같은 자들의 체계는 뒷쪽 리(里) 부의 마을 리(里) 자를 참조.

막다 색(塞)

①갑골문	②금문	③소전	④해서
			塞

"북창을 막고[塞], 문풍지를 댄다"[18] 할 때의 색(塞) 자이다. ①은 위는 집[宀>宀]이고, 집안의 두 개 공(工>工) 자는 재료로 쓰일 물건이 많음을 상징하며, 아래는 양손[廾]이므로, 물건을 들고 집안 곳곳을 '막는다[塞>塞>塞>塞]'는 뜻의 회의자이다. ②는 갑골문의 집[宀]이 구멍난 집[宀]으로 고쳐 쓰여, 구멍난 곳을 '막다'는 뜻이며, ③은 아래에 흙[土>土]을 더하여, 구멍을 막은 뒤 다시 흙으로 봉한다는 뜻이다. ④는 ③이 정형화한 것이다.

색(塞)의 본래 뜻은 '막다'이다. "막힘[塞]이 없다면 흐를 일도 없고, 머무름이 없다면 갈 일도 없다"[19]는 예가 이것이다. '막다'는 데서 널리 '억세한다'로 쓰인다. "훌륭히 다스리는 사람은 법으로 민중의 불법을 억제한다[塞]"[20]는 예가 이것이다. 침입을 억제한다는 데서 다시 널리 '요새'의 뜻으로 쓰인다. 다만, 이때는 '새(塞)'로 읽는다. "변방을 지키며 요새[塞]를 보강하고, 농민을 권하여 근본을 이롭게 하는 일이 당장의 급선무이다"[21] 한 예가 이것이다.

---

14) ≪유림외사 儒林外史≫<31회 三一回> ; 今埋地下足足有九年零七月了.
15) 채염(蔡琰) <호가십팔박 胡笳十八拍> ; 死當埋骨兮.
16) ≪금병매사화 金瓶梅詞話≫<제1회 第一回> ; 萬里陰雲埋日光.
17) ≪서유기·39회 西遊記·三十九回≫ ; 猪八戒高聲喊叫, 埋怨行者是一個急猴子.
18) ≪시경 詩經≫<빈풍·칠월 豳風·七月> ; 塞向墐戶.
19) 한유(韓愈)의 <원도 原道> ; 不塞不流, 不止不行.
20) ≪상군서 商君書≫<화책 畵策> ; 善治者塞民以法.
21) ≪한서 漢書≫<조착전 晁錯傳> ; 守邊備塞, 勸農利本, 當世急務.

만리장성을 고대에는 새원(塞垣)이라고도 불렀으며, '막힘'은 폐색(閉塞)이라고도 한다. 다만 '막다' 색(塞)은 현대중국어에 1성의 싸이(塞 sāi)로, '요새' 새(塞)는 현대중국어에 4성의 싸이(塞 sài)로 읽힌다.

塞*[h] *색* sāi *막다.*
塞*[h] *새* sài *요새. 보루. 변경.*

賽 새 sài 겨루다. 경쟁하다. 시합하다.

먼지 진(塵)

①갑골문	②주문	③소전	④a해서	④b해서	⑤간체자
				塵	尘

②는 주문(籒文)[22]의 자형이다. 많은 사슴[>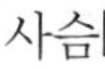>鹿]이 내달리며 양편 위에 날리게 한 흙먼지[土>土]를 가리키는 회의자이다. ③은 흙[土]이 한 덩이만 남았을 뿐, ②와 자형이 비슷하다. ④a는 ③이 고정된 것으로, 이체자이며, ④b는 이를 간략하게 쓴 자이다. 간체자 ⑤는 작은[小] 흙[土]이 먼지[塵]임을 보이는 새 회의자이다.

진(塵)의 본래 뜻은 '먼지'로, "봄에는 먼지[塵] 바람을 피할 수 없다"[23]는 예가 이것이다. 먼지는 발걸음을 연상시키므로 널리 '발자취'를 가리킨다. "소부와 허유의 발자취[塵]를 따르고자 생각한다"[24]는 예가 이것이다. 오늘날에도 '남이 한 일을 답습한다'는 뜻의 성어로 '보인후진(步人後塵)'이란 말이 쓰인다.

진망(塵网)이란 사람을 속박하는 세속을 '올가미'에 비유한 것이다. "올가미[塵网]에 잘못 떨어져, 한 순간에 삼십 년을 보내었다"[25]는 예가 이것이다.

塵 진 chén 먼지. 티끌.

22) 책의 앞 <먼저 읽기>의 '4. 한자의 다양한 자형'을 참조.
23) 조착(晁錯) <논귀속소 論貴粟疏> ; 春不得避風塵.
24) ≪송사 宋史≫<남당이씨세가 南唐李氏世家> ; 思追巢(父)許(由)之餘塵.
25) 도잠(陶潛) <귀원전거 歸園田居> ; 誤落塵网中, 一去三十年.

29. 사(士) 부

병 호(壺)

①갑골문	②금문	③소전	④해서	⑤간체자
			壺	壶

①은 위에 뚜껑[大>士]이 덮인 병[亞>亞>亞>亞]의 목에 타원의 무늬, 혹은 손잡이[⊂⊃>冖]가 있고, ②부터 배가 불룩 솟은 병[亞>亞>亞>壺]으로, 상형자이다. ③은 ②와 자형이 비슷하다. ④는 이들이 정형화하며 뚜껑[大]이 사(士)로 잘못 변형한 것이다.

호(壺)의 본래 뜻은 '호리병'이다. "한 개 술잔을 비록 홀로 들지만, 잔이 비면 호리병[壺]이 절로 기운다"[1]는 예가 이것이다. 차주전자를 차호(茶壺)라 하거나 술병을 주호(酒壺)라 하는 예도 이와 같다. 병을 표주박으로 만들기도 하는 데서 널리 '박'을 가리킨다. "8월에는 박[壺]을 딴다"[2]는 예가 이것이다. 다만 이는 머지않아 새 형성자 호(瓠)에 분화되어 쓰인다.

곤(壼)은 가로 1획이 많을 뿐이지만, 호(壺)와 전혀 다른 글자인 점 주의해야 한다. 곤(壼)은 '대궐 길', 혹은 '내실'을 가리킨다. '궐내 가장 깊숙한 곳'을 곤오(壼奧)라 하는 예가 이것이다. '깊숙한 곳'이란 데서 널리 '사물의 심오한 데'를 가리키기도 한다.

壺　　호 hú　　술병. 단지.

30. 치(夂) 부

뒤져서 오다 치(夂)

①갑골문	②금문	③소전	④해서
			夂

1) 도잠(陶潛) <잡시·2 雜詩·二> ; 一觴雖獨進, 杯盡壺自傾.
2) ≪시경 詩經≫<빈풍 · 칠월 豳風 · 七月> ; 八月斷壺.

①, ②는 뒤꿈치가 위를 향하고 발가락이 아래를 향한 오른발[ ]이므로, 이쪽으로 온다[> > >夂]는 뜻의 상형자로서 이동의 측면에서 움직임을 나타낸 것이다.[3] ③은 ①, ②와 자형이 비슷하다. ④는 회화성을 잃어 발의 모양을 찾기 어렵다.

치(夂)의 본래 뜻은 '뒤에 놓였다가 위치를 옮겨 다가온다'이다. 다만 홀자로는 쓰이지 않는 부수자로, 치(夂)를 구성소로 하는 글자는 모두 발, 혹은 발의 움직임과 관계가 있다. 내리다 강(降), 각각 각(各), 보리 맥(麥) 등이 이것이다.

夂　　치 zhǐ　　뒤져서 오다.

31. 쇠(夊) 부

여름 하(夏)

①갑골문	②금문	③소전	④해서
			夏

①은 매미[ ]이다. 그 울음소리로 여름을 알리므로, 이를 들어 여름 계절을 상징한, 지사자이다. ②는 눈썹이 난 눈으로 상징된 머리[ ] 아래 몸통 겸 다리와 발[ ], 양편의 손[ ]을 드러내고 더위를 피하거나, 혹은 도구[ ]를 만드는 형상이어서, 회의자로 잘못 변형된 것이다.[4] ③은 양쪽 발이 하나의 발[ ]로 줄어지면서 몸통[ ]에서 분리되었을 뿐 ②와 자형이 비슷하며, ④는 ③의 몸통[ ]과 양손[ ]이 사라지면서 회화성을 잃어, 사람의

---

3) 허신(許愼)에 따르면, 팔다 고(夃), 만나다 봉(夆), 내리다 강(降) 등은 치(夂)를 좇고, 거만하다 준(夋), 어그러지다 천(舛), 언덕 릉(夌>陵), 크다 하(夏), 이르다 치(致), 가는 모양 애(愛), 다시 복(复>復), 외발짐승 기(夔) 등은 쇠(夊)를 좇는 것으로 편하였다. 허신은 치(夂)를 "뒤에서 다가온다는 뜻이니, 사람의 두 다리 뒤에 와 닿는 것이 있음을 그린 것이다(從後至也, 象人兩脛後有致之也.)" 하였으므로, 이동감을 말한 것이며, 쇠(夊)는 "끌듯 더디 걷는다는 뜻으로, 사람이 두 다리에 뒤축없는 신을 끄는 듯함을 그린 것이다(行遲曳夊夊也, 象人兩脛有所躧也.)" 하였으므로, 거리감을 말한 것으로 여겨진다. 다만, ≪형음의종합대자전 形音義綜合大字典≫에서는 치(夂) 자는 갑문과 금문이 없으며, 쇠(夊) 자는 갑문이 없다고 보았으므로, 이들이 '움직임'의 서로 다른 의미소로 여겨진 것은 비교적 후대의 일임을 알 수 있음.

4) 하(夏)의 금문은 기(夔)의 갑골문과 자형이 비슷하므로, 때로 이를 하(夏)의 갑골문으로 여기기도 함.

모양을 알아보기 어렵다.

하(夏)의 본래 뜻은 '여름'이다. "봄에 밭 갈고, 여름[夏]에 김매고, 가을에 거두고, 겨울에 저장한다"5) 할 때, 춘(春), 하(夏), 추(秋), 동(冬)은 모두 계절의 특성을 표현하기 위해 새싹으로 봄을, 추수한 곡식으로 가을을, 얼음으로 겨울을, 매미로 여름을 부각시켜 만든 글자들이다. 여름은 기운이 왕성하다는 데서 널리 황하 중류 일대의 중원을 가리킨다. "남방의 신 염제는 예도와 법령을 갖추어 중원[夏]을 다스렸다"6)는 예가 이것이다. 머지않아, 우임금이 순임금에게서 선양 받은 역사시기 최초의 국가를 가리킨다. "하(夏)란 우임금이 선양 받은 나라의 이름이다"7) 라는 예가 이것이다. 우임금의 나라라는 데서 널리 중국 사람을 가리킨다. "하(夏)란 중원 사람이라는 뜻이다"8) 라는 예가 이것이다. 중국(中國)이란 곧 중원에 선 나라를 가리킨다. 그래서 옛날에 중국인은 자신을 화하(華夏)라 일컬었다. 이는 하(夏)가 금문에 이르러, 갑골문의 매미에서 사람을 그 특징으로 삼는 자로 잘못 변형된 점과 무관하지 않은 듯하다.

우임금의 나라라는 데서 널리 '크다'는 뜻으로 쓰인다. "사물이 웅장하여 애지중지 하는 것을 크다[夏] 하였다"9) 는 예가 이것이다. 크다는 데서 널리 '큰 집'을 가리킨다. "큰 집[夏]이 폐허 될 줄, 일찍이 알지 못했구나"10) 라는 예가 이것이며, 이는 머지않아 하(廈)에 분화되어 쓰인다.

夏 [m] *하* *xià* *여름.*

廈* 하 shà 큰 건물. 집 뒤편 처마 밑.
廈* 하 xià 하문.
嗄* 사 shà 목이 쉬다.
嗄* 아 á 아啊의 다른 표현으로, 의문이나 반문을 나타냄.
榎 가 jiǎ 개오동나무 가檟와 같은 글자.

---

5) 조착(晁錯) <론귀속소 論貴粟疏> ; 春耕, 夏耘, 秋穫, 冬藏.
6) ≪한서 漢書≫<위상전 魏相傳> ; 南方神炎帝, 秉禮執衡司夏.
7) ≪사기 史記≫<하본기정의 夏本紀正義> ; 夏者, 帝禹封國號也.
8) 허신(許愼) ≪설문해자 說文解字≫ ; 夏, 中國之人.
9) ≪방언 方言≫<1권 卷一> ; 凡物壯大者而愛偉之, 謂之夏.
10) ≪초사 楚辭≫<구장・애영 九章・哀郢> ; 曾不知夏之爲丘兮.

32. 석(夕) 부

저녁 석(夕)

①갑골문	②금문	③소전	④해서

"저녁[夕]이면 시행할 법령을 확정하고, 밤이면 몸을 편안히 쉬게 한다"[1] 할 때의 석(夕) 자이다. ①은 반달[]이므로, 달이 뜨는 시간[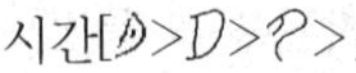夕]을 가리키는 상형자로서, 이 시기에 석(夕)은 아직 월(月) 자의 갑골문과 자형이 같다. ②는 중간의 세로선, 혹은 점[′]이 없을 뿐, 역시 반달이다. 이 중간의 세로선, 혹은 점[′]은 빛을 상징하여, 이 때부터는 빛이 있으면 달[月]이고, 이 빛이 없으면 저녁[夕]이다. ③은 아래가 터져 있을 뿐 ②와 자형이 비슷하다. ④는 ③과 자형이 비슷하나 반달의 모양을 찾기가 이미 어렵고, 달[月] 보다 가운데 세로 한 획이 적어, 해가 막 지고 달은 채 밝아지지 않은 무렵 시간을 가리킨다.

석(夕)의 본래 뜻은 '저문다'이다. "날 저물자[夕], 양도 소도 언덕을 내려서 돌아온다"[2]는 예가 이것이다. '저문다'는 데서 널리 '밤'의 뜻으로 쓰인다. "온 밤[夕] 잠 못 이룬다"[3]는 예가 이것이다. 저녁[夕]이 하루가 다하는 시각인 데서, 널리 마지막 한 단락의 시간, 곧 매달의 '하순'이나, 한 해의 '겨울'을 가리키기도 한다. "한 해 마지막 겨울[夕]과 한 달의 하순[夕]"[4]이라 한 예가 이것이다. "아침 이슬 맑던 시절엔 명리를 탐내더니, 인생의 저녁[夕] 태양 지는 시절엔 자손들을 근심한다"[5] 할 때 석(夕)은 노년시절을 비유한 것이다.

석(夕)은 부수자이다. 이를 구성소로 하는 글자는 모두 달[月], 또는 밤[夜]과 관계가 있다. 많다 다(多) 일찍 숙(夙), 밤 야(夜) 등이 이것이다.

夕 [m] *석* xī *저녁. 밤.*

汐 석 xī 조수.
穸 석 xī 무덤의 구덩이.

---

1) ≪좌전 左傳≫<소공원년 昭公元年> ; 夕以修令, 夜以安身.
2) ≪시경 詩經≫<왕풍 · 군자우역 王風 · 君子于役> ; 日之夕矣, 羊牛下來.
3) ≪후한서 後漢書≫<제오륜전 第五倫傳> ; 竟夕不眠.
4) ≪상서대전 · 3 尙書大傳 · 三≫ ; 歲之夕, 月之夕.
5) 백거이(白居易) <진중음 · 불치사 秦中吟 · 不致仕> ; 朝露貪名利, 夕陽憂子孫.

많다 다(多)

①갑골문	②금문	③소전	④해서
			多

①은 석([illegible]>夕) 자를 중첩시켜, 매일 저물어 밤이 되기를 거듭되며 새로운 하루, 하루가 이어지므로, 이어지는 나날들이 많음[[illegible]>[illegible]>[illegible]>多]을 가리킨[6] 회의자이다. ② 이하는 ①과 자형이 비슷하다.

다(多)의 본래 뜻은 '많다'이다. "글을 지으려면 세 가지 많아야[多] 할 것이 있다. 많이[多] 읽고, 많이[多] 쓰고, 많이[多] 퇴고해야 할 것이다"[7] 라는 예가 이것이다. 많다는 데서 널리 '초과분'을 가리킨다. "줄곧 열흘 남짓한[多] 나날을 모셨다"[8]는 예가 이것이다. 남아서 초과한다는 데서 부정의 측면으로 널리 '성가시게 한다'로도 쓰인다. "무엇 하러 이런 일거리로 성가시게 하는가[多]!"[9]라는 예가 이것이다. 다만, 긍정의 측면으로는 널리 '낫다'로도 쓰인다. "낫[多]구나, 내가 설명한 노제보다도"[10]라는 예가 이것이다. 낫다는 데서 널리 '칭찬한다'로 쓰인다. "온 세상에서, 관중이 현명하다고 칭찬하지는[多] 않으나, 포숙이 사람 볼 줄 알았음은 칭찬하였다[多]"[11]는 예가 이것이다.

수가 많음을 나타내는 말이 때로 방위와 관계되어 '넓다'로 쓰이기도 한다. "혜시는 학식의 방면이 넓어[多], 그 책이 다섯 수레나 되었다"[12]는 예가 이것이다.

多	m	*다*	*duō*	*많다.*
爹		다	diē	아버지. 아빠. 아저씨.
跢		다	duō	아장아장 걷다.
黟		이	yī	거무스름하다. 고을 이름.
移	m	이	yí	움직이다. 옮기다.
扅		이	yí	문빗장. 염이.
迻		이	yí	옮기다. 이동하다.
奓*		차	zhà	펼치다. 펴다.
奓*		차	Zhā	강, 호수, 지명이름

6) 허신(許愼) ≪설문해자 說文解字≫ ; 重也, 從重夕, 夕者相繹也, 故爲多.
7) 진사도(陳師道·宋) ≪후산시화 後山詩話≫ ; 爲文有三多, 看多, 做多, 商量多也.
8) ≪유림외사 儒林外事≫<11회 十一回> ; 一連陪伴了十多日.
9) ≪20년목도지괴현싱 二十年目睹之怪現狀≫<89회 八九回> ; 何必多此一擧呢!
10) ≪예기 禮記≫<단궁·상 檀弓·上> ; 多矣乎, 予出祖者.
11) ≪사기 史記≫<관안열전 官晏列傳> ; 天下不多官仲之賢而多鮑叔能知人也.
12) ≪장자 · 천하 莊子 · 天下≫ ; 惠施多方, 其書五車.

奓*	차	shē	사치하다. 낭비하다.
眵	치	chī	눈곱.
侈	치	chǐ	사치하다.
哆	치	duō	입 딱 벌리다. <입술 처지다, 차>

이른 아침 숙(夙)

①갑골문	②금문	③소전	④해서
			夙

①은 꿇어앉아 도구[ ]를 손[ ]에 들고 살피는 사람[> > >凡]의 왼편 위로 달[> > >夕]이 비치고 있어, 날이 채 밝지 않아 하루를 갓 시작하는 여명의 시간[> > >夙]을 가리키는 회의자이다. ②는 ①과 구성소가 같으며, ③은 왼결이 달[ ], 오른결은 도구를 손에 든 사람[ ]이어서 비록 구성소는 같으나, 자형이 심하게 변하며, 회화의 요소를 잃고 있다. ④는 달[ ]이 한가운데로 이동하며 석(夕) 자로 남았고, 사람[ ]은 범(凡) 자로 잘못 변형되어 그 형상을 찾을 수 없으나, 여전히 부호화한 사람일 뿐이다.

숙(夙)의 본래 뜻은 '이른 아침'이다. "이른 아침[夙]부터 일어나 찾았다"[13]는 예가 이것이다. '숙흥야매(夙興夜寐)'란 아침 일찍 일어나 저녁 늦게 잠든다는 말로 근면함을 가리키는 숙어이다. 이르다는 데서 널리 '일찍이'로 쓰인다. "일찍이[夙] 애처로운 상을 당하여, 아기로 갓 태어난 지 여섯 달에 부친이 죽었습니다"[14]라는 예가 이것이다. 일찍부터라는 데서 널리 '오래되었다'로 쓰인다. 숙원(夙怨)이란 '오래된 원한'의 뜻이다. 다만 이는 숙원(宿怨)이라고 더 자주 쓰여지므로, 숙(夙)을 숙(宿) 대신 빌려 쓴 자로 여기기도 한다. 숙유(夙儒)도 같은 예로서, 경험 많고 박식한 대학자를 가리키며, 역시 이 보다는 곧잘 숙유(宿儒)라고 쓰여진다.

夙	숙	sù	*이른 아침.*
宿* m	숙	sù	숙박하다. 묵다.
宿*	숙	xiǔ	하룻밤.
宿*	수	xiù	별자리. 성수.
縮 h	축	suō	줄어들다. 움츠리다.

13) ≪한서 漢書≫<무제기 武帝紀> ; 夙興以求.
14) 이밀(李密) <진정표 陳情表> ; 夙遭閔凶, 生孩六月, 慈父見背.

蹜 축 sù 종종걸음으로 걷는 모양.

밤 야(夜)

①갑골문	②금문	③소전	④해서
	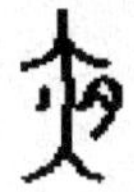		夜

"밤중[夜] 내내 비바람 소리쳤으니, 꽃은 얼마나 졌으랴"[15] 할 때의 야(夜) 자이다. ②는 정면으로 사람[大]이 서 있고, 그의 오른 팔 아래 한 점[丶]은 겨드랑이의 땀으로, 이는 역(亦)의 갑골문과 같다. 다만 왼 팔 아래의 겨드랑이에는 땀을 가리키는 점 대신 달[夕]이 있으므로, 이는 왼음[亦>亦>亦] 오른뜻[夕>夕>夕]의 형성자이다. ③은 ②와 자형이 같으며, ④는 심하게 변형되어, 이미 회화성을 잃어 버렸다.

야(夜)의 본래 뜻은 '밤'이며 '낮'과 상대되는 개념이다. "문득 하룻밤[夜] 봄바람이 닿은 게지, 나무, 나무마다 배꽃이 만발했으니"[16]라는 예가 이것이다. 고전에서 야대(夜臺)란 '무덤', 혹은 '죽음'을 가리킨다. "무덤[夜臺]에는 이백이 없으니, 술을 산들 뉘와 즐기랴"[17]는 예가 이것이다. 죽으면, 혹은 죽어서 무덤 속에 안치된다면, 영원히 기나긴 밤의 세계일 것이라 여겨, 이를 야대(夜臺)라 한 것이다. 혹은, 장야대(長夜臺)라고도 한다.

왼음이 역(亦)이었던 데서, 야(夜)를 음곁으로 쓴 액(液) 자의 받침소리 'ㄱ'이 우연한 것이 아님을 알 수 있다. 받침소리가 사라지거나, 혹은 보존되는 현상은 'ㄹ', 'ㅂ' 받침소리에도 여전히 보인다. 예컨대, 입(入)을 음곁으로 쓴 내(內) 자는 'ㅂ' 받침이 사라졌지만, 납(納) 자에는 같은 받침이 보존되어 있으며, 쾌(快) 자는 받침소리가 없는데, 결(決) 자는 'ㄹ' 받침소리를 보존하고 있는 예가 이와 같다.[18]

亦 [m] 역 yì 또. 또한.

夜 [*m*] 야 *yè* *밤.*

---

15) 맹호연(孟虎然)<춘효 春曉> ; 夜來風雨聲, 花落知多少.

16) 잠삼(岑參) <백설가송무판관귀경 白雪歌送武判官歸京> ; 忽如一夜春風來, 千樹萬樹梨花開.

17) 이백(李白) <곡선성선양기수 哭宣城善釀紀叟> ; 夜臺無李白, 沽酒與何人.

18) 입성자의 받침소리가 없어지거나, 다시 생기는 현상은 중국어의 사투리가 독음에 영향을 미친 때문이다 예컨대, 현대중국어의 표준어에는 우리 한자음의 입성 받침소리 'ㄱ', 'ㄹ', 'ㅂ'이 선혀 쓰이지 않는데, 이는 입성이 모두 사라진 북방의 발음을 표준어로 규정하였기 때문이다. 광주(廣州) 같은 남방의 중국어에는 우리 한자음처럼 지금도 받침소리가 여전히 보존되어 있다. 다만, 광주 사람들에게는 우리의 'ㄹ' 받침이 'ㅌ' 받침으로 읽혀, 'ㄱ', 'ㅌ', 'ㅂ' 받침이 있다는 점만 다를 뿐임.

液	액	yè	액체. 액.
掖*	액	yē	겨드랑 밑에 끼다.
掖*	액	yè	부축하다. 돕다. 원조하다.
腋	액	yè	겨드랑이. 잎겨드랑이.

33. 대(大) 부

크다 대(大)

①갑골문	②금문	③소전	④해서
			大

①, ②, ③은 모두 팔과 다리를 벌리고 정면을 향한 사람으로, 천지간에서는 사람이 크다[>>>大]는 뜻이므로 지사자이다. ④는 이들이 정형화한 것으로 양팔을 가로획으로 썼을 뿐인데, 벌써 사람의 모양을 찾기가 어렵다.

사람은 천지간에 가장 큰 존재로 여겨졌으므로, 대(大)의 본래 뜻은 '크다'이다. "태양이 뜰 때와 질 때에는 커[大] 보이고, 태양이 정중할 때에는 작아 보인다"[1]는 예가 이것이다. 업적이나 수확이 크다는 데서 널리 숭배의 뜻을 지닌다. 대왕(大王)이니, 대작(大作)이니 하는 예가 이것이다. 다시 널리 '능가한다'로 쓰인다 "또 대왕을 능가할[大] 이는 없다"[2]는 예가 이것이다.

대(大)는 머지않아 태(太)에 분화되어 쓰였으므로, '태'라 읽히기도 한다. 태극[大極]이나 태후[大后] 등이 그러하다. "왕후와 태자[大子] 수가 이미 일찍 죽어 세상을 버렸다"[3]는 예가 이것이다.

대부(大夫)는 계층이나 관직을 가리켜, 경(卿), 대부(大夫), 사(士)를 일컬을 때나, 어사대부(御史大夫)니 광록대부(光祿大夫)니 할 때는 현대중국어에 따(dà)로 읽힌다. 다만, 송(宋)대 이후 '의사'를 가리킬 때는 따이후우(大夫 dàifu)라 읽는 점 주의해야 한다.

대(大)는 부수자로, 대(大)를 구성소로 하는 글자는 사람과 관련이 있다. 지아비 부(夫),

---

1) 왕충(王充) ≪논형·설일 論衡·說日≫; 見日出入時大, 日中午時小.
2) ≪전국책 戰國策≫<진책·2 秦策·二>; 亦無大大王.
3) ≪좌전 左傳≫<소공26년 昭公二十六年>; 穆后及大子壽早夭卽世.

일찍 죽다 요(夭), 오다 래(來), 달아나다 분(奔), 어찌 해(奚), 밝다 상(爽) 등이 이것이다.

*大** m	*대*	*dà*	*크다.*
*大**	*대*	*dài*	*뜻은 대大dà와 같음.*
*大**	*태*	*tài*	*뜻은 태太와 같음.*
汏	대	dà	물로 씻다.
軑	대	dài	줏대.
杕	체	dì	나무 한 그루가 우뚝 서 있는 모양.
杕*	타	duò	비행기나 배 따위의 키. [=타舵]
太 m	태	tài	크다.
盍	합	hé	어찌 ~하지 않는가.

남편 부(夫)

①갑골문	②금문	③소전	④해서
			夫

①은 아래는 정면을 향해 선 사람[大>大>亣>大]이고, 위의 작은 가로획은 비녀[一>一>一>一]이다. 비녀를 질렀음은 장성한 사람[夫>夫>夫>夫]임을 나타낸 것이므로 상형자이다. ②는 ①과 자형이 같다. ③은 아래의 사람[亣>大]이 사람인 줄 알기가 쉽지 않고, ④는 이들이 정형화한 것이다.

부(夫)의 본래 뜻은 '성년남자'로, "성인[夫] 한 명이 경작하지 않으면, 누군가는 굶주린다"[4]는 예가 이것이다. 성인이란 데서 널리 '남편'으로 쓰인다. "그대에게 이미 부인이 있다면, 나 나부에게는 이미 남편[夫]이 있소"[5]라는 예가 이것이다. 남편에서 널리 남자에 대한 '존칭'으로 쓰인다. "나는 맹호연 선생[夫子]을 사랑하지, 그는 풍류로 천하에 알려졌으니"[6]라는 예가 이것이다. 존칭이란 데서 널리 '스승'에 대한 칭호로도 쓰인다. "그대는 스승[夫子]을 보았는가?"[7]라는 예가 이것이다. 성인이란 데서 다시 널리 '이 사람', '저'라는 지시사로 쓰이기도 한다. "저[夫] 두 사람은 노나라가 의지하는 신하입니다"[8]라는 예가 이것이다.

4) 가의(賈誼) <논적저소 論積貯疏> ; 一夫不耕, 或受之飢.
5) ≪악부시집 · 상화곡사 樂府詩集 · 相和曲辭≫<맥상상 陌上桑> ; 使君自有婦, 羅敷自有夫
6) 이백(李白) <증맹호연 贈孟浩然> ; 吾愛孟夫子, 風流天下聞.
7) ≪논어 論語≫ ; 子見夫子乎?
8) ≪좌전 左傳≫<성공십육년 成公十六年> ; 夫二人者, 魯國社稷之臣也.

'저기' 라는 지시사에서 널리 말문을 여는 어기사로도 쓰인다. "대개[夫] 전쟁이란 용기입니다"[9]라는 예가 이것으로, 글머리에 놓여 막연한 것에 대한 의논을 시작함을 표시한 것이다. 때로 문장 끝에 놓여 막연한 느낌을 표시하기도 한다. "가는 것이 이와 같구나[夫]!"[10]라는 예가 이것이다. 감탄의 종결사로 보는 것이 이 때문이다. 부(夫)는 현대중국어음이 후우(夫 fū)이나, 이처럼 기능사로 쓰일 때는, 현대중국어음에 후우(fú)로 읽히는 점 주의해야 한다.

夫[m]*	*부*	*fū*	*남편.*
*夫**	*부*	*fú*	*저. 그. 이. 그 사람. 대저. 무릇.*
趺	부	fū	책상다리하다. 발등. [=부跗]
玞	부	fū	옥 비슷한 돌.
鈇	부	fū	도끼. 작두.
芙	부	fú	연꽃.
蚨	부	fú	파랑강충이. 나비.
扶[m]	부	fú	부축하다. 돕다.

일찍 죽다 요(夭)

①갑골문	②금문	③소전	④해서
			夭

①은 사람이 달리느라 양팔의 팔꿈치를 꺾은 모양이므로, 꺾는다[>>>夭]는 상형자이다. ②는 ①과 자형이 같고, ③은 두 팔[∧] 대신, 머리[丿]가 꺾였다. ④는 ③이 정형화한 것으로, 꺾인 머리가 삐침[丿]으로 바뀌었다.

요(夭)의 본래 뜻은 '꺾다'이다. "나무 베지 말고, 꽃봉오리 꺾지[夭] 말며, 새싹도 부러뜨리지 말라"[11]는 예가 이것이다. 꺾는다는 데서 널리 '단명하다'로 쓰인다. "왕후와 태자 수가 이미 단명하게도[夭] 세상을 버렸다"[12]는 예가 이것이다. 그래서 '단명하게 죽음'을 요절(夭折)이라 한다. 다만, '요절하였다'는 뜻으로는 머지않아 요(殀)를 쓰기도 한다. 단명하다는 데서 널리 짐승이나 초목이 못 다 자라 '어린것'을 가리킨다. "초봄 3월에는 유충이나 아직 태어나지 않은 것, 태어났으나 아직 어린것[夭] 어느 것도 죽이지 말라"[13]는 예가 이것이다.

9) ≪좌전 左傳≫<장공10년 藏公十年> ; 夫戰, 勇氣也.
10) ≪논어 論語≫<자한 子罕> ; 逝者如斯夫!
11) ≪관자 管子≫<금장 禁藏> ; 毋伐木, 毋夭英, 毋折芽.
12) ≪좌전 左傳≫<소공26년 昭公二十六年> ; 穆后及大子壽早夭卽世.

어리다는 데서 널리 채 익지 않은 아름다움, 곧 '싱그럽다'는 뜻으로 쓰인다. "복숭아 싱그러워라[夭夭], 잎도 무성해졌구요"14)라는 예가 이것이다.

夭	*요*	*yāo*	*일찍 죽다.*
妖	요	yāo	요괴. 요사하다.
殀	요	yāo	일찍 죽다. 요절하다.
飫	어	yù	배가 불러서 물리다. 배가 부르다.
沃	옥	wò	기름지다. 비옥하다.

끼우다 협(夾)

①갑골문	②금문	③소전	④해서	⑤간체자
			夾	夹

①은 가운데에 정면을 향한 사람[大>大>大>大]을 두고 양편에 모로 선 두 사람[人人>人人>人人>人人]이 그를 부축하고 있으므로 양쪽에서 돕는다[夾>夾>夾>夾]는 뜻의 회의자이다. ②, ③은 대체로 ①과 자형이 같고, ④는 정형화한 것이다. ⑤는 예서(隸書)를 정형화한 것이다.

협(夾)의 본래 뜻은 '양쪽에서 돕는다'이다. "주공과 태공이 성왕을 보좌하였다[夾]"15)는 예가 이것이다. 양쪽에서 돕는다는 데서 널리 '가운데 끼운다'로 쓰인다. "그는 그제서야 꼬리를 가운데 낀[夾] 채 달아났다"16)는 예가 이것이다. 가운데 끼워 공격하는 것을 협공(夾攻)이라 하거나, 가운데 끼인 샛길을 협도(夾道)라 하는 등이 모두 이것이다. 다만, '끼어 지닌다'는 뜻은 이미 협(挾)을 구분해서 쓴다. 가운데 끼운다는 데서 널리 '안과 겉 양 겹'을 가리킨다. 겹이불을 겹피(夾被)라 하거나, 겹옷을 겹의(夾衣)라 하는 예가 이것이다. 이 뜻으로는 머지않아 겹(袷), 혹는 겹(袷) 같은 자를 분화시켜 썼으므로, 이를 겹(夾)이라 읽는 점 주의해야 한다. 간체자에는 다시 모두 동화되어 협(夾) 자만 쓰인다.

"그 땅은 동서로 좁고[夾], 남북으로 길다"17) 할 때, 협(夾)은 '좁다'는 뜻이다. 다만, 이 뜻은 머지않아 '좁다' 협(狹)에 분화되어 쓰였으므로, 여전히 협(夾>狹)이라 읽는다.

중국 섬서(陝西) 성의 섬(陝)은 협(夾) 자와 무관한 점 주의해야 한다. 협(夾)은 양편이

---

13) ≪예기 禮記≫<월령 月令> ; 孟春之月, 毋殺孩蟲胎夭.
14) ≪시경 詩經≫<도요 桃夭> ; 桃之夭夭, 其葉蓁蓁.
15) ≪좌전 左傳≫<희공26년 僖公二十六年> ; (周公太公)夾輔成王.
16) ≪아녀영웅전 兒女英雄傳≫<6회 六回> ; 他才夾着尾巴跑了.
17) ≪후한서 後漢書≫<동이열전 東夷列傳> ; 其地東西夾, 南北長.

사람[人]이지만, 섬(陜)의 오른곁은 양편이 입(入) 자로, 겨드랑이에 물건을 낀 형상이며, 산이 많아 도적이 물건을 끼고 있다는, 한나라 때의 홍농(弘農) 군, 지금 하남성의 지역을 가리키는 말이다.

*夾**	*협*	*jiā*	*끼우다.*
*夾**	*협*	*jiá*	*두 겹의.*
筴*	협	jiā	젓가락의 옛말.
筴*	책	cè	대쪽.
浹	협	jiā	축축히 젖다.
梜	협	jiā	젓가락.
挾*	협	jiā	겨드랑이에 끼다.
挾*	협	xié	세력을 믿고 남을 협박하다.
莢	협	jiá	꼬투리.
蛺	협	jiá	네발나비. 표범나비.
鋏	협	jiá	집게. 칼. 칼자루.
頰	협	jiá	뺨. 볼.
俠	협	xiá	협객. 가볍다. 젊다.
峽	협	xiá	골짜기.
狹	협	xiá	좁다.
硤	협	xiá	지방 이름.
陜	섬	shǎn	땅 이름. 좁다.
郟	겹	jiá	고을 이름.

달리다 분(奔)

①갑골문	②금문	③소전	④a해서	④b해서

②는 양팔을 꺾고 달리는 사람[夭>夭>大]을 여러 사람의 발[止止止>屮屮屮>卉]이 뒤쫓으므로, 여러 사람을 앞질러 달린다[奔>奔>奔]는 뜻의 회의 겸 밑음 훼(止止止>屮屮屮>卉)의 형성자이다. ③은 아래 발[止]이 손[又<又], 혹은 풀[屮<屮]로 바뀌어 뒤쫓는 사람의 손을 피해, 혹은 풀밭을 '달린다'는 뜻의 회의 겸 형성자로 바뀐 것이다. ④a는 풀이 세 개의 십(十) 자로 잘못 변형되었으며, ④b는 다시 공(廾) 자로 이어 쓴 이체자이나, 지금은 이를 간체자로 삼고 있다.

분(奔)의 본래 뜻은 '달린다'이다. "전차와 준마가 달려[奔] 나가 듯 빠르다"[18]는 예가 이것이다. '달린다'에서 널리 싸움에 패하여 '달아난다'로 쓰인다. "진나라가 괵나라를 멸망시키니, 괵나라의 추공이 주나라의 수도로 달아났다[奔]"[19]는 예가 이것이다. 달아난다는 데서 널리 남녀가 도리를 잊고 '몰래 달아난다'로 쓰인다. "탁문군이 밤에 도망쳐서 사마상여에게 몰래 달아났다[奔]"[20]는 예가 이것이다.

卉	*훼*	*huì*	*풀의 총칭.*
奔*[h]	분	bēn	내달리다. 빨리 가다.
奔*	분	bén	장해.
奔*	분	bèn	향하여 가다.
賁*	분	bēn	크다. 날래다.
賁*	비	bì	꾸밈새가 매우 아름답다.

어찌 해(奚)

①갑골문	②금문	③소전	④해서

①은 왼편 위의 손[[illegible]>[illegible]>[illegible]>爫]이 밧줄[[illegible]>[illegible]>[illegible]>幺]을 잡고 사람[[illegible]>[illegible]>[illegible]>大]을 묶었으므로, 사로잡은 노예[[illegible]>[illegible]>[illegible]>奚]를 가리키는 회의 겸 위음 계([illegible]>[illegible]>[illegible]<系)의 형성자이다. ②는 손[[illegible]]이 오른편에 놓였을 뿐 ①과 자형이 같으며, ③은 방형의 구조미를 갖추었을 뿐 ②와 구성소가 같다. ④는 ③이 정형화한 것이다.

해(奚)의 본래 뜻은 '노예'나 '종'이다. "노예[奚]가 3백 명이었다"[21]는 예가 이것이다. 특히 여종을 가리키기도 한다. "남, 녀[奚] 노예들이 무리 지어 드나들면, 그들을 도맡아 감찰하였다"[22]는 예가 이것이다.

해(奚)는 하(何)나, 호(胡) 등 의문사와 음이 비슷해서, '어디'나 '어찌'로 빌려 쓰인 때가 많다. "저들은 장차 어디로[奚] 가는가?"[23]라는 예가 이것이다.

---

18) 왕안석(王安石) <제구양문충공문 祭歐陽文忠公文> ; 快如輕車駿馬之奔馳.
19) ≪좌전 左傳≫<희공5년 僖公五年> ; 晉滅虢, 虢公醜奔京師.
20) ≪시기 史記≫<사마상여열전 司馬相如列傳> ; (卓)文君夜亡奔相如.
21) ≪주례 周禮≫<천관 · 총재 天官 · 冢宰> ; 奚三百人.
22) ≪주례 周禮≫<추관 · 금포씨 秋官 · 禁暴氏> ; 奚隷聚而出入者, 則司牧之,
23) ≪장자 莊子≫<소요유 逍遙游> ; 彼且奚適也?

系 [h] 계 xì 잇다. 계통. 계열.

奚 [h] 해 xī 왜. 어째서. 어찌.

鷄 [m] 계 jī 닭.
傒 혜 xī 묶다. 걱정하다. 번민하다.
徯 혜 xī 오솔길. 작은 길.
溪 [m] 계 xī 시내.
谿 계 xī 계곡물. 시내.
蹊* 혜 xī 지름길. 작은 길. 밟고 지나가다.
蹊* 기 qī 깨금발하다. 절름발이.[=기踦]
鼷 혜 xī 새앙쥐. 생쥐.
鞵 혜 xié 신발. 생가죽신. [=혜鞋]

새기다 계(契)

①갑골문	②금문	③소전	④해서a	④해서b
			栔	契

①에서 왼곁의 3개 가로획과 수선은 대나무 등에 칼로 새긴 신표[丯>丯>丯]이며, 오른곁은 이를 새기는 칼[刀>刀>刀]이므로, 새긴다[㓞>㓞>㓞]는 뜻의 회의 겸 왼음 개(丯>丯>丯)의 형성자이다. ③은 ①과 모양이 대체로 같다. ④a는 새기는 곳이 나무[木]라는 뜻곁을 첨가하였으므로 회의 겸 형성자로 바뀐 것이나, 이체자이다. ④b는 새겨둔 계약이 중대한[大] 일이었음을 나타내었을 뿐, 역시 회의 겸 형성자이다. "따로 계(栔)나 계(契)를 만든 것은 후인들에게서였다."[24]고 한다.

계(契)의 본래 뜻은 '새긴다'이다. "뱃전에 새겨[契] 칼을 찾는다"[25]는 예가 이것이다. 이 뜻으로는 때로 왼뜻곁 쇠[金]를 더하여, 계(鍥) 자를 쓰기도 한다. '새긴다'는 데서 널리 '계약', 혹은 '신표', 즉 지금의 '계약서'의 뜻으로 쓰인다. "대쪽의 신표[契]가 일치하였나"[26]는 예가 이것이다. 옛날에는 왕명을 내리거나 장군을 파견할 때 '대쪽의 신표[符契]'를 증거로 삼곤 하였다. '신표'라는 데서 널리 '일치한다'거나 '투합하다'로 쓰인다. "젊어서 정도와 투합하고

24) 주백기(周伯琦·元)≪육서정와 六書正訛≫ ; 別作栔契爲後人所加.
25) ≪여씨춘추 呂氏春秋≫<찰금 察今> ; 契舟求劍.
26) ≪한비자 韓非子≫ ; 符契之所合.

는[契], 죽도록 세속과 길을 달리하였다"[27]는 예가 이것이다. '투합한다'는 데서 다시 널리 '벗'이나 '교유'을 가리키기도 한다. "정분은 무쇠나, 난초 같은 교유[契]를 닮았고, 대화는 양약이나, 돌침인 듯 규범으로 통했지"[28]라는 예가 이것이다.

丯　개 jiè　새기다. 풀 흩어진 모양.

契[h]　*계 qì*　*맺다. <혹은, 나라이름 글. 근고하다 결.> <계契의 간체자>*
*契**　*설 Xiè*　*상商나라의 시조 이름.*

34. 녀(女) 부

여자 녀(女)

①갑골문	②금문	③소전	④해서
			女

"휴, 휴, 목란이 문안에서 베를 짤텐데. 베틀소리 안 들리고, 여자[女] 탄식만 들리네"[1] 할 때의 녀(女) 자이다. ①은 왼쪽을 향해 꿇어앉은 '여자'[>>>女]이다. 윗몸을 곧게 펴고 두 팔을 가슴 앞에 모아 쥔 공손한 모양이다. ②는 머리에 비녀 같은 가로획이 있을 뿐, ①과 자형이 같다. ③은 ①과 자형이 같으나, 꿇어앉은 자태인 줄 알기가 쉽지 않으며, ④는 꿇어앉은 여자임을 알기가 어렵다.

녀(女)의 본래 뜻은 '여자'이다. "한 여자[女]가 베를 짜지 않으면, 누군가 춥게 살아야 한다"[2]는 예가 이것이다. 때로 특히 '시집가지 않은 여자'를 가리킨다. "단정하고 얌전한 아가씨[女]는, 덕 있는 사람의 좋은 짝일세"[3]라는 예가 이것이다. '딸'의 뜻으로도 쓰인다. "딸[女]을 부르는 부모 소리는 들리지 않는다"[4]는 예가 이것이다.

---

27) ≪시품 詩品≫ ; 少與道契, 終與俗違.
28) 백거이(白居易) <편지 대신 시를 원진에게 부침 代書詩一百韻寄微之> ; 分定金蘭契, 言通藥石規.

1) ≪악부시집・횡취곡사 樂府詩集・橫吹曲辭≫<목란시 木蘭詩> ; 喞喞復喞喞, 木蘭當戶織. 不聞機杼聲, 惟聞女嘆息.
2) 가의(賈誼) <논적저소 論積貯疏≫ ; 一女不織, 或受之寒.
3) ≪시경 詩經≫<주남・관저 周南・關雎> ; 窈窕淑女, 君子好逑.
4) ≪악부시집・횡취곡사 樂府詩集・橫吹曲辭≫<목란시 木蘭詩> ; 不聞爺娘喚女聲.

시집가지 않은 여자라는 데서 널리 '시집간다'로 쓰인다. "송나라 옹씨가 정나라 장공에게 시집갔다[女]"[5]는 예가 이것이다. 녀(女)는 현대중국어의 음이 뉘(女 nǚ)이지만, 이때는 현대중국어에 뉘(nǜ)로 읽는 점 주의해야 한다. 대명사로 쓰여 '너'를 가리키기도 한다. "네[女]가 어찌 그를 가게 할 수 있으랴?"[6]라는 예가 이것이다. 이는 머지않아 '너' 여(汝) 자에 분화되어 쓰이므로, 현대중국어에 르우(汝 rǔ)로 읽는다. 다만, 우리 음에는 한결같이 '여'로 읽힌다.

"상투 고리 두 쪽 진 누이[女弟]가 복사, 배 꽃 같구려"[7] 할 때 여제(女弟)는 '누이동생'을 가리킨다. 물론, 손위누이는 여형(女兄)이라 한다.

"대제 둑 위에 달이 지니, 성가퀴[女垣] 위로 자던 새 날아오른다"[8] 할 때 여원(女垣)이란 고대 성벽 구조 중 울이 낮은 부분을, 높은 부분에 상대하여 말한 표현이다.

녀(女)는 부수자이다. 이를 구성소로 하는 글자는 모두 여자와 관련이 있다. 종 노(奴), 좋다 호(好), 적당하다 타(妥), 미혹하다 미(媚) 등이 이것이다.

*女**	*m*	*녀*	*nǚ*	*여자. 딸.*
*女**		*녀*	*nǜ*	*시집 보내다. 짝지어 주다.*
籹		여	nǚ	중배끼. [유밀과의 일종]
如	m	여	rú	같다. 만일. 만약.
汝	m	여	rǔ	너. 강 이름.

노예 노(奴)

①갑골문	②금문	③소전	④해서
			奴

②는 왼편 위는 녀(>>女) 자이고 오른편 아래는 이를 잡은 손[>>又]으로, 전쟁 끝에 잡혀 온 여자, 곧 노예[>>奴]를 나타내므로, 회의자이다. ③은 ②와 자형이 대개 같고, ④는 ③이 정형화된 것이다.

노(奴)의 본래 뜻은 '노예'이다. "계포는 남에게 사로잡혀 연나라에 노예[奴]로 팔려 갔다"[9]

5) ≪좌전 左傳≫<환공11년 桓公十一年> ; 宋雍氏女于鄭莊公.
6) ≪사기 史記≫<저리자감무열전 樗里子甘茂列傳> ; 女焉能行之?
7) 황정견(黃庭堅) <운향 지사로 부임하는 설낙도를 배웅하며 送薛樂道知鄖鄉> ; 雙鬟女弟如桃李.
8) 이하(李賀) <석성효 石城曉> ; 月落大堤上, 女垣栖鳥起.
9) ≪사기 史記≫<계포전 季布傳> ; 布爲人所略賣, 爲奴于燕.

는 예가 이것이다. ‘노예’에서 널리 ‘종’의 뜻으로 쓰인다. “큰 부자는 종[奴]을 천 명이나 부리는데, 가난한 노인은 한 치 비단도 없다”[10]는 예가 이것이다. 널리 여자가 자신을 낮추는 호칭도 ‘종’이라 하였다. “태비 양씨는 수렴하고 신하들과 말하며, 자신을 오히려 ‘종[奴]’이라 불렀다”[11]는 예가 이것이다. 남자도 스스로 낮추어, 혹은 남을 천하게 일컬어 ‘종’이라 한다. “어느 곳에 영웅이 있어, 이 종[奴] 맞아 옛 궁궐로 돌아가게 하리”[12]라는 예가 이것이다.

奴 [*h*] *노* *nú* *노예.*

孥 노 nú 자식. 어린아이. 처자.
駑 노 nú 둔한 말. 우둔하다.
努 [h] 노 nǔ 힘쓰다. 노력하다.
弩 노 nǔ 쇠뇌. 석궁.
砮 노 nǔ 돌 살촉.
怒 [m] 노 nù 분노하다.
呶 노 náo 떠들썩하게 계속 지껄이는 모양.
拏 나 ná 손으로 잡다.
帑 탕 tǎng 국가의 금고.

좋다 호(好)

①갑골문	②금문	③소전	④해서
			好

①은 위편의 여인[>>>女]이 아기[>>>子]를 안아서 좋아하므로[>>>好], 회의자이다. 자녀의 수가 노동력의 크기를 의미하던 농경사회의 모습이 반영되어 있다. ②는 아기와 여인의 위치가 바뀌었을 뿐 ①과 자형이 같으며, 여인 머리 위의 가로획[一]은 비녀이다. ③은 자형이 ①과 같고, ④는 정형화한 것이다.

호(好)는 본래 뜻이 ‘좋다’이다. “나, 사야는 담이 어깨높이 만큼 되어, 그 안의 건물이 좋은[好] 줄로 엿보인다”[13]는 예가 이것이다. 좋다는 말은 그 쓰임이 넓어서, 적절함, 훌륭함,

10) 육유(陸游) <세모감회 歲暮感懷>；富豪役千奴, 貧老無寸帛.
11) ≪송사 宋史≫<육수부전 陸秀夫傳>；楊太妃垂簾與群臣語, 猶自稱奴.
12) 계유공(計有功) ≪당시기사・소종 唐詩紀事・昭宗≫；何處是英雄, 迎奴歸故宮.
13) ≪논어 論語≫<자장 子張>；賜之牆也及肩, 窺見室家之好.

선량함, 만족스러움 등의 주관 평가를 폭넓게 대신할 수 있다. 좋다는 데서 널리 객관 평가로서 용모의 '아름다움'을 가리킨다. "귀후에게 여식이 있는데, 아름다웠다[好]"[14]는 예가 이것이다. 다시 널리 '우호'로 쓰인다. "동으로 손권과 우호[好]를 맺었다"[15]는 예가 이것이다. 좋다는 데서 다시 널리 '좋아한다'로 쓰이기도 한다. "패공 유방은 유생들을 좋아하지[好] 않았다"[16]는 예가 이것이다.

好 [m] 호 hǎo 좋다. 훌륭하다.*
好 호 hào 좋아하다. 잘. 쉽게. 툭하면.*

첩 첩(妾)

①갑골문	②금문	③소전	④해서
			妾

①은 두 손을 무릎 위에 모아 쥐고 왼쪽으로 꿇어앉은 여인[>>>女]의 머리 위에 날이 평평한 형벌도구[▽>丫>䇂>立<辛]가 있어, 노예가 된 여인[>>>妾]을 가리키므로 회의자이다. ②와 ③은 ①과 자형이 같으며, ④는 ③이 정형화한 것이나, 구성미를 고려하여 형벌도구[䇂]에 손잡이[丷] 가로획 1획이 생략된 것이다.

첩(妾)의 본래 뜻은 '계집종'이다. "사내종과 계집종[妾]이 달아났다"[17]는 예가 이것이다. 지위가 낮고 천하다 여겼으므로, 널리 정실 부인 이외의 '소실'을 가리키기도 한다. "시정빈이란 사람이 백 냥으로 소실[妾]을 사들이자, 아내 김씨가 그녀를 박해하여 한 해 만에 죽었다"[18]는 예가 이것이다. 종이나 첩에서 널리 부녀자의 겸칭으로 쓰이기도 한다. "그대는 집이 어디인지요, 저[妾]는 횡당에 산다오"[19]라는 예가 이것이다.

妾 [h] 첩 qiè 첩. 계집종.

踥 첩 qiè 저벅저벅 걷는 모양.
接 [m] 접 jiē 사귀다. 가까이 가다.

---

14) ≪전국책 戰國策≫<조책 · 3 趙策 · 三> ; 鬼侯有子而好.
15) 제갈량(諸葛亮) <초려대 草廬對> ; 外結好孫權.
16) ≪사기 史記≫<역이기전 酈食其傳> ; 沛公不好儒.
17) ≪서경 書經≫<비서 費誓> ; 臣妾逋逃.
18) 포송령(蒲松齡) ≪요재지이 · 소녀 聊齋志異 · 邵女≫ ; 柴(廷賓)百金買妾, 金暴遇之, 經歲而死.
19) 최호(崔顥) <장간행 長干行> ; 君家何處住, 妾住在橫塘.

온당하다 타(妥)

①갑골문	②금문	③소전	④해서

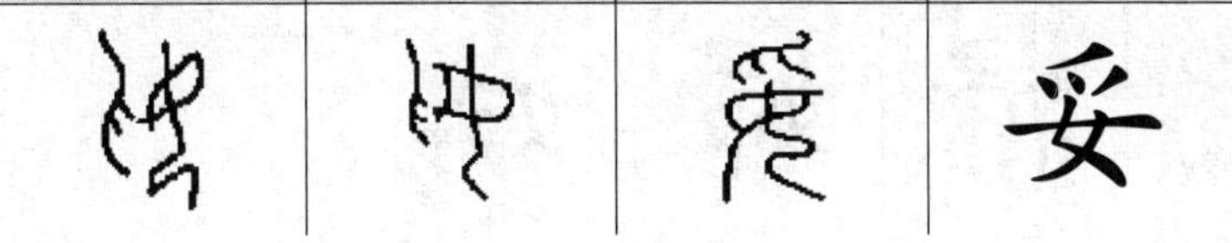

①은 왼편 위의 손[[illegible]>[illegible]>[illegible]>[illegible]<爪] 오른편에 여자[[illegible]>[illegible]>[illegible]>女]가 있어, 신으로 분장한 여인[20]을 손으로 이끌어 신위에 편안히 모신다[[illegible]>[illegible]>[illegible]>妥]는 뜻이므로 회의자이다. ②는 ①과 자형이 대개 같으며, ③은 손이 머리 위에 놓여 구성미에 치중하였을 뿐, 구성소는 같다. ④는 ③이 정형화한 것이다.

타(妥)의 본래 뜻은 '편안히 모신다'이다. "편안히 모셔[妥] 식사를 시중하며, 큰 복 내려 주시라고 빈다"[21]는 예가 이것이다. 편안케 한다는 데서 널리 '정좌한다'로 쓰인다. "혹은 정좌한 모양[妥]이 복종하는 듯하다"[22]는 예가 이것이다. 정좌한다는 데서 널리 '안정시킨다'로 쓰인다. "북방의 유주, 병주 등이 안정되었다[妥]"[23]는 예가 이것이다.

"대군을 보내 하수, 변수를 진압하니, 천리가 처음 안정되었다[妥貼]"[24] 할 때의 타첩(妥貼)도 대개 같은 뜻이다. 안정된다는 데서 다시 널리 '타당하다'로 쓰인다. "적당하다면[妥] 쓸 것이다"[25]라는 예가 이것이다. "혹은 적합하여[妥帖] 펼치기가 쉽다"[26]는 예에서 타첩(妥帖)은 위에 쓰인 타첩(妥貼)과 같은 말이지만, 이때는 '적합하다'는 뜻인 점도 이와 같다. 정좌한다는 데서 다시 널리 꽃잎 같은 것이 '떨어진다'로도 쓰인다. "꽃잎 떨어뜨리며[妥], 꾀꼬리는 나비에게 스친다"[27]는 예가 이것이다. 다만, 이 뜻은 머지않아 '떨어지다' 타(墮)에 분화되어 쓰인다.

妥 [h] *타 tuǒ* *타당하다. 온당하다.*

餒 뇌 něi 굶주리다.
綏 수 suí 평안하다. 수레 손잡이 줄.
桵 유 ruǐ 상수리나무.

---

20) 주(周) 나라 때 선조를 제사하는 예법에는, 먼저 사람을 신으로 분장시키는데, 그를 시(尸)라고 부른다. 시가 종묘에 들어와 신위에 가 닿으면, 제주는 시에게 절한 다음 시를 편안히 앉게 하는데, 이를 타(妥)라고 함.
21) ≪시경 詩經≫<소아 · 초자 小雅 · 楚茨> ; 以妥以侑, 以介景福.
22) 한유(韓愈) <남산시 南山詩> ; 或妥若弭伏.
23) ≪한서 漢書≫<연자왕유단전 燕刺王劉旦傳> ; 北州(幽幷)以妥.
24) 두보(杜甫) <고사도이공광필 故司徒李公光弼> ; 擁兵鎭河汴, 千里初妥貼.
25) ≪홍루몽 紅樓夢≫<17회 十七回> ; 若妥便用.
26) 육기(陸機) <문부 文賦> ; 或妥貼而易施.
27) 두보(杜甫) <중과하씨림원시 重過何氏林園詩> ; 花妥鶯捎蝶.

아내 부(婦)

①갑골문	②금문	③소전	④해서	⑤간체자

①은 왼편은 빗자루[帚]이고, 오른편은 여자[女]이다. 빗자루를 들고 청소하는 여인으로 아낙네[婦]를 나타내었으므로 회의자이다. ②는 ①과 자형이 같다. ③은 여자와 빗자루의 위치가 바뀌었을 뿐 자형이 같다. ④는 ③이 정형화한 것이다. ⑤는 빗자루[帚]의 솔[彐] 부분만 들어 빗자루를 상징하였다.

부(婦)의 본래 뜻은 '아낙네'이다. "규방의 젊은 아낙[婦] 근심을 모른다"[28]는 예가 이것이다. 아낙네라는 데서 널리 '아내'를 가리킨다. "그대에게 이미 아내[婦]가 있다면, 나부에게는 이미 남편이 있소"[29]라는 예가 이것이다. 다시 널리 '며느리'로 쓰인다. "아들의 아내를 며느리[婦]라 한다"[30]는 예가 이것이다. 고대부터 부녀자가 갖출 네 가지 덕목이 있다. "부녀자[婦]의 곧은 마음, 부녀자[婦]의 반듯한 말씨, 부녀자[婦]의 단정한 몸가짐, 부녀자[婦]의 섬세한 손재주를 가르친다"[31]는 예가 이것이다. 이때 부(婦)는 아내나 며느리를 특별히 일컬은 것이 아니라, 부녀자 모두를 일반화시켜 일컫고 있다.

婦 [m] 부 fù　　결혼한 여자. 처. 아내. 며느리.

곱다 미(媚)

①갑골문	②금문	③소전	④해서

①은 눈 위의 눈썹[眉]이 고운 여자[女]이므로, 곱다[媚]는 뜻의 회의 겸 형성자이다. ②는 ①과 자형이 같고, ③은 구성소의 위치가 바뀌었을 뿐이며, ④는 ③이 정형화한 것이다.

미(媚)의 본래 뜻은 '곱다'이다. "예쁘고 고우며[媚] 가녀려라"[32]라는 예가 이것이다. 고운 눈길을 보낸다는 데서 널리 '사랑한다'로 쓰인다. "성왕, 이 한 사람을 사랑하였다[媚]"[33]는

28) 왕창령(王昌齡) <규원(閨怨)> ; 閨中少婦不知愁.
29) ≪악부시집 樂府詩集≫<상화곡사·맥상상 相和曲辭·陌上桑> ; 使君自有婦, 羅敷自有夫
30) ≪이아 爾雅≫<석친 釋親> ; 子之妻爲婦.
31) ≪예기 禮記≫<혼의 昏義> ; 敎以婦德, 婦言, 婦容, 婦功.
32) 사마상여(司馬相如) <상림부 上林賦> ; 嫵媚纖弱.

예가 이것이다. 사랑한다는 데서 널리 '꼬신다'로 쓰인다. "해마다 소년 나그네를 꼬시니[媚], 열 명이 지나다가 아홉은 돌아오지 못 한다"[34]는 예가 이것이다. 꼬신다는 데서 널리 '유혹'을 가리킨다. "돌아 보며 한번 웃으면 온갖 유혹[媚]이 일어, 후비들 분 바르고 먹 그려 고운 낯도 빛을 잃는다"[35]는 예가 이것이다. 유혹한다는 데서 널리 '아첨한다'로도 쓰인다. "마음을 숨기고 세상에 아첨하는[媚] 것이 바로 향리간의 위선이다"[36] 라는 예가 이것이다.

眉	h	미	méi	눈썹.
媚		*미*	*mèi*	*곱다. 아첨하다.*
湄		미	méi	물가.
郿		미	méi	땅 이름. 고을 이름.
楣		미	méi	처마.

35. 자(子) 부

아들 자(子)

①갑골문	②금문	③소전	④해서
			子

①은 갓난아기[]의 모양이다. 세 올 뿐이지만 머리카락[]이 강조되어, 가늘고 적지만 머리숱이 자라서 태어나는 아기임[>>>子]을 보인 상형자이다.[1] ②는 채 기능을 못 히는 다리기 강보에 싸여, 힌 가딕으로 보일 뿐힘을 들어 삿난아기[]를 상싱한 상형자이며, ③과 ④는 ②가 정형화한 것이다.

자(子)의 본래 뜻은 '아기'이다. "오나라, 월나라, 동이나 예맥 같은 사방의 민족은, 아기[子]들이 태어나 내는 소리는 같으나, 성장하며 관습이 달라진다"[2]는 예가 이것이다. '아기',

---

33) ≪시경 詩經≫<대아 · 하무 大雅 · 下武> ; 媚茲一人(成王).
34) 백거이(白居易) <화고사 和古社> ; 歲媚少年客, 十去九不廻.
35) 백거이(白居易) <장한가 長恨歌> ; 回眸一笑百媚生, 六宮粉黛無顔色.
36) ≪맹자 孟子≫<진심 · 하 盡心 · 下> ; 閹然媚於世也者, 是鄕原也.

1) 현대 화가 장낙평(張樂平)은 그림 '삼모유랑기(三毛流浪記)'에서 머리카락이 셋 뿐인 소년을 그리고 이를 '삼모(三毛)'라 이름하여 갑골문의 의미를 오늘에 살려보고자 하였음.
2) ≪순자 荀子≫<권학 勸學> ; 干越夷貉之子, 生而同聲, 長而異俗.

혹은 '아이'라는 데서 널리 '자식'으로 쓰인다. "자식[子]이 또 손자를 낳고, 손자가 또 자식[子]을 낳는다"[3] 할 때가 그것이다. 다만, "위나라 사람이 딸자식[子]을 시집보냈다"[4] 할 때는 '딸자식'도 함께 가리킨다. '자식'이란 종족 번영의 시초라는 데서, 이를 한 학문의 창시자에 비겨, '스승'을 가리키기도 한다. 묵자(墨子), 장자(莊子), 순자(荀子), 한비자(韓非子) 등 제자백가를 '자(子)'라 일컫는 예가 그것이다. '스승'이라는 데서 남자에 대한 존칭으로 쓰인다. "내 일찍이 그대[子]를 등용치 못 하고, 지금 위급해서야 그대[子]를 찾노라"[5]는 예가 이것이다. 존칭이라는 데서, 공, 후, 백, 자, 남 5작위의 4등급을 일컫는데, 작위는 청나라 때까지도 쓰였다.

자식(子息)이란 '자녀'를 가리킨다. 다만 "그래서, 소나 양을 기르자, 만으로 헤아릴 만큼 번식하였다[子息]"[6] 할 때에는 '번식한다'로도 쓰인다.

자(子)는 부수자이다. 이를 구성소로 하는 글자는 모두 어린아이와 관련이 있다. 아이 배다 잉(孕), 아이 해(孩), 손자 손(孫), 효도 효(孝), 배우다 학(學) 등이 그것이다.

*子** [m] 자 zǐ 아들.
*子** 자 zi 명사 뒤에 붙음.

孜 자 zī 부지런하다. 근면하다.
仔* 자 zī 책임. 부담.
仔* 자 zǐ 가축 따위가 어리다. 작다.
仔* 자 zǎi 동물의 새끼. 작은 것.
字 [m] 자 zì 글자. 문자.
李 [m] 리 lǐ 자두나무. 오얏나무. 자두.

잉태하다 잉(孕)

①갑골문	②금문	③소전	④해서
			孕

①의 왼쪽을 향해 선 사람[…>…>乃]의 배 안에 '아기[…>…>子]'가 있으므로, 부인이 아기를 배었다[…>…>孕]는 뜻의 회의자이다. ③은 잉태한 여인[…]이 내(…>乃)[7] 자로

3) ≪열자 列子≫<탕문 湯問>; 子又生孫, 孫又生子.
4) ≪한비자 韓非子≫<설림·상 說林·上>; 衛人嫁其子.
5) ≪좌전 左傳≫<희공30년 僖公三十年>; 吾不能早用子, 今急而求子.
6) 가사협(賈思勰) ≪제민요술·서 齊民要術·序≫; 乃畜牛羊, 子息萬計.

변한 것이며, ④는 ③이 정형화한 것이다.

잉(孕)의 본래 뜻은 '잉태한다'이다. "잉태한[孕] 부인은 열 달이면 아기를 낳는다"[8]는 예가 그것이다. 현대중국어는 이를 2음절로 화이윈[懷孕 huáiyùn]이라 한다. 그 외에 현대중국어의 빠오윈[包孕 baōyùn]이란 폭넓게 '포함한다'는 뜻인데, 이는 잉(孕)이 널리 '품다'의 뜻으로 쓰인 것이다. '안은 문장'을 현대중국어에 빠오윈쥐(包孕句 baōyùnjù)라 한 예가 이것이다.

역시 현대중국어에 윈위(孕育 yùnyù)란 일반적으로 모체를 통하여 '생육한다'는 뜻이다. 다만 때로는 폭넓게 '배양한다'는 뜻으로서, 기타 사회나 사물의 경우에도 비유적으로 쓰인다.

孕　잉 yùn　임신하다. 잉태하다.

미쁘다 부(孚)

①갑골문	②금문	③소전	④해서

①은 왼편 위는 손[…<…>…>…]이며, 오른편 아래는 사람[…>…>…>子]이므로, 포로를 잡는다[…>…>…>孚]는 뜻의 회의자이다. ②는 손이 발톱[…]으로 바뀐 모양으로, 새가 양발[…] 사이에 알[…]을 굴려 가며 품는다는 회의자로 그 쓰임이 확대되었다. ③은 ②와 자형이 같으며 ④는 ②, ③이 정형화한 것이다.

부(孚)의 본래 뜻은 '포획하다' 혹은 '포로'이다. "포획[孚]한 수레가 열 대이다"[9]라는 예가 이것이다. 다만, 이 뜻으로는 머지않아 왼편에 뜻결 인(亻)을 더한 새 형성자 부(俘)에 분화되면서, 널리 '알을 품는다'로 확대되어 쓰인다. "아직 부화하지[孚] 않은 것을 알이라 한다"[10]는 예가 이것이다. 알을 품는다는 뜻도 머지않아 부(孵)에 분화되어 쓰였으므로, 지금은 물론 부화한다는 뜻으로서 부(孵) 자만 쓸 수 있다. 부화될 때까지 알을 품는 인내심 있는 어미새의 행위에서 널리 '성실하다'로 쓰인다. "성왕은 무왕의 성실함[孚]을 완성했다네"[11]라는 예가 이것이다. '성실하다'는 데서 '미더웁다'거나 '미더움을 준다'로 쓰인다. "작은 신의는 미더움

7) 허신(許愼)은 내(乃) 자에 "기운이 곧장 나오기 어려운 모양을 상형하였다(象氣之出難也≪說文解字·乃部≫)"고 설명하였으나, 잉(孕) 자에 쓰인 내(乃)는 수유할 젖을 강조한 '잉태'의 뜻인 듯하다. 이는 내(乃)가 2인칭 대명사로 쓰이거나, 내(奶)가 '어머니'나 '할머니', 혹은 '젖'의 뜻인 점을 참조한 것임.

8) ≪장자 莊子≫<천운 天運> ; 孕婦十月生子.

9) 금문(金文) :<소우정 小盂鼎> ; 孚車十兩.

10) ≪국어 國語≫ ; 未孚曰卵.(書昭注)

11) ≪시경 詩經≫<대아 · 하무 大雅 · 下武> ; (成王)成(武)王之孚.

을 주지[孚] 못 하니, 신이 축복하지 않을 것이다"[12]는 말이 이것이다.

孚	*부*	*fú*	*미쁘다. 성실하다.*
稃	부	fū	왕겨. 벼의 겉껍질.
孵	부	fū	부화하다. 알을 까다.
俘	부	fú	포로. 포로로 잡히다.
郛	부	fú	성의 외곽.
浮 m	부	fú	뜨다.
莩*	부	fú	갈대 줄기 속의 얇은 막. 풀 이름.
莩*	표	piáo	굶어 죽다.
桴	부	fú	마룻대.
罦	부	fú	새 그물.
蜉	부	fú	하루살이. 왕개미.

손자 손(孫)

①갑골문	②금문	③소전	④해서	⑤간체자

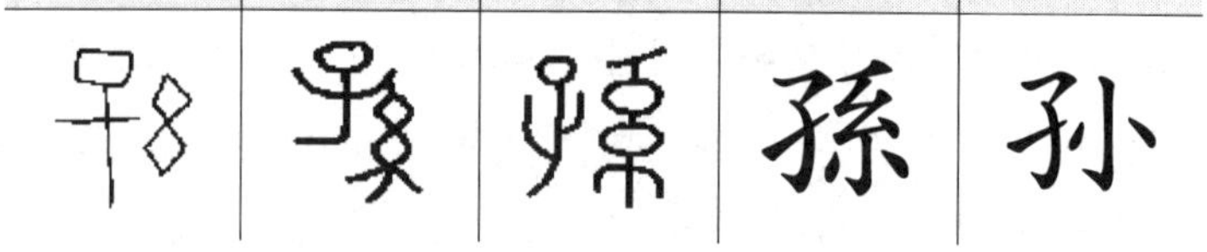

①은 왼편의 아기[[illegible]>[illegible]>[illegible]>子<子]를 통하여 끈[[illegible]>[illegible]>[illegible]>系]을 잇는다는 데서 후손[[illegible]>[illegible]>[illegible]>孫]을 가리킨 회의자이다. ②는 ①과 자형이 비슷하고, ③과 ④는 실[糸]이 줄[系]로 바뀌어 정형화한 것이며, ⑤는 계(系) 자의 밑[小] 만을 쓴 초서를 간체화한 것이다.

손(孫)의 본래 뜻은 '후손'으로, 손자, 증손, 현손 등의 계보를 통틀어 일컫는다. "장래의 자식과 후손들[孫]에게 관운이 있다면 참으로 좋겠지만"[13]이라는 예가 이것이다. '후손'이란 데서 묵은 식물뿌리의 '새싹'을 가리키기도 한다. "장차 푸른 대나무에 다시 새싹[孫]도 보리라"[14]는 예가 이것이다. 그래서, 손죽(孫竹)이란 뿌리 근처에서 새로 자란 '댓가지'를 가리킨다. "뿌리 근처의 댓가지[孫竹]로 만든 관악기"[15]라는 예가 이것이다. 이 댓가지의 싹이 순(筍 sǔn)인데, 음이 서로 비슷하다.

손(孫)은 '후손'이라는 데서 널리 '공손하다'로도 쓰인다. "예의를 갖추어 실행하고, 공손하

---

12) ≪좌전 左傳≫<장공10년 莊公十年> ; 小信未孚, 神弗福也.
13) ≪아녀영웅전 兒女英雄傳≫<1회 一回> ; 將來的子孫, 有命作官固好.
14) 무명씨(無名氏) <춘련 春聯> ; (喜見紅梅新結子)且看綠竹又生孫.
15) ≪주례 周禮≫<춘관·대사악 春官·大司樂> ; 孫竹之管.

게[孫] 의견을 말한다"[16]거나 "격식에 제한 받지 않고 널리 배우며, 벗에게 공손하되[孫] 그의 의향을 관찰한다"[17]는 예가 이것이다. '공손하다'는 데서 '순종한다'거나 '순리 있다'는 뜻으로 쓰인다. "마구잡이로 배워 순리를[孫] 못 갖추면, 흩어져서 어지러울 뿐 이치를 터득하지 못 한다"[18]는 예가 이것이다. 다만 '공손하다'거나 '순종한다'는 뜻은 머지않아 손(遜)에 분화되어 쓰이므로, 지금은 이런 뜻에 쓰이지 않는다.

그 외에 '달아난다'로도 쓰인다. "부인이 제나라로 달아났다[孫]"[19]는 예가 그것이다. 부인 등에게 '분(奔)'이라 말하기를 꺼려 완곡하게 말한 것으로 보인다.[20]

孫 [*m*]	*손*	*sūn*	*손자. 자손. 후손.*
猻	손	sūn	원숭이의 한 종류.
搎	손	sūn	손으로 더듬다.
蓀	손	sūn	향풀 이름.
遜	손	xùn	겸손하다. 공손하다.

효도 효(孝)

①갑골문	②금문	③소전	④해서
			孝

①은 두건을 맨 노인의 성기고 긴 머리카락[…>…>…>土]과 노인을 부축한 아이[…>…>…>子]를 겹쳐, 아이가 노인을 부축하였음을 보였으므로, 효도한다[…>…>…>孝]는 뜻의 회의자이다. ②는 노인[…>…>丿]의 굽은 허리[…]와 지팡이를 든 손[…]이 늘어났을 뿐, ①과 자형이 비슷하며, ③과 ④는 ②가 정형화한 것이다.

효(孝)의 본래 뜻은 '효성스럽다'이다. "효성[孝]이란 모든 행실의 근본이며, 모든 선행의 시작이다."[21]라는 예가 이것이다. 돌아가신 부모께 바치는 효성이라는 데서 널리 '상중', 혹은 '상복을 입는다'로 쓰인다. "상중[孝]을 지나며, 허약해져 바람이 불면 넘어졌다"[22]는 예가 이것이다.

---

16) ≪논어 論語≫<위령공 衛靈公> ; 禮以行之, 孫以出之.
17) ≪예기 禮記≫<내칙 內則> ; 博學無方, 孫于視志.
18) ≪예기 禮記≫<학기 學記> ; 雜施而不孫, 則壞亂而不修.
19) ≪춘추 春秋≫<장공원년 莊公元年> ; 夫人孫于齊.
20) ≪춘추 春秋≫<장공원년 莊公元年> ; 內諱奔, 謂之孫.(杜預注)
21) 반고(班固) ≪白虎通≫ ; 孝, 百行之本, 衆善之初也.
22) ≪북사 北史≫<최자약전 崔子約轉> ; 作孝, 風吹卽倒.

그 외에, 효조(孝鳥)란 '까마귀'를 가리킨다. 새끼가 자라면 늙은 어미에게 먹이를 씹어 넣어준다 하여 얻은 이름이다. "까마귀(孝鳥)가 내 집에 모여들자, 한숨쉬며 탄식하였다"[23]는 예가 이것이다.

孝 [m] *효 xiào* *효 효도*

嘐 효 xiào 천식 따위로 씨근거리는 소리.
酵 효 jiào 발효하다.

배우다 학(學)

①갑골문	②금문	③소전	④해서	⑤간체자
			學	学

①은 위의 좌우 양손[]이 그물[]을 짜는 모양이다. 옛날, "그물짜기는 복잡한 기능이어서, 전수하지 않으면 배울 수 없었다"[24]고 하므로, 그물짜기 같은 기능을 손으로 배운다[]는 뜻의 회의 겸 위음 국()의 형성자이다. ②는 아래에 어린아이[]를 더하여 전수하는 대상, 곧 배움의 주체가 아이들임을 보인 것이다. ③과 ④는 ②가 정형화한 것이며, ⑤는 초서를 간체자 삼은 것이다.

학(學)의 본래 뜻은 '배운다'이다. "배우고[學] 그때마다 익히면 또한 기쁘지 않은가"[25]라는 예가 이것이다. '배운다'는 데서 널리 '학문'으로 쓰인다. "나는 열 다섯 살이 되자, 학문[學]에 뜻을 두었다"[26]는 예가 그것이다. '학문'이란 데서 널리 '학생'으로 쓰이기도 한다. "처음 시작하는 학생[學]이 유덕한 사람의 세계로 들어가는 문이다"[27]라는 예가 이것이다. '학생'이란 데서 널리 '학교'로도 쓰인다. "옛날 천자와 제후들은 수도에서 향, 당 고을에 이르기까지 모두 학교[學]를 두었다"[28]는 예가 이것이다. 학교라는 데서 다시 널리 '학습내용'을 가리키기도 한다. "사람이란 마음은 배워 아는 것[學]에 편안해 하며, 신체는 습관 든 것에 편안해 한다"[29]는 예가 이것이다.

---

23) ≪예문유취 藝文類聚≫<92권 卷九十二> ; 有孝鳥集余之廬, 乃喟爾而歎曰.(引<孝鳥賦>)
24) 주방포(朱芳圃) ≪은주문자석총 殷周文字釋叢≫ ; 結網爲複雜之技能, 非傳授複雜之技能.
25) ≪논어 論語≫<학이 學而> ; 學而時習之, 不亦說乎?
26) ≪논어 論語≫<위정 爲政> ; 吾十有五而志於學.
27) 주희(朱熹) ≪대학장구 大學章句≫ ; 初學, 入德之門也.
28) 왕안석(王安石) <상황제만언서 上皇帝萬言書> ; 古者天子諸侯自國至于鄕黨皆有學.
29) 장형(張衡) <동경부 東京賦> ; 人心安所學, 體安所習.

그 외에, 학(學)은 '가르친다'는 뜻으로 쓰이기도 한다. 이때는 현대중국어로 샤오(xiào)라 읽힌다. 이는 '가르친다'는 뜻이 머지않아 오른뜻[攴]을 더한 새 회의 겸 형성자 효(斆 xiào)에 분화되어 쓰였으며, 효(斆)의 음을 따라 읽기 때문이다. "반경은 민중들을 교육[斆]하였다"30)는 예가 그것이다.

𦥑	국	jù	받들다
學 m	*학*	*xué*	*배우다. 학습하다.*
斆	효	xiào	가르치다.
嶨	학	xué	돌산. 지명에 쓰이는 글자.
鷽	학	xué	피리새. 멋쟁이 새.
覺*	교	jiào	꿈깬다. 잠.
覺* h	각	jué	감각. 느낌. 느끼다.

36. 면(宀) 부

집 면(宀)

①갑골문	②금문	③소전	④해서
			宀

①과 ②는 모두 맞배지붕을 얹은 집[∩>介>∩>宀]으로, 집의 상형자이다. ③은 처마 없이 벽에 이어진 맞배지붕[∩]에 용마루[丨]가 솟은 것이며, ④는 ③이 정형화한 것이다.

면(宀)의 본래 뜻은 '집'이며, 이미 홑자로는 쓰이지 않으나, 널리 '지붕'을 나타내기도 한다. "평상은 위에 지붕[宀]이 있는데, 수레의 뜸 같아서 바람이나 눈을 피할 수 있었다"1)는 예가 이것이다.

면(宀)은 부수자로, '갓머리'라 부르기도 한다. 이를 구성소로 하는 글자는 모두 집과 관련이 있다. 집 택(宅), 집 가(家), 집 우(宇) 등이 그것이다.

宀	*면*	*mián*	*집.*

30) ≪상서 尙書≫<반경 盤庚> ; 盤庚斆于民.

1) ≪연경세시기 燕京歲時記≫<타상 拖牀> ; (牀)上有宀如車篷, 可避風雪.

저장하다 저(宁)

①갑골문	②금문	③소전	④해서
			宁

①은 사방이 벽[口]에 둘러싸여 칸이 나뉘어[¦] 있으므로, 물건을 구분, 안치하는 장소[中>中>中>宁]의 상형자이다. ②는 ①과 대체로 같고, ③은 이들이 예술화한 것이며, ④는 ③이 정형화한 것이다.

저(宁)의 본래 뜻은 물건을 구분, 안치하는 곳으로,[2] 특히 옛날 군주가 신하를 조회하던 곳을 가리킨다. "천자가 병풍간[宁]에 서면, 공들은 동쪽을 바라보고 서며, 제후들은 서쪽을 바라보고 선다"[3]는 예가 그것이다. '안치소'라는 데서 널리 '선다'거나 '저장한다'로 쓰였으나, 머지않아 이들은 각각 저(伫)와 저(貯)에 분화되어 쓰인다.

중국의 회족 자치구 '닝시아(宁夏)'의 현대중국어 닝(宁 níng)은 녕(寧)의 간체자로서, 저(宁)와는 별개의 글자가, 자형 상 동화된 것뿐이다.

宁　저　zhù　조회 받는 곳. 멈추다.

伫　저　zhù　오랫동안 서있다. 멈추어서다.
竚　저　zhù　오랫동안 서있다. 멈추어서다.
紵　저　zhù　모시풀. 모시.
貯 m　저　zhù　모아두다. 저장하다. 저축하다.
詝　저　zhǔ　슬기롭다. 지혜롭다. 총명하다.
苧*　저　zhù　모시풀.
苎*　녕　níng　리모닌limonene. <녕薴의 간체자>

지키다 수(守)

①갑골문	②금문	③소전	④해서
			守

②는 덮개[冂>宀], 혹은 집 안에 큰 손[又>又]이 있어, 손으로 '지킨다[守]'는 뜻의 회의자이

2) 허신(許愼) ≪설문해자 說文解字≫ ; 宁, 辨積物也.
3) ≪예기 禮記≫<곡례·하 曲禮·下> ; 天子當宁而立, 諸公東面, 侯西面.

다. ③은 ②의 덮개[冂]가 집[宀>宀]으로 바뀌고, 손[又]은 손목 동맥[寸>寸]으로 변하였으나, 여기서는 여전히 손의 뜻으로 여겨진다.[4] ④는 ③이 정형화한 것이다.

수(守)의 본래 뜻은 '지키다'이다. "송나라는 자신을 지키지[守] 못 할테니, 공격할 만합니다"[5]라는 예가 이것이다. '지키다'는 데서 널리 '지켜본다'로도 쓰인다. "그루터기를 지켜보면서[守] 토끼를 다시 줍기를 바랐다"[6]는 예가 그것이다. 바로 '요행수만 바란다'는 뜻의 숙어 수주대토(守株待兎)를 말한 것이다. '지켜본다'는 데서 '관리한다'로도 쓰인다. "산림의 나무는 형록관이 관리한다[守]"[7]는 예가 이것이다. 도리를 지킨다는 데서 널리 '절개'나 '수절'을 가리키기도 한다. "절개[守]를 잃은 사람은 하는 말이 비굴하다"[8]거나, "망인이 유언을 남겨, 원래는 부인에게 수절치[守] 못 하게 하였다"[9]는 예가 이것이다.

수졸(守拙)이란 말이 있다. 관직에 나가지 않은 채 궁색한 생활에 스스로 만족함을 가리킨다. "집 앞 들 거칠어진 땅을 일구러, 궁색함조차 즐겨[守拙] 전원에 돌아가리"[10]라는 예가 그것이다.

守 [m] *수 shǒu 지키다. 수비하다.*

狩 수 shòu 사냥하다[특히 겨울철 사냥을 말함].

편안하다 안(安)

①갑골문	②금문	③소전	④해서

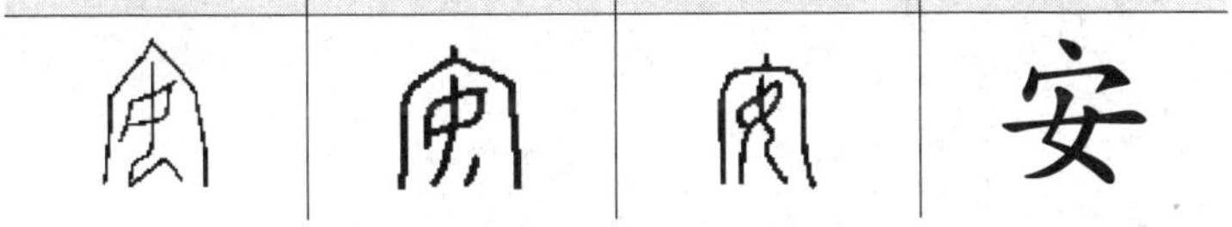

①은 겉은 집[宀>宀>宀>宀]이고, 집안에는 왼편을 향한 여인[女>女>女>女]이 고요히 앉아 있어 편안하고 쾌적하니, 편안하다[安>安>安>安]는 회의자이다. ②는 깔개[丶]를 깔고 앉았을 뿐 ①과 자형이 비슷하고, ③과 ④는 이들이 정형화한 것이다.

안(安)의 본래 뜻은 '고요하고 평안하다'이다. "나라가 평안하면[安], 근심할 민중이 없다"[11]는 예가 그것이다. 널리 '익숙하여 편안하다'로 쓰인다. "관습 된 것은 편안해 하고[安],

---

4) 소전③의 손목 동맥[寸>寸]은 대개 금문②의 손[又>又]에서 변형된 것이 많음. 촌(寸)의 설명 참고.
5) ≪묵자 墨子≫<공수 公輸> ; 宋莫能守, 可攻也.
6) ≪한비자 韓非子≫<오두 五蠹> ; 守株, 冀復得兎.
7) ≪좌전 左傳≫<소공20년 昭公二十年> ; 山林之木, 衡鹿守之.
8) ≪역경 易經≫<계사·하 繫辭·下> ; 失其守者其辭屈.
9) ≪요재지이 聊齋志異≫<금생색 金生色> ; 亡人有遺囑, 本不敎婦守也.
10) 도연명(陶淵明) <귀원전거 歸園田居> ; 開荒南野際, 守拙歸園田.

낯선 것은 비난한다"[12]는 예가 그것이다. 편안하게 모신다는 데서 '봉양한다'로도 쓰인다. "노인들에게는 봉양한다[安]"[13]는 예가 이것이다. 안전하게 보존한다는 데서 다시 널리 '설치한다'로도 쓰인다. "먼저 붓과 벼루를 놓고[安] 시내와 산을 마주한다"[14] 할 때의 안(安) 자이다.

'편안하랴?'라는 반문의 쓰임에서 '어찌'라는 뜻으로도 쓰인다. "제비나 참새가 어찌[安] 기러기와 고니의 뜻을 알겠는가!"[15]라는 예가 이것이다.

안신(安身)이란 '몸을 편안히 한다'는 데서 '의탁한다'거나 '발붙인다'는 뜻으로 쓰인 것이다. "저 형주를 취하여 발붙일[安身] 곳을 삼으리라"[16]는 예가 이것이다. 다만, "군자에게는 네 가지 때가 있다. 아침은 정무를 살피며, 낮에는 방문하고, 저녁이면 명령을 행하며, 밤이면 쉰다[安身]"[17] 할 때, 안신(安身)은 '휴식한다'는 뜻이다.

安	m	*안*	*ān*	*편안하다. 어찌.*
鞍		안	ān	안장. 안장 모양의 물건.
按		안	àn	누르다. 생각컨데.
案	m	안	àn	책상. 작은 쟁반.
鴳		안	yàn	세가락메추라기.
晏		안	yàn	늦다. 편안하다.
胺		알	àn	고기가 썩다.

안정하다 정(定)

①갑골문	②금문	③소전	④해서

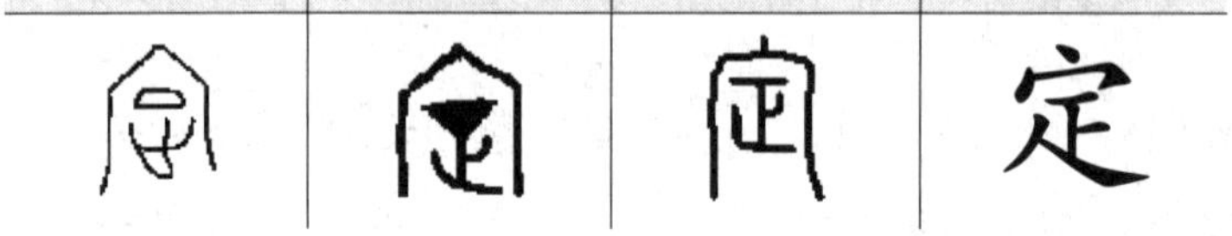

①은 겉은 집[⋀>⋂>⋂>宀]이고, 집안의 속에는 음결 정[▽>▼<丁<釘] 아래에 발[ᗜ>止>止>止]이 있어, '가서 바로잡는다'는 뜻의 정(正<正) 자가 되었으므로, '집안을 바로잡아 안정시킨다'[㝎>㝎>㝎>定]는 뜻의 회의 겸 속음 정(正<止)의 형성사이나. ②는 정[▽]이

11) ≪순자 荀子≫<왕패 王霸>; 國安則無憂民.
12) ≪한서 漢書≫<예문지 藝文志>; 安其所習, 毀所不見.
13) ≪논어 論語≫<공야장 公冶長>; 老者安之.
14) 육유(陸游) <동양도중 東陽道中>; 先安筆硯對溪山.
15) ≪사기 史記≫<진섭세가 陳涉世家>; 燕雀安知鴻鵠之志哉!
16) ≪삼국연의 三國演義≫; 取彼荊州爲安身之地.
17) ≪좌전 左傳≫<소공원년 昭公元年>; 君子有四時: 朝以聽政, 晝以訪問, 夕以修令, 夜以安身.

정[▼]으로 쓰였을 뿐, ①과 자형이 비슷하다. ③은 정[▼]이 가로획[一]으로 바뀌었을 뿐, ②와 자형이 비슷하고, ④는 ③이 정형화한 것으로, '바르다' 정(正)이 '바르다' 아(疋>雅)로 바뀌었으나 뜻은 변함이 없다.

정(定)의 본래 뜻은 '안정시킨다'이다. "젊을 적에는 혈기가 채 안정되지[定] 않았으므로, 이성간에 경계해야 한다"[18]는 예가 이것이다. 안정된다는 데서 널리 '평정한다'로 쓰인다. "전란은 아직 평정되지[定] 않았다"[19]는 예가 그것이다. 평정한다는 데서 널리 '결정한다'로 쓰인다. "나는 생각이 아직 분명히 정리되지 않아, 가부를 정할[定] 수가 없다"[20]는 예가 이것이다. 정한다는 데서 널리 '그친다'로 쓰인다. "하늘에는 드디어 비가 내렸고, 전염병도 그쳤다[定]"[21]는 예가 이것이다. 그친다는 데서 널리 '변하지 않는다'로 쓰인다. "모두에게 변하지 않는[定] 값이 있다"[22]는 예가 이것이다. 변하지 않는다는 데서 다시 널리 '반드시', 혹은 '틀림없다'로 쓰인다. "듣건데, 진왕은 틀림없이[定] 죽었을 것이라고들 한다"[23]는 예가 이것이다.

정정(定情)이란 '부부가 되기로 약속함'을 가리킨다. "왜 처음 그대를 만났을 때, 부부가 되기를 약속할[定情] 수 없었을까?"[24]라는 앵앵이라는 여인의 뉘우침이 이것이다.

正* 정 zhēng 정월. 음력1월.
正* 정 zhěng 정[돈의 액수 밑에 붙이는 말임].
正*m 정 zhèng 곧다. 똑바르다.

定 m 정 dìng 안정되다. 반드시. 꼭

錠 정 dìng 덩어리. 알약 등의 알.
淀 정 diàn 얕은 물. 배를 대다.
綻 탄 zhàn 터지다. 해지다. 꿰지다.

과청 관(官)

①갑골문	②금문	③소전	④해서
			官

18) ≪논어 論語≫<계씨 季氏> ; 少之時, 血氣未定, 戒之在色.
19) ≪시경 詩經≫<소아・절남산 小雅・節南山> ; 亂靡有定.
20) ≪순자 荀子≫<해폐 解蔽> ; 吾慮不淸, 則未可定然否也.
21) 한유(韓愈) <왕공신도비명 王公神道碑銘> ; 天遂雨, 疫定.
22) ≪위서 魏書≫<상산왕준전 常山王遵傳> ; 皆有定價.
23) ≪사기 史記≫<고조본기 高祖本紀> ; 聞陳王必死.
24) 원진(元稹) <앵앵전 鶯鶯傳> ; 豈其旣見君子, 而不能定情.

①의 겉은 집[[illegible]>[illegible]>[illegible]>宀]이며, 안은 활[[illegible]>[illegible]>[illegible]>[illegible]<弓]이다. 활(弓)은 도끼[[illegible]>[illegible]>[illegible]>王]처럼 권위를 상징한다. 활을 걸어 권위를 보이는 집이므로, 관청[[illegible]>[illegible]>[illegible]>官]을 가리키는 회의자이다. ②는 ①과 비슷하나, ③은 이미 활의 모양을 찾기 어렵다.

관(官)의 본래 뜻은 '관청'이다. "이 사건을 관청[官]에 알리고자 한다"[25] 할 때가 이것이다. 관청에서 널리 '관직'을 가리키기도 하였다. "능력을 헤아려 관직[官]을 주었다"[26]는 예가 그것이다. 다시 널리 '관리'로도 쓰인다. "모든 관리[官]가 모두 그 아래에서 직분을 맡는다"[27]는 예가 그것이다. 이상은 모두 명사로 쓰인 예이나, 관(官)에는 '사역형'의 용법도 있다. "그러므로, 현명한 임금은 무능한 신하에게 관직을 맡게 하지[官] 않는다"[28]는 예는 '관리가 되게 한다'로 쓰인 것이다.

양한(兩漢) 이전에 관(官)과 리(吏)는 뜻이 달랐다. 관(官)은 대개 기관이나 직무를 가리켰고, 리(吏)는 관리만을 가리켰다. 예컨대 순황(荀況)의 저작에 관리는 관인(官人)이라 일컬었을 뿐, 이를 관(官)이라 지칭한 예는 없다. 다만 한(漢) 이후, 관(官)은 기관이 아닌 관원을 지칭하는 말로 쓰였고, 반하여, 리(吏)란 다만 직급이 낮은 관원을 지칭할 뿐이었다. 관(官)이 관직을 가리키는 점은 지금도 변함이 없다.

官 m 관 guān 관리. 벼슬아치.

倌 관 guān 수레 모는 사람.
棺 관 guān 관. 널.
琯 관 guǎn 옥피리. 옥통소.
痯 관 guǎn 병에 지치다.
管 h 관 guǎn 대롱. 담당하다.
輨 관 guǎn 수레바퀴의 쇠테.
館 h 관 guǎn 여관. 옛날의 서당.
涫 관 guàn 끓다.

재상 재(宰)

①갑골문	②금문	③소전	④해서

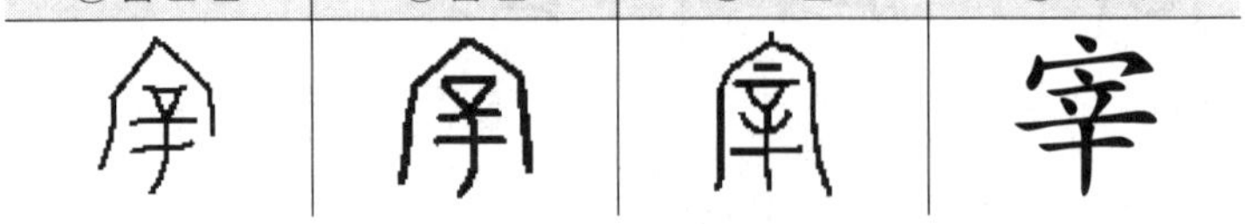

25) 유종원(柳宗元) <동구기전 童區寄傳> ; 願以聞于官.
26) ≪순자 荀子≫<정론 正論> ; 量能而授官.
27) 왕충(王充) ≪논형 論衡≫ ; 百官共職于下.
28) 조조(曹操) ≪논리사능행령 論吏使能行令≫ ; 故明君不官無能之臣.

①은 집[宀>宀>宀>宀] 안에, 날이 평평한 칼을 머리 위에 쓴 노예[辛>辛>辛>辛]가 있으므로, '가사 일을 하는 노예[宰>宰>宰>宰]'를 가리키는 회의자이다. 머리 위에 쓴 칼이란 노예신분임을 상징한 것이다. ③은 ①, ②와 비겨 획이 많아졌으며, ④는 ③이 정형화한 것이다.

재(宰)의 본래 뜻은 '가사 일을 하는 노예'이며, 널리 '우두머리 노예'를 가리킨다. "이윤은 우두머리 노예[宰]였으며, 백리해는 포로였다"[29]는 예가 이것이다. 우두머리 노예라는 데서 널리 재상, 혹은 장관을 가리킨다. "모두가 그에게 재상[宰臣]의 덕망이 있다고 말하였다"[30]는 예가 이것이다. 장관이란 데서 널리 '관리'를 가리킨다. "공께서는 천자의 관리[宰]였으니, 예의가 이와 같을 수는 없다"[31]는 예가 이것이다. 관리라는 데서 널리 '다스린다'는 뜻으로 쓰인다. "안으로 민중을 다스리지[宰] 못 하고, 밖으로 군대를 지휘하지 못 한다"[32]는 예가 이것이다. 가사를 돌본다는 데서 널리 '음식을 바친다'로 쓰인다. "음식을 바치는[宰] 관리가 구이고기를 바쳤는데, 머리카락으로 이를 싸매어 놓았다"[33]는 예가 이것이다.

음식을 바치다보면 가축을 잡지 않을 수 없으므로 '도살한다'로도 쓰인다. "바깥에 귀한 손이 왔다는 말을 듣고, 한 하녀 가 안에서 돼지와 양을 잡았다[宰]"[34]는 예가 이것이다. 도살하여 요리한다는 데서 '저며 나눈다'로도 쓰인다. "사냥한 다음 사냥한 고기를 저며 나눔[宰]에 공평하지 않았기 때문에 다투었다"[35]는 예가 이것이다. 그래서, 요리사를 재부(宰夫)라고도 하였다.

宰	*h* *재*	*zǎi*	*재상. 주관하다.*
梓	재	zǐ	개오동나무.
滓	재	zǐ	찌꺼기. 찌끼. 앙금.

집 가(家)

①갑골문	②금문	③소전	④해서

29) ≪한비자 韓非子≫<세난 說難> ; 伊尹爲宰, 百里奚爲虜.
30) ≪송서 宋書≫<서선지전 徐羨之傳> ; 羨之起自布衣,…咸謂有宰臣之望.
31) 한유(韓愈) <송유주이단공서 送幽州李端公序> ; 公天子之宰, 禮不可如是.
32) ≪포박지 抱朴子≫<행품 行品> ; 入不能宰民, 出不能用兵.
33) ≪한비자 韓非子≫<내저설하 內儲說下> ; 宰臣上炙而髮繞之.
34) 유의경(劉義慶) ≪세설신어 · 현원 世說新語 · 賢媛≫ ; 聞外有貴人, 如一婢於內宰豬羊.
35) ≪신당서 新唐書≫<등처눌전 鄧處訥傳> ; 因獵宰肉不平而鬪.

"어려서 집[家]을 떠나, 늙어서 돌아온다"[36] 할 때 가(家) 자이다. ①은 집[宀>宀>宀>宀] 안에 돼지[豕>豕>豕>豕]가 있다. 목축하던 옛날부터 돼지는 인류의 주거지를 상징할 만큼 주요한 가축이었다고 보아 회의자로 여기기도 하나, 수돼지를 가(豭)라 하는 것으로 보아, 가(豕<豭)'를 축약형 음결[省聲]으로 쓴 형성자로 여기는 것이 옳다. ②는 ①과 자형이 비슷하며, ④는 ③과 자형이 비슷하다.

가(家)의 본래 뜻은 '집'이다. "장자는 산에서 나와 친구의 집[家]에 머물렀다"[37]는 예가 이것이다. 널리 '집안'을 가리킨다. "유학자는 집안[家]이 기울어도 장례를 치르면 3년간 상복을 입었다"[38]는 예가 이것이다. 널리 '학술의 유파'를 가리키기도 한다. "지금 제후들은 치국 방식이 다르고, 유파[家]마다 주장이 다르다"[39]는 예가 이것이다. 학술의 유파에서 '전문가' 혹은 '어떤 사람'을 널리 가리키기도 한다. "이 사람[家]은 장강 하류의 여러 장수들을 이끌고 한나라 왕실을 보필하였다"[40]는 예가 이것이다.

가(家)는 때로 자신의 손위 친척에 대한 겸칭으로도 쓰인다. 형을 가형(家兄)이라 하거나, 부친을 가부(家父), 모친을 가모(家母)라 일컫는 예가 이것이다. 가법(家法)이란 '집안을 다스리던 규범', 혹은 '스승에게서 전수받은 가르침'을 가리킨다. "스승의 가르침[家法]들을 두루 살피며, 제자를 가르치기에 게으르지 않았다"[41]는 예가 이것이다. 가법(家法)이란 널리 하인이나 자녀를 '질책하는 도구'를 가리키기도 한다. "계집종을 불러 매[家法]를 가져오게 하였다"[42]는 예가 그것이다.

叚* 가 jiǎ 거짓. 가짜.
叚* 가 jià 휴가. 휴일.

豭 가 jiā 수돼지.

家[m][43] *가* *jiā* *집. 아내. 사람.*
嫁 가 jià 시집가다. 출가하다.
稼 가 jià 농작물을 심다. 곡식.

---

36) 하지장(賀知章) <회향우서 回鄕偶書> ; 少小離家老大回.
37) ≪장자 莊子≫<산목 山木> ; 夫子出於山, 舍於故人之家.
38) ≪한비자 韓非子≫<현학 顯學> ; 儒者破家而葬, 服喪三年.
39) ≪순자 荀子≫<해폐 解蔽> ; 今諸侯異政, 百家異說.
40) ≪동관한기 東觀漢記≫<왕상재기 王常載記> ; 此家率下江諸將, 輔翼漢室.
41) 응소(應劭) ≪풍속통·십반 風俗通·十反≫ ; 家法洽覽, 誨人不倦矣.
42) 이어(李漁) ≪신중루 · 항인 蜃中樓 · 抗姻≫ ; 叫丫環取家法過來.
43) 가(家)의 음결 시(豕)가 가(豭)의 생략형이라는 허신許愼의 생성省声의 관점을 따른 것임.

도적 구(寇)

①갑골문	②금문	③소전	④해서
			寇

②는 겉은 큰 집[介>冂>宀]이요, 안의 왼곁은 왼쪽을 향한 사람[亻>兀>元]으로, 머리가 부각되어 있는데, 오른곁은 몽둥이를 든 손[攴>攴>攴]이므로, 집에 침입하여 사람을 해치므로 침입한다[寇>寇>寇]는 뜻의 회의자이다. ③은 ②와 자형이 비슷하나, 머리가 강조된 사람이 원(元) 자로 변하였으며, ④는 ③이 정형화한 것이다.

구(寇)의 본래 뜻은 '침입한다', 혹은 '침략한다'이다. "이때에 흉노는 강해져서, 자주 변방을 침략하였다[寇]"[44]는 예가 이것이다. 침략한다는 데서 널리 '노략질한다'로 쓰인다. "대신은 배반하고, 민중은 노략질[寇] 한다"[45]는 예가 이것이다. 노략질한다는 데서 널리 '도적'을 가리킨다. "궁지에 몰린 도적[寇]은 쫓지 말라"[46]는 예가 이것이다. 도적에서 널리 '침입자'를 가리킨다. "온 나라가 여전히 침입자[寇]를 막고 있다"[47]는 예가 그것이다. 우리가 일본을 왜구(倭寇)라 하듯, 중국인도 일본을 일구(日寇)라 한 것은 같은 예이다.

'장관이대(張冠李戴)'란 '장가의 갓[冠]을 이가가 쓴다'는 말로 사실을 잘못 알거나, 명실상부하지 않음을 가리키는 성어이다. 여기서 관(冠)은 손[寸]으로 머리[元]에 쓴다[冖]는 뜻의 회의자로 본래 뜻이 '갓'이므로, 구(寇)와는 자형, 자음, 자의가 모두 다른 점을 주의해야 한다.

寇　구 kòu　도적.

滱　구 kòu　강 이름.
簆　구 kòu　바디[베틀에 딸린 기구의 하나]
蔻　구 kòu　두구[열대지방에서 나는 풀]

자다 숙(宿)

①갑골문	②금문	③소전	④해서
			宿

44) ≪한서 漢書≫<조착전 晁錯傳>; 是時匈奴彊, 數寇邊.
45) ≪곡량전 谷梁傳≫<희공19년 僖公十九年>; 大臣背叛, 民爲盜寇.
46) ≪손자 孫子≫<군쟁 軍爭>; 窮寇勿追.
47) 두보(杜甫) <다시 슬퍼서·3수 復愁·其三>; 萬國尙防寇.

"밤들어 잠자는[宿] 것은 몸을 편안케 하기 위한 것이다"[48]라고 할 때의 숙(宿) 자이다. ①은 겉은 집이고[宀>宀>宀>宀] 집안 오른편에 돗자리[囟>丙>丙>百]가 깔려 있으며, 돗자리에는 사람[人>亻>亻>亻]이 왼쪽을 향하고 모로 누워 자고 있으므로, 잠잔다[宿>宿>宿>宿]는 뜻의 회의자이다. ②는 돗자리 형태가 간략해지고 사람과의 위치가 바뀌었을 뿐 구성소는 ①과 같다. ③은 위뜻 집[宀] 밑음 숙(佰<夙)의 형성자로 바뀐 것이며, ④는 ③의 돗자리[丙]가 백(百) 자로 잘못 정형화한 것이다.

숙(宿)의 본래 뜻은 '묵다'로, "저물자 백천에서 군영을 짓고 유숙[宿]하였다"[49]는 예가 이것이다. 뒤에 유숙하다, 곧 '묵는다'는 데서 널리 '밤'으로 쓰인다. "종자를 깨끗이 일어, 사흘 밤[宿]을 물에 담근채 묵힌다"[50]는 예가 이것이다. 묵음[宿]이란 밤[夜]과 그 함의가 다르다. 밤[夜]이란 달을 '보낸다'는 시간적 함의가 있으나, 묵음[宿]에는 장소에 '머문다'는 공간적 함의가 있다. 그래서 숙원(宿愿), 숙지(宿志) 등은 일찍부터 가슴에 품고있던 바램이나 의지를 가리킨다. "전반은 노련한[宿] 장수이다"[51] 할 때는 '묵었다'는 데서 널리 '오래되었다'는 뜻으로 쓰인 예이다.

성수(星宿)니 이십팔수(二十八宿)니 할 때의 수(宿)는 현대중국어로 시우(xiù)라 읽어, 별이 묵는 자리, 곧 '별자리'를 가리킨다.

음곁을 같이 하는 자들은 석(夕) 부의 이른 아침 숙(夙) 자를 참조.

차다 한(寒)

①갑골문	②금문	③소전	④해서
			寒

②는 겉은 집[宀>宀>宀]이며, 집안의 가운데는 왼쪽을 향한 사람[亻>亻>人]의 발[止] 아래 얼음[二>仌>冫]이 밟혀 있어, 주위에 띠풀[茻>茻>艸]을 둘렀으나 한기를 막지 못하므로, 차다[寒>寒>寒]는 뜻의 회의자이다. ③은 사람의 발[止]이 생략되었고, ④는 ③이 정형화한 것으로 회화적인 요소는 전혀 찾을 수 없다.

한(寒)의 본래 뜻은 '차다'이다. "얼음은 물로 이뤄지지만, 물보다 차다[寒]"[52] 할 때가 이것이다. '추위'가 몸을 떨게 하듯 두려움도 몸을 떨게 하므로, 한(寒)은 '두려워한다'로도

48) ≪좌전 左傳≫<소공29년 昭公二十九年> ; 夜宿所以安身.(孔穎達疏)
49) ≪순자 荀子≫<유효 儒效> ; 暮宿于百泉.
50) 가사협(賈思勰) ≪제민요술・수도 齊民要述・水稻≫ ; 淨淘種子, 漬經三宿.
51) ≪전국책 戰國策≫<위책・2 魏策・二> ; 田肦, 宿將也.
52) ≪순자 荀子≫<권학 勸學> ; 冰水爲之, 而寒於水.

쓰인다. "위나라의 왕은 마음에 두려웠다[寒]"53)는 예가 이것이다. 가난이란 활동을 움츠러들게 하기가 추위와 같으므로 이를 '빈한'하다고도 한다. "형제 범저여, 그대가 어쩌다 빈한[寒]하기가 이만한가?"54) 한 예가 이것이다. 한옥(寒玉)은 옛날 아름다운 옥을 널리 가리킨 말이다. 다만 "한 줄기 차가운 옥 같은 물[寒玉] 가을 샘에서 흐르네"55) 할 때의 한옥(寒玉)이란 물[水]을 비유하여 일컬은 것이다.

寒 ⓜ *한 hán* *춥다. 차다.*

搴	건	qiān	빼내다. 빼앗다.
褰	건	qiān	걷어올리다. 말아 올리다.
騫	건	qiān	이지러지다. 높이 들다. 추켜들다.
蹇	건	jiǎn	절룩거리다.
謇	건	jiǎn	말을 더듬다.

적다 과(寡)

①갑골문	②금문	③소전	④해서
			寡

②는 겉은 집[□>宀]인데, 속에는 눈썹 아래 눈을 부릅뜬[□] 사람[□]이 있으므로, 집안 일을 '주관한다[□>□>寡]'는 뜻의 회의자이다. ③은 집안의 사람[□]이 혈(□>頁)과 분(□>分)으로 2분되었으니, 머리 아래 ②의 몸[□]이 분(□>分)으로 잘못 변한 예이며, ④는 ③이 정형화한 것이나 혈(□>頁) 밑부분의 몸[□]에 상당하는 부분이 생략되었다.

과(寡)의 본래 뜻은 '주관하다'이다. '과인(寡人)'이란 집안 일을 도맡은 이라는 데서 널리 군주가 자신을 칭하는 말로 쓰인 것이다. "민중들과 말할 때는 자신을 과인(寡人)이라 부른다"56)는 예가 이것이다. 때로는 신하가 다른 군주에게 자기 군주를 칭할 때의 칭호로도 쓰인다. "주관자 주군[寡君]이 어리고 약하여, 공경을 다하지 못한 것이다"57)라는 예에서 과군(寡君)이 이것이다. 집안마다 이와 같은 사람은 한 사람 뿐이므로, '적다'로도 쓰인다. "농사꾼은 적고[寡], 놀고 먹는 사람은 많아, 그 나라가 가난하고 위태롭다"58)는 예가 이것이

53) ≪전국책 戰國策≫<진책 · 4 秦策 · 四> ; 梁[大梁]氏寒心.
54) ≪사기 史記≫<범저채택열전 范雎蔡澤列傳> ; 范叔一寒如此哉.
55) 이군옥(李群玉) <인수행 引水行> ; 一條寒玉走秋泉.
56) ≪예기 禮記≫<곡례·하 曲禮·下> ; (諸侯)其與民言, 自稱曰'寡人'.
57) ≪좌전 左傳≫<소공30년 昭公三十年> ; 寡君幼弱, 是以不共.
58) ≪상군서 商君書≫<농전 農戰> ; 農者寡, 而游食者衆, 故其國貧危.

다. 적다는 뜻에서 널리 '적은 수의 사람'을 가리킨다. 따라서 "적은 수의 사람들[寡]은 정말 많은 수의 사람들을 대적할 수 없다"[59]는 예가 이것이다. 적은 수의 사람이란 데서 널리 '홀로된 사람'을 가리킨다. 여인이 집안 일을 홀로 도맡고 있으면 또한 과(寡)이다. 그래서, 늙어 남편 없는 여인을 과(寡)라 한다. "고아나 과부[寡]를 구제하였다"[60]는 예가 이것이다.

과(寡)는 소(少)와 뜻이 비슷하다. 다만 소(少)는 다(多)에 상대되나, 과(寡)는 다(多)와 함께 중(衆)에 상대되는 개념이다.

寡 h 과 guǎ 적다.

편안하다 녕(寧)

①갑골문	②금문	③소전	④해서	⑤간체자
			寧	宁

①은 집[∧>⌒>⌒>宀] 안에 제단[61][丁>丅>丁>丁]과 제기[皿>皿>皿>皿]를 놓아, 집안이 안정되고 평화로움[寍]을 나타내었으므로, 회의자이다. ②는 마음[心>心>心]을 더하여, 심리의 안정이나 평화[寧>寧>寧]까지 나타낸, 회의 겸 형성자이다. "옛사람은 마음을 사물의 주인으로 생각, 마음이 편안하면 사물이 고요하므로, 금문②에 마음[心]을 뜻곁으로 더한 것"[62]이라는 견해가 이것이다. ③은 ②와 비슷하고, ④는 ③을 정형화한 것이다. ⑤는 간체자로, 획수를 줄이기 위하여 구성소의 일부를 들어 나머지 구성소 전체를 대신한 것이다.

녕(寧)의 본래 뜻은 '편안하다'이다. "개나 닭조차 편안치[寧] 못 하다"[63]는 예가 이것이다. '편안히 한다'는 데서 널리 '부모의 상을 지키다'로 쓰인다. "부모가 상을 당하자, 나는 3년간 상을 지켰다[寧]"[64]는 예가 이것이다. '상을 지키다'는 데서 널리 '살핀다'로 쓰인다. "친정부모께 돌아가 살펴보게[寧]"[65]라는 예가 이것이다.

'편하랴?'라는 반문의 쓰임에서 널리 '어찌'로 쓰인다. "왕과 제후, 장수와 재상이 어찌[寧] 종자가 따로 있으랴?"[66]라는 예가 이것이다. '편하리라!'는 감탄의 쓰임에서 다시 널리 '차라

---

59) ≪맹자 孟子≫<양혜왕 梁惠王> ; 寡固不可以敵衆.
60) ≪묵자 墨子≫<사과 辭過> ; 振孤寡.
61) 아래는 제단[冂]이다. 갑골문 정[口] 자가 지금의 정(丁)과 자형이 비슷해진 것은 대개 소전 이후임.
62) 주방포(朱芳圃) ≪은주문자석총 殷周文字釋叢≫ ; 古人以心爲形之主, 心安則形靜, 故金文增心爲義符.
63) 유종원(柳宗元) <포사자설 捕蛇者說> ; 雖鷄狗不得寧焉.
64) ≪한서 漢書≫<애제기 哀帝記> ; 父母喪, 予寧三年.
65) ≪시경 詩經≫<주남·갈담 周南·葛覃> ; 歸寧父母.
66) ≪사기 史記≫<진섭세가 陳涉世家> ; 王侯將相寧有種乎.

리'로도 쓰인다. "차라리[寧] 상강에 뛰어들어, 물고기 먹이가 되리라"[67]는 예가 이것이다. 다만, 이때는 모두 현대중국어에 닝(nìng)으로 음이 바뀌는 점 주의해야 한다.

현대중국어의 간체자 녕(宁)은 고대한어의 저(宁) 자와 자형이 동화되었을 뿐 서로 무관한, 다른 글자이다. 저(宁)는 '저장하다', 혹은 '저축한다'는 뜻으로, 저(貯)나 저(佇)로도 쓰인다.

寧 h*	*녕*	*níng*	*편안하다. 안녕하다.<녕寍과 이체자>*
*寧**	*녕*	*nìng*	*차라리.*
聹	녕	níng	귀에지.
嚀	녕	níng	재삼 부탁하다. 신신 당부하다.
螧	녕	níng	참새우.
檸	녕	níng	레몬.
獰	녕	níng	흉악하다. 사납다.
薴	녕	níng	리모닌limonene. 어지러워지다.
濘	녕	nìng	진창. 진흙탕.

보배 보(寶)

①갑골문	②금문	③소전	④해서	⑤간체자
			寶	宝

①은 집[宀>冂>冂>宀] 안에 조개[貝>貝>貝>貝]와 옥[王>王>王>王<玉]이 있다. 모두 소중한 것으로서 보배[寶]의 회의자이다. ②는 ①에다 공이[午>午>午]와 절구[凵>凵>凵]의 부(午+凵=缶) 자를 음겹으로 더하여, 안음 부[缶] 겉뜻 보배[宝貝]의 형성자[寶>寶>寶]로 바뀐 것이다. ③과 ④는 ②가 정형화한 것이며, ⑤는 구성소의 일부만 쓴 초서를 간체자 삼은 것으로, 집[宀]안에 옥(玉)을 둔, 새 회의자이기도 하다.

보(寶)의 본래 뜻은 '보배'이다. "하늘은 운행에 인색하지 않으며, 땅은 보배[寶]에 인색하지 않으며, 사람은 인정에 인색하지 않다"[68]는 예가 이것이다. 귀중한 것이라는 데서 널리 '보옥'을 가리킨다. "왕은 옥 감정가에게 그 원석의 옥을 감정케하여 보옥[寶]을 얻었다."[69]는 예가 이것이다. '보옥'이라는 데서 다시 '귀하게 여긴다'로 쓰인다. "주옥을 귀하게 여기는[寶] 사람은 반드시 자신에게 재앙이 미치게 할 것이다"[70]라는 예가 이것이다. '귀하게 여긴다'는

67) ≪초사 楚辭≫<어부 漁父> ; 寧赴湘流, 葬於江魚之腹中.
68) ≪예기 禮記≫<예운 禮運> ; 天不愛其道, 地不愛其寶, 人不愛其情.
69) ≪한비자 韓非子≫<화씨 和氏> ; 王乃使玉人理其璞而得寶焉.

데서 널리 '화폐'를 가리킨다. 원보(元寶)니 통보(通寶)니 하는 예가 이것이다. 귀한 성품이란 데서 '덕'을 가리키기도 한다. "덕[寶]을 지니고서 사회가 혼란함을 버려 둔다면 어진 이라 할 수 있겠는가?"[71]라는 예가 이것이다.

보권(寶眷)이란 편지에 쓰이던 말이다. '고귀한 권속들'이라는 데서 '당신의 가족들', 혹은 '댁내'에 해당하는 경칭이다.

缶	부	fǒu	장군[질그릇].
缹	부	fǒu	끓이다. 삶다.
寶 [h]	*보*	*bǎo*	*보물. 보배.*

37. 촌(寸) 부

마디 촌(寸)

①갑골문	②금문	③소전	④해서
			寸

②는 손[[illegible]>又>寸]의 손목에 작은 가로획[丿>一>丶]을 그어, 그곳이 인체의 리듬을 헤아리는 법도 삼는 동맥의 맥박[[illegible]>[illegible]>寸]이 뛰는 곳임을 가리킨 상형자이다. ③은 ②와 자형이 같으며, ④는 이들이 정형화한 것이다.

촌(寸)의 본래 뜻은 '맥박'이다. "왼쪽 맥박[寸]에 힘이 없으면, 심장 기능이 이미 약해진 것이다"[1]라는 예가 이것이다. 맥박이라는 데서 널리 길이의 단위로서 '마디'를 가리킨다. "촌(寸)이란 10푼의 길이이다. 사람 손에서 1마디(寸) 떨어진 손목 동맥이 있는 곳을 촌구(寸口)라 한다"[2]는 예가 이것이다. 한 마디는 짧은 길이이므로, 널리 '짧다', 혹은 '조그맣다'로 쓰인다. "누가 말하였을까? 짧은[寸] 풀 같은 마음이, 봄철 석 달 햇빛에 보답할 수 있으리라고?"[3] 할 때, 짧은 풀[寸草]이란 자식을 이에 비유한 것이다.

---

70) ≪맹자 孟子≫<진심·하 盡心·下> ; 寶珠玉者, 殃必及身.
71) ≪논어 論語≫<양화 陽貨> ; 懷其寶而迷其邦, 可謂仁乎.

1) ≪홍루몽 紅樓夢≫<83회 八十三回> ; 左寸無力, 心氣已衰.
2) ≪설문해자 說文解字≫<촌부 寸部> ; 寸, 十分也, 人手却一寸動脈謂之寸口.

촌(寸)은 부수자이다. 촌(寸)을 구성소로 하는 글자는 손, 혹은 법도와 관련이 있다. 절 사(寺), 마주하다 대(對), 봉하다 봉(封), 지키다 수(守), 높이다 존(尊) 등이 이것이다.

寸 ⓜ 촌 cùn 마디.

村 ⓜ 촌 cūn 마을. 동네. 촌락. 시골.
刌 촌 cǔn 베다. 자르다.
忖 촌 cǔn 헤아리다. 미루어 생각하다.

봉하다 봉(封)

①갑골문	②금문	③소전	④해서
			封

①은 오른편의 손[<又]으로, 왼편 위 나무[>>>土]의 아래에다 흙[>>土>土]을 돋우어준다[>>>封]는 뜻의 회의자이다. ②는 ①의 오른편 손[<又]이 손을 뻗은 사람[]으로 변형되었을 뿐 구성소가 ①과 비슷하며, ③은 ①의 오른편 손[<又], 혹은 ②의 오른편 사람[]이 '법도로서의 손[>寸]'으로 잘못 변하였으며, ④는 ③이 정형화한 것이나, ③의 왼편 위 나무[]가 흙[土]으로 잘못 변형된 것이다.

봉(封)의 본래 뜻은 '흙을 북돋운다'이다. "감히 이 나무를 북돋우며[封] 가꾸지 않으랴?"[4] 라는 예가 이것이다. 밭의 흙을 북돋운다는 데서 '봉분'이나 '봉분을 쌓음'을 가리킨다. "효 땅에서 전사한 장병의 시신에 봉분을 쌓고[封] 돌아왔다"[5]는 예가 이것이다. 흙을 돋운다는 데서 다시 널리 '토지'나 '작위를 수여함'을 가리킨다. "살아생전에 일 만 가구의 제후를 수여 받음도[封] 쓸모 없다"[6]는 예가 이것이다. 수여 받은 토지라는 데서 다시 널리 '제후의 영지'를 가리킨다. "영지[封] 2천 가구를 더하였다"[7]는 예가 이것이다. 영지라는 데서 널리 '경계'를 가리킨다. "사물에 경계[封]가 있다고 여기되, 아직 시비를 가리기 시작하지는 않았음은, 또 이 보다 못 한 것이다"[8]라는 예가 이것이다. 경계라는 데서 널리 '봉하다'로 쓰인다. "편지는 이미 봉하였으나[封], 사신에게 건네지 못 한 채, 진의 시황제가 죽었다"[9]는 예가

3) 맹교(孟郊) <유자음 游子吟> ; 誰言寸草心, 報得三春暉.
4) ≪좌전 左傳≫<소공2년 昭公二年> ; 敢不封殖此樹.
5) ≪좌전 左傳≫<문공3년 文公三年> ; 封殽尸而還.
6) 이백(李白) <상한형주서 上韓荊州書> ; 生不用封萬戶侯.
7) ≪사기 史記≫<소상국세가 蕭相國世家> ; 益封二千戶.
8) ≪장자 莊子≫<제물론 齊物論> ; 其次以爲有封焉, 而未始有是非也.
9) ≪사기 史記≫<이사열전 李斯列傳> ; 書已封, 未授使者, 始皇崩.

이것이다. 편지를 '봉하다'는 데서 널리 '수를 헤아리는 단위'로 쓰인다. "한 통[封] 편지[10]"라는 예가 이것이다.

봉(封)의 왼곁은 규(圭) 자와 쓰임이 같으므로, 토[土] 자를 각각 내려써야 한다. 추(隹)의 오른편을 쓸 때처럼 세로획을 한꺼번에 내려 그으면 안 되는 점 주의해야 한다.

封 [h] 봉 fēng 봉하다.

葑* 봉 fēng 순무우.
葑* 봉 fèng 줄뿌리.
幇 방 bāng 돕다

높이다 존(尊)

①갑골문	②금문	③소전	④해서
			尊

①은 위는 술항아리[>酉]이며, 아래는 이를 두 손[<廾]으로 나란히 받쳐들고 바치므로 공경한다[>>>尊]는 뜻의 회의자이다. ②는 ①과 자형이 같으나, 다만 술병의 무늬[]가 더하였을 뿐이다. ③은 항아리[] 위에 술 향기를 상징하는 두 개의 삐침[八]을 더하여 항아리에 가득한 술[>酋]을 나타낸 것이다. ④는 ③이 정형화한 것이나, 나란히 놓은 손[]이 촌(寸)으로 잘못 변형되었다.

존(尊)의 본래 뜻은 '공경한다'이다. "예의란 자신을 낮추고 남을 공경하는[尊] 것이다"[11]라는 예가 이것이다. 공경한다는 데서 널리 '높인다'거나 '중히 여긴다'로 쓰인다. "진나라 시황은 몽씨를 중히 여기며[尊] 대우하였다"[12]는 예가 이것이다. 중히 여긴다는 데서 다시 널리 '고귀함'을 가리킨다. "처음 나는 맹자의 책을 읽고 난 다음 공자의 도리가 고귀함[尊]을 알았다"[13]는 예가 이것이다. 고귀하다는 데서 널리 '고귀한 대상의 수를 헤아리는 단위'로도 쓰인다. "오백 분[尊]의 신상(五百尊神像)"이라는 예가 이것이다.

존공(尊公)이란 타인의 아버지에 대한 존칭이다. "당연히 춘부장[尊公]을 위하여 훌륭한 전기를 지어야지"[14]라는 예가 이것이다. 영존(令尊)이라 불리기도 한다.

---

10) 현대한어(現代漢語) ; 一封信.
11) ≪예기 禮記≫<곡례 曲禮> ; 禮者自卑而尊人.
12) ≪사기 史記≫<몽념열전 蒙恬列傳> ; 始皇尊寵蒙氏
13) 한유(韓愈)<순자를 읽고 讀荀> ; 始吾讀孟軻書, 然後知孔子之道尊.
14) ≪진서 晉書≫<진수전 陳壽傳> ; 當爲尊公作佳傳.

존(尊)은 술항아리를 바쳐 공경한다는 데서 널리 그 '술항아리'를 가리키기도 한다. "술이요, 술이요, 향기가 술항아리[尊]에 가득하오"[15]라는 예가 이것이다. 다만 이 뜻으로는 후대에 준(樽)자를 분화시켜 썼으므로, 역시 '준'이라 읽는 점 주의해야 한다.

尊 *m* *존* *zūn* *지위가 높다.*

遵	h	준	zūn	따르다. 지키다.
樽		준	zūn	술통.
鐏		준	zūn	창고의 고리. 창의 물미.
鱒		준	zūn	송어.
僔		준	zǔn	모이다.
撙		준	zǔn	누르다. 절약하다.
噂		준	zǔn	수군거리다. 뒷공론을 하다.

38. 소(小) 부

작다 소(小)

①갑골문	②금문	③소전	④해서

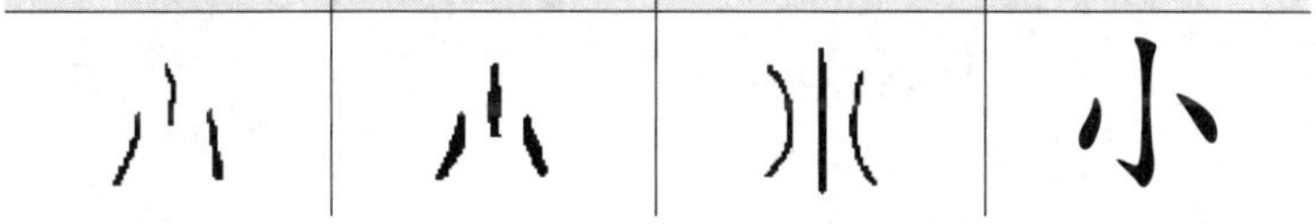

①은 곡식이나 모래, 혹은 빗방울처럼 흩어진 작은 물건[丷]들로, 크기가 작다[丷>小>小>小]는 뜻의 지사자이다. ②는 ①과 자형이 같고, ③은 긴 물건[丨]을 가운데 두고 이를 양편에서 나누어 작아진다[八]는 뜻으로 변형된 자형이다. ④는 ③이 정형화한 것이다.

소(小)의 본래 뜻은 '작다'이다. "이는 말은 비록 작지만[小], 큰 이치를 이야기할 수 있다"[1]거나 "태산에 오르면 천하를 작다 여겼다[小]"[2]는 예가 이것이다. 작다는 데서 널리 '어리다'로 쓰인다. "어린[小] 시절 죽마를 타던 일 생각난다"[3]는 예가 이것이다. 작다는 데서 길이가 '짧다'로도 쓰인다. "씽씽매미는 봄, 가을이 있는 줄을 모를 것이, 수명이 짧기[小] 때문이다"[4]

---

15) 원진(元稹) <유주 有酒> ; 有酒有酒香滿尊.

1) ≪사기 史記≫<이장군열전 李將軍列傳> ; 此言雖小, 可以論大也.
2) ≪맹자 孟子≫<진심·상 盡心·上> ; 登太山而小天下.
3) 무명씨(無名氏·宋) <장협장원 張協狀元> ; 記得小年騎竹馬.

라는 예가 이것이다.

소(小)는 대(大)와 상대되는 말로서, 대소(大小)라고 하면, 크고 작음을 비교한 데서 '크기'를 가리킨 것이다. 또, 대(大)가 양의 기운을 상징하는 데 반하여 음의 기운을 상징하기도 한다. "음의 기운[小]이 물러가면 양의 기운이 들어선다"[5]는 예가 이것이다.

小 [m] 소 xiǎo 작다.

少* [m] 소 shǎo 적다.
少* [m] 소 shào 젊다. 어리다.
肖 [h] 초 xiào 닮다. 본뜨다.

宵 소 xiāo 밤.
銷 소 xiāo 녹이다.
消 [m] 소 xiāo 사라지다.
霄 소 xiāo 구름. 진눈깨비.
沙* [h] 사 shā 모래.
沙* 사 shà 까부르다. 체로 치다.
哨 초 shào 망보다.
稍* 초 shāo 조금. 잠깐.
稍* 초 shào 열중하면서 잠시.
削* 삭 xiāo 껍질을 벗기다.
削* [h] 삭 xuē 삭감하다. 깍다. 약탈하다.
趙 조 zhào 성 이름.
秒 [h] 초 miǎo 시간 단위. 까끄라기.
妙 [m] 묘 miào 아름답다. 절묘하다.

抄 사 sā 만지다. 마사지[摩挲māsā, 혹은 mósuō]하다.
桫 사 suō 사라 나무 이름.
痧 사 shā 콜레라. 일사병. 장염. 홍역.
鯊 사 shā 모래무지. 상어. 문절망둑.

---

4) ≪장자 莊子≫<소요유 逍遙游> ; 蟪蛄不知春秋, 此小年也.
5) ≪역경 易經≫<태괘 泰卦> ; 小去大來.

39. 시(尸) 부

주검 시(尸)

①갑골문	②금문	③소전	④해서a	④해서b	⑤간체자
		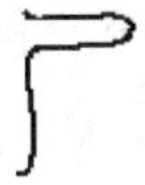	尸	屍	尸

"잘 때는 사지를 뻗지[尸] 않는다"[6] 할 때의 시(尸) 자이다. 잘 때는 사지를 뻗는 것이 아니라 모로 누워 다리를 구부린다는 말이다. ①은 왼쪽을 향하여 앉은 사람으로, 신위에 앉은 시동[>尸]을 그린 것이므로 상형자이다. 시동이란 제사지낼 때 신위에 앉아 죽은 사람을 대신하여 제수음식을 누리는 동자를 가리킨다. 후세의 위패나 지방은 이 시동의 역할을 대신한 것이다. ②는 ①과 대체로 같으며, ③은 손과 머리가 구분되지 않아 앉은 사람임을 알기가 쉽지 않다. ④a는 주로 다른 자의 구성소이거나, 간소한 형태의 홑자일 때의 자형이며, ④b는 시(尸) 자 안에 뜻결 사(死)를 더하여 회화성의 상실을 보완하여 '주검'의 뜻을 부각시킨 자형이다. ⑤는 간체자로, 해서체의 간이형을 회복한 것이나 '주검'의 뜻임을 알기가 쉽지 않다.

시(尸)의 본래 뜻은 '주검'이다. "진나라 병사의 주검[尸]을 머리만 베어 모아 봉분을 쌓았다"[7]는 예가 이것이다. 시위(尸位)란 '지위에 있으면서 직분을 다하지 않음'을 '자리만 차지한 시신'으로 비유한 것이다. "태강은 시체 같이 자리만 차지하였다[尸位]"[8]는 예가 이것이다.

시(尸)는 부수자이다. 이를 구성소로 하는 글자는 모두 사람, 또는 둔부와 관련이 있다. 꼬리 미(尾), 오줌 뇨(尿), 똥 시(屎) 등이 이것이다.

尸 시 shī 주검. 시체.

鳲 시 shī 뻐꾸기. 뻐꾹새.

---

6) ≪논어 論語≫<향당 鄕黨> ; 寢不尸.
본문의 해석에는 상반되는 견해가 있다. 첫째, 갑골문 시(尸) 자가 다리를 굽힌 형상이므로, '불시(不尸)'를 '다리를 굽히지 않는다', 즉 '곳곳이 눕는다'고 풀기도 한다. 둘째, 시신은 다리가 곳곳하므로, '불시(不尸)'를 '곳곳하지 않게', 즉 '모로 누워 다리를 조금 굽힌다'고 푼다. "황간(皇侃)은 사람의 잠자는 법을 들어, '베개를 베고 조금 굽힌다'고 주석하였다. 대개 공자도 '팔을 굽혀 벤다(曲肱而枕)'고 하였으니, 모로 누웠을 것임을 알 수 있다. 지금의 양생가들도 이처럼 주장한다"고 한다.(劉寶楠 ≪論語正義≫(諸子集成本)) 다만, 시(尸)에는 펼친다[展]는 뜻이 있으므로, 여기서는 둘째의 견해를 따랐음.
7) ≪좌전 左傳≫<선공12년 宣公十二年> ; 收晉尸以爲京觀.
8) ≪상서 尚書≫<오자지가 五子之歌> ; 太康尸位.

꼬리 미(尾)

①갑골문	②금문	③소전	④해서
			尾

①은 왼쪽을 향해 엉거주춤 앉은 사람[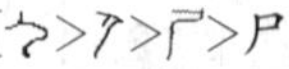]으로, 의복의 엉덩이에 장식용 꼬리[]가 달렸으므로, 꼬리[]를 부각시키고자 한 상형자이다.[9] ②는 사람[]의 허리가 의자에 앉은 듯 다리가 훨씬 꺾였을 뿐, ①과 자형이 비슷하며, ③과 ④는 ①이 정형화한 것이다.

미(尾)의 본래 뜻은 '꼬리'이다. "준마의 꼬리[尾]에 달라붙으면, 천 리를 건넌다"[10]는 예가 이것이다. '꼬리'에서 널리 '끝'으로 쓰인다. "황제가 그 끝[尾]에 크게 서명하였다"[11]는 예가 이것이다. '수미상응(首尾相應)'이란 '머리와 꼬리가 서로 돕는다'는 뜻이다. 뱀이 대가리를 치면 꼬리가, 꼬리를 치면 대가리가, 몸뚱이 중간을 치면 대가리와 꼬리가 함께 나서서 위험을 모면하려 든다는 데서 유래한 말이다. 끝이란 데서 널리 '뒤'로 쓰인다. "외효는 군대를 출동시켜 여러 진영을 뒤[尾]에서 공격하였다"[12]는 예가 이것이다. 꼬리라는 데서 널리 '교미한다'로도 쓰인다. "날짐승과 길짐승이 번식하고 교미한다[尾]"[13]는 예가 이것이다.

'미대부도(尾大不掉)'란 '꼬리가 커서 휘두를 수가 없다'는 말이다. "가지가 크면 반드시 꺾이고, 꼬리가 크면 휘두를 수 없는[尾大不掉] 줄은 군왕도 아시지요"[14]라고, 신무우(申無宇)가 초왕과 나눈 말에 유래한 말이다. 부하가 세력이 강하여 호령하여도 움직이지 않음을 비유한다.

*尾**ⓜ	*미*	*wěi*	*꼬리. 꽁무니.*
*尾**	*미*	*yǐ*	*말총.*
娓	미	wěi	장황하다.
犀	서	xī	코뿔소. 무소.

---

9) 사람에게 꼬리를 그린 것은, 이를 부각시키기 위한 의도 때문이다. 가무나 제사 때에 짐승의 꼬리를 장식하여, 분장한 예에서 유래한 것이다. 원래 꼬리가 있는 개나 돼지의 사실적 꼬리와는 의미가 다르다. 예컨대, 갑골문의 개와 돼지는 배와 꼬리로 서로 구분할 수 있는데, 개는 배가 홀쭉하고 꼬리가 긴 데 반해, 돼지는 상대적으로 배가 불룩하고 꼬리가 좀 짧음.

10) 왕포(王褒·漢) <사자강덕론 四子講德論> ; 附驥尾則涉千里.

11) ≪당서 唐書≫<정건전 鄭虔傳> ; 帝大署其尾.

12) ≪후한서 後漢書≫<잠팽전 岑彭傳> ; (隗)囂出兵尾擊諸營.

13) ≪한서 漢書≫<요전 堯典> ; 鳥獸孳尾.

14) ≪좌전 左傳≫<소공11년 昭公十一年> ; 末大必折, 尾大不掉, 君所知也.

오줌 뇨(尿)

①갑골문	②금문	③소전	④해서
			尿

①은 왼쪽을 향해 엉거주춤 앉은 사람[ᄼ>ᄃ>尸]이며, 점들은 떨어지는 물[⁄>巛>水]이므로, 오줌[ᄼ>尿>尿]을 가리키는 상형자이다. 다만, ③은 꼬리[尾] 부분에서 떨어지는 물[巛>水]임을 나타낸 것이므로, 이를 회의자로 나타낸 것이며, ④는 ③의 꼬리[尾]가 없어지며 사람[尸]으로 정형화한 것이다.

뇨(尿)의 본래 뜻은 '오줌'이다. '당뇨병(糖尿病)'은 '당분이 오줌에 과다하게 녹아 배설되는 병'을 가리킨다. 널리 '오줌눈다'로도 쓰인다. '오줌눈다'는 말은 현대중국어에 "냐오 쒜이(尿尿 niàosuī)"라 하는데, 이는 우리가 '쉬한다'고 하는 것과 같다. 현대중국어에는 기저귀를 '냐오뿌(尿布 niàobù)'라고 하나, '쒜이뿌(尿布 suībù)'라고도 하는 것도 이 때문이다. 다만, 속음이므로, 뇨(尿)의 한자음을 우리가 구분해서 써야 하는 것은 아니다.

*尿** 뇨 *niào* 오줌.
*尿** 뇨 *suī* 오줌.

똥 시(屎)

①갑골문	②금문	③소전	④해서
			屎

①은 왼쪽을 향해 엉거주춤 앉은 사람[ᄼ>ᄀ>ᄃ>尸]이며, 둔부 아래 점들은 배설물[⁖]이므로 똥[ᄼ>屎>屎>屎]을 가리키는 상형자이다. 다만, ②는 앉은 사람 둔부 아래 배설물[⁖]이 쌀[米>米>米]로 잘못 변형, 이미 회의 겸 형성자로 바뀐 자형이다. ③은 ②를 정리한 것이며, ④는 ③이 정형화한 것이다.

시(屎)의 본래 뜻은 '똥'이다. "개란 정말 똥[屎] 먹는 습관 못 고쳐"15)라는 예가 이것이다. 하찮은 것들을 널리 가리켜 쓰이기도 한다. "도리란 똥[屎]과 오줌에 있다"16)는 예가 이것이

15) ≪아녀영웅전 兒女英雄傳≫<31회 卅一回> ; 狗可改不了吃屎.
16) ≪장자 莊子≫<지북유 知北遊> ; 道在屎溺.

다. 널리 '시시하다'는 뜻으로도 쓰인다. "요즘은 졸렬한 시를 조롱하여 시시한[屎] 시라 한다"[17]는 예가 이것이다. 입에 올리기를 꺼려 피해 쓰는 때도 있다. 예컨대, "살[矢]을 세 번 놓았습니다"[18] 할 때 살[矢]이란 '똥'을 은어화 한 것으로, 자음이 비슷하여 대신 쓴 것이다.

전히(殿屎)란 '신음한다'는 뜻이다. "민중들이 한창 신음한다[殿屎]"[19]는 예가 이것이다. 신음소리의 의성어로서, 머지않아 '점히(唸吚)'라 쓰이므로,[20] 이때 히(屎)는 현대중국어에 '시(xī)'라 읽는 점 주의해야 한다.

屎　시　shǐ　　똥. 대변.*
屎　히　xī　　아파서 끙끙거리다.*

40. 산(山) 부

뫼 산(山)

①갑골문	②금문	③소전	④해서
			山

②는 편평한 바닥선 위에 봉우리가 셋인 산(山>山>山)의 상형자이다. 갑골문에는 바닥선이 밑으로 뾰족하게 휜 화(火>火) 자만 보일 뿐, 산(山)은 아직 발견되지 않았다. ③은 ②의 그림이 획으로 변한 것이며, ④는 이들이 정형화한 것이다.

산(山)의 본래 뜻은 '높은 산'이다. "산[山]중 왕을 부리며, 어린애 장난을 한다"[1]는 예가 이것이며, 산중 왕[山君]이란 호랑이의 별명이다.

산두(山斗)란 태산(泰山)과 북두칠성(北斗七星)의 준말이다. "태산과 북두칠성[山斗]으로서 오래 숭상하였다"[2]는 예가 이것으로, 갖춘 덕이 높아 지향하는 바 표지가 될 만한 데에 대한 비유이다.

---

17) 적호(翟灝) ≪통속편·예술 通俗篇·藝術≫ ; 今嘲惡詩曰屎詩.
18) ≪사기 史記≫<염파전 廉頗傳> ; 三遺矢矣.
19) ≪시경(詩經≫<대아·판 大雅·板> ; 民之方殿屎.
20) ≪설문해자 說文解字≫<구부·점 口部·唸> ; ≪詩≫曰, 民之方唸吚.

1) 황경인(黃景仁) <권호행 圈虎行> ; 役使山君作兒戲.
2) ≪요재지이 聊齋志異≫<청풍 青風> ; 久仰山斗.

산(山)은 부수자이다. 이를 구성소로 하는 글자는 모두 산과 관련이 있다. 높다 숭(嵩), 높이다 숭(崇), 크다 준(峻), 높다 외(巍) 등이 이것이다.

山 〔m〕 *산 shān 산.*

疝	산	shàn	허리 또는 아랫배가 아픈 병.
訕	산	shàn	헐뜯다.
汕	산	shàn	통발. 물고기가 헤엄치는 모양.
仙 〔m〕	선	xiān	신선. 비범한 사람.
秈	선	xiān	메벼. 멥쌀.

높다 숭(嵩)

①갑골문	②금문	③소전	④해서
			嵩

②는 위의 산[> >山]이 아래의 높은 성문[> >高] 위에 있어서, '산이 높음[> >嵩]'을 나타내는 회의자이다. ③은 ②와 자형이 같고, ④는 정형화한 것이다.

숭(嵩)의 본래 뜻은 '산이 높다'이다. "예사로이 높은 것에 혹하여 만 길 숭고한 산[嵩]을 소홀히 하고, 눈앞의 치장을 즐기느라 천하의 칭송을 잊는다"[3)]는 예가 이것이다. 산이 높다는 데서 널리 '숭산'을 가리킨다. 숭산은 중국의 5방을 대표하는 산인 5악(五岳) 중, 중악(中岳)에 해당하며, 하남(河南) 성에 있다. 불교 선종(禪宗)과 권술 소림(少林) 파의 발원지인 소림사(少林寺)가 이곳에 있다. 숭산이란 데서, 숭호(嵩呼)란 신하가 황제의 만수무강을 '소리 높여 축원함'을 가리킨다. 한나라 무제가 숭산을 올랐을 때, 무제의 만세를 외치는 소리가 숭산에서 들렸다 하여, 신하가 왕의 만세를 외침을 일컫는 말이다.

숭(嵩)은 위뜻[山] 아래음[松]의 형성자 숭(崧)으로 쓰기도 하므로, 이체자이다. 다만, 숭산(嵩山)의 숭(嵩)은 위뜻[山] 아래음[宗]의 새 형성자 숭(崇)으로 쓰이기도 한다. 숭(崇)은 현대중국어음이 츠옹(崇 chóng)이므로, '높은 산'이라 할 때의 현대중국어음은 츠옹산(崇山 chóngshān)이나, 숭산을 가리킬 때는 숭산의 현대중국어음이 쏭산(嵩山 Sōngshān)이므로, 역시 쏭산(崇山 Sōngshān)이라 읽음이 옳다.

嵩 숭 sōng 산이 그고 높다.

3) ≪삼국지 三國志≫<촉지·진복전 蜀志·秦宓傳> ; 貪尋常之高而忽萬仞之嵩, 樂面前之飾而忘天下之譽.

41. 천(川) 부

내 천(川)

①갑골문	②금문	③소전	④해서
			川

①의 굽이진 선은 내의 물줄기[巛>巛>巛>川]이고, 점은 내의 물결[⁚]이나, 소용돌이를 그린 것이므로, 상형자이다. ②와 ③은 물결[⁚]을 생략하여 간편히 쓴 것이며, ④는 정형화한 자형이다.

천(川)의 본래 뜻은 계곡을 벗어나 '평지를 흐르기 시작한 내'이다. "황하는 동쪽으로 흐르며 온갖 내[川]를 끌어 모은다"[4]는 예가 이것이다. '평지의 내'라는 데서 널리 시내와 높이가 같은 평지, 곧 '벌판'을 가리키기도 한다. "온 벌판[川]의 붉은 잎, 모두가 헤어지는 연인들 눈의 피인 것을"[5]이라 한 예가 이것이다.

천(川)은 부수자이다. 이를 구성소로 하는 글자는 모두 물과 관련이 있다. 고을 주(州), 돌다 순(巡) 등이 이것이다.

川 [m] 천 chuān 내. 하천.

釧		천	chuàn	팔찌.
巡	[h]	순	xún	순찰하다. 순시하다.
紃		순	xún	둥글게 꼰 끈.
順	[m]	순	shùn	순종하다. 복종하다.
訓	[m]	훈	xùn	타이르다. 훈계하다. 가르치다.

고을 주(州)

①갑골문	②금문	③소전	④해서
			州

4) 진의(陳毅) <과태행산서회 過太行山書懷> ; 黃河東流滙百川.
5) 동해원(董解元) <서상기제궁조 西廂記諸宮調> ; 滿川紅葉, 盡是離人眼中血.

①의 굽이진 시내의 물줄기[巛>川] 안에 작은 섬[ㅇ]이 있으므로, 강 속의 육지[州>州>州>州]를 가리키는 회의자이다. ②는 ①과 자형이 같고, ③은 물줄기마다 섬표시[州]를 한 점이 다르다. ④는 물줄기 사이의 점으로 섬을 표시한 것이다.

주(州)의 본래 뜻은 '강 속의 섬'이다. "꾸악꾸악 우는 물수리, 강 속 섬[州]에 있구요"[6]라는 예가 이것이다. 섬이란 데서 널리 행정구역 단위로 쓰인다. 한나라이래 삼국시대의 주(州)는 군(郡)보다 크며, 수·당 시대의 주(州)는 이전의 군(郡)에 해당하는 예가 이것이다. 다시 널리 주거단위로도 쓰인다. "2천 5백 가구를 주(州)라 하였다"[7]는 예가 이것이다.

주(洲)는 후대에 만들어진 자이다. 한대에 만든 최초의 자전인 ≪설문해자 說文解字≫에 주(洲) 자는 아직 없다. 주(洲)는 뜻이 주(州)와 대개 같으나, 5대주를 말할 때는 주(洲)만 쓰인다. 아세아주를 아주(亞洲), 유럽주를 구주(歐洲), 아프리카주를 비주(非洲)라 한 예가 이것이다. 다만, 중국 국내의 지명 광주(廣州)니 서주(徐州), 정주(鄭州), 유주(柳州) 등의 예에 이를 쓰지는 않는다.

州 [h] *주* *zhōu* *고을.*

洲 주 zhōu 섬.
喌 주 zhōu 구구[닭을 부르는 소리].
詶 수 chóu 대답하다. 응답하다.
酬 수 chóu 갚다. 보수.

42. 공(工) 부

장인 공(工)

①갑골문	②금문	③소전	④해서

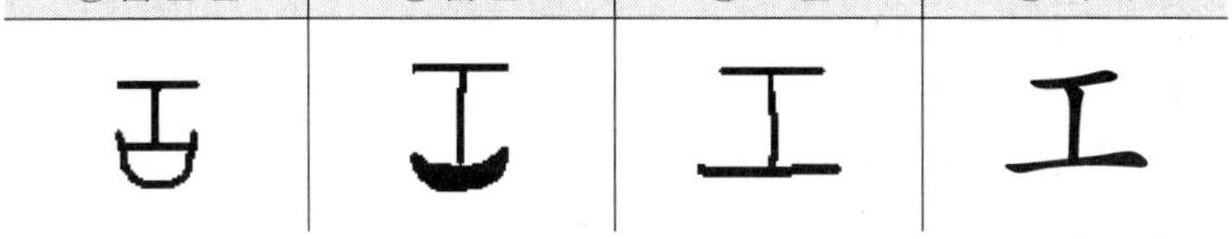

①은 위에 손잡이[一]가 난 자귀[1] 같은 공구[工>工>工>工]이며, 밑에 호선형의 예리한

6) ≪시경 詩經≫<주남 周南>, 關關雎鳩, 在河之州.
7) ≪주례 周禮≫<지관·대사도 地官·大司徒>; 五黨爲州.

1) 나무를 깍아 다듬는 연장의 한가지.

날[ᴗ]이 나 있다. 혹은, 곡자[ㄷ]로 보기도 한다. ②는 ①과 자형이 비슷하며, ③은 자귀의 날[◡]이 가로획[一]으로 변하여 곡자의 형상이 완연하다. ④는 ③이 정형화한 것이다.

공(工)은 본래 뜻이 '공구', 혹은 '수공업'이다. "민중에 장부된 이라면 농업이나 수공업[工]에 힘써야 한다"[2]는 예가 이것이다. 널리 그러한 사람, 곧 '장인'을 가리킨다. "산에 나무가 있어, 장인[工]이 이를 재량하였다"[3]는 예가 이것이다. 널리 장인의 '기교'를 가리킨다. "양웅과 사마상여는 기교[工]가 같으나 풍격은 다르다"[4]는 예가 이것이다. 기교라는 데서 널리 '뛰어나다'로 쓰인다. "순임금은 사람을 부리는 데 뛰어났다[工]"[5]는 예가 이것이다. 연장을 다룬다는 데서 널리 '일'을 가리킨다. 예컨대, 공녀(工女)란 뽕 따며 누에 길러 베 짜기를 일삼던 부녀자를 가리키는 말이다. "늦봄 갓 매화꽃 지자, 베짜기 아낙[工女]은 누에 일 시작한다"[6]는 예가 이것이다.

공(工)은 부수자이다. 이를 구성소로 하는 글자는 모두 공구나 기능과 관련이 있다. 크다 거(巨), 공교롭다 교(巧), 법 식(式) 등이 이것이다.

工 [m] 공 gōng 장인. 일꾼.

功 [m] 공 gōng 공로. 공훈. 공적.
攻 [h] 공 gōng 공격하다.
貢 [h] 공 gòng 조공하다.
空* [m] 공 kōng 속이 텅 비다.
空* 공 kòng 비우다.
邛 공 qióng 지명에 쓰이는 글자.
釭 강 gāng 등잔. 등잔불.
扛* 강 gāng 들다.
扛* 강 káng 어깨에 메다.
矼 강 gāng 징검다리. 돌다리.
杠* 강 gāng 작은 다리. 깃대.
杠* 공 gàng <굵은 막대기의 공槓의 간체자>
江 [m] 강 jiāng 강. 양자강.
豇 강 jiāng 광저기. 강두.
肛 항 gāng 항문.
缸 항 gāng 항아리.
項 [h] 항 xiàng 가지. 조목.

---

2) ≪사기 史記≫<秦始皇本紀> ; 百姓當家, 則力農工.
3) ≪左傳 좌전≫<은공11년 隱公十一年> ; 山有木, 工則度之.
4) 한유(韓愈) <進學解 진학해> ; (揚雄)子雲(司馬)相如, 同工異曲.
5) ≪한시외전 韓詩外傳≫<2권 卷二> ; 舜工於使人.
6) 포조(鮑照) <영채상(咏采桑)> ; 季春梅始落, 工女始蠶作.

紅*ⓜ 홍 hóng 붉다. 빨갛다.
紅* 공 gōng 베짜는 여자.
魟 홍 hóng 가오리.
虹* 홍 hóng 무지개. 긴 다리.
虹* 강 jiàng 무지개. 홑자로 쓰인 때의 음.
訌 홍 hòng 분쟁이 일다. 무너지다.

왼 좌(左)

①갑골문	②금문	③소전	④해서
			左

①은 왼 손[[illegible]>[illegible]>[illegible]>𠂇]의 모양을 상형한 것이다. 위는 손가락이고 아래는 팔이므로 '왼손'이라는 뜻의 상형자이다. ②는 손 아래 공구[工>工>工]를 더하여, 일할 때 왼손이 이것을 받들어 '돕는다'[[illegible]>[illegible]>左]는 뜻의 회의 겸 위음 좌([illegible]>[illegible]>[illegible]>𠂇)의 형성자로 변형된 것이다. ③은 ②와 자형이 같고, ④는 ③이 정형화한 것이다.

좌(左)의 본래 뜻은 '돕다'이다. "종사하는 공무를 도울[左] 수 있다"[7]는 예가 이것이다. 다만, 이 뜻은 머지않아 '돕다' 좌(佐)에 분화되고 널리 '왼쪽'을 가리킨다. 태양을 향해 남향하는 북반구의 습관에서 동쪽은 곧 왼쪽에 해당한다. "원제는 처음 강동[江左]을 진압하였다"[8]는 예가 이것이다. 돕는다는 데서 널리 '아래'를 가리킨다. "자기 아래의[左] 모든 관리에게는 가난할수록 더욱 공경하였다"[9]는 예가 이것이다. 아래라는 데서 널리 '강등된다'로 쓰인다. "죄지어 강등되며[左] 임지를 옮기지 않는 사람이 오기란 드물다"[10]는 예가 이것이다. 그밖에 좌(左)는 내개 우(右)와 상대되어 의미를 부여받는다. 우(右)가 찬성함을 나타내면 좌(左)는 반대함을 나타낸다. "천자가 찬성한다면 과인 또한 찬성할 것이며, 그가 반대하면[左] 역시 반대할 것이다[左]"[11]라는 예가 이것이다. 우(右)가 보수적이면 좌(左)는 진보적이다. '좌익(左翼)'이란 말이 이것이다. 특히 전차의 왼쪽 자리를 비워 고귀한 사람이 앉을 수 있게 한 것을 허좌(虛左)라고 한다. "공자 씨는 수레와 기병을 거느리고 왼 자리를 비운[虛左] 채 친히 이문에서 후생을 맞이하였다"[12]는 예가 이것이다.

---

7) ≪묵자 墨子≫<잡수 雜守> ; 可以左守事
8) ≪진서 晉書≫<온교전 溫嶠傳> ; 元帝初鎭江左.
9) ≪사기 史記≫<위기무안후열전 魏其武安侯列傳> ; 諸士在己之左, 愈貧賤, 尤益敬.
10) 유종원(柳宗元) <송이위부경사서 送李渭赴京師序> ; 非有罪左遷者罕至.
11) ≪좌전 左傳≫<양공10년 襄公十年> ; 天子所右, 寡君亦右之, 所左, 亦左之.

좌(左) 자가 구성소로 쓰일 때의 자형은 (𠂇)이며, 이를 구성소로 하는 글자는 모두 손이나 손의 동작과 관계가 있다. 오른 우(右), 있다 유(有), 벗 우(友) 등이 이것이다.

𠂇 좌 zuǒ 왼손.

左 [m] 좌 zuǒ 왼쪽. 동쪽.

佐 [h] 좌 zuǒ 돕다. 보좌관.

크다 거(巨)

①갑골문	②금문	③소전	④해서
		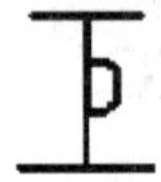	巨

②는 오른곁에 정면을 향해 선 사람[大>大]이 직각을 그리는 공구, 곧 곱자[工>工>巨]를 손에 잡은 모양으로, 곱자[巨]를 가리키는 회의자이다. 사람[大]이 화살[矢]로 바뀌어 ②의 원형을 비교적 잘 간수한 글자가 '곱자' 구(矩)이므로, 구(矩)는 거(巨)와 어원이 같음을 알 수 있다. ③은 ②의 오른곁 사람[大]을 생략한 자형이며, ④는 ③이 정형화한 것이다.

거(巨)의 본래 뜻은 '곱자'이다. "무릇, 곱자[巨]가 엄정하지 않다면, 반듯한 형상은 구할 수 없을 것이다"13) 라는 예가 이것이다. 이는 머지않아 구(矩)에 분화되어 쓰인다. "둥글기는 그림쇠에 부합하고, 모나기는 곱자[矩]에 부합한다"14)는 예가 이것이다. 곱자라는 데서, 기구를 이용해야 측량할 만큼 범위가 '크다'로 쓰인다. "일은 크고[巨] 작은 구분이 없이 저 제갈량이 모두 맡았습니다"15) 라는 예가 이것이다. 크다는 데서 '거칠다'로 쓰인다. "거친[巨] 짚신과 섬세한 짚신이 값이 같다면, 상인이 어떻게 섬세한 짚신을 만들겠는가?"16) 라는 예가 이것이다. 다시 널리 '어찌'라는 의문부사로 쓰인다. "패공이 먼저 관중땅의 군대를 격파하지 않는다면, 공이 어찌[巨] 들어가겠습니까?"17) 라는 예가 이것이다. 이는 머지않아 '어찌' 거(詎)에 분화되어 쓰인다.

巨 [m] 거 jù 크다. 많다. 거칠다.

12) ≪사기 史記≫<신릉군열전 信陵君列傳> ; 公子從車騎, 虛左, 自迎夷門侯生.
13) ≪관자 管子≫<칠신칠주 七臣七主> ; 夫巨不正, 不可以求方.
14) ≪순자 荀子≫<부편 賦篇> ; 圓者中規, 方者中矩.
15) ≪삼국지 三國志≫<촉서 · 제갈량전 蜀書 · 諸葛亮傳> ; 事無巨細, 亮皆專之.
16) ≪맹자 孟子≫<등문공·상 滕文公·上> ; 巨屨小屨同賈, 人豈爲之哉?
17) ≪한서 漢書≫<고제기 · 상 高帝紀 · 上> ; 沛公不先破關中兵, 公巨能入乎?

拒	[h]	거	jù	저항하다. 막다.
炬		거	jù	횃불. 초.
苣		거	jù	상치. 양상치.
粔		거	jù	중배끼[유밀과의 한가지].
秬		거	jù	검은 기장.
距	[h]	거	jù	거리. 간격. 떨어지다.
詎		거	jù	어찌. 어떻게.
鉅		거	jù	크다. 강하다.

43. 건(巾) 부

수건 건(巾)

①갑골문	②금문	③소전	④해서
			巾

①은 천막을 드리운 천, 또는 허리에 찬 수건[巾>巾>巾>巾]의 상형자이다. ② 이하는 ①과 자형이 같다.

건(巾)의 본래 뜻은 드리운 '천'이다. "그 천[巾]막을 깨끗이 한다"[1]는 예가 이것이다. 드리운다는 데서 '천으로 싼다'로 쓰인다. "초나라 왕은 천으로 싸고[巾] 상자에 담아 종묘의 마루 높은 곳에 이 거북을 간수한다"[2]는 예가 이것이다. 천이라는 데서 널리 '수건'을 가리킨다. "손 씻기를 마치면 수건[巾]을 건네 받는다"[3]는 예가 이것이다. 오늘날 스카프를 현대중국어에 링진(領巾 lǐngjīn)'이라 하거나 냅킨을 현대중국어에 찬진(餐巾 cānjīn)이라 하는 것이 모두 이와 같다. 수건이라는 데서 널리 '두건'을 가리킨다. 건괵(巾幗)이란 옛날 부녀자가 쓰던 두건, 혹은 머리장식이므로, 곧잘 부녀자의 별명으로 쓰인다. 아버지 대신 남장하고 종군하였던 전설의 여인 목란(木蘭)을 건괵영웅(巾幗英雄)이라 칭하는 것은 이 때문이다.

건(巾)이 모자를 가리킬 때는 직물로 만든 두건을 가리킨다. 가죽으로 만든 것은 변(弁)이

---

1) 《국어 國語》<주어 周語> ; 淨其巾幕.
2) 《장자 莊子》<추수 秋水> ; 王巾笥而藏之廟堂之上.
3) 《예기 禮記》<내칙 內則> ; 盥卒授巾.

며, 귀족의 예의범절을 갖춘 모자는 면(冕)이다. 이들을 옛날에는 널리 관(冠)이라 하였으며, 오늘날에는 널리 모(帽)라 한다. '모자(帽子)'가 이것이다.

건(巾)은 부수자이다. 건(巾)을 구성소로 하는 글자는 모두 '천'과 관계있다. 천 포(布), 너비 폭(幅), 항상 상(常), 휘장 유(帷), 장막 막(幕), 나부끼다 번(幡) 등이 이것이다. 다만, 빗자루 추(帚), 임금 제(帝) 등에 쓰인 건(巾)은 수건[巾]으로 잘못 변형된 글자일 뿐이다.[4]

巾　건 jīn　수건.

빗자루 추(帚)

①갑골문	②금문	③소전	④해서

"헤진 비[帚]를 어찌 쓰랴만, 그래도 제게는 소중하지"[5] 할 때의 추(帚) 자이다. ①은 솔[彐]이 위로 나고, 아래에 손잡이[木]가 난 빗자루[帚>帚>帚>帚]의 상형자이다. ②는 솔이 묶인 곳을 보이는 가로획[冖>冖]이 첨가되었을 뿐 ①과 자형이 같다. ③은 빗자루의 솔[彐]이 손[彐>ヨ]으로, 손잡이[木]는 수건[巾>巾]으로 각각 잘못 변형한 것이며, ④는 ③이 정형화한 것으로, 이미 빗자루의 모양은 찾기가 쉽지 않다.

추(帚)의 본래 뜻은 '빗자루'이다. "거름 담은 키 위에 빗자루[帚]를 가리듯 얹는다"[6]는 예가 이것이다. 이는 머지 않아 손[扌]으로 빗자루[帚]를 잡고 '쓴다'는 뜻의 회의자 소(掃)를 분화시킨다.

추(箒)는 추(帚)의 이체자이다. 빗자루는 대나무[竹]를 재료로 만들므로 나중에 만들어진 회의 겸 형성자이나, 간체화 이래로는 사용되지 않는다.

帚　추 zhǒu　빗자루.

掃*　소 sǎo　쓸다.
掃*　소 sào　빗자루.
埽　소 sào　쓸다. 털다. 호안공사의 재료.

---

4) 아래 나오는 표제자 추(帚), 제(帝)의 그림을 참조.
5) 육유(陸游) <초하유거 初夏幽居> ; 敝帚何施亦自珍.
6) ≪예기 禮記≫<곡례·상 曲禮·上> ; 加帚於箕上.

임금 제(帝)

①갑골문	②금문	③소전	④해서
	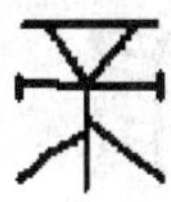		帝

①은 제사 때 불을 피워, 치솟는 불길을 통하여 하늘과 교통하려고 쌓아놓은 장작[米]으로, '천제[米>采>帝>帝]'를 가리키는 지사자이다. 장작이 교차된 곳[冖]임을 나타내는 가로획이 가운데 있다. ②는 ①과 자형이 같다. ③은 장작[帝] 맨 위에 희생물[一]을 상징하는 가로획이 첨가되어 있다. 쌓인 장작의 밑은 이미 잘못 변형되어 건(巾>巾) 자와 동화되어 있으며, ④는 ③이 정형화한 것이다.

제(帝)의 본래 뜻은 '천제'이다. "내 이미 천제[帝]에게 간청한 바 있다"7)는 예가 이것이다. 장작으로 천제를 나타낸 점이 "하늘에 드리는 제사를 '번시(燔柴)'라고 한다"8)는 풍습과 부합한다. 번시(燔柴)란 '장작 태우기'라는 뜻이기 때문이다. 천제에서 널리 지위 높은 '천제들'을 가리킨다. "서쪽 제터를 세우고 서쪽 천제[帝]를 제사지냈다"9)는 예가 이것이다. 천제들이라는 데서 널리 '제왕'으로 쓰인다. "3황5제(三皇五帝)"가 그 예이다.

제실(帝室)이란 '황실 가문'을 가리킨다. "유비 장군은 원래 황실 가문[帝室]의 후손이다"10)라는 예가 이것이다. 황제가 거주하는 곳은 제향(帝鄕)이라 하였다. 수도를 가리키는 말이다.

朿	자	cì	가시. 초목에 나 있는 가시.
帝 [m]	*제*	*dì*	*임금. 하느님. 황제.*
諦	체	dì	살피다. 조사하다.
締	체	dì	끄나풀·교제 따위를 맺다.
啼	제	tí	소리내어 울다.
蹄	제	tí	발굽.
啻	시	chì	다만. 단지. 뿐.

---

7) ≪좌전 左傳≫<희공10년 僖公十年>; 余得請于帝矣.
8) ≪이아 爾雅≫<석천 釋天>; 祭天曰燔柴.
≪예기 禮記≫<제법 祭法>에도 "높고 큰 언덕 위의 제단에 옥과 희생을 놓은 장작을 불사르는 것이 하늘에 드리는 제사이다(燔柴於泰壇, 祭天也.)"라고 하였음.
9) ≪사기 史記≫<봉선서 封禪書>; 作西畤, 祀白帝.
10) ≪삼국지 三國志≫<촉지·제갈량전 蜀志·諸葛亮傳>; 將軍旣帝室之胄.

모자 모(帽)

①갑골문	②금문	③소전	④해서a	④해서b
			冒	帽

②는 위는 모자[⌓>曰]를 형상한 것이다. 모자 아래에 반짝이는 눈[目>目]이 있어, 이 모(>冒)가 모(帽)의 최초의 자형임을 알 수 있다. ③은 눈[目>目] 위의 모자[冃]가 그 자형를 알아보기 어렵다. 해서 ④a는 위는 왈(曰) 자처럼 쓰여져 전혀 모자임을 알 수 없다. 나중에 연기가 나다(冒煙), 사칭하다(冒充), 감기 들다(感冒)에서의 모(冒)로 빌려 쓰이면서 모자를 가리킬 때에는 모(冒)의 왼편에 건(巾)을 더하였다. 건(巾)은 포(布)에 해당하는 옛 글자로 모자가 베로 만든 것임을 나타낸 것이다. ④b는 왼뜻[巾] 오른음[冒]의 새 형성자 모(帽)이다.

모(帽)의 본래 뜻은 '모자'이다. "비단 모자[帽] 작다고 투정하다, 칼을 차게 되었네"[11]라는 예가 이것이다. 머리 위에 쓴다는 데서 '덮는다'로 쓰인다. "붉은 꽃이 푸른 못을 덮었네[帽]"[12]라는 예가 이것이다. 덮는다는 데서 널리 '무릅쓴다'로도 쓰인다. "한 나라의 위엄과 명망을 지닌 이가 위험을 무릅쓰고[帽] 가는 것은 옳지 않다"[13]는 예가 이것이다. 무릅쓴다는 데서 다시 '경솔하다'나 '분별없다'로 쓰인다. "천하의 일을 분별없이[帽] 의논한다"[14]는 예가 이것이다. 분별없다는 데는 '밝지 못 하다'라는 의미가 있고 이 밝지 못 하다는 데서 널리 '사칭한다'거나 '가장한다'로 쓰인다. "이 때문에 위청은 위씨 성을 가장하였다[帽]"[15]는 예가 이것이다.

冒　모　mào　무릎쓰다. 덮다.

帽　모　mào　모자.
媢　모　mào　강새암하다. 질투하다.
瑁　모　mào　서옥. 대모.
曼　만　màn　끌다. 몸이나 동작이 부드럽다.

---

11) ≪홍루몽 紅樓夢≫ ; 因嫌紗帽小, 致使鎖枷扛.
12) 조식(曹植) <공연 公宴> ; 朱華冒綠池.
13) ≪삼국지 三國志≫<촉서 · 왕련전 蜀書 · 王連傳> ; 不宜以一國之望冒險而行.
14) 왕안석(王安石) <상황제만언서 上皇帝萬言書> ; 冒言天下之事.
15) ≪한서 漢書≫<위청전 衛靑傳> ; 故靑冒姓爲衛氏.

44. 간(干) 부

방패 간(干)

①갑골문	②금문	③소전	④해서

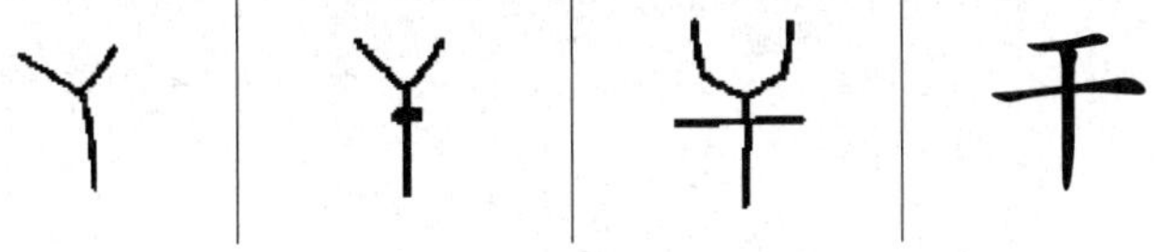

①은 윗 끝이 갈래진 나뭇가지[丫]이며, 짓눌러서 짐승의 습격이나 도주를 막는 꼬챙이[丫>丫>丫>干]의 상형자이다. ②는 자루에 손잡이[-]임을 표시한 응어리가 있을 뿐 ①과 자형이 같다. ③은 쇠스랑 같은 모양에, 응어리가 변형된 가로선[—]이 있으며, ④는 ③의 곡선[∪]이 직선[-]으로 정형화한 것이다.

간(干)의 본래 뜻은 '꼬챙이'이다. "사내아이가 장대꼬챙이[干] 하나를 지니고 양을 쫓는 모양을 그렸다"1)는 예가 이것이다. 꼬챙이란 데서 널리 '찌른다'로 쓰인다. "울음소리 곧바로 하늘 높이 찌른다[干]"2)는 예가 이것이다. 찌른다는 데서 널리 '범한다'로 쓰인다. "어찌 감히 천자의 예를 범하여[干] 죄를 샀는가"3)라는 예가 이것이다. 범한다는 데서 다시 널리 '간섭한다'로도 쓰인다. "세금을 거둠에 거리낌이 없고, 남의 일에 간섭하기[干預] 좋아한다"4)는 예가 이것이다. 간섭한다는 데서 '구한다'로 쓰인다. "자장이란 이름의 제자가 녹봉 구하는[干] 방법을 배웠다"5)는 예가 이것이다. 자신을 구한다는 데서 널리 '방패'로 쓰인다. "방패[干]와 도끼를 들고 춤춘다"6)는 예가 이것이다.

간(干)은 천(千)과 자형이 비슷해서 혼동하기 쉽다. 간(干)은 위가 가로획이고, 대신 천(千)은 위가 삐침인 점은 주의를 요한다. 간체자에서 간(干)은 '줄기' 간(幹)과 '마르다' 건(乾)의 의미를 함께 대신한다. 다만 건(乾)을 대신할 때에는 현대중국어로 '치엔(qián)'으로 읽으며, 건곤(乾坤)이나 건륭(乾隆) 등에 쓰이는 건(乾)은 휘(諱)에 속하는 특이한 쓰임으로서, 간체자 간(干)으로 대신하지 않는 점, 아울러 주의해야 한다. 천간(天干)이라 할 때의 간(干)은 '줄기'의 뜻이므로, 머지않아 간(幹)에 분화된 글자이지만, 여전히 간(干) 만 쓰이며, 지지(地支)라 할 때의 '곁가지' 지(支)에 상대되는 뜻이다. "천간[干]은 지지 없이 홀로 서지를 못

1) ≪신당서 新唐書≫<왕세충전 王世充傳> ; 畵男子持一干驅羊狀.
2) 두보(杜甫) <병거행 兵車行> ; 哭聲直上干雲宵.
3) ≪좌전 左傳≫<문공4년 文公四年> ; 其敢干大禮以自取戾?
4) ≪진서 晉書≫<왕연전 王衍傳> ; 聚斂無厭, 好干預人事.
5) ≪논어 論語≫<위정 爲政> ; 子張學干祿.
6) ≪한비자 韓非子≫<오두 五蠹> ; 執干戚舞.

하고, 지지는 천간 없이 허공에 펴지를 못 한다"[7] 할 때의 간(干)은 '갈래진 몽둥이'를 '근간[幹]'의 뜻으로 쓴 용법이다.

간(干)은 우(于)와 자형이 비슷하여 혼동하기 쉽다. 간(干)은 곤(丨)으로 끝나며, 우(于)는 궐(亅)로 끝난다.

간(干)은 부수자이지만, 이를 구성소로 한다고 하여도, 그 뜻은 그다지 일관되지 않는다. 평평하다 평(平), 다행하다 행(幸), 줄기 간(幹) 등이 모두 이것이다.

干 [m] *간 gān 방패.*
干 간 gàn <줄기 간幹의 간체자>*
干 건 gān <마르다 건乾의 간체자>*

忓 간 gān 방해하다.
肝 [h] 간 gān 간.
玕 간 gān 옥과 비슷한 아름다운 돌.
竿 간 gān 대나무 장대.
矸 간 gān 석탄에 섞여 있는 경제성이 없는 돌맹이.
杆* 간 gān 기둥. 막대. 장대.
杆* 한 gǎn 줄기. 자루. 축.[=한桿]
秆 간 gǎn 식물줄기. 대.
赶 간 gǎn 뒤쫓다. 따라가다.
旰 간 gàn 늦어지다. 저물다.
骭 간 gàn 정강이. 갈비. 늑골.
刊 [h] 간 kān 새기다. 간행하다.
衎 간 kàn 화락한 모양.
奸 간 jiān 간사하다.
舌 [m] 설 shé 혀.
岸 [h] 안 àn 언덕.
訐 알 jié 남의 비밀・약점 따위를 들추어내다.
頇 한 hān 굵다. 멍청하다.
鼾 한 hān 코고는 소리.
邗 한 hán 지명 이름. 나라 이름.
汗* 한 hán 범어 칸khan[可汗]의 준말.
汗* [h] 한 hàn 땀.
旱 [h] 한 hàn 가물다. 가뭄.
釬 한 hàn 땜질하다. 납땜하다.

7) ≪주례 周禮≫<추관・향사 秋官・鄕士> ; 干不獨立, 支不虛設.

閈　　한　hàn　　마을 어귀의 문.
軒 h　헌　xuān　　추녀. 처마. 집. 수레.

해 년(年)

①갑골문	②금문	③소전	④해서
			年

①은 위는 벼[[illegible]>[illegible]>[illegible]>[illegible]]이고 아래는 왼쪽을 향해 선 사람[[illegible]>[illegible]>[illegible]>[illegible]]으로, 수확한 볏단을 베고 묶어 머리나 등에 지고 옮기므로, 수확한다[[illegible]>[illegible]>[illegible]>年]는 뜻의 회의자이다. ②는 ①과 자형이 비슷하며, ③은 ②와 자형이 비슷하나, 등에 벼를 이고 진 ②의 아래 사람[[illegible]]이 이미 천([illegible]<千) 자로 잘못 변형하며, 회의 겸 형성자로 바뀐 것이다. ④는 ③이 정형화한 것이나, 이미 사람[人]이나 벼[禾], 혹은 음결 천(千)의 자형을 알아보기가 쉽지 않다.

년(年)의 본래 뜻은 '수확한다'이다. "오곡이 잘 익어 큰 수확[年]이 있었다"[8]는 예가 이것이다. 널리 수확의 단위 기간으로, 365일 단위의 태양력을 '세(歲)'라 한 데 반하여 354일 단위의 음력 '한 해'를 가리키기도 한다. "동짓달 다 가도록 눈 안 내리니, 한 해 설[年]을 맞아 문득 봄일세"[9] 라는 예가 이것이다. 다시 널리 '나이'를 가리켰다. "이 때 가의의 나이[年]는 스무여 살로, 그중 가장 어렸다"[10]는 예가 이것이다. 나이라는 데서 널리 '세월'을 가리킨다. "운명의 박복함에 한숨짓고, 세월[年]의 어려움을 탄식한다"[11]는 예가 이것이다.

千 m　천　qiān　　일천. 매우 많다. 절대로.

仟　　천　qiān　　일천. 두둑에 난 길.
扦　　천　qiān　　꽂다.
芊　　천　qiān　　무성하다.
釺　　천　qiān　　정. 드릴 로드drillrod.
阡　　천　qiān　　남북으로 난 논밭 길.
年 m　년　nián　　해. 나이.

---

8) ≪곡량전 穀梁傳≫<선공16년 宣公十六年> ; 五穀大熟爲大有年.
9) 진사도(陳師道·宋) <조춘 早春> ; 度臘不成雪, 迎年遽得春.
10) ≪사기 史記≫<가의전 賈誼傳> ; 是時賈生年二十餘, 最爲少.
11) 고명(高明·明) ≪비파기·의창진제 琵琶記·義倉賑濟≫ ; 嗟命薄, 歎年艱.

45. 엄(广) 부

바위집 엄(广)

①갑골문	②금문	③소전	④해서
	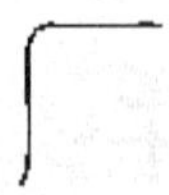		广

갑골문과 금문에는 엄(广) 자가 없다. 다만 금문②에는 한(厂>厂) 자를 실어 엄(广>广)이 아직 분화되기 이전의 자형으로 여겼다. 엄(厂)은 그 아래 들어가 몸을 숨겨 거주할 공간을 낸 언덕의 상형자이다. ③은 언덕을 지붕 삼는다는 데서 용마루[丶]를 상징하는 부호를 첨가한 것이며, ④는 ③을 정형화 한 것이다.

엄(广)의 본래 뜻은 '집'이다. "낭하를 열고 벼랑에 집[广]을 엮었다"[1]는 예가 이것이다.

현대중국어 꾸앙(广 guǎng)은 광(廣)의 간체자로, 엄(广)과는 다른 자이다. 엄(广)은 현대중국어에 홑자로 쓰이지 않으며, 고전을 읽을 때의 현대중국어음은 옌(广 yǎn)이다.

엄(广)은 부수자이다. 이를 구성소로 하는 글자는 모두 집과 관련이 있다. 행랑채 무(廡), 창고 고(庫), 가게 점(店), 사당 묘(廟), 관청 부(府), 뜰 정(庭), 부엌 주(廚), 헛간 창(廠) 등이 그것이다.

广　　엄　ān　　　집. 암자 암庵과 같음.*
广　　엄　yǎn　　 바위집.*

편안하다 강(康)

①갑골문	②금문	③소전	④해서
			康

①은 위는 풍구[庚<庚]이고 아래 점들은 풍구로 키질해낸 쭉정이[∴]이므로, 키질해 낸 겨[康>康>穅>康]라는 뜻의 상형 겸 위음 경(庚<庚)의 형성자이다. ②는 ①과 자형이 비슷하다. ③은 풍구의 좌우 날개[冂]가 양손[𦥑]으로 잘못 변형된 데다, 겨쭉정이[⁞⁞]가 곡식

1) 한회(韓會) <두 시어관을 모시고 상서의 두 절을 유람함 陪杜侍御游湘西兩寺> ; 開廊架崖广.

[米>米]으로 잘못 변형함으로써 회의자가 되었다. ④는 키[干]가 집[广]으로 잘못 변형한 데다, 양손[𦥑]은 자루를 잡은 한 손[⺕]으로 변했으며, 쌀[米]은 수(氺)로 잘못 변형하여 쭉정이를 키질한다는 원래의 자형을 찾을 수가 없다.

강(康)의 본래 뜻은 '겨쭉정이'이다. "낟알이 잘 자라지 못한 것을 쭉정이[康]라 한다"[2]는 예가 이것이다. 머지않아 이 뜻은 왼뜻[禾] 오른음[康]의 새 형성자 강(穅)에 분화되어 쓰이고, 강(康)은 '편안하다'는 뜻으로 빌려 쓰인다. "수년간 온나라가 편안하고[康寧], 돌궐은 물리쳤다"[3]는 예가 이것이다. 편안하다는 데서 널리 '건강하다'로 쓰인다. "몸도 건강해졌고[康], 뜻도 왕성해졌다"[4]는 예가 이것이다. 편안하다는 데서 '넓다'는 뜻으로도 쓰인다. 그래서 5거리며 6거리가 나뉘는 광장을 "강장(康莊)"[5]이라 한다. "제나라 환공이 광장[康莊]을 지나다 영척의 노래가 들려오자, 수레를 멈추고 귀기울여 들었다"[6]는 예가 이것이다. "요임금이 평복하고 4거리 광장[康衢]을 거닐었다"[7]는 예에서는 강구(康衢) 역시 '광장'을 가리킨다. 다만 요임금이 이곳에서 아이들이 부르던 태평성가를 들었다 하여 '4거리 광장의 노래[康衢謠]'를 '태평성대의 노래'라 여긴 것은 강(康)의 '편안하다'는 뜻을 되찾은 것이다.

강(康)의 새 형성자 강(穅)은 머지않아 다시 왼뜻곁을 미(米)로 바꾸어 만든 새 형성자 강(糠)과 함께 쓰였다.[8] 다만 간체화 때는 강(穅)을 이체자로 여겨 폐기하고 쓰지 않는다. "천하던 시절에 사귄 사람은 잊을 수 없고, 가난한 시절[糟糠]을 같이한 아내는 쫓아내지 못 한다"[9]는 예가 이것이다.

庚	경	gēng	일곱째 천간
康 [h]	*강*	*kāng*	*평안하다. 탈이 없다.*
慷	강	kāng	강개하다.
穅	강	kāng	겨. 부스러기.
糠	강	kāng	겨.

---

2) ≪곡량전 穀梁傳≫<양공24년 襄公二十四年>; 四穀不升謂之康.
3) 오긍(吳兢) ≪정관정요·논정체 貞觀政要·論政體≫; 數年間, 海內康寧, 突厥破滅.
4) 백행간(白行簡) <이와전 李娃傳>; 體已康矣, 志已壯矣.
5) ≪이아 爾雅≫<석궁 釋宮>; 五達謂之康, 六達謂之莊.
6) ≪안자춘추 晏子春秋≫<문하·2 問下·二>; 君(齊桓公)過於康莊, 聞寗戚歌, 止車以聽之.
7) ≪열자 列子≫<중니 仲尼>; 堯乃微服游於康衢.
8) ≪설문해자 說文解字≫에는 강(穅) 만 보이며, 강(糠)은 보이지 않음.
9) ≪후한서 後漢書≫<송홍전 宋弘傳>; 貧賤之知不可忘, 糟糠之妻不下堂.

46. 공(廾) 부

두 손으로 받들다 공(廾)

①갑골문	②금문	③소전	④해서

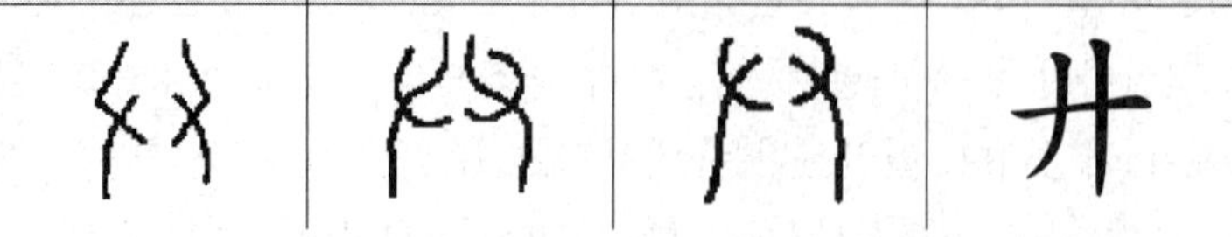

①은 좌우 양 손[>>>六<廾]을 마주 들어 받든다는 뜻의 회의자이다. ②와 ③은 ①과 자형이 같으며, ④는 이들이 정형화한 것이다.

공(廾)은 단독으로는 사용되지 않고 구성소로만 쓰인다. 이를 구성소로 하는 글자는 모두 '손'이나 '동작'과 관련이 있다. 갖추다 구(具), 경계하다 계(戒), 군사 병(兵) 등이 이것이다.

廾　　공　gǒng　　두 손으로 받들다.

47. 궁(弓) 부

활 궁(弓)

①갑골문	②금문	③소전	④해서

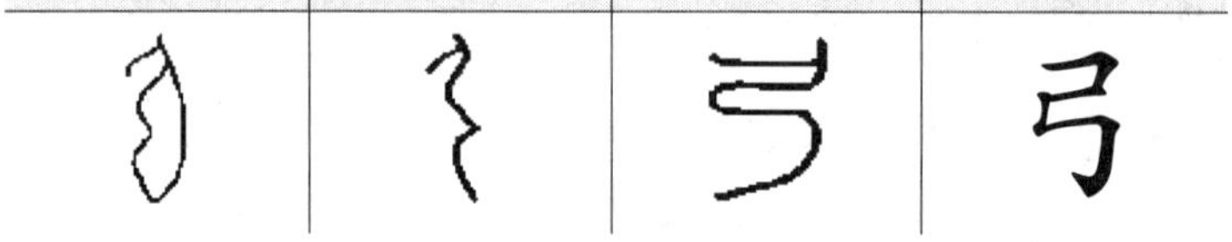

①은 호(弧)에 시위를 먹인 활[]의 상형자이다. ②는 호[>>>弓]만 있고 시위는 벗겨진 활이며, ③과 ④는 ②가 정형화한 것이다.

궁(弓)의 본래 뜻은 '활'이다. "출정군은 활[弓]과 화살을 허리에 차고"[1]라는 예가 이것이다. '활'이라는 데서 널리 '활 만드는 장인'을 가리킨다. "뛰어난 활 만드는 장인[弓]의 자식은 삼태기 짜기부터 배운다"[2]는 예가 이것이다. 다시 널리 '활 모양'을 가리키기도 한다. 옛날

1) 두보(杜甫) <병거행 兵車行> ; 行人弓箭各在腰.
2) ≪예기 禮記≫<학기 學記> ; 良弓之子, 必學爲箕.

전족하던 부녀자의 등 굽은 신을 궁혜(弓鞋)라 하여, “갑자기 수놓인 전족신[弓鞋] 한 쌍을 뒤져내었다”[3]는 예가 그것이다. 무희의 휜 허리를 궁요(弓腰)라 하기도 하여, “노래하던 여인이 웃으며, ‘그대는 내가 궁요(弓腰) 몸짓을 지을 때 못 보았나 보지?’ 하더니, 머리를 뒤로 젖혀 쪽진머리를 땅에 닿게 하니, 허리 모양이 그림쇠 같았다”[4]는 예가 그것이다.

궁(弓)은 부수자로, 이를 구성소로 하는 글자는 모두 활이나 화살과 관계 있다. 활줄 현(弦), 퉁기다 탄(彈), 당기다 장(張), 늦추다 이(弛), 쇠뇌 노(弩) 등이 그것이다.

弓 *m* *궁* *gōng* *활.*

躬	궁	gōng	몸소. 친히.
穹	궁	qióng	하늘. 크다. 깊다.
芎	궁	xiōng	궁궁이.

쏘다 탄(彈)

①갑골문	②금문	③소전	④해서	⑤간체자
			彈	弾

①은 작은 탄환[o]이 활시위[ ]에 장전되어 발사되기를 기다리고 있으므로, ‘탄환을 튕긴다’는 뜻의 지사자이다. ③은 왼뜻[弓>弓] 오른음[單>單]의 새 형성자로 바뀐 자형이며, ④는 ③이 정형화한 것이다. ⑤는 초서를 반영한 간체자이다.

탄(彈)의 본래 뜻은 ‘탄환을 튕긴다’이다. “진나라 영공은 누대로부터 아무에게나 탄환을 튕기고는[彈], 탄환을 피하는 모양을 구경하였다”[5]는 예가 이것이다. 탄환을 튕긴다는 데서 널리 ‘튕긴다’로 쓰이기도 한다. “새로 머리를 감은 이는 꼭 모자를 튕긴다[彈]”[6]는 예가 이것이다. 튕긴다는 데서 널리 악기 등을 ‘탄다’거나, ‘연주’로 쓰인다. “떠나는 이는 아름다운 연주[彈] 듣기, 슬픈 연주[彈]와 같구나”[7]라는 예가 이것이다. 튕긴다는 데서 널리 ‘탄핵한다’로도 쓰인다. ‘지적한다’고 할 때는 탄사(彈射)라고도 하며, “이로움과 폐해를 지적한다[彈射]”[8]는 예가 그것이다. 이상은 모두 현대중국어에도 탄(彈 tán)이라 읽히므로, 음이 우리와 비슷하다.

---

3) 노신(魯迅) ≪조화석습・범애농 朝花夕拾・范愛農≫ ; 忽然翻出一双綉花的弓鞋來.
4) ≪유양잡저 酉陽雜俎≫<낙고기・상 諾皐記・上> ; 歌者笑曰, “如不見我作弓腰乎.” 乃反首, 髻及地, 腰勢如規焉.
5) ≪좌전 左傳≫<선공2년 宣公二年> ; (晉靈公)從臺上彈人, 而觀其避丸也.
6) 굴원(屈原) <어부사 漁父辭> ; 新沐者必彈冠.
7) 가도(賈島) <두 친구와의 고별 辭二知己> ; 離人聞美彈, 亦與哀彈同.
8) ≪삼국지 三國志≫<촉서・맹광전 蜀書・孟光傳> ; 彈射利病.

다만, '탄환을 튕긴다'는 데서 널리 '탄환'을 가리키기도 하는데, 이러한 경우 현대중국어에는 딴(彈 dàn)으로 음이 바뀌는 점 주의해야 한다. 물론 우리 한자음에는 이들을 구분할 필요가 없다. "탄환[彈]을 쏘면 높은 하늘 새들이 끊이고, 술잔을 겨루면 깊은 물 물고기도 취하네"[9]라는 예가 이것이다. '탄환'이란 데서 널리 '새총'을 가리키기도 한다. 화살 대신 탄환을 쏘는 활, 곧 탄환활[彈弓]이니, 새총과 비슷하다. "활은 새총[彈]에서 생겼고, 새총[彈]은 옛날 효자에게서 생겼다"[10]거나, "오른편엔 탄환활[彈]을 끼고, 왼손엔 탄환을 쥐었다"[11]는 예가 이것이다.

음결이 같은 자들의 체계는 구(口) 부의 홑 단(單) 자를 참조.

48. 계(彐) 부

돼지 체(彘)

①갑골문	②금문	③소전	④해서

①은 오른편은 머리를 위로, 꼬리를 아래로, 그리고 배를 왼쪽으로 향한 돼지[豕]이며, 왼편은 음결 시(矢>矢)로, 돼지[彘>彘>彘>彘]를 가리키는 형성자이다. ②는 돼지의 형상은 알아보기 어렵고, 다만 가운데 음부분인 시(矢>矢)를 통하여 ①과 자형이 비슷한 것임을 알 수 있다. ③은 위는 돼지의 머리[彑]이고 아래 양편의 앞뒤 다리[匕 匕] 사이에 가운데 음부분인 시(矢>矢)가 놓여 ①과 자형이 비슷하다. ④는 ③이 정형화한 것이다.

체(彘)의 본래 뜻은 '돼지'이다. "소와 말, 양과 돼지[彘]를 치게 했다"[1]는 예가 이것이다. 돼지를 체(彘)라 한 것은 아마 옛날의 사투리였을 것이다. "돼지[豬]를 관동, 관서 지역에서는 체(彘)라고도 한다"[2]는 예가 이것이다.

---

9) 육구몽(陸龜蒙) <연독 練瀆> ; 彈射盡高鳥, 杯觥醉潛魚.
10) 조엽(趙曄) ≪오월춘추 · 구천음모외전 吳越春秋 · 勾踐陰謀外傳≫ ; 弓生於彈, 彈起古之孝子.
11) ≪전국책 戰國策≫<초책 楚策> ; 右挾彈, 左攝丸.

1) ≪상군서 商君書≫<병수 兵守> ; 使牧牛馬羊彘.
2) 양웅(楊雄) ≪방언 · 8권 方言 · 八卷≫ ; 豬, 關東西或謂之彘.

矢 [h] 시 shǐ 화살. 맹세하다.

彘 체 zhì 돼지.

49. 삼(彡) 부

붉다 동(彤)

①갑골문	②금문	③소전	④해서
			彤

②는 왼편은 단(冃>丹) 자이고 오른편 삼(彡>彡)은 단사가 뿜는 붉은 광채[彤>彤>彤]이므로, 지사자이다. ③은 ②와 자형이 같고, ④는 이들이 정형화한 것이다.

동(彤)의 본래 뜻은 '붉다'이다. "붉은[彤] 활 하나와 붉은[彤] 화살 백 개"[3]라는 한 예가 이것이다. 제후에게 천자가 하사하는 활과 화살이 붉은 빛이므로 동궁(彤弓)이니, 동시(彤矢)니 한 것이다. "잘게 찢긴 복사꽃 물 따라 흐르며, 다시 말없이 노을[彤雲]에 맡긴다"[4] 할 때, 동운(彤雲)이란 '노을'을 가리킨다.

彤 동 tóng 붉다.

북소리 팽(彭)

①갑골문	②금문	③소전	④해서
			彭

①은 왼편은 북[壴>壴>壴>壴]이며, 오른편에는 이를 두드려 울리는 많은 소리[彡>彡>彡>彡]이므로 북소리[彭>彭>彭>彭]라는 회의 겸 오른음 삼(彡)의 형성자이다. ②와 ③은 ①과 자형이 비슷하며, ④는 ③이 정형화한 것이다.

---

3) ≪상서 尙書≫<문후지명 文侯之命> ; 彤弓一, 彤矢百.
4) 조당(曹唐) <소유선시 小游仙詩> ; 細擘桃花逐流水, 更無言語倚彤雲.

팽(彭)의 본래 뜻은 '북소리'이다.[5] 북소리가 울려 퍼진다는 데서 널리 '성대하다'는 뜻으로 쓰인다. "부딪쳐 솟으며 성대히도[彭] 넘실댄다"[6]는 예가 이것이다. 팽팽(彭彭)이란 혈기가 왕성한 모양이다. "네 필 말 건장하게[彭彭] 치닫는다"[7]는 예가 이것이다. 성대하다는 데서 널리 '많다'로도 쓰이나, 이때는 '방방(彭彭)'이라 읽힌다. "오가는 이들 많기도 하다[彭彭]"[8]는 예가 이것이다.

彡	삼	shàn	터럭. 길게 자란 머리 털
*彭**	*팽*	*péng*	*북소리. 성대하다.*
*彭**	*방*	*bāng*	*옹기종기 가다. 많다.*
澎	팽	péng	물 소리. 파도 소리.
蟛	팽	péng	방게.
膨	팽	péng	팽창하다. 부풀다.

50. 척(彳) 부

왼쪽 걸음 척(彳)

①갑골문	②금문	③소전	④해서

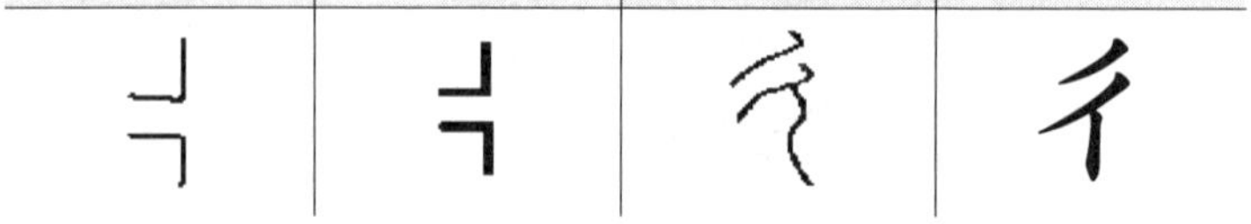

①은 네 갈래 난 길의 상형자인 행(卝>行)의 왼편만을 쓴 것으로, 역시 '길[ᅴ>ᅴ>彳>彳]'을 가리키는 상형자이다. ③은 ②를 예술화한 것이며, ④는 ③을 정형화한 것으로, 마침내 길의 모양을 찾기 어려워졌다.

척(彳)은 거의 홀지로 쓰이지 않는다. 다만, '천천히 선는다'는 뜻으로 '척촉(彳亍)'이라 쓰인 예가 있다. "천천히 한 걸음씩[彳亍] 뗏목에 오른다"[1]는 예가 이것이다.

---

5) ≪집운 集韻≫과 ≪광운 廣韻≫에 '북소리'의 뜻은 '성 이름'과 독음이 같으므로, '팽' 음을 좇았음.
6) ≪한서 漢書≫<사마상여전 司馬相如傳> ; 洶涌彭湃.
7) ≪시경 詩經≫<대아·증민 大雅·烝民> ; 四牡彭彭.
8) ≪시경 詩經≫<제풍·재구 齊風·載驅> ; 行人彭彭.

1) 이지(李贄) <관창 觀漲> ; 彳亍上灘舟.

척(彳)을 구성소로 하는 글자는 '행위' '동작' '움직임' 등과 관련이 있다. 가다 행(行), 부리다 어(御), 무리 도(徒), 옮기다 사(徙) 등이 이것이다.

彳　　척 chì　　왼쪽 걸음.

좇다 종(從)

①갑골문	②금문	③소전	④해서	⑤간체자
		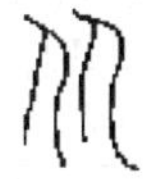	從	从

"같은 무리끼리 서로 좇는다[從]"[2] 할 때의 종(從) 자이다. ①은 나란히 왼쪽을 향한 두 사람[从]으로, 전후에 서서 뒷사람이 앞사람을 따른다[从>从>从>從]는 뜻이므로 회의자이다. ②, ③은 모두 ①과 자형이 같다. ④는 ③의 바탕에, '가다' 착(辵)의 척(彳)과 지(止)를 떼어 썼으므로, 왼뜻[彳+止=辵] 오른음[从]의 회의 겸 형성자로 바뀐 것이며, ⑤는 소전③ 이전의 고체를 회복하여 간체자로 삼은 것이다.

종(從)의 본래 뜻은 '뒤따르다', 혹은 '좇는다'이다. "여우 한 마리는 뼈를 얻자 멈추었으나, 한 마리는 여전히 뒤따랐다[從]"[3]는 예가 이것이다. '뒤따르다'는 데서 널리 '순종하다'로 쓰인다. "도리에 순종할[從] 뿐 임금에게 순종하는[從] 것이 아니고, 정의에 순종할[從] 뿐 부모에게 순종하는[從] 것이 아니다"[4]라는 예가 이것이다. '좇는다'는 데서 널리 '거치다'로 쓰인다. "이 길을 거쳐[從] 우리 군영에 도달하기까지는 20리에 불과하다"[5]는 예가 이것이다. '거치다'는 데서 널리 '부터'로 쓰인다. "진나라 영공은 누대로부터[從] 사람을 쏘고는, 탄환을 피하는 모양을 구경하였다"[6]는 예가 이것이다. '거치다'는 데서 친족의 '4촌'을 가리키기도 한다. 종형(從兄)이란 4촌형을, 종녀(從女)란 4촌형제의 딸, 곧 5촌의 조카딸을, 종부(從父)란 4촌형제의 아버지, 곧 3촌의 '백부'나 '숙부'를 가리키는 예가 이것이다.

널리 '세로'로도 쓰인다. "밭을 가로 세로[從]로 낸다"[7]는 예가 이것이다. 다만 이는 머지않아 종(縱)에 분화되어 쓰이므로 현대중국어에 총(從 cóng)과 구분하여 '쫑(縱 zòng)'과 같이 읽어 이를 구분한다. 다만, 우리 음으로는 차이가 없다.

从　　종 cóng　　따르다 종從의 옛글자.

---

2) ≪장자 莊子≫<어부 漁父> ; 同類相從.
3) 포송령(蒲松齡) ≪요재지이·랑 聊齋志異·狼≫ ; 一狼得骨止, 一狼仍從.
4) ≪순자 荀子≫<자도 子道> ; 從道不從君, 從義不從父.
5) ≪사기 史記≫<항우본기 項羽本紀> ; 從此道至吾軍, 不過二十里耳.
6) ≪좌전 左傳≫<선공2년 宣公二年> ; (晉靈公)從臺上彈人, 而觀其避丸也.
7) ≪시경 詩經≫<제풍·남산 齊風·南山> ; 衡從其畝.

從 [m] 종 cóng 좇다. 따르다. 순종하다.

瑽	종	cōng	짤랑짤랑. 쨍그랑쨍그랑.
樅*	종	cōng	전나무.
樅*	종	zōng	지명에 쓰이는 글자.
蓯	종	cōng	우거지다.
慫	종	sǒng	놀라다. 경악하다. 꼬드기다.
蹤	종	zòng	발자취. 흔적. 종적. 파리가 꾀다.
縱 [h]	종	zòng	세로의. 석방하다. 놓다. 방임하다.
鏦	총	cōng	짧은 창. 창으로 푹 찌르다.
聳	용	sǒng	치솟다. 우뚝솟다.

얻다 득(得)

①갑골문	②금문	③소전	④해서
			得

①은 왼편 위는 입을 연 조개껍데기[[illegible]>[illegible]>[illegible]>貝]이며 오른편 아래는 손[[illegible]>[illegible]]이다. 손으로 귀한 조개를 잡으므로, '얻는다[[illegible]>[illegible]>[illegible]>[illegible]]'는 뜻의 회의자이다. ②는 ①과 같으나, 왼곁에 길[[illegible]>[illegible]>彳]을 더하여 얻은 장소가 길이었음을 나타낸 것이다. ③은 손[[illegible]>又]이 촌([illegible]>寸) 자로 바뀌었을 뿐 구성소가 ②와 같으며,[8] ④는 오른편 위의 조개[[illegible]>貝]가 일(日) 자로 잘못 변하였다.

득(得)의 본래 뜻은 '얻는다'이다. "호랑이 굴에 들어가지 않으면, 호랑이 새끼를 얻지[得] 못한다"[9]는 예가 이것이다. 널리 '옳다'는 뜻으로 쓰인다. "고금의 옳고[得] 그름을 살핀다"[10]는 예가 이것이다. 옳다는 데서 널리 '덕행'을 가리킨다. "덕행[得]을 숭상하고, 현자를 추천하며, 질서를 잃지 않았다"[11]는 예가 이것이다. 다만 이는 머지않아 덕(德)에 분화되어 쓰인다. 얻는다는 데서 다시 널리 '할 수 있다'로 쓰인다. "봄에는 먼지바람을 피할 수[得] 없고, 여름에는 더위를 피할 수[得] 없다"[12]는 예가 이것이다. 근대에 이르며, 할 수 있다는 데서 널리 '해야 한다'로도 쓰인다. "이 사건은 아무래도 네가 가야지[得] 분명하게 하겠구나[得

8) ≪설문해자 說文解字≫에서 득(得) 자의 조개[貝]가 견(見)자 처럼 쓰인 것은 잘못 변형된 자형임.
9) ≪후한서 後漢書≫<반초전 班超傳> ; 不入虎穴, 不得虎子.
10) 반표(班彪) <왕명론 王命論> ; 歷古今之得失.
11) ≪순자 荀子≫<성상 成相> ; (舜)尙得推賢不失序.
12) 조착(晁錯) <논귀속소 論貴粟疏> ; 春不得避風塵, 夏不得避署熱.

]"[13] 할 때의 두 예 가운데 먼저 쓰인 현대중국어 떼이(得 děi)가 이것이다. 나중 쓰인 현대중국어 떠(得 de)는 결과를 '얻는다'는 뜻이지만, 이런 쓰임은 현대에 이르며 뜻이 더욱 약화되고 있다.

得[m] 득 dé　　얻다. 획득하다.
*得** 득 děi　　해야 한다. 할 수 있다.
*得** 득 dè　　동사 뒤에 쓰여 가능을 나타냄.

부리다 어(御)

①갑골문	②금문	③소전	④해서

①과 ②는 왼쪽을 향하여 앉은 사람[[illegible]>[illegible]>[illegible]>卩]이 왼곁의 절구공이[[illegible]>[illegible]>[illegible]>午]를 마음대로 '부린다'[[illegible]>[illegible]>[illegible]>御]는 뜻의 회의 겸 왼음 오(午)의 형성자이다. ③은 '길을 간다'는 뜻의 착(辵) 자가 왼곁의 척([illegible]>彳)과, 가운데 밑의 발[[illegible]>止]로 나뉘어 첨가되어 있으므로, 마부[[illegible]>卩]가 길[[illegible]]을 가느라 채찍 같은 도구[[illegible]>午]를 마음대로 부린다[[illegible]>御]는 뜻의 회의 겸 가운데 위 음 오([illegible]>午)의 형성자가 된 것이다. ④는 ③이 정형화한 것이나, 본래의 그림을 찾기가 쉽지 않다.

어(御)의 본래 뜻은 '부린다', 혹은 '수레를 몬다'이다. "환공이 연못가에서 수렵할 때, 관중은 수레를 몰았다[御]"[14]는 예가 이것이다. 이 때문에 '마부'도 널리 어(御)라 한다. "그의 마부[御]가 자주 뒤를 돌아보았다"[15]는 예가 이것이다. 수레를 몬다는 데서 널리 민중을 통치하는 제왕의 일도 어(御)라 일컬었나. 제왕의 수레를 이기(御駕)라 하거나, 제왕이 지시를 어지(御旨)라 한 예가 이것이다. "내가 갈무리한 좋은 양식으로, 겨울철을 넘기듯[御]"[16] 할 때 어(御)는 '방어한다', 혹은 '꾸려간다'는 뜻이나, '방어한다'는 뜻은 머지않아 어(禦)에 분화되었다.

어(御)와 어(馭), 어(禦) 3자는 쓰임이 비슷하다. 다만, 어(御)는 말을 모는 사람을 위주로 쓰지만, 어(馭)는 말을 모는 동작을 위주로 쓴다. 그리고 '방어한다'로는 옛날 어(御)를 썼지

---

13) ≪홍루몽·94 紅樓夢·94≫ ; (李紈便向平兒道)這件事還是得你去才弄得明白.
14) ≪장자 莊子≫<달생 達生> ; 桓公田于澤, 管仲御.
15) ≪좌전 左傳≫<성공16년 成公十六年> ; 其(鄭成公)御屢顧.
16) ≪시경 詩經≫<패풍·곡풍 邶風·谷風> ; 我有旨蓄, 亦以御冬.

만, 지금은 어(禦)를 쓴다. 더구나, 어(禦)나 어(馭)에는 '섬긴다'는 뜻이 없다.

午	오	wǔ	낮, 일곱째 지지
御 h	*어*	*yù*	*차나 말을 몰다. 부리다.*
禦	어	yù	막다. 저지하다.

덕 덕(德)

①갑골문	②금문	③소전	④해서

①은 왼곁은 길[彳>彳>彳], 오른편은 눈[目>目]과 곧은 시선[丨>十]으로 '곧다' 직(直)이므로, 방정한 행동[徝]을 가리키는 회의 겸 오른음 직(直)의 형성자이다. ②는 시선[丨>十]이 굵어진 데다, 곧은 시선의 눈[直>直>直] 아래 심장[心>心>心]이 더해져, 행동[彳>彳>彳]하는 곧은 마음[悳]으로 뜻이 구체화한 것이다. ③은 ②와 구성소가 비슷하며, ④는 이들이 정형화한 것이다. 덕(德)은 덕(悳)으로도 쓰이며, 이때도 회의 겸 형성자인 점은 변함이 없다.

덕(德)의 본래 뜻은 '도덕'이다. "알지 못하면 묻고, 할 수 없으면 배우며, 할 수 있더라도 사양한 다음이라야 도덕[德]을 갖추게 된다"[17]는 예가 이것이다. 도덕에서 널리 '은덕'으로 쓰인다. "바위에 새기고 비를 세워 진나라의 은덕[德]을 칭송하였다"[18]는 예가 이것이다. 다시 널리 '감격하다'로 쓰인다. "신하가 군주에게 감격하지[德] 않는다"[19]는 예가 이것이다.

덕배(德配)란 '덕행이 짝한다'는 뜻이다. "선생께서는 도덕심[德]이 천지와 짝하시오[配]"[20] 라는 예가 이것이다. 머지않아 널리 '타인의 아내'를 가리키기도 한다. "유씨의 부인[德配]은 시 읊기에 뛰어났다"[21]는 예가 이것이다.

悳	덕	dé	덕德의 옛글자.
德 m	*덕*	*dé*	*덕. 도덕. 품행.*

---

17) ≪순자 荀子≫<비12자 非十二子> ; 不知則問, 不能則學, 雖能必讓, 然後爲德.
18) ≪사기 史記≫<진시황본기 秦始皇本紀> ; 刻石頌秦德.
19) ≪한비자 韓非子≫<외저설・좌하 外儲說・左下> ; 臣不德君.
20) ≪장자 莊子≫<전자방 田子方> ; 夫子德配天地.
21) 정린(程麟·淸) ≪此中人語 차중인어≫ ; 劉君德配工吟咏.

51. 심(心) 부

마음 심(心)

①갑골문	②금문	③소전	④해서
			心

①은 심장[>>>心]을 그린 상형자이다. ②와 ③은 ①과 자형이 비슷하며, ④는 이들이 정형화한 것이다.

심(心)의 본래 뜻은 '심장'이다. "심장[心]은 신체의 혈맥을 주관한다"[1]는 예가 이것이다. 심장은 가슴에 있으므로, 널리 '가슴'을 가리킨다. "추녀도 돌아가자 역시 가슴[心]을 두 손으로 움켜 뜨고 그 마을에서 미간을 찌푸리며 다녔다"[2]는 예가 이것이다. 가슴에서 널리 '마음'으로 쓰인다. "그 사람들 어긋난 마음[心]이 있다면, 나는 미루어 헤아릴 수 있지"[3]라는 예가 이것이다. 마음이란 포괄하는 범위가 넓은 말로서, 사려, 생각, 사상, 관심, 본성 등, 마음의 작용이나 마음에 대한 정의 등을 널리 가리킬 수 있는 말이라는 점은 주의를 해야 한다. 심장은 가슴 한가운데 있는 것으로 알았으므로, 널리 '중심', 혹은 '중앙'으로 쓰인다. "흐르는 물이 강 중심[心]을 돌려놓네"[4]라는 예가 이것이다.

심안(心眼)이란 '내심'이나 '심지'를 가리킨다. "이 말이 또 내심[心眼]을 파고 들어가고 있었다"[5]는 예가 이것이다. 때로는 '식견'이나 '안목'을 가리킨다. "식견[心眼]이 탁월하다"[6]는 예가 이것이다.

심(心)은 부수자이며, 왼곁에 놓이면 심(忄)으로 쓰고, 아래에 쓰이면 심(⺗)으로 쓰이며, 이를 구성소로 하는 글자는 모두 마음과 관련이 있다. 생각하다 상(想), 근심하다 수(愁), 그리워하다 모(慕), 생각하다 념(念), 근심하다 척(惕) 등이 이것이다.

心	*m*	*심*	*xīn*	*심장. 마음.*
伈		심	xǐn	두려워하는 모양.
沁		심	qìn	향기 · 액체 따위가 스며들다.
吣		심	qìn	개가 토하다. 마구 욕질하다.

---

1) ≪소문 素問≫<위론 痿論> ; 心主身之血脈.
2) ≪장자 莊子≫<천운 天運> ; (醜人)歸亦捧心而矉其里.
3) ≪시경 詩經≫<소아 · 교언 小雅 · 巧言> ; 他人有心, 予忖度之.
4) 이백(李白) <송국십소부 送麴十少府> ; 流水折江心.
5) ≪아녀영웅전 兒女英雄傳≫<22회 二十二回> ; 這話又正鑽到心眼里來了.
6) 등춘(鄧椿·宋) ≪화계·9권 畫繼·卷九≫ ; 心眼高妙.

근심하다 척(惕)

①갑골문	②금문	③소전	④해서
			惕

②는 왼곁은 마음[忄>忄>忄<心]이고 오른곁은 도마뱀[易>易>易]이다.[7] 도마뱀은 변색동물이므로, 변화를 마음에 '경계한다[惕>惕>惕]'는 점에서는 회의자이며, 왼뜻[忄] 오른음 역(易)인 점에서는 형성자이므로, 회의 겸 형성자이다. ③은 ②와 자형이 비슷하며, ④는 이들이 정형화한 것이다.

척(惕)의 본래 뜻은 '경계한다', 혹은 '근심한다'이다. "근심하지[惕] 않은 날이 없었으니, 직분을 어찌 감히 잊으리!"[8]라는 예가 이것이다. 척식(惕息)은 '근심하며 한숨짓는다'는 뜻이며, 척척(惕惕)은 '근심이 지나쳐 두려워하는 모양'을 가리킨다. "어찌 제후들의 마음을 두려워[惕惕]하게 하지 않으랴?"[9]라는 예가 이것이다.

易*	이	yì	쉽다.
易*[m]	역	yì	바꾸다.
埸	역	yì	논・밭두둑. 논밭의 경계.
賜 [h]	사	cì	주다. 하사하다
錫	석	xī	주석Sn. 하사하다. 베풀어주다.
剔	척	tī	뼈에서 살을 발라내다.
惕	*척*	*tì*	*근심하다. 근신하다. 주의하다.*
蜴	척	yì	도마뱀.

그리워하다 모(慕)

①갑골문	②금문	③소전	④해서
			慕

②는 위의 막(莫>莫) 자가 이전에 '저문다' 모(莫<暮)로 쓰였던 자이므로 음곁으로 쓰인

7) 역(易) 자는 도마뱀의 머리[日]와 다리・몸통・꼬리[勿]를 상형한 것임.
8) ≪좌전 左傳≫<양공22년 襄公二十二年> ; 無日不惕, 豈敢忘職!
9) ≪국어 國語≫<초어 楚語> ; 豈不使諸侯之心惕惕焉?

것인 데다가, 그리움은 마음[[illegible]]의 작용이므로, 위음[[illegible]>[illegible]>莫] 아래뜻[[illegible]>[illegible]>忄<心]의 형성자이다. ③은 ②와 자형이 같다. ④는 이들이 정형화한 것이다.

모(慕)의 본래 뜻은 '그리워한다', 또는 '사모한다'이다. "사람이 어려서는 부모를 사모한다[慕]"10)는 예가 이것이다. 사모한다에서 널리 '경모한다'로 쓰인다. "인상여의 인간성을 흠모하여[慕] 이름을 상여라 고쳤다"11)는 예가 이것이다.

茻 망 wāng 잡풀 우거지다.

莫*[m] 막 mò 없다. 말다. 하지 말라.
莫* 모 mò 나물. 푸성귀. 저물다. [=모暮]
莫* 맥 mò 고요하다.

膜 막 mó 막. 얇은 껍질.
漠 [h] 막 mò 사막.
瘼 막 mò 질병. 고통
寞 막 mò 쓸쓸하다.
鏌 막 mò 칼 이름.
鄚 막 mào 지명에 쓰이는 글자.
幕 [h] 막 mù 막. 위를 덮는 것.
驀 맥 mò 말을 타다.
模*[h] 모 mó 법도. 본보기.
模* 모 mú 틀. 거푸집.
謨 모 mó 계획. 책략.
摸* 모 mō 어루만지다. 쓰다듬다.
摸* 모 mó 본떠 그리다.
慕 [h] 모 mù 그리워하다. 사모하다.
暮 [m] 모 mù 저물다.
募 [h] 모 mù 널리 구하다. 모집하다.
墓 [h] 묘 mù 무덤. 묘.

10) ≪맹자 孟子≫<만장·상 萬章·上> ; 人少, 則慕父母.
11) ≪사기 史記≫<사마상여열전 司馬相如列傳> ; 慕藺相如之爲人, 更名相如.

매달다 현(懸)

①갑골문	②금문	③소전	④해서	⑤간체자
			懸	悬

"등을 매달고[懸] 채색 띠를 드리웠다"[12] 할 때의 현(懸) 자이다. ②는 왼결의 한 그루 나무[木]에 오른곁으로 동그란 눈을 뜬 낯[首]이 그려진 사람의 머리를 끈[糸>系>系]에 매달았으므로, 교수형을 받은 죄인의 머리를 매단다[縣>縣>縣]는 뜻의 회의자이다. ③은 여전히 머리를 매단다는 회의자이지만, 왼곁은 눈썹이 아래로 향한 머리[県]이고, 오른곁은 매단다[系>系]는 뜻곁으로 바뀐 것이다. ④는 ③에다 밑뜻 마음[心]을 더하여, '마음을 맨다'는 뜻의 위음[縣] 밑뜻[心]인 새 회의 겸 형성자로 바뀐 것이다. ⑤는 초서를 간체자 삼은 것이다.

현(懸)의 본래 뜻은 '매달다'이다. "깊은 물속 물고기 아직 낚시 미끼에 매이지[懸] 않았다"[13]는 예가 이것이다. 널리 '걸다'로도 쓰인다. "높이 걸린[懸] 달에 자신을 비춘다"[14]는 예가 이것이다. '마음에 걸린다'는 뜻으로도 쓰인다. "고향 생각 밤낮으로 염려된다[懸]"[15]는 예가 이것이다. '마음에 걸려 있다'는 데서 널리 '아득히 멀다'는 뜻으로도 쓰인다. "멀리 변방쪽 북녘 구름 바라보며, 아득한[懸] 관산의 눈을 생각한다"[16]는 예가 그것이다. '아득히 멀다'는 데서 널리 '오래 끌며 해결되지 않는다'는 뜻으로도 쓰인다. '해결을 기다리는 안건'을 현안(懸案)이라 말하는 예가 그것이다.

현하(懸河)란 강이 허공에 걸린 듯한 모양에서 '폭포'를 나타낸 말이다. "폭포[懸河]가 계곡에 쏟아지길, 스무여 길"[17]이라 한 예가 그것이다.

縣* h	현	xiàn	지방 행정구역의 단위로, 성 밑에 속함.
縣*	현	xuán	현懸의 옛글자.
懸 h	*현*	*xuán*	*걸다. 매달다.*

---

12) ≪홍루몽 · 71회 紅樓夢 · 七十一回≫ ; 懸燈結彩.
13) 조식(曹植) <구자시표 求自試表> ; 淵魚未懸於鉤餌.
14) 사마상여(司馬相如) <장문부 長門賦> ; 懸明月以自照.
15) 왕무린(汪懋麟 · 淸) <득주 得舟> ; 鄉思日夜懸.
16) 유신(庾信) <영회 咏懷> ; 遙看塞北雲, 懸想關山雪.
17) ≪수경주 水經注≫<청수 淸水> ; 懸河注壑, 二十餘丈.

52. 과(戈) 부

창 과(戈)

①갑골문	②금문	③소전	④해서

①은 끌어당겨 베기 위한 날[ㄱ>ㅡ>—>ㅡ]이 왼쪽으로 나고 아래는 창의 고리[원추형 쇠 덧대임:ㄇ>⌒>ㄏ>ノ]를 단 창[朩>戈]으로 상형자이다. ②는 ①과 자형이 같다. ③은 창자루[ㅣ>ㄏ>ㄟ>ㄟ]가 휘면서 창의 고리[ㄏ]가 잘못 변형되어 창인 줄 알기가 쉽지 않다. ④는 ③이 정형화한 것이다.

과(戈)의 본래 뜻은 '베는 창'이다. "옛날의 병기는 베는 창[戈], 찌르는 창[矛], 활[弓], 화살[矢]뿐이었다"[1]는 예가 이것이다. 과(戈)는 수탉이 머리를 쳐들고 우는 모양을 닮아 한나라 때는 이를 계명(鷄鳴)이라 하였다 하니, 당겨 베기 위하여 자루의 방향에서 꺾여 난 창날의 모양이 자형과 같았음을 알 수 있다.

과(戈)와 익(弋)은 서로 다른 무기이다. 과(戈)는 창이지만, 익(弋)은 화살이기 때문이다. 지방 희극의 하나로서 익양강(弋陽腔)이라는 것이 있다. 이는 익양(弋陽) 현에서 유래하였다고 얻은 이름이다.

과(戈)는 부수자이다. 이를 구성소로 하는 글자는 모두 무기나 격투와 연관이 있다. 창 무(戊), 도끼 월(戉), 경계하다 계(戒), 병장기 융(戎), 싸움 전(戰), 수자리 수(戍) 등이 이것이다.

戈　과 gē　창

划*　화 huá　배를 젓다.
划*　획 huà　<금 긋다 획劃의 간체자>

창 무(戊)

①갑골문	②금문	③소전	④해서

---

1) ≪순자 荀子≫<논병 論兵> ; 古之兵, 戈, 矛, 弓, 矢而已矣.

①은 도끼자루[ ]에 장착된 날이 넓고 목은 가는 도끼[ ]이므로, 상형자이다. ②는 ①과 자형이 같으나, 도끼[ ]를 장착한 자루[ ] 아래에 창의 고리[ ]가 있다. ③은 도끼날[ ]도 아래로 치우치고, 창의 고리[ ]도 너무 강조되어 도끼의 모양이 없어졌다. ④는 ③이 정형화한 것이다.

무(戊)의 본래 뜻은 '목이 날씬한 도끼'이다.[2] 무(戊)는 머지않아 본래 뜻을 척(戚)에 분화시킨 다음, 다섯 번째 천간(天干)으로 빌려 쓰인다. "갑(甲), 을(乙), 병(丙), 정(丁), 무(戊)"의 순서가 이것이다. 천간이 10까지의 서수(序數)로 쓰이면서, 무(戊)는 '다섯 번째', 제 5위를 가리킨다.

무야(戊夜)란, 밤을 5분할 때 다섯째, 곧 5경(五更), 5야(五夜)를 가리키는 말로, 새벽 3시부터 5시까지를 가리킨다. "항상 5경[戊夜]에 이르렀다"[3]는 예가 이것이다. 5경은 지지(地支)로 말하면 인경(寅更)이 되므로, 이 점 혼동하지 않아야 한다. 천간으로 '무야'라고 말한 것은 '밤의 시각 중 다섯 번째'임을 말한 것일 뿐이며, 지지로써 '인경'이라고 말한 것은 다섯 번 째 시각의 고유한 이름을 말한 것이기 때문이다.

戊 m *무* *wù* *창. 10간의 다섯 번째.*

茂 m 무 mào 무성하다. 우거지다.

이루다 성(成)

①갑골문	②금문	③소전	④해서

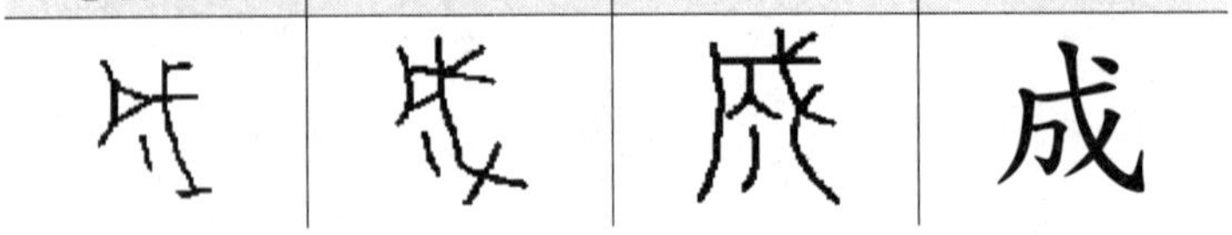

"한 가지 일도 이루지[成] 못 하였는데, 양 귀밑머리 희끗하다"[4] 할 때의 성(成) 자이다. ①은 날이 넓은 도끼[ ] 아래 10[>十]이라는 수가 있어, 도끼를 10자루 묶음으

2) 과(戈)는 창, 익(弋)은 화살임은 이미 과(戈) 자에서 설명하였다. 무(戊)와 이를 구성요소로 쓰는 일련의 글자들은 도끼이다. 도끼를 가리키는 자들로는 월(戉>鉞), 척(戚), 술(戌) 등이 있다. 월(戉)은 오늘날에는 월(鉞)이라 쓰는 것으로, 도끼날이 넓고 둥글며, 가장 커서 무겁기 때문에 가운데를 원형의 공간으로 비운 도끼이다. 무(戊)는 이 보다 작은 도끼로, 나중에 척(戚)이라 불리는 것이다. 술(戌)은 날이 넓되, 세(歲), 시(弒), 위(威) 같은 예에서처럼 노예를 살륙하거나 진압할 때 쓴 도끼이다. 무(戊)가 천간의 자인데 반하여, 술(戌)은 지지(地支)의 열 한번 째에 해당하는 서수(序數)로 쓰이며, 시각으로는 19시에서 21시까지이다. 또 한 가지, 수(戍)는 가운데가 점이지만, 술(戌)은 가운데가 가로획이며, 월(戉)은 가운데가 삐쳐올림인 점 주의해야 함.

3) ≪남사 南史≫<양무제기 梁武帝紀> ; 常至戊夜.

4) ≪동주열국지 · 72회 東周列國志 · 七十二回≫ ; 一事無成, 雙鬢已斑.

로 보존해두고 화해를 이룬다[㦸>成]는 뜻의 회의자이다.[5] ②는 ①과 자형이 같다. ③은 도끼의 목[—] 부분이 가느다란 도끼[戊>戊]로 변하면서 아래 정(个>丁)이 생겨, 회의자에서 이미 겉뜻 도끼[戊] 안음 정(丁)의 형성자로 변한 것이며, ④는 ③이 정형화한 것이다.

성(成)의 본래 뜻은 '화해한다'이다. "진나라와 진(晉)은 화해하였다[成]"[6]는 예가 이것이다. 화해하다는 데서 널리 '평정한다'나 '예정한다'로 쓰인다. "물가관리관은 시장의 재화를 관장하고 평정한다[成]"[7]는 예가 이것이다. 예정하다는 데서 널리 '이룬다'로 쓰인다. "구슬은 다듬지 않으면, 그릇을 이루지[成] 못 한다"[8]는 예가 이것이다. 이룬다는 데서 널리 '완성하다'로 쓰인다. "진나라는 황제의 위업을 완성하였다"[9]는 예가 이것이다. 완성한다는 데서 널리 '성공하다'로 쓰인다. "성공[成]과 패배의 계기가 오늘에 달려있다"[10]는 예가 이것이다.

성인(成人)이란 장성한 사람을 가리키는 말이다. 다만 "자로가 완성된 사람[成人] 에 관해 물었다"[11] 할 때, 성인(成人)은 '완전무결한 사람'을 가리킨다.

성(成) 자를 쓸 때는 속의 음곁으로 정(丁)을 써야하는 점, 주의해야 한다.

음곁을 같이 하는 자들의 체계는 앞쪽 일(一) 부의 사내 정(丁) 자를 참조.

지키다 수(戍)

①갑골문	②금문	③소전	④해서
			戍

①은 왼편 아래는 사람[亻>亻>人>人]이고, 위는 창[戈>戈>戈>戈]이어서, 사람이 창을 높이 들고 지키다[戍>戍>戍>戍]는 뜻이므로 회의자이다. ②와 ③은 ①과 자형이 비슷하다. ④는 이들이 정형화한 것이다.

수(戍)의 본래 뜻은 '지킨다'이다. "그대, 그리운 그대는, 신 땅을 지키는[戍] 나와 함께 있지 못 하니"[12]라는 예가 이것이다. '지킨다'를 '위수(衛戍)한다'고 하거나, '파수용 누각'을

5) 허신(許愼)은 '장(章)'조에서 "10이란 수가 끝나는 곳(十數之終也)"이므로, '마친다(竟)'는 뜻이 있다고 보았으며, 단옥재(段玉裁)는 '그친다(止)'는 뜻이라고 주석하였으나, 너무 철학적이므로, 여기서는 '10개들이 묶음'이라 풀었음.

6) ≪좌전 左傳≫<성공10년 成公十年> ; 秦晉爲成.

7) ≪주례 周禮≫<지관·질인 地官·質人> ; 質人掌成市之貨賄.

8) ≪예기 禮記≫<학기 學記> ; 玉不琢, 不成器.

9) 이사(李斯) <간축객서 諫逐客書> ; 秦成帝業.

10) ≪삼국지 三國志≫<촉서 · 제갈량전 蜀書 · 諸葛亮傳> ; 成敗之機, 在于今日.

11) ≪논어 論語≫<헌문 憲問> ; 子路問成人.

12) ≪시경 詩經≫<왕풍·양지수 王風·揚之水> ; 彼其之子, 不與我戍申.

'수루(戍樓)'라 하는 예도 같은 쓰임이다.

戍　　수 shù　　지키다.

경계하다 계(戒)

①갑골문	②금문	③소전	④해서

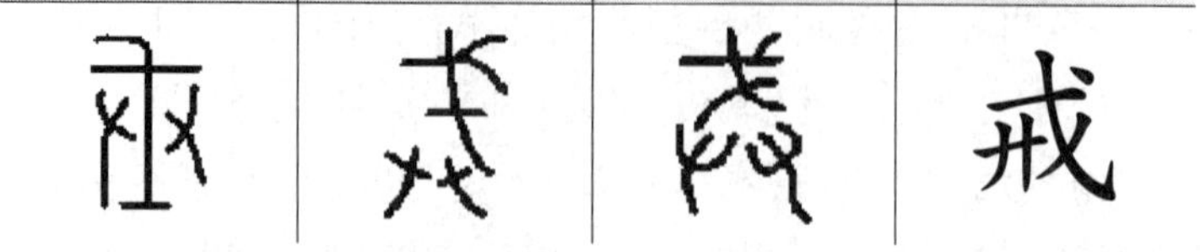

①은 가운데가 긴 창[…>戈]이고, 아래 양쪽은 두 손[…>廾] 이 이 창을 잡고 불의의 적을 경계한다[…>戒]는 뜻이므로, 회의자이다. ②는 ①과 자형이 비슷하나, 두 손이 창의 왼쪽 아래에 가지런히 놓였다. ③은 ②와 자형이 같고, ④는 이들이 정형화한 것이나, 두 손이 이어 쓰여 공(廾) 자와 동화되면서, 이것이 창을 든 한 쌍의 손이었음을 알기 어려워졌다.

계(戒)의 본래 뜻은 '경계한다'이다. "뜻밖의 적을 경계한다[戒]"[13]는 예가 이것이다. 경계한다는 데서 널리 '경고한다'나 '훈계한다'로 쓰인다. "지난 일을 거울삼아 자신에게 경고한다[戒]"[14]는 예가 이것이다. 다만 '훈계한다'는 뜻은 곧 계(誡)로 분화되어 쓰인다. "북쪽의 경계[戒]는 호문이라 하고, 남쪽의 경계[戒]는 월문이라 하였다"[15] 할 때, 계(戒)는 '경계'의 뜻이나 이는 머지않아 계(界)에 분화되어 쓰인다. 경계한다는 데서 널리 경계할 대상이나 행위를 '끊다'는 뜻으로도 쓰인다. 금연한다는 말을 '계연(戒煙)'이라고도 하였으며, 금주한다는 말을 계주(戒酒)라고도 한 예가 이것이다.

戒 h 계 jiè　　경계하다.

誡　　계 jiè　　훈계하다. 경계하다.
械 h 계 xiè　　기계.

---

13) ≪역경 易經≫<췌괘 萃卦> ; 戒不虞[憂].
14) ≪순자 荀子≫<성상 成相> ; 觀往事, 以自戒.
15) ≪신당서 新唐書≫<천문지 · 1 天文志 · 一> ; 北戒爲胡門, 南戒爲越門.

53. 호(戶) 부

외짝문 호(戶)

①갑골문	②금문	③소전	④해서

①은 외짝문으로, 작은 문[戶>戶>戶]을 가리키므로 상형자이다. ③은 자형으로 ①과 매우 비슷하다. ③은 해서의 필법이다.

호(戶)의 본래 뜻은 '외짝문'이다. "반쪽 문을 호(戶)라 한다"[1]는 예가 이것이다. 문이라는 데서 널리 '출입구'를 구분 없이 가리킨다. "누가 문[戶]을 지나지 않고 나갈 수 있을까?"[2]라는 예가 이것이다. 창문을 창호(窓戶)라 한 것도 같은 예이다. 다만, 문호(門戶)는 '문'을 가리키는 외에 널리 '가문'이나 '문벌'을 가리키기도 한다. "주량[酒戶]이 해마다 줄고, 등산도 점점 어렵다"[3] 할 때 주호(酒戶)란 '주량'의 뜻이다. 이를 호(戶)라고만 하기도 한다. "주량[戶]이 늘면 단술이 싫고, 재능이 뛰어나면 작은 시가 우습다"[4]는 예가 이것이다.

호(戶)란 문[門] 자와 달리, 출입을 막는 용도가 위주여서, 널리 '가로막는다'로 쓰이기도 한다. "굴탕이 그를 저지하였다[戶]"[5]는 예가 이것이다.

호(戶)는 부수자이다. 이를 구성소로 하는 글자는 모두 문이나 창과 연관이 있다. 열다 계(啓), 사립문 비(扉), 문짝 선(扇) 등이 이것이다.

戶	*m*	*호*	*hù*	*외짝문.*
戽		호	hù	두레박.
扈		호	hù	뒤따르다. 넓다.
雇*		고	gù	고용하다.
雇*		호	hù	빼꾹새, 혹은 구호九雇의 준말.
所	m	소	suǒ	장소. 곳.
妒		투	dù	질투하다.

1) ≪설문해자 說文解字≫<호부 戶部> ; 半門曰戶.
2) ≪논어 論語≫<옹야 雍也> ; 誰能出不由戶?
3) 원진(元稹) <춘유 春游> ; 酒戶年年減, 山行漸漸難.
4) 백거이(白居易) <구불견한시랑 久不見韓侍郎> ; 戶大嫌甛酒, 才高笑小詩.
5) ≪좌전 左傳≫<선공12년 宣公十二年> ; 屈蕩戶之.

장소 소(所)

①갑골문	②금문	③소전	④해서

②는 왼결은 외짝문[[illegible]>[illegible]>户]이며, 오른결은 도끼[[illegible]>[illegible]>斤]로서, 전투나 이동에 앞서 문을 부수고 죽기로 결의를 다진다[[illegible]>[illegible]>所]는 뜻의 회의자인 동시에 왼음 호(户)의 형성자이므로, 회의 겸 형성자이다. ③은 ②와 자형이 같고, ④는 이들이 정형화한 것이다.

소(所)의 본래 뜻은 '장차 이루려 함'이며, 실행한다는 데서 널리 '……이기만 하면'으로 쓰인다. "우호로 왕래하는 국가가 있기만 하면[所有], 이를 알리라"[6]는 예가 이것이다. 현대 중국어의 쑤어여우(所有 suǒyǒu)가 '일체의'라는 뜻을 가진 까닭은 여기에서 유래한다. 따라서 위의 예문은 "모든[所有], 우호로 왕래하는 국가에게 이를 알리라"고 새길 수도 있다. '……이기만 하면'이라는 가설의 배타적인 결의표지 습관 때문에 '만약'으로 풀기도 한다. "중이는, '만약[所] 외숙과 내 마음이 같지 않을 것 같다면, 황하에 맹세하겠습니다'라고 말하며, 옥을 황하에 던졌다"[7]는 예가 이것이다. '……이기만 하면'이라는 데서 널리 '그러한 곳', '그러한 것', '그러한 사람'을 두루 가리킨다. 이를 포괄하는 말이 '……바'이다. "내게 남쪽 변경의, 여우가 사는 바[所居], 황폐한 들을 하사하였다"[8]는 예가 이것이다. 소원(所願)이니, 소견(所見)이니, 소신(所信)이니 하는 말들이 모두 이와 같은 예이며, 따라서 소(所)가 동사의 명사화에 관계하는 접두사로 설명되는 까닭도 여기서 연유한 것임을 알 수 있다.[9]

이상은 소(所)가 행위동사 앞에 놓여 조동사로 쓰인 예들이지만, 행위 동사 뒤에 놓이거나 접미사화하면, 소(所)는 널리 불특정의 장소를 가리켜 '곳'의 뜻으로 쓰인다. "공은 제왕이 계신 곳[所]에서 제왕을 알현하였다"[10]는 예가 이것이다. 파출소(派出所)니 매표소(賣票所)

6) ≪左傳≫<선공10년 宣公十年> ; 所有玉帛之使者則告.
7) ≪좌전 左傳≫<僖公24年 僖公二十四年> ; 公子[重耳]曰, "所不與舅氏同心者, 有如白水!" 投其璧于河.
8) ≪좌전 左傳≫<양공14년 襄公十四年> ; 賜我南鄙之田, 狐狸所居.
9) '……바'라는 데서 널리 '……된 바'라는 '피동'의 의미를 담기도 한다. 이는 행위동사 앞에, 행위의 목적이나 대상이 놓일 때의 중국어의 특징과 관련된 것으로, 소(所) 자에만 있는 현상은 아니므로, 특히 따로 다룰 필요가 없다. 예컨대, 현대중국어에 "츠으지(吃鷄 chījī)"는 '닭을 먹는다'이다. 이는 불완전하기는 하나, "지, 츠으(鷄, 吃 jī, chī)"라고 말할 수도 있다. '닭이 무얼 먹는다'로 쓰이는 경우가 없지는 않겠으나, 역시 '닭을 먹어'라는 말로도 쓰지만, 실은 구성으로 보아 '닭이 먹힌다'는 피동의 의미인 점과 같은 맥락에 있는 현상이다. 역으로, 중국어에서는 '사동'의 의미도 이런 관점에서 다루어진다. 예컨대, "두 사람이 산다(兩个人住)"는 말에서, 이번에는 주어를 목적어 자리로 옮겨 놓으면, 구성상 결국 "두사람을 살게 한다(住兩个人)"는 사동의 의미로 여겨질 수가 있기 때문임.
10) ≪좌전 左傳≫<희공28년 僖公二十八年> ; 公朝于王所.

니 하는 말이 모두 이와 같은 예이다. 불특정 장소라는 데서 널리 어림수를 가리켜 '쯤'의 뜻으로도 쓰인다. "노인은 1리쯤[所] 갔다가 다시 돌아왔다"[11]는 예가 이것이다.

음결이 같은 자들의 체계는 앞 쪽 외짝문 호(戶) 자의 음결 체계를 참조.

54. 수(手) 부

손 수(手)

①갑골문	②금문	③소전	④해서
			手

②와 ③은 다섯 개 손가락이 팔뚝에서 나뉜 손[手>手>手]이므로, 상형자이다. ④는 이들이 정형화한 것이다.

수(手)의 본래 뜻은 '손'이다. "펴면 손[手]이요, 말아 쥐면 주먹이니, 그 실체는 같은 것이다"[1]라는 예가 이것이다. 손에서 널리 '가진다'나 '잡는다'로 쓰인다. "보검을 잡고[手] 그를 따랐다"[2]는 예가 이것이다. 잡는다는 뜻에서 널리 '때려죽인다'로도 쓰인다. "이리와 승냥이를 쳐서 죽이고, 곰과 큰곰은 때려죽인다[手]"[3]는 예가 이것이다.

수필(手筆)이란 자신의 손으로 쓴다는 데서 '친히 쓴다'는 뜻이다. 다만, 손 쓰는 품이라는 데서 '씀씀이'를 가리키기도 한다. "씀씀이[手筆]가 헤프고, 기질도 다르다"[4]는 예가 이것이다. 수사(手刺)란 사대부가 윗사람을 배알할 때 자기의 신분을 손수 써서 소개하는 '명함'이며, 수담(手談)이란 말없이 대화한다는 데서 '바둑 두기'를 가리킨다.

수(手)는 부수자로, 이를 구성소로 하는 글자는 모두 손의 동작과 연관이 있다. 돕다 부(扶), 찾다 수(搜), 받들다 승(承), 주먹 권(拳), 잡다 나(拿) 등이 이것이다.

手 [m] 수 shǒu 손

11) ≪사기 史記≫<유후세가 留侯世家> ; 父去里所, 復還.

1) ≪설문해자주 說文解字注≫<수부 手部> ; 舒之爲手, 卷之爲拳, 其實一也.(段玉裁注)
2) ≪공양전 公羊傳≫<장공13년 莊公十三年> ; 手劍而從之.
3) 사마상여(司馬相如) <상림부 上林賦> ; 搏豺狼, 手熊羆.
4) ≪관장현형기 · 59회 官場現形記 · 五十九回≫ ; 手筆就闊, 氣派也不同.

부축하다 부(扶)

①갑골문	②금문	③소전	④해서
			扶

②는 왼편은 머리에 비녀를 지른 어른[夫>夫>夫]이고 오른편 아래는 손[又>手>扌]으로, 어른을 손으로 부축한다[扶>扶>扶]는 뜻이므로 회의자이나, 부(夫)가 음결의 역할을 하는 점에서는 형성자이므로, 회의 겸 형성자이다. ③은 구성소의 위치가 바뀌었을 뿐 아니라, 손도 우(又>又)가 수(手>扌<手)로 변형되었다. ④는 ③이 정형화한 것이다.

부(扶)의 본래 뜻은 '부축한다'이다. "늙은이를 부축하고[扶] 아이를 이끈다"[5]는 예가 이것이다. 부축한다는 데서 널리 '붙든다'로 쓰인다. "쑥이 삼 밭에 나면, 붙들지[扶] 않아도 곧아진다"[6]는 예가 이것이다. 붙든다는 데서 널리 '돕는다'로 쓰인다. "양나라를 도와서[扶] 월나라를 정벌한다"[7]는 예가 이것이다.

"곽광의 아버지 중유는 기어가서[扶服] 이마를 땅에 조아리며 절하였다"[8] 할 때, 포복(扶服)은 원래 '기어간다'는 뜻인 '포복(匍匐)'과 음이 비슷하여 빌려 쓰인 자이므로, 음도 '포(扶)'로 읽는 점, 주의해야 한다. 현대중국어에서도 돕는다는 뜻의 후(fú)로 읽지 않고, 푸(pú)로 읽는 변화가 우리 음의 변화와 맥락을 같이한다.

夫*[m]	부	fū	남편.
夫*	부	fú	저. 그. 이. 대저. 무릇
扶 [m]	*부*	*fú*	*돕다. 떠받치다.*
玞	부	fū	옥돌.
芙	부	fú	연꽃.
蚨	부	fú	파랑강충이. 나비.

꺾다 절(折)

①갑골문	②금문	③소전	④해서
			折

5) ≪전국책 戰國策≫<제책·4 齊策·四> ; 扶老携幼.
6) ≪순자 荀子≫<권학 勸學> ; 蓬生麻中, 不扶而直.
7) ≪전국책 戰國策≫<송위책 宋衛策> ; 扶梁伐越.
8) ≪한서 漢書≫<곽광전 霍光傳> ; 中孺扶服叩頭.

①은 왼편은 자루 굽은 도끼[>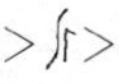>>斤]이고, 오른편은 가지와 뿌리가 동강난 나무[>><木]이다. 도끼로 나무 가운데를 찍어 부러뜨린다[>>]는 뜻이므로 회의자이다. ②는 왼편 도끼날[]이 오른편 자루[]에서 분리되고 위치를 서로 바꾸었을 뿐 ①과 구성소가 비슷하며, ③은 ②와 비슷하다. ④는 ③이 정형화한 것이나, 동강난 나무[]가 손[扌]으로 잘못 변형되어, 손[扌]으로 도끼[斤]를 잡고 찍어서 꺾는다[折]는 뜻으로 여겨진다.

절(折)의 본래 뜻은 '꺾는다'이다. "내 마을을 넘어 들어오지 마오, 내 나무 고리버들 꺾지[折] 마오"9)라는 예가 이것이다. 꺾는다는 데서 널리 '굽는다'로도 쓰인다. "황하는 아홉 굽이 굽이쳐[折] 바다에 닿는다"10)는 예가 이것이다. 굽는다는 데서 다시 널리 '결손나다'로 쓰인다. "좋은 상인은 결산할 때 결손난다고[折] 장사를 안 하지는 않는다"11)는 예가 이것이다. 결손난다는 데서 널리 '요절한다'12)로 쓰인다. "옛사람 누군들 죽지 않았으리? 어찌 굳이 장수와 요절[折]을 견주리?"13)라는 예가 이것이다.

위에서 살펴본 예는 모두 꺾여서 절단된 경우이며, 이들은 현대중국어 음에 모두 저(折 zhé)로 읽는다. 그러나, 꺾여서 부러지기는 했지만 원형을 잃지는 않는 경우도 있다. "다리가 부러졌다[折]"14)는 예가 이것으로, 절단된 경우와 구분하여, 이때는 현대중국어 음에 서(折 shé)로 읽힌다. 방향만 꺾어서 '뒤집는다'거나 '쏟는다'고 할 때는 현대중국어음에 1성의 저(折 zhē)로 읽힌다. "그릇 두 개로 좀 뒤집으면[折] 식는다"15)는 예가 이것이다.

*折** [h] *절* *zhé* *꺾다. 끊다.*
*折** *절* *zhē* *뒤집다. 구르다.*
*折** *설* *shé* *끊어지다. 꺾어지다.*
*折** *제* *tí* *천천히 가다. 편안히 하다.*

逝 [h] 서 shì 시간·물 따위가 지나가다.
誓 [h] 서 shì 맹세하다
蜇* 철 zhē 벌·전갈 따위가 쏘다.
蜇* 철 zhé 해파리.
哲 [h] 철 zhé 총명하다. 지혜롭다.

---

9) ≪시경 詩經≫<정풍·장중자 鄭風·將仲子> ; 無踰我里, 無折我樹杞.
10) ≪회남자 淮南子≫<남명훈(覽冥訓> ; 河九折注于海.
11) ≪순자 荀子≫<수신편 修身篇> ; 良賈不爲折閱不市.
12) ≪상서 尙書≫<홍범 洪範> ; 未齔曰凶, 未冠曰短, 未婚曰折.(孔穎達疏)
13) 소식(蘇軾) <굴원탑 屈原塔> ; 古人誰不死, 何必較考折.
14) 현대한어(現代漢語) ; 打折了腿了.
15) 현대한어(現代漢語) ; 用兩個碗折一折就涼了.

받들다 승(承)

①갑골문	②금문	③소전	④해서
			承

①은 위는 꿇어앉은 사람[> > >]이며, 그 아래 두 손[> > >]이 있어 사람을 받든다[> > >承]는 뜻이므로 회의자이다. ②는 ①과 꿇어앉은 방향이 다를 뿐 자형이 같으며, ③은 ②의 모심을 받던 꿇어앉은 사람의 다리[ ]가 그의 손[> <手]으로 잘못 변형되었다. ④는 ③이 정형화한 것이나, 이미 사람과 떠받든 두 손의 모양을 찾기가 쉽지 않다.

승(承)의 본래 뜻은 '받든다'이다. "마실 것을 받들고[承] 나아가 바쳤다"[16]는 예가 이것이다. 추상화되어 널리 '받아들인다'로 쓰인다. "감히 명령을 받들지[承] 않느냐?"[17]는 예가 이것이다. 받아들인다는 데서 널리 '잇는다'로 쓰인다. "한나라는 진나라의 제도를 계승하였다[承]"[18]는 예가 이것이다.

승핍(承乏)이란 결원을 계승한다는 말로, '직위에 부임함'을 낮추어 이른 말이다. 승진(承塵)이란 먼지받이라는 말로 '천정'을 가리킨 말이다. 현대중국어에는 천정을 티엔후아빤(天花板 tiānhuābǎn)이라 하므로, 어휘의 고금간 변화, 혹은 입말과 글말의 차이를 엿볼 수 있다.

承 [m] 승 chéng 받들다.

찾다 수(搜)

①갑골문	②금문	③소전	④해서a	④해서b
			叟	搜

①은 집[> 宀] 안에서 손[>又]으로 등불[>火]을 들었으므로, 손에 등불을 잡고 집안을 뒤진다[> >叟]는 뜻의 회의자이다. ③은 등불[ ]과 손[ ]이 분리되면서, 등 손잡이[ ]를 든 손[ ]이 맨손[>又]으로 변하였을 뿐 구성소가 ①과 비슷하다. ④a는 집과 횃불[ ]이 두 손[ ]으로 잘못 변한 것이다. 다만, 수(叟)가 머지않아 '노인'의 뜻으로 쓰이자,

16) ≪좌전 左傳≫<양공25년 襄公二十五年> ; 承飮而進獻.
17) ≪좌전 左傳≫<희공15년 僖公十五年> ; 敢不承命?
18) ≪후한서 後漢書≫<반표열전 班彪列傳> ; 漢承秦制.

④b는 왼뜻 손[扌] 오른음 수(叟)의 형성자를 새로 만든 것이다.

수(搜)의 본래 뜻은 '뒤진다'이다. "나라 안을 밤낮 3일을 뒤졌다[搜]"[19]는 예가 이것이다. 뒤진다는 데서 널리 '찾는다'로 쓰인다. "진기한 물건을 찾았다"[20]는 예가 이것이다. 수(叟)가 '노인'을 가리키기 시작하던 무렵, '찾는다'는 뜻은 한때 수(蒐)에 분화되어 쓰이기도 하였다. "힘세고 건장한 사람을 찾고[蒐] 가려, 병력을 강화하였다"[21]는 예가 이것이다.

叟 수 sǒu 늙은이.

搜 [h] *수 sōu 찾다. 수색하다.*
溲 수 sōu 반죽하다. 일다.
廋 수 sōu 숨기다. 감추다.
嗖 수 sōu 바람소리.
螋 수 sōu 집게벌레.
鎪 수 sōu 아로새기다.
餿 수 sōu 음식이 쉬다. 시큼해지다.
颼 수 sōu 바람이 불다. 바람에 쐬다.
瞍 수 sǒu 소경. 장님.
嫂 수 sǎo 형수.
瘦 수 shòu 마르다. 여위다. [↔반胖]

55. 복(攴) 부

치다 복(攴)

①갑골문	②금문	③소전	④해서
			攴

①은 밑의 오른손[ㅋ>又]에 채찍[ㅏ>ㅏ], 혹은 곁가지가 난 몽둥이[ㅏ>ㅏ]를 들고 있으므로, 채찍을 들어 때린다[攴>攴>攴>攴]는 상형 겸 위음 복[ㅏ>ㅏ]의 형성자이다. ②와 ③은 ①과

19) ≪장자 莊子≫<추수 秋水> ; 搜于國中三日三夜.
20) 좌사(左思) <오도부 吳都賦> ; 搜瑰奇.
21) ≪송사 宋史≫<이식전 李植傳> ; 蒐選强壯, 以重軍勢.

자형이 같으며, ④는 이들이 정형화한 것이다.

복(攴)의 본래 뜻은 '친다'이다. "복(攴)은 살짝 친다는 뜻이다"[1]라는 풀이가 이것이다. 머지않아 복(扑)이 분화하여 이를 대신해 쓰이면서, 홑자로는 쓰이지 않는다.

복(攴)은 부수자이다. 이를 구성소로 하는 글자는 모두 '때린다'나 '친다'는 뜻이 있다. 공격하다 공(攻), 기르다 목(牧), 본받다 효(效), 가르치다 교(敎), 해어지다 폐(敝) 등이 이것이다.

음결을 같이하는 자들의 체계는 앞쪽의 복(卜) 부 점 복(卜) 자를 참조.

공격하다 공(攻)

①갑골문	②금문	③소전	④해서

"다른 산의 돌도 옥을 갈[攻] 수는 있다"[2] 할 때의 공(攻) 자이다. ②는 왼음결 공(工>工>工), 오른뜻결 친다[攴>攴>夊<攴]이므로, 공격한다[攻>攻>攻]는 뜻의 형성자이다. ③은 ②와 자형이 같다. ④는 복(攴)이 복(夊)으로 변형한 것이다.

공(攻)의 본래 뜻은 '공격한다'이다. "압도하지 못 하는 사람은 수비하고, 압도할 수 있는 사람은 공격한다[攻]"[3]는 예가 이것이다. 공격한다는 데서 널리 '비난한다'로 쓰인다. "근거 없는 말들은 비난하지[攻] 않더라도 절로 멈춘다"[4]는 예가 이것이다. 다시 널리 '다스린다'로 쓰인다. "옥을 조각하는 장인에게 이를 다스리게[攻] 하였다"[5]는 예가 이것이다. '공격한다'는 데서 널리 '견고하다'로 쓰이기도 한다. "내 전차는 견고하다[攻]"[6]는 예가 이것이다.

음결을 같이 하는 자들의 체계는 공(工) 부의 장인 공(工) 자를 참조.

---

1) ≪설문해자 說文解字≫<복부 支部>; 支, 小擊也.
2) ≪시경 詩經≫<소아・학명 小雅・鶴鳴>; 它山之石, 可以攻玉.
3) ≪손자병법 孫子兵法≫<형편 形篇>; 不可勝者守也, 可勝者攻也.
4) 진량(陳亮) <상효종황제제일서 上孝宗皇帝第一書>; 狂妄之辭不攻而自息.
5) ≪좌전 左傳≫<양공15년 襄公十五年>; 使玉人爲之攻之.
6) ≪시경 詩經≫<소아・거공 小雅・車攻>; 我車旣攻.

본받다 효(效)

①갑골문	②금문	③소전	④해서
			效

①의 오른곁은 손에 채찍을 들고 때리는 형상[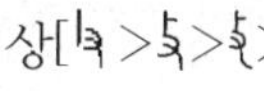>攵<攴]이며 왼편은 두 종아리를 엇갈려 정면으로 향하고 매를 맞는 사람[>交]이므로 본받는다[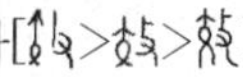>效]는 뜻의 회의자이나, 교(交)는 효(效)의 음곁이기도 하므로, 회의 겸 형성자이다. ②와 ③은 ①과 자형이 같으며, ④는 이들이 정형화한 것이다.

효(效)의 본래 뜻은 '본받는다'이다. "허물을 본받는다면[效] 화를 부른다"7)는 예가 이것이다. 이 뜻은 머지않아 '본받다' 효(傚)에 분화하면서, 결과를 보아 널리 '효과'로 쓰인다. "이는 부유함과 강대함을 둘 다 이루는 효과[效]를 거둘 수 있다"8)는 예가 이것이다. 본받는다는 데서 널리 '바친나'로도 쓰인다. "제게 어리석은 계책을 바치게[效] 하십시요"9)라는 예가 이것이다. 효력(效力)은 효(效)를 '효과'로 써서 '효험'을 가리키기도 하나, '바친다'로 써서 '힘을 다 함'을 가리키기도 한다. "진정 죽기로 힘을 다하고[效力]자 한다"10)는 예가 이것이다. 머지않아 이 뜻에는 효(効)를 분화하여 쓴다.

효(傚)와 효(効)는 효(效)에서 분화하여 '본받다'에는 효(傚)를, '진력하다'는 데는 효(効)를 썼으나, 간체화 이후는 이들이 모두 폐기되고, 효(效)만 쓰인다.

交	*m*	*교*	*jiāo*	*사귀다. 교제하다.*
效	m	효	xiào	본받다.
効		효	xiào	힘을 다하다. 효과.
校	m	교	xiào	학교.
校	m	교	jiào	교정하다.
較	h	교	jiào	비교하다.
傚		효	xiào	모방하다. 본받다.

7) ≪좌전 左傳≫<문공 · 원년 文公 · 元年> ; 效尤禍也.
8) ≪상군서 商君書≫<내민 徠民> ; 此富强兩成之效也.
9) ≪사기 史記≫<소진열전 蘇秦列傳> ; 使臣效愚計.
10) ≪후한서 後漢書≫<방술전 · 허양 方術傳 · 許楊> ; 誠願以死效力.

가르치다 교(敎)

①갑골문	②금문	③소전	④해서
	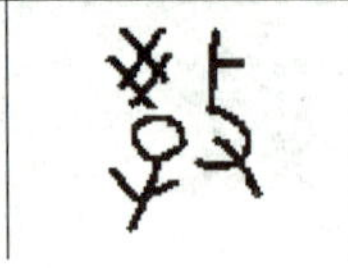		敎

"모르는 것은 가르치고(敎) 부족한 것은 구휼한다"[11] 할 때의 교(敎) 자이다. ①은 오른편은 매를 든 손[攴>攴>攴>攵<攴]이 교훈을 주려고 때리는 왼편 아이[子>子>子>子<子]의 머리 위에 그물(爻>爻>爻>耂<爻)이 놓여[12] 그물 짜기를 가르친다[敎>敎>敎>敎]는 뜻의 회의자이다. ②와 ③은 ①과 자형이 비슷하며, ④는 ③이 정형화한 것이다.

교(敎)의 본래 뜻은 '가르친다'이다. "교화(敎化)시킨다"는 것은 '가르쳐 감화시킨다'는 말이다. 가르친다는 데서 널리 '본받는다'로 쓰인다. "요임금이 민중을 본받자[敎], 백성이 명을 따르지 않았다"[13]는 예가 이것이다. 이는 머지않아 효(效)에 분화되어 쓰이며, 널리 '알린다'로 쓰인다. "노인과 어린이까지 모두 이 말을 알렸다[敎]"[14]는 예가 이것이다. 알린다는 데서 널리 '윗사람이 아랫사람에게 알리는 문장 체제'를 가리킨다. "상동왕 소역은 글[敎]을 지어 그를 칭송하였다"[15]는 예가 이것이다. 다시 널리 '시킨다'거나 '하게 한다'로 쓰인다. "북방족의 기마가 음산을 넘지 못 하게 한다[敎]"[16]는 예가 이것이다.

敎 m 교 jiāo 가르치다. 전수하다.*
敎 교 jiào 가르치다. 가르침. 종교*

깨뜨리다 패(敗)

①갑골문	②금문	③소전	④해서	⑤간체자
	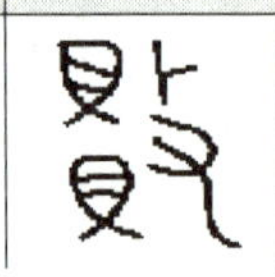	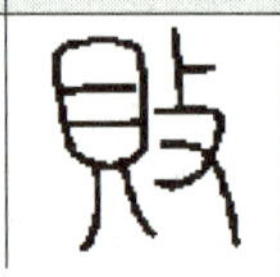	敗	败

①은 왼편은 마주보는 두 쪽의 조개 껍데기[貝>貝>貝>貝]이고, 오른편은 막대를 쥔 손[攴>攴>攴>攴<攵]으로, 막대를 쥐고 조개를 깨뜨린다[敗>敗>敗>敗]는 뜻의 회의자이나, 패

11) ≪좌전 左傳≫<양공31년 襄公三十一年>; 敎其不知, 而恤其不足.
12) 그물[爻] 짜기에 대한 설명은 학(學) 자를 참조.
13) ≪한비자 韓非子≫<난세 難勢>; 堯敎語隸屬而民不聽.
14) 한유(韓愈) <유주라지묘비 柳州羅池廟碑>; 老少相敎語.
15) ≪양서 梁書≫<문학전 · 유묘 文學傳 · 劉杳>; 湘東王(蕭繹)出敎褒稱之.
16) 왕창령(王昌齡) <출새 出塞>; 無敎胡馬渡陰山.

(貝)는 음곁이기도 하므로, 회의 겸 형성자이다. ②는 조개[]가 더 많아졌을 뿐, ①과 자형이 같으며, ③도 ①과 자형이 같다. ④는 ③이 정형화한 것이며, ⑤는 간체화한 자이다.

패(敗)의 본래 뜻은 '깨뜨린다'이다. "법이 깨뜨려지면[敗] 국가가 혼란스러워 진다"[17]는 예가 이것이다. '깨뜨린다'는 데서 널리 음식이 '썩는다'로 쓰인다. "순정한 소주도 썩으면[敗] 마실 수 없다"[18]는 예가 이것이다. 다시 널리 '시든다'거나 '해진다'는 뜻으로 쓰인다. '용모가 시든 미인'을 "패류잔화(敗柳殘花)"라고 하거나, '낙엽'을 패엽(敗葉), '해진 옷'을 패의(敗衣)라 하는 예가 그것이다. 다시 널리 '진다'로 쓰인다. "적의 무리는 지고[敗] 달아났다"[19]는 예가 이것이다.

음곁이 같은 자들의 체계는 뒷쪽 패(貝) 부의 조개 패(貝) 자를 참조.

해어지다 폐(敝)

①갑골문	②금문	③소전	④해서
			敝

"무 이파리도 버리지 않으니, 해진[敝] 비도 절로 소중하다"[20] 할 때의 폐(敝) 자이다. ①은 오른편의 손이 막대를 들고[>>攵<攴] 왼편의 베[>>巾]를 두드려, 베 조각[>>]들이 사방의 점으로 흩어졌으므로, 낡았다[>>敝]는 뜻의 회의자이다. ③은 ①과 자형이 비슷하며, ④는 ③이 정형화한 것이다.

폐(敝)의 본래 뜻은 '낡았다'이다. "낡은[敝] 집 구태여 넓어야 하랴"[21]라는 예가 이것이다. 낡았다는 데서 '쇠약해진다'로 쓰인다. "오나라는 전쟁에 날로 쇠약해졌다[敝]"[22]는 예가 이것이다. 쇠약해진다는 데서 다시 널리 '버린다'로 쓰인다. "버려도[敝] 좋다"[23]는 예가 이것이다.

폐(敝)는 낡고 쇠약하다는 데서 자신의 겸칭으로 쓰인다. "저희[敝] 나라 백성"[24]이라는 예가 이것이다. 폐인(敝人)이나 폐사(敝舍) 같은 겸칭도 같은 예이다.

敝　　폐 bì　　옷이 해지다. 낡다.

---

17) 《한비자 韓非子》<난일 難一>；法敗則國亂.
18) 중장통(仲長統) 《창언·이란 昌言·理亂》；清醇之酎, 敗而不可飮.
19) 《송사 宋史》<악비전 岳飛傳>；敵衆敗走.
20) 양계초(梁啓超) <본관제일백책축사 本館第一百冊祝辭>；非葑不棄, 敝帚自珍.
21) 도연명(陶淵明) <이거 移居>；敝廬何必廣.
22) 《좌전 左傳》<애공원년 哀公元年>；吳日敝于兵.
23) 《예기 禮記》<교특생 郊特牲>；敝之可也.
24) 《좌전 左傳》<양공8년 襄公八年>；敝邑之衆.

弊 h	폐	bì	폐해.
蔽 h	폐	bì	덮다.
幣 h	폐	bì	비단. 예물. 돈.
斃	폐	bì	죽다.
憋	별	biē	악하다. 모질다.
鱉	별	biē	금계.
鼈	별	biē	자라.
蹩	별	bié	절름발이.
彆	별	biè	활 뒤틀리다.
瞥	별	piē	언뜻 보다.
撇*	별	piē	버리다. 돌보지 않다.
撇*	별	piě	던지다. 뿌리다.
嫳	별	piè	경박한 모양. 발끈하다.

56. 문(文) 부

글 문(文)

①갑골문	②금문	③소전	④해서
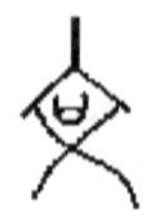			文

①은 정면을 향한 사람[大]이다. 다만, 강조된 가슴에 신분 표시용 덧대임 같은 무늬[ㅂ]가 있으므로,[1] 저마다 다른 개체를 나타내는 '무늬[文>文>文>文]'라는 뜻의 상형자이다. ②는 ①과 자형이 대개 같고. ③은 가슴의 무늬[ㅂ]가 없어졌으며, ④는 ③이 정형화한 것으로, 이미 사람임을 찾아보기 어렵다.

---

1) 송나라 때 맹원로(孟元老)의 ≪동경몽화록 東京夢華錄≫에는 각 직종, 각 업무에 종사하는 소시민들이 옷을 입는 데에 특징이 있어 한 눈에 그 신분을 알 수 있었다 한다. 명대의 문무관은 가슴과 등에 덧대임을 짜 넣었는데, 문관은 날짐승을, 무관은 길짐승을 장식하였다. 1품에서 9품까지 서로 다른 짐승을 써서, 문관은 학, 금계, 공작, 기러기, 흰꿩, 백로, 비오리, 꾀꼬리, 메추라기를 각각 장식하였고, 잡직은 연작을, 풍헌관은 해치를 그렸으며, 무관은 1, 2품은 사자를, 3, 4품은 범을, 5품은 곰, 6품은 표범, 8품은 무소, 9품은 해마로 장식하였다 함.

문(文)의 본래 뜻은 ‘무늬’이다. “중자는 태어날 때 무늬[文]가 그의 손에 새겨져 있었다”[2]는 예가 이것이다. 인위적인 무늬라는 데서 널리 ‘글자’를 가리킨다. “도덕경 5천 글자[文]를 지었다”[3]는 예가 이것이다. 글자라는 데서 다시 널리 ‘문장’으로 쓰인다. “문장[文]은 왜 반드시 선진시대 것이라야 하겠는가?”[4]라는 예가 이것이다. 다만 문장(文章)이란 말 자체는 다양한 의미로 쓰여왔다. “예악법도[文章]에 기강이 없다”[5] 할 때 문장(文章)은 ‘예악법도’를 가리키며, “문학재능[文章]이 빛난다”[6] 할 때는 ‘문학적 재능’을 가리키는 말이며 “곧 그 속에 따로 숨은 뜻[文章]이 있음을 알았다”[7] 할 때는 ‘감추어진 의미 맥락’을 가리킨다.

문(文)은 부수자이다. 이를 구성소로 하는 글자는 무늬와 연관된 것이 많다. 문채나다 비(斐), 아롱지다 반(斑) 등이 이것이다.

文 [m]	*문*	*wén*	*문자. 글자. 글.*
紋*	문	wén	무늬.
紋*	문	wèn	금이 가다.
雯	문	wén	꽃구름.
蚊	문	wén	모기.
抆	문	wěn	닦다.
紊	문	wěn	어지럽다.
汶	문	wèn	강 이름.
旻	민	mín	하늘.
忞	민	mín	힘쓰다. 노력하다.
閔	민	mǐn	가엽게 여기다.
吝	린	lìn	인색하다.
虔	건	qián	정성. 경건하다.

2) ≪사기 史記≫<은공원년 隱公元年> ; 仲子生而有文在其手.
3) 장구령(張九齡·唐) <칙세초처분 敕歲初處分> ; 著道德經五千字.
4) 이지(李贄) <동심설 童心說> ; 文何必先秦.
5) ≪시경 詩經≫<대아 · 탕서 大雅 · 蕩書> ; 無紀綱文章.
6) ≪초사 楚辭≫<구장 · 길송 九章 · 桔頌> ; 文章爛兮.
7) ≪관장현형기 官場現形記≫ ; 便曉得其中另有文章.

57. 두(斗) 부

말 두(斗)

①갑골문	②금문	③소전	④해서
			斗

①은 자루가 긴 음주용기, 즉 술구기[[illegible]>[illegible]>[illegible]>斗][1]이다. 위는 구기머리[[illegible]>[illegible]>[illegible]>[illegible]]이며 아래는 구기자루[|>\>ㄣ>|]로 가로획은 손잡이[―>╱>⌒>―]임을 가리키므로, 상형자이다. ②는 ①과 자형이 비슷하고, ③은 구성미에 치중하느라 변형이 심하여 술구기인 줄을 알기 어렵고, ④는 ③이 정형화한 것이다.

두(斗)는 '자루가 긴 술구기'이다. "옥 술구기[斗] 한 쌍을, 양아버지 범증에게 주고 싶다"[2]는 예가 이것이다. 두(斗)는 술을 떠 담는 데에서 널리 측량 단위 용기인 '말'로 쓰인다. "10되는 1말[斗]이고, 10말[斗]은 1섬이다"[3]라는 예가 이것이다.

"두담(斗膽)"이란, '말들이[斗] 담'이라는 말로 '담이 크다'는 뜻이다. "강유가 죽자 갈라 보았더니 담이 말들이[斗]만큼 컸다"[4]는 데서 유래한 말이다.

북두칠성은 술구기와 모양이 흡사하므로 두(斗)라 불렀다. 두우(斗牛)란 28구역으로 나뉜 별자리 중 북두성자리 두수(斗宿)와 견우성자리 우수(牛宿)를 가리킨다. 옛날에는 널리 오나라와 월나라를 비유하기도 한다.

간체자화 이후에 투쟁(鬪爭)의 투(鬪)를 투(斗)로 쓰고 있다.[5] 다만, '싸운다'는 뜻일 때는 현대중국어에 4성으로 떠우(斗 dòu)라 읽는 반면, 용기 단위로서 '말'의 뜻일 때는 현대중국어

---

1) 두(斗)는 술항아리 유(卣: 中樽)와 함께 출토되므로 음주용기였음을 알 수 있다. 술구기는 술항아리에서 술을 퍼는 용기이므로, 자루는 항아리 깊이보다 길고, 술구기의 머리는 국자의 머리보다 속이 깊음.

2) ≪사기 史記≫<항우본기 項羽本紀> ; 玉斗一雙, 欲與亞父(范增).

3) ≪한서 漢書≫<율력지상 律歷志上> ; 十升爲斗, 十斗爲斛.

4) ≪삼국지 三國志≫<촉지・강유전 蜀志・姜維傳> ; 維死時見剖, 膽如斗大.(裴松之注)

5) 이는 음이 비슷해서 투(鬪)를 두(斗) 자와 동화시켜 쓴 자일 뿐이다. '속' 리(裏) 자를 간체자에서는 리(里)에 동화시켜 대신 쓰며, '국수' 면(麵) 자를 간체자에서 면(面)에 동화시켜 대신 쓰는 예와 같다. 이는 상형문자를 쓰는 중국어에 역사적으로 일관되는 표음화 과정을 보여주는 예이다. 표음화 과정이란, 자형보다 자음에 근거하여 일정한 의미를 전달하고자 하는 문자의 변화 과정으로서, 영어나 국어는 말소리의 음절을 자음과 모음이라는 요소로 구분함으로써 이러한 표음화 과정을 완성한 문자이다. 중국어는 자음과 모음을 아직 분리하지 않은 채, 한 음절을 통째로 전달함으로써, 자신에게 적절한 표음화 과정을 모색하는 과정에 놓여 있는 언어임.

에 3성으로 떠우(斗 dǒu)로 구분해 읽는 점, 주의해야 한다. 자형만 비슷할 뿐, 전혀 다른 자로 여겨야 한다는 점이다.

두(斗)는 부수자이다. 이를 구성소로 하는 글자는 모두 용량을 재는 기구와 연관이 있다. 헤아리다 료(料), 짐작하다 짐(斟), 열 말들이 곡(斛) 등이 이것이다.

斗*m 두 dǒu *말[용량의 단위].*
斗* 투 dòu *<투鬪의 간체자>*

枓* 주 dǒu 구기. 세수통.
枓* 두 dǒu 주두[물이나 술 따위를 푸는 기구].
抖 두 dǒu 떨다. 털다.
蚪 두 dǒu 올챙이.
阧 두 dǒu 가파르다. 치솟다.
鈄* 두 dǒu 술그릇.
鈄* 두 tǒu 술그릇.

헤아리다 료(料)

①갑골문	②금문	③소전	④해서
			料

②는 왼편은 쌀[>米]이며, 오른편은 구기[<升][6]이므로, 쌀을 됫박질한다[>>料]는 뜻의 회의자이다. ③은 ②와 자형이 비슷하나, 오른편이 두(>斗)로 잘못 변형되었다. ④는 ③이 정형화한 것이다.

료(料)의 본래 뜻은 곡물 등의 양을 '됫박질한다', 혹은 '센다'로 쓰인다. "버려진 것을 세어보면[料] 적힌 것보다 많을 테지?"[7]라는 예가 이것이다. 센다는 데서 널리 '헤아린다'로 쓰인다. "울타리 아래의 메추라기야 천지간의 높이를 어찌 헤아릴[料] 수 있으랴?"[8]라는

6) 두(斗)와 승(升)은 똑같은 모양의 구기로, 승(升)은 구기머리에 손잡이[-]가 더 달려 있을 뿐이다. 이는 말술들이 항아리[彝, 卣]와 되술들이 항아리[罍]가 그 구기의 크기나 용량에 차이가 있는 점과 같다. 다만, 이(彝), 유(卣), 뢰(罍)를 각각 큰 술항아리[大樽], 가온 술항아리[中樽], 작은 술항아리[小樽]로 나눈 예가 ≪이아 爾雅≫에 비로소 보이는 데다, 갑골문의 이(彝)는 제기를 동틀어 일컫는 말로 쓰였고, '작은 술항아리' 뢰(罍)는 아직 언급조차 되지 않으므로, 두(斗)와 승(升)도 엄격히 구분된 것은 비교적 후대의 일일 것으로 보인다. 따라서 ②금문 오른곁의 승(升)자를 ③소전에는 두(斗)로 쓴 것은, 다만 서사과정의 편의성 때문에 야기된 차이로 보임.
7) 유지기(劉知幾) ≪사통 · 언어 史通 · 言語≫ ; 料其所棄, 可勝紀哉?

예가 이것이다. 헤아린다는 데서 널리 '짐작한다'로 쓰인다. "고향에 돌아간 뒤를 짐작해[料] 생각한다"[9]는 예가 이것이다.

양을 된다는 본래 뜻에서 무엇을 되느냐는 관점에서 널리 '재료'를 가리키기도 한다. "혹은 귀하게 되어 마룻대나 들보가 되기도 하고, 혹은 천하게 되어 뒷간의 재료[料]가 되기도 한다"[10]는 예가 이것이다.

"황급히 달려가 호랑이 대가리를 집적거렸다[料]"[11] 할 때, 료(料)는 '집적거린다'는 뜻이나 이는 머지않아 '돋운다' 료(撩)나, '즐긴다' 료(聊)에 분화되어 쓰인다. 따라서 료(料)의 현대중국어음은 4성의 랴오(料liào)이나, 이때는 현대중국어음에 2성의 랴오(liáo)로 읽는 점, 주의해야 한다.

料 [m] 료 liào　　되질하다. 세다. 헤아리다.

炓　　료 liào　　불빛 환하다.

58. 근(斤) 부

도끼 근(斤)

①갑골문	②금문	③소전	④해서

"도끼[斤]의 용도는, 가로질러 끊기 위한 것이다"[1] 할 때의 근(斤) 자이다. ①은 화살촉 같이 생긴 도끼날[↙]과, 곡선으로 내려 그어진 자루[ʃ]이므로 도끼[ㄅ>∫∫>𠂆>斤]의 상형자이다. ②는 왼편 도끼날[ſ]이 오른편의 도끼자루[∫]에서 분리되며 강조된 자형이며, ③은 ②와 비슷하나, 구성미에 치중한 것이다. ④는 도끼날[厂]과 도끼목[一] 및 자루[丨]를 갖추긴 하였으나, 도끼인 줄 알기가 쉽지 않다.

---

8) 송옥(宋玉) <대초왕문 對楚王問> ; 夫蕃籬之鷃, 豈能與之料天地之高哉?
9) 방간(方干·唐) <잔추송우 殘秋送友> ; 料想還家後.
10) 주희(朱熹) ≪주자어류 · 4 朱子語類 · 四≫ ; 或貴而爲棟梁, 或賤而爲厠料.
11) ≪장자 莊子≫<도척 盜跖> ; 疾走料虎頭.

1) 주위(周緯) ≪중국병기사고 中國兵器史稿≫ ; 斤之用則爲橫斷也.

근(斤)의 본래 뜻은 '도끼'이다. "모두 날카로운 무기를 쥐었으며, 없는 자는 도끼[斤]를 잡았다"[2]는 예가 이것이다. 널리 '끊는다'로 쓰인다. "가로 끊지도[斤] 않고, 세로 쪼개지도 않는다"[3]는 예가 이것이다. 청동기이므로, 이를 만들 때 무게를 살펴야 했던 데서 중량 단위가 되었으며, 이후, '도끼'의 뜻은 위음[父] 밑뜻 [斤]의 새 형성자 부(斧)에 분화되어 쓰인다.

근(斤)은 부수자이다. 이를 구성소로 하는 글자는 도끼, 혹은 도끼의 쓰임과 관련된다. 새롭다 신(新), 끊다 단(斷), 이것 사(斯), 쪼개다 석(析), 꺾다 절(折) 등이 이것이다.

斤 *h* *근* *jīn* *무게의 단위. 도끼.*

劤	근	jìn	힘.
近 m	근	jìn	가깝다.
靳	근	jìn	가슴걸이.
芹	근	qín	미나리.
沂	기	yí	물 이름.
祈 h	기	qí	기도하다. 빌다.
頎	기	qí	키가 후리후리하다.
圻*	기	qí	땅의 경계.
圻*	은	yín	한계. 끝.
齗	은	yín	잇몸.
忻	흔	xīn	기뻐하다. 즐거워하다.
欣	흔	xīn	기뻐하다. 기쁨.
訢	흔	xīn	기쁘다. 즐겁다.
昕	흔	xīn	해 돋을 무렵. 아침.
炘	흔	xīn	화끈거리다.

새롭다 신(新)

①갑골문	②금문	③소전	④해서
			新

①은 왼편은 손[ ]에 도끼[ ]를 들었고[ ], 오른편 위는 신(> <辛) 자여서 음결이므

2) ≪좌전 左傳≫<애공25년 哀公二十五年> ; 皆執利兵, 無者執斤.
3) 피일휴(皮日休) <하교부 河橋賦> ; 不斤不斧.

로, 손으로[ㅏ] 쪼갠다[ㄨ>斤>斤]는 형성자이다. ②는 손[ㅏ]이 없어졌을 뿐 구성소가 ①과 같으며, ③은 왼음결 신(辛<辛)의 아래에 나무[木>木]가 첨가되어, 나무를 쪼갠다[新>新]는 뜻이다. ④는 ③이 정형화한 것이나, 구성소 중 신(立<辛) 자의 변형이 심하여, 그림을 읽기가 쉽지 않다.

신(新)의 본래 뜻은 '나무를 쪼갠다'이다. "나무를 갓 쪼개는 것을 신(新)이라 한다"[4]는 예가 이것이다. 나무를 쪼갠다는 데서 널리 '장작'을 가리킨다. "모든 사람이 나무를 찍고 장작[新]을 쪼개어 저마다 재물을 모은다"[5]는 예가 이것이다. 이 뜻은 머지않아 위 뜻결 풀[艹] 밑 음결 신(新)의 새 형성자 신(薪)을 분화시켜 쓴다. "땔나무하고 물긷는[薪水] 네 수고를 돕는다"[6]는 예가 이것이다. 신수(薪水)라는 말은 '생활' 자체를 가리키던 말이지만, 지금 중국인은 이 말로 '봉급'을 가리킨다. 장작을 쪼개면 나무의 새 속살이 나타나므로 널리 '새롭다'로 쓰인다. "옷은 새것[新] 만한 게 없고, 사람은 옛사람 만한 게 없다"[7]는 예가 이것이다. 새롭다는 데서 널리 '갓'이라는 뜻으로 쓰인다. 초승달은 '신월(新月)'이며, 갓 시작한 해는 '신년(新年)'이다. 묵은해에 다가오는 새해를 가리켜 신년(新年)이 다가온다고 하면, 이는 '새로 열리는 해(新年)'이며, 이미 새해가 되어도 아직 신년(新年)이라 부르면, 이것이 '갓 시작한 해'라 여겼기 때문이다.

"며칠 아침 비바람 서늘하더니, 밭둑의 가을국화 갓난 봉우리[新穎]를 틔웠구나"[8] 할 때의 신영(新穎)이란 갓난 이삭이나 봉우리를 가리킨다. 갓난 이삭이라는 데서 널리 '참신하다'로도 쓰인다. 구상이 참신하다(新穎)"[9]거나, "스타일이 참신하다(新穎)"[10]는 예가 이것이다.

辛 m 신 xīn 맵다.

亲 신 xīn 장작나무.

新 m *신* *xīn* *새롭다.*
親* m 친 qīn 어버이.
親* 친 qìng 사돈.

4) 장병린(章炳麟) <논승용'유신'이자지황류 論承用'維新'二字之荒謬> ; 木之始伐謂之'新'.
5) 마왕퇴한묘백서(馬王堆漢墓帛書) ≪십육경·순도 十六經·順道≫ ; 百姓斬木艾新而各取富焉.
6) ≪남사 南史≫<도연명전 陶淵明傳> ; 助汝薪水之勞.
7) 무명씨·한(無名氏·漢)<고염가 古艷歌> ; 衣不如新, 人不如故.
8) 소식(蘇軾) <신거 新居> ; 數朝風雨涼, 畦菊發新穎.
9) 현대한어(現代漢語) ; 立意新穎.
10) 현대한어(現代漢語) ; 式樣新穎.

59. 방(方) 부

깃발 언(㫃)

①갑골문	②금문	③소전	④해서
			㫃

①은 삼지창 장식이 있는 깃대[Ψ>Ψ>Ψ>方]가 가운데 있고, 오른편에 바람에 날리는 깃발[乁>乁>人>人<入][1]이 있으므로, 군기[㫃>㫃>㫃>㫃]를 나타내는 상형자이며, ②는 ①과 자형이 같다. ③은 삼지창 장식 아래 깃발의 일부가 구성소[人<入]로 나뉜 것이며, ④는 ③이 정형화한 것이다.

언(㫃)의 본래 뜻은 '깃빌'이나 이미 홀자로는 쓰이지 않으며, 다른 자의 구성소로만 쓰인다. 이를 구성소로 하는 글자는 모두 기와 관계가 있다. 기 기(旗), 기 모(旄), 깃발 날리다 패(旆), 기 정(旌), 기 전(旃), 돌다 선(旋) 등이 이것이다.

㫃　언　yǎn　깃발.

乾*	건	gān[2]	마르다.
乾*	건	qián	하늘.
幹	간	gàn	줄기.
翰	한	hàn	깃털. 붓. 문장.
鶾	한	hàn	붉은 닭.
瀚	한	hàn	넓고 큰 모양.

무소기 모(旄)

①갑골문	②금문	③소전	④해서
			旄

---

1) 허신(許愼)은 ≪설문해자 說文解字≫에는 언(㫃), 혹은 간(倝)의 오른곁을 입(入) 자로 쓰고 있음.
2) 건(乾)은, 지금은 쓰이지 않는 '아침햇빛' 간(倝)을 음곁으로 쓴 자이며, 간(倝)은 뜻곁 단(旦) 음곁 언(㫃)의 형성자이다.

②는 뜻결 '깃발'[㫃>㫃>㫃] 아래 음결 모(毛>毛>毛)를 둔 형성자이나, 음결 모(毛>毛)를, 삼지창 아래 장식으로 드리운 것[㫃>㫃]이 무소꼬리털[毛>毛]임을 가리키는 '뜻결'으로 여길 수도 있으므로 회의 겸 형성자이다. ③은 '깃발'[㫃]의 변화 상례를 따라 ②에서 잘못 변형된 것이며, ④는 ③이 정형화한 것이다.

모(旄)의 본래 뜻은 '무소꼬리 깃발'이다. "대장군의 무소 깃발[旄] 앞세운 서방 출정에, 새벽같이 피리 불며 대군 떠난다"[3]는 예가 이것이다. '흑우꼬리 깃발'로 여겨지기도 한다. '무소깃발'이 전쟁 지휘용인 데 반하여 '흑우깃발'은 현자를 초빙할 때 쓰였다 한다. "우뚝도 해라 현자 부르는 흑우깃발[旄], 준읍 땅 교외에서 날린다"[4]는 예가 이것이다.

모두(旄頭)란 '의장대의 선두 기병'을 가리킨다. 다만 "묘성[旄頭]의 별빛 사방에 찼다"[5]는 예에서는 별자리 28수의 서방 7수 가운데 하나인 '묘성(昴星)'으로, 이 별이 유난히 밝은 것을 전쟁의 징조로 여겨, 이를 모두(旄頭)라고도 한 것이다.

毛 m 모 máo 동식물의 털. 깃.

旄 모 máo 옛날, 소의 꼬리털로 장식한 깃발.

나그네 려(旅)

①갑골문	②금문	③소전	④해서
			旅

①은 전차에 세운 군기[㫃>㫃>㫃>㫃] 아래 많은 병사[从>从>从>从]가 이를 따르며 지키는 것으로, 군대[旅>旅>旅>旅]를 가리키는 상형자이다. ②는 수레[車]와 왼쪽에 한 사람[人]이 추가되었고, ③도 ①과 자형이 비슷하며, ④는 ③이 정형화한 것이다.

려(旅)의 본래 뜻은 '군대'이다. "용맹한 군대[旅]를 통솔한다면, 마땅히 천하를 일소할 것이다"[6]라는 예가 이것이다. 널리 군의 '편제 단위'로 쓰이며, 5백 명 단위라고도 하고,[7] 2천 명 단위라고도 한다.[8] "군대를 보내 정벌하니, 그 병력이 10려(旅)의 규모였다"[9]는 예가 이것이다. 군대라는 데서 널리 '대중'이나 '무리'를 가리킨다. "감히 마을 이웃의 대중들[旅]을

3) 잠삼(岑參) <윤태가(輪台歌)> ; 上將擁旄西出征, 平明吹笛大軍行.
4) ≪시경 詩經≫<제풍·간모 齊風·干旄> ; 孑孑干旄, 在浚之郊.
5) 이백(李白) <유주호마객가 幽州胡馬客歌> ; 旄頭[昴星]四光芒.
6) ≪수서 隋書≫<이밀전 李密傳> ; 統驍雄之旅, 宜當廓淸天下.
7) ≪설문해자 說文解字≫<려조 旅條> ; 五百人爲旅.
8) ≪국어 國語≫<제어 齊語> ; 二千人爲旅.
9) 한유(韓愈) <원화성덕시 元和聖德詩> ; 出師征之, 其衆十旅.

번거롭게 하겠습니까?"[10]라는 예가 이것이다. 출정한다는 데서 널리 객지에 '머문다'로도 쓰인다. "그대는 처음에 진사가 되어, 홀로 장안에 머물었다[旅]"[11]는 예가 이것이다. 객지에 머문다는 데서 널리 '나그네'로 쓰인다. "상인과 나그네[旅]가 지나지 않았다"[12]는 예가 이것이다. 머문다는 데서 널리 '여관'으로 쓰이기도 한다. "천지는 만물을 맞이하는 여관[旅]이다"[13]라는 예가 이것이다. 출정한다는 데서, 다시 명산대천에 '나아가 제사한다'는 뜻으로도 쓰인다. "계씨가 태산에 나아가 제사한다[旅]"[14]는 예가 이것이다.

旅 [m] *려* *lǚ* *군사. 나그네.*

膂 려 lǚ 등골뼈.
者 [m] 자 zhě 놈. 사람.

돌다 선(旋)

①갑골문	②금문	③소전	④해서
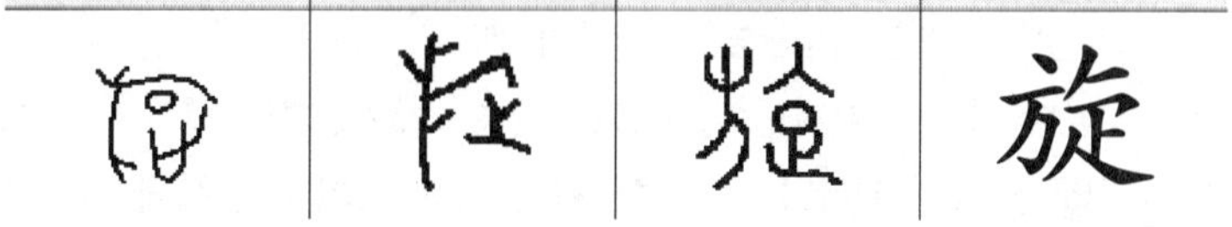			

①은 오른쪽을 향해 나부끼는 깃발[> > >㫃]아래 발[> >疋]을 더하여, 나아가는 방향이 바뀌면 깃발도 쏠리는 방향이 돌므로[ ], '돈다[> > >旋]'는 뜻의 회의자이다. ②는 '발' 소(>疋)가 지(>止)로 바뀌었을 뿐 의미는 같으며, ③은 다시 ①의 자형을 되찾았다. ④는 ③이 정형화한 것이다.

선(旋)의 본래 뜻은 '돈다'이다. "정렬한 별들이 차례로 돌고[旋], 해와 달이 번갈아 비친다"[15]는 예가 이것이다. '돈다'에서 널리 '돌아간다'로 쓰인다. "어느 날 돌아갈런지[旋]도 모른다"[16]는 예가 이것이다. 두서없이 방향이 바뀌어 쏠린다는 데서 널리 '황급히'로도 쓰인다. "쪽머리 단정히 빗고 황급히[旋] 단장한다"[17]는 예가 이것이다. 황급하다는 데서 널리 '곧'으로도 쓰인다. "동탁은 경과 필을 죽이고, 곧[旋] 그도 후회하였다"[18]는 예가 이것이다.

---

10) ≪좌전 左傳≫<소공3년 昭公三年> ; 敢煩里旅?
11) 한유(韓愈) <호량공묘신도비 胡良公墓神道碑> ; 公始以進士, 孤身旅長安.
12) 범중엄(范仲淹) <악양루기 岳陽樓記> ; 商旅不行.
13) 이백(李白) <춘야연도리원서 春夜宴桃李園序> ; 天地萬物之逆旅.
14) ≪논어 論語≫<팔일 八佾> ; 季氏旅於泰山.
15) ≪순자 荀子≫<천론 天論> ; 列星隨旋, 日月遞照.
16) 이상은(李商隱) <행차서교작 行次西郊作> ; 未知何日旋.
17) 원진(元稹) <연창궁사 連昌宮詞> ; 掠削雲鬟旋裝束.
18) ≪후한서 後漢書≫<동탁전 董卓傳> ; 卓旣殺瓊珌, 旋亦悔之.

旋[h] 선 xuán 돌다. 회전하다.*
旋 선 xuàn 도는 모양. <선반 선鏇의 간체자>*

漩 선 xuán 소용돌이.
鏇 선 xuàn 선반. 돌려 깎다.

겨레 족(族)

①갑골문	②금문	③소전	④해서

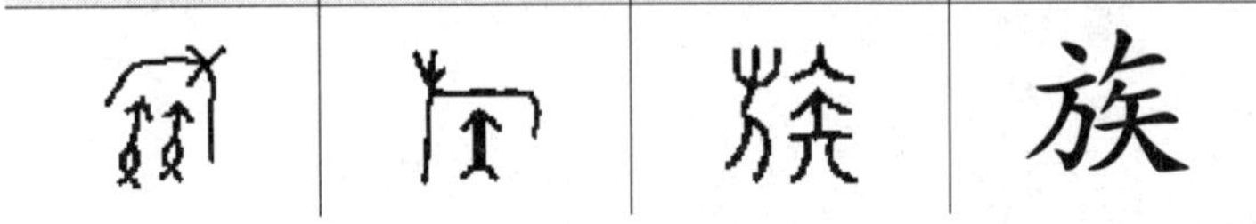

①은 군기[> > > 㫃] 아래 놓인 두 개 화살[> > > 矢]로, 전쟁에 대비한 많은 화살이 모여 있음[> > > 族]을 나타내므로 회의자이다. ②와 ③은 화살이 한 개뿐인 점 외에는 ①과 자형이 같고, ④는 이들이 정형화한 것이다.

족(族)의 본래 뜻은 '모여 있다'이다. "50개들이 화살이 족족 모여있다[族族]"[19]는 예가 이것이다. 다만, 이 뜻은 머지않아 위 뜻곁[竹] 밑음 족[族]의 새 형성자 족(簇)에 분화되어 쓰인다. "벌들 들꽃에 모여[簇] 가늘게 노래한다"[20]는 예가 이것이다. 모인다는 데서 널리 '무리'의 뜻으로 쓰인다. "만물은 무리[族]가 수없이 나뉜다"[21]는 예가 이것이다. 피를 나눈 사람의 무리를 가리켜, '가족'이나 '동족', '민족'의 뜻으로 쓰이기도 한다. "지난해 반란에 고역스럽게도, 온 가족[族]이 남으로 피난했었지"[22]라는 예가 이것이다. "옛것으로 현재를 비판하는 사람은 멸족한다[族]"[23] 할 때는 '일족을 모두 죽인다'는 뜻이다.

화살이 모인 것이라는 데서 널리 '화살촉'의 뜻으로도 쓰였던 것 같다. "지금은 '촉'이라 쓰지만, 옛날에는 족(族)이라 썼다"[24]는 예가 이것이다. 다만 이는 머지않아 왼 뜻곁[金]의 새 형성자 촉(鏃)에 분화되어 쓰인다.

族[m] 족 zú 겨레. 가계. 가족.

蔟 족 cù 누에섶. 모이다.
簇 족 cù 떨기. 무더기.

19) ≪설문해자 說文解字≫<족조 族條> ; 束之族族也.
20) 위장(韋莊) <청월수재탄금 聽越秀才彈琴> ; 蜂簇野花吟細韻.
21) ≪회남자 淮南子≫<숙진 俶眞> ; 萬物百族.
22) 원결(元結) <여양계린리 與瀼溪隣里> ; 昔年苦逆亂, 擧族來南奔.
23) ≪사기 史記≫<진시황본기 秦始皇本紀> ; 以古非今者族.
24) ≪설문해자 說文解字≫<족조 族條> ; 今字用鏃, 古字用族.(段玉裁注)

鏃	족	zú	화살촉. 날카롭다. <'촉'의 관습음도 허용>
鷟	작	zhuó	자색 봉황.
嗾	수	sǒu	개 부리다.

깃발 기(旂)

①갑골문	②금문	③소전	④해서	⑤간체자
			旂	旗

②는 주위를 에워싼 깃발[[illegible]>[illegible]>㫃] 한가운데 음결 근([illegible]>[illegible]>斤)이 있으므로, 군기[[illegible]>[illegible]>旂]를 가리키는 형성자이다.[25] ③은 깃발의 일부가 구성소로 독립된 점 이외에는 ②와 자형이 같다. ④의 이들이 정형화한 것이며, ⑤는 간체자에서 기(旗)에 동화된 자형이다.

기(旂)의 본래 뜻은 '깃발'이다. 방울이 달렸다 하나, '군대의 깃발'을 아울러 이르던 글자이며, 기(旗)와 쓰임이 같다. 깃발(旗)은 정벌을 앞두고 군사를 집합시키던 깃발이어서, 널리 '군대의 깃발'을 가리킨다. "나무를 베면 무기를 만들고, 대를 세우면 군기[旗]를 만든다"[26]는 예가 이것이다. 기(旗)는 널리 '별이름'으로 쓰이기도 하며, '상징'이나 '표지'의 뜻으로도 쓰이나, 이는 기(旂)에는 없는 쓰임이다. "허리 옥띠는 순일한 마음의 상징[旗]이다"[27]라는 예가 이것이다. 간체자로 기(旗)에 동화되므로, 기(旗)의 음결을 보면 아래와 같다.

其*	기	jī	인명에 쓰이는 글자.
其* [m]	기	qí	그의. 그들의.
箕	기	jī	키. 쓰레받기.
基 [m]	기	jī	기초. 토대.
期 [m]	기	qī	만나다. 기간. 약속하다.
欺 [h]	기	qī	속이다. 거짓.
旗 [*h*]	*기*	*qí*	*깃발.*
淇	기	qí	강 이름.
祺	기	qí	복.
琪	기	qí	옥의 일종.
棋	기	qí	장기. 바둑.

25) 기(祈), 기(沂), 기(圻), 기(蚚) 등은 근(斤)을 음결으로 썼지만, 모두 현대음이 '기'임.
26) 가의(賈誼) <과진론 過秦論> ; 斬木爲兵, 揭竿爲旗.
27) ≪좌전 左傳≫<민공2년 閔公二年> ; 佩, 衷之旗也.

棊	기	qí	기棋와 같은 글자.
碁	기	qí	기棋와 같은 글자.
蜞	기	qí	방게.
鯕	기	qí	만새기. 방어.
麒	기	qí	전설상의 기린.
騏	기	qí	털총이. 청흑색의 말.
綦	기	qí	검푸른색. 들메끈.
魌	기	qī	추하다.

60. 기(旡) 부

이미 기(旣)

①갑골문	②금문	③소전	④해서

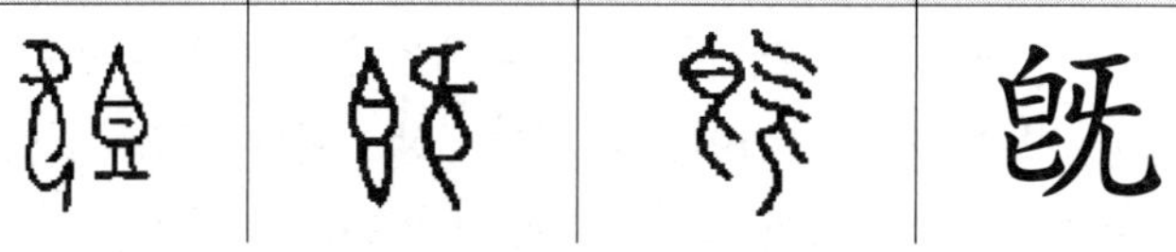

①은 오른곁에 음식이 가득 담긴 식기[…>…>…>皀]를 두고, 사람[…>…>…>旡]이 왼곁에 앉았으나, 식기에서 고개를 돌리고 있으므로, 이미 배불리 먹은 다음[…>…>…>旣]임을 나타내는 회의 겸 오른음 기(…>…>…>旡)의 형성자이다. ②는 식기와 사람의 위치가 바뀌었을 뿐 ①과 자형이 같으며, ③은 음식[…>皀]과 고개 돌린 사람[…>旡]이 모두 잘못 변형되어 이미 식사가 끝난 모양임을 살펴볼 수가 없다. ④는 ③이 정형화한 것이다.

기(旣)의 본래 뜻은 '다 먹었다'이다. "일식이 있어, 해가 다 먹혔다[旣]"[1]는 예가 이것이다. 널리 '다하였다'거나, '끝낸다'는 뜻으로 쓰인다. "말을 채 끝내지[旣] 않아, 웬 늙은 농부가 곁에서 웃었다"[2]는 예가 이것이다. 끝낸다는 데서 널리 '이미'의 뜻으로 쓰인다. "3군이 전투 대형을 이미[旣] 다 갖추자, 병사들에게 죽기를 고향에 돌아가듯 여기게 하였다"[3]는 예가 이것이다. 이미 지난 일을 '기왕지사(旣往之事)'라고 하는 것도 이와 같은 예이다. '이미'라는 데서 '기왕에'의 뜻으로 쓰인다. "기왕에[旣] 노련한 지략도 없었지만, 게다가 건장한 무공조차 없다"[4]는 예가 이것이다.

---

1) ≪춘추 春秋≫<환공3년 桓公三年> ; 日有食之, 旣.
2) 손초(孫樵) <서포성역벽 書褒城驛壁> ; 語未旣, 有老甿笑于旁.
3) ≪한비자 韓非子≫<외저설·좌하 外儲說·左下> ; 三軍旣成陳, 使士視死如歸.

旡 기 jì 숨막히다.

旣 [m] *기* *jì* *이미. 벌써.*

墍 기 jì 벽을 칠하다. 맥질하다.
暨 기 jì 및. 함께. 미치다.
穊 기 jì 배다. 촘촘하다.
漑 개 gài 물대다. 씻다.
槪 [h] 개 gài 평미레.
槩 개 gài 대체적으로.
慨 [h] 개 kǎi 분개하다.
愛 [m] 애 ài 사랑하다.

嬡 애 ài 영애. 남의 딸의 미칭.
曖 애 ài 어두컴컴하다. 애매하다.
薆 애 ài 가리다. 은폐하다.
璦 애 ài 아름다운 옥
靉 애 ài 구름 자욱한 모양.

61. 일(日) 부

해 일(日)

①갑골문	②금문	③소전	④해서

"태양[日]이 서로 지면 달이 다시 동에 뜬다"[1] 할 때의 일(日) 자이다. ①은 태양[>>>日]의 상형자이다. ②와 ③은 ①과 방형과 원형의 차이가 있을 뿐 자형이 비슷하며, ④는 ③이 정형화한 것이다.

일(日)의 본래 뜻은 '태양'이다. "환히 태양[日]이 솟는다"[2]는 예가 이것이다. 널리 '낮'으로

4) ≪국어 國語≫<진어 · 1 晋語 · 一> ; 旣無老謀, 又無壯事.

1) 이백(李白) <고풍 · 28 古風 · 二八> ; 日西月復東.
2) ≪시경 詩經≫<위풍 · 백혜 衛風 · 伯兮> ; 杲杲出日.

쓰인다. "밤으로 낮[日]을 잇는다"[3]라는 예가 이것이다. 다시 '날'로 쓰인다. "하루[一日]도 못 보면, 3년이나 지난듯"[4]이란 예가 이것이다.

일석(日夕)은 '아침과 저녁'이다. "장기 품은 안개며 열기가 아침저녁[日夕] 일어난다"[5]는 예가 이것이다. 다만 "산 기운이 저녁[日夕]이라 아름다우면, 날던 새들 쌍쌍이 돌아오네"[6]에서의 일석(日夕)이란 '하루의 저녁'을 가리킨다. 일변(日邊)이란 태양의 주변이라는 데서 널리 '하늘가'로 쓰이며, 먼 곳을 비유한다. "푸른 산은 양 기슭에 마주 솟았는데, 외로운 돛배 한 척 하늘가에서[日邊]인 듯 돌아오네"[7]라는 예가 이것이다.

일(日)은 부수자이다. 이를 구성소로 하는 글자는 태양과 연관되어 있다. 아침 단(旦), 옛 석(昔), 봄 춘(春), 무리 훈(暈), 아침 조(朝), 밝을 정(晶) 등이 이것이다.

日 [m]	일	rì	해. 태양. 낮. 하루.
馹	일	rì	고대의 역말.
涅	날	niè	검정색 염료용 돌. 검게 물들이다.
鈤	일	rì	게르마늄Ge.
捏	날	niē	빚다. 날조하다. 손가락으로 집다.

아침 단(旦)

①갑골문	②금문	③소전	④해서
			旦

"아침[旦]에 부모님 하직하고, 저녁에 황하 강가에 잠든다"[8] 할 때의 단(旦) 자이다. ①은 해[>日]가 타원의 지면[]에 솟아, 흡사 바다의 일출을 보는 듯하므로 아침[>>>旦]을 나타내는 상형자이다. ②는 ①과 자형이 비슷하다. ③은 지면이 지평선[—]으로 변했을 뿐, ①, ②와 자형이 같으며, ④는 ③이 정형화한 것이다.

단(旦)의 본래 뜻은 아침이다. "뜬눈으로 아침[旦]을 맞는다"[9]는 예가 이것이다. 단석(旦

3) ≪맹자 孟子≫<이루·하 離婁·下> ; 夜以繼日.
4) ≪시경 詩經≫<왕풍·채갈 王風·采葛> ; 一日不見, 如三秋兮.
5) 한유(韓愈) <조주자사사상표 潮州刺史謝上表> ; 毒霧瘴氛, 日夕發作.
6) 도연명(陶淵明) <음주 飮酒> ; 山氣日夕佳, 飛鳥相與還.
7) 이백(李白) <망천문산 望天門山> ; 兩岸青山相對出, 孤帆一片日邊來.
8) <목란시 木蘭詩> ; 旦辭爺娘去, 暮宿黃河邊.
9) ≪한서 漢書≫<유향전 劉向傳> ; 不寐達旦.

夕)이란 '조석'이며, 단단(旦旦)이란 '날마다'이다. "내 이웃들에게 날마다[旦旦] 이런 근심이 있는 데에야 어찌 비하리?"10)라는 예가 이것이다. 다만, "성심으로[旦旦] 맹세한다"11)는 예에서는 '간절하다'는 뜻이다.

旦	*h*	*단*	*dàn*	*아침.*
胆		단	dǎn	<쓸개 담膽의 속자>
但	m	단	dàn	다만. 오직.
袒		단	tǎn	웃통을 벗다.
鉭		단	tǎn	탄탈Ta.
靼		단	dá	다룸 가죽. 부드러운 가죽.
疸		달	dǎn	황달.
妲		달	dá	여자의 이름.
怛		달	dá	슬프다. 근심하다.
炟		달	dá	불이 일다.
笪		달	dá	뜸. 대자리.

밝다 명(明)

①갑골문	②금문	③소전	④해서
			明

①은 왼편의 달[>月]과 오른편의 해[>日]가 낮과 밤을 번갈아 밝히므로, 밝다[>>>明]는 뜻의 회의자이다. ②는 해[]가 창문[><囱]으로 잘못 변형되었으나, 창문에 비치는 달이 밤을 밝힌다는 회의사임에는 변동이 없다. ③은 ②와 구성소가 같으나, ④는 ①이 정형화한 것으로, 구성소의 위치만 바뀌었을 뿐이다.

명(明)의 본래 뜻은 '밝다'이다. "하늘에 있으면서 해나 달보다 밝은 것[明]은 없다"12)는 예가 이것이다. 밝다는 데서 널리 '분명하다'로 쓰인다. "옳고 그름이 분명하지[明] 않다"13)는 예가 이것이다. 다시 널리 '현명하다'거나 '명석하다'로 쓰인다. "현명한[明] 제왕은 천하를 다스릴 때, 법에 따라 다스리고, 공에 따라 상을 준다"14)는 예가 이것이다. "총명(聰明)"이란

10) 유종원(柳宗元) <포사자설 捕蛇者說> ; 豈若吾鄉鄰之旦旦有是哉?
11) ≪시경 詩經≫<위풍·맹 衛風·氓> ; 信誓旦旦.
12) ≪순자 荀子≫<천론 天論> ; 在天者莫明于日月.
13) ≪순자 荀子≫<정명 正名> ; 是非之形不明.

'기억력과 분별력이 뛰어남'을 가리키는 말로 '귀 밝고, 눈 밝다[明]"[15]는 데서 유래하여 널리 쓰이는 말이다.

明 m *명* *míng* *밝다.*

萌 맹 méng 싹.

盟 h 맹 méng 맹세하다.

옛 석(昔)

①갑골문	②금문	③소전	④해서
			昔

①은 해[⊖>⊝>⊟>日] 아래 고기[≋>⺈⺈>巛>艹]를 말리고 있으므로, '마른고기[𦥍>𦣻>𦥍>昔]'를 가리키는 회의자이다. ②는 위치가 상하로 바뀌었을 뿐, ①과 구성소가 같으며, ③은 마른고기[⺈⺈]가 양의 뿔[巛]처럼 변한 것 외에는 ②와 자형이 같다. ④는 ③이 정형화한 것이다.

석(昔)의 본래 뜻은 '마른고기'이다. 이는 머지않아 새 형성자 석(腊)에 분화되고, 고기가 마르면서 이미 '오래되었다'로 쓰인다. "오래된[昔] 활대에 아교를 입히는 것은, 트집간 활을 바로잡기 위해서이다"[16]라는 예가 이것이다. 오래되었다는 데서 널리 '예전'의 뜻으로 쓰인다. "예전에[昔] 상앙은 진나라의 재상이었다"[17]는 예가 이것이다. 오래되었다는 데서 널리 '끝'으로 쓰인다. "초여름 끝[昔]이면, 냉이 같은 풀이 마르고, 보리가 수확된다"[18]는 예가 이것이다. 다시 널리 '밤'으로 쓰인다. "밤새[昔] 잠 못 이룬다"[19]는 예가 이것이다. 대개 '지난밤'을 가리키는 점에서 다가오는 저녁인 '석(夕)'과 구분되기도 한다. 예컨대, '금석(今夕)'은 당일 밤을 가리키지만, 금석(今昔)은 '지난밤', 곧 '어젯밤'을 가리킨다. "어젯밤[今昔] 꿈에 제가 그것을 받았습니다"[20]라는 예가 이것이다. 금석(今昔)은 '오늘과 옛날'로도 쓰인다. '오늘과 옛날을 대비하는 감회'를 "금석지감(今昔之感)"이라 하는 예가 이것이다. 석석(昔昔)이란 '밤마다'이다. "밤마다[昔昔] 꿈에 남의 하인이 되었다"[21]는 예가 이것이다.

---

14) ≪상군서 商君書≫<군신 君臣> ; 明王之治天下也, 緣法而治, 按功而賞.
15) ≪관자 管子≫<제분 制分> ; 聽耳明目.
16) ≪사기 史記≫<전경중완세가 田敬仲完世家> ; 弓膠昔幹, 所以爲合也.
17) ≪염철론 鹽鐵論≫<비앙 非鞅> ; 昔商(鞅)君相秦.
18) ≪여씨춘추 呂氏春秋≫<임지 任地> ; 孟月之昔, 殺三葉而獲大麥.
19) ≪장자 莊子≫<천운 天運> ; 通昔不寐.
20) ≪여씨춘추 呂氏春秋≫<박지 博志> ; 今昔臣夢受之.

昔 *m*	*석*	*xī*	*옛날. 이전.*
惜 m	석	xī	아끼다. 불쌍히 여기다.
腊	석	xī	말린 고기. 햇볕에 말리다.
蜡*	사	zhà	연말에 올리던 납향 제사.
蜡*	랍	là	<밀랍 랍蠟의 간체자>
齰	색	zé	깨물다. 씹다.
碏	작	què	얼룩 돌.
鵲	작	què	까치.
踖	적	jí	밟다.
耤	적	jí,jiè	친경하다.
厝	조	cuò	놓아두다. 안치하다.
措	조	cuò	배치하다. 놓아두다.
錯 h	착	cuò	뒤섞여 복잡하다.
唶	차	jiè	탄식·찬미하는 소리.
借 m	차	jiè	꾸다. 빌려주다.
醋	초	cù	식초. 술 권하다.

봄 춘(春)

①갑골문	②금문	③소전	④해서
			春

①을 보면, 왼편의 상하 양쪽은 풀[屮]이고 가운데는 해[⊙>日]로, 태양이 동쪽에 뜨자 푸른 풀이 싹틈을 그려 대지에 봄[屮]이 돌아왔음을 나타낸 것이니 이는 회의자이나. 왼편은 뜻 부분으로, 해[⊙>日]가 봄 풀[屮] 속에 있다는 뜻이며, 오른편은 음결 둔(屯>屯)인 점은 형성자이기도 하니 회의 겸 형성자이다.[22] ②는 위치에 비교적 큰 변화가 일어나 음부분의 둔(屯>屯)이 중간으로 옮겨졌다. ③도 대체로는 ②와 같지만 둔(屯>屯)이 오른쪽으로 곡선을 그리고 있다. ④는 ③이 정형화한 것이나, 초(艸>艸)와 둔(屯>屯)이 잘못 결합하여, 서로 근원을 달리하는 태(泰)나 진(秦), 용(舂), 주(奏)의 윗부분[夫]과 동화되면서, 원래 뜻을 전혀 찾을 수 없어졌다.

---

21) ≪열자 列子≫<주목왕 周穆王> ; 昔昔夢爲人僕.
22) 둔(屯)은 순(純)의 본래자이므로, 춘(春)과 음이 비슷했을 것을 알 수 있음.

춘(春)의 본래 뜻은 '봄'이다. "봄[春]에 밭 갈고 여름에 김매며, 가을에 추수하고 겨울에 갈무리한다"[23]는 예가 이것이다. 널리 '해'나 '나이'를 가리킨다. "18세[春] 시골 소녀"[24]라는 예가 이것이다. 봄이라는 데서 널리 '꽃피운다'로 쓰인다. "병든 나무 앞에서 수목마다 꽃피운다[春]"[25]는 예가 이것이다. 꽃피운다는 데서 널리 '술'을 가리킨다. "애석하다, 그 많던 금릉의 술[春]이 없어, 함께 봉황대 위에 올라 취하지 못 하니"[26]는 예가 이것이다. 당나라 때 사람들은 이름난 술에 곧잘 무슨 춘(春)이라 이름을 붙였다고 한다.

춘정(春情)이란 '봄날 정경'이다. "봄날 정경[春情] 버들빛에 실려 오고, 새들 지저귐 매화 속에서 퍼진다"[27]는 예가 이것이다. 다만 "현 위에 상념을 실어, 꽃 속에서 정욕[春情]을 부친다"[28]는 예에서는 남녀의 '정욕'을 가리킨다.

춘추(春秋)란 '봄과 가을'이다. "봄가을[春秋]이면 좋은 날이 많아, 높은 산에 올라 새 시를 짓는다"는 예가 이것이다. 봄가을이란 데서 널리 '해'나 '나이'를 가리킨다. "지금 초나라 왕은 나이[春秋]가 많다"[29]는 예가 이것이다.

춘(春)은 용(舂)과 자형이 비슷하나 자음, 자의가 모두 다른 점, 주의해야 한다. 용(舂)은 밑이 절구[臼]이며, '쌀을 찧는다'는 뜻이다.

春 [m] *춘 chūn* *봄.*

蝽 춘 chūn 노린재.
鰆 춘 chūn 줄삼치. 재방어.
椿 춘 chūn 참죽나무.
蠢 준 chǔn 벌레가 꿈틀거리다.

별 성(星)

①갑골문	②금문	③소전	④해서
			星

"반짝반짝 작은 별[星星]"[30] 할 때의 성[星] 자이다. ①은 가온음 생[屮>㞢>生>生] 양옆

23) ≪순자 荀子≫<왕제 王制> ; 春耕, 夏耘, 秋收, 冬藏.
24) 조부경(趙符庚) <등시사 燈市寺> ; 鄕裏少女十八春.
25) 유우석(劉禹錫) <수낙천 酬樂天> ; 病樹前頭萬木春.
26) 고계(高啓·明) <객사우중 客舍雨中> ; 恨無百斛金陵春, 同上鳳凰臺上醉.
27) 소자범(蕭子範 · 梁) <춘망고의 春望古意> ; 春情寄柳色, 鳥語出梅中.
28) 왕융(王融 · 齊) <영비파 詠琵琶> ; 絲中傳意緖, 花裏寄春情.
29) ≪전국책 戰國策≫<초책 · 4 楚策 · 四> ; 今楚王之春秋高矣.

昔 m 석 xī 옛날. 이전.

惜 m	석	xī	아끼다. 불쌍히 여기다.
腊	석	xī	말린 고기. 햇볕에 말리다.
蜡*	사	zhà	연말에 올리던 납향 제사.
蜡*	랍	là	<밀랍 랍蠟의 간체자>
齰	색	zé	깨물다. 씹다.
碏	작	què	얼룩 돌.
鹊	작	què	까치.
踖	적	jí	밟다.
耤	적	jí,jiè	친경하다.
厝	조	cuò	놓아두다. 안치하다.
措	조	cuò	배치하다. 놓아두다.
錯 h	착	cuò	뒤섞여 복잡하다.
唶	차	jiè	탄식·찬미하는 소리.
借 m	차	jiè	꾸다. 빌려주다.
醋	초	cù	식초. 술 권하다.

봄 춘(春)

①갑골문	②금문	③소전	④해서
			春

①을 보면, 왼편의 상하 양쪽은 풀[屮]이고 가운데는 해[⊙>日]로, 태양이 동쪽에 뜨자 푸른 풀이 싸튼을 그려 대지에 봄[屯]이 돌아왔음을 나타낸 것이니 이는 회의자이다. 왼편은 뜻 부분으로, 해[⊙>日]가 봄 풀[屮] 속에 있다는 뜻이며, 오른편은 음결 둔(屯>屯)인 점은 형성자이기도 하니 회의 겸 형성자이다.[22] ②는 위치에 비교적 큰 변화가 일어나 음부분의 둔(屯>屯)이 중간으로 옮겨졌다. ③도 대체로는 ②와 같지만 둔(屯>屯)이 오른쪽으로 곡선을 그리고 있다. ④는 ③이 정형화한 것이나, 초(艸>艸)와 둔(屯>屯)이 잘못 결합하여, 서로 근원을 달리하는 태(泰)나 진(秦), 용(舂), 주(奏)의 윗부분[夫]과 동화되면서, 원래 뜻을 전혀 찾을 수 없어졌다.

---

21) ≪열자 列子≫<주목왕 周穆王> ; 昔昔夢爲人僕.

22) 둔(屯)은 순(純)의 본래자이므로, 춘(春)과 음이 비슷했을 것을 알 수 있음.

춘(春)의 본래 뜻은 '봄'이다. "봄[春]에 밭 갈고 여름에 김매며, 가을에 추수하고 겨울에 갈무리한다"[23]는 예가 이것이다. 널리 '해'나 '나이'를 가리킨다. "18세[春] 시골 소녀"[24]라는 예가 이것이다. 봄이라는 데서 널리 '꽃피운다'로 쓰인다. "병든 나무 앞에서 수목마다 꽃피운다[春]"[25]는 예가 이것이다. 꽃피운다는 데서 널리 '술'을 가리킨다. "애석하다, 그 많던 금릉의 술[春]이 없어, 함께 봉황대 위에 올라 취하지 못 하니"[26]는 예가 이것이다. 당나라 때 사람들은 이름난 술에 곧잘 무슨 춘(春)이라 이름을 붙였다고 한다.

춘정(春情)이란 '봄날 정경'이다. "봄날 정경[春情] 버들빛에 실려 오고, 새들 지저귐 매화 속에서 퍼진다"[27]는 예가 이것이다. 다만 "현 위에 상념을 실어, 꽃 속에서 정욕[春情]을 부친다"[28]는 예에서는 남녀의 '정욕'을 가리킨다.

춘추(春秋)란 '봄과 가을'이다. "봄가을[春秋]이면 좋은 날이 많아, 높은 산에 올라 새 시를 짓는다"는 예가 이것이다. 봄가을이란 데서 널리 '해'나 '나이'를 가리킨다. "지금 초나라 왕은 나이[春秋]가 많다"[29]는 예가 이것이다.

춘(春)은 용(舂)과 자형이 비슷하나 자음, 자의가 모두 다른 점, 주의해야 한다. 용(舂)은 밑이 절구[臼]이며, '쌀을 찧는다'는 뜻이다.

春 m	*춘*	*chūn*	*봄.*
蝽	춘	chūn	노린재.
䲠	춘	chūn	줄삼치. 재방어.
椿	춘	chūn	참죽나무.
蠢	준	chǔn	벌레가 꿈틀거리다.

별 성(星)

①갑골문	②금문	③소전	④해서

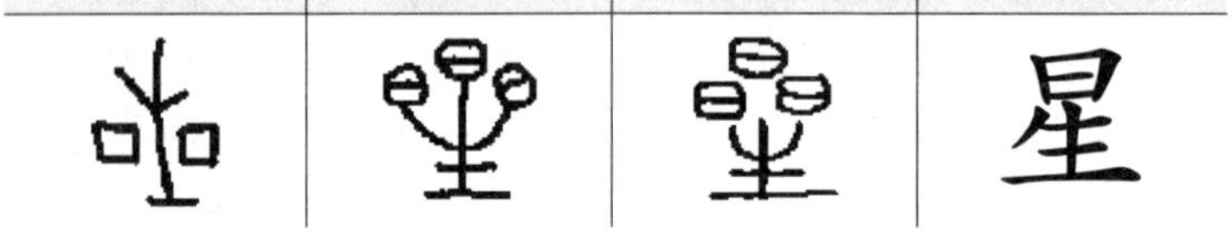

"반짝반짝 작은 별[星星]"[30] 할 때의 성[星] 자이다. ①은 가온음 생[[illegible]>[illegible]>[illegible]>生] 양옆

23) ≪순자 荀子≫<왕제 王制> ; 春耕, 夏耘, 秋收, 冬藏.
24) 조부경(趙符庚) <등시사 燈市寺> ; 鄕裏少女十八春.
25) 유우석(劉禹錫) <수낙천 酬樂天> ; 病樹前頭萬木春.
26) 고계(高啓·明) <객사우중 客舍雨中> ; 恨無百斛金陵春, 同上鳳凰臺上醉.
27) 소자범(蕭子範 · 梁) <춘망고의 春望古意> ; 春情寄柳色, 鳥語出梅中.
28) 왕융(王融 · 齊) <영비파 詠琵琶> ; 絲中傳意緖, 花裏寄春情.
29) ≪전국책 戰國策≫<초책 · 4 楚策 · 四> ; 今楚王之春秋高矣.

뜻 상형부호의 별[]로, 별[>>>星]을 가리키는 형성자이다. ②는 위뜻 별[] 밑음 생[>生]의 형성자로, 별의 상형부호[]가 일(>日)로 바뀌고, 배열도 ①과 다르기는 하나, 구성소가 비슷하며, ③은 ②와 자형이 같다. ④는 별[日]을 한 개만 썼을 뿐, ③이 정형화한 것이다.

성(星)의 본래 뜻은 '별'이다. "뭇 별[星]이 순행하고, 해와 달이 번갈아 비친다"[31]는 예가 이것이다. 별이란 데서 널리 '유성같이 빠르다'는 뜻으로 쓰인다. "모든 말들이 유성처럼[星] 내달았다"[32]는 예가 이것이다. 다시 널리 5행의 별, 수(水), 목(木), 금(金), 화(火), 토(土)를 총칭하는 말로도 쓰인다. "하늘의 별자리를 도맡아 관찰하며, 5행성[星]과 28수, 해와 달의 운행 상황을 기록하였다"[33]는 예가 이것이다.

生	m	생	shēng	낳다.
星	*m*	*성*	*xīng*	*별.*
惺		성	xīng	영리하다. 슬기롭다.
猩		성	xīng	성성이.
腥		성	xīng	날고기나 생선 따위의 비린 것.
醒		성	xǐng	깨다. 술이 깨다.

무리 훈(暈)

①갑골문	②금문	③소전	④해서	⑤간체자
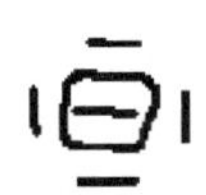			暈	晕

①은 가운데 태양[>日]을 두고 주위에 해무리[]가 그려진 상형자이다. ③은 위뜻 해[>日] 밑음 군(>軍)의 형성자로 바뀐 것이며, ④는 ③이 정형화한 것이다. ⑤는 ④를 간략히 쓴 것이다.

훈(暈)의 본래 뜻은 '해무리'나 '달무리'이다. "해와 달의 주위를 무리[暈]가 에워쌌다"[34]는 예가 이것이다. 무리는 흐릿한 기운이라는 데서 '눈이 침침하다'거나 '아찔하다'는 뜻으로 쓰인다. "눈앞이 침침하여[暈] 자주 책을 놓았다"[35]는 예가 이것이다. 현대중국어에 "어지럽

---

30) 동요(童謠)<작은별 小星星> ; 一閃一閃小星星.
31) ≪순자 荀子≫<천론 天論> ; 列星隨旋, 日月遞炤.
32) 두광정(杜光庭 · 前蜀) <황태자연제장 皇太子宴諸將> ; 萬馬星馳.
33) ≪주례 周禮≫<춘관·보장씨 春官·保章氏> ; 掌天星, 以志星辰日月之變動.
34) ≪한비자 韓非子≫<비내 備內> ; 日月暈圍于外.

다(頭暈)”거나 “차멀미(暈車)”니, “배멀미(暈船)”니 하는 것은 모두 같은 예이다.

음결이 같은 자들의 체계는 차(車) 부의 군사 군(軍) 자를 참조.

맑다 정(晶)

①갑골문	②금문	③소전	④해서

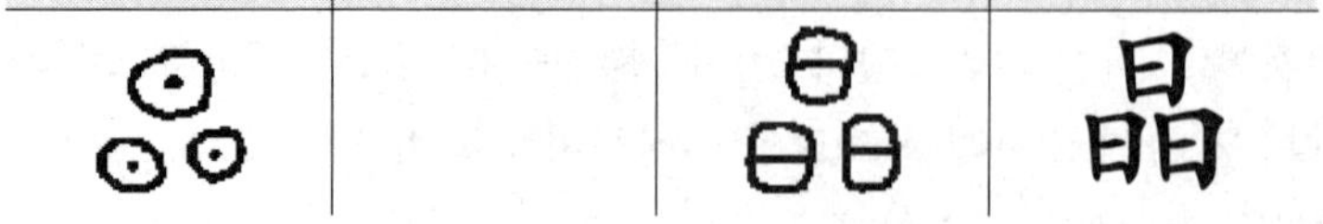

①은 별이 빛나는 모양으로, 그 빛이 맑다[☉☉☉>晶>晶]는 뜻의 회의자이다. ③은 ①과 자형이 같으며, ④는 ③이 정형화한 것이다.

정(晶)의 본래 뜻은 ‘맑다’이다. “8월 서늘한 바람에 하늘 해맑고[晶], 만리에 구름 한 점 없이 황하, 한수는 환하다”[36]는 예가 이것이다. 맑다는 데서 널리 맑은 ‘결정체’를 가리킨다. “민중들의 희망이 결정체[晶]를 이루었다”[37]는 예가 이것이다.

정정(晶晶)이란 ‘밝은 모양’이다. “달빛이 하얗게 흐르며, 밝게[晶晶] 넘친다”[38]는 예가 이것이다.

晶　　정 jīng　　밝다. 빛나다. 수정.

62. 왈(曰) 부

말하다 왈(曰)

①갑골문	②금문	③소전	④해서

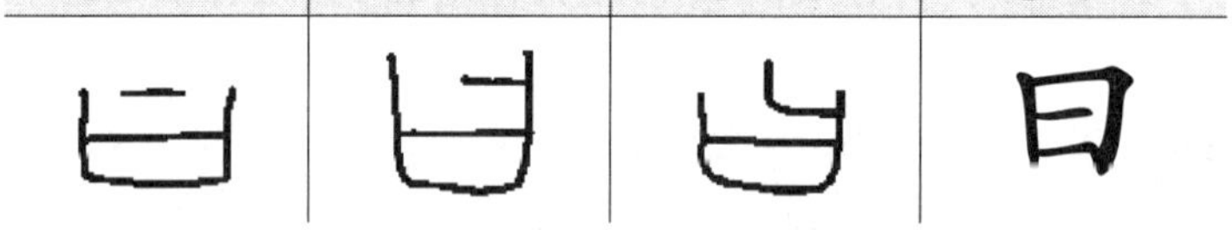

①은 아래는 입[ㅂ>口]이며, 위의 가로획은 말할 때 움직이는 혀[一]의 상형부호로 말한다[曰>曰>曰>曰]는 뜻의 지사자이다. ②와 ③은 ①과 자형이 비슷하며, ④는 이들이 정형화한

35) 요합(姚合) <한거 閑居> ; 眼暈放書多.

36) 송지문(宋之問) <명하편 明河篇> ; 八月涼風天氣晶, 萬里無雲河漢明.

37) 장극가(臧克家) <아문종우득도료타 我們終于得到了它> ; 人民的希望結了晶.

38) 구양첨(歐陽詹) <추월부 秋月賦> ; 皎皎搖搖, 晶晶盈盈.

것이다.

왈(曰)의 본래 뜻은 '말한다'이다. "손자가 말하기를[曰] 전쟁이란 국가의 대사이다"1)라는 예가 이것이다. 널리 '부른다'로 쓰인다. "이름하여 피리라고 불렀다[曰]"2)는 예가 이것이다. 널리 '이다'의 뜻으로도 쓰인다. "첫째는 물이요[曰], 둘째는 불이며[曰], 셋째는 나무이다[曰]"3)라는 예가 이것이다. 약화되어서 의미없이 쓰이기도 한다. "나 동산에서 [曰] 돌아가리라, 서쪽 고향 생각나면 슬퍼진다"4)는 예가 이것이다. 문장 첫머리에도 의미없이 쓰인다. "나는 숙부를 배웅하며, [曰] 위수의 북쪽에 이르렀다"5)라는 예가 이것이다. 왈(曰)과 위(謂)는 모두 '말한다'는 뜻이지만, 왈(曰)이 뒷 내용과 이어져서만 쓰이는 데 반하여 위(謂)는 뒷 내용 없이도 쓰이는 점이 다르다. 더구나, 왈(曰)은 어기사로 쓰일 수 있지만, 위(謂)는 어기사로 쓰이지 않는다.

왈(曰)은 부수자이다. 이를 구성소로 하는 글자는 모두 말[言]과 연관이 있다. 어찌 갈(曷), 글 서(書), 유창할 답(沓) 등이 이것이다.

乙	m	을	yǐ	새.
曰	*m*	*왈*	*yuē*	*말하다.*
厄	h	액	è	재앙. 불행. 멍에.
戹		액	è	재난. 요해처.
失	m	실	shī	잃다. 실수하다. 어기다.
扎*		찰	zhā	침이나 가시 등으로 찌르다.
扎*		찰	zhá	참다. 견디어 내다. 발버둥치다.
扎*		찰	zā	묶다. 매다. 몰래 이간질하다.
札		찰	zhá	편지. 패.

모이다 회(會)

①갑골문	②금문	③소전	④해서	⑤간체자

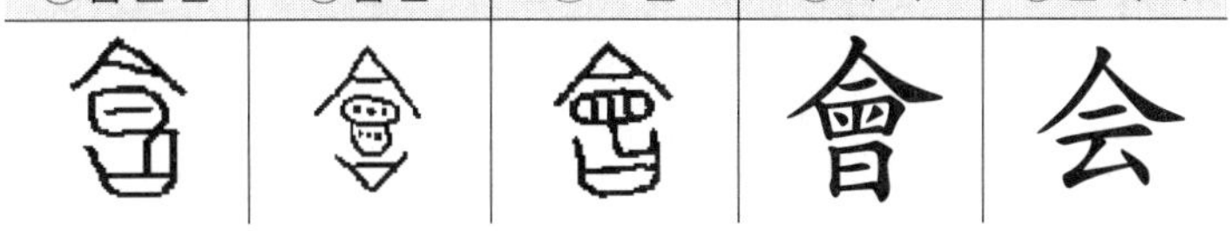

①은 위는 뚜껑[[illegible]>[illegible]>亼], 아래는 그릇[[illegible]>[illegible]>[illegible]>曰]인데, 가운데 담긴 곡식[[illegible]>

1) ≪손자병법 孫子兵法≫<계편 計篇> ; 孫子曰, 兵者國之大事.
2) 마융(馬融) <장저부 長笛賦> ; 定名曰笛.
3) ≪서경 書經≫<홍범 洪範> ; 一曰水, 二曰火, 三曰木.
4) ≪시경 詩經≫<빈풍 · 동산 豳風 · 東山> ; 我東曰歸, 我心西悲.
5) ≪시경 詩經≫<진풍 · 위양 秦風 · 渭陽> ; 我送舅氏, 曰至渭陽.

> >]이 있다. 뚜껑이 그릇을 덮어 곡식이 모였다[> > >會]는 뜻의 회의자이다. ②와 ③은 ①과 자형이 비슷하며, ④는 이들이 정형화한 것이다. ⑤는 초서를 간체자 삼은 것이다.

회(會)의 본래 뜻은 '합한다'이다. 식기를 합한다는 데서 널리 '뚜껑'을 가리키기도 한다. "신위의 식사를 시중하는 이에게 식기뚜껑[會]을 열도록 명령한다"[6]는 예가 이것이다. 뚜껑을 덮어 모아둔다는 데서 널리 '모인다'로 쓰인다. "귀빈이 사방에서 모였다[會]"[7]는 예가 이것이다. '모인다'에서 널리 '만난다'로 쓰인다. "유라는 곳에서 군왕과 만났다[會]"[8]는 예가 이것이다. 다시 널리 '모임'을 가리키기도 한다. 때를 만난다는 데서 널리 '때마침'으로 쓰이기도 한다. "때마침[會] 이 날 큰 비가 내렸다"[9] 는 예가 이것이다. 모인다는 데서 널리 '일정 기간의 출납을 묶어 셈한다'는 뜻으로도 쓰인다. 다만 이 때는 음이 바뀌므로, 현대중국어에 '회계(會計)'는 콰이지(kuàijì)라 읽는 점 주의해야 한다.

會 m 회 huì 모이다. 모으다.*
會 회 kuài[10] 합계하다. 통계하다. 틈사이.*

繪 회 huì 그림을 그리다. 채색하다.
檜* 회 huì 사람이나 나라 이름.
檜* 회 guì[11] 전나무.
薈 회 huì 초목이 무성한 모양.
澮* 회 huì 강 이름.
澮* 회 kuài[12] 봇도랑.
膾 회 kuài[13] 얇게 썬 생선.
鄶 회 kuài 나라 이름.
獪 회 kuài 교활하다.

6) ≪의례 儀禮≫<사우례 士虞禮> ; 命佐食啓會.
7) 완적(阮籍) <영회 咏懷> ; 嘉賓四面會.
8) ≪사기 史記≫<유후세가 留侯世家> ; 與上會留.
9) ≪사기 史記≫<진섭세가 陳涉世家> ; 會天大雨.
10) 회(會)의 중국음 kuài는 우리 음 '괴'에 상당하나, 이미 '회'를 관습음으로 씀.
11) 회(檜)의 중국음 guì는 우리 음 '괄'에 상당하나, 이미 '회'를 관습음으로 씀.
12) 회(澮)와 아래 회(獪)의 중국음 kuài는 우리 음 '쾌'에 상당하나, 이미 '회'를 관습음으로 씀.
13) 회(膾)와 아래 회(鄶)의 중국음 kuài는 우리 음 '괴'에 상당하나, 이미 '회'를 관습음으로 씀.

63. 월(月) 부

달 월(月)

①갑골문	②금문	③소전	④해서
			月

①은 반달[>月]로, 상형자이다. ②는 ①과 자형이 비슷하나, 속에 짧은 세로획[ı]이 늘었다. 달의 무늬로 보이는 이 간단한 상징은 상형자의 사실성을 높일 뿐 아니라, 자형이 비슷한 다른 글자와 차별시켜주는 역할도 한다. ③은 이미 사실성보다 구성미에 치중하여 달임을 알기가 어려우며, ④는 ③이 정형화한 것이다.

월(月)은 본래 뜻이 '달'이다. "수양버들 언덕에 새벽바람 불고 달[月]은 희미하다"1)는 예가 이것이다. 널리 달의 주기를 기준한 '시간단위'를 가리킨다. "3월[月]에는 태양의 황도가 항성인 영실수[정성]와 위치가 겹쳐있게 된다"2)는 예가 이것이다. 달이라는 데서 다시 널리 '달빛'을 가리킨다. "달빛[月] 거느린 채 호미 매고 돌아온다"3)는 예가 이것이다.

월제(月題)란 고삐걸이 머리장식으로 말의 이마에 장치한 반달 모양 고리이다. "이마걸이[月題]를 매어 말을 다스린다"4)는 예가 이것이다.

월(月)은 부수자이다. 이를 구성소로 하는 글자는 모두 달, 또는 밝기와 관련이 있다. 밝다 랑(朗), 초하루 삭(朔) 등이 이것이다.

음결이 같은 자는 도(刀) 부 발꿈치 벨 월(刖) 자를 참조.

옷 복(服)

①갑골문	②금문	③소전	④해서
			服

①은 왼곁은 왼쪽으로 꿇어앉은 사람[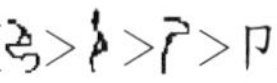]이며, 오른곁은 손[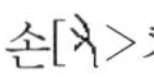>又]이어서, 손으

1) 유영(柳永·宋) <우림령 雨霖鈴> ; 楊柳岸曉風殘月.
2) ≪예기 禮記≫<월령 月令> ; 孟春之月, 日在營室[定星].
3) 도잠(陶潛) <歸園田居·3수 歸園田居·三> ; 帶月荷鋤歸.
4) ≪장자 莊子≫<마제 馬蹄> ; 齊之以月題.

로 죄인을 제압하여 복종시킨다[𢼄>𠬝>服>服]는 뜻의 회의자이다. ②는 '사공을 따른다'는 뜻결[舟>舟]을 왼편에 더하여, 새 회의 겸 형성자를 이룬 것이다. ③은 꿇어앉은 사람[卩>卩]과 손[又>又]을 상하로 배치[𠬝>𠬝]하여 구성미에 치중하였으나, 이미 꿇어앉은 사람은 형상을 알아보기가 어렵다. ④는 배[舟]가 달[月]에 동화되었을 뿐, ③이 정형화한 것이다.[5]

복(服)의 본래 뜻은 '복종시킨다'이다. "호랑이에게서 개를 복종시킬[服] 수 있게 한 것은 발톱과 이빨이다"[6]라는 예가 이것이다. 복종시킨다는 데서 널리 '순종한다'로 쓰인다. "무기를 사용하지 않아도 천하가 순종한다[服]"[7]는 예가 이것이다. 순종한다는 데서 널리 '종사한다'로 쓰인다. "농부는 조상부터 가꾼 밭의 두둑과 이랑에 종사한다[服]"[8]는 예가 이것이다. 신체에 종사한다는 데서 널리 '옷'을 가리키기도 한다. "나는 어려서부터 이 기이한 복장[服]을 즐겼다"[9]는 예가 이것이다. 옷이란 데서 널리 '상복', 혹은 '상복을 입는다'는 뜻으로 쓰인다. "때마침 중유는 상복[服] 차림 중이었다"[10]는 예가 이것이다.

복억(服臆)이란 '가슴에 새긴다'는 뜻이다. "찾아 구하고 살펴 읽기를 가슴에 새겨[服臆] 잊지 말라"[11]는 예가 이것이다. 다만 "탄식이 나고 억장이 막힌다[服臆]"[12]는 예에서는 '억장이 막힌다'는 뜻이다. 다만, 이는 머지않아 '가슴 막힌다'는 뜻의 픽(腷) 자에 분화되었으므로, 이를 服臆(픽억)이라 읽는 점 주의해야 한다.

服 ⓜ	*복*	*fú*	*옷. 의복. 복종하다.*
鵩	복	fú	부엉이과의 새.
箙	복	fú	화살을 넣는 전동.
菔	복	fú	먹는 무.

아침 조(朝)

①갑골문	②금문	③소전	④해서
	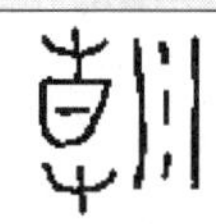	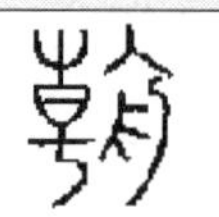	

5) 해서(楷書)에, 복(服), 붕(朋) 등에 쓰인 월(月<舟・鳳) 자는 안을 점으로 쓰고, '달' 월(月)이나 '육달' 월(月<肉)은 안을 선으로 써서 구분하려는 경향도 있었으나, 간체화 이후는 이를 인정하지 않음.
6) ≪한비자 韓非子≫<2병 二柄> ; 夫虎所以能服狗者, 爪牙也.
7) ≪순자 荀子≫<왕제 王制> ; 甲兵不勞而天下服.
8) 반고(班固) <서도부 西都賦> ; 農服先疇之畎畝.
9) 굴원(屈原) <구장・섭강 九章・涉江> ; 余幼好此奇服兮.
10) ≪사기 史記≫<위기무안후열전 魏其武安侯列傳> ; 會仲孺有服.
11) 왕충(王充) ≪논형・별통 論衡・別通≫ ; 求索觀讀, 服臆不舍.
12) ≪사기 史記≫<편작창공열전 扁鵲倉公列傳> ; 噓唏服臆.

"아침[朝]에 백제성 고운 구름 사이로 떠나"13)라고 할 때의 조(朝) 자이다. ②의 왼편 조(𠦝>早)는 아침의 뜻이면서 음결인데, 태양[日>日]을 가운데 두고 위에서 풀[屮>屮>十]이 이를 덮어 저녁[𠦝>卓]을 포괄하므로, 오른편의 강[川>川]이 아침저녁으로 불어나고 줄어드는 조수[潮>𣶃>朝]를 나타내는 회의 겸 음결 조(𠦝>早)의 형성자이다. ③은 ②의 오른편 강[川]이 배[舟]와 깃발[㫃]로 잘못 변형되어 다시 음결 주[舟>月<舟]의 형성자로 바뀐 것이며, ④는 ③에서 깃발[㫃]이 없어지고 배[舟<舟]가 배[月]로 정형화한 것이다.

조(朝)의 본래 뜻은 '조수'이다. 이는 머지않아 새 형성자 조(潮)에 분화되고, 조수가 밀리는 방향이 있다는 데서 널리 '향한다'로 쓰인다. "대세가 어디로 향하는가에 따라, 그들의 의견도 그곳을 향한다[朝]"14)는 예가 이것이다. 향한다는 데서 군왕을 '알현한다'로 쓰인다. "제후가 천자를 알현하는[朝] 것을 '국정보고'라 한다"15)는 예가 이것이다. 다시 널리 알현하는 장소, 곧 '조정'을 가리킨다. "조정[朝]에서 보고를 들어도 기쁘지 않았다"16)는 예가 이것이다. 조정(朝廷)이란 천자나 제후를 알현하는 장소가 건물 바깥이라면, 신하는 뜰에 도열하게 되므로 이를 정(廷)이라 한 데서 유래한 것이다. 조정에서 조회가 열리는 때, 즉 '아침'을 가리키기도 한다. "하루 아침[朝] 하루 저녁의 연고 때문이 아니라, 그 원인이 차츰 쌓인 것이다"17)라는 예가 이것이다. 아침이란 데서 널리 '때'를 가리킨다. "한 때[朝]의 홧김에, 처지를 잊을 뿐만 아니라 부모자식조차 잊는다면, 미혹된 것이 아니겠느냐?"18)라는 예가 이것이다.

舟	h	주	zhōu	배.
*朝**	*m*	*조*	*cháo*	*조정. 알현하다.*
*朝**	*m*	*조*	*zhāo*	*아침. 하루 날.*
嘲*		조	cháo	비웃다. 조롱하다.
嘲*		조	zhāo	새가 지저귀다.
潮	h	조	cháo	조수. 조류. 추세.
廟	h	묘	miào	사당. 사찰.

13) 이백(李白) <조발백제성 早發白帝城> ; 朝辭白帝彩雲間.
14) 파금(巴金) ≪탐색집·재론설진화 探索集·再論說眞話≫ ; 風吹向哪裏, 他們的嘴就朝着哪裏.
15) ≪맹자 孟子≫<양혜왕·하 梁惠王·下> ; 諸侯朝於天子曰述職.
16) 사마천(司馬遷) <보임소경서 報任少卿書> ; 聽朝不怡.
17) ≪역경 易經≫<곤괘 坤卦> ; 非一朝一夕之故, 其所由來者漸矣.
18) ≪논어 論語≫<안연 顔淵> ; 一朝之忿, 忘其身以及其親, 非惑與?

64. 목(木) 부

나무 목(木)

①갑골문	②금문	③소전	④해서
			木

"이름난 수목[木]을 심었다"[1] 할 때의 목(木) 자이다. ①은 위는 가지[屮]이고 아래는 뿌리[𣎳]인 나무[木>木>木>木]이므로, 상형자이다. ②와 ③은 ①과 자형이 비슷하며, ④는 이들이 정형화한 것이다.

목(木)의 본래 뜻은 식물로서의 '수목'이다. "수목[木]에 좀이 쓸더라도, 사나운 바람이 없다면 꺾이지는 않는다"[2]는 예가 이것이다. '수목'에서 널리 '잎'을 가리키기도 한다. "가없이 지는 잎[木] 우수수 지고, 끝없는 양자강 도도히 흐른다오"[3]라는 예가 이것이다. 널리 '목재'의 뜻으로 쓰이기도 한다. "목재[木]는 곧기가 먹줄에 부합하여도, 증기에 찌면서 굽히면 수레바퀴가 된다"[4]는 한 예가 이것이다. '나무'의 뜻으로도 쓰인다. 수목과 목재뿐만 아니라 모든 용도의 나무를 포괄한 것이다. "세 길 되는 나무[木]를 수도의 저자거리 남문에 세웠다"[5]는 예가 이것이다.

비유적으로 쓰인 경우도 많다. 예컨대, "큰 강을 건너면 이로우니, 뗏목[木]을 타면 효과가 있다"[6]는 예는 '뗏목'을 비유한 것이며, "경화는 '인간 세계에 귀양 온지 30여년, 오늘 기한이 이미 찼습니다' 하더니 관[木]에 올라 스스로 속으로 들어갔다"[7]는 예에서는 '관'을 비유한 것이다.

"주발은 위인 됨이 소박하고[木] 성실하다"[8]는 예에서 목(木)은 나무의 본바탕, 즉, '올곧으면서 잡스럽지 않은' 측면에다 비유한 것이므로 이를 '소박하다'고 이해하는 것이 보다 구체적이지만, "요즘 학생들은 꼭 나무[木] 같은 아이들이 많다"[9]는 예에서 목(木)은 나무의 또 다른 바탕, '딱딱하여 융통성 없는' 측면에다 비유한 것이므로, 이를 '미련하다'거나 '멍청하

1) 한유(韓愈) <유주라지묘비 柳州羅池廟碑> ; 樹以名木.
2) ≪한비자 韓非子≫<망정 亡征> ; 木雖蠹, 無疾風不折.
3) 두보(杜甫) <등고 登高> ; 無邊落木蕭蕭下, 不盡長江滾滾來.
4) ≪순자 荀子≫<권학 勸學> ; 木直中繩, 輮以爲輪.
5) ≪사기 史記≫<상군열전 商君列傳> ; 立三丈之木於國都市南門.
6) ≪주역 周易≫<환괘 渙卦> ; 利涉大川, 乘木有功.
7) ≪요재지이 聊齋志異≫<악중(樂仲)> ; (瓊華曰)謫人間三十餘年, 今限已滿. 遂登木自入.
8) ≪사기 史記≫<강후주발세가 絳侯周勃世家> ; 勃爲人木彊敦厚.
9) 노신(魯迅) ≪서신집 書信集≫<치조취인 致曹聚仁> ; 近來的學生, 好像木的頗多了.

다'고 이해하는 것이 보다 구체적이다.

이와 달리, "멍청하기가 나무로 만든[木] 닭 같다"[10]는 예에서 목(木)이란 '나무로 만든다'는 뜻이다.

목(木)은 부수자이다. 목(木)을 구성소로 하는 글자는 대개 수목과 관계있다. 근본 본(本), 끝 말(末), 붉다 주(朱), 묶다 속(束), 쪼개다 석(析), 과실 과(果) 등이 이것이다.

木 [*m*] *목* *mù* *나무.*

沐 목 mù 머리를 감다.
蚞 목 mù 쓰르라미.

霂 목 mù 가랑비.

근본 본(本)

①갑골문	②금문	③소전	④해서

①은 수목[…>木]이며, 아래 뿌리 부분의 작은 원[…]들은 그곳이 뿌리[…>…>…>本]임을 가리키는 지사부호로, 지사자이다. ②는 원[…]이 점[···]으로 바뀌었을 뿐, 자형이 같으며, ③은 ②의 지사부호 점[···]들이 한 선[–]에 이어졌을 뿐, 자형이 같다. ④는 이들이 정형화한 것이다.

본(本)의 본래 뜻은 '뿌리'이다. "수목의 뿌리[本]를 두드리면, 온갖 가지와 잎이 흔들리는 비유와 같다"[11]는 예가 이것이다. '뿌리'에서 널리 '기반'으로 쓰인다. "제가 듣기로 용병술은 계략을 기반[本]으로 합니다"[12]라는 예가 이것이다. 기반이라는 데서 널리 '주체'나 '중심'을 가리킨다. "양식은 민중의 하늘이며, 농사는 정치의 중심[本]이다"[13]라는 예가 이것이다. 어떤 상황의 중심이라는 데서 널리 '자기'나, '지금' 등을 가리킨다. "늘그막에 이르러 자기[本] 나라로 돌아왔다"[14]는 예가 이것이다. 출판된 곳이나 소장된 곳을 근거 삼아 말하다 보니, 책의 '판본'을 가리키기도 한다. "촉군 판본[本]의, 자형이 큰 책은 모두 뛰어난 판본[本]이다"[15]라는 예가 이것이다. 판본이란 데서 널리 '책'을 가리킨다. "책[本]을 채 못 구하자

---

10) 포송령(蒲松齡) ≪요재지이·촉직 聊齋志異·促織≫ ; 蠢若木鷄.
11) ≪후한서 後漢書≫<이고전 李固傳> ; 猶叩樹本, 百枝葉動也.
12) ≪한서 漢書≫<조충국전 趙充國傳> ; 臣聞兵以計爲本.
13) 왕융(王融)<영명9년책수재문 永明九年策秀才文> ; 食爲民天, 農爲政本.
14) ≪열자 列子≫<주목왕 周穆王> ; 及老而還本國.

외운 대로 썼는데, 한 자도 빠뜨리지 않았다"[16]는 예가 이것이다.

本 ⓜ 본 běn 근본.

苯	분	běn	풀 떨기로 나다.
笨	분	bèn	거칠다. 조잡하다.
体*	분	bèn	용렬하다.
体*	체	tǐ	<몸 체體의 속자>
鉢	발	bō	바리때. 사발.

끝 말(末)

①갑골문	②금문	③소전	④해서

②는 나무[米>木] 줄기, 혹은 가지 끝에, 그곳이 끝임을 가리키는 지사부호 점[ˉ]을 더한, 지사자이다. ③은 지사부호 점[ˉ]이 가로획[一]으로 변형하였을 뿐 ②와 자형이 같고, ④는 이들이 정형화한 것이다.

말(末)의 본래 뜻은 '가지 끝'이다. "가지 끝[末]이 굵으면 꺾어야만 한다"[17]는 예가 이것이다. 널리 '끝'을 가리킨다. "명철하기가 가을철 터럭의 끝[本]을 살필 만하다"[18]는 예가 이것이다. 뿌리가 주체이며 나뭇가지 끝은 딸린 것이라는 관점에서 다시 널리 '하찮은 것'을 가리킨다. "근본을 버리고 하찮은 것[末]을 따른다"[19]는 예가 그것이다. 농민은 자신들의 근본인 농업에 비하여 '상공업'을 하찮은 것으로 여겨, 널리 '상공업'을 가리키기도 한다. "근본에 종사할 뿐, 상공업[末]에 참여하지 못 하게 한다면, 국가가 부강해질 것이다"[20]라는 예가 이것이다.

말(末)과 미(未)는 혼동하지 말아야 한다. 말(末)은 위 가로획이 길고 미(未)는 아래 가로획이 길다. 누이 매(妹), 어둡다 매(昧), 낯씻다 회[沬 huì], 혹은 어둑어둑하다 매(沬 mèi), 잠자다 매(寐) 등은 미(未)를 쓴 자들이고, 꼴 말(秣), 거품 말(沫), 말리 말(茉), 버선 말(袜), 바르다 말(抹) 등은 말(末)을 쓴 자들이니, 혼동하지 않도록 주의해야 한다.

---

15) 장호(張淏) ≪운곡잡기 · 의응2자 雲谷雜記 · 疑凝二字≫ ; 蜀本大字書皆善本.
16) 유속(劉餗) ≪수당가화 · 중 隋唐嘉話 · 中≫ ; 未及求本, 乃暗書之, 一字無失.
17) ≪좌전 左傳≫<소공 · 11년 昭公 · 十一年> ; 末大必折.
18) ≪맹자 孟子≫<양혜왕 · 상 梁惠王 · 上> ; 明足以察秋毫之末.
19) ≪한서 漢書≫<식화지 食貨之> ; 棄本逐末.
20) ≪상군서 商君書≫<일언 壹言> ; 事本而禁末者, 富.

末 m *말* *mò* *끝.*

抹*	말	mā	닦다. 문지르다.
抹*	말	mǒ	바르다. 지우다.
抹*	말	mò	발라 고르다. 가볍게 누르다. 돌리다.
沫	말	mò	거품.
茉	말	mò	풀 이름.
妹	말	mò	여자의 자字.
秣	말	mò	여물. 사료. 가축의 먹이.
靺	말	mò	버선.
袜*	말	mò	허리띠. 두렁이. 마소의 뱃대끈.
袜*	말	wà	양말. 버선.

붉다 주(朱)

①갑골문	②금문	③소전	④해서
			朱

"붉은[朱] 대문에는 술과 고기안주 냄새 풍긴다"[21] 할 때의 주(朱) 자이다. ①은 수목[木]의 가운데에 한 점 지사부호[•]로 나무의 중심을 가리켜, 솔이나 잣 같은 나무가 속이 붉음[朱>朱>朱>朱]을 가리키므로,[22] 지사자이다. ②와 ③은 점[•]이 가로획[一]으로 바뀌었을 뿐, ①과 자형이 같다. ④는 ③이 정형화하면서 왼쪽 나뭇가지를 삐침(ˊ)으로 써서 미(未) 자와 자형을 구분하였다.

주(朱)의 본래 뜻은 '붉다'이다. "겉은 검게 불늘이고, 안은 붉세[朱] 칠한다"[23]는 예가 이것이다. 주문(朱門)이란 '붉은 옻칠한 대문'으로 삼공이나 제후에게 하사한 특권이므로 제후나 귀족을 상징하였다. 주호(朱戶)라고도 쓴다.

주유(朱儒)란 '난장이'를 가리킨다. "난장이[朱儒]는 키가 세 자 남짓하다"는 예가 이것이다.[24] 주유(朱儒)는 대개 주유(侏儒)로 쓰여 지기도 한다.

朱 m *주* *zhū* *붉다.*

21) 두보(杜甫) <自京赴奉先縣咏懷五百字> ; 朱門酒肉臭.
22) ≪설문해자 說文解字≫<목부 木部> ; 赤心木, 松柏屬.
23) ≪한비자 韓非子≫<십과 十過> ; 墨染其外, 而朱畫其內.
24) ≪한서 漢書≫<동방삭전 東方朔傳> ; 朱儒長三尺餘.

侏	주	zhū	난장이. 광대.
株 h	주	zhū	그루. 포기.
珠 h	주	zhū	진주.
誅	주	zhū	베다. 죽이다.
蛛	주	zhū	거미.
硃	주	zhū	주사.
銖	수	zhū	중량 단위[1량의 24분의 1].
洙	수	zhū	강 이름.
茱	수	zhū	산수유나무의 열매.
殊 h	수	shū	다르다. 틀리다.
姝	주	shū	예쁘다.

묶다 속(束)

①갑골문	②금문	③소전	④해서
			束

①은 가운데 겹쳐 쌓인 세 개의 장작[米]이 있고, 이를 새끼줄[口>⊂⊃>口]로 묶었으므로, 묶는다[朿>朿>朿>束]는 뜻의 회의자이다. ②는 장작[米]이 나무[木>木>木]로 변형되었을 뿐, ①과 자형이 비슷하며, ③은 ②와 자형이 비슷하다. ④는 ③이 정형화한 것이다.

속(束)의 본래 뜻은 '묶는다'이다. "그 나라의 형세로는 감히 그대를 머물게 하지 못하니, 그대를 묶어[束] 조나라로 돌려보낼 것이다"[25]라는 예가 이것이다. 다시 널리 '단속한다'로 쓰인다. "몸을 단속하며[束] 스스로 수양한다"[26]는 예가 이것이다. 단속한다는 뜻에서 다시 널리 '속박한다'거나 '억매인다'로 쓰인다. "허둥지둥 세속에 집착하고, 어리석게 정감에 얽매인다[束]"[27]는 예가 이것이다.

속(束)과 자(朿)는 다른 자이다. 속(束)은 가운데가 닫힌 방형(口)이고, 자(朿)는 가운데가 열린 방형[冂]이다. 자(朿)를 구성소로 하는 글자는 뾰족한 끝이 있는 물건과 관계 있다. 찌르다 자(刺), 가시나무 극(棘) 같은 글자들이 있다.

束 h *속* *shù* *묶다. 동이다.*

---

25) ≪사기 史記≫<염파인상여열전 廉頗藺相如列傳> ; 其勢不敢留君, 束君歸趙.
26) ≪후한서 後漢書≫<탁무전 卓茂傳> ; 束身自修.
27) 제갈량(諸葛亮) <계외생서 誡外生書> ; 碌碌滯於俗, 默默束於情.

末 ⓜ 말 mò　　끝.

抹*	말	mā	닦다. 문지르다.
抹*	말	mǒ	바르다. 지우다.
抹*	말	mò	발라 고르다. 가볍게 누르다. 돌리다.
沫	말	mò	거품.
茉	말	mò	풀 이름.
妺	말	mò	여자의 자字.
秣	말	mò	여물. 사료. 가축의 먹이.
靺	말	mò	버선.
袜*	말	mò	허리띠. 두렁이. 마소의 뱃대끈.
袜*	말	wà	양말. 버선.

붉다 주(朱)

①갑골문	②금문	③소전	④해서
			朱

"붉은[朱] 대문에는 술과 고기안주 냄새 풍긴다"21) 할 때의 주(朱) 자이다. ①은 수목[朩]의 가운데에 한 점 지사부호[•]로 나무의 중심을 가리켜, 솔이나 잣 같은 나무가 속이 붉음[朩>米>朱>朱]을 가리키므로,22) 지사자이다. ②와 ③은 점[•]이 가로획[一]으로 바뀌었을 뿐, ①과 자형이 같다. ④는 ③이 정형화하면서 왼쪽 나뭇가지를 삐침(ˊ)으로 써서 미(未) 자와 자형을 구분하였다.

주(朱)의 본래 뜻은 '붉다'이다. "겉은 검게 물들이고, 안은 붉게[朱] 칠한다"23)는 예가 이것이다. 주문(朱門)이란 '붉은 옻칠한 대문'으로 삼공이나 제후에게 하사한 특권이므로 제후나 귀족을 상징하였다. 주호(朱戶)라고도 쓴다.

주유(朱儒)란 '난장이'를 가리킨다. "난장이[朱儒]는 키가 세 자 남짓하다"는 예가 이것이다.24) 주유(朱儒)는 대개 주유(侏儒)로 쓰여 지기도 한다.

朱 ⓜ 주 zhū　　붉다.

---

21) 두보(杜甫) <自京赴奉先縣咏懷五百字> ; 朱門酒肉臭.
22) ≪설문해자 說文解字≫<목부 木部> ; 赤心木, 松柏屬.
23) ≪한비자 韓非子≫<십과 十過> ; 墨染其外, 而朱畫其內.
24) ≪한서 漢書≫<동방삭전 東方朔傳> ; 朱儒長三尺餘.

侏	주	zhū	난장이. 광대.
株 [h]	주	zhū	그루. 포기.
珠 [h]	주	zhū	진주.
誅	주	zhū	베다. 죽이다.
蛛	주	zhū	거미.
硃	주	zhū	주사.
銖	수	zhū	중량 단위[1량의 24분의 1].
洙	수	zhū	강 이름.
茱	수	zhū	산수유나무의 열매.
殊 [h]	수	shū	다르다. 틀리다.
姝	주	shū	예쁘다.

묶다 속(束)

①갑골문	②금문	③소전	④해서

①은 가운데 겹쳐 쌓인 세 개의 장작[⋇]이 있고, 이를 새끼줄[口>⊂⊃>口]로 묶었으므로, 묶는다[⋇>⋇>⋇>束]는 뜻의 회의자이다. ②는 장작[⋇]이 나무[木>木>木]로 변형되었을 뿐, ①과 자형이 비슷하며, ③은 ②와 자형이 비슷하다. ④는 ③이 정형화한 것이다.

속(束)의 본래 뜻은 '묶는다'이다. "그 나라의 형세로는 감히 그대를 머물게 하지 못하니, 그대를 묶어[束] 조나라로 돌려보낼 것이다"[25]라는 예가 이것이다. 다시 널리 '단속한다'로 쓰인다. "몸을 단속하며[束] 스스로 수양한다"[26]는 예가 이것이다. 단속한다는 뜻에서 다시 널리 '속박한다'거나 '억매인다'로 쓰인다. "허둥지둥 세속에 집착하고, 어리석게 정감에 얽매인다[束]"[27]는 예가 이것이다.

속(束)과 자(朿)는 다른 자이다. 속(束)은 가운데가 닫힌 방형(口)이고, 자(朿)는 가운데가 열린 방형[冂]이다. 자(朿)를 구성소로 하는 글자는 뾰족한 끝이 있는 물건과 관계 있다. 찌르다 자(刺), 가시나무 극(棘) 같은 글자들이 있다.

束 [h] 속 shù　　묶다. 동이다.

---

25) ≪사기 史記≫<염파인상여열전 廉頗藺相如列傳> ; 其勢不敢留君, 束君歸趙.
26) ≪후한서 後漢書≫<탁무전 卓茂傳> ; 束身自修.
27) 제갈량(諸葛亮) <계외생서 誡外生書> ; 碌碌滯於俗, 默默束於情.

涑	속	sù	행구다.
速 m	속	sù	빠르다.
觫	속	sù	곱송그리다.
餗	속	sù	죽. 솥 안에 든 음식물.
悚*	송	sóng	마음이 약하다. 겁이 많다.
悚*	송	sǒng	두려워하다. 무서워하다.

수풀 림(林)

①갑골문	②금문	③소전	④해서
		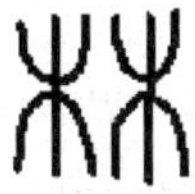	林

①은 나란히 선 두 그루 나무로 '나무가 많음', 곧 숲[>>>林]을 상징한 회의자이다. ②는 ①과 자형이 같고, ③은 직선이 곡선으로 변했을 뿐, ①, ②와 자형이 같다. ④는 이들이 정형화한 것이다.

림(林)의 본래 뜻은 '숲'이다. "매인 새는 옛 숲[林]을 그리워하고, 갇힌 물고기는 옛 연못을 그리워한다"[28]는 예가 이것이다. 나무가 많다는 데서 널리 '밀집한 모양의 비유'로 쓰인다. "학문으로 등용된 사람들이 조정의 오른쪽에 숲처럼[林] 섰다"[29]는 예가 이것이다. 다시 널리 '사람이나 사물의 무리'를 비유한다. "선비는 이 다섯 가지를 지닌 다음에나 세상에 몸을 맡겨 군자의 무리[林]에 설 수 있다"[30]는 예가 이것이다. 유림(儒林)이나 예림(藝林)이라 할 때의 림(林)이 모두 이것이다.

임리(林離)란 '많아서 끊이지 않는 모양'이다. "죽죽 뿌린다"[31]는 예가 이것이다. 오늘날은 끊이지 않는 모양을 물[水]에 비유함으로써 이를 임리(淋漓)라 표기한다. 림(淋)은 림(林)에서 분화된 새 형성자임을 알 수 있다.

林 m	*림*	*lín*	*숲. 수풀.*
淋*	림	lín	물을 뿌리다.
淋*	림	lìn	여과하다.
霖	림	lín	장마.

28) 도잠(陶潛)<귀원전거 歸園田居> ; 羈鳥戀舊林, 池魚思故淵.
29) ≪명사 明史≫<儒林傳序> ; 以文學登用者, 林立朝右.
30) ≪한서 漢書≫<사마천전 司馬遷傳> ; 士有此五者, 然後可以托于世而列于君子之林矣.
31) 사마상여(司馬相如) <대인부 大人賦> ; 灑以林離.

琳	림	lín	아름다운 옥.
禁*	금	jīn	견디다. 감당하다.
禁*	금	jìn	금지하다. 금하다.

쪼개다 석(析)

①갑골문	②금문	③소전	④해서

①은 왼편은 나무[> > >木]이고 오른편은 도끼[> > >斤]여서, 도끼로 나무를 쪼갠다[> > >析]는 뜻이므로 회의자이다. ②는 오른편 도끼[ ]의 도끼날[ ]이 자루[ ]와 분리되어 도끼임을 알아보기 어려울 뿐, ①과 구성소는 같으며, ③은 구성미에 치중하느라 도끼[ ]의 모양을 아예 찾아 볼 수가 없다. ④는 ③이 정형화한 것이다.

석(析)의 본래 뜻은 '나무를 쪼갠다'이다. "장작을 쪼개려면[析] 어찌 해야지? 도끼 아니면 안 되지요"[32]라는 예가 이것이다. 널리 '가른다'로 쓰인다. "심장을 나누고 간을 가른다[析][33]는 예가 이것이다. 다시 널리 '분석한다'로 쓰인다. "놀라운 글은 함께 감상하고, 의심스런 뜻은 서로 분석한다[析]"[34]는 예가 이것이다.

"삭풍 찬 기운에 쇠딱다기[金柝] 소리 들린다"[35] 할 때의 금탁[金柝]에서 탁(柝)이란 '딱다기'를 가리키며, 석(析)과는 전혀 다른 자이므로 혼동하지 말아야 한다.

析 h	*석*	*xī*	*나누다. 쪼개다.*
淅	석	xī	쌀을 일다.
晳	석	xī	분명하다.
蜥	석	xī	도마뱀.

32) ≪시경 詩經≫<제풍・남산 齊風・南山> ; 析薪如之何? 匪斧不克.
33) 추양(鄒陽) <옥중에서 자신을 해명하려 올린 글 獄中上書自明> ; 剖心析肝.
34) 도연명(陶淵明) <이거 移居> ; 奇文共欣賞, 疑義相與析.
35) ≪악부시집・횡취곡사 樂府詩集・橫吹曲辭≫<목란시 木蘭詩> ; 朔氣傳金柝.

열매 과(果)

①갑골문	②금문	③소전	④해서
			果

①은 수목의 가지 위에 주렁주렁 열린 열매[>>>果]를 하나하나 그린 상형자이다. ②는 수목 위의 과일을 가지까지 전체로 조망하여 많음을 나타낸 상형자이다. ③은 구성미를 고려한 자형이고, ④는 ③이 정형화한 것이다.

과(果)의 본래 뜻은 '열매'이다. "백성들은 열매[果]와 박, 대합과 조개를 먹는다"[36]는 예가 이것이다. 다만, 오이[瓜]나 박[蓏] 같은 덩굴줄기 열매와 달리 수목 위의 열매를 가리킨다. '열매'의 뜻은 머지않아 과(菓)에 분화되고, 과(果)는 널리 '결과'나 '성과'를 가리킨다. "채 성과[果] 없이, 병을 얻어 삶을 마쳤다"[37]는 예가 이것이다. 열매는 속이 찬다는 데서 널리 '채운다'거나 '불린다'는 뜻으로 쓰인다. "손가락으로 집을 만큼만 삼켜도, 천 년은 배가 부르다[果]"[38]는 예가 이것이다.

"요임금의 두 딸이 순임금을 시중하였다[果]"[39]는 예에서는 음이 특이해서 와(果)라 읽는다. 이는 머지않아 '시중든다' 와(婐)에 분화된 자이기 때문이다. 과(果)의 현대중국어 음은 꾸어(guǒ)이지만, 와(婐)의 현대중국어 음은 워(wǒ)이다.

果 m 과 guǒ 과실. 열매.

猓 과 guǒ 긴꼬리원숭이.
菓 과 guǒ 과일. 열매.
餜 과 guǒ 떡. 밀경단.
蜾 과 gǔo 나나니벌.
裹 과 gǔo 싸다. 싸매다.
稞 과 kē 쌀보리.
窠 과 kē 둥지.
顆 과 kē 낟알. 방울.
髁 과 kē 뼈의 돌기.
錁 과 kè 띠치장. 덩어리.
課 m 과 kè 수업. 강의.

36) ≪한비자 韓非子≫<오두 五蠹> ; 民食果蓏蚌蛤.
37) 도잠(陶潛) <도화원기 桃花源記> ; 未果, 尋病終.
38) 공상임(孔尙任) ≪도화선 · 입도 桃花扇 · 入道≫ ; 呑盈掬之玉粒, 腹果千春.
39) ≪맹자 孟子≫<진심 · 하 盡心 · 下> ; 二女果.

騍	과	kè	암말.
踝	과	huái	복사뼈.
倮	라	luǒ	알몸.
裸	라	luǒ	벌거벗다.
躶	라	luǒ	발가벗다.

동쪽 동(東)

①갑골문	②금문	③소전	④해서	⑤간체자

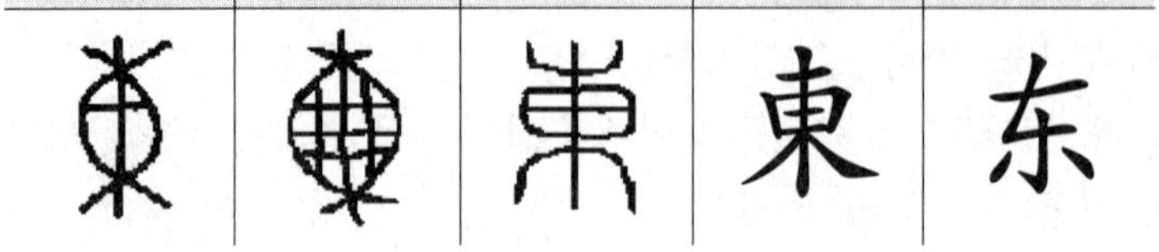

①은 물건을 모아 넣고 양끝을 묶은 커다란 자루이므로, '물건[東>東>東>東]'을 가리키는 상형자이다.[40] ②는 ①과 자형이 대개 비슷하다. ③은 구성미에 치중하느라 이미 양끝을 묶은 물건 자루의 형상을 찾아볼 수 없다. ④는 ③이 정형화한 것이고, ⑤는 초서를 간체자로 삼은 것이다.

동(東)의 본래 뜻은 '물건'이다. 물건을 현대중국어에 똥시(東西 dōngxi)라 하는 예가 이것이다. 물건이라는 데서 널리 물건의 '주인'을 가리킨다. 역시 현대중국어에 집주인을 황똥(房東 fángdōng)이라 하는 예가 이것이다. 손님이 오면 집주인이 동쪽에 앉으므로, 널리 '동쪽'을 가리킨다. 이득을 앞세워 편리한 데로만 행동하는 것을 비꼬아 "동쪽[東] 남자 집에서 밥을 먹고, 서쪽 남자 집에서 잠을 잔다"[41]고 한 말이 이것이다. 재미있는 사실은, 방위를 가리키는 네 글자가 모두 본래 뜻에서 확산되어 널리 쓰이는 과정에 방위를 가리키게 된 글자라는 점이다. 서(西>西)는 둥지 위에 새가 '깃든다'가 본래 뜻인 글자이다. 남(南>南)은 나무가 무성히 '우거졌다'가 본래 뜻인 글자이며, 북(北>北)은 두 사람이 등을 마주대고 '등진다'가 본래 뜻인 글자라는 점이 그것이다.

해가 뜨는 동쪽이 바라보이는 곳은 상대적으로 높고 귀한 자리였으므로, 옛날은 제왕이나 상군이 고문을 모시면 서쪽에 앉혀 동쪽을 바라보게 하여 존경의 뜻을 나타내었다. 댁에 모신 스승을 서석(西席), 혹은 서빈(西賓)이라 존칭한 것이 이 때문이다.

---

40) 동(東) 자를 해[日]와 수목[木]의 회의자로 인식하여, '해가 수목의 중간쯤에 떠오르는 곳이므로 동방을 가리킨다'고 여겨온 이전의 해석은 한(漢)나라 때의 허신(許愼) 이래 지켜져 온 관점이다. 허신(許愼)의 혜안에도 불구하고, 진(秦)나라 시황을 위시한 '전통 경시'의 풍조로 인한 '문화 단절'이 낳은 한계를 극복하지 못 한 대표적인 예가 바로 이 동(東) 자의 풀이임.

41) 응소(應劭) <풍속통 風俗通> ; 東家食, 西家宿.

중국의 전통가옥은 사방이 집채로 에워싸인 형태이므로 사합원(四合院)이라 한다. 입구[門洞] 맞은편 주인 부부가 사는 곳을 정방(正房)이라 하며, 딸들이 사는 오른쪽 곁채를 서상방(西廂房), 아들들이 사는 왼쪽 곁채를 동상방(東廂房)이라 한다. 동상(東廂)이란 '동쪽에 난 곁채'를 가리킨다. "희 태부가 사위를 구하자, 왕 승상은 '그대 동상(東廂)으로 가 마음대로 고르시게' 하였다"[42]는 예가 이것이다. 이에 반하여 원(元) 나라 때의 소설 ≪서상기 西廂記≫는 여인들의 서쪽 곁채인 서상을 중심소재로 서술한 글임을 알 수 있다.

東 *m* *동 dōng* *동쪽.*

蝀	동	dōng	무지개.
鶇	동	dōng	지빠귀. 티티새.
凍 h	동	dòng	얼다.
棟	동	dòng	마룻대.

동(東)을 음곁으로 하는 자들 가운데 무겁다 중(重)을 2단계 바탕음곁으로 쓰는 자들은 뒷쪽 립(立) 부의 아이 동(童) 자를 참조하고, 다시 아이 동(童) 자를 3단계 바탕 음곁으로 쓰는 기타 자들은 뒷쪽 룡(龍) 부의 용 룡(龍) 자를 참조.

어둡다 묘(杳)

①갑골문	②금문	③소전	④해서
			杳

②는 위의 수목[木>木>木] 아래 태양[日>日>日]이 있어, 태양이 이미 나무 밑에 졌으므로, 어둡다[杳>杳>杳]는 뜻이 회의자이다. ③은 ②와 자형이 같으며, ④는 이늘이 정형화한 것이다.

묘(杳)의 본래 뜻은 '어둡다'이다. "사물은 색채가 어두워[杳] 분간할 수가 없다"는 예가 이것이다. 어둡다는 데서 널리 높거나 깊어서 '아득하다'로 쓰인다. "연못 속에 잠긴 듯 아득하다[杳]"[43]는 예가 이것이다. 아득하다는 데서 다시 '사라진다'로 쓰인다. "옛날 그 터에 선학은 종적없고[杳], 들사슴만 저절로 무리지었구나"[44]라는 예가 이것이다. 그림자도 보이지 않는다는 뜻이다.

---

42) 유의경(劉義慶) ≪세설신어 · 아량 世說新語 · 雅量≫ ; (郗太傅求女胥, 王丞相語)君往東廂, 任意選之.
43) ≪관자 管子≫<내업 內業> ; 杳乎如入於淵.
44) 임경희(林景熙) <선단사서림 仙壇寺西林> ; 古壇仙鶴杳, 野鹿自成群.

묘명(杳冥)이란 '어둡다'거나 '아득하다'는 뜻이며, 여기서 널리 '하늘'을 가리키기도 한다. "하늘[杳冥] 위에 활개쳐 미끄러진다"[45]는 예가 이것이다.

묘(杳) 자를 뒤집으면 고(杲), 또는 호(杲)가 된다. 뜻도 정반대여서, 이번엔 '밝다'이다. 고(杲) 자는 해[日]가 나무[木] 위에 떴다는 뜻이기 때문이다. "태양이 밝음[杲]과 같다"[46]는 예가 이것이다.

杳　묘　yǎo[47]　어둡다. 멀다.

잣나무 백(柏)

①갑골문	②금문	③소전	④해서
			柏

②는 아래는 나무[>>木]이며 위는 잣나무의 열매[>>白]이면서 동시에 음곁[白]으로 쓰인 상형겸 형성자이다. ③은 음곁[白]이 오른곁으로 옮겨져 상형성을 잃었으므로, 왼뜻곁 목(>木)과 오른음곁 백(>白)의 형성자로 변한 것이다. ④는 ③이 정형화한 것이다.

백(柏)의 본래 뜻은 '잣나무'이다. "해가 차가워진 다음 소나무와 잣나무[柏]가 낙엽지지 않음을 안다"[48]는 예가 이것이다. 다만, "겨울이 다가오도록[柏] 물고기가 들끓는다"[49] 할 때의 백(柏)은 '다가가다' 박(迫) 대신 빌려 쓰인 자이다.

음곁이 같은 자들의 체계는 뒷쪽 백(白) 부의 희다 백(白) 자를 참조.

밤 률(栗)

①갑골문	②금문	③소전	④해서
			栗

"서리 나려 감과 밤[栗]이 익었으니, 수확을 늦출 수 없다"[50] 할 때의 률(栗) 자이다. ①은

45) 송옥(宋玉) <대초왕문 對楚王問> ; 翱翔乎杳冥之上.
46) 간문제(簡文帝・梁) <남교송 南郊頌> ; 如日之杲.
47) 중국음 yǎo는 우리 음 '요'에 상당하나, 이미 '묘'를 관습음으로 씀.
48) ≪논어 論語≫<자한 子罕> ; 歲寒, 然後知松柏之後彫也.
49) ≪사기 史記≫<하거서 河渠書> ; 魚拂鬱兮柏冬日.
50) 한유(韓愈) <송장도사・서 送張道士・序> ; 霜天熟柿栗, 收拾不可遲.

나무[木>木>木]의 가지 끝에 가시난 밤송이[卤>卤]들이 있으므로, 밤나무[栗>粟>栗]의 상형자이다. ③은 나무[木] 위의 밤송이가 '열매' 조(卤>卤)로 구성미를 갖춘 것이며, ④는 ③이 정형화한 것이나 열매[卤]가 서(西)[51] 자로 잘못 변형한 것이다.

률(栗)의 본래 뜻은 '밤나무'이며, 널리 '밤'을 가리킨다. "개암이며 밤나무[栗]를 심고, 이를 베어 거문고를 만든다"[52]는 예가 이것이다. 밤은 재목, 열매껍질, 열매가 모두 견고하므로, 널리 '견고하다'는 뜻으로 쓰인다. "따뜻하고 윤택한 것이 어짐이라면, 견고하고[栗] 조리 있는 것이 지혜이다"[53]라는 예가 이것이다. 널리 '엄숙하다'로도 쓰인다. "자식을 가르침은 곧고도 따뜻하며, 관대하면서 엄숙하다[栗]"[54]는 예가 이것이다.

'엄숙하다'는 데서 다시 널리 '두려워 떤다'로도 쓰인다. "차지 않은데도 떤다"[55]는 예가 이것이다. 다만, 이는 머지않아 새 형성자 률(慄)에 분화한다. 그래서, '전율[戰栗]한다'는 말에는 률(栗)과 률(慄)을 아직 구분 없이 쓴다. 다만, 간체자에서는 률(慄)을 없애고 이를 률(栗)에 동화시켜 쓴다.

栗	*[h]* *률*	*lì*	*밤나무. 밤.*
傈	률	lì	종족 이름. 묘주목.
慄	률	lì	벌벌 떨다. 전율하다.
溧	률	lì	강 이름.
凓	률	lì	한냉하다. 춥다.
篥	률	lì	대 이름. 피리.

수풀 삼(森)

①갑골문	②금문	③소전	④해서

①은 세 그루 나무를 나란히 모아 수목이 빽빽함[林>森>森]을 가리키므로, 회의자이다. ③은 방형에 가까운 삼각꼴로 놓여 구성미에 치중하였을 뿐, ①과 자형이 같으며, ④는 ③이 정형화한 것이다.

51) 허신(許愼) 은 ≪설문해자 說文解字≫에서 률(栗) 자의 고문에 서(西) 자가 들어 있음을 들어 '전률(戰慄)'한다는 뜻을 설명하고 있음.
52) ≪시경 詩經≫<정지방중 定之方中> ; (樹之榛栗)爰伐琴瑟.
53) ≪순자 荀子≫<법행 法行> ; 溫潤而澤, 仁也. 栗而理, 知也.
54) ≪서경 書經≫<순전 舜典> ; 敎胄子, 直而溫, 寬而栗.
55) ≪한서 漢書≫<양운전 楊惲傳> ; 不寒而栗.

삼(森)의 본래 뜻은 '빽빽히 솟은 숲'이다. "삼림(森林)"이 이것이다. 빽빽하다는 데서 널리 '많다'로 쓰이므로, 삼라(森羅)란 '어수선히 많음'을 가리킨다. "어수선히 많은[森羅] 온갖 형상이, 변화 도중에 있지 않은 날이란 없다"[56]는 예가 이것이다. 널리 '높이 솟다'로도 쓰인다. "소나무 높이 솟아[森] 중첩한 구름을 찌른다"[57]는 예가 이것이다.

삼삼(森森)은 '빽빽한 모양'이다. "눈앞에 꽉 찬다[森森]"[58]는 예가 이것이다. 혹은 어두운 모양이다. "어두운[森森] 물그림자가 우리 배를 삼켜버릴 것 같다"[59]는 예가 이것이다. 어둡다는 데서 '썰렁하다'로 쓰이기도 한다. 음삼(陰森)이 '음산함'을 가리키며, 삼엄(森嚴)이 '위엄'이나 '엄밀함'을 가리키는 예가 이것이다.

森　삼 sēn　숲 수풀

버리다 기(棄)

①갑골문	②금문	③소전	④해서	⑤간체자

①은 위는 출산할 때의 피[[illegible]]가 아직 묻은 아기[[illegible]>[illegible]>[illegible]>[illegible]<[illegible]]이고, 아래는 좌우 양손[[illegible]>[illegible]>[illegible]>木]에 키[[illegible]>[illegible]>[illegible]>[illegible]]를 들었으므로, 갓 태어나 죽은 아기를 키에 담아 버린다[[illegible]>[illegible]>[illegible]>棄]는 뜻의 회의자이다. ②는 가운데 키가 복잡해졌을 뿐, 구성소가 ①과 같으며, ③은 ②가 구성미를 갖춘 것이다. ④는 아래의 두 손[[illegible]]이 목(木)으로 잘못 변형하였을 뿐, ③이 정형화한 것이며, ⑤는 아기[[illegible]]와 두 손[廾] 만 남겨 이를 간체자로 삼은 것이다.

기(棄)의 본래 뜻은 '버린다'이다. "도지개의 준칙을 내버리고[棄], 도량형의 셈법을 없앤다"[60]는 예가 이것이다. 버린다는 데서 널리 '폐지한다'로 쓰인다. "쓸데없는 경비는 폐지하고[棄], 긴급하지 않은 관직은 줄이는 것이 피폐한 경제를 되살리는 방법이다"[61]라는 예가 이것이다. 다시 널리 '어긴다'로 쓰인다. "교만한 마음이 일어나면 행실이 그릇 편벽되고 거동이 도리에 어긋난다"[62]는 예가 이것이다. 다시 널리 '떠난다'로 쓰인다. "그대는 과인을

---

56) 진독수(陳獨秀) <경고청년 敬告青年> ; 森羅萬象, 無日不在演進之途.
57) 범성대(范成大) <청청간상송 青青磵上松> ; 松森上曾雲.
58) 제기(齊己·五代) <하일림하작 夏日林下作> ; 森森在眼前.
59) 주자청(朱自淸) <진회하 秦淮河> ; (森森的水影)要將我們的船呑了下去.
60) ≪한비자 韓非子≫<난세 亂世> ; 棄隱栝之法, 去度量之數.
61) 주경칙(朱敬則·唐) <청제남형소 請除濫刑疏> ; 棄無用之費, 損不急之官……此救弊之術也.
62) ≪한비자 韓非子≫<해로 解老> ; 驕心生則行邪僻而動棄理.

떠나서[棄] 초나라 왕을 섬겼다"[63]는 예가 이것이다.

"기시(棄市)"란 사형을 집행하고 '시체를 시장바닥에 버려두는 형벌'이다. "감히 어쩌다 시경이나 상서를 말하기라도 하면, 죽여 시장바닥에 버려두었다[棄市]"[64]는 예가 이것이다.

棄 [h] *기 qì* *버리다. 포기하다.*

가시나무 초(楚)

①갑골문	②금문	③소전	④해서
			楚

"초나라[楚] 하늘에는 사철 없이 비 내리고, 무협에는 만리 너머 바람이 분다"[65] 할 때의 초(楚) 자이다. ①은 발길[[illegible]>[illegible]>[illegible]>疋]을 가로막는 숲덤불[[illegible]>[illegible]>[illegible]>林]로써 가시덤불[[illegible]>[illegible]>[illegible]>楚]을 가리킨 회의자이나, 소([illegible]>[illegible]>[illegible]>疋)는 초(楚)의 음곁이기도 하므로, 회의 겸 형성자이다. ②는 ①과 자형이 같으며, ③은 구성미를 갖추느라 배열구도가 바뀌었을 뿐, 구성소는 변함이 없으며, ④는 발[[illegible]<足]이 '발' 소(疋)로 바뀌었으나, 역시 ③이 정형화한 것이다.

초(楚)의 본래 뜻은 '가시덤불'이다. 가시덤불을 개척하여 이룬 나라라 하여 이름지은 것이 초(楚) 나라이다. 가시덤불이라는 데서 널리 '가시나무'를 일컫는다. "개오동나무, 가시나무[楚] 두 가지는 위엄을 지키도록 학사들을 경계하는 형구이다"[66]라는 예가 이것이다. 초나라를 만만하게 불러 형(荊)이라 부르는 까닭은, 형(荊)이 '가시나무'를 가리키는 말이기 때문이다. 가시나무에서 널리 '회초리'로 쓰이며, 다시 널리 '매를 맞는다'로 쓰인다. "하옥되어 매를 맞았다[楚掠]"[67] 할 때의 초략(楚掠)은 두 글자가 모두 '매를 맞는다'는 뜻이다. 매를 맞는다는 데서 널리 '고통'이나 '쓰리다'로 쓰인다. "얼마나 쓰리고[楚] 아팠으랴"[68]라는 예가 이것이다. '아프고 쓰림'을 고초(苦楚)라 하며, '시고 쓰림'을 신초(酸楚)라 하는 것도 이와 같은 예이다.

초요(楚腰)란 '여인의 가는 허리'이다. "초나라[楚] 영왕이 허리[腰] 가는 여인을 좋아하자, 나라 안에 끼니 굶는 여인이 많았다"[69]는 데서 유래한 말이다.

---

63) ≪전국책 戰國策≫<진책·2 秦策·二> ; 子棄寡人事楚王.
64) ≪사기 史記≫<진시황본기 秦始皇本紀> ; 有敢偶語詩書者, 棄市.
65) 두보(杜甫)<모춘 暮春> ; 楚天不斷四時雨, 巫峽常吹萬里風.
66) ≪예기 禮記≫<학기 學記> ; 夏楚二物, 收其威也.
67) ≪신당서 新唐書≫<엄영전 嚴郢傳> ; 入獄楚掠.
68) ≪사기 史記≫<문제본기 文帝本紀> ; 何其楚痛.

疋*	소	shū	발.
疋*	필	pǐ	<하나 필匹의 옛 자>
疋*	아	yǎ	<바르다 아雅의 옛 자로, 정正의 변형>
楚	*초*	*chǔ*	*회초리. 가시나무.*
疏 h	소	shū	성기다. 소통시키다.
胥	서	xū	하급관리. 서리. 모두.
礎 h	초	chǔ	주춧돌.
齼	초	chū	이가 시리고 아프다.
憷	초	chù	두려워하다. 위축되다.
蔬 h	소	shū	채소. 푸성귀. 야채.

얽다 구(構)

①갑골문	②금문	③소전	④a해서	④b해서	⑤간체자

①은 구(構)의 본래자 구(冓>冓)이다. 물고기[魚,魚]의 주둥이를 마주 보게 꿰어[一] 엮었으므로, 엮는다[冓>冓>冓>冓]는 뜻의 상형자이다. ②와 ③은 주둥이의 곡선에 아직 물고기[冓]의 흔적이 있어 ①과 자형이 비슷하다. 다만, 물고기임을 알기가 쉽지 않으므로 목재[冓]로 여겨지기 시작하였다. "어긋지게 쌓아놓은 목재의 상형이다"70)라는 주장이 이것이다. ④a는 ③이 정형화하였으나, 이미 목재를 얽어 엮은[冓] 자형이며, ④b는 왼뜻[木] 오른음[冓]의 새 형성자 구(構)로 변형된 것이다. ⑤는 음겯을 구(勾)로 바꾸어 형성자의 획수를 줄인 것이다.

구(構)의 본래 뜻은 '엮는다'이다. "나무로 집을 엮어[構] 뭇 위험들을 피한다"71)는 예가 이것이다. 엮어 세운다는 데서 널리 '이룬다'로 쓰인다. "한 번 전쟁이 나서 이기지 못 하면, 재앙은 이미 이루어진[構] 것이다"72)라는 예가 이것이다. 이룬다는 데서 나시 널리 '맺는다'는 뜻으로 쓰인다. "진과 초나라의 군대가 맺어져[構] 나뉘지 않는다"73)는 예가 이것이다.

---

69) ≪한비자 韓非子≫<이병 二柄> ; 楚靈王好細腰, 而國中多餓人.
70) ≪설문해자 說文解字≫<冓部> ; 交積材也, 象對交之形.
71) ≪한비자 韓非子≫<오두 五蠹> ; 構木爲巢, 以避群害.
72) ≪한비자 韓非子≫<존한 存韓> ; 一戰而不勝, 則禍構矣.
73) ≪사기 史記≫<춘신군열전 春申君列傳> ; 秦楚之兵構而不離.

맺는다는 데서 널리 '인연을 맺는다'로 쓰인다. 다만, 이는 머지않아 여러 가지 새 형성자에 분화되어, 서로 우연히 만나는 것은 구(遘)에 분화되어 쓰인다. 구우(遘遇)가 '만난다'는 뜻인 예가 이것이다. 혼인을 맺는 것은 구(媾)에 분화되어 쓰인다. 혼구(婚媾)란 '혼인한다'는 뜻이며, 교구(交媾)란 '남녀가 인연을 맺는다'는 뜻인 예가 이것이다. 특별히 상인과 인연을 맺는 것이 구(購)이다. '계약하여 물건을 사는 것을 '구매(購買)한다'고 하는 예가 이것이다.

冓	*구*	*gòu*	*짜다.*
溝	구	gōu	도랑.
篝	구	gōu	물건을 넣어 지고 다니는 롱.
鞲	구	gōu	깍지. [=구韝].
遘	구	gòu	만나다.
媾	구	gòu	화친하다.
覯	구	gòu	만나다.
搆	구	gòu	손이 닿다.
構	구	gòu	얽어 짜다.
購	구	gòu	사다. 사들이다.
講	강	jiǎng	읽다.

꽃 영(榮)

①갑골문	②금문	③소전	④해서	⑤간체자
			榮	荣

"나무는 우거져 무성하다[榮]"[74] 할 때의 영(榮) 자이다. ②는 서로 다투어 꽃을 피우는 화초[[illegible]]로, 위의 점들은 가지 위에 활짝 핀 꽃송이이므로 상형자이다. ③은 화초[[illegible]]의 꽃송이가 화火 자로 변하고[[illegible]>𤇾], 그 아래 나무[朩>木]가 있어 위음 영([illegible]>𤇾) 밑뜻 나무[朩>木]의 형성자로 변한 것이다. ④는 ③이 정형화한 것이며, ⑤는 이를 간체화한 것이다.

영(榮)의 본래 뜻은 '꽃이 핀다'이다. "풀은 꽃 피워[榮] 절기 온화한 줄 알며"[75]라는 예가 이것이다. 초목에 꽃이 핀다는 뜻에서 널리 곡식류에 '이삭이 팬다'는 뜻으로 쓰인다. "작물이 제대로 자라지 못 하면 이삭이 팰[榮] 수 없다"[76]는 예가 이것이다. 이삭이 팬다는 데서

74) 도잠(陶潛) <귀거래사 歸去來辭> ; 木欣欣以向榮.
75) 도잠(陶潛) <도화원시 桃花源詩> ; 草榮識節和.
76) ≪국어 國語≫<진어 晉語> ; 黍稷無成不能爲榮.

널리 '무성하다'로 쓰인다. "봄 3월이면 만물은 무성해진다[榮]"77)는 예가 이것이다. 무성하다는 데서 다시 '영예롭다'는 뜻으로 쓰인다. "영예로운[榮] 이는 늘 형통하고, 치욕스런 자는 늘 곤궁하다"78)는 예가 이것이다.

'물 이름' 형(滎)은 영(榮)과 자형이 비슷한 점 주의해야 한다. 형(滎)은 아래에 뜻곁으로 물[水]을 쓰고 있어, 자형이 다를 뿐만 아니라 음과 뜻도 모두 다르다.

榮	*m*	*영*	*róng*	*꽃. 꽃이 피다.*
塋		영	yíng	무덤. 묘지.
瑩		영	yíng	옥같이 밝고 깨끗한 돌.
縈		영	yíng	얽히다.
營	h	영	yíng	경영하다.
熒		형	yíng	등불. 빛나다. 밝다.
滎*		형	xíng	물 이름.
滎*		형	yíng	실개천.
螢	h	형	yíng	개똥벌레.
鎣		형	yíng	지명 이름.
罃		앵	yīng	물독.

65. 흠(欠) 부

하품 흠(欠)

①갑골문	②금문	③소전	④해서
			欠

①은 왼쪽을 향해 꿇어앉은 사람[> > 人]의 위에 오른쪽으로 벌린 입[ ]이 크게 벌려져 있으므로, 하품한다[> > 欠]는 뜻의 상형자이다. ③은 아래는 여전히 사람[> 人]이나, 위의 삐침 세 획은 입과, 그 입에서 내뿜는 기체[>]가 잘못 변형된 것이며, ④는 ③이

77) ≪소문 素問≫<4기조신대론 四氣調神大論> ; (春三月)萬物以榮.
78) ≪순자 荀子≫<영욕 榮辱> ; 榮者常通, 辱者常窮.

정형화한 것이다.

흠(欠)의 본래 뜻은 '하품'이다. "마음 속에 싫증이 나면 하품한다[欠]"[1]는 예가 이것이다. 하품하는 동작에서 널리 몸을 '뻗는다'로 쓰인다. "황급히 몸을 뻗어[欠] 일으켰다"[2]거나, "어쩔 수 없이 몸이 조금씩 바로 섰다[欠]"[3]는 예가 이것이다. 기력이나 의욕이 떨어져서라는 데서 널리 '부족하다'로 쓰인다. "다만 1할이 부족하다[欠]"[4]는 예가 이것이다. 다만 이는 머지않아 '부족하다' 겸(歉)에 분화되어 쓰이며, 다시 널리 '빚진다'로 쓰인다. "옛날 빚[欠]이 있으나 채 갚지 못 하였다"[5]는 예가 이것이다.

欠	*흠*	*qiàn*	*하품하다.*
芡	검	qiàn	가시연.
坎	감	kǎn	감괘.
杴	험	xiān	가래.

66. 지(止) 부

그치다 지(止)

①갑골문	②금문	③소전	④해서
			止

①은 발가락이 왼쪽으로 나고 엄지발가락이 위로 솟은 발[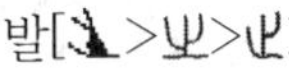>止]의 상형자이다. ②는 발꿈치[]가 바닥[一]에 놓인 점이 ①과 나르며, ③은 ②와 비슷하다 ④는 ③이 정형화한 것이다.

지(止)의 본래 뜻은 '발'이다. "왼쪽 발[止]을 잘랐다"[6]는 예가 이것이다. 이 뜻은 머지않아 왼뜻 발[足], 오른음 지(止)의 새 형성자 지(趾)에 분화되고, 널리 '그친다'는 뜻으로 쓰인다. "영을 내리면 실행되고, 금지하면 그친다[止]"[7]는 예가 이것이다. 그친다는 데서 널리 '머문

1) ≪의례 儀禮≫<사상견례 士相見禮> ; 志倦則欠.
2) ≪홍루몽·34회 紅樓夢·三十四回≫ ; 忙又將身子欠起來.
3) ≪아녀영웅전 兒女英雄傳≫<39회 三十九回> ; 不禁欠了欠身.
4) ≪수호전 水滸傳≫<23회 二十三回> ; 只欠一分.
5) ≪경세통언 警世通言≫<25권 二十五卷> ; 有舊欠未淸.
6) ≪한서 漢書≫<형법지 刑法志> ; 斬左止.

다'거나 '깃든다'로도 쓰인다. "꾀꼴꾀꼴 꾀꼬리, 뽕나무에 깃든다[止]"[8]는 예가 이것이다. '다만'으로도 쓰인다. "다만[止] 하룻밤 묵을 수는 있되, 오래 머물지는 못한다"[9]는 예가 이것이다. 이는 머지않아 '다만' 지(只)에 분화되어 쓰인다. 문장 끝에서 약화되어 의미 없이 쓰이기도 한다. "이미 만나기도 하였고[止], 이미 함께 있기도 하니[止]"[10]라는 예가 이것이다.

지(止)는 부수자이다. 이를 구성소로 하는 글자는 모두 '발'과 관련이 있다. 이것 차(此), 걷다 보(步), 오르다 척(陟), 건너다 섭(涉) 등이 이것이다.

止	*m*	*지*	*zhǐ*	*정지하다. 저지하다.*
阯		지	zhǐ	위치. 지점.
址		지	zhǐ	소재지. 터.
沚		지	zhǐ	강 가운데의 작은 섬.
芷		지	zhǐ	구리때. 향기풀의 뿌리.
祉		지	zhǐ	행복.
趾		지	zhǐ	발가락. 발.
企	h	기	qǐ	발돋움하다. 꾀하다.
紕		비	pī	천이나 실 따위가 너덜너덜해지다.
徙		사	xǐ	옮기다. 이사하다.
齒	m	치	chǐ	이. 연령.
徒	m	도	tú	걷다. 다만. 패거리.

이것 차(此)

①갑골문	②금문	③소전	④해서
			此

①은 왼편은 발가락이 위로 난 발[[illegible]>[illegible]>[illegible]>止]이며, 오른편은 오른쪽을 보는 사람[[illegible]>[illegible]>[illegible]>匕]으로, 발, 혹은 발자국이 가까이 있음[[illegible]>[illegible]>[illegible]>此]을 나타내었으므로 회의자이나, 지(止)는 음결이기도 하므로 회의 겸 형성자이다. ②와 ③은 ①과 자형이 비슷하며, ④는 이들이 정형화한 것이다.

차(此)의 본래 뜻은 가깝게 있는 것, 즉, '이곳'이나 '이것' 등으로 쓰인다. "이[此]를 '사람마

7) ≪한비자 韓非子≫<난세 難勢> ; 令則行, 禁者止.
8) ≪시경 詩經≫<진풍・황조 秦風・黃鳥> ; 交交黃鳥, 止于桑.
9) ≪장자 莊子≫<천운 天運> ; 止可以一宿, 而不可久處.
10) ≪시경 詩經≫<소남・초충 召南・草蟲> ; 亦既見止, 亦既覯止,

다 평등하다' 하는 것이다"[11]는 예가 이것이다. 이것이 '다름 아닌' 이라는 데서 널리 '곧'으로 쓰인다. "덕이 있다면 곧[此] 사람이 있으며, 사람이 있다면 곧[此] 땅이 있다"[12]는 예가 이것이다. 널리 '이와 같다'는 뜻으로도 쓰인다. "하늘이 어찌 이와 같이[此] 취하였는가"[13]라는 예가 이것이다.

此 [m] 차 cǐ 　이것. 이 때. 이 곳. 이에.

跐* 자 cī 　발이 미끄러지다.
跐* 자 cǐ 　밟다.
泚 자 cǐ[14] 　맑다. 땀을 흘리다.
疵 자 cī 　흠. 결점. 잘못.
呲* 자 cī 　꾸짖다. 나무라다. 이를 드러내다[=차齜]
呲* 자 zī 　찍찍・짹짹 울다.
雌 자 cí 　암컷의.
茈 자 zǐ 　능소화나무.
玼* 체 cǐ 　옥의 빛깔이 산뜻한 모양.
玼* 자 cī 　흉. 옥의 티.[=자疵]
呰 자 zǐ 　구차하다. 남을 비방하다.
紫 [h] 자 zǐ 　자줏빛.
眦 자 zì 　흘기다.
眥 자 zì 　흘기다.
胔 자 zì 　썩은 고기 살.
柴 시 chái 　섶. 땔감. 바싹 마르다.

齜 차 zī 　이를 갈다. 뻐드렁이.

걸음 보(步)

①갑골문	②금문	③소전	④해서

11) ≪예기 禮記≫<예운 禮運> ; 此之謂大同.
12) ≪예기 禮記≫<대학 大學> ; 有德此有人, 有人此有土.
13) 유신(庾信) <애강남부 哀江南賦> ; 天何爲而此醉.
14) 자(泚)는 우리 음 '차', 혹은 '체'로도 읽히나, '자'를 관습음으로 씀.

"거의 걸을[步] 수가 없었다"[15] 할 때의 보(步) 자이다. ①은 양발이 아래위에 가지런히 놓였으므로, 걷는다[𣥠>𣥠>步>步]는 뜻의 회의자이다. ②와 ③은 ①과 자형이 비슷하며, ④는 ③이 정형화한 것이다.

보(步)의 본래 뜻은 '걷는다'이다. "이에 스스로 억지로 걸었다[步]"[16]는 예가 이것이다. 널리 '두 발자국'을 가리킨다. "한 걸음, 두 걸음[步]을 쌓지 않으면, 천리에 이를 수 없다"[17]는 예가 이것이다. 두 발자국이란 데서 널리 '길이의 단위'로 쓰인다. 대개 6자에 해당한다. 걸음이라는 데서 '밟는다'로 쓰인다. "손에는 하얀 깃 부채를 들고, 발은 푸른 짚신을 디딘다[步]"는 예가 이것이다. 밟는다는 데서 널리 '단계'를 가리킨다. "두 번째 단계[步]로는 그 날 누구를 찾아 돕게 해야 하는 지를 토론하였다"[18] 걷는다는 데서 널리 '보병'을 가리키기도 한다. "모두들 수병과 보병[步]이 80만이라 한 조조의 서신을 보자 저마다 두려워 할 뿐, 더 이상 그것의 허실을 생각하지 못 한다"[19]는 예가 이것이다. 배를 세우고 걷기 시작하는 곳이라 하여 널리 '부두'나 '나루'를 가리키기도 한다. "다시 동쪽으로 왕의 부두[步]를 통과하는데, 부두[步] 곁에 성이 있다"[20]는 예가 이것이다. 다만, 이는 머지않아 '부두' 부[埠]에 분화되어 쓰인다. 보(步) 자를 쓸 때, 아래를 소(少) 자처럼 써서, 오른쪽에 한 점을 더하는 것은 잘못이다.

步	*m*	*보*	*bù*	*걸음. 단계. 순서. 밟다.*
捗		보	bù	거두다. 수렴하다. 치다.
踄		보	bù	밟다.

군사 무(武)

①갑골문	②금문	③소전	④해서

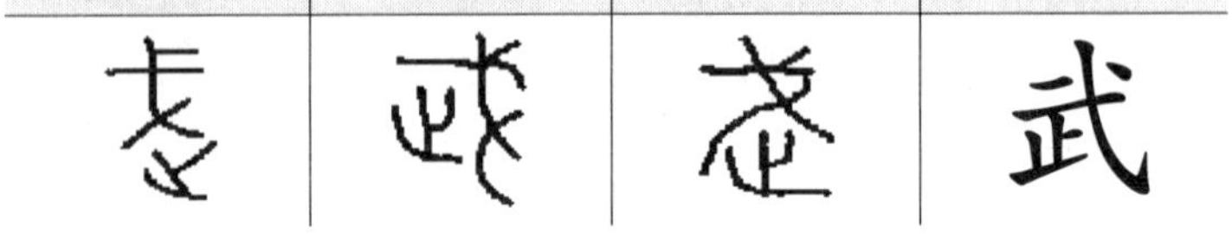

①은 위는 창[戈>戈>戈>戈]이고, 아래는 발[止>止>止>止]로, 창을 들고 나아가 용맹[武>武>武>武]을 보인다는 뜻이므로, 회의자이다. ②와 ③은 구성상의 차이가 있을 뿐 ①과 자형이 비슷하고, ④는 이들이 정형화하면서, 창의 고리를 나타내는 삐침이 왼쪽 위 가로획으

15) 주밀(周密) ≪계신잡식 · 왕소관인 癸辛雜識 · 王小官人≫ ; 幾不能步.
16) ≪전국책 戰國策≫<조책 · 4 趙策 · 四> ; 乃自强步.
17) ≪순자 荀子≫<권학 勸學> ; 不積跬步, 無以至千里.
18) 장천익(張天翼) <청명시절 淸明時節> ; 第二步就討論那天該找誰來幫忙.
19) ≪자치통감 資治通鑒≫<한헌제건안13년 漢獻帝建安十三年> ; 諸人徒見操書言水步八十萬而各恐懾, 不復料其虛實.
20) 역도원(酈道元) ≪수경주·감수 水經注·贛水≫ ; 又東北逕王步, 步側有城.

로 변형하여 본래 뜻을 알기가 쉽지 않다.

무(武)의 본래 뜻은 '용맹하다', 혹은 '굳세다'이다. "새끼양 가죽옷에 표범 가죽 가선 장식이, 몹시 용맹스럽고[武] 힘차구나"21) 한 예가 이것이다. 널리 학문과 상대되는 '무력'을 가리키기도 한다. "무력[武]을 시들게 하고 학문을 닦아 세웠다"22)는 예가 이것이다. 용맹을 떨치며 행군하는 데서 널리 '발자취'의 뜻으로도 쓰인다. "강성한 선왕의 업적 발자취[武]에 미치고저"23) 한 예가 이것이다. 발자취에서 널리 '걸음'으로 쓰인다. 발걸음을 "보무(步武)"라 한 예가 이것이다. 옛날 도량형에서는 길이의 단위로도 쓰인다. 두 걸음 6자는 1보(步)이고, 반 보, 즉 한 걸음 3자는 무(武)이다. 거리가 매우 가까움을 "한[武], 두 걸음, 한 자, 한 치에 지나지 않는다"24)고 한 예가 이것이다.

무(武)를 쓸 때는, 과(戈) 자의 아래와 같은 창의 고리를 뜻하는 삐침[丿]이 왼쪽 위의 가로획[ˉ]으로 변형되고 없음에 주의해야 한다.

武 m 무 wǔ 군사. 무력.

珷	무	wǔ	옥 비슷한 돌.
碔	무	wǔ	옥 비슷한 돌.
賦 h	부	fù	주다. 부여하다.

지내다 력(歷)

①갑골문	②금문	③소전	④해서	⑤간체자

①은 줄지어 자란 작물[䄌>秝]을 거쳐간다[ㅂ>ㅛ>ㄴ>止]는 뜻의 회의 겸 위음 력(秝)의 형성자이다. ②는 음곁이 력(厤>厤>厤)으로 바뀌었을 뿐, ①과 자형이 비슷하다. ③과 ④는 ②와 자형이 같으며, ⑤는 간체자로, 겉뜻[厂] 안음[力]의 새 형성자이다.

력(歷)의 본래 뜻은 '거쳐간다'로, "이미 36년을 거쳤으니[歷], 세상이 변하고 풍속도 바뀌었다"25)는 예가 이것이다. 거쳐간다는 데서 널리 '주유한다'거나 '두루'의 뜻으로 쓰인다. "성패, 존망, 화복, 고금의 도리를 두루[歷] 적었다"26)는 예가 이것이다. '두루'라는 데서

21) ≪시경 詩經≫<정풍・고구 鄭風・羔裘>; 羔裘豹飾, 孔武有力.
22) ≪상서 尚書≫<무성 武成>; 偃武修文.
23) 굴원(屈原) <이소 離騷>; 及前王之踵武.
24) ≪국어 國語≫<주어・하 周語・下>; 不過步武尺寸之間.
25) ≪서경 書經≫<필명 畢命>; 旣歷三紀, 世變風移.
26) ≪한서 漢書≫<예문지 藝文志>; 歷記成敗存亡禍福古今之道.

널리 '줄지은 모양'이나, '하나 하나 뚜렷한 모양'을 가리킨다. 곧 '역력(歷歷)하다'는 말로서, "현종의 개원 연간 뚜렷한[歷歷] 일들이, 눈앞에 벌어진 듯 분명하여라"[27]는 예가 이것이다.

시간의 경과는 금문② 이래로 시일[日]을 밑뜻에 쓴 새 형성자 력(曆)에 분화시켜 썼으므로, 력(歷)과 력(曆)은 고금자의 관계이다. "현종은 소집시켜, 새 역법[曆]을 만들게 하였다"[28]는 예가 그것이다. 다만, 간체자는 력(歷)에 동화시켜 쓸 뿐, 력(曆)은 쓰지 않는다.

秝	력	lì	나무가 성글다.
厤	력	lì	역법. <력曆의 옛글자>
歷 [m]	*력*	*lì*	*지나다. 경과하다.*
曆 [h]	력	lì	책력.
瀝	력	lì	거르다.
藶	력	lì	두루미냉이.
櫪	력	lì	마굿간. 상수리나무. 누에 섶.
瀝	력	lì	연주창. 경부 임파선 결핵.
靂	력	lì	벽력. 벼락. 격렬한 뇌명.

67. 알(歹) 부

앙상한 뼈 알(歹)

①갑골문	②금문	③소전	④해서

①은 위는 해골의 갈라진 금 무늬[ㅏ>Y>ㅏ>一]이고, 아래는 앙상하게 잔해만 남은 골격[冂>冂>冂>夕]이므로, 앙상한 뼈의 잔해[歺>歺>歺>歹]라는 뜻의 상형자이다. ②와 ③은 자형이 ①과 비슷하다. ④는 이들이 정형화한 것이다.

알(歹)의 본래 뜻은 '앙상하게 잔해만 남은 골격'이다. 이런 뜻으로서는 홑자로 쓰이는

27) 두보(杜甫) <역력 歷歷> ; 歷歷開元事, 分明在眼前.
28) ≪구당서 舊唐書≫<역지·1 曆志·一> ; 玄宗召見, 令造新曆.

법이 없다. 골격의 잔해라는 데서 널리 '나쁘다'는 뜻으로 쓰일 때는 홑자를 쓴다. "아버지가 나쁜[歹] 일을 하여, 내 신세를 그르치면서 이런 무거운 업보를 받게 하였다"1)는 예가 이것이다. 다만, 이 때는 음도 대(歹)로 바꾸어 읽는 점 주의해야 한다. 현대중국어에 "좋고 나쁜[好歹] 구분도 할 줄 모른다"2)는 예에서 호대(好歹)도 역시 같은 예이다. 우리 음이 알(歹)에서 대(歹)로 바뀌듯이, 현대중국어 음도 당연히 어(歹 è)에서 따이(歹 dǎi)로 바뀌는 점 참고해 두자. 호대(好歹)의 현대중국어음은? 하오따이(好歹 hǎodǎi)이다.

알(歹)은 부수자이다. 이를 구성소로 하는 글자는 모두 죽음과 연관이 있다. 죽다 사(死), 염하다 염(殮), 죽다 에(殪), 죽다 몰(歿), 멸하다 섬(殲), 남다 잔(殘), 죽다 조(殂), 재앙 앙(殃), 죽다 운(殞), 염하다 빈(殯) 등이 이것이다.

歹 알 è 부서진 뼈. 뼈 앙상하다.*
歹 대 dǎi 좋지 않다. 거스르다.*
歺 알 è 알歹과 같은 자.

列 [m] 렬 liè 열거하다. 늘어놓다.

烈 [m] 렬 liè 세차다. 강렬하다.
洌 렬 liè 물이나 술이 맑다.
冽 렬 liè 차다. 춥다.

죽다 사(死)

①갑골문	②금문	③소전	④해서

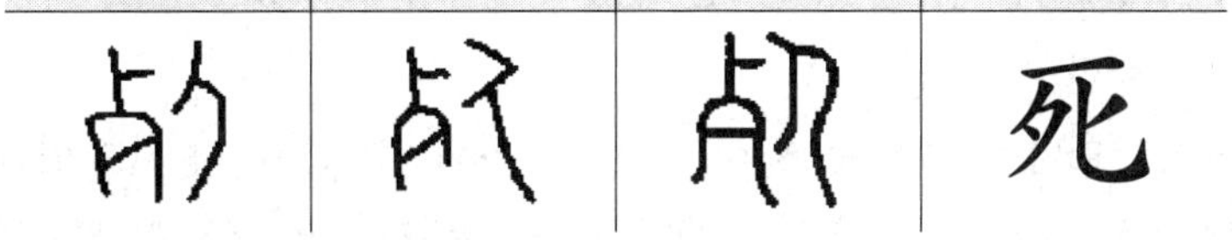

①은 왼곁은 앙상하게 잔해만 남은 뼈[[illegible]>[illegible]>[illegible]>歹]이며, 오른곁은 이를 향하여 머리 숙여 절하는 사람[[illegible]>[illegible]>[illegible]>匕]으로, 죽은 자를 위로하는 모양을 통하여 뼈만 잔해로 남은 자의 죽음[[illegible]>[illegible]>[illegible]>死]을 나타내므로 회의자이다. ②와 ③은 ①과 자형이 비슷하고, ④는 이들이 정형화한 것이다.

사(死)의 본래 뜻은 '죽는다'이다. "제왕이 부유하기를 좋아하면 백성은 죽기로[死] 이익을 챙긴다"3)는 예가 이것이다. 죽는다는 데서 널리 '사라진다'의 뜻으로 쓰인다. "소문이 그치고,

1) ≪선화유사 宣和遺事≫<전집 前集> ; 父親做歹事, 誤我受此重罪.
2) 현대한어(現代漢語) ; 不知好歹.
3) ≪순자 荀子≫<대략 大略> ; 上好富則民死利矣.

험담이 사라졌다[死]"[4]는 예가 이것이다. 다시 널리 탄력 없이 '생기가 없다'거나, '뻣뻣하다'로 쓰인다. "손발 얼어 주름지고, 살갗이 뻣뻣하다[死]"[5]는 예가 이것이다. 죽는다는 데서 널리 '융통성이 없다'는 의미로 '막혀 있다'로 쓰이기도 한다. "막다른(死) 골목"[6] 같은 예가 이것이다. 다시 널리 '고정된다'는 뜻으로 쓰이기도 한다. A_4 용지처럼 낱장을 쓰는 용지와 달리, 제본이 된 초등학생들 공책의 속지를 현대중국어에는 쓰예(死頁 sǐyè)라고 하는 예가 이것이다.

死 m 사 sǐ 죽다.

68. 수(殳) 부

몽둥이 수(殳)

①갑골문	②금문	③소전	④해서
			殳

②는 위는 자루가 휜 무기[ㄣ>ㄹ>几]이고 아래는 오른손[ㄋ>ㅋ>又]이므로, 손에 쥔 무기[殳>殳>殳]를 뜻하는 회의 겸 위음 수(ㄣ>ㄹ>几)의 형성자이다. ③은 ②와 자형이 비슷하며, ④는 ③이 정형화한 것이다.

수(殳)의 본래 뜻은 '몽둥이'이다. 주로 치는 데에 썼으며 대나무로 한 길 두 자 되게 만들었는데 팔각이고 끝은 금속의 날이 없이 뾰족했다. "활과 화살로 물리치고 몽둥이[殳]와 창으로 지킨다"[7]는 예가 이것이다.

수(殳)는 부수자이다. 이를 구성소로 하는 글자는 '친다'거나 '죽인다'는 뜻과 관련된다. 때린다 구(毆), 헐다 훼(毁), 죽이다 살(殺) 치다 격(擊) 등이 이것이다.

几 수 shū 파닥이다.

殳 수 shū 창. 몽둥이. 나무지팡이.

---

4) ≪순자 荀子≫<대략 大略> ; 流言止焉, 惡言死焉.
5) 두보(杜甫) <건원중우거동곡현작가 乾元中寓居同谷縣作歌> ; 手脚凍皴皮肉死.
6) 현대한어(現代漢語) ; 死胡同.
7) ≪사마법 司馬法≫<정작 定爵> ; 弓矢御, 殳矛守.

股	고	gǔ	넓적다리. 정강이.
羖	고	gǔ	검은 암양.
投 m	투	tóu	던지다. 투입하다. 보내다.
骰	투	tóu	주사위. 허벅다리.
酘	두	dòu	다시 고아낸 술.

풍성하다 은(般)

①갑골문	②금문	③소전	④해서
			般

②는 왼곁은 오른쪽을 향해 선 사람의 복부가 과장되었으므로 임신한 여인[>>]이며, 오른곁은 침을 든 손[>>殳]이므로, 임신한 여인을 침으로 치료한다[>>般]는 뜻의 회의자이다. ③은 무거운 배를 받친 손[ㄴ]이 첨가되었을 뿐 아니라, 오른곁의 침을 든 손은 수(殳)로 정형화하여, 치료한다는 뜻을 찾기가 쉽지 않다. ④는 ③이 정형화한 것이다.

은(般)의 본래 뜻은 '몸이 무거운 사람을 치료한다'이다. 몸이 무겁다는 데서 널리 '크다'로 쓰인다. "날개가 커도[般] 높이 날지 않고, 눈이 커도 사람을 보지 못 한다"[8]는 예가 이것이다. 크다는 데서 '많고 풍성하다'는 뜻으로 쓰인다. "가을산 너머 또 가을 산인데, 산마다 가을비 많기도[般] 하다"[9]는 예가 이것이다. 치료한다는 데서 다시 널리 '바로잡는다'거나 '정한다'는 뜻으로 쓰이기도 한다. "예의와 음악이란 그것으로 나라 안을 바로잡기[般] 위한 것이다"[10]라거나, "이를 음력 2월로 정하였다[般]"[11]는 예가 이것이다. 태아의 움직임이 임산부의 배를 떨게 한다는 데서, 은(般)은 '떨린다'는 뜻으로도 쓰인다. "하늘이 떨리고[般] 땅이 흔들린다"[12]는 예가 이것이다. 산모는 생산할 때 하혈이 많으므로, 은(般)은 핏빛처럼 '검붉게 물들인다'는 뜻으로도 쓰인다. "서리맞은 단풍잎 시들어 더욱 검붉어라[般]"[13]라거나, "흰 구슬에는 이슬방울 떨어질듯, 붉은 구슬에는 검붉은[般] 피 떨어질듯"[14]이라는 예가 이것이다. 다만, '검붉다'로 쓰일 때는 안(般)이라 읽혀, 이미 은(般)과는 서로 다른 자로 여겨졌음을 알 수 있다.

---

8) ≪장자 莊子≫<산목 山木> ; 翼殷不逝, 目大不覩.
9) 고염무(顧炎武) <추산 秋山> ; 秋山復秋山, 秋雨連山殷.
10) 양웅(楊雄) ≪법언・문도 法言・問道≫ ; (禮者樂者)殷之以中國.
11) ≪서경 書經≫<요전 堯典> ; 以殷仲春.
12) 사마상여(司馬相如) <상림부 上林賦> ; 殷天動地.
13) 왕안석(王安石) <답자고 答子固> ; 霜楓衰更殷.
14) 백거이(白居易) <유오진사 遊悟眞寺> ; 白珠垂露凝, 赤珠滴血殷.

*殷**	*은*	*yīn*	*풍성하다.*
*殷**	*은*	*yǐn*	*우르릉[천둥치는 소리].*
*殷**	*안*	*yān*	*검붉은 색.*
慇	은	yīn	괴로워하다. 은근하다.
溵	은	yīn	강 이름.

69. 무(毋) 부

어미 모(母)

①갑골문	②금문	③소전	④해서
			母

①은 왼쪽을 향해 앉은 여인[> > >母<女]으로 두 손을 가슴 앞에 모으고 있는데, 양 가슴의 점은 젖꼭지[∴ >‥>-->:]로, 어머니[> > >母]라는 뜻의 상형자이다. 비녀와 같은 짧고 곧은 가로획이 가슴 위에 있는 갑골문도 있다. ②와 ③은 ①과 자형이 대개 같다. ④는 이들이 정형화한 것으로, 어머니의 모양을 찾아보기 쉽지 않다.

모(母)의 본래 뜻은 '어머니'이다. "그때 나이 네 살 때, 삼촌이 모친[母]의 뜻을 꺾고 재가시켰습니다"[1]라는 예가 이것이다. 널리 '부녀자'를 가리킨다. "한신이 성 아래서 낚시하는데, 여러 부녀자[母]들이 빨래를 하고 있었다"[2]는 예가 이것이다. 다시 널리 '암컷'으로 쓰인다. "암[母]돼지는 입이 짧고 부드러운 털이 없는 것을 고르는 게 좋다"[3]는 예가 이것이다. 암탉[母鷄]이니, 암소[母牛]니 하는 예도 이와 같다. 암컷이라는 데서 '근원'을 가리키기도 한다. "자선과 인애는 과오의 근원이다[母]"[4]는 예가 이것이다.

모난일(母難日)이란 '생일'을 가리킨다. 출생할 때 겪었을 어머니의 고통을 시적한 말이나.

모(母)를 구성소로 하는 글자는 어머니, 또는 생육과 관련이 있다. 기르다 육(毓)이 이것이다.

1) 이밀(李密) <진정표 陳情表> ; 行年四歲, 舅脫母志.
2) ≪사기 史記≫<회음후열전 淮陰侯列傳> ; (韓)信釣于城下, 諸母漂.
3) ≪제민요술 齊民要術≫<설민 說民> ; 母猪, 取短喙無柔毛者良.
4) ≪상군서 商君書≫<설민 說民> ; 慈, 仁, 過之母也.

母	[m] *모*	*mǔ*	*어머니.*
姆	모	mǔ	여자의 손윗 동서. 여스승. 형님.
拇	무	mǔ	엄지 손이나 엄지발가락.
鉧	무	mǔ	다리미.
莓	매	méi	딸기.
每 [m]	매	měi	자주. 종종. 늘. 항상.

매양 매(每)

①갑골문	②금문	③소전	④해서
			每

"위정자가 사람들 마다[每]에게서 환심을 사자면, 평생의 날로도 또 부족할 것이기 때문이다"[5] 할 때의 매(每) 자이다. ①은 왼쪽을 향해 앉은 여인[>>>母]이 깃털 같은 장식모자[>>>]를 쓰고 있어 아름다우므로, 누구나 '탐낸다[>>>每]'는 뜻의 지사 겸 밑음 모(母)의 형성자이다. ②, ③은 ①과 자형이 같고, ④는 이들이 정형화한 것이다.

매(每)의 원래 뜻은 '탐낸다'이다. "권세 맛을 본 이는 권세를 위해 죽으며, 서민은 살기를 탐한다[每]"[6]는 예가 이것이다. '누구나 그런다'는 데서 널리 '하나 하나마다 모두'의 뜻으로 빌려 쓰인다. "북 마다[每] 세 번, 혹은 열 번씩 쳤다"[7]는 예가 이것이다. 모두라는 데서 널리 '매번'으로 쓰인다. "매번[每] 명절만 되면 친지 생각 갑절 난다"[8]는 예가 이것이다. 매번이란 데서 널리 '항상'의 뜻으로 쓰인다. "항상[每] 중용을 잃을까 걱정하였다"[9]는 예가 이것이다. 그때마다 라는 데서 널리 '할수록'으로 쓰인다. "천해질 수록[每] 더 상황에 환해진다"[10]는 예가 이것이다.

매매(每每)란 '종종'의 뜻이다. "종종[每每] 근심이 많았다"[11]는 예가 이것이다. "들이 풀로 우거졌구나[每每]"[12] 한 예에서 "매매(每每)"는 '우거진다'이다. 다만, 이때의 매(每)는 머지

5) ≪맹자 孟子≫<이루 · 하 離婁 · 下> ; 故爲政者, 每人而悅之, 日亦不足矣.
6) 가의(賈誼) <붕조부 鵬鳥賦> ; 夸者死權兮, 品庶每生.
7) ≪묵자 墨子≫<기치 旗幟> ; 每鼓三十擊之.
8) 왕유(王維) <9월 9일 산동의 형제 그리며 九月九日憶山東兄弟> ; 每逢佳節倍思親.
9) 조조(曹操) ≪구인령 求言令≫ ; 每懼失中.
10) ≪장자 莊子≫<지북유 知北游> ; 每下愈況.
11) 도잠(陶潛) <잡시 雜詩> ; 每每多憂慮.
12) ≪좌전 左傳≫<희공28년 僖公二十八年> ; 原田每每.

않아 매(昧)에 분화되어 쓰인다.

母 [m] 모 mǔ 어머니.

毎 [m] 매 měi 자주. 종종. 늘. 항상.

侮 모 wǔ 얕보다.
梅 [h] 매 méi 매화나무.
苺 매 méi 딸기.
酶 매 méi 효소.
霉 매 méi 곰팡이. 부패하다.
痗 매 mèi 앓다. 괴로워하다.
敏 [h] 민 mǐn 재빠르다. 민첩하다.
海 [m] 해 haǐ 바다.
悔 [h] 회 huǐ 뉘우치다. 후회하다.
晦 회 huì 음력 그믐. 어둡다.
誨 회 huì 가르치다.

기르다 육(毓)

①갑골문	②금문	③소전	④해서

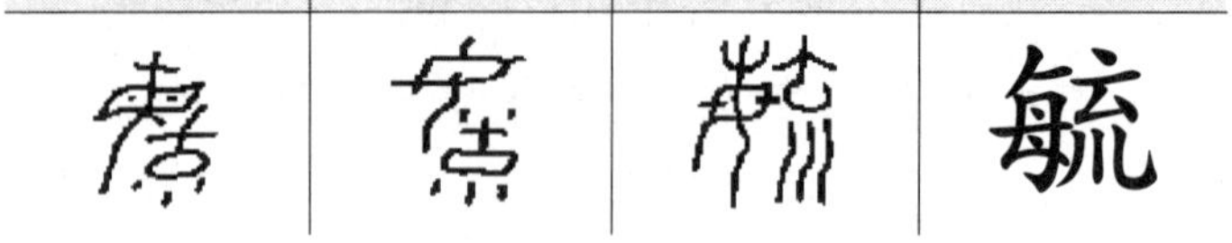

①은 왼편의 비녀를 지른 여인[每>每]의 오른편 아래에 거꾸로 난 갓난아기[𠫓>𠫓]와 출산할 때 묻은 피[丶丶丶>川]가 흩어져 있으므로, 아기를 낳아서 기른다[毓>毓>毓>毓]는 뜻의 회의자이다. ②는 어미[每>每]가 여인[女>女]으로 바뀐 데다, 피[丶丶丶]의 일부가 아기의 머리카락 같아 보이며, ③은 여인[女]이 다시 비녀 지른 여인[每>每]으로 돌아온 데다, 피[丶丶丶]는 이미 거꾸로 놓인 아기[𠫓]의 머리카락[巛]이 되었다. ④는 ③이 정형화한 것이다.

육(毓)의 본래 뜻은 '낳아서 기른다'이다. "원망과 비난은 재앙을 낳는다[毓]"[13]는 예에서는 낳음을 위주로 말한 것이며, "풍성한 밭의 풀로 짐승을 기른다[毓]"[14]는 예는 기름을 위주로 말한 것이다. 다만 이 뜻은 머지않아 육(育) 자에 분화되어, 지금은 이름자 이외에는 쓰이지 않으므로, 육(育)의 음결체계를 살펴보면 아래와 같다.

13) ≪국어 國語≫<진어·4 晉語·四> ; 怨亂毓災.
14) 반고(班固) <동도부 東都賦> ; 豊圃草以毓獸.

肉 m 육 ròu 고기.

育 m 육 yù 낳아 기르다. 양육하다.

毓 육 yù 낳아 기르다. <育과 이체자>

70. 비(比) 부

견줄 비(比)

①갑골문	②금문	③소전	④해서
			比

"먼 곳의 짐승이나 되어, 걸음마다 어깨 겯고[比] 거닐었으면"[1] 할 때의 비(比) 자이다. ①은 오른쪽을 향해 나란히 서서 바짝 붙은 두 사람이므로, 나란하다[>>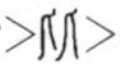>比]는 뜻의 회의자이다. ②, ③은 ①과 자형이 같으며, ④는 이들이 정형화한 것이나, 이미 사람의 형상은 찾기 어렵다.

비(比)의 본래 뜻은 '가깝다'거나 '나란하다'이다. "산과 연못이 평평하고, 하늘과 땅이 나란하다[比]"[2]는 예가 이것이다. 가깝다는 데서 널리 '견준다'로 쓰인다. "천지와 함께 장수를 견준다[比]"[3]는 예가 이것이다. 나란하다는 데서 널리 '무리진다'거나 '결탁한다'로도 쓰인다. "덕이 있는 사람은 단결하되 무리짓지[比] 않는다"[4]는 예가 이것이다. 견준다는 데서 널리 '비유'로 쓰인다. "군자와 소인을 빗댈 때면, 향기로운 풀과 불길한 새에 비유한다[比]"[5]는 예가 이것이다.

비비(比比)는 '곳곳'이다. "곳곳[比比]이 모두 이런 이들이었다"[6]는 예가 이것이다. 다만, "중앙의 고을과 제후국에 자주[比比] 지진이 났다"[7]는 예에서는 '자주'의 뜻이다.

---

1) 백거이(白居易) <장상사 長相思> ; 願作遠方獸, 步步比肩行.
2) ≪순자 荀子≫<불구 不苟> ; 山淵平, 天地比.
3) 굴원(屈原) <구장 · 섭강 九章 · 涉江> ; 吾與天地兮比壽.
4) ≪논어 論語≫<위정 爲政> ; 君子周而不比.
5) 백거이(白居易) <여원구서 與元九書> ; 諷君子小人, 則香草惡鳥爲比.
6) ≪홍루몽 · 2회 紅樓夢 · 二回≫ ; 比比皆是.
7) ≪한서 漢書≫<애제기 哀帝紀> ; 郡國比比地動.

比 [m] *비 bǐ* *비교하다. 겨루다.*

沘 비 bǐ 강 이름. 지명 이름.
妣 비 bǐ 돌아가신 어머니.
秕 비 bǐ 쭉정이.
粃 비 bǐ 쭉정이.
庇 비 bì 가리다. 보호하다.
毖 비 bì 삼가다. 경계하다.
紕 비 pī 삭은 비단. <길쌈모시, 치>
砒 비 pī 독약.
批 [h] 비 pī 치다. 밀다.
鈚 비 pī 화살.
枇 비 pí 비파나무. 비파.
毘 비 pí 돕다.
毗 비 pí 돕다.
蚍 비 pí 왕개미.
琵 비 pí 비파.
貔 비 pí 고서에 나오는 전설상의 맹수.
箆 비 pí 새우 잡는 도구. 참빗. 버금.
仳 비 pǐ 이별하다. 갈라서다.
屁 비 pì 방귀. 시시하다. 보잘것없다.
吡* 비 pǐ 꾸짖다. 비난하다. 헐뜯다.
吡* 필 bǐ 새소리. <외래어 음역자>

71. 모(毛) 부

털 모(毛)

①갑골문	②금문	③소전	④해서
			毛

②는 말꼬리나 깃털[>>毛]로, 상형자이다. ③은 ②와 자형이 같으나 털의 위쪽 끝이

왼편으로 누워, 구성미에 치중하고 있으며, ④는 ③이 정형화한 것이다.

모(毛)는 본래 뜻이 '털'이다. "가죽이 없다면, 털을 장차 어디다 심으랴"[1]라는 예가 이것이다. 널리, '머리칼'을 가리킨다. "반백 머리칼[毛] 노인은 사로잡지 않았다"[2]는 예가 이것이다. 다만, 현대중국어에는 사람의 머리카락을 터우화(頭髮 tóufà)라 하는 데 반하여, 마오(毛 máo)란 대개 동식물의 털만 가리킨다. 남의 머리칼을 마오(毛 máo)라고 말한다면 '머리의 털'이란 표현이니, 상스러워 보일 것이다. 땅에서 무성하게 솟는다는 데서 널리 '농작물'을 가리키기도 한다. "땅의 농작물[毛]이나 창고가 가득 차기를 바란다"[3]는 예가 이것이다. 털이 곤두선다는 데서 널리 '놀란다'로 쓰이기도 한다. "모두들 손발이 놀랐다[毛]"[4]는 예가 이것이다. 털이 하찮다는 데서 널리 '없다'로도 쓰인다. "굶주린 이에게 먹을 것이 없다[毛]"[5]는 예가 이것이다. 다만, 이 뜻은 머지않아 무(無)에 분화되어 쓰인다.

모(毛)는 부수자이다. 이를 구성소로 하는 글자는 모두 털이나 머리카락과 연관이 있다. 솜털 취(毳), 모직담요 전(氈), 가는 털 호(毫), 담요 담(毯) 등이 이것이다.

毛 *[m]* *모* *máo* *털. 깃.*

旄	모	máo	깃대 장식.
毷	모	máo	만취한 모양.
髦	모	máo	다팔머리.
眊	모	mào	눈이 흐리다.
耄	모	mào	늙은이.
芼	모	mào	풀이 우거지다.
秏	모	hào	벼.

솜털 취(毳)

①갑골문	②금문	③소전	④해서

1) ≪좌전 左傳≫<희공14년 僖公十四年> ; 皮之不存, 毛將安傅?
2) ≪좌전 左傳≫<희공22년 僖公二十二年> ; 不禽二毛.
3) ≪관자 管子≫<칠신칠주 七臣七主> ; 欲土地之毛, 倉庫滿實.
4) ≪노잔유기 老殘游記≫<1회 一回> ; 都毛了手脚.
5) ≪후한서 後漢書≫<풍연전・상 馮衍傳・上> ; 飢者毛食.

②나 ③은 모(>毛) 자를 세 개 모아써서, 촘촘히 난 솜털[>>毳]을 가리키므로, 회의자이다. ④는 이들이 정형화한 것이다.

취(毳)의 본래 뜻은 '솜털'이다. "등 위의 털과 배 아래의 솜털[毳]"[6]이라는 예가 이것이다. 널리 '연약하다'거나 '복슬복슬하다'로 쓰인다. "짐승은 복슬복슬한[毳] 털이 있어, 추위를 견딜 수 있다"[7]는 예가 이것이다. 솜털이라는 데서 다시 널리 "모직물"을 가리킨다. "담요를 걸치거나 모직물[毳]을 입는 이들과는 명주실의 화려함과 섬세함을 말하기가 어려울 것이다"[8]라는 예가 이것이다. 모직물이라는 데서 널리 빌로드 같이 인조사를 섞어 짠 직물의 솜털을 가리키기도 한다. "태원 지방 담요는 껄끄럽고 솜털[毳] 올이 억세다"[9]는 예가 이것이다. 솜털처럼 미끄러지면서 속을 보호한다는 데서 널리 '덧신썰매'를 가리키기도 한다. "진흙 위에서는 덧신썰매[毳]에 탄다"[10]는 예가 이것이다. 이는 머지않아 '썰매' 교(橇)에 분화되어, 지금은 눈 위에서 타는 '썰매'도 현대중국어에서는 챠오(橇 qiāo)라 읽는다.

毳	취	cuì	솜털.
膬	취	cuì	향기롭고 달콤한 음식.[=취脆]
竁	취	cuì	구멍을 파다.
橇	취	qiāo	썰매. 덧신.[=교橇]

72. 씨(氏) 부

성씨 씨(氏)

①갑골문	②금문	③소전	④해서

①은 오른쪽을 향한 사람[>人]이 손에 항아리[ ] 같은 것을 들고 있어, 이를 건넨다[>

6) 유향(劉向) ≪설원·존현 說苑·尊賢≫ ; 背上之毛, 腹下之毳.
7) ≪한서 漢書≫<조착전 晁錯傳> ; 鳥獸毳毛, 其性能寒.
8) 왕포(王褒) <성주득현신송 聖主得賢臣頌> ; 荷旃被毳者, 難與道純緜之麗密.
9) 백거이(白居易) <홍선담 紅線毯> ; 太原毯澀毳縷硬
10) ≪한서 漢書≫<구혁지 溝洫志> ; 泥行乘毳.

[illegible]>氏>氏]는 뜻의 지사자이다. ②는 항아리를 거꾸로 든 것처럼 보일 뿐, ①과 자형이 같으며, ③은 항아리의 볼록한 배[•]가 가로획[一]으로 변하였으며, 사람의 모양도 찾을 수 없다. ④는 ③이 정형화한 것이다.

씨(氏)의 본래 뜻은 '건넨다', 혹은 아랫사람에게 '내린다'이다. "조개 열 묶음 포상을 내리지[氏] 않았다"[1]는 예가 이것이다. 머지않아 모계 성(姓)[2]의 갈래로써, 귀족은 그가 출생한 부계를 밝혔는데, 이를 씨(氏)라 한다.[3] "귀한 이들은 씨[氏]가 있었지만, 천한 이들은 이름뿐, 씨[氏]가 없었다"[4]는 예가 이것이다. 다만 시집간 여자를 친가의 성으로 부를 때면 씨(氏)자를 뒤에 붙여 존칭으로 삼기도 한다. "송나라 옹씨(雍氏)가 정나라 장공에게 시집갔다"[5]는 예가 이것이다. 모계사회의 풍습이 적어지면서 성(姓)과 씨(氏)는 더 이상 구분하지 않으면서, 시집간 여자는 남편의 성을 친가의 성 앞에 붙여 불렀다. 이하씨(李何氏)니 왕방씨(王方氏)니 하는 예가 이것이다. 때로는 남편의 성만 불렀다. 도잠(陶潛)이 누이동생을 "정 씨(氏) 집안의 누이"[6]라 부른 예가 이것이다.

그 외에 씨(氏)를 뒤에 붙여 존칭으로 삼는 예가 있다. 전설의 인물로 신농씨(神農氏), 복희씨(伏義氏), 하후씨(夏后氏) 등이 이것이며, 성씨 뒤에 붙여 말한 예로 허씨(許氏)[7], 단씨(段氏)[8]가 이것이며, 성명이나 자호 뒤에 붙인 예로 맹자를 맹가씨(孟軻氏)라 한 예가 이것이다.

월지(月氏)란 중국 서북부의 고대 민족이다. 음이 지(氏)로 바뀌는 점 주의해야 한다. 현대중국어에도 위에즈(月氏 yuèzhī)로 읽혀 음이 현대중국어음 스(氏 shì)와 구분된다. 외국음을 번역한 것이므로 음이 보수적일 뿐만 아니라, 자형에도 의미가 없어, 월지(月氏)를 월지(月支)로 쓰기도 한다.

씨(氏)는 부수자이지만, 이를 구성소로 하는 글자는 매우 적으며, 공유하는 의미소도 찾기 어렵다. 근본 저(氐), 백성 민(民), 백성 맹(氓) 등이 이것이다.

氏 m 씨 shì　　성씨. 각시.*
氏　지 zhī　　나라 이름.*

1) 갑골문(甲骨文) <복사 卜辭> ; 不其氏十朋.
2) 녀(女)를 뜻곁으로 쓰는 성(姓)들은 모계(母系) 사회를 반영한 것으로 보인다. 사성(姒姓: 夏禹姓) 희성(姬姓: 周姓), 영성(嬴姓: 秦姓), 강성(姜姓: 齊姓), 요성(姚姓: 有虞國姓)등이 모두 그러함.
3) 씨(氏)가 성(姓)과 혼동된 것은 대개 한(漢) 나라 때 부터이다. '씨(氏)' 자가 종족의 칭호로 쓰이자, 이 대신 새로 만든 자가 저(氐)이다. "저(氐)란 만물이 모두 이르렀음을 말한 것이다(氐者言萬物皆至也.≪史記 · 律書≫)"라는 예가 이것이다. 저(抵)가 널리 쓰이면서, 이 또한 쓰이지 않음.
4) 정초(鄭樵) ≪통지씨족략·서 通志氏族略·序≫ ; 貴者有氏, 賤者有名無氏.
5) ≪좌전 左傳≫<환공11년 桓公十一年> ; 宋雍氏女于鄭莊公.
6) 도잠(陶潛) <제정씨매문 祭程氏妹文> ; 程氏妹.
7) 최초의 자전 ≪설문해자 說文解字≫를 쓴 한나라의 허신(許愼)임.
8) ≪설문해자주 說文解字注≫를 쓴 청나라의 단옥재(段玉裁)를 가리킴.

舐		지	shì[9]	핥다. 아첨하다.
扺		지	zhǐ	손뼉치다.
紙	m	지	zhǐ	종이.

백성 민(民)

①갑골문	②금문	③소전	④해서

②는 위는 눈동자가 없는 눈[ ]이며 아래는 눈을 찌른 송곳[丨]인데, 송곳 아래 굵은 매듭처럼 보이는 것은 빠진 눈알[ ]이다. 형벌을 당하며 통치 받는 사람들[>民>民]이라는 뜻의 상형자이다. ③은 구성미에 치중하느라 이미 눈이나 송곳에 눈이 찔린 형상을 찾기가 어려우며, ④는 ③이 정형화한 것이다.

민(民)의 본래 뜻은 통치 받는 사람들, 곧 '민중'이다. "옛날부터 사, 농, 공, 상의 네 종류 민중[民]이 있었다"[10]는 예가 이것이다. 사람[人]과 민중[民]은 어원적으로 서로 다르다. 사람[人]이란 정치에 중립적이고, 민중[民]이란 피정자를 가리키기 때문이다. 현대 중국은 국민을 인민(人民)이라 부르는데, 이는 피정자 신분인 국민들의 정치적 중립성을 환기시키고 있는 표현이다.

민천(民天)이란 '양식'을 가리킨다. "제왕이란 민중을 하늘로 삼으나, 민중[民]은 양식을 하늘[天]로 여긴다"[11]는 말에서 유래한 것이다.

民 m 민 mín 백성.

岷		민	mín	산 이름. 강 이름.
珉		민	mín	옥돌.
泯		민	mǐn	망하다. 소멸하다.
笢		민	mǐn	대오리. 댓개비.
敃		민	mǐn	힘쓰다.
眠		면	mián	잠자다.
昏	h	혼	hūn	황혼. 어둡다.

9) 지(舐)의 중국음 shì는 우리음 '시'에 상당하나, 이미 '지'를 관습음으로 씀.
10) ≪곡량전 谷梁傳≫<성공원년 成公元年> ; 古者有四民(有士民, 有商民, 有農民, 有工民).
11) ≪사기 史記≫<역생육가열전 酈生陸賈列傳> ; 王者以民爲天, 民者以食爲天.

73. 기(气) 부

기운 기(氣)

①갑골문	②금문	③소전	④해서	⑤간체자

"나는 내 큰 기운[氣]을 기르기 좋아한다"[1] 할 때의 기(氣) 자이다. ① 이후 ③까지의 3개 선은 공중에 뜬 구름의 기운을 그린 것이므로, 구름기운[三>气>气>气]의 상형자이다. ④에 이르면 구름기운[气] 속에 미(米)가 첨가되어, 속뜻 쌀[米] 겉음 기(气)의 형성자로 변하였다.[2] ⑤는 소전③ 이래의 고대 자형을 되찾아 간체자로 삼은 것이다.

'기운'이라는 뜻의 본래자는 기(气)이다. 기(气)의 본래 뜻은 '구름기운'이며, 널리 '공기'로 쓰인다. 다만, 일찍부터 '음식을 드린다'는 뜻의 형성자 기(氣)를 빌려 썼다. "안개구름이며 비바람, 이들이 공기[氣]를 채워 하늘을 이룬다"[3]는 예가 이것이다. 기(氣)는 원래 '음식을 드린다'는 뜻의 형성자이다. "제나라 사람들이 와서 제후군에게 양식을 드렸다[氣]"[4]는 예가 이것이다. '드린다'는 뜻은 머지않아 왼뜻 음식[食]을 더한 새 형성자 희(餼)에 분화되고, 기(氣)가 기(气)를 대신하여 쓰이자, 기(气)는 이후 쓰이지 않았다.

'구름의 기운'에서 널리 '기후'로 쓰인다. 천기(天氣)라 할 때가 이것이다. 다만, "원기[氣]를 다스리고 생명을 배양한다"[5]는 예에서, 기(氣)는 인체의 '원기(元氣)'로서, 형이상학의 원리를 이(理)라 하는 데 대하여 형이하학의 조리로서의 '기운'을 가리킨다.

"영대에 올라 구름기운[氣氛] 바라본다"[6]는 예에서 기분(氣氛)이란 '구름기운'을 가리킨다. 다만, 현대중국어의 치휜(qìfēn 氣氛)은 '분위기'를 가리키며, 우리말의 '기분(氣分)'은 '감정상 분위기'를 가리켜 그 쓰임이 모두 고대한문과는 다르다.

气	기	qì	기체. 공기. 바람. 숨. <氣와 고금자>
氣 ㊐m	*기*	*qì*	*기체. 공기. 바람. 숨.*
餼	희	xì	곡물. 사료. 산제물.
愾	개	kài	분노하다. 미워하다. 증오하다.

1) ≪맹자 孟子≫<공손추・하 公孫丑・下> ; 我善養吾浩然之氣.
2) 기(氣)는 원래 '남에게 드리는 쌀'을 가리키던 글자였으나 '기운'의 뜻으로 빌려 쓰이면서 '쌀'의 뜻으로는 희(餼) 자로 분화 됨.
3) ≪열자 列子≫<천서 天瑞> ; (雲霧也, 風雨也)此積氣之成乎天者也.
4) ≪설문해자 說文解字≫<미부 米部> ; 齊人來氣諸侯.
5) ≪순자 荀子≫<수신 修身> ; 治氣養生.
6) ≪설원 說苑≫<변물 辨物> ; 登靈臺以望氣氛.

74. 수(水) 부

물 수(水)

①갑골문	②금문	③소전	④해서
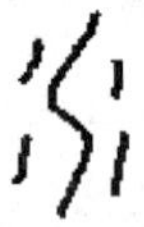		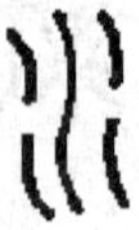	水

①은 물[⁚⁚>⁚⁚>⁚⁚>水]을 상징한 네 점 사이에 곡선을 그려 물의 흐름[> > >]을 표시하였으므로, 물[> > >水]의 상형자이다. ②와 ③은 자형이 ①과 비슷하다. ④는 ③이 정형화한 것이나, 이미 흐르는 물의 형상은 찾을 수 없다.

수(水)의 본래 뜻은 '물'이다. "물[水]을 가까이하면 차고, 불을 가까이하면 따스하다"[7]는 예가 이것이다. 널리 '강'을 가리킨다. "동쪽으로 소 강[水]에 흘러든다"[8]는 예가 이것이다. 다시 널리 '헤엄친다'로 쓰인다. "배와 노에 의지한다면, 헤엄[水]을 잘하지 못 하여도 강을 건넌다"[9]는 예가 이것이다. 다시 널리 '즙'이나 '침'을 가리키기도 한다. "병사들은 이 말을 듣자 입에서 모두들 침[水]이 흘렀다"[10]는 예가 이것이다.

수사(水師)란 고대에 물을 관리하던 관직이었으나, 널리 '어부'를 가리키기도 한다. "어부[水師]는 수레를 타고 강을 건너려 하였으나, 줄을 풀자 가라앉았다"[11]는 예가 이것이다. 다만, 청나라 때에는 수군을 일컫던 말로도 쓰인다. "현무호에서 수군[水師]을 대대적으로 열병하였다"[12]는 예가 이것이다.

수(水)는 부수자이다. 이를 구성소로 하는 글자는 대부분 물과 관계가 있다. 길다 영(永), 깊다 심(沈), 모래 사(沙), 건너다 섭(涉), 몸 씻다 욕(浴), 연못 연(淵) 등이 이것이다.

水 [m] *수 shuǐ* *물.*

⿸疒水 수 shuì 부증. 습종.

---

7) 왕충(王充) ≪논형·한온 論衡·寒溫≫ ; 近水則寒, 近火則溫.
8) 유종원(柳宗元) <우계시·서 愚溪詩·序> ; 東流入於瀟水.
9) ≪순자 荀子≫<권학 勸學> ; 假舟檝者, 非能水也, 而絶江河.
10) 유의경(劉義慶) ≪세설신어·가휼 世說新語·假譎≫ ; 士卒聞之, 口皆出水.
11) 왕부(王符·漢) ≪잠부론·찬학 潛夫論·贊學≫ ; 水師泛軸, 解維則溺.
12) ≪송서 宋書≫<효무제기 孝武帝紀> ; 於玄武湖大閱水師.

길다 영(永)

①갑골문	②금문	③소전	④해서
			永

①은 강의 지류[…>…>…>永]가 주류[…>…>…>…]에 합하는 모양이므로, 강이 길다[…>…>…>永]는 뜻의 지사자이다. ②와 ③은 ①과 자형이 비슷하며, ④는 ③이 정형화한 것이나, 이미 강줄기는 찾아볼 수가 없다.

영(永)의 본래 뜻은 '길다'이다. "장강은 길이[永] 흐른다"13)는 예가 이것이다. 물줄기가 '길다'는 뜻에서 다시 '멀다'는 뜻으로 쓰인다. "몸은 서로 이별하고 갈 길은 멀다[永]"14)는 예가 이것이다. 다시 '오래다'로 쓰인다. "보답이 아니라오, 오래[永] 잘 지내자는 것이지요"15)라는 예가 이것이다. 노래가 음절을 길게 늘인다는 데서, 널리 '읊조린다'는 뜻으로도 쓰인다. "시는 뜻을 말하는 것이며, 노래는 말을 읊는 것[永]이다"16)라는 예가 이것이다. 이러한 쓰임은 머지않아, 영(詠)이나 영(咏) 등에 분화되어 쓰인다.

영년(永年)이란 '장수'를 뜻한다. "영년지술(永年之術)"이란 '장수의 비결'을 말한 것이며, "궁축영년(躬祝永年)"이란 연배가 높은 사람들에게 장수를 축원하는 말이다.

永 m 영 yǒng 길다. 오래다.

泳 h 영 yǒng 헤엄치다.
咏 영 yǒng 노래하다. 시를 읊다.
詠 h 영 yǒng 노래하다. 시를 읊다.

빠지다 침(沉)

①갑골문	②금문	③소전	④해서a	④해서b
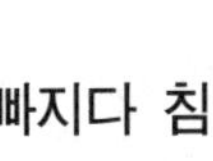			沈	沉

①은 소[…>牛]가 잠긴 채 물[…]을 건너고 있으므로, '잠긴다[…>…>沈<沉]'는 뜻의 회의자이다. ②는 왼편의 사람[…]이 목이나 허리에 새끼줄[…]이 묶여[…>…>冘] 물[…>…>氵]

---
13) ≪시경 詩經≫<주남·한광 周南·漢廣>; 江之永矣.
14) 육운(陸雲) <조오양이공 祖五羊二公>; 身乖路永.
15) ≪시경 詩經≫<위풍·모과 衛風·木瓜>; 匪報也, 永以爲好也.
16) ≪상서 尚書≫<순전 舜典>; 詩言志, 歌永言.

가에 있어, 구성소가 바뀌면서 왼음 임([illegible]>[illegible]>冘), 오른뜻 물[[illegible]>[illegible]>氵]의 형성자로 바뀐 것이며, ③은 구성소의 위치가 바뀌었을 뿐, ②와 자형이 비슷하다. ④a와 ④b는 모두 ③이 정형화한 것으로, ④b를 이체자로 여겨왔으나, 간체화 이후 성씨로 쓰일 때만 '심(沈)'이라 읽어 ④a를 쓸 뿐, 그 외는 '침(沉)'이라 읽어 ④b를 쓴다.

침(沉)의 본래 뜻은 '잠긴다'이다. "가라앉은[沉] 배 옆으로 온갖 돛배 지나고, 병든 나무 앞에서 수목마다 꽃 피운다"[17]는 예가 이것이다. 가라앉는다는 데서 널리 '깊다'로 쓰인다. "장강을 트고, 황하를 열자, 물길 뻗어나고 깊어져[沉] 수재가 안정된다"[18]는 예가 이것이다. 깊다는 데서 색이 짙어 어두운 빛이 남을 가리킨다. "하늘 어둑하니[沉] 사방 산 빛이 검고, 못이 불어나니 샘마다 황토 빛이다"[19]라는 예가 이것이다.

심(沈)은 간체화 이후 성씨뿐만 아니라 지명에도 쓰이게 되었다. 이는 지명으로 쓰이던 심(瀋)이 간체화 이후 심(沈)에 동화되었기 때문이다. 심양(瀋陽)을 심양(沈阳)이라 쓰는 예가 이것이다.

冘 임 yín 나아가다.
尤 유 yóu 머뭇거리다. 게으르다.

*沉*h 침 chén <가라앉다 침沈의 속자 겸 간화자>*
*沈*h 심 shěn 깊다. 성姓 이름.*
枕 h 침 zhěn 베개. 베다.
耽 탐 dān 즐기다. 탐닉하다.
眈 탐 dān 노려보다. 예의 주시하다.
黕 담 dǎn 때. 시커멓다.

모래 사(沙)

①갑골문	②금문	③소전	④해서

②는 왼곁은 굽은 강[[illegible]>[illegible]>水<氵]이며 오른곁의 네 점은 흩어진 모래[[illegible]>[illegible]>少]여서 물가 모래톱[[illegible]>[illegible]>沙]을 가리키는 회의자이나, 소(少)가 음곁이기도 하므로, 회의 겸 형성자이다. ③은 ②와 자형이 같으며, ④는 이들이 정형화한 것이다.

17) 유우석(劉禹錫) <수낙천 酬樂天> ; 沉舟側畔千帆過, 病樹前頭萬木春.
18) ≪한서 漢書≫<사마상여전하 司馬相如傳下> ; 決江疏河, 灑沉澹災.
19) 왕안석(王安石) <차운장자야추중 次韻張子野秋中> ; 天沉四山黑, 池漲百泉黃.

사(沙)의 본래 뜻은 '모래톱'이다. "모래톱[沙]에 갇혀버리면, 강물을 그리워하여도 따라잡을 수가 없다"[20]는 예가 이것이다 모래톱에서 널리 '모래'를 가리킨다. "모랫[沙]벌 펀펀하고 넓은데, 맑은 바람 조용하고 온화하다"[21]라는 예가 이것이다. 사장(沙場)이란 '모랫벌'을 가리키지만, 널리 '전쟁터'를 비유하기도 한다. "전쟁터[沙場]의 봉화는 북쪽 하늘 달을 가린다."[22]는 예가 이것이다. 모래에서 널리 '사막'을 가리키기도 한다. "사막[沙]을 건너자 바람이 육신을 해친다"[23]는 예가 이것이다. '모래 같다'는 데서 음식의 결이 풀어져 '사박사박함'을 가리킨다. "게는 오래 두면 쉽게 결이 풀리고[沙], 불빛에 드러나도 쉬 사박사박해진다[沙]"[24]는 예가 이것이다.

사제(沙堤)란 당나라 때에 신임 재상을 위하여 새로 닦고 모래를 깐 큰길을 가리키는 말이다. "큰길에 모래를 까는 큰 권한(沙堤大權)"이라 하여 최고의 실권을 상징하기도 한다.

음결이 같은 자들의 체계는 소(小) 부의 작다 소(小) 자를 참조.

낯 씻다 회(沬)

①갑골문	②금문	③소전	④해서
			沬

①은 오른편의 왼쪽으로 얼굴을 숙인 사람[]이 왼편 아래 세숫대야[]를 두고 양손[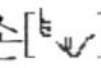]으로 물을 떠 씻고 있으므로, 낯을 씻는다[>]는 회의자이다. ②는 ①과 자형이 비슷하다. ③은 왼뜻 물[>水<氵]과 오른음 미(>未)의 형성자로 바뀌었으며, ④는 ③이 정형화한 것이다.

회(沬)의 본래 뜻은 '낯을 씻는다'이다. "피로 낯을 씻고[沬] 눈물을 삼킨다"[25]는 예가 이것이다. 널리 '어둑하다'거나 '시리에 어둡다'로 쓰이기도 하나, 이는 머지않아 '어둑하다' 매(昧)에 분화되었으므로, 이미 회[沬]와는 다른 자로 여기는 것이 옳다.

회(沬)는 말(沫)과 자형이 비슷한 점 주의해야 한다. 말(沫)은 '포말'의 뜻으로, 말(末)을 음결으로 쓴 글자이다.

未 m 미 wèi　　아니다.

---

20) ≪순자 荀子≫<영욕편 榮辱篇> ; 胠於沙而思水, 則無逮矣.
21) 응거(應璩) <여만병서 與滿炳書> ; 沙場夷敞, 淸風肅穆.
22) 조영(祖咏) <망계문 望薊門> ; 沙場烽火連胡月.
23) 육유(陸游) <소출새곡 小出塞曲> ; 度沙風破肉.
24) 이시진(李時珍·明)≪본초강목 本草綱目≫ ; 凡蟹……久留易沙, 見燈易沙.
25) 사마천(司馬遷) <보임소경서 報任少卿書> ; 沬血飮泣.

沬	*매*	*mèi*	*희미하다. 어슴푸레 밝다.*
沬	*회*	*huì*	*낯씻다.*
妹 [m]	매	mèi	여동생. 누이동생.
昧	매	mèi	사리에 어둡다. 속이다.
味 [m]	미	wèi	맛. 냄새. 재미. 음미하다.

샘 천(泉)

①갑골문	②금문	③소전	④해서
			泉

①은 울 안[冂]의 틈[一]에서 물줄기[丨]가 흘러나오고 물방울[⁝]이 튀는 샘[⋯>⋯>⋯>泉]의 상형자이다. ②와 ③은 울 안[⋯>⋯]의 물방울[⁝]과 물줄기[丨]만을 각각 그렸을 뿐, ①과 자형이 비슷하나, ④는 샘 울타리[⋯]가 백(白) 자로 잘못 변하여 샘의 형상을 찾을 수가 없어졌다.

천(泉)의 본래 뜻은 '샘'이다. "샘[泉]은 졸졸졸 터져 흐른다"[26]는 예가 이것이다. 널리 '화폐'를 가리키기도 한다. "재화는 금보다 귀중하고, 칼보다 이로우며 화폐[泉]보다 널리 흐른다"[27]는 예가 이것이다. 화폐가 널리 통용된다는 데서 포(布)라 일컫는 반면에, 이를 모아둔다는 데서 천(泉)이라 일컫기도 한 것이다. 그래서 고대에는 돈을 천포(泉布)라 하였다. "사사로이 화폐[泉布]를 주조하는 이는 그 처자와 함께 일가를 모두 관가의 노비로 삼는다"[28]는 예가 이것이다. 샘의 밑이라는 데서 널리 '구천'을 가리킨다. "함께 노닐던 옛 벗들 드문드문하니 반은 구천을 돌아갔으리"[29]라는 예가 이것이다.

泉 [m]	*천*	*quán*	*샘물. 샘.*
線 [m]	선	xiàn	줄. 기하학상의 선.

26) 반악(潘岳·晉) <사치부 射雉賦> ; 泉涓涓而吐溜
27) ≪한서 漢書≫<식화지 · 하 食貨志 · 下> ; 貨, 寶于金, 利于刀, 流于泉.
28) ≪한서 漢書≫<식화지 · 하 食貨志 · 下> ; 私鑄作泉布者, 與妻子沒入爲官奴婢.
29) 백거이(白居易) <별미지우례상 別微之于澧上> ; 舊游零落半歸泉.

건너다 섭(涉)

①갑골문	②금문	③소전	④해서
			涉

①은 시내[> > > 氵<水]를 가운데 두고 상하 양편에 좌우의 두 발[> > >步]이 발가락을 위로 향한 채 각각 나뉘어 있어 앞발[ ]과 뒷발[ ]이 물[ ]을 건너뛰는 모양이므로, 내를 건넌다[>涉]는 회의자이다. ②는 ①과 자형이 비슷하다. ③은 좌우 양편에 물[ ] 을 두고 가운데 발[ ]이 이를 건너고 있어 구성소의 배열이 다를 뿐, 여전히 ①, ②가 균형미를 갖춘 것이다. ④는 오른편 구성소[ ]가 절제되었을 뿐, ③이 정형화한 것이다.

섭(涉)의 본래 뜻은 '건넌다'이다. "장강과 하수는 건널[涉] 수 없어라"30)라는 예가 이것이다. 건넌다는 데서 널리 '넘는다'로 쓰인다. "그대가 나의 땅을 넘어오리라고는[涉] 생각지 못하였다"31)는 예가 이것이다. 넘는다는 데서 널리 '지난다'로 쓰인다. "하물며 재능이 평범한 사람으로서 어지러운 세상의 말류를 지남에랴[涉]?"32)라는 예가 이것이다. '거치다'로도 쓰인다. "서적과 기록을 널리 거친다[涉]"33)는 예가 이것이다. 섭렵(涉獵)이란 '널리 거치며 구한다'는 말로서, 책을 널리 읽거나, 지역을 널리 다님을 아울러 가리킨다.

涉 h 섭 shè　　물을 건너다.

몸을 씻다 욕(浴)

①갑골문	②금문	③소전	④해서
			浴

①은 물이 든 욕조[ ] 안에 허리를 굽힌 사람[ ]이 있으며, 그의 몸 사방의 점은 몸을 씻으며 흐르는 물[ ]이므로, 몸을 씻는다[ ]는 회의자이다. 다만 ③은 왼뜻 물[>水]과 오른음 곡(>谷)의 형성자로 변한 것이며, ④는 ③이 정형화한 것이다.

욕(浴)의 본래 뜻은 '씻다'이다. "갓 몸을 씻은[浴] 이는 옷을 털게 마련이다"34)라는 예가

30) 굴원(屈原) <구장 · 애영 九章 · 哀郢> ; 江與夏之不可涉.
31) ≪좌전 左傳≫<희공4년 僖公四年> ; 不虞君之涉吾地也.
32) ≪사기 史記≫<유협렬전서 游俠列傳序> ; 況以中材而涉亂世之末流乎?
33) ≪후한서 後漢書≫<중장통전 仲長統傳> ; 博涉書記.

이것이다. 씻는다는 데서 널리 '침잠한다'로 쓰인다. "오래 동안 문화에 침잠하다[浴] 보면, 인류의 존엄성을 점차 깨닫는다"[35]는 예가 이것이다. 새가 치솟아 오르거나 문득 떨어져 내리는 모양을 '목욕하듯 한다'고 말하기도 한다. "까마귀가 목욕하듯 한다[浴]"[36]는 예가 이것이다.

욕(浴)은 목(沐)과 쓰임이 구분된다. 목(沐)은 '머리를 감는다'이다. "갓 머리를 감은[沐] 사람은 갓을 털게 마련이다"[37]라는 예가 이것이다. 목욕(沐浴)은 '머리를 감고 몸을 씻는다'는 말이며, 그 외에 '은혜를 입음'을 비유하기도 한다.

谷*	m	곡	gǔ	계곡. 골짜기.
谷*		욕	yù	성이나 나라 이름.
浴	*m*	*욕*	*yù*	*목욕하다. 미역 감다.*
欲	m	욕	yù	하고자 하다. 하려고 하다.
容	m	용	róng	얼굴.
裕	h	유	yù	넉넉하다. 너그럽다.
俗	m	속	sú	풍속. 관습. 속되다.

침 연(涎)

①갑골문	②금문	③소전	④a해서	④b해서
			次	涎

①은 오른곁은 왼쪽을 향해 꿇어앉은 사람[]이 입[]을 크게 벌리고 있으며, 왼편은 게걸스런 사람이 마음에 간절하지만 먹지 못해 입[>>欠]에서 흐른 침[>>氵<水]이므로, 회의자이다. ③은 ①과 자형이 같으며, ④a는 ③이 정형화한 것이다. ④b의 연(涎)은 ④a의 연(次) 자 대신 새로 만든 형성자이다. 현재는 연(涎) 자만 쓰일 뿐, 간체자에도 연(次) 자는 쓰이지 않는다.

연(涎)의 본래 뜻은 '침'이다. "길에서 누룩 실은 수레만 만나도, 입에는 침[涎]이 흘렀다"[38]는 예가 이것이다. 침에서 널리 '액'이나 '즙'을 가리킨다. "큰 국자로 초를 떠 넣고 즙[涎]을 우려낸다"[39]는 예가 이것이다. 널리 '흐른다'로 쓰인다. "옥이 흐르고[涎], 진주를 뱉는다"[40]

---

34) ≪초사 楚辭≫<어부 漁夫> ; 新浴者, 必振衣.

35) 노신(魯迅) <분·문화편지론 墳·文化偏至論> ; 久浴文化, 則漸悟人類之尊嚴.

36) ≪대대례기 大戴禮記≫<하소정 夏小正> ; 黑鳥浴.

37) ≪사기 史記≫<굴원전 屈原傳> ; 新沐者, 必彈冠.

38) 두보(杜甫) <음중팔선가 飮中八仙歌> ; 道逢曲車口流涎.

는 예가 이것이다. 침을 흘린다는 데서 '탐낸다'로 쓰인다. "주인이 내 여성을 탐내어 겁탈하려 하였다"41)는 예가 이것이다.

延	h	연	yán	늘이다. 연장하다.
涎		*연*	*xián*	*침. 군침. 액체.*
鋋		연	chán	작은 창.
誕	h	탄	dàn	태어나다. 속이다.
蜑		단	dàn	중국 남방 연안의 이민족 이름.
埏		연	yán	가장자리.

연못 연(淵)

①갑골문	②금문	③소전	④해서	⑤간체자

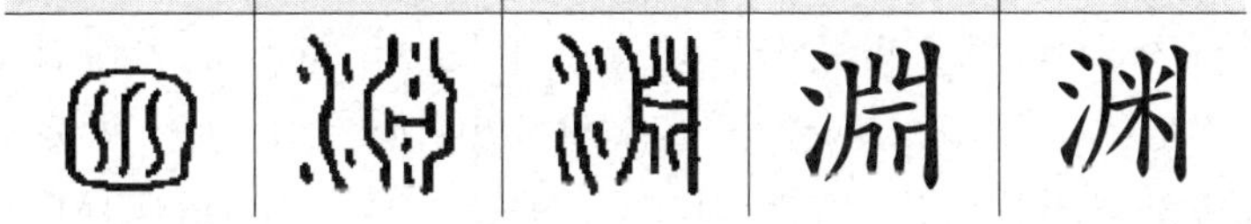

①은 겉선은 큰 연못[〇]이며 가운데 세 줄 곡선은 물[[illegible]]을 형상한 것이다. ②는 오른편의 연못[[illegible]>[illegible]>[illegible]]에 이미 물[[illegible]>[illegible]>[illegible]]이 있지만[[illegible]>[illegible]>[illegible]], 왼편에 다시 뜻결 물[[illegible]>[illegible]>氵<水>]을 더하여 '물'의 구성소가 중복된 것이다. ③은 ②와 자형이 비슷하다. ④는 ③이 정형화한 것이며, ⑤는 간체자이다.

연(淵)의 본래 뜻은 '깊은 연못'이다. "귀중한 구슬이란 반드시 아득히 깊은 연못[淵] 속에 있다"42)는 예가 이것이다. 연못이 깊다는 데서 널리 '깊고 그윽하다'로 쓰인다. "그 마음 참으로 깊고 그윽하여라"43)는 예가 이것이다. 그 외에 연박(淵博)하다거나 연원(淵源)이라 할 때에도 깊고 그윽하다거나 매우 깊다는 뜻으로 쓰인 것이다.

연천(淵泉)이란 말은 대개 '깊은 샘'을 가리키지만, 사상의 광범함이나 사려의 깊음을 비유하기도 한다. "깊은 샘 같은 사려[淵泉]를 편다"44)는 예가 이것이다.

淵	*연*	*yuān*	*연못. 깊은 물웅덩이. 깊다.*
鼘	연	yuān	북소리.
裫	연	yuān	소매 선.

---

39) 소식(蘇軾) <화장기기차 和蔣夔寄茶>; 大杓更取酸生涎.

40) 번종사(樊宗師) <강수거원지기 絳守居園池記>; 涎玉沫珠.

41) 원매(袁枚) ≪신제해·진주고원 新齊諧·陳州考院≫; 主人涎我色, 姦我.

42) ≪장자 莊子≫<열어구 列御寇>; 夫千金之珠, 必在九重之淵.

43) ≪시경 詩經≫<패풍·연연 邶風·燕燕>; 其心塞淵.

44) 유신(庾信) <하신악표 賀新樂表>; 動淵泉之慮.

고기잡다 어(漁)

①갑골문	②금문	③소전	④해서	⑤간체자
			漁	渔

"장강 풍교의 고기잡이[漁] 배 등불은 근심스런 나그네 마주하고 존다"[45] 할 때의 어(漁) 자이다. ①은 왼편은 물[>氵<水]이고 오른편은 물고기[>魚]여서 '강에서 물고기를 잡는다[>漁]'는 회의자이면서, 어(魚)는 음곁이기도 하므로, 회의 겸 형성자이다. ②는 두 손[]이 첨가되었을 뿐 ①과 자형이 비슷하며, ③은 구성소 어(>魚)가 중복되어 물고기가 많다는 뜻이 늘었을 뿐, ①과 자형이 비슷하다. ④는 ①을 돌이켜 정형화한 것이며, ⑤는 간체자이다.

어(漁)의 본래 뜻은 '물고기를 잡는다'이다. "사냥하고 물고기 잡는다[漁]"[46]는 예가 이것이다. 널리 '약탈한다'로도 쓰인다. "무력으로 시골마을을 약탈하였다[漁]"[47]는 예가 이것이다.

어렵(漁獵)은 '수렵하고 사냥한다'는 말이지만 "삼사의 벼슬을 두루 역임하였다(漁獵)"[48]는 예에서는 '섭렵(涉獵)한다'로 쓰이기도 한다.

음곁이 같은 자들의 체계는 어(魚) 부 물고기 어(魚) 자를 참조.

75. 화(火) 부

불 화(火)

①갑골문	②금문	③소전	④해서
			火

"진나라의 궁실을 태우자, 불[火]이 석 달 동안 꺼지지 않았다"[1] 할 때의 화(火) 자이다.

---

45) 장계(張繼) <풍교야박 楓橋夜泊> ; 江楓漁火對愁眠.
46) ≪주역 周易≫<계사·하 繫辭·下> ; 以佃以漁.
47) ≪한서 漢書≫<하병전 何並傳> ; 以氣力漁食閭里.
48) 서릉(徐陵) <재북제여종실서 在北齊與宗室書> ; 漁獵三史.

1) ≪사기 史記≫<항우본기 項羽本紀> ; 燒秦宮室, 火三月不滅

①, ②는 밑으로 처진 곡선바닥의 불길 위로 불꽃이 솟는 모양이므로, 불[[illegible]>[illegible]>[illegible]>火]의 상형자이다. 바닥이 편평한 직선으로 그려진 금문의 산([illegible])과는 주로 바닥선의 형태로 구분된다. ③은 획이 선으로 바뀌며 불꽃[[illegible]]이 좌우에 분리되어, 좌우 봉우리가 바닥에 이어진 산([illegible]>山)과 구분되었다. ④는 ③이 정형화한 것이다.

화(火)의 본래 뜻은 '불'이다. "불[火]이 사람을 태움과 같다"[2]는 예가 이것이다. 동사 '태운다'로도 쓰인다. "곤충이 아직 겨울잠을 자지 않으면, 밭을 태우지[火] 않는다"[3]는 예가 이것이다.

"문을 나와 전우[火伴]를 보니, 전우[火伴]들 모두 놀라 허둥대네"[4] 할 때, 화반(火伴)이란 '전우'를 가리킨다. 옛날 군사제도에 5인을 열(列)이라 하고, 2열을 화(火)라 하는데, 2열 10인이 같은 불에 한솥밥을 지어먹었기 때문이다.[5] 현대중국어에 후어빤(伙伴 huǒbàn)이라는 말이 '동료'를 가리키는 까닭은 여기 유래한 것이다.

화륜(火輪)이란 '불타는 바퀴 원'이니 '태양'을 가리킨다. "태양[火輪]이 솟자 나그네 내심 놀란다"[6]는 예가 이것이다.

화(火)는 부수자이다. 이를 구성소로 하는 글자는 모두 불, 불의 인상, 혹은 불의 작용과 연관이 있다. 붉다 적(赤), 불꽃 염(炎), 검다 흑(黑), 불사르다 분(焚) 등이 이것이다.

火 [m] *화* *huǒ* *불.*

伙 화 huǒ 한 솥 밥. 점원. 동료. 무리. 도구.

吙 화 huǒ 내쉬는 숨

불꽃 염(炎)

①갑골문	②금문	③소전	④해서
			炎

①은 두 개의 불[[illegible]>火]을 쌓아 불꽃[[illegible]>[illegible]>[illegible]>炎]을 나타내었으므로 회의자이다. ②와 ③은 ①과 자형이 같으며, ④는 이들이 정형화한 것이다.

염(炎)의 본래 뜻은 '불꽃'이다. "연기와 불꽃[炎]이 하늘까지 닿았다"[7]거나 "불 꽃[炎]이

2) 왕충(王充) ≪논형 · 언독 論衡 · 言毒≫ ; 若火灼人.
3) ≪예기 禮記≫<왕제 王制> ; 昆蟲未蟄, 不以火田.
4) ≪악부시집 樂府詩集≫<횡취곡사 · 목란시 橫吹曲辭 · 木蘭詩> ; 出門看火伴, 火伴皆驚惶.
5) ≪통전 通典≫<병 · 1 兵 · 一>에 보임.
6) 한유(韓愈) <도원도 桃園圖> ; 火輪飛出客心驚.

천지를 밝힌다"[8]는 예가 이것이다. 다만, 이 뜻은 머지않아 '불꽃' 염(焰)에 분화되어 쓰이고, 널리 '빛난다'거나 '비춘다'로 쓰인다. "그는 천하에 군왕 됨은, 비춤이[炎] 태양과 같다"[9]는 예가 이것이다. 불꽃이라는 데서 다시 널리 '태운다'로 쓰인다. "불이 곤륜산을 태우면[炎], 옥과 돌이 모두 탄다"[10]는 예가 이것이다. '태운다'에서 널리 '뜨겁다'로 쓰인다. "뙤약볕 몹시 뜨거워[炎炎] 불이 타는 듯하다"[11] 할 때 염염(炎炎)이란 '몹시 뜨거운 모양'이다.

炎 m 염 yán 불꽃.

棪 염 yǎn 재염나무.
扊 염 yǎn 문빗장.
琰 염 yǎn 아름다운 옥의 일종.
锬 염 yàn 불꽃. 화염.
剡* 염 yǎn 뾰족하게 하다. 예리하다.
剡* 섬 shàn 고을 이름.
掞 섬 shàn 펴다.
睒 섬 shǎn 눈을 깜빡이다.
倓 담 tán 고요하다.
郯 담 tán 지명에 쓰이는 글자.
痰 담 tán 가래. 담.
談 m 담 tán 말하다. 이야기하다.
錟* 담 tán 긴 창.
錟* 염 yǎn 날카롭다.[=염剡]
賧 탐 dǎn 바치다. 받들다.
啖 담 dàn 먹다. 먹이다.
淡 h 담 dàn 싱겁다. 엷다.
毯 담 tǎn 담요. 모포.
熊 웅 xióng 곰.
欻* 훌 xū 돌연. 갑자기.
欻* 훌 chuā 척척. 쿵쿵.[바닥을 구르는 소리]

7) ≪자치통감 資治通鑒≫<진목제영화사년 晉穆帝永和四年> ; 煙炎際天.
8) ≪후한서 後漢書≫<임광전 任光傳> ; 火炎燭天地.
9) 반고(班固) <답빈희 答賓戲> ; 其君天下也, 炎之如日.
10) ≪서경 書經≫<윤정 胤征> ; 火炎昆岡, 玉石俱焚.
11) ≪수호전·16회 水滸傳·十六回≫ ; 赤日炎炎似火燒.

불사르다 분(焚)

①갑골문	②금문	③소전	④해서
			焚

①은 위는 숲[>林]이고 아래는 불[>火>火]로, 숲에 불을 사른다[>燓>焚]는 뜻이므로, 회의자이다. ③은 숲[]이 가시덤불[]로 바뀌었을 뿐이며,[12] ④는 ①이 정형화한 것이다.

분(焚)의 본래 뜻은 '불사른다', 혹은 '태운다'이다. "산림을 불사르지[焚] 말라"[13]거나 "숲을 불살라[焚] 사냥하며 많은 짐승을 남획하면, 나중에는 짐승이 없기 마련이다"[14]라는 예가 이것이다.

분연(焚硯)이란 '벼루 등 문구를 불사른다'는 말로, 작품이 남만 못 함을 부끄러워하여 다시 쓰지 않는다는 뜻이다.

焚　분　fén　불태우다. 타다.

煩　번　fán　답답하다. 괴로워하다.
彬　빈　bīn　빛나다.

까마귀 오(烏)

①갑골문	②금문	③소전	④해서	⑤간체자
			烏	乌

②는 새[]의 형상이나 대가리[]에 눈이 없으므로, 까마귀[>>烏]의 상형자이다. ③은 ②가 구성미를 갖춘 것이며, ④는 ③이 정형화한 것이다.

오(烏)의 본래 뜻은 '까마귀'이다. 검은 새이므로 널리 '검다'로 쓰인다. "온 몸에 검은[烏] 옷을 걸쳤다"[15]는 예가 이것이다. 가물치를 오어(烏魚)라 하고, 오골계를 오계(烏鷄)라 하는 것도 같은 예이다. 태양의 흑점을 고대인들은 태양에 사는 삼족오(三足烏)라 여겼으므로,

---

12) ≪설문해자 說文解字≫는 이를 위음 번(樊) 아래뜻[火]이 형성자로 보기도 함.
13) ≪예기 禮記≫<월령 月令> ; 毋焚山林.
14) ≪한비자 韓非子≫<난일 難一> ; 焚林而田, 偸取多獸, 后必無獸.
15) ≪삼국지 三國志≫<위서・등애전 魏書・鄧艾傳> ; 身披烏衣.

'태양'을 가리키기도 한다. "하늘의 빛 어느 때도 두 태양[烏]은 없었다"16)는 예가 이것이다. 소리가 비슷하여 '오호(烏乎>嗚呼)' 하는 감탄의 말로 쓰이며, 널리 '어찌'의 뜻으로도 쓰인다. "불로장생을 어찌[烏] 약물로 얻을까?"17)라는 예가 이것이다.

*烏** [m]	오	*wū*	*까마귀. 어찌. 아아.*
嗚 [h]	오	wū	탄식 소리. 새 소리.
鄔	오	wū	땅 이름.
鎢	오	wū	중석. 텅스텐.
摀	오	wǔ	가리다. 덮다. 가두다.
塢	오	wù	둑. 성채. 마을.

타다 초(焦)

①갑골문	②금문	③소전	④해서
			焦

"초나라 군사가 한 번 불사르자, 타서[焦] 재 되었으니 가련하다"18) 할 때의 초(焦)이다. ②는 위음 추(隹>隹) 밑뜻 불[火>灬<火]이므로, 탄다[焦>𪚺>焦]는 뜻의 형성자이다. ③은 새[隹>隹]가 잡(雥>雥) 자로 변하여 위음 잡(雥>雥)의 형성자로 바뀌었을 뿐, ②와 자형이 비슷하며,19) ④는 번잡한 자형을 피하느라, ②를 돌이켜 정형화한 것이다.

초(焦)의 본래 뜻은 '탄다'이다. "몹시 가물어, 쇠나 돌이 모래로 녹아 흐르고 산이 타도[焦], 더워하지 않는다"20)는 예가 이것이다. 널리 '타는 냄새'의 뜻으로 쓰인다. "초여름 냄새는 탄내이다[焦]"21)라는 예가 이것이다. 초반(焦飯)이란 '탄 밥', 곧 '누룽지'이다. "어머니가 솥바닥의 누룽지[焦飯] 먹기를 좋아하였다"22)는 예가 이것이다. '탄다'는 데서 다시 널리 빛이 '거무스름하다'로 쓰인다. "마음이 슬프면 얼굴이 거무스레해진다[焦]"23)는 예가 이것이다. 애가 탄다는 데서 '초조하다'는 뜻으로도 쓰인다. "누가 내 마음 애 타는 줄[焦] 알리?"24)

16) 양유정(楊維楨) <홍문회 鴻門會> ; 照天萬古無二烏.
17) 노신(魯迅) <신해유록 辛亥游錄> ; 長生烏可以藥得?
18) 두목(杜牧) <아방궁부 阿房宮賦> ; 楚人一炬, 可憐焦土.
19) 허신(許愼)의 견해를 따랐다. 단옥재(段玉裁)는 "잡(雥)의 고음은 추(揫)나 초(椒)와 같이 읽었을 것이다. 집(集)이나 잡(襍)의 음이 잘못 오해되어 이를 잡(雥)이라 읽게 된 듯하다"고 하였음.
20) ≪장자 莊子≫<소요유 逍遙游> ; 大旱金石流土山焦而不熱.
21) ≪예기 禮記≫<월령 月令> ; (孟夏之月)其臭焦.
22) ≪세설신어 世說新語≫<덕행 德行> ; 母好食鐺底焦飯.
23) 도홍경(陶弘景 · 梁) ≪진고 眞誥≫<운상 運象> ; 心悲而面焦.

라는 예가 이것이다.

雥	잡	zá	새 떼지어 모이다.
焦	*초*	*jiāo*	*그을리다. 애타다*
膲	초	jiāo	삼초.
僬	초	jiāo	명찰하다. 난장이.
礁	초	jiāo	암초.
嶕	초	jiāo	산꼭대기.
燋	초	jiāo	횃불. 그을다.
醮	초	jiào	초례. 제사지내다.
噍*	초	jiāo	소리가 급하고 짧다.
噍*	초	jiào	먹다. 씹다.
噍*	초	jiū	즐거워하는 소리.
蕉*	초	jiaō	파초.
蕉*	초	qiaó	시들시들하다. 초췌하다.
劁	초	qiāo	끊다. 베다. 가축을 거세하다.
憔	초	qiáo	초췌하다. 핼쑥하다.
瞧	초	qiáo	몰래 보다.
樵	초	qiáo	땔나무.
顦	초	qiáo	야위다.
譙*	초	qiáo	문다락.
譙*	초	qiào	꾸짖다. 힐문하다.

익다 숙(熟)

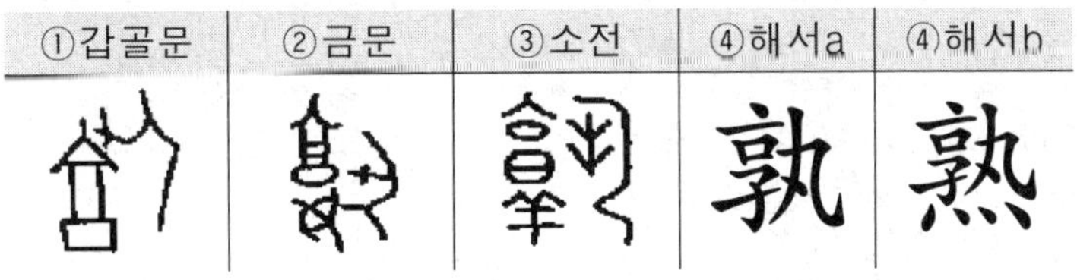

'숙련공(熟練工)'이라 할 때의 숙(熟) 자이다. ①은 오른편 사람[ ]이 조리기구[> > > 享<醇]를 마주하고 음식을 익힌다[ ]는 뜻의 회의 겸 윈음 순(> >享)의 형성자이다. ②는 오른편 아래 제수 음식[ ]이 첨가되고, 조리사[ ]가 '잡는다'는 뜻의 극(> >丸<丮)

24) 원적(阮籍) <영회 詠懷> ; 誰知我心焦?

자로 고정되었을 뿐, ①과 자형이 같으며, ③은 제수[亯]가 양(𦍌>羊)으로 바뀌었을 뿐이다. ④a는 양(𦍌>羊)이 자(子)로 잘못 변형되고, 획수가 절제되었을 뿐, ③과 자형이 비슷하며, ④b는 밑뜻 불[火<灬]이 첨가되어, 위음[孰] 밑뜻[灬]의 새 회의 겸 형성자가 된 것이다.

숙(熟)은 본래 뜻이 제수를 '익힌다'는 뜻이나, 옛날에는 숙(孰)으로 쓰였다. "오곡은 때맞춰 익는다[孰]"[25]는 예가 이것이다. 머지않아 숙(孰)이 널리 의문사로 '누구'를 가리키면서, '익는다'는 뜻은 숙(熟)에 분화되었고, 이때부터 쓰임이 숙(孰)과 뚜렷이 구분되었다. "사람은 나면서부터 알지는 못하는 것이니, 누가[孰] 의혹이 없겠느냐"[26]는 예가 이것이다. 숙(孰)은 '누구'의 뜻이지만, 수(誰)가 사람만 가리킬 뿐 사물을 가리키지 못하는데 반해, 사람과 사물을 모두 가리킨다. "이를 차마 할 수 있다면, 무엇을[孰] 차마 할 수 있지 못 하겠느냐"[27]는 예가 이것이다. 숙(熟)은 음식을 '익힌다'는 뜻이다. "밥과 찬이 함께 익었어도[熟], 누구에게 드려야할지 모르겠네"[28]라는 예가 이것이다. 널리 식물이 '익는다'로 쓰인다. "서리 내려 감과 밤이 익으면[熟], 거둘 철에 늦지는 말아야지"[29]라는 예가 이것이다. 익는다는 데서 널리 '익숙하다'로 쓰인다. "모두가 산천의 평탄하거나 험한 곳이며, 도로가 난 곳을 익숙히 안다[熟]"[30]는 예가 이것이다.

享	순	chún	익히다.<소전 순(𩫖)으로, 향享과는 동형이나 다른 자임.>
醇	순	chún	순수하다. 주정이 많은 술.
鶉	순	chún	메추라기.
錞*	순	chún	사발종. 동으로 만든 종 모양의 순우錞釪라는 고대 악기.
錞*	대	duì	창고달.
諄	순	zhūn	간곡하다. 보좌하다.
敦* h	돈	dūn	성실하다.
敦*	대	duì	서직黍稷을 담는 고대 용기.
惇	돈	dūn	인품이 좋다. 믿음직하다.
孰 h	숙	shú	누구. 어느 것. 무엇.
*熟**	*숙*	*shóu*	*숙熟shú의 구어음.*
熟 h*	*숙*	*shú*	*익다. 익숙하다.*
塾	숙	shú	서당. 글방. 대문 양옆에 있는 방.
燉	돈	dùn	약한 불로 푹 삶다. 데우다.

25) ≪사기 史記≫<악서 樂書> ; 五穀時孰.
26) 한유(韓愈) <사설 師說> ; 人非生而知之者, 孰能無惑.
27) ≪논어 論語≫<팔일 八佾> ; 是可忍也, 孰不可忍也.
28) ≪악부시집 樂府詩集≫<횡취곡사 橫吹曲辭> ; 羹飯一時熟, 不知貽阿誰?
29) 한유(韓愈) <송장도사 送張道士> ; 霜天熟柿栗, 收拾不可遲.
30) 소순흠(蘇舜欽) <태자태보한공행장 太子太保韓公行狀> ; 盡熟山川夷險, 道路所出.

暾	돈	tūn	아침해. 금방 떠오른 해.
墩	돈	dūn	작은 흙더미 받침대. 받침돌. 작은 언덕.

76. 조(爪) 부

손톱 조(爪)

①갑골문	②금문	③소전	④해서

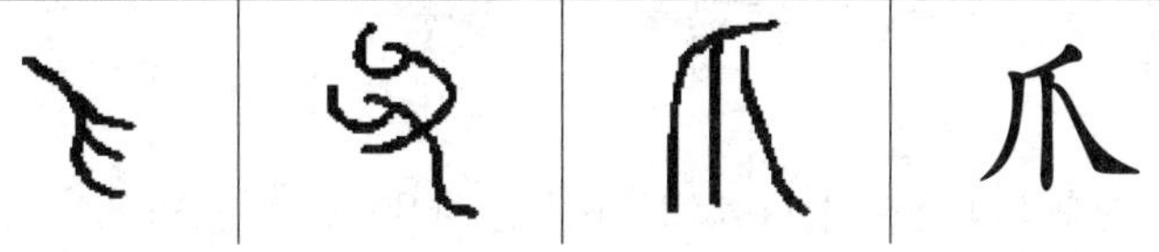

①은 발톱이 난 새 같은 짐승의 발[>>爪>爪]을 그린 상형자이다. ②는 짐승의 발톱이 날카롭게 그려진 것이고, ③은 ①과 자형이 비슷하나 구성미에 치중하였으며, ④는 ③이 정형화한 것이다.

조(爪)의 본래 뜻은 새나 짐승의 '발'이나 '발톱'이다. "빛깔 찬란한 검정 범이 발[爪]을 휘두르며 이빨을 드러내었다"[1]는 예가 이것이다. "장수는 나라의 발톱과 이빨[爪牙]이다"[2] 할 때, 조아(爪牙)란 무관(武官)을 맹수의 발톱이나 이빨에 비유한 말이다. 다만, 이는 '앞잡이' 같은 부정적인 비유로도 쓰이므로, 함축된 의미는 관점에 따라 다를 수 있다. "수하[爪牙]를 거느렸다"[3]는 예가 이것이다. 널리 '사람의 손톱이나 발톱'을 가리킨다. "피부나 손톱[爪], 모발은 시간이 흐르며 끊임없이 빠진다"[4]는 예가 이것이다. 손톱에서 널리 '긁는다'로 쓰인다. "껍질을 긁어보아[爪], 살았는지 죽었는지를 시험한다"[5]는 예가 이것이다.

현대중국어에서는 발과 발톱을 구분한다. 예컨대, 사람의 손톱이나 짐승의 발톱은 현대중국어에 자오(爪 zhǎo)라 읽으며, 짐승의 발은 현대중국어에 주아(爪 zhuǎ)로 읽는다. 닭발을 지주아쯔(鷄爪子 jī zhuǎzi)라 하는 예가 이것이다.

조(爪)는 부수자이다. 이를 구성소로 하는 글자는 '손'이나 '손의 동작'에 연관이 있다. 성실하다 부(孚), 하다 위(爲), 캐다 채(采) 등이 이것이다.

1) ≪비룡전전 飛龍全傳≫<4회 四回> ; 斑爛黑虎,舞爪張牙.
2) ≪한서 漢書≫<이광전 李廣傳> ; 將軍者, 國之爪牙也.
3) 현대한어(現代漢語) ; 率領爪牙.
4) ≪열자 列子≫<천서 天瑞> ; 皮膚爪髮, 隨世隨落.
5) 유종원(柳宗元) <종수곽탁타전 種樹郭橐駝傳> ; 爪其膚, 以驗其生枯.

爪　조　zhǎo　사람의 손톱.*
爪　조　zhuǎ　짐승의 발톱.*

抓　조　zhuā　긁다. 할퀴다.
笊　조　zhào　조리.

다투다 쟁(爭)

①갑골문	②금문	③소전	④해서	⑤간체자

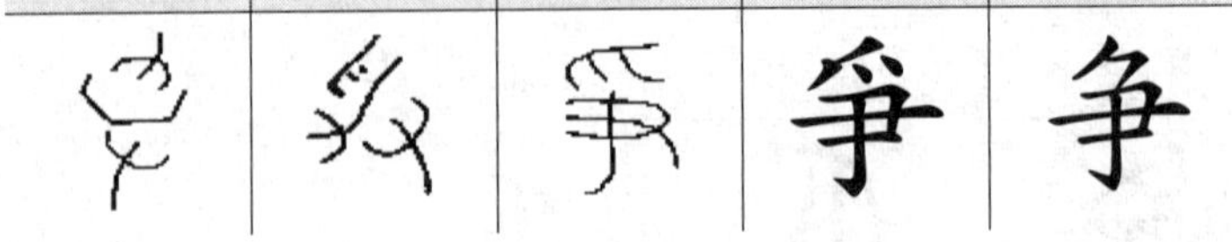

"그렇지 않으면 닭이나 집오리와 먹이나 다툴까[爭]?[6] 할 때의 쟁(爭) 자이다. ①은 아래위 두 손[> > >]이 가운데 물건[> > >]을 각각 한 쪽씩 쥐고 서로 빼앗으려 하므로, 다툰다[> > >爭]는 뜻의 회의자이다. ②는 아래위 두 손[ ]이 쟁기[ ]를 가운데 놓고 다투고 있으며, ③은 막대기[ ] 같은 물건이 아래 손아귀[ ]에 낚아 채여 있어, 다투이는 물건이 자형마다 조금씩 다르나, '다툰다'는 뜻은 일관되고 있다. ④에는 다투이는 물건이 갈고리( )로 쓰였으며, ⑤는 초서를 간체자 삼은 것이다.

쟁(爭)의 본래 뜻은 '다툰다'이다. "비옥한 토지를 다투었다[爭]"[7]는 예가 이것이다. 다툰다는 데서 널리 '입씨름한다'로 쓰인다. "이는 말로 입씨름하기[爭]가 어렵다"[8]는 예가 이것이다.

쟁(爭)은 북서지방에서 '차이 난다'로도 쓰인다. "도원 계곡의 길과 견주어도 경치의 아름다움이 그다지 차이나지[爭] 않는다"[9]는 예가 이것이다. 차이가 나되, 그 차이가 적다는 데서 '하마터면'으로 쓰이기도 한다. 북서지방에서는 지금도 "하마터면[爭] 넘어질 뻔하였다"[10]고 말한다. 쟁(爭)은 '어찌'로도 쓰인다. "이를 보고 어찌[爭] 시 한 수 없으리"[11]라는 예가 이것이다.

그 외에 쟁(爭)을 현대중국어로 정(zhèng)이라 읽을 때는 '권고한다'는 뜻이나, 이는 머지

6) ≪초사 楚辭≫<복거 卜居> ; 將與雞鶩爭食乎?
7) ≪한비 韓非≫<설림·하 說林·下> ; 爭肥饒之地.
8) ≪사기 史記≫<유후세가 留侯世家> ; 此亂以口舌爭也!
9) 신기질(辛棄疾) <강신자·박산도중서왕씨벽 江神子·博山道中書王氏壁> ; 比着桃源溪上路, 風景好, 不爭多.
10) 爭點兒摔倒.
11) 백거이(白居易) <제협중석상시 題峽中石上詩> ; 見此爭無一句詩.

않아 왼뜻[言] 오른음[爭]의 새 형성자 쟁(諍)으로 분화되어 쓰인다.

爭[m] 쟁 zhēng 다투다. 경쟁하다.*
爭 쟁 zhèng 간하다. 간쟁하다.*

筝 쟁 zhēng 쟁[거문고와 비슷한 13현의 악기].
狰 쟁 zhēng 생김새가 흉악하다.
峥 쟁 zhēng 산세가 높고 험준한 모양.
錚* 쟁 zhēng 쇳소리.
錚* 쟁 zhèng 페르뮴Fm의 옛 이름.
諍 쟁 zhèng 간언하다. 쟁론하다. 다투다.
睁 정 zhēng 눈을 크게 뜨다.
凈 정 jìng 차다.
淨 m 정 jìng 깨끗하다.
靜 m 정 jìng 고요하다. 잠잠하다.

하다 위(爲)

①갑골문	②금문	③소전	④해서	⑤간체자
			爲	为

①은 위는 손[[illegible]>[illegible]>[illegible]>爫]이고, 아래는 위를 향한 코끼리[[illegible]>[illegible]>[illegible]>[illegible]<象]이다. 머리 맨 앞에 길어서 구부러진 코[[illegible]]가 있으므로 코끼리임을 알 수 있다. 두 발 사이에 이어진 배[[illegible]]가 오른 쪽을 향하였고 맨 아래는 꼬리[[illegible]]이다. 손[[illegible]]으로 코끼리[[illegible]]를 끌고 가 일을 한다[[illegible]>[illegible]>[illegible]>[illegible]]는 뜻이므로, 회의자이다. ②는 위는 손[[illegible]>爫]이며, 아래 코끼리[[illegible]]는 배가 왼쪽을 향해 놓였다. ③은 손[[illegible]>爫] 아래 코끼리[[illegible]]의 코와 귀[[illegible]]가 강조되어 있다. ④는 ③이 정형화한 것이나, 코끼리의 모습은 찾아볼 수가 없다.

위(爲)의 본래 뜻은 코끼리를 부려 '일을 한다'이다. "나 갓 태어나서는, 아직 일할[爲] 노역이 없었지"[12]라는 예가 이것이다. 일한다는 데서 널리 '만든다'로 쓰인다. "매듭 묶기를 창안하여 그물을 만든다[爲]"[13]는 예가 이것이다. '만든다'에서 널리 '다스린다'로 쓰인다. "나라를 잘 다스리는[爲] 이는 창고가 가득할 때에도 농민을 가벼히 여기지 않는다"[14]는

12) ≪시경 詩經≫<왕풍 · 토원 王風 · 兎爰> ; 我生之初, 尙無爲.
13) ≪역경 易經≫<계사 · 하 繫辭 · 下> ; 作結繩而爲網罟.
14) ≪상군서 商君書≫<농전 農戰> ; 善爲國者, 倉廩雖滿, 不偸于農.

예가 이것이다. '한다'는 데서 널리 '한다면'이라는 뜻으로서, 가정부사 '만약'에 해당하는 쓰임도 가진다. "진나라가 그것을 알았다고 한다면[爲], 반드시 구원하지 않았을 것이다"15)라는 예가 이것이다.

일한다는 데서 널리 일하는 목적을 나타내어, '위한다'는 뜻으로 쓰이기도 한다. "포정이 문혜군을 위하여[爲] 소를 갈랐다"16)는 예가 이것이다. 위한다는 데서 일하는 원인을 나타내어 '때문에'의 뜻일 때도 있다. "그 늙은이 때문에[爲] 억지로 참고 내려가 신을 주워왔다"17)는 예가 이것이다. 행위자를 나타내면서, 앞쪽에서 살펴본 소(所)와 서로 호응하여 '무엇에 의하여'로 쓰일 때도 있다. "화살에 의하여[爲] 상처 입었다(爲矢所傷)"는 예가 이것이다.

그 외에, 문장 끝에서 의문이나 감탄의 어감을 보이기도 하는데, 일한다는 데서 널리 우리말의 '그리 하는가?'라는 어감이다. 좀 어색하지만, 어감을 살려 예를 들어보자면, "죽어서까지 구슬은 왜 입에 물고, 그리 하는가[爲]?"18)라는 예가 이것이다.

爲 [m] 위 wéi 하다. 만들다.*
爲 위 wèi 위하다.*

潙 위 Wéi 물 이름.
僞 [h] 위 wěi 거짓의. 허위의. ↔[眞]
譌 와 é 속이다. 거짓말하다.
撝 휘 huī 찢다. 겸양하다.

---

15) ≪전국책 戰國策≫<진책 · 4 秦策 · 四> ; 秦爲知之, 必不救也.
16) ≪장자 莊子≫<양생주 養生主> ; 庖丁爲文惠君解牛.
17) ≪사기 史記≫<유후세가 留侯世家> ; 爲其老, 强忍, 下取履.
18) ≪장자 莊子≫<외물 外物> ; 死何含珠爲?

77. 부(父) 부

아비 부(父)

①갑골문	②금문	③소전	④해서
			父

①은 손[ㅅ>又]에 도끼[丨] 같은 도구를 쥐고 있으므로, 옥외에서 수렵하는 남자[ㅅ>ㅅ>ㅅ>父]를 가리키는 지사자이다. ②도 획이 보다 길거나 굵을 뿐 ①과 자형이 비슷하다. ③은 공구를 찾기가 어려울 뿐 ②와 자형이 비슷하며, ④는 ③이 정형화한 것이다.

부(父)의 본래 뜻은 '도끼'였으나, 머지않아 이는 부(斧)에 분화되고,[1] '도끼로 노동하는 남자'라는 데서 널리 '아버지'를 가리킨다. "새나 짐승은 어미는 아나, 아비[父]는 알지 못한다"[2]는 예가 이것이다. '아버지'라는 데서 널리 '아버지답다'로 쓰인다. "아비는 아비답지[父] 않고, 자식은 자식답지 않다"[3]는 예가 이것이다. '아비답다'는 데서 노인에 대한 존칭으로 쓰인다. "농부며 어부[父]가 지나다니며 멸시하였다"[4]는 예가 이것이다. 다시 널리 남자의 미칭으로 쓰이기도 한다. 다만 남자의 미칭은 머지않아 보(甫)에 분화되었으므로, 이후 이 뜻으로는 이를 '보'라 고쳐 읽는다. "스승 상보[父]를 제나라 영구 지방에 봉하였다"[5]는 예에서 '상보'란 태공망(太公望) 여상(呂尚)의 이름이 '상'이므로 이를 존칭한 것이다.

*父** *m*	*부*	*fù*	*아버지.*
*父**	*부*	*fǔ*	*옹. 노인.*
*父**	*보*	*fǔ*	*남자의 미칭.[=甫]*
斧	부	fǔ	도끼.
釜	부	fǔ	가마. 솥.
甫	보	fǔ	크다. 아무개. 남자의 미칭.
布 m	포	bù	무명실·삼실 등으로 짠 천.

1) '임금' 왕(王) 자는 도끼날을 그려 권위의 상징으로 삼은 데 반하여 부(父)에 쓰인 도끼는 부호에 불과한 수렵도구임.
2) ≪순자 荀子≫<비상 非相> ; 禽獸知母而不知父.
3) ≪논어 論語≫<안연 顔淵> ; 父不父, 子不子.
4) 유종원(柳宗元) <고무담서소구기 鈷鉧潭西小丘記> ; 農夫漁父過而陋之.
5) ≪사기 史記≫<제태공세가 齊太公世家> ; 封師尚父于齊營丘.

78. 우(牛) 부

소 우(牛)

①갑골문	②금문	③소전	④해서

①은 정면을 향한 소의 대가리[牛>牛>牛>牛]로, 양옆에 위로 꺾인 것은 두 개 뿔[∪]이며, 그 아래 양편에 비스듬히 위로 향한 것은 양쪽 귀[∨]이므로 상형자이다. ②와 ③은 양 귀[∨]가 이어져 가로획[一]이 되었을 뿐, ①과 자형이 같고, ④는 이들이 정형화한 것이나, 뿔의 변형이 심하여 소 대가리임을 알아보기 어렵다.

우(牛)의 본래 뜻은 '소'이다. "비웃고 냉소하며 모두 손가락질하여도, 고개 숙이고 기꺼이 아이들 위해 소[牛]되어 주리"[1] 할 때, 우(牛) 자이다. 황소[黃牛]니, 물소[水牛], 들소[牦牛] 등이 모두 같은 예이다.

우주(牛酒)란 '예물'을 가리킨다. 자주 소나 술을 상으로 주거나 선물로 보냈던 때문이다. "소와 술[牛酒]을 바쳐 군사들을 위로하였다"[2]는 예가 이것이다.

"작년 무더위에 서울 다니러 갔을 때, 그대만 마소지기[牛馬走]를 만나 주었지"[3] 할 때, 우마주(牛馬走)란 '마소를 돌보는 하인'이란 뜻으로 자신을 겸손히 표현한 말이다.

우(牛)는 부수자이다. 이를 구성소로 하는 글자는 모두 소나 짐승과 연관이 있다. 숫짐승 모(牡), 암짐승 빈(牝), 우리 뢰(牢), 짐승 생(牲), 송아지 독(犢) 등이 이것이다.

牛 [m] *우* *niú* 소

암컷 빈(牝)

①갑골문	②금문	③소전	④해서

1) 노신(魯迅) ≪화개집 · 자조시 華蓋集 · 自嘲詩≫ ; 橫眉冷對千夫指, 俯首甘爲孺子牛.
2) ≪후한서 後漢書≫<장관전 臧官傳> ; 奉牛酒以勞軍營.
3) 채양(蔡襄) <화답손추관구병신기견과 和答孫推官久病新起見過> ; 去年大暑過京口, 唯子見過牛馬走.

①은 왼결 소[Ψ>Ψ>牛]이고, 오른결 암컷[ʃ>〈>匕]의 회의 겸 오른음 비(ʃ>〈>匕)의 형성자이다.[4] 암소 뿐 아니라 암양, 암돼지, 암말, 암사슴은 갑골문에 모두 비(匕) 자를 쓰고 있다. ③은 ①과 자형이 같으며, ④는 ③이 정형화한 것이다.

빈(牝)의 본래 뜻은 짐승의 '암컷'이다. "암컷[牝]은 고요함으로 수컷을 극복한다"[5]는 예가 이것이다. 암컷이라는 데서 널리, 노골성[陽]에 대한 '은밀성[陰]'을 가리킨다. "은밀성[牝]의 곧음이란 항상 아래로 인자함이니, 그 근본을 지킨다"[6]는 예가 이것이다. 은밀성이란 데서 이러한 역할에 처한 사물이나 상황을 널리 가리킨다. "구릉은 노골성이며, 계곡은 은밀성[牝]이다"[7]라거나, "자물쇠에서 열쇠가 노골성이라면, 자물쇠의 열쇠구멍은 은밀성[牝]이다"[8]라는 예가 이것이다. 남북의 방향에 있어서, 남방은 노골성을 띠며, 북방은 은밀성을 띤다고 여겨지기도 한다. "북방의 은밀한[牝] 흙 기운이 검은 하늘을 이룬다"[9]는 예가 이것이다.

"암[牝]탉은 새벽을 울지 않는다"[10]거나, "암[牝]탉이 새벽에 운다"[11]는 주장은 사회적 처신에서 자연을 귀감 삼고자 했던 옛사람들의 종교적 방법론을 보여준다. 암벌이나 여왕개미를 예로 들지 않은 까닭은, 이들이 좀 하등 동물이기도 하려니와, 여인을 정사에 간여시키지 않으려 했던 사회적 목적, 혹은 개인적 주관이 이미 신념화하였기 때문이다. 현대중국이에서는 빈(牝) 대신 모(母)를 쓴다. 암탉은 현대중국어에 무지(母鷄 mǔjī)라고 한다. 수탉의 현대중국어는 꽁지(公鷄 gōngjī)이다.

匕	비	bǐ	국자. 숟가락. 비수.
牝	*빈*	*pìn*	*조수의 암컷.*
旨	지	zhǐ	맛있다. 뜻.

---

4) ≪설문해자 說文解字≫는, '수컷' 빈(牝) 자는 "뜻결 소[牛]와 음결 비(匕)"의 형성자로, '암사슴' 우(麀) 자는 "위 뜻결 사슴[鹿]과 밑 뜻결 암컷[匕<牝]"의 줄임형 회의자로 보고 있다. ≪설문해자≫에는 화(匕)와 비(匕)가 서로 나뉜다. 이에 따르면, 화(匕)는 '상하가 바뀐 인[人] 자'로, '변화하였다'는 뜻이며, 화(化) 자의 전신이며, 비(匕)는 '좌우가 바뀐 인(人) 자'로 '촘촘히 잇는다'는 뜻으로, 비(比) 자의 전신으로 여겨진다. 다민, ≪실문해사≫에 구제석으로 언급되지 않은 뜻으로서, 비(匕)는 '숟가락'의 뜻이기도 한데, 이는 시(匙) 자의 전신으로 쓰인 예이다. 이에 더하여, 비(匕)는 '암컷'의 뜻으로 야(也) 자의 전신이었던 예도 있었음을 상기할 필요가 있다. 왜냐하면, 첫째, ≪설문해자≫에 "'야(也)'자는 여자의 음기이다(也, 女陰也)" 하였는데, 야(也) 자의 소전 자형 가운데에 이 비(匕) 자가 쓰였기 때문이며, 둘째, 숫컷과 암컷은 상대 대상이어서, 동시에 같은 방법으로 조자되었을 것이므로, '숫컷' 모(牡) 자가 숫컷의 성기[⊥]를 부호로 썼다면, '암컷' 빈(牝) 자도 암컷의 성기[匕]를 연상킬 수 있는 부호였을 것이기 때문이다.

5) ≪노자 老子≫<61장 六十一章>; 牝常以靜勝牝.

6) 양웅(揚雄) ≪태현·순 太玄·馴≫; 牝貞常慈, 衛其根.

7) ≪대대례기 大戴禮記≫<역본명 易本命>; 丘陵爲牡, 溪谷爲牝.

8) ≪예기 禮記≫<월령 月令>; 凡鍵器入者謂之牡, 受者謂之牝.(孔穎達疏)

9) ≪회남자 淮南子≫<地形訓>; 牝土之氣, 御于玄天.

10) ≪상서 尚書≫<목서 牧誓>; 牝鷄無晨.

11) 안지추(顔之推) ≪안씨가훈·치가 顔氏家訓·治家≫; 牝鷄晨鳴.

尼	니	ní	여승. 중.
泥*[h]	니	ní	진흙.
泥*	니	nì	진흙을 바르다. 탐닉하다. 고집하다.
指 [m]	지	zhǐ	손가락. 가리키다.
脂	지	zhī	기름.
恉	지	zhǐ	뜻.
稽*	계	jī	조사하다. 고증하다. 머무르다.
稽*	계	qǐ	이마가 땅에 닿도록 조아리다.
耆	기	qí	늙은이.
詣	예	yì	도착하다. 찾아뵙다. 조예가 이르다.
嵆	혜	jī	산이나 고을 이름.
鰭	기	qí	지느러미.
蓍	시	shī	점치기용 대나무. 시초.
嗜	기	shì	즐기다. 애호하다.

숫컷 모(牡)

①갑골문	②금문	③소전	④해서
			牡

①은 왼곁은 소[Ψ>牛]이고, 오른곁은 수컷[⊥]이므로, 회의자이다. 갑골문은 숫양, 수돼지, 수말, 수사슴에 모두 수컷의 상징부호[⊥]가 있다. ②는 ①과 자형이 같으나, 다만 수컷[⊥]의 부호가 토(土>土) 자에 동화되며 오른음 토(土>土)의 형성자로 바뀐 것이다. ③은 ②와 자형이 같고, ④는 이들이 정형화한 것이다.

모(牡)의 본래 뜻은 짐승의 '수컷'이다. "까투리 울어 장끼[牡]를 부르네"[12]라는 예가 이것이다. 음양의 상대세계에서 노골성[陽]에 해당하는 것은 널리 '수컷'이라 한다. "물체가 돌기한 것은 수컷[牡]이라 한다"[13]는 예가 이것이다. 빗장문에서는 '빗장'이 수컷에 해당한다. "유하혜는 꿀을 보면 '노인네를 봉양할 수 있겠다' 하고, 도척은 꿀을 보면 '빗장[牡]에 바를 수 있겠다' 한다"[14]는 예가 이것이다.

12) ≪시경 詩經≫<패풍 · 포유고엽 邶風 · 匏有苦葉> ; 雉鳴求其牡.
13) 유월(俞樾) ≪차향실삼초 茶香室三鈔≫ ; 凡物之凸起. 謂之牡.
14) ≪회남자 淮南子≫<설림훈 說林訓> ; 柳下惠見飴, 曰可以養老, 盜跖見飴, 曰可以黏牡.

모란(牡丹)의 모(牡)는 음이 같아 빌려 쓰인 자일 뿐 본래 뜻과 무관한 예이다. 따라서 음이 비슷하기만 하면 자형에 그다지 구애받지 않아, 목단(牧丹)이라고 쓰이기도 한다.

土 m·	토	tǔ	흙.
吐* h	토	tǔ	토하다.
吐*	토	tù	자신의 의지와 관계없이 구토하다.
徒 m	도	tú	다만. 무리.
杜	두	dù	팥배나무. 막다.
肚*	두	dǔ	위[밥통].
肚*	두	dù	배[복부].
牡	*모*	*mǔ*	*동물의 수컷. 모란.*
社 h	사	shè	단체.

우리 뢰(牢)

①갑골문	②금문	③소전	④해서
			牢

①은 바깥의 우리[ᗜ>ᗜ>ᗝ>宀] 안에 소[Ұ>牛>牛>牛]가 있으므로, 소를 가두는 외양간[ᗜ>ᗜ>ᗝ>牢]의 회의자이다. ②는 ①과 자형이 같다. ③은 외양간[ᗝ] 입구에 다시 나무[一]를 가로 걸쳐놓았으므로, 외양간이 견고하다는 뜻이 첨가되었다. ④는 외양간[ᗝ]이 집[宀]으로 잘못 변형하며, 정형화한 것이다.

뢰(牢)의 본래 뜻은 '외양간', 혹은 '우리'이다. "양을 잃고 외양간[牢] 고친다"15)는 예가 이것이다. 짐승 뿐 아니라 사람을 가둔 곳도 함께 가리킨다. "시집가서, 너 얼른 이 우리[牢]를 떠나!"16)라는 예가 이것이다. 다시 널리 '가둔다'는 동사로도 쓰인다. "나는 일부러 그를 가두어[牢] 죽였다"17)는 예가 이것이다.

외양간에서 기른 소, 양, 돼지는 제물로 쓰이므로 뢰(牢)는 '희생'의 뜻으로도 쓰인다. '일곱 가지 희생[牢]을 먹였다'18)는 예가 이것이다.

'견고하다'는 뜻이 있음은 위에서 말한 바와 같다. "≪포박자≫란 책에서 입 속의 이를

---

15) ≪전국책 戰國策≫<초책·4 楚策·四>; 亡羊而補牢.
16) 조우(曹禺) ≪북경인·2막 北京人·二幕)≫; 嫁了吧, 你趕快離開這個牢吧!
17) 고문수(高文秀) ≪흑선풍·삼절 黑旋風·三折≫; 我直牢死他.
18) ≪좌전 左傳≫<희공15년 僖公十五年>; 饋七牢焉.

견고하게[牢] 하는 법을 보았다"[19]는 예가 이것이다.

牢 뢰 láo 가축 우리.
窂 로 láo 가축의 우리. <뢰牢의 이체자>

哰 로 láo 말 알아듣지 못하다.

기르다 목(牧)

①갑골문	②금문	③소전	④해서

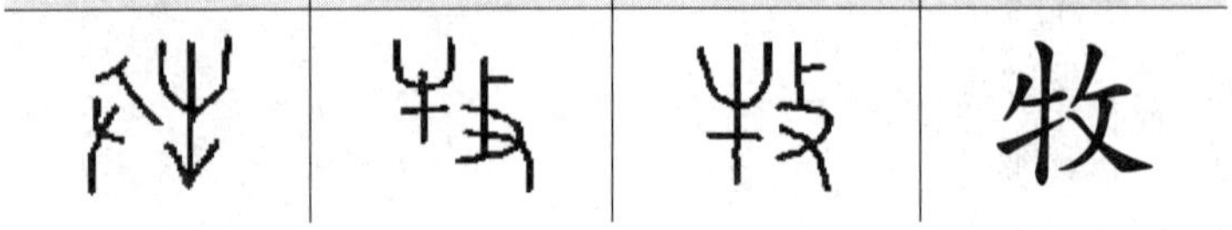

"주막이 어디뇨 물었더니, 소치기[牧] 아이는 멀리 살구꽃 마을을 가리킨다"[20] 할 때의 목(牧) 자이다. ①은 왼편은 채찍을 든 손[[illegible]>[illegible]>[illegible]>攵<攴]이며 오른편은 정면을 향한 소[[illegible]>[illegible]>[illegible]>牜<牛]여서, 채찍으로 소를 부린다[[illegible]>[illegible]>[illegible]>牧]는 회의자이다. ②는 구성소의 위치가 서로 바뀌었을 뿐, ①과 자형이 비슷하며, ③은 ②가 구성미를 갖춘 것이다. ④는 ③이 정형화한 것으로 왼편 우[牜]는 왼곁으로 쓰인 우(牛)의 전형이다.

목(牧)의 본래 뜻은 '놓아기른다'이다. 소[牛]란 놓아기르는 가축 모두를 상징할 뿐이다. 예로 갑골문에는 '양(羊)을 놓아기른다[㸬]'는 회의자도 쓰였으며, 이들은 점차 목(牧)에 동화되었다. 널리 '다스린다'로 쓰인다. "백성을 다스리는[牧] 법도를 잃었다"[21]는 예가 이것이다. 다스린다는 데서 널리 관직의 이름으로 쓰여, 지방관을 주목(州牧)이라 한다. "태복 벼슬 황완이 예주의 주목(州牧)이 되었다"[22]는 예가 이것이다.

牧 h 목 mù 가축을 방목하다.

짐승 생(牲)

①갑골문	②금문	③소전	④해서

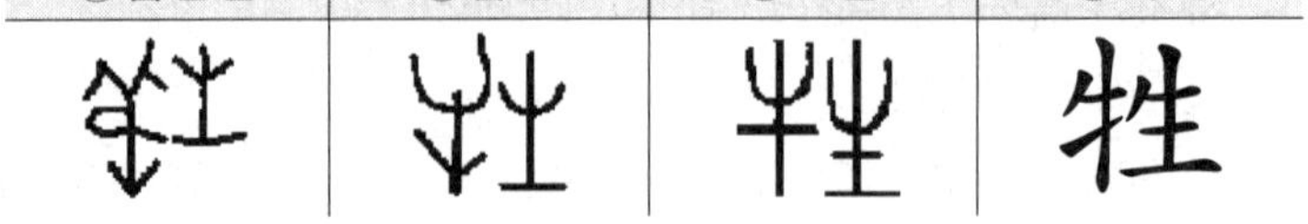

19) 안지추(顔之推) ≪안씨가훈 · 양생 顔氏家訓 · 養生≫ ; 見≪抱朴子≫牢齒之法.
20) 두목(杜牧) <청명 淸明> ; 借問酒家何處有, 牧童遙指杏花村.
21) ≪한서 漢書≫<원제기 元帝紀> ; 失牧民之術.
22) ≪후한서 後漢書≫<유언전 劉焉傳> ; 太僕黃琬爲豫州牧.

①은 왼편은 정면을 향한 희생양의 대가리[羊]이다. 위에 양쪽 아래로 꺾인 것은 뿔[丷]이며, 아래 화살촉처럼 보이는 것은 양의 입[↓], 왼편은 눈, 혹은 귀[ㅁ]이다. 양 대가리의 오른편은 생(土>土>生>生) 자이므로,[23] 왼 뜻결[羊>羊] 오른 음결[土>生]의 형성자이다. ②는 ①의 왼결 양[羊>羊]이 소[牛>牛>牛<牛]로 잘못 변형되었으나, 의미는 같으며, ③은 ②와 자형이 같으나, 다만 지면[一]이 흙[土>土]으로 고정된 것이다. ④는 ③이 정형화한 것이다.

생(牲)의 본래 뜻은 '제물'이나 희생으로 쓰이던 '가축'이다. "서민들 중 가축을 치지 않는 이들은, 제사를 지내도 희생[牲]이 없다"[24]는 예가 이것이다. 가축에서 널리 '짐승'을 가리키기도 한다. 생구(牲口)란 기르는 '짐승'을 아울러 일컫는 말이다. "짐승[牲口] 사육소"[25]란 예가 이것이다. 옛날 기이한 짐승이나 진기한 조류를 도맡아 기르던 곳을 가리키는 말이다. 다만, 현대중국어의 성커우(牲口 shēngkǒu)는 '가축'을 가리킨다.

희생(犧牲)이란 종묘제사에 사용하던 짐승을 통틀어 가리키는 말이다. 순색의 소나 양은 희(犧)라 하고, 신체가 온전한 소나 양은 생(牲)이다. "모든 제사에는 희생[犧牲]을 바친다"[26]는 예가 이것이다. 다만 현대중국어의 시성(犧牲 xīshēng)이란 사람이 '생명을 바친다'는 뜻도 나타낸다. "나라를 위해 생명을 바쳤다(爲國犧牲)"는 예가 이것이다. 희준(犧尊)이란 소의 형상을 한 청동제 술항아리이다.

음결이 같은 자들의 체계는 뒷쪽 생(生) 부의 낳다 생(生) 자를 참조.

79. 견(犬) 부

개 견(犬)

①갑골문	②금문	③소전	④해서

①은 발을 왼쪽으로 향하고, 머리에는 귀가 솟았으며, 아래에는 꼬리를 치켜들고 있는

23) 생(生) 자는 지면[一>土]에 풀[屮>屮]이 생장한다는 뜻이다. 뒤 쪽 생(生) 부 참고.
24) ≪주례 周禮≫<지관·여사 地官·閭師> ; 庶民不畜者, 祭無牲.
25) ≪명사 明史≫<총관지상 聰官志上> ; 牲口房.
26) ≪주례 周禮≫<지피 · 목인 地皮 · 牧人> ; 凡祭祀, 供其犧牲.

개[> > >犬]이므로, 상형자이다. ②는 머리의 좌우 양쪽에 귀가 있으나, ③은 구성미에 치중하느라 이미 개의 모양을 찾아보기 어렵다. ④는 ③이 정형화한 것으로, 개의 형상은 찾아 볼 수 없다.

견(犬)의 본래 뜻은 '개'이다. "개[犬]는 밤을 지키고, 닭은 아침을 맡는다"[1]는 예가 이것이다. 널리 비유적으로 쓰인다. "어려서 책읽고 검술 배우기를 좋아하므로 양친이 그를 강아지[犬子]라고 불렀다"[2] 할 때, 견자(犬子)는 애칭으로 비유한 것일 뿐이다. 견마(犬馬)란 군주에 대하여 신하가 자신의 충성과 희생을 비유한 말이다. "저는 견마(犬馬)의 두려운 마음을 이기지 못 하며 삼가 조아려 아룁니다"[3] 한 예가 이것이다.

견(犬)은 부수자이다. 이를 구성소로 하는 글자는 개와 관련이 있다. 회오리바람 표(猋), 지키다 수(狩), 미치다 광(狂), 사납다 맹(猛), 사냥하다 렵(獵) 등이 이것이다.

犬 *m* *견* *quǎn* *개.*

甽 견 quǎn 밭도랑.

회오리바람 표(猋)

①갑골문	②금문	③소전	④해서
			猋

②는 세 마리의 개[>犬]이다. 모두 머리를 위로 향하고 몰려 내달린다[> >猋]는 뜻이므로 회의자이다. ③은 동일한 구성소[犬]가 셋이므로 둘을 아래에 받쳐 구성의 안정감을 높인 것 외에는 ②와 자형이 같다. ④는 ③이 정형화한 것이다.

표(猋)의 본래 뜻은 '몰려 내달린다'이며, 널리 '신속하다', 혹은 '재빠르다'로 쓰인다. "재빨리[猋] 아득히 구름 속으로 솟는다"[4]는 예가 이것이다. 다시 널리 '휘몬다'로도 쓰인다. "휘몰아치는 바람[猋風]과 사나운 비"[5]라 한 예가 이것이다. '휘몰아치는 바람'이란 흔히 '회오리바람'을 가리키며, 이때 표풍(猋風)은 표풍(飆風)으로 쓰이기도 한다. 다만, '회오리 분다'란 뜻으로는 머지않아 표(飆)를 분화시켜 쓴다.

---

1) ≪삼자경 三字經≫ ; 犬守夜, 鷄司晨.
2) ≪사기 史記≫<사마상여열전 司馬相如列傳> ; 少時, 好讀書, 學擊劍, 故其親名之曰犬子.
3) 이밀(李密) <진정표 陳情表> ; 臣不勝犬馬怖懼之情, 謹拜表以聞.
4) ≪초사 楚辭≫<구가 · 운중군 九歌 · 雲中君> ; 猋遠擧兮雲中.
5) ≪예기 禮記≫<월령 月令> ; 猋風暴雨.

猋　표 biāo　개가 달리는 모양. 회오리바람.

飆　표 biāo　폭풍. 회오리바람.

잡다 획(獲)

①갑골문	②금문	③소전	④해서	⑤간체자

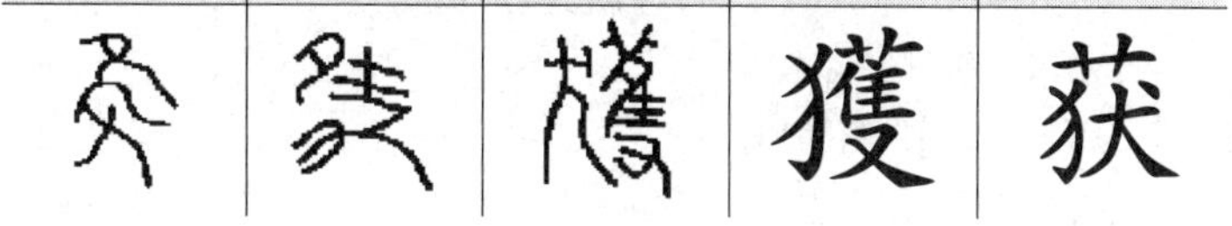

①은 위는 왼쪽을 향한 한 마리 새[…>…>隹]이고, 아래는 새를 잡고 있는 손[…>…>…>又]이므로, 새를 잡는다는 뜻의 회의자 척(…>…>隻)이다. 획(獲)은 아직 분화되지 않아, '잡는다'는 뜻은 척(隻)에 포괄되어 있다. ②는 ①과 자형이 비슷하다. ③은 왼편에 뜻곁 견(…>犭<犬)으로써 '짐승'의 뜻을 첨가하였으며, 새[…>隹]도 머리 위에 뿔 같은 털[…>艹]이 첨가되어 추(…>萑)로 변형하면서 비로소 새 회의 겸 형성자 획(…>獲)을 낳게 된 것이다. ④는 ③이 정형화한 것이며, ⑤는 이 두 자를 묶어 동일하게 간체화한 것으로 풀숲[艹] 아래 놓인 노획된 짐승[犭]과 사냥개[犬]로, 풀숲에서 노획물을 사냥한다는 뜻을 나타낸 새 회의자이다.

획(獲)의 본래 뜻은 '사냥한다'이다. "모두가 범과 같은 무리이니, 사람들이 사냥하여[獲], 그 가죽을 깔고 눕거나 앉더라도 어찌 나무랄 수 있으랴!"[6]라는 예가 이것이다. 사냥한다는 데서 널리 '노획물'을 가리킨다. "수렵한 노획물[獲]이 언제나 남을 능가한다"[7]는 예가 이것이다. 노획한다는 데서 널리 '사로잡는다'로 쓰인다. "채나라를 정벌하고, 채나라의 제후를 사로잡았다[獲]"[8]는 예가 이것이다. 사로잡는다는 데서 널리 '거둔다'로 쓰인다. "한 해에 두 번 거둔다[獲]"[9]는 예가 이것이다. 다만, '수확한다'는 뜻은 머지않아 확(穫)에 분화된다.

획(獲)이 수렵의 노획물을 가리키는 데 반하여, 확(穫)은 농작의 수확물을 가리키며, 인곁을 농작물의 뜻곁인 화(禾)로 바꾸었을 뿐, 음곁을 같이 썼으므로, 음은 같다.[10] 다만, 우리 한자음의 습관에는 획(獲)과 확(穫)으로 구분하므로, 주의해야 한다. "가을에 곡식이 다 익었으나 채 수확하지[穫] 못 하였는데, 날씨가 천둥번개 몰아쳐, 바람에 벼들이 모두 쓰러졌다"[11]는 예가 이것이다. 확(穫)의 간체자는 획(獲)의 간체자와 동화되어, 더 이상 이 두 글자를

6) 유기(劉基) ≪욱리자·천지지도 郁離子·天地之盜≫ ; 皆虎之類也, 其爲人獲而寢處其皮也, 何足怪哉!
7) ≪여씨춘추 呂氏春秋≫<귀당 貴當> ; 田獵之獲常過人矣.
8) ≪순자 荀子≫<강국 强國> ; 克蔡, 獲蔡侯.
9) ≪순자 荀子≫<부국 富國> ; 一歲而再獲之.
10) 획(獲)과 확(穫)의 중국음은, 고대의 반절음은 호맥절(胡陌切)로 같았으며, 현대중국어음는 '후어(huò)'로 같음.
11) ≪서경 書經≫<금등 金縢> ; 秋大熟未穫, 天大雷電, 以風禾盡偃.

구분하지 않는다.

蒦	확	huò	꾀하다
獲 [h]	*획*	*huò*	*잡다. 얻다.*
嚄*	획	huō	우와[놀람을 나타냄].
嚄*	획	huò	큰 소리로 외치다.
嚄*	획	ǒ	어! 아니![놀람이나 의혹을 표시함].
劐	확	huō	끊다. 베다.
穫 [h]	확	huò	벼를 베다. 거두다.
蠖	확	huò	자벌레.
鑊	확	huò	가마. 솥.
護 [h]	호	hù	보호하다.

짐승 수(獸)

①갑골문	②금문	③소전	④해서	⑤간체자

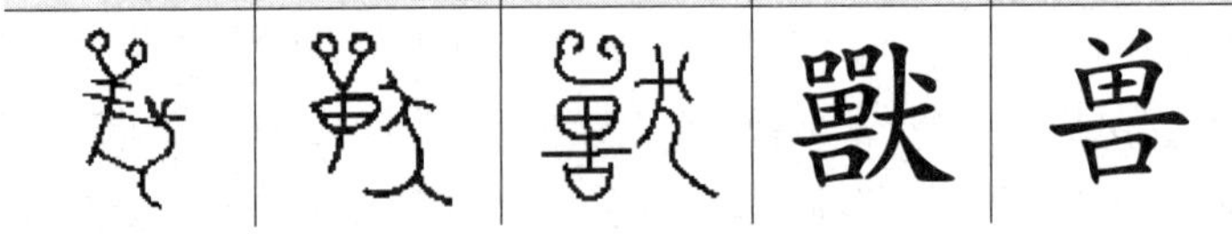

①은 사냥도구[[illegible]>[illegible]>[illegible]>[illegible]]와 그 아래 다리가 왼쪽으로 난 사냥개[[illegible]>[illegible]>[illegible]>犬]가 있으므로, 사냥한다[[illegible]>[illegible]>[illegible]>獸]는 뜻의 회의자이다. ②는 사냥도구[[illegible]]에 그물[[illegible]]이 첨가되었을 뿐, ①과 자형이 같다. ③은 사냥도구[[illegible]]의 손잡이[[illegible]]에 잘못 첨가된 획[[illegible]>口]이 있을 뿐, ②와 자형이 대개 비슷하며, ④는 ③이 정형화한 것이다.

수(獸)의 본래 뜻은 '사냥한다'이다. "오산에서 사냥한다[獸]"[12]는 예가 이것이다. 다만, 이 뜻은 머지않아 왼뜻[犭<犬] 오른음 수(守)의 새 형성자 수(狩)에 분화되어 쓰이고, 사냥감이란 데서 널리 '짐승'을 가리킨다. "다리가 둘에 날개 깃이 난 것을 '금'이라 하고, 다리가 넷에 털이 난 것을 수(獸)라 한다"[13]는 예가 이것이다. 수환(獸環)이란 '짐승대가리 형상의 쇠 문고리'를 가리킨다. "물고기 자물쇠며 짐승 문고리[獸環] 드리운채, 사창집 문은 빗겨 닫히고"[14]라는 예가 이것이다.

獸 [h] *수* *shòu* *짐승.*

12) ≪시경 詩經≫<소아・거공 小雅・車攻> ; 搏獸于敖.
13) ≪이아 爾雅≫<석조 釋鳥> ; 二足而羽, 謂之禽 ; 四足而毛, 謂之獸.
14) 조광원(趙光遠) <제기래아벽 題妓萊兒壁> ; 魚鑰獸環斜掩門.

80. 옥(玉) 부

구슬 옥(玉)

①갑골문	②금문	③소전	④해서
		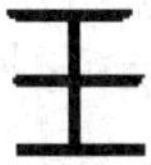	玉

①은 끈[丫]으로 3 개의 옥[≡]을 꿰어 매단 형상이므로, 옥(丰>王>王>玉)의 상형자이다. ②와 ③은 왕(王) 자와 비슷하지만 왕(王)은 가로획의 위 간격보다 아래 간격이 더 넓은데 반해 옥(玉)의 세 가로획은 간격이 균등하게 놓여 있다. ④는 한 점을 더하였을 뿐, ③이 정형화한 것이다.

옥(玉)은 본래 뜻이 '옥'이다. "다른 나라 산의 돌로도 옥[玉]을 갈 수는 있다"[1]는 예가 이것이다. 옥으로 만든 악기를 가리키기도 한다. "동정호에 달이 차가워 옥저[横玉]을 분다"[2]는 예에서 횡옥(横玉)이란 '저'[3]를 가리킨다. 옥으로 만든다는 데서 '부드러운 광택이 있는 고운 것'을 흔히 옥에 비유하기도 한다. "골짜기 어구에 가득 찬, 대나무[玉] 수만 그루"[4]에서 옥은 '대나무'에 비유된 것이며, "가없는 하늘, 항아는 어디에서 한 바퀴 옥(玉)을 몰아가는고"[5]에서 옥(玉)은 '달'에 비유된 것이 이러하다.

옥(玉)은 부수자이다. 이를 구성소로 하는 글자는 모두 '옥'이나 '옥으로 만든 기물'과 관계가 있다. 구슬 환(環), 아름다운 옥 림(琳), 보배 진(珍), 옥 이름 가(珂), 서옥 모(瑁), 나누다 반(班) 등이 이것이다.

玉 [m] 옥 yù　　*옥. 깨끗하다.*

頊　　욱 xū　　고대 제왕 전욱顓頊의 이름.

---

1) ≪시경 詩經≫<소아・학명 小雅・鶴鳴>; 它山之石, 可以攻玉.
2) 육유(陸游) <소단시도류 燒丹示道流>; 洞庭月冷吹横玉.
3) 가로 불게 된 관악기의 총칭.
4) 왕홍(王洪・明) <제죽차하문도운 題竹次夏文度韻>; 谷口森森玉萬竿.
5) 황정견(黃庭堅) <염노교 念奴嬌>; 萬里青天, 姮娥何處, 駕此一輪玉.

임금 왕(王)

①갑골문	②금문	③소전	④해서
			王

①은 도끼날이 아래로 향한 도끼[太>王>王>王]로, 이 무기를 위엄의 상징으로 삼아 '제후왕'을 가리키므로 지사자이다. ②와 ③은 ①과 자형이 같으나, ①의 도끼날[ㅿ>ㅡ>一]과 가운데의 가로획은 도끼자루[一], 그리고 도끼머리의 목 부분[丨]이 합해져서 토(土) 자로 변형되었으며, ②의 맨 윗부분의 가로획은 도끼머리[土]의 끝 부분임을 가리키는 부호[一]이다. ④는 이들이 정형화한 것이다.

왕(王)의 본래 뜻은 '제왕'이다. "오직 제왕[王]만이 국가를 세운다"[6]는 예가 이것이다. 진나라 이후 황제[皇]를 따로 세우면서 널리 '제후왕'과 '번왕(蕃王)', '친왕(親王)' 등을 아울러 가리켰다. "고조의 자제로서 동성의 왕[王]이 된 이들이 아홉 제후국이었다"[7]는 예가 이것이다. 제왕에서 널리 '통치한다'로 쓰인다. "하, 상, 주 세 나라는 서로 다른 제도로 통치하였다[王]"[8]는 예가 이것이다. 다만, 왕(王)은 현대중국어의 음이 2성의 왕(王 wáng)이지만, 이처럼 동사로 쓰인 때는 현대중국어음이 4성의 왕(王 wàng)인 점, 주의해야 한다.

왕손(王孫)이란, 귀족 자제를 통틀어 일컫는 말이지만, 때로는 '원숭이'를 가리키기도 한다. "원숭이[王孫] 같은 교활한 짐승이 있다"[9]는 예가 이것이다.

왕(王)을 구성소로 하는 글자는 제왕과 연관이 있다. 임금 황(皇), 윤달 윤(閏) 등이 이것이다.

王[m] 왕 wáng 왕. 군주.*
王 왕 wàng 왕노릇하다. 천하를 다스리다.*

迋*[10] 왕 wàng 가다. 위로하다.
迋* 광 guàng 속이다. 두려워하다.

6) ≪주례 周禮≫<천관서 天官序> ; 惟王建國.
7) ≪사기 史記≫<한흥이래제후연표서 漢興以來諸侯年表序> ; 高祖子弟同姓爲王者九國.
8) ≪상군서 商君書≫<경법 更法> ; (夏·商·周)三代不同禮而王.
9) 왕연수(王延壽) <왕손부 王孫賦> ; 有王孫之狡獸.
10) 왕(王)과 음이 비슷한 바탕음결으로는 우거지다 광(㞷)과 임금 황(皇)이 따로 있다. 광(㞷)을 음결으로 쓰는 자로는 미치다 광(狂), 바로잡다 광(匡), 굽다 왕(枉), 가다 왕(往) 등이 있으므로, 이들의 음결을 이용하는 데에 참고할 수 있다. 황(皇)을 음결으로 쓰는 자는 백(白) 부의 임금 황(皇) 자를 참조.

나누다 반(班)

①갑골문	②금문	③소전	④해서
			班

②는 두 개의 옥[王王>王王>玨] 사이에 칼[刂>刂>刂<刀>]이 놓였으므로, 칼로 옥을 나눈다[班>班>班]는 뜻의 회의자이다. ③은 ②와 자형이 비슷하다. ④는 ③이 정형화한 것이나, 칼은 그 모양을 알아보기 어렵다.

반(班)의 본래 뜻은 '나눈다'이다. "친척과 오랜 이웃, 벗과 동료들에게 나누어주는[班] 것을 옳다고 여겼다"[11]는 예가 이것이다. 나눈다, 혹은 나누어준다는 데서 널리 '반포한다'로 쓰인다. "겨우 나와 봄철의 강령을 반포했다[班]"[12]는 예가 이것이다. 반포한다는 데서 다시 '배치한다'거나 '배열한다'로 쓰인다. "천하에서 제후들과 같은 지위에 배열되었다"[13]는 예가 이것이다. 다시 널리 '섞인다'로 쓰인다. "머리가 희끗희끗[班] 센 노인"[14]이라는 예가 이것이다. 이 뜻은 머지않아 반(斑)에 분화되어 쓰인다. 반(斑)은 반(班)과 자형과 자음이 비슷하지만, 문(文)이 '무늬'라는 뜻의 뜻곁으로 쓰인 회의자이다.

班 [h] 반 bān 나누다.

81. 과(瓜) 부

오이 과(瓜)

①갑골문	②금문	③소전	④해서
			瓜

②는 덩굴줄기[⺁>⺁>⺁] 사이에 자란 오이[ㅇ>ㅇ>厶]이므로, 상형자이다. ③은 ②와 자형이 같고, ④는 이들이 정형화한 것이다.

11) 한유(韓愈) <정하군공방공묘갈명 清河君公房公墓碣銘> ; 以班親舊朋友爲義.
12) ≪후한서 後漢書≫<최인전 崔駰傳> ; 強起班春.
13) ≪한비자 韓非子≫<존한 存韓> ; 與諸侯班位于天下.
14) ≪한비자 韓非子≫<외저설・좌상 外儲說・左上> ; 班白者.

과(瓜)는 오이, 수박, 호박 같은 덩굴줄기 박과 식물을 통틀어 가리킨다. "오이[瓜] 밭에서는 신발 고쳐 신지 않고, 자두나무 밑에서는 갓을 바로잡지 않는다"[1]는 예가 이것이다. 의심받을 만한 사람을 과리지인(瓜李之人)이라 하고, 의심받을 만한 처지를 과전이하(瓜田李下)라 하는 것은 여기서 유래한 것이다. 널리 '오이가 익는다'로 쓰인다. "오이가 익을[瓜] 무렵이면 교체하겠다"[2]는 예가 이것이다. '임기가 차서 후임과 교체함'을 '과대(瓜代)'라 하는 것은 이 때문이다. 다시 '오이 모양'을 널리 가리키기도 한다. 중국인들이 쓰던 '외껍질모자(瓜皮帽)'가 이것이다. 반쪽 수박껍질 같은 모양으로, 차양 없이 검은 천 6장을 꿰맨 것이다.

현대중국어에서는, 오이를 후앙꾸아(黄瓜 huángguā), 호박을 난꾸아(南瓜 nánguā), 수박을 시꾸아(西瓜 xīguā), 그리고 참외를 티엔꾸아(甜瓜 tiānguā)라고 한다.

과(瓜)는 부수자이다. 이를 구성소로 하는 글자는 모두 열매와 연관이 있다. 작은 오이 질(瓞), 외씨 판(瓣) 등이 이것이다.

瓜	*과*	*guā*	*오이.*
坬	과	wā	산비탈.
孤 [h]	고	gū	고아. 외롭다.
呱*	고	gū	울다. 갓난아이의 울음소리.
呱*	고	guā	비꼬다. 놀리다.
呱*	고	guǎ	잡담하다.
苽	고	gū	줄 풀.
罛	고	gū	큰 어망.
軱	고	gū	큰 뼈.
觚	고	gū	술잔.
弧	호	hú	활.
狐	호	hú	여우.
窊	와	wā	우묵하다.

1) 조식(曹植) <군자행 君子行> ; 瓜田不納履, 李下不正冠.
2) ≪좌전 左傳≫<장공8년 莊公八年> ; (齊侯襄公曰)及瓜而代.

82. 감(甘) 부

달다 감(甘)

①갑골문	②금문	③소전	④해서
			甘

①은 바깥은 입[ㅂ>廿]이고, 가운데 작은 가로획은 입맛에 맞아 물고 먹는 음식[一]이므로, 입맛에 맞다[⊟>ㅂ>甘]는 뜻의 지사자이다. ③은 ①과 자형이 같고, ④는 정형화한 것이다.

감(甘)의 본래 뜻은 '입맛에 맞다', 혹은 '맛있다'이다. "다섯 가지 맛에 입맛에 맞는 것은 모두 맛있다[甘]고 한다"[3]는 예가 이것이다. 입맛에 맞다는 데서 널리 '맛좋다'로 쓰인다. "맛좋은[甘] 안주가 마루에 깔려있다"[4]는 예가 이것이다. 맛좋다는 데서 널리 '달다'로 쓰인다. "닮[甘]과 매움은 맛이 서로 다르며, 붉음과 흼은 색이 서로 다름과 같다"[5]는 예가 이것이다. '달다' 첨(甛)은 다시 혀[舌]의 뜻을 더하여 만든 회의자이다. 달다는 데서 널리 '달콤한 말'로 쓰인다. "지금 재물이 많고 말이 달콤하니[甘], 나를 유혹하는 것이다"[6]라는 예가 이것이다. 다시 널리 '기꺼이'로 쓰인다. "기꺼이[甘] 질책을 받겠다"[7]는 예가 이것이다.

지(旨)는 다만 '맛'을 가리킬 뿐, 주관적 느낌과 관련된 감(甘)과는 구분된다. "코는 향기로운 냄새를 맡고자 하고, 입은 좋은 맛[旨]을 맛보고자 한다"[8]는 예가 이것이다.

甘 [m] 감 gān 달다. 달콤하다.

坩	감	gān	도가니.
泔	감	gān	쌀뜨물.
苷	감	gān	감초.
柑	감	gān	감자나무.
疳	감	gān	감질[어린이의 영양장애].
紺	감	gàn	감색. 붉은 빛을 띤 흑색.

---

3) ≪설문해자 說文解字≫<감부 甘部> ; 五味之可口皆曰甘.
4) ≪한비자 韓非子≫<외저설 · 우상 外儲說 · 右上> ; 甘肥周于堂.
5) 유지기(劉知幾) ≪사통·자서 史通·自叙≫ ; 譬甘辛殊美, 丹素異彩.
6) ≪좌전 左傳≫<소공11년 昭公十一年> ; 今幣重而言甘, 誘我也.
7) 공자진(龔自珍) <병매관기 病梅館記> ; 甘受詬厲.
8) ≪한시외전 韓詩外傳≫ ; 鼻欲嗅芬香, 口欲嗜甘旨.

酣	감	hān	술을 마시고 즐기다.
蚶	감	hān	안다미조개. 고막. 살조개.
邯	한	hán	지명에 쓰이는 글자. 고대의 나라 이름.

83. 생(生) 부

낳다 생(生)

①갑골문	②금문	③소전	④해서
			生

"들불도 태워 못 없애지, 봄바람 불면 다시 사니[生]"[9] 할 때의 생(生) 자이다. ①은 지면[一>⊥>土>土]과 그 위에 자란 싹으로 새싹[Ψ>Ψ>Ψ>屮>屮]이 지표를 뚫고 생명을 터뜨리는[生>生>生>生] 회의자이다. ②는 지면(⊥) 위에 싹[Ψ]이 자랐을 뿐, ①과 자형이 비슷하며, ③은 ②가 구성미를 갖춘 것이며, ④는 ③이 정형화한 것이다.

생(生)의 본래 뜻은 초목이 '생장한다'이다. 널리 '산다'거나 '태어난다'로 쓰인다. "사경에 빠졌다가 살아났다[生]"[10]는 예가 이것이다. 태어난다는 데서 '나면서부터'로 쓰인다. "돌은 나면서부터[生] 강하며, 지초는 천생으로[生] 향기로워라"[11]라는 예가 이것이다. 태어나면서부터라는 데서 널리 '일생'을 가리킨다. "끝내 내 인생은 배회하였을 뿐이었다"[12]는 예가 이것이다. 태어났다는 데서 다시 널리 '아직 익지 않았다'거나 '날것'이라는 뜻으로 쓰인다. "돼지 어깨의 날[生] 고기를 주었다"[13]는 예가 이것이다.

생(生)은 부수자이다. 이를 구성소로 하는 글자는 대부분 '낳고 자란다'는 뜻을 가진다. 산(產)은 '낳는다'이며, 륭(隆)은 '풍성하다'로 생장의 의미를 담고 있는 것이 이것이다.

生 [m]	*생*	*shēng*	*낳다. 태어나다. 생기다.*
牲	생	shēng	가축. 집짐승. 희생. 산 제물.

9) 백거이(白居易) <부득고원초송별 賦得古原草送別> ; 野火燒不盡, 春風吹又生.
10) ≪손자병법 孫子兵法≫<구지 九地> ; 陷之死地然後生.
11) ≪문자 文子≫<상덕 上德> ; 石生而堅, 芷生而芳.
12) 한유(韓愈) <송이원귀반곡서 送李願歸盤谷序> ; 終吾生以徜徉.
13) ≪사기 史記≫<항우본기 項羽本紀> ; 則與一生彘肩.

笙 생 shēng 생황.
甥 생 shēng 생질. 누이의 아들.
鼪 생 shēng 족제비.
眚 생 shěng 백태. 눈병의 한 가지.
狌* 생 shēng 족제비.
狌* 생 xīng 성성이.
星 [m] 성 xīng 별.
性 [m] 성 xìng 성격. 본성.
姓 [m] 성 xìng 성씨.
旌 정 jīng 깃발.
胜 성 shèng 비리다. 누리다.

84. 전(田) 부

밭 전(田)

①갑골문	②금문	③소전	④해서

①은 여섯 조각으로 둑이 나뉜 밭[田>田>田>田]의 상형자이다. ②와 ③은 ①과 자형이 비슷하며, ④는 이들이 정형화한 것이다.

전(田)의 본래 뜻은 밭이다. 논을 도전(稻田)이라 하고, 보리밭을 맥전(麥田)라 하는 예가 그것이다. 밭이란 데서 널리 '경작한다'로 쓰인다. "사람들에게 그것을 경작하게[田] 하였다"[1]는 예가 이것이다. 자연상태의 동물을 경작한다는 데서 널리 '수렵한다'로도 쓰인다. "숲을 불 태우고 수렵한다[田]"[2]는 예가 이것이나, 이는 머지않아 전(畋)에 분화되어 쓰인다.

전(田)과 전(佃), 전(畋)은 서로 구분되어 쓰인다. 수렵한다거나 경작한다는 뜻으로는 세 글자가 모두 쓰인다. 다만 전(田)이 경작지[田地]를 가리키는데 반해, 전(佃), 전(畋) 2자에는 이런 뜻이 없다. 전(佃)은 특히 소작인[佃戶]을 가리키나, 전(田)이나 전(畋)에는 이런 쓰임이

1) ≪사기 史記≫<고조본기 高祖本紀> ; 令人得田之.
2) ≪한비자 韓非子≫<난일 難一> ; 焚林而田.

없다.

전(田)은 부수자이다. 이를 구성소로 하는 글자는 모두 밭이나 경작과 관계있다. 밭둑 주(疇), 두렁길 진(畛), 두둑 반(畔), 밭두둑 휴(畦) 등이 이것이다.

田 [m]	*전*	*tián*	*밭. 논. 전답.*
畋	전	tián	사냥하다.
甸	전	diàn	고대의 교외.
鈿*	전	diàn	비녀.
鈿*	전	tián	동전. 돈. 화폐.
佃*	전	diàn	소작하다. 소작인.
佃*	전	tián	농사짓다. 경작하다.
畇	균	yún	밭을 일구다.

갑옷 갑(甲)

①갑골문	②금문	③소전	④해서

①은 옛날 무사가 입던 갑옷[十>十>宁>甲]에 난 봉합선의 상형자이다. ②는 ①과 자형이 같다. ③은 자형이 비슷한 글자와 서로 구분할 겸 예술화한 것이며, ④는 ③이 정형화한 것이다.

갑(甲)의 본래 뜻은 '갑옷'이다. "갑옷[甲]을 입고 병기를 들었다"[3]는 예가 이것이다. 갑옷은 몸을 장식하기도 하므로, 장식된 것을 비유하기도 한다. "온 성이 모두 황금 갑옷[甲]을 둘렀다"[4]는 예가 이것이다. 몸을 싼다는 데서 널리 딱딱한 '껍질'을 가리키기도 한다. 싹이 돋는 것을 부갑(莩甲)이라 하는 예가 이것이다. 갑옷이란 데서 널리 '군사'를 가리킨다. "매복한 군사들[甲]이 장차 그를 공격하려 했다"[5]는 예가 이것이다.

"계림의 자연 경관은 천하에 으뜸간다[甲]"[6] 할 때의 갑(甲)은 천간(天干)의 제 1위로 빌려 쓰여, 널리 '첫째'를 가리킨 예이다. 세도 있는 귀족을 갑족(甲族)이라 하거나, 고대광실의 저택을 갑제(甲第)라 한 것 역시 같은 예이다.

3) ≪좌전 左傳≫<성공・2년 成公二年> ; 擐甲執兵.
4) 황소(黃巢) <부제후부국 不第後賦菊> ; 滿城盡帶黃金甲.
5) ≪좌전 左傳≫<성공・2년 成公・二年> ; 伏甲將攻之.
6) 속담[諺語] ; 桂林山水甲天下.

甲 [m] 갑 jiǎ 첫째 천간. 거북 따위의 껍데기.

鉀 갑 jiǎ 갑옷. 칼륨K.
胛 갑 jiǎ 어깨뼈.
岬 갑 jiǎ 산골. 산골짜기.
匣 갑 xiá 작은 상자. 갑.
閘 갑 zhá 수문. 물을 막다.
狎 압 xiá 익숙하다. 무람없다.
押 [h] 압 yā 누르다. 구류하다.
鴨 압 yā 오리.

사내 남(男)

①갑골문	②금문	③소전	④해서
			男

①의 왼곁은 '밭[[illegible]>田]'이고, 오른곁은 쟁기 같은 농기구[[illegible]>[illegible]>[illegible]>力]이다. 옛날에 노동은 분담되어, 밭가는 일은 남자들이 맡았으므로, 남자[[illegible]>[illegible]>[illegible]>男]를 가리키는 회의자이다. ②는 보습 부분이 손 같이 변하였다. ③은 ②와 대체로 비슷하나, 단지 력(力)이 전(田) 자 아래로 옮겨졌다.

남(男)의 본래 뜻은 '밭에서 일하는 성년 남자'를 가리킨다. "30이 되어 아내를 맞이하고 집안을 이루면, 경작지를 받는 등 남자[男]의 일에 종사하기 시작한다"7)는 예가 이것이다. '남자'에서 널리 '아들'을 가리킨다. "아들[男]이 없이, 딸만 다섯 있었다"8)는 예가 이것이다. '아들'이라는 데서 주나라의 5등급 작위 중, 제 5등급 작위를 가리키기도 한다. "공, 후, 백, 자, 남(男), 모두 5등급이었다"9)는 예가 이것이다. 5등급의 작위는 청대까지 계속 사용되었다. 남(男)은 제후의 지위를 가리키기도 한다. "정백은 제후[男]이다"10)라고 한 예가 이것이다. 남(南)과 음이 비슷하여, '남향하고 앉은 이'라는 데서 제후 군왕을 가리킨다고도 여겨지나, 이는 '제 5등급 작위'라는 데서 널리 '제후'로 쓰인 것이라 여기는 것이 무난하다.

---

7) ≪예기 禮記≫<내칙 內則> ; 三十而有室, 始理男事.
8) ≪사기 史記≫<문제본기 文帝本紀> ; 無男, 有女五人.
9) ≪예기 禮記≫<왕제 王制> ; 公·侯·伯·子·男, 凡五等.
10) ≪좌전 左傳≫<소공13년 召公十三年> ; 鄭伯南也.

男 m 남 nán　　남자. 남성.

그림 화(畵)

①갑골문	②금문	③소전	④해서	⑤간체자

①은 위의 손[ ]에 붓[ ]을 들고[> > >] 아래 곡선으로 난 경계[> > >]를 긋는다[> > > 畵]는 뜻의 회의자이다. ②는 밭[>田]이 첨가되어 경계가 받두임을 보일 뿐, ①과 구성소가 같으며, ③은 ②와 자형이 같다. ④는 ③이 정형화한 것이다. ⑤는 ③의 밑을 떼어다 만든 간체자이다.

화(畵)의 본래 뜻은 '긋는다', 혹은 그어서 '나눈다'이다. "광활하여라 우임금의 자취, 9주를 나누었으니[畵]"[11]라는 예가 이것이다. 다만, 이 뜻은 머지않아 '긋는다' 획(劃)에 분화되고, 널리 '그린다'로 쓰인다. "대부의 과녁은 천에 범과 표범을 그린다[畵]"[12]는 예가 이것이다. 그린다는 데서 널리 '계략을 낸다'로 쓰인다. "간언하여도 듣지 않고, 계략[畵]도 쓰이지 않는다"[13]는 예가 이것이다. 선을 긋는다는 데서 '멈춘다'로 쓰인다. "힘이 달리는 사람이라면 도중에 그만두어야 하겠지만, 지금은 네가 멈춘[畵] 것이다"[14]라는 예가 이것이다.

畵 m 화 huà　　그리다. 그림.

劃* 획 huá　　자르다.
劃* h 획 huà　　금을 긋다. 계획하다.
嫿 획 huà　　여자의 동작이 곱고 점잖다.

밭두둑 주(疇)

①갑골문	②금문	③소전	④해서	⑤간체자

11) ≪좌전 左傳≫<양공4년 襄公四年> ; 芒芒禹迹, 畵爲九州.
12) ≪의례 儀禮≫<향사례 鄕射禮> ; 大夫布侯, 畵以虎豹.
13) ≪사기 史記≫<회음후열전 淮陰侯列傳> ; 言不聽, 畵不用.
14) ≪논어 論語≫<옹야 雍也> ; 力不足者, 中道而廢, 今女畵.

①은 밭[ꕤ]을 끼고 난 둑[S]의 상형자이다. ③은 왼뜻 밭[⊞>田] 오른음 주[𠃬>𠷎]의 형성자로 바뀐 것이며, ④는 음곁이 수(壽)로 바뀌었을 뿐 ③과 자형이 같으며, ⑤는 간체자이다.

주(疇)의 본래 뜻은 '밭두둑'이다. "밭을 개간하고 두둑[疇]을 긋는다"[15]는 예가 이것이다. 두둑이란 데서 널리 흙을 '돋운다'로 쓰인다. "나무를 심는 이가 넘치는 물을 대주고 기름진 흙을 돋운다[疇]"[16]는 예가 이것이다. 흙을 돋운다는 데서 이미 경작하고 있는 '밭'을 가리킨다. "농부는 밭[疇]을 버리지 않으며, 상인은 가게를 바꾸지 않는다"[17]는 예가 그것이다. 특히 널리 삼밭을 가리키기도 한다. "밭이며 삼밭[田疇]이 황폐하였다"[18]는 예가 이것이다. 두둑으로 나뉜다는 데서 '같은 부류'나 '짝'을 가리킨다. "초목이 짝지어[疇] 자라고 금수가 무리지어 살듯, 사물은 모두 자기 부류와 함께 어울린다"[19]는 예가 이것이다. 다만, '짝'이라는 뜻은 머지않아 주(儔)에 분화되어 쓰인다. 부류를 같이한다는 데서 널리 '대물림한다'로 쓰인다. 예컨대, 주관(疇官)이란 대물림하는 전문직으로서, 특히 '사관'을 가리킨다. "부자 모두가 사관[疇官]이라, 세대간에 전수하였다"[20]는 예가 이것이다.

𠷎	*주*	*chóu*	*밭두둑. 밭.[주疇의 본디자이나 이미 쓰이지 않음]*
壽	수	shòu	수명. 장수. 연령.
禱	도	dǎo	빌다. 바라다.
擣	도	dǎo	찧다. 공격하다. 교란하다.
濤	도	tāo	큰 물결.
燾	도	dào	널리 비추다. 사람 이름
疇	*주*	*chóu*	*밭두둑. 밭.*

지경 강(疆)

①갑골문	②금문a	②금문b	③소전a	③소전b	④해서

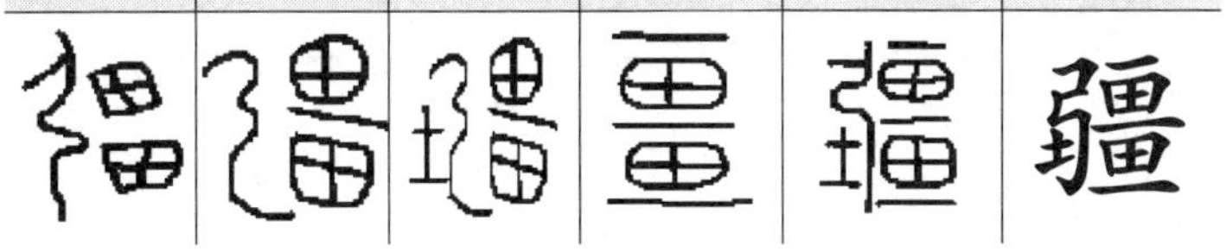

---

15) 좌사(左思) <위도부 魏都賦> ; 均田畫疇.

16) ≪회남자 淮南子≫<숙진훈 俶眞訓> ; 樹木者, 灌以瀿水, 疇以肥壤.

17) ≪여씨춘추 呂氏春秋≫<신대 愼大> ; 農不去疇, 商不變肆.

18) ≪순자 荀子≫<부국 富國> ; 其田疇穢.

19) ≪순자 荀子≫<권학 勸學> ; 草木疇生, 禽獸群焉, 物各從其類也.

20) ≪사기 史記≫<귀책열전 龜策列傳> ; 父子疇官, 世世相傳.

“변경[疆]에 지방관을 두지 않으면, 이민족의 야심을 키워 준다”[21] 할 때의 강(疆) 자이다. ①은 오른편에 떨어진 두 개의 밭[田>田]과 측량기구[弓<弓][22]가 있으므로, 경계[彊>彊>彊>畺>壃>彊]라는 뜻의 회의 겸 오른음 강(畺)의 형성자이다. ②a는 ①과 자형이 같으나, 오른편의 측량기구가 무기로 인식되어, ‘강하다[强]’로 빌려 쓰이자, ‘경계’임을 나타내기 위하여 다시 흙[土]을 첨가한 왼뜻[土] 오른음[彊]의 새 형성자 ②b가 만들어졌다. 밭 사이, 혹은 아래위의 가로획은 밭을 경계짓는 둑이나 수로 같은 경계 조형물들이다. ③a는 ②a, 혹은 더 이른 형태의 갑골문이 정형화한 것이고, ③b는 ②b가 정형화한 것이며, ④는 ③b가 정형화한 것이다.

강(疆)의 본래 뜻은 ‘경계’이다. “옛 국경[疆]을 회복하였다”[23]는 예가 이것이다. 국경이란 데서 널리 ‘변경’ 혹은 ‘구역’으로 쓰인다. “진시황은 법제가 갓 마련되자, 구역[疆] 안을 깨끗이 정돈하였다”[24]는 예가 이것이다. 경계라는 데서 널리 ‘한계’나 ‘극한’으로 쓰인다. “만수무강(疆)”[25]이 이것이다. “오래도록 살아 한계[疆]가 없다”는 뜻이기 때문이다.

“편안함과 위태로움, 강함[疆]과 약함”[26]이라 할 때의 강(疆)은 머지않아 강(彊>强)에 분화한 자이므로, 현대중국어에서는 ‘경계’의 뜻인 지앙(jiāng)이라 읽지 않고, 치앙(强 qiáng)이라 읽는다.

畺	강	jiāng	지경.
彊*	강	jiàng	송장 뻣뻣하다.
彊*	강	qiáng	굳세다.
彊*	강	qiǎng	힘쓰다.
疆	*강*	*jiāng*	*지경. 경계.*

21) ≪좌전 左傳≫<장공28년 莊公二十八年> ; 疆場無主則啓戎心.

22) ≪의례 儀禮≫에 “과녁까지의 거리가 50활[弓]이다(侯道五十弓.)”라고 하였듯이, 활은 거리를 재는 측량구로 쓰이기도 했음을 알 수 있다. 옛날에 활은 6자[尺] 길이로 만들었으므로, 1활[弓]은 대개 1보(步)와 길이가 같다. 운남(雲南) 성에서는 길[丈]로 밭의 면적을 헤아리나, 민국34년(1945) 이후 이를 활[弓]이라고도 하였음.

23) 악비(岳飛) <남경상고종서략 南京上高宗書略> ; 恢復故疆.

24) ≪사기 史記≫<진시황본기 秦始皇本紀> ; 聖法初興, 淸理疆內.

25) ≪시경 詩經≫<빈풍・칠월 豳風・七月> ; 萬壽無疆.

26) ≪여씨춘추 呂氏春秋≫<장공 長攻> ; 安危疆弱.

85. 녁(疒) 부

병들어 기대다 녁(疒)

①갑골문	②금문	③소전	④해서

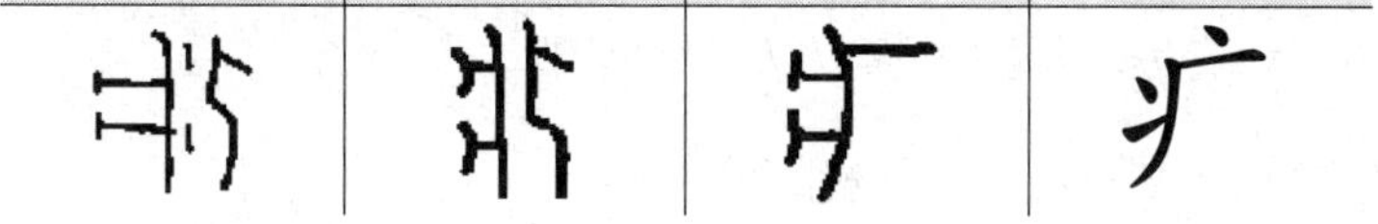

①은 왼편은 상다리가 왼쪽에 난 병상[爿>爿>爿>丬]이며, 오른편은 이곳에 누운 사람[亻>亻>一>亠]으로, 신체 주변의 두 점은 땀[⁚]이어서 병들었음[疒>疒>疒>疒]을 가리키는 회의자이다. ②는 땀[⁚]을 가리키던 점들이 생략되었을 뿐, ①과 자형이 같고, ③은 사람[一]의 형상이 세로획으로 절제되었으나, 여전히 ②와 맥락을 잇고 있다. ④는 점이 늘었을 뿐, ③이 정형화한 것이다.

녁(疒)은 부수자이다. 이를 구성소로 하는 글자는 모두 질병과 관계된다. 병 질(疾), 아프다 동(疼), 등창 저(疽), 어리석다 치(癡) 등이 이것이다.

疒　　녁 nè　　　병들어 기대다. 앓다. 병.

병 질(疾)

①갑골문	②금문	③소전	④해서

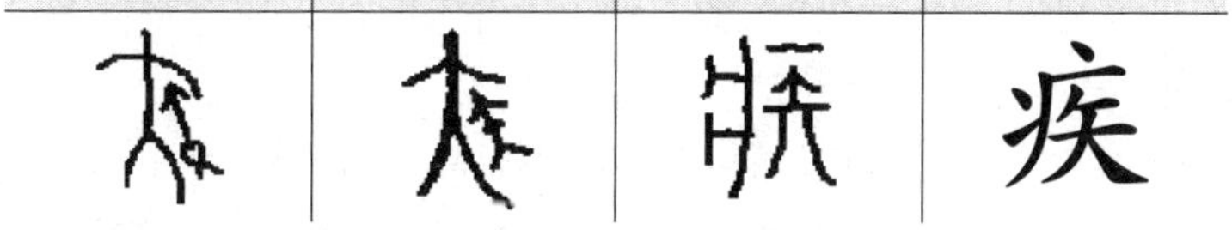

①과 ②는 정면으로 선 사람[大>大]이 오른 겨드랑이에 화살[矢>矢>矢>矢]을 맞아, 병들었다[疾>疾>疾>疾]는 회의 겸 오른음 시(矢)의 형성자이다. ③은 ②의 사람[大]이 병상[爿] 위의 환자[⺈>亠<人]로 변했을 뿐, 구성소가 ②와 비슷하다. ④는 ③이 정형화한 것이다.

질(疾)의 본래 뜻은 '병'이다. "아이가 병[疾]이 심하여 장차 죽으려 한다"1)는 예가 이것이다. 병에서 널리 '고통'을 가리킨다. "민중을 다스리는 사람은 반드시 그들의 고통[疾]을 알아야 한다"2)는 예가 이것이다. 다시 '미워한다'로 쓰인다. "갓난아이는 늙은이를 욕보여도, 그를 미워하지[疾] 못 한다"3)는 예가 이것이다. 미워하다는 데서 널리 '질투한다'로 쓰인다.

---

1) ≪한비자 韓非子≫<외저설·좌상 外儲說·左上> ; 嬰疾甚, 且死.
2) ≪관자 管子≫<소문 小問> ; 凡牧民者, 必知其疾.

"방연은 손빈이 자기보다 뛰어난 것이 두려워 질투하였다[疾]"[4]는 예가 이것이다. 갑작스레 화살을 맞은 상처라는 데서 '빠르다'로도 쓰인다. "빠른[疾] 천둥에는 귀 막을 틈도 없다"[5]거나, "바람이 빠르면[疾] 굳센 풀을 안다"[6]는 예가 이것이다.

병(病)이 중병을 가리키는 데 반하여, 질(疾)은 가벼운 병을 가리키기도 한다.

矢	h	시	shǐ	화살. 맹세하다. 대변.
疾	*h*	*질*	*jí*	*질병. 고통. 미워하다. 근심하다.*
嫉		질	jí	시기하다. 질투하다. 미워하다.
竊	h	절	qiè	훔치다. 남몰래. 슬그머니.

86. 백(白) 부

희다 백(白)

①갑골문	②금문	③소전	④해서

①은 쌀[>>>白]의 낟알로, 희다는 뜻의 지사자이다. ②와 ③은 ①과 자형이 같으며, ④는 이들이 정형화한 것이다.

백(白)의 본래 뜻은 '희다'이다. "희고[白]도 빛나서, 막 내린 눈 같다"[1]는 예가 이것이다. 널리 '밝다'로 쓰인다. "배 위에 함께 서로를 베고 깔아, 동방이 밝았어도[白] 몰랐다"[2]는 예가 이것이다. '밝다'에서 널리 '밝힌다'로 쓰인다. "내가 장차 죽음으로써 이를 밝히겠다[白]"[3]는 예가 이것이다. '밝힌다'에서 다시 '말한다'는 뜻으로 쓰인다. "여후는 질투하여 말을 하려[白] 들지 않았다"[4]는 예가 이것이다. '말한다'에서 또다시 '아뢴다'는 뜻으로 쓰인

3) ≪회남자 淮南子≫<설림훈 說林訓> ; 嬰兒詈老, 莫之疾也.
4) ≪사기 史記≫<손빈전 孫臏傳> ; 龐涓恐其賢于己, 疾之.
5) ≪육도 六韜≫<군세 軍勢> ; 疾雷不及掩耳.
6) ≪후한서 後漢書≫<왕패전 王霸傳> ; 疾風知勁草.

1) 노신(魯迅) ≪집외집・그들의 화원 集外集・他們的花園≫ ; 又白又光明, 像才下的雪.
2) 소식(蘇軾) <전적벽부 前赤壁賦> ; 相與枕藉乎舟中, 不知東方之既白.
3) ≪呂氏春秋≫<사절 士節> ; 吾將以身死白之.

다. “주 지사는 이를 다시 관찰사에게 아뢰었다[白]”[5]는 예가 이것이다. 백서(白書)라 하면 ‘밝혀 아뢰는 글’임을 가리킨다.

백(白)은 5행의 관점으로는 ‘서방’에 해당한다, 풍수지리에 4신을 빌어 “좌청룡우백호(左青龍右白虎)”라 한 것은, 왼쪽에 동방신[青龍]을 두고 오른쪽에 서방신[白虎]을 둠을 들어, 남향함을 말한 것이다.

흉사에 흰옷을 입었으므로 널리 ‘흉사’나 ‘상복’을 가리키기도 한다. 길흉사를 흔히 “홍백사(紅白事)”라 하는 예가 이것이다. 그래서 중국인은 지금도 길사에는 흰옷을 입지 않는다. 평민이 흰옷을 입었으므로 때로는 ‘관직이 없다’는 뜻으로 쓰이기도 한다. ‘업적이나 관직이 없는 사람’을 백정(白丁)이라 하여, “수나라 문제가 공주에게 ‘이민이 어떤 벼슬하는 자인가?’ 하고 묻자, ‘한 평민[白丁]일 뿐입니다’ 하였다”[6]는 예가 이것이다.

백(白)은 부수자이다. 이를 구성소로 하는 글자는 모두 흰색이나 밝기와 관계가 있다. 임금 황(皇), 달빛 교(皎), 희다 애(皚), 센머리 파(皤) 등이 이것이다.

白 [m]	*백*	*bái*	*희다. 밝다.*
柏*	백	bǎi	잣나무. 측백나무.
柏*	백	bó	백柏bǎi의 옛음.
柏*	백	bò	황벽나무.
帛	백	bó	비단. 견직물의 총칭.
伯* [h]	백	bó	큰아버지. 맏.
伯*	백	bǎi	남편의 형(시아주버니).
伯*	패	bà	우두머리. 으뜸.[=霸]
魄*	백	pò	혼. 넋.
魄*	박	bó	넋. 현대중국어에는 ‘박泊’을 써서, 넋놓음을 ‘루어뿨(落泊luòbó)’라 함.
舶	박	bó	큰배.
迫* [h]	박	pò	핍박하다. 접근하다.
迫*	박	pǎi	근거리용 박격포迫擊砲를 가리킬 때.
拍* [h]	박	pāi	손바닥으로 치다. 박자.
拍*	박	pò	장단. 가락.
泊* [h]	박	bó	배가 정박하다. 배를 물가에 대다.
泊*	박	pō	호수. 늪.
珀	박	pò	호박.

4) ≪사기 史記≫<회남형산열전 淮南衡山列傳> ; 呂后妬, 不肯白.
5) 유종원(柳宗元) <동구기전 童區寄傳> ; 州白大府.
6) ≪수서 隋書≫<이민전 李敏傳> ; (隋文帝)謂公主曰, 李敏何官? 對曰一白丁耳.

怕	파	pà	무서워하다. 두려워하다.
鉑	박	bó	백금.
碧 h	벽	bì	푸르다.
帕*	파	pà	수건. 손수건.
帕*	말	mò	이마의 머리띠.

고소하다 흡(皀)

①갑골문	②금문	③소전	④해서
			皀

①은 그릇[[illegible]]에 가득 찬 향기로운 음식[[illegible]]으로, 음식[[illegible]]을 가리키는 상형자이다. ③은 위뜻 곡식[[illegible]>白] 밑뜻 숟갈[[illegible]>匕<匙]의 회의자로 잘못 변형된 것이며, ④는 ③이 정형화한 것이다.

흡(皀)[7]의 본래 뜻은 '음식'이나, 홑자로 쓰인 일은 없으며, 음식이란 데서 널리 음식 향기의 '고소함'을 가리키기도 한다. 향기롭다는 데서 널리 곡식의 '낟알'을 가리키기도 하나, 이때는 '벽'이라 읽은 듯하다.[8] "사천 사람들에게 두루 물어 보았더니, 곡식 낟알을 '벽'이라는 소리로 불렀다"[9]는 예가 이것이다.

흡(皀)을 구성소로 하는 글자는 모두 향기, 식사, 혹은 음식을 '누린다'나 '즐긴다'는 뜻을 지닌다. 곧 즉(卽), 벼슬 경(卿), 이미 기(旣) 등이 이것이다.

*皀**	*흡*	*jí*	*고소하다.*
*皀**	*향*	*xiāng*	*벼 향기.*
鄉 m	향	xiāng	시골. 고향.
卿 h	경	qīng	벼슬. 경.
鄕	향	xiàng	접때.
響 h	향	xiǎng	울림. 음향.

---

7) 여기서 음을 '흡'이라 한 것은 ≪집운 集韻≫을 따른 것이다. ≪집운 集韻≫보다 이르게 편찬된 ≪광운 廣韻≫에 따르면, '벼 향기'의 뜻으로는 음이 '향'이니, '시골' 향(鄉)의 음곁으로 쓰인 것이며, '곡물향기'의 뜻으로는 음이 '겁'이니, '오디새' 겁(鵖)의 음곁으로 쓰인 것이 이것임.

8) ≪광운 廣韻≫에 따르면, '곡식낟알'의 뜻으로는 음이 '벽[彼側切]'임.

9) ≪안씨가훈 顔氏家訓≫<면학 勉學> ; 窮訪蜀士, 呼粒爲逼(筆力切).

饗	향	xiǎng	연회. 잔치하다. 향음주하다.
鄉	향	xiǎng	접때.
量[10]	량	liáng	재다. 되다. 가늠하다. 추측하다.
量 m	량	liàng	용량을 되는 도구. 용량. 헤아리다.
糧 h	량	liáng	양식. 식량

임금 황(皇)

①갑골문	②금문	③소전	④해서

②는 아래의 촛대[土]와 그 위의 등잔[日], 그리고 등잔 위의 심지[丨]이므로, 이것으로 어둠을 '환히 밝힌다[皇>皇>皇]'는 뜻의 지사자이다. ③은 진시황 때, 심지[丨]와 등잔[日]이 시작[自>自]으로, 촛대[土]가 왕(王>王)으로 잘못 변하면서, '시[自]황[王]'을 가리키는 회의자로 변한 것이다. ④는 ②의 자형을 돌이켜, '등잔[日]과 심지[丨]'를 백(白>白)으로 정형화한 것이다.

황(皇)의 본래 뜻은 '환히 밝다'이다. "밝으시구나[皇]! 상제께서는"[11]이라는 예가 이것이다. 환하다는 데서 널리 '벽이 없이 사방이 트인 방'을 가리킨다. "당위의 트인 본전[皇]에 도열해 앉았다"[12]는 예가 이것이다. 환히 밝다는 데서 널리 '선친'의 경칭으로도 쓰인다. '내 선친[皇]의 자는 백용이시니'[13]라는 예가 이것이다. 다시 널리 '하늘'의 경칭으로 쓰이기도 한다. "하늘[皇天]은 사사로움이 없는 것"[14]이라는 예가 이것이다. 다시 널리 '하늘의 신'을 가리킨다. "서방 천황[皇]에게 일러 나를 건너게 한다"[15]는 예가 이것이다. 하늘의 신이라는 데서 널리 '황제'를 가리킨다. "옛날에 하늘의 황제[皇]와 땅의 황제[皇]와 인간의 황제[皇]가 있어, 인간의 황제[皇]가 가장 고귀하였다"[16]는 예가 이것이다.

황(皇)을 이어 쓰면 모습을 묘사한다. "안절부절하기[皇皇]가 바라던 것을 얻지 못한 것

---

10) 허신(許愼)의 ≪설문해자 說文解字≫는 량(量)을, 뜻결 무게[重] 음결 향(鄉)의 형성자로 분석하였음.
11) ≪시경 詩經≫<대아·황의 大雅·皇矣>; 皇矣上帝.
12) ≪한서 漢書≫<호건전 胡建傳>; 列坐堂皇上.
13) 굴원(屈原) <이소 離騷>; 朕皇考曰伯庸.
14) 굴원(屈原) <이소 離騷>; 皇天無私呵兮.
15) 굴원(屈原) <이소 離騷>; 詔西皇使涉予.
16) ≪사기 史記≫<진시황본기 秦始皇本紀>; 古有天皇, 有地皇, 有泰皇, 泰皇最貴.

같았다"17)는 예에서는 '불안한 모양'이다. 이 뜻은 머지않아 황황(惶惶)이나 황황(遑遑)으로 분화시켜 쓴다. "흐드러지게 선명한[皇皇] 꽃이여"18)라는 예에서는 '화려하고 빛나는' 모양이며, 이는 머지않아 황황(煌煌)에 분화되어 쓰인다.

皇 [m] *황 huáng 임금. 황제.*

偟	황	huáng	노닐다. 겨를.
凰	황	huáng	봉황새의 암컷.
隍	황	huáng	물이 없는 성 밑 도랑.
徨	황	huáng	방황하다. 노닐다.
湟	황	huáng	강 이름.
喤	황	huáng	어린아이의 맑고 큰 울음소리.
惶	황	huáng	무서워하다. 당황하다.
遑	황	huáng	허둥거리다. 바쁘다.
煌	황	huáng	빛나다. 반짝이다.
蝗	황	huáng	황충.
篁	황	huáng	대나무 숲. 대나무의 통칭.
鰉	황	huáng	황어. 줄철갑상어.
皝	황	huàng	사람 이름. 엄숙한 모양.

87. 피(皮) 부

가죽 피(皮)

①갑골문	②금문	③소전	④해서
			皮

②는 왼곁은 대가리만 형상 된 짐승[Y]인데, 일자로 늘어진 죽은 짐승[Y>ʃ>厂]의 목 부분에 대가리[ㅂ]의 가죽[⊃>⊃>丨]이 대가리와 떨어져 일어나고 있으며, 오른곁 아래에서

17) ≪예기 禮記≫<단궁·하 檀弓·下>; 皇皇焉, 如有求而弗得.
18) ≪시경 詩經≫<소아·황황자화 小雅·皇皇者華>; 皇皇者華.

손[ㄚ>ㅋ>又]이 이를 잡아 벗기고 있으므로, 짐승에게서 벗긴 가죽[> >皮]이란 뜻의 회의자이다. ③은 짐승의 대가리가 잘못 변하여 혹[ ]처럼 보이며, 대가리 가죽[⊃]이 짐승의 대가리와 분리되어 있다. ④는 ③이 정형화한 것이다.

피(皮)의 본래 뜻은 '짐승 가죽'이다. 특히 털을 제거하지 않은 가죽을 가리키기도 한다. "가죽[皮]이 없다면, 털이 장차 어디 붙어 자랄꼬?"[1] 한 예가 이것이다. '가죽'에서 널리 '겉'을 가리킨다. "눈으로 겉[皮]만 보고 있으니, 천하의 유능한 이들을 잃을까 두렵다"[2]는 예가 그것이다.

피(皮), 혁(革), 부(膚) 3자는 구별되어 쓰인다. 피(皮)와 혁(革)은 모두 짐승가죽이나, 털까지를 포함해서 피(皮)라 하고, 털을 제거한 것은 혁(革)이며, 부(膚)는 오직 사람의 피부만 가리킨다.

皮 [m]	*피*	*pí*	*피부. 살갗. 가죽.*
佊	피	bǐ	사악하다.
彼 [m]	피	bǐ	그것. 저것. 상대방. 그. 그들.
詖	피	bì	변론. 편파적이다. 공정치 않다.
髲	피	bì	가발.
鈹*	피	pī	침술에 쓰이는 대침.
鈹*	피	pí	베릴륨Be.
披	피	pī	나누다. 쪼개다. 열다.
疲 [h]	피	pí	피곤하다.
陂*	파	pō	된 비탈. 험하다.
陂*	피	pí	기울어지다. 치우치다. 지방 이름.
陂*	파	bēi	물가. 연못가. 산비탈.
帔	피	pèi	치마. 배자.
被* [h]	피	bèi	이불. 덮다. 입다. 당하다.
被*	피	pī	띠를 두르지 않고 겉옷을 걸치다.
鞁	피	bèi	말안장과 고삐. 마구의 총칭.
波 [m]	파	bō	물결.
跛	파	bǒ	절뚝거리다. 절름발이.
頗 [h]	파	pō	편파적이다. 치우치다.
坡	파	pō	비탈. 언덕. 경사지다. 비스듬하다.
破 [m]	파	pò	찢어지다. 해지다. 파손되다. 부수다.

---

1) ≪좌전 左傳≫<희공14년 僖公十四年> ; 皮之不存, 毛將安傅.

2) ≪사기 史記≫<역이기전(酈食其傳> ; 以目皮相, 恐失天下之能士.

88. 명(皿) 부

그릇 명(皿)

①갑골문	②금문	③소전	④해서
			皿

①은 그릇[Ɐ>Ɐ>Ɐ>皿]의 상형자이다. ②는 오른곁에 쇠[Ɐ>金]를 더하여 청동기임을 나타내었을 뿐, 왼곁은 ①과 자형이 같으며, ③은 ①이 구성미를 갖춘 것이며, ④는 ③이 정형화한 것이나, 그릇임을 전혀 알아볼 수 없다.

명(皿)의 본래 뜻은 '그릇'이다. 주발[盌>碗]이니 접시[碟], 잔[杯], 소반[盤] 같은 용기를 총칭한 것이다.

명(皿)은 부수자이다. 이를 구성소로 하는 글자는 모두 그릇과 관계 있다. 바리 우(盂), 가득 차다 영(盈), 동이 분(盆), 대야 관(盥), 더하다 익(益), 담다 성(盛), 잔 잔(盞) 등이 이것이다. 투구 회(盔) 자도 명(皿) 부에 속한 글자이다. 투구가 그릇과 형상이 비슷한 때문이다.

皿　　명　mǐn　　그릇의 총칭.

孟 h　맹　mèng　　맏이.

猛 h　맹　měng　　사납다. 용맹하다.
艋　　맹　měng　　작은 배.
蜢　　맹　měng　　벼메뚜기. 두꺼비.

비리 우(盂)

①갑골문	②금문	③소전	④해서
			盂

①은 아래는 그릇[Ɐ>Ɐ>Ɐ>皿]이고 위는 음결 우(Ɐ>于>Ɐ>于)이므로 위음 밑뜻의

형성자이다. ②와 ③은 ①과 자형이 비슷하며, ④는 이들이 정형화한 것이다.

우(盂)는 '그릇'이다. "돼지 발 한 짝과 술 한 그릇[盂]을 들었다"[1]는 예가 이것이다. 널리 수렵할 때 에워싸고 사냥하던 '진형'의 비유로 쓰이기도 한다. "송나라 소공은 오른쪽 원형 진[盂]을 쳤고, 정 목공(穆公)은 왼쪽 원형 진[盂]을 쳤다"[2]는 예가 이것이다.

간(盂)은 우(盂)와 자형이 흡사한 점 주의해야 한다. 간(盂)은 소반이나 큰 주발을 가리키며, 간(干)을 음곁으로 쓴 점이 우(盂)와 다르다.

于 [m]	우	yú	어조사. 가다.
盂	*우*	*yú*	*바리. 사발.*
宇 [m]	우	yǔ	처마. 집.
吁*	우	xū[3]	한숨쉬다. 탄식하다.
吁*	우	yū	짐승을 부르는 소리.
吁*	우	yù	부르다. 외치다.
雩	우	yú	고대의 기우제.
迂	우	yū	멀나.
紆	우	yū	구불구불하다. 마음이 울적하다.
夸	과	kuā	자랑하다.
汚	오	wū	더럽다.

동이 분(盆)

①갑골문	②금문	③소전	④해서
			盆

②은 위음 분([illegible]>[illegible]>分) 밑뜻 그릇[[illegible]>[illegible]>皿]으로, 물동이[[illegible]>[illegible]>盆]를 가리키는 형성자이다. ③은 ②와 자형이 비슷하며, ④는 ③이 정형화한 것이다.

분(盆)의 본래 뜻은 '물동이'이다. "금 동이[盆]며 옥 주발에 개똥을 채워 놓았으니, 정말 나가서 친구들을 볼 낯이 없다"[4]는 예가 이것이다. 그릇이라는 데서 널리 도량 용기로도 쓰인다. "분(盆)의 용량은 2부(釜)이다"[5]라는 예가 이것이다. 부(鬴)는 부(釜)와 같으며 대개

---

1) ≪사기 史記≫<골계열전 滑稽列傳> ; 操一豚蹄, 酒一盂.
2) ≪좌전 左傳≫<문공11년 文公十一년> ; 宋(昭)公爲右盂, 鄭伯爲左盂.
3) 중국음 xū는 우리 음 '후'에 상당하나, 이미 '우'를 관용음으로 씀.
4) 포송령(蒲松齡) ≪요재지이 · 가봉치 聊齋志異 · 賈奉雉≫ ; 以金盆玉椀貯狗矢, 眞無顔出見同人.
5) ≪순자 荀子≫<부국 富國> ; 盆實二鬴.(楊倞注)

6말 4되이다. 물동이라는 데서 널리 '물에 담근다'로도 쓰인다. "손을 세 번 물에 담근다[盆]"[6]는 예가 이것이다.

分*m 분 fēn 나누다. 가르다.
分*m 분 fèn 성분. 본분.

盆 분 pén 동이.

더하다 익(益)

①갑골문	②금문	③소전	④해서

①은 그릇[>皿]의 물[•]이 그릇 위로 솟고[ ] 있어 넘친다[> > >益]는 뜻의 회의자이다. ②는 ①과 자형이 비슷하며, ③은 물의 상형부호[八]가 수(> <氺)로 바뀌어 수(氺)자가 90도 왼쪽으로 누운 것이며, ④는 ③이 정형화한 것이다.

익(益)의 본래 뜻은 물이 '넘친다'이다. "옹수가 마구 범람하였다[益]"[7]는 예가 이것이다. 넘친다는 데서 널리 '풍족하다'로 쓰인다. "그의 집안은 반드시 날로 부유해질 것이다[益]"[8]라는 예가 이것이다. 부유하다는 데서 널리 '더한다'로 쓰인다. "5년 동안 진나라는 한 자의 땅도 더하지[益] 못 하였다"[9]는 예가 이것이다. 더한다는 데서 널리 '이익'이나 '장점'으로 쓰인다. "나라에 이익[益]이 있을 뿐, 국민에게는 해가 없다"[10]는 예가 이것이다. 더한다는 데서 다시 '더욱이'로 쓰인다. "우수한 것을 더[益] 우수하게 한다"[11]고 한 예가 이것이다.

익(益) 자의 외연범위가 차츰 넓어지자, '넘친다'는 본래 뜻은 왼뜻 물[氵] 오른음 익(益)의 새 형성자 일(溢)에 분화되어 쓰인다. "강은 동쪽으로 흐르기만 하건만 바다는 넘치지[溢] 않으니, 누가 그 까닭을 알까"[12] 할 때의 일(溢)이 이것이다.

6) ≪예기 禮記≫<제의 祭義> ; 三盆手.
7) ≪여씨춘추 呂氏春秋≫<찰금 察今> ; 澭水暴益.
8) ≪여씨춘추 呂氏春秋≫<귀당 貴當> ; 其家必日益.
9) ≪한비자 韓非子≫<정법 定法> ; 五年而秦不益一尺之地.
10) ≪염철론 鹽鐵論≫<비앙 非鞅> ; 有益於國, 無害於人.
11) 관용어[成語] ; 精益求精.
12) ≪초사 楚辭≫<천문 天問> ; 東流不溢, 孰知其故?

益 [m] 익 yì 더하다. 이익. 이롭다.

艗	익	yì	뱃머리. 이물.
鷁	익	yì	새 이름. 큰 물새.
謚	시	shì	시호.
諡	시	shì	시호. 시호를 주다.
隘	애	ài	좁다. 협소하다.
搤	액	è	잡다. 쥐다.
縊	액	yì	목매어 죽이다.
溢	일	yì	넘치다. 가득하다.
鎰	일	yì	중량.

보다 감(監)

①갑골문	②금문	③소전	④해서	⑤간체자
			監	监

①은 왼편은 그릇[□>□>□>皿]이고 오른편은 꿇어앉아 왼쪽을 향한 사람[□>□>□>□]인데 머리 위에는 큰 눈[□>□>□>臣]이 있어, 그릇 속의 물을 이용하여 자신의 모양을 비쳐본다[□>□>□>監]는 뜻의 회의자이다. ②는 그릇[□>皿] 위에 물[□>□>丶]이 담겨 있고, 큰 눈[□]은 몸[□]에서 떨어져 물을 내려다 볼 뿐 ①과 자형이 비슷하며, ③은 구성소가 ②와 같다. ④는 ③의 눈[□]이 신(臣)으로 변형되었을 뿐, ③이 정형화한 것이다.

감(監)의 본래 뜻은 모습을 '비춘다'이다. "군왕은 그 모습을 물에 비출[監] 것이 아니라 백성에게서 비추어야[監] 한다"13)는 예가 이것이다. 모습을 비춘다는 데서 널리 '거울'로 쓰인다. "밝은 거울[監]은 자신의 모습을 비출 수 있다"14)는 예가 이것이다. 이는 머지않아 감(鑑)이나 감(鑒)에 분화되어 쓰인다. 거울이란 데서 널리 '귀감 삼는다'로 쓰인다. "성왕이나 탕왕은 하나라의 걸왕을 귀감 삼았다[監]"15)는 예가 이것이다. 비춘다는 데서 널리 '지켜본다'로 쓰인다. "사방을 지켜본다[監]"16)는 예가 이것이다.

'비춘다'는 뜻은 현대중국어에 이를 4성으로 지엔(jîan)이라 읽는다. 다만, '지켜본다'는

---

13) ≪상서 尙書≫<주고 酒誥> ; 人無于水監, 當于民監.
14) ≪신서 新書≫<태교 胎敎> ; 明監所以照形也.
15) ≪순자 荀子≫<해폐 解蔽> ; 成湯監于夏桀.
16) ≪시경 詩經≫<대아·황의 大雅·皇矣> ; 監觀四方.

뜻으로 쓰일 때는 현대중국어에 이를 1성으로 지엔(jiān)이라 읽으나, 우리 음으로는 차이가 없다.

監⃞h*	*감*	*jiān*	*보다. 살피다.*
*監**	*감*	*jiàn*	*옛날 정부 기관의 명칭.*

鑑 h	감	jiàn	거울. 비추다.
鑒	감	jiàn	감鑑과 같은 글자.
檻*	함	jiàn	난간. 짐승이나 죄인을 가두는 우리.
檻*	함	kǎn	문지방.
艦	함	jiàn	군함. 싸움배.
鹽 h	염	yán	소금.

대야 관(盥)

①갑골문	②금문	③소전	④해서

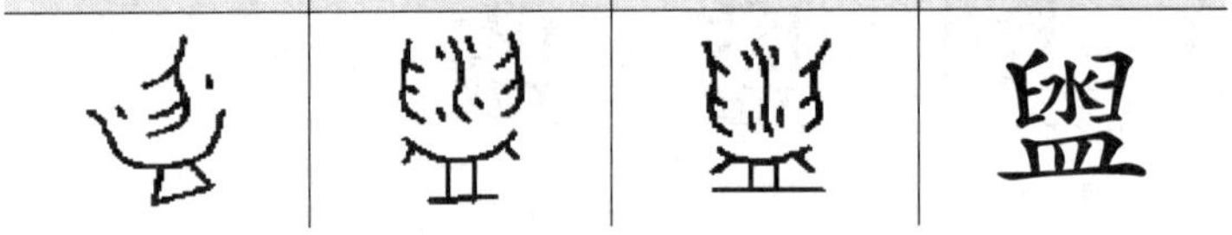

①은 그릇[> > >皿]에 물[> > >水]이 가득 들어 있다. 물 속에 손[> > >]이 있으므로 세숫대야[ ]를 가리키는 회의자이다. ②는 역시 아래는 그릇[>皿], 위의 중간에는 물[>水]이 있으나 손[>]은 좌우에 두 개가 있다. 훨씬 구체화된 형상으로 두 손을 씻는 그릇[> >盥]이다. ③은 ②와 자형이 같으며, ④는 ③이 정형화한 것이다.

관(盥)의 본래 뜻은 '세숫대야'이다. "새벽에 일어나면, 조상 사당의 문밖에 세숫대야[盥]를 설치한다"[17)]는 예가 이것이다. 세숫대야라는 데서 널리 '손 씻는다'로 쓰인다. "먼저 손 씻은[盥] 다음 잔을 씻는데, 이는 자신을 깨끗이 함이 앞서기 때문이다"[18)]라는 예가 이것이다. 널리 '씻는다'로 쓰인다. "못에 나가 씻기[盥]만 하면, 못 가득 연잎이 흔들린다"[19)]는 예가 이것이다. 씻는다는 데서 널리 '지운다'로 쓰인다. "애 타는 심금을 씻어서 지운다[盥]"[20)]는 예가 이것이다. 현대중국어의 꾸안시스(盥洗室 guànxǐshì)란 세면기가 있는 화장실, 혹은 세면실이다.

---

17) ≪의례 儀禮≫<기석례 旣夕禮>; 夙興, 設盥于祖廟門外.
18) ≪예기 禮記≫<소의 少儀>; 先盥乃洗爵, 先自潔也.
19) 고계(高啓·明) <만게령취원지상 晩憩靈鷲院池上>; 臨池一就盥, 搖動滿池荷.
20) 심약(沈約·梁) <위경릉왕해강소 爲景陵王解講疏>; 滌盥煩襟.

盥　관 guàn　씻다. 대야.

89. 목(目) 부

눈 목(目)

①갑골문	②금문	③소전	④해서
		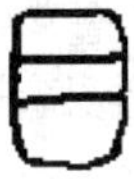	目

①은 비스듬히 눈[>>>目]의 모양을 형상한 것이다. ②는 눈을 가로 놓아둔 것이다. 이 두 자형은 모두 사실적인 상형자로 분석할 필요 없이 한 눈에 알아볼 수 있다. ③은 원형의 검은 눈동자[]를 직선[]으로 그어 전체를 세워놓은 것이다. ④는 ③이 정형화한 것이다.

목(目)의 본래 뜻은 '눈'이다. "바른 사물이 아니면 눈[目]으로 보지 않으며, 바른 소리가 아니면 귀에 듣지 않는다"[1]는 예가 이것이다. 널리 '본다'로 쓰인다. "범증은 항우를 여러 번 보았다[目]"[2]는 예가 이것이다. 눈은 칠공의 하나이므로, '구멍'을 가리키기도 한다. "그물의 벼리를 한 번 들면 모든 그물눈[目]이 펼쳐진다"[3]는 예가 이것이다. 강거목장(綱擧目張)이라는 성어는 여기서 유래한 말이다.

목(目)은 부수자이다. 이를 구성소로 하는 글자는 모두 눈이나 눈의 동작과 관계된 것이다. 보다 견(見), 눈 안(眼), 보다 간(看), 신하 신(臣), 눈썹 미(眉), 방패 순(盾), 낯 면(面) 등이 이것이다.

目 [m] 목 mù　눈. 보다.

苜　목 mù　거여목. 자주 개자리.

---

1) 왕충(王充) ≪논형·명의 論衡·命義≫ ; 非正色目不視, 非正聲耳不聽.
2) ≪사기 史記≫<항우본기 項羽本紀> ; 范增數目項羽.
3) 정현(鄭玄) ≪시보서 詩譜序≫ ; 擧一綱, 而萬目張.

서로 상(相)

①갑골문	②금문	③소전	④해서
	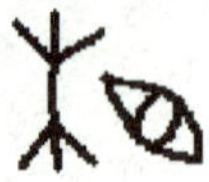		相

①은 왼편에 수목[>木]을 두고 오른편의 눈[>目]이 이를 살핀다[> > >相]는 회의자이다. ②는 필획이 좀 굵어졌을 뿐, ①과 자형이 비슷하다. ③은 곡선이 많이 쓰였을 뿐이며, ④는 이들이 정형화한 것이다.

상(相)의 본래 뜻은 '살핀다'이다. "때를 살펴[相] 움직인다"[4]는 예가 이것이다. '살핀다'는 데서 널리 '관상을 본다'로 쓰인다. "그대의 관상을 보자면[相] 제후에 책봉될 운명에 지나지 않는다"[5]는 예가 이것이다. 널리 '모습'으로 쓰인다. "키가 크고 작거나 체구가 크고 작은 것, 잘 나고 못 난 모습[形相]은 길한 것도 흉한 것도 아니다"[6]라는 예가 이것이다. 본다는 행위는 보는 쪽과 보이는 쪽 쌍방이 있다는 데서 널리 '서로'로 쓰인다. "황천에 이르지 않고서는 서로[相] 만나지 못한다"[7]는 예가 이것이다. '서로'라는 데서 널리 '돕는다'로 쓰인다. "관중이 환공을 도왔다[相]"[8]는 예가 이것이다. '돕다'에서 다시 널리 임금을 보필하는 사람 즉, '재상'으로 쓰인다. "나라가 어지러우면 어진 재상[相]을 그리워한다"[9]는 예가 이것이다.

相 m 상 xiāng 서로*
相 상 xiàng 용모 관상을 보다.*

湘 상 xiāng 강 이름.
廂 상 xiāng 행랑. 곁채.
葙 상 xiāng 개맨드라미.
緗 상 xiāng 담황색. 담황색 비단.
箱 상 xiāng 상자.
想 m 상 xiǎng 생각하다. 추측하다.
霜 m 상 shuāng 서리.

4) ≪좌전 左傳≫<은공11년 隱公十一年> ; 相時而動.
5) ≪사기 史記≫<회음후열전 淮陰侯列傳> ; 相君之面, 不過封侯.
6) ≪순자 荀子≫<비상 非相> ; 長短, 小大, 善惡形相, 非吉凶也.
7) ≪좌전 左傳≫<은공원년 隱公元年> ; 不及黃泉無相見也.
8) ≪논어 論語≫<헌문 憲問> ; 管仲相桓公.
9) ≪사기 史記≫<위세가 魏世家> ; 國亂則思良相.

방패 순(盾)

①갑골문	②금문	③소전	④해서
			盾

①은 가운데 손잡이[ㅏ>丨>十>十]가 난 방패[口>口>厂>厂]의 상형자이다. ②는 ①과 자형이 비슷하다. ③은 눈[⊖>目]만 남기고 몸을 가린 모습으로 변형이 심하며, ④는 ③이 정형화한 것이다.

순(盾)의 본래 뜻은 '방패'이다. "번쾌는 즉시 칼을 차고 방패[盾]를 들며 진영의 문으로 들어섰다"10)는 예가 이것이다. 나무로 만들었으므로, 머지않아 왼뜻[木] 오른음[盾]의 새 형성자 순(楯)도 쓰인다. "너의 창으로 너의 방패[楯]를 뚫으면 어찌되는가?"11)라는 예가 이것이다. 널리 '방패막이 삼는다'로 쓰인다. "뒤에다 방패막이 삼는 것[盾]이 기대놓을 데가 없다"12)는 예가 이것이다.

盾	*순*	*dùn*	*방패.*
循 h	순	xún	따르다. 좇다. 돌다.
楯*	순	shǔn	난간.
楯*	순	dùn	방패.
輴	순	chūn	상여. 썰매.
遁	둔	dùn	달아나다. <본디음은, 돈>

눈썹 미(眉)

①갑골문	②금문	③소전	④해서
			眉

①은 아래 눈[罒>◎>⊖>目]이 있어, 위에 난 것이 눈썹[^^>~~>尸>尸]임을 알 수 있는 상형자이다. ②는 ①과 구성소가 비슷하나, ③은 회화성을 잃어 눈썹임을 알기가 어려워졌으며, ④는 ③이 정형화한 것이다.

10) ≪사기 史記≫<항우본기 項羽本紀>; (樊)噲卽帶劍擁盾入軍門.
11) ≪한비자 韓非子≫<난일 難一>; 以子之矛, 陷子之楯, 何如?
12) 양계초(梁啓超) <논민족경쟁지대세 論民族競爭之大勢>; 盾其後者之無所憑也.

미(*眉*)의 본래 뜻은 '눈썹'이다. "서시를 아름답다 여겨, 눈썹[*眉*] 찌푸리는 것까지 흉내낸다"[13]는 예가 이것이다. 눈썹 같이 머리에 높이 달렸다 하여 '문 위의 편액'을 가리키기도 한다. "편액을 달아[*眉*] '서왕모산'이라고 썼다"[14]는 예가 이것이다. 책의 윗여백을 가리키기도 한다. "먹물로 쓰인 윗여백[*眉*] 비평어가 한 줄 있었다"[15]는 예가 이것이다. 모양이 흡사 눈썹 같다 하여 '초승달'을 가리키기도 한다. "주렴 밖에는 초승달[*眉*] 하나 배꽃에 스민다"[16]는 예가 이것이다.

眉 *h* *미* *méi* *눈썹.*

嵋	미	méi	산 이름.
猸	미	méi	몽구스.
湄	미	méi	물가. 강기슭.
郿	미	méi	땅 이름. 읍 이름.
楣	미	méi	문 위에 가로 댄 나무.
鶥	미	méi	멧새의 일종. 왜가리.
媚	미	mèi	아첨하다. 요염하다. 아름답다.

90. 모(矛) 부

창 모(矛)

①갑골문	②금문	③소전	④해서
			矛

"너의 창[矛]으로 네 방패를 뚫으면 어찌되는가?"[1] 할 때의 모(矛) 자이다. ②는 위에 예리한 창끝[illegible]과, 아래 긴 손잡이[illegible]가 있는 창[illegible]이므로 상형자이다. ③은 맨 아래 삐침으로 창의 고리[illegible]가 있음을 나타내었을 뿐, ②와 자형이 같으나, 구성미에 치중하

13) 대규(戴逵·晉) <방달위비도론 放達爲非道論> ; 美西施而學其顰眉.
14) ≪목천자전 穆天子傳≫<3권 卷三> ; 眉曰'西王母之山'.
15) 호적(胡適) <고증홍루몽적신재료 考證紅樓夢的新材料>有墨筆眉批一條.
16) 사일(謝逸·宋) <남가자 南歌子> ; 簾外一眉新月浸梨花.

1) ≪한비자 韓非子≫<난일 難一> ; 以子之矛, 陷子之楯, 何如?

여 창임을 알기가 어렵고, ④는 ③이 정형화한 것이나, 창의 모습은 찾기 어렵다.

모(矛)는 신석기시대부터 가장 상용되어온 '찌르는 창'이다. "내 창[矛]은 날카로워 뚫지 못 할 것이 없다"[2]는 예가 이것이다. "'추'라는 창[矛]은 자루가 두 길이고, '이'라는 창[矛]은 자루가 두 길 네 자이다"[3] 한 예가 모두 이것이다.

모(矛)는 부수자이다. 이를 구성소로 하는 글자는 창이나 베어 죽임과 연관이 있다. 가엾이 여기다 긍(矜), 뚫다 율(矞), 작살 색(矠), 창 삭(矟) 등이 이것이다.

矛	*모*	*máo*	*창.*
茅	모	máo	띠.
髳	모	máo	다박머리. 오랑캐.
袤	무	mào	땅의 남북의 길이.
柔 m	유	róu	부드럽다. 연약하다.

91. 시(矢) 부

화살 시(矢)

①갑골문	②금문	③소전	④해서

①은 위 끝은 뾰족한 화살촉[ ]이고 가운데는 화살대[ ]이며 아래는 깃을 단 화살꼬리[ ]이므로, 화살[> > >矢]의 상형자이다. ②는 화살대에 굵은 점이 더하여 균형미를 고려한 것이며, ③은 ②가 구성미를 갖춘 것이다. ④는 ③이 정형화한 것이나, 화살임을 전혀 알아볼 수 없다.

시(矢)의 본래 뜻은 '화살'이다. "표적을 두고 화살[矢]을 쏜다"[1]는 예가 이것이다. 화살이란 데서 널리 '곧다'로 쓰인다. "자주 곧은[矢] 말을 올렸다"[2]는 예가 이것이다. 곧은 말이라는 데서 널리 '맹세한다'로 쓰인다. "길이 맹세하여[矢] 잊지 않으리라"[3]라는 예가 이것이다.

2) ≪한비자 韓非子≫<난일 難一> ; 吾矛之利, 于物無不陷也.
3) ≪주례 周禮≫<고공기 · 여인 考工記 · 廬人> ; 酋矛常有四尺, 夷矛三尋.

1) 모택동(毛澤東) <정돈당적작풍 整頓黨的作風> ; 有的放矢.
2) ≪송서 宋書≫<유회숙전 劉懷肅傳> ; 屢進矢言.

화살을 쏜다는 데서 널리 '시행한다'거나 '진술한다'로 쓰인다. "고요가 순임금에게 그의 계략을 진술하였다[矢]"[4]는 예가 이것이다. 다시 널리 '똥'을 가리키기도 한다. "죽여서 그를 말의 똥[矢] 속에 묻었다"[5]는 예가 이것이다. '똥' 시(屎) 자가 문자화하기에 저속하다 여겼거나 금기시하여, 이를 피하려고 음이 같은 문자를 빌려 쓴 원인이 크다.

시(矢)는 부수자다. 이를 구성소로 하는 글자는 모두 화살과 관계 있다. 함 함(函), 꿩 치(雉), 주살 증(矰), 곱자 구(矩), 짧다 단(短), 키 작다 왜(矮), 바로잡다 교(矯)가 이것이다.

矢	*[h]*	*시*	*shǐ*	*화살. 맹세하다.*
知	[m]	지	zhī	알다. 깨닫다. 지식.
疾	[h]	질	jí	질병. 고통. 미워하다. 틈.
医		의	yī	의사. 의원. 의학. <의醫의 속자>
疑	[h]	의	yí	의심하다. 믿지 않다. 의심스러운.
肄		이	yì	익히다. 노력하다. 공부하다.
雉		치	zhì	꿩.
彘		체	zhì	돼지.

92. 석(石) 부

돌 석(石)

①갑골문	②금문	③소전	④해서

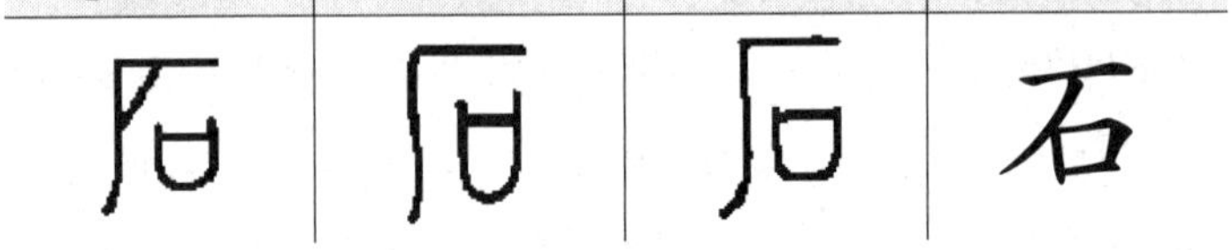

①은 왼편 세모꼴의 산언덕[厂>厂>厂>厂] 아래 놓인 바위[ㅂ>ㅁ]의 상형자이다. ②와 ③은 산언덕의 형상이 간략해져서 '언덕' 엄(厂)이 되었을 뿐 ①과 자형이 같으며, ④는 ③이 정형화한 것이다.

석(石)의 본래 뜻은 '돌'이다. "한산의 돌[石]비탈길 깊이 오르다보니, 흰 구름 이는 곳에 인가가 있네"[1] 할 때의 석(石) 자이다. 널리 비석도 가리킨다. "비석[石]에 새겨 진시황의

3) ≪시경 詩經≫<위풍 · 고반 衛風 · 考槃> ; 永矢弗諼.
4) ≪서경 書經≫<대우모서 大禹謨序> ; 皐陶矢厥謀.
5) ≪좌전 左傳≫<문공18년 文公十八年> ; 殺而埋之馬矢之中.

덕을 칭송했다"[2]는 예가 이것이다. 널리 도량형의 단위로도 쓰인다. "30근이 1균이며, 4균은 1섬[石]이다"[3]라는 예가 이것이다. 다만, 이때에는 현대중국어로 스(shí)가 아니라 딴(dan)이라 읽는다. 우리 한자음에는 변화가 없으나, 우리말에 '섬[石]'이라 하는 것은 대개 이에 해당한다.

석우(石友)란 '벼루'를 가리키지만, 널리 '견고한 우정'을 비유하기도 한다. "마음이 합하였다면 정말 견고한 우정[石友]이리라"[4]라는 예가 이것이다. 이를 금석교(金石交)라고도 한다.

석(石)은 부수자이다. 이를 구성소로 하는 글자는 모두 돌이나 견고함과 관계 있다. 쇳돌 광(礦), 굳다 경(硬), 초석 초(硝), 경쇠 경(磬) 등이 이것이다.

石 석 dàn 섬[용량을 계산하는 단위].*
石 [m] 석 shí 돌.*

碩 석 shuò 크다.
鼫 석 shí 날다람쥐.
祏 석 shí 위패.
斫 작 zhuó 베다. 자르다.
跖 척 zhí 발바닥. 밟다.
拓* [h] 척 tuò 개척하다.
拓* 탁 tà 탁본하다. 칠하다. 바르다.
妬 투 dù 질투하다. 새암하다.

경쇠 경(磬)

①갑골문	②금문	③소전	④해서
			磬

①은 왼편 아래 손[[illegible]>[illegible]>又]에 채[[illegible]>[illegible]>几]를 들고, 위의 걸이[[illegible]>[illegible]>士]에 매인 경쇠[[illegible]>[illegible]>尸]를 치는 모양이므로, 경쇠[[illegible]>[illegible]>殸]를 가리키는 회의자이다. 경쇠란 고대의 악기로 돌이나 옥을 조각해 만든 것이다. ③은 아래에 뜻결[[illegible]>石]이 첨가되고 구성소의 위치가 바뀌었을 뿐, ①과 자형이 비슷하며, ④는 ③이 정형화한 것이다.

1) 두목(杜牧) <산행 山行> ; 遠上寒山石徑斜, 白雲生處有人家.
2) ≪사기 史記≫<진시황본기 秦始皇本紀> ; 刻石頌秦德.
3) ≪한서 漢書≫<율력지・상 律曆志・上> ; 三十斤爲鈞, 四鈞爲石.
4) 두목(杜牧) <봉화문하상공 奉和門下相公> ; 同心眞石友.

경(磬)의 본래 뜻은 '경쇠'이다. "경쇠[磬]는 흐르는 물과 같다"[5]는 예가 이것이다. 경쇠는 허리가 굽은 옥이므로, 널리 허리를 크게 굽혀 공경하는 사람의 형상에 비유하여, 이를 경절(磬折)이라고도 한다. "서문표는 붓을 머리에 꽂고 허리 굽혀 예를 표하며[磬折], 황하를 향하고 서서 오래 동안 기다렸다"[6]는 예가 이것이다.

경(罄)은 경(磬)과 다른 글자인 점 주의해야 한다. 경(罄)은 밑이 부(缶)로서 공이[午>杵]와 절구[凵>臼]이므로, 속이 비었다는 데서 '다한다'로 쓰인다. "남산의 대나무를 죄다 써도[罄] 죄상을 다 기록하지 못한다"[7]는 예가 이것이다. '경죽난서(罄竹難書)'라는 성어가 이것이다.

殸 경 qìng 경쇠. <磬과 고금자>

磬 경 qìng 경쇠[옛날, 타악기의 일종].
謦 경 qǐng 기침. 기침소리.
罄 경 qìng 비다. 공허하다. 다하다.
馨 형 xīn 먼 곳까지 퍼지는 향기.
聲 m 성 shēng 소리.

93. 시(示) 부

보이다 시(示)

①갑골문	②금문	③소전	④해서

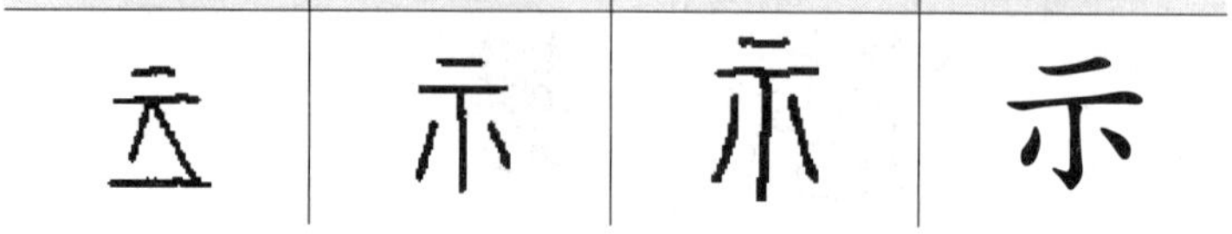

①은 고인돌과 같은 제단과 단상[丅>丌>丌>丌]에 놓인 희생[—>━>━>一]으로, 신에게 희생을, 혹은 신이 징조를 '보인다[亍>示>示>示]'는 뜻의 상형자이다. ②와 ③은 ①과 자형이 비슷하며, 점들은 희생의 피로 보기도 한다. ④는 이들이 정형화한 것이다.

시(示)의 본래 뜻은 '보인다'이다. "인상여가 화씨벽을 받들고 나아가 진왕에게 아뢰자,

5) ≪순자 荀子≫<악론 樂論> ; 磬似水.
6) ≪사기 史記≫<서문표전 西門豹傳> ; 西門豹簪筆磬折, 向河立待良久.
7) ≪구당서 舊唐書≫<이밀전 李密傳> ; 罄南山之竹, 書罪未窮.

진왕은 몹시 기뻐하며 이를 궁녀와 신하들에게 돌려 보였다[示]"[1]는 예가 이것이다. 널리 '알린다'로 쓰인다. "의사 편작이 진나라 무왕을 알현하자, 무왕은 그에게 병을 일러주었다[示]"[2]는 예가 이것이다.

시(示)는 의(衣)와 왼곁으로 쓰일 때의 자형이 흡사하므로, 주의해야 한다. 시(示>礻)는 오른쪽 점이 한 개뿐이다. 의(衣>衤)는 오른쪽의 점이 두 개이다. 이들 왼곁의 자형은 그 글자의 뜻을 보아 쉽게 알 수 있다. 제사와 관계된 것이면 시(礻)가 쓰인 글자이며, 의복과 관계된 것이면 의(衤)가 쓰인 글자이기 때문이다.

시(示)는 부수자이다. 이를 구성소로 하는 글자는 대부분 숭배, 축원, 귀신, 제사와 연관된 것이다. 복 복(福), 돕다 우(祐), 빌미 수(祟), 귀신 신(神), 제사 사(祀), 제사 제(祭), 빌다 기(祈) 등이 이것이다.

示	*m*	*시*	*shì*	*보이다. 가리키다.*
視	m	시	shì	보다. 간주하다. 살피다.
祁		기	qí	성대하다. 대단하다.
奈*		나	nài	나락. 범어 naraks의 음역.
奈*		내	nài	어찌.

빌다 축(祝)

①갑골문	②금문	③소전	④해서
			祝

①은 왼편에 제단[丅>示>示>示<礻]을 두고 오른편의 왼쪽으로 꿇어앉은 사람[兄>兄>兄>兄]이 있어, 기도한다[祝>祝>祝>祝]는 뜻의 회의자이다. ②는 사람이 두 손을 뻗고 있을 뿐 ①과 자형이 비슷하며, ③은 이들이 정형화한 것이나, 오른편의 사람은 그 형상을 알아보기 어렵다. ④는 ③이 정형화한 것이다.

축(祝)의 본래 뜻은 '기원한다'이다. "제사하면 반드시 기원하여야[祝] 한다"[3]는 예가 이것이다. '기원하다'는 데서 널리 '축원한다'는 뜻으로 쓰인다. "성인을 축원하며[祝], 성인이 장수하기를 빌었다"[4]는 예가 이것이다. 못 되기를 바란다는 데서 널리 '저주한다'로 쓰이기도

---

1) ≪사기 史記≫<염파인상여열전 廉頗藺相如列傳> ; 相如奉璧奏秦王, 秦王大喜, 傳以示美人及左右.
2) ≪전국책 戰國策≫<진책 · 2 秦策 · 二> ; 醫扁鵲見秦武王, 武王示之病.
3) ≪전국책 戰國策≫<조책 趙策> ; 祭祀必祝之.

한다. "일을 꾸미고 저주하기[祝]에, 다할 때가 없고 끝날 때도 없구나"[5] 라는 예가 이것이다. 다만, 이는 머지않아 '저주한다' 주(呪) 자에 분화되었으므로, 읽기도 주(祝)라 읽으며, 현대중국어음에도 주(祝 zhù)가 아니라, 저우(呪 zhòu)로 읽는다. 다만, 지금은 '저주(詛呪)'라고 쓸 뿐, '저주(詛祝)'라고는 쓰지 않는 점 주의해야 한다.

祝 m *축 zhù* *빌다. 축하하다.*

柷 축 zhù 축.[연주 시작을 알리는 목제 타악기의 하나]
呪 주 zhòu 저주하다. 주문.

제사 제(祭)

①갑골문	②금문	③소전	④해서
			祭

①은 왼편은 선혈[∴]이 뚝뚝 흐르는 신선한 고깃덩이[[illegible]>夕]이고 오른편은 이를 바치는 손[[illegible]>又]이므로, 제사지낸다[[illegible]>祭]는 뜻의 회의자이다. ②는 제단[[illegible]>示]이 첨가되었을 뿐, ①과 자형이 비슷하며, ③은 ②가 구성미를 갖춘 것이다. ④는 ③이 정형화한 것이다.

제(祭)의 본래 뜻은 '제사지낸다'이다. "함께 조상을 제사지낸다[祭]"[6]는 예가 이것이다. 널리 '모신다'로 쓰인다. "일찌감치 그 날강도 병사들의 뱃속에 모셔[祭]졌을 것이다"[7]라는 예가 이것이다.

제(祭)를 쓸 때는 왼편 위의 육(月<肉)을 석(夕)으로 쓰거나, 위를 발(癶)로 쓰지 않도록 주의하여야 한다. 고기[月]를 제수로 바치는 의식이라는 점을 상기한다면 획을 틀릴 리 없을 것이다. 살피다 찰(察), 풀숲 채(蔡) 등은 제(祭)를 음곁으로 하는 글자들이므로 아울러 기억하는 것이 편리하다.

祭 m *제 jì* *제사 지내다.*

際 h 제 jì 사이. 가장자리.

---

4) ≪장자 莊子≫<천지 天地>；請祝聖人, 使聖人壽.
5) ≪시경 詩經≫<대아·탕 大雅·蕩>；侯作侯祝, 靡屆靡究.
6) ≪장자 莊子≫<도척 盜跖>；共祭先祖.
7) 육양렬(陸揚烈) ≪변로대 邊老大≫；早就祭進那些强盜兵的肚子了.

漈	제	jì	물가.
穄	제	jì	검은 기장. 메기장.
鰶	제	jì	전어.
傺	제	chì	묵다.
察 [m]	찰	chá	관찰하다. 자세히 살피다.
蔡	채	cài	풀숲. 큰 거북. 나라 이름.

복 복(福)

①갑골문	②금문	③소전	④해서
			福

①은 두 손[𠬞]으로 오른편의 제단[示>示>示>示<礻]에 술[畐>畐>畐>畐<酉]을 바친다[𥛱>福>福>福]는 뜻의 회의 겸 왼음 복(畐)의 형성자이다. ②와 ③은 양손[𠬞]이 없을 뿐, ①과 자형이 같으며, ④는 이들이 정형화한 것이다.

복(福)의 본래 뜻은 '제수에 쓰이는 술과 희생', 곧 '제수'를 가리킨다. "제사할 때 신하들이 바친 제수[福]는, 요리사가 이를 받아 요리하여 올린다"[8]는 예가 이것이다. 제사에 쓰인 술과 음식을 나누어 먹는 것을 '음복(飮福)한다'고 하는데, 이때의 복(福)도 같은 예이다. 제수라는 데서 널리 '행복'으로 쓰인다. "재앙이란 행복[福]의 의지가지이며, 행복[福]이란 재앙의 은닉처이다"[9]라는 예가 이것이다. 행복이란 데서 널리 '복을 내린다'거나 '보우한다'의 뜻으로 쓰인다. "작은 신의는 미더움을 주지 못 하니, 신이 보우하지[福] 않을 것이다"[10]라는 예가 이것이다. 복을 내린다는 데서 널리 부녀자들이 몸은 굽히지 않은 채 무릎만 꿇으며 경의를 표하는 예를 가리키기도 한다. "마씨 어른도 그제서 건너와 읍을 하였고, 취씨 나님노 설할[福] 수밖에 없었다"[11]는 예가 이것이다.

畐	복	bī	높고 배가 부른 술병
匐	복	fú	엎드려 기어가다.
福 [m]	*복*	*fú*	*행복.*
蝠	복	fú	박쥐. 살무사.

8) ≪주례 周禮≫<천관・선부 天官・膳夫>; 凡祭祀之致福者, 受而膳之.
9) ≪노자 老子≫; 禍兮福之所依, 福兮禍之所伏.
10) ≪좌전 左傳≫<장공10년 莊公十年>; 小信未孚, 神弗福也.
11) ≪관장현형기・40회 官場現形記・四十回≫; 馬老爺才赶過來作揖, 瞿太太也只得福了一福.

輻		복	fú	바퀴살. 모여들다.
副	[h]	부	fù	버금. 다음.
富	[m]	부	fù	부유하다. 풍부하다.
幅	[h]	폭	fú	너비. 넓이.
腷		픽	bì	답답하다. 울적하다.
偪		핍	bī	핍박하다. 행전[바지가랭이를 매는 끈].
愊		핍	bì	정성스럽다. 답답하다.
逼		핍	bī	닥치다. 핍박하다.

94. 유(禸) 부

우임금 우(禹)

①갑골문	②금문	③소전	④해서
			禹

②는 발[九>冂>冂][1]이 난 벌레[乚>?>虫]로, 움직이는 모양이 '느릿느릿하다[?>?>禹]'는 뜻의 회의자이다.[2] ③은 손[冂]이 구성미에 치중하면서 변형되어 손임을 알기가 쉽지 않으며, ④는 위에 삐침[丿]이 잘못 첨가되었을 뿐, ③이 정형화한 것이다.

우(禹)의 본래 뜻은 움직임이 '느릿느릿하다'이다. 다만 이 뜻은 머지않아 우(踽)에 분화되어 쓰인다. "젊은이들이 모인 가운데를, 가는 허리로 느릿느릿[踽] 걷는다"[3]는 예가 이것이다. 느릿느릿하다는 데서 널리 부락 연맹체의 수령을 가리킨다. "아득히 넓어라 우임금[禹]이 발자취 남긴 곳, 9주로 나뉘었으니"[4]라는 예가 이것이다. '우임금이 발자취 남긴 곳[禹跡]'이란 곧 '중국의 모든 지역'을 가리키는 말로 쓰인다.

---

1) 벌레나 짐승이 발[九] 사이로 꼬리[乚]를 늘이고 느릿느릿 움직이는 모습의 상형자나, 혹은 [illegible] 짐승[乚] 걸음 구(九<九)의 형성자로 여기기도 한다.
2) 우(禹)와 자형이 비슷한 자로 우(禺)가 있다. 우(禺)는 긴꼬리 원숭이이다. 우(禺)의 소전 자형에도 꼬리에 손[又]이 있으나, 이는 이 원숭이가 '꼬리 감는 원숭이'처럼 꼬리로 손처럼 나무를 잡을 수 있는 종류임을 말한 것이다. 허신(許愼)의 ≪설문해자 說文解字≫도 우(禹)는 '벌레[蟲]'라 하였으나, 우(禺)는 '암원숭이[母猴]'로 보았으며, 곽박(郭璞)은 ≪산해경·서산경 山海經·西山經≫의 주에서 이 원숭이가 "눈이 붉고 꼬리가 길다(赤目長尾)"고 하였으므로 대개 허신과 견해가 같음.
3) 여회(余懷·淸)≪판교잡기·여품 板橋雜記·麗品≫ ; 在少年場中, 纖腰踽步.
4) ≪좌전 左傳≫<양공 · 4년 襄公 · 四年> ; 茫茫禹跡, 畫爲九州.

우공이산(禹公移山)이란 우(禹)씨라 불리는 노인이 삼태기로 흙을 날라 산을 옮겼다는 전설에서 '불굴의 정신'을 상징하는 말이다. 우임금은 성이 사(似) 씨였다 한다.

禹	*우*	*yǔ*	*하우씨. 벌레.*
偊	우	yǔ	혼자 걷다. 웅크리는 모양.
瑀	우	yǔ	패옥. 옥과 비슷한 돌.
鄅	우	yǔ	나라 이름.
齲	우	qǔ	충치. 이가 아프다.
踽	우	jǔ	홀로 가다.

날짐승 금(禽)

①갑골문	②금문	③소전	④해서

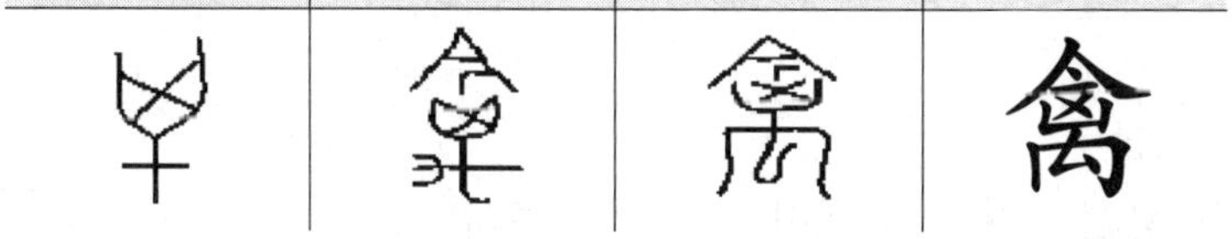

①은 밑으로 손잡이[十>⺕>冂>内]가 난 짐승 포획용 그물[⊠>∞>∞>凶]로써, 수렵 대상이었던 일체의 짐승[[illegible]>禽>禽>禽]을 가리키는 지사자이다. ②는 그물 위에 음곁 금(今>今>今<今)이 더하여 형성자로 바뀌었으며, ①의 그물 손잡이[一]의 가로획은 이를 잡은 손[⺕>冂]으로 변하였다. ③은 손잡이[乚>厶]의 끝이 굽었을 뿐, ②와 자형이 비슷하며, ④는 ③이 정형화한 것이다.

금(禽)의 본래 뜻은 '짐승'으로, 날짐승과 길짐승을 함께 일컫는 말이다. "들의 짐승[禽]이 다 없어지면, 사냥개를 삶는다"[5]는 예가 이것이다. "내게는 단련술이 한 가지 있다. 이를 짐승[禽] 5동작이라 부른다"[6]는 예에서 5동작이란 범, 사슴, 곰, 원숭이와 함께 새의 움직임을 본뜬 몸놀림을 가리킨다. 머지않아 "발이 둘 뿐, 날개가 있는 것은 날짐승[禽]'이다"[7] 하여, 이를 길짐승[獸]과 구분하면서, 이들을 함께 일컬을 때는 금수(禽獸)라 하였다. "원숭이 휘파람은 때로 응답하여 외치건만, 새들[禽] 지저귐은 늘 혼자 운다"[8]는 예가 이것이다. 짐승이란 데서 널리 '사로잡다'로 쓰인다. "싸워도 반드시 이기지 못 할 것이요, 이기지 못 하면 반드시 사로잡힐[禽] 것이다."[9]라는 예가 이것이다. 다만, 이는 머지않아 '사로잡다' 금(擒)에 분화되

5) ≪한서 漢書≫<괴통전 蒯通傳>; 野禽殫, 走犬烹.
6) ≪삼국지 三國志≫<위지・화타전 魏志・華佗傳>; 吾有一術, 名曰五禽之戲.
7) ≪이아 爾雅≫<석조 釋鳥>; 二足而羽謂之禽.
8) 송지문(宋之問) <우묘시 禹廟詩>; 猿嘯有時答, 禽言常自呼.

어 쓰인다. “적을 사로잡으려면[擒] 먼저 왕을 사로잡지[擒]”10) 라는 예가 이것이다.

금독(禽犢)은 ‘예물’을 가리킨다. ‘날짐승이나 송아지[禽犢]’를 예물로 곧잘 쓰여졌기 때문이다. “소인은 학문을, 벼슬 얻는 데 쓸 예물[禽犢]정도로 여긴다”11)는 예가 이것이다.

今 m	금	jīn	지금.
禽 *h*	*금*	*qín*	*조류의 총칭. 새와 짐승.*
擒	금	qín	사로잡다. 붙잡다. 생포하다.
檎	금	qín	능금나무.

95. 화(禾) 부

벼 화(禾)

①갑골문	②금문	③소전	④해서
			禾

①은 다 익은 벼[]로 위에는 아래로 드리운 이삭[]이고, 가운데는 잎[]이며 아래는 뿌리[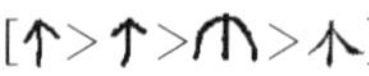]이므로, 상형자이다. ②와 ③은 ①과 자형이 같으며, ④는 이들이 정형화한 것이다.

화(禾)의 본래 뜻은 ‘조’이다. “조[禾], 깨, 콩, 보리”1)가 이것이다. 널리 ‘작물’이나 ‘곡식’을 모두 일컫기도 한다. “유월이라 작물[禾]은 패지도 않았는데, 관청에서는 벌써 창고를 손보네”2)라는 예가 이것이다. 곡식이란 데서 널리 ‘벼’를 가리키기도 한다. “벼[禾] 찧은 쌀을 관가 곡창에 보낸다”3)거나, “벼논[禾]에 김매자니 한낮 햇볕에, 땀이 흘러 벼[禾] 아래 흙을 적시네. 누가 알겠는가! 소반에 그득한 음식, 알알이 농부의 괴로움인줄”4)의 예가 이것이다.

---

9) ≪전국책 戰國策≫<위책·2 魏策·二>; 戰必不勝, 不勝必禽.
10) 두보(杜甫) <전출새 前出塞>; 擒賊先擒王.
11) ≪순자 荀子≫<권학 勸學>; 小人之學也, 以爲禽犢.

1) ≪시경 詩經≫<빈풍·칠월 豳風·七月>; 禾麻菽麥.
2) 섭이중(聶夷中) <전가 田家>; 六月禾未秀, 官家已修倉.
3) 황정견(黃庭堅) <희영강남풍토 戲詠江南風土>; 禾舂玉粒送官倉.

화(禾)는 조나 벼를 가리키던 것이 차츰 농작물의 별명으로 쓰인다. 속(粟)도 조였으나, 역시 곡식의 별명으로도 쓰인다. 곡(穀)이란 농작물과 곡식을 모두 일컫는 말이며, 서(黍)란 찰기장, 그리고 직(稷)은 메기장이다. 숙(菽)은 황두 같은 콩 종류를 가리킨다.

禾 *h* *화* *hé* *벼. 곡식.*

和*m 화 hé 화평하다. 부드럽다. ~과. ~와.
和* 화 hè 화음이 되게 따라하다. 추종하다.
和* 화 hú 마작이나 트럼프의 패가 오르다.
和* 화 huó 개다. 이기다. 반죽하다.
和* 화 huò 섞다. 젓다. 차례.
盉 화 hé 조미하다. 조미하는 그릇.
咊 화 hé 화평하다. 평탄하다.
龢 화 hé 풍류 소리가 조화되다.
委* 위 wēi 구불구불한 모양.
委*h 위 wěi 맡기다. 위임하다. 버리다.

잡다 병(秉)

①갑골문	②금문	③소전	④해서

①은 왼편은 한 그루 벼[> > >禾]인데 이삭이 오른쪽으로 드리워져 있고 오른편에는 이를 잡는 손[> > > <又]이므로, '한 움큼의 볏단[> > >秉]'을 가리키는 회의자이다. ②는 구성소의 위치가 바뀌었을 뿐 ①과 자형이 같다. ③은 손[>]이 벼[>禾] 허리를 움켜쥐고 있으며, ④는 이것이 정형화한 것이다.

병(秉)의 본래 뜻은 '한 움큼의 볏단'이다. "저기 내버려진 한 웅큼 볏단[秉]이 있네"[5]라는 예가 이것이다. 움큼이란 데서 널리 '잡다'로 쓰인다. "낮은 짧고 괴로운 밤은 기니, 어찌 등불 잡고[秉] 노닐지 않으리"[6]라는 예가 이것이다. 잡는다는 데서 널리 '권력'을 나타낸다. "후가 된지 8년 만에 문무대신의 지위가 되어 국가의 권력[秉]을 쥐었다"[7]는 예가 이것이다.

---

4) 이신(李紳) <고풍·2 古風·二> ; 鋤禾日當午, 汗滴禾下土. 誰知盤中餐, 粒粒皆辛苦.
5) ≪시경 詩經≫<소아 · 대전 小雅 · 大田> ; 彼有遺秉.
6) ≪고시십구수 古詩十九首≫ ; 晝短苦夜長, 何不秉燭遊.
7) ≪사기 史記≫<강후주발세가 絳侯周勃世家> ; 侯八歲爲將相, 持國秉.

秉　병 bǐng　잡다. 쥐다. 주관하다.

棅　병 bǐng　자루 병柄과 같은 글자.

벼 이름 진(秦)

①갑골문	②금문	③소전	④해서
			秦

①은 위 좌우의 두 손[[illegible]>[illegible]>[illegible]]이 중간의 절구공이[[illegible]>[illegible]>[illegible]]를 잡고 아래 두 그루 벼[[illegible]>[illegible]>[illegible]>禾]를 찧고 있으므로, 곡식을 도정한다[[illegible]>[illegible]>[illegible]>秦]는 뜻의 회의자이다. ②는 자형이 ①과 같다. ③은 아래에 벼[[illegible]>禾]를 한 가지만 남겨 쓰기에 편리해졌으며, ④는 ③이 정형화한 것이나, 위는 춘(春) 자의 윗부분[夫]과 동화되어 공이[[illegible]]와 양손[[illegible]]의 모양을 찾을 수 없다.

진(秦)의 본래 뜻은 '곡식을 도정한다'이다. 섬서성의 8백리에 걸친 진천(秦川) 주변이 대 곡창지대여서, 섬서성을 가리키는 지명이었으나, 통일국가 진나라가 이를 국호로 삼은 것이다. 이때부터 서역에서는 진(秦)의 'Chin'에 명사화 접미사 -a를 붙여 '차이나(China)'라 부르기 시작하였다. "양주는 패 지방을 향해 남쪽으로 가고, 노자는 진 지역[秦]을 향해 서쪽으로 여행하다가 교외에서 마주쳤다"[8]는 예가 이것이다.

진경(秦鏡)이란 오장육부를 비추어 마음을 들여다보았다던 진시황의 거울이다. "진시황의 거울[秦鏡]을 높이 걸었다"[9] 함은 관리가 엄정하고 공평함을 비유하는 말이다.

秦　진 qín　벼 이름. 나라 이름.

螓　진 qín　작은 매미.
蓁*　진 qín　산초.
蓁*　진 zhēn　초목이 무성한 모양.
溱*　진 qín　지명 이름.
溱*　진 zhēn　성하다. 많다. 펴다.
榛　진 zhēn　개암나무. 덤불. 잡목의 숲.
臻　진 zhēn　이르다. 미치다. 도달하다.

---

8) ≪장자 莊子≫<우언 寓言> ; 陽子居[朱]南之沛, 老聃西遊於秦, 邀於郊.
9) 이어(李漁) <비목어·해취 比目語·該聚> ; 秦鏡高懸.

벼 도(稻)

①갑골문	②금문	③소전	④해서

②는 왼뜻 벼[禾>禾>禾] 오른음 요(舀>舀>舀)의 형성자이면서, 요(舀)가 손[爫]에 공이[丿]를 잡고 아래 절구[臼]에 찧어 도정[舀]하는 것임을 가리키므로, 회의 겸 형성자이다. ③은 손에 쥔 공이[丿]가 없을 뿐, ②와 자형이 비슷하다. ④는 ③이 정형화한 것이다.

도(稻)의 본래 뜻은 '벼'이다. "쌀밥[稻] 먹고, 비단옷 입으면 너는 편안한가?"[10]라는 예가 이것이다. 북방 사람들은 메기장[稷]을 주요 양식으로 삼아, 벼[稻]나 고운 조[粱]는 귀한 음식이었으므로, 도량(稻粱)이란 '곡물'을 대신 일컫는 말로서, 먹을 것을 도모함을 도량모(稻粱謀)라 하였다. "글을 짓는 것이 모두 생계[稻粱謀] 때문이라네"[11]라는 예가 이것이다.

舀	요	yǎo	뜨다. 퍼내다.
蹈	도	dǎo	밟다. 실행하다.
稻 [h]	*도*	*dào*	*벼.*
滔	도	tāo	물이 차고 넘치는 모양. 도도하다.
掏	도	tāo	파다. 퍼내다.
韜	도	tāo	감추다. 활집. 칼집.
慆	도	tāo	기뻐하다.
縚	도	tāo	끈.
䅖	도	tǎo	옥수수.

화목하다 목(穆)

①갑골문	②금문	③소전	④해서

10) ≪논어 論語≫<양화 陽貨> ; 食夫稻, 衣夫錦, 於女安乎?
11) 공자진(龔自珍) <영사 詠史> ; 著書都爲稻粱謀.

②는 벼가 익어 낟알[ ]을 떨구며 이삭[ ]을 숙인 모양으로, 숙연히 수그린다[> > 穆]는 뜻의 회의자이다. ③은 벼[>禾]에서 분리된 이삭[>]이 오른편에 놓여 낟알[彡>彡]을 떨어뜨리고 있을 뿐, 구성소는 ②와 같으며, ④는 ③이 정형화한 것이다.

목(穆)의 본래 뜻은 '숙연히 수그린다'이다. "오왕은 숙연히[穆] 머리 숙이고 깊이 생각하였다"12)는 예가 이것이다. 숙연하다는 데서 널리 '공경한다'로 쓰인다. "내가 왕을 위하여 공경히[穆] 점괘를 본다"13)는 예가 이것이다. 공경한다는 데서 널리 '온화하다'거나 '장엄하다'는 뜻으로 쓰인다. "온화하기[穆]가 맑은 바람 같다"14)는 예가 이것이다. 온화하다는 데서 널리 '화목하다'로 쓰인다. "하후 상과 화목하지[穆] 않았다"15)는 예가 이것이다. 화목하다는 데서 다시 널리 '순종한다'로 쓰인다. "군왕의 기색을 따른다[穆]"16)는 예가 이것이다. 순종한다는 데서 '자손'을 가리키기도 한다. "종묘에 제사를 드리는 날은 군왕이 희생을 이끌고, 동성의 자손들[穆]이 군왕의 거동을 돕는다"17)는 예가 이것이다.

목목(穆穆)이란 엄숙한 모양을 가리킨다. "천자는 엄숙하다[穆穆]"18)는 예가 이것이다.

穆　　목　mù　　화목하다. 공손하다.

96. 혈(穴) 부

구멍 혈(穴)

①갑골문	②금문	③소전	④해서
			穴

"동굴[穴]이나 들에, 집 없이 살았다"1) 할 때의 혈(穴) 자이다. ②는 움막이나 바위굴[>

12) ≪한서 漢書≫<동방삭전 東方朔傳> ; 吳王穆然, 俛而深思.
13) ≪서경 書經≫<금등 金縢> ; 我其爲王穆卜.
14) ≪시경 詩經≫<대아·증민 大雅·烝民> ; 穆如淸風.
15) ≪삼국지 三國志≫<위서·순욱전 魏書·荀彧傳> ; 與夏侯尙不穆.
16) ≪관자 管子≫<군신·하 君臣·下> ; 穆君之色.
17) ≪예기 禮記≫<제의 祭義> ; 祭之日, 君牽牲, 穆答君.
18) ≪예기 禮記≫<곡례·하 曲禮·下> ; 天子穆穆.

1) ≪역경 易經≫<계사·하 繫辭·下> ; 穴居而野處.

冂>穴]의 상형자이다. ③은 ②와 자형이 같고, ④는 ③이 정형화한 것이다.

혈(穴)의 본래 뜻은 '바위굴'이다. "옛사람들은 아직 집이나 방을 모른 채 동굴[穴]에서 살았다"[2]는 예가 이것이다. 널리 '묘지'로 쓰인다. "죽어서는 한 무덤[穴]에 묻혔으면"[3]이라는 예가 이것이다. 동물의 '둥지'나 '굴'을 가리키기도 한다. "호랑이 굴[穴]에 들어가지 않고 어찌 호랑이 새끼를 얻으랴!"[4] 라는 예가 이것이다.

혈(穴)은 부수자이다. 이를 구성소로 하는 글자는 대개 '집'이나 '동굴'과 관계가 있다. 막다 질(窒), 굴 굴(窟), 창 창(窓), 구멍 두(竇) 등이 이것이다.

음결이 같은 자들의 체계는 팔(八) 부 여덟 팔(八) 자를 참조.

갑자기 돌(突)

①갑골문	②금문	③소전	④해서
			突

①은 구멍[宀>冂>穴] 아래 개[犬>犬>犬]가 있어 개가 구멍을 뚫고 나온다[突>突>突]는 뜻의 회의자이다. ③은 구성미를 갖추었을 뿐 ①과 자형이 같으며, ④는 ③이 정형화한 것이다.

돌(突)의 본래 뜻은 '뚫고 나온다'이다. "말을 달려 불더미를 뚫고[突] 나왔다"[5]는 예가 이것이다. '뚫고 나온다'는 데서 '갑자기'로 쓰인다. "갑자기[突] 온다"[6]는 예가 이것이다. 널리 '솟는다'로 쓰인다. "동북쪽에 한 산봉우리가 동쪽으로 솟아[突] 있다"[7]는 예가 이것이다. 굴뚝도 집 밖으로 솟아 있기 때문에 역시 돌(突)이라 한다. "고대광실도 굴뚝[突] 틈의 불길에 타버릴 수 있다"[8]는 예가 이것이다.

돌기(突騎)란 적진을 깊숙이 돌격하는 정예 기병을 가리킨다. 기(騎)란 기마병을 가리킨다.

突 [h] *돌* *tū* *갑작스럽다. 부딪히다.*

---

2) ≪묵자 墨子≫<사과 辭過> ; (古之民未知爲宮室時)穴而處.
3) ≪시경 詩經≫<왕풍 · 대거 王風 · 大車> ; 死則同穴.
4) ≪後漢書≫<반초전 班超傳> ; 不入虎穴, 焉得虎子!
5) ≪삼국지 三國志≫<위서 · 무제기 魏書 · 武帝紀> ; 馳突火出.
6) ≪역경 易經≫<이괘 離卦> ; 突如其來.
7) 서굉조(徐宏祖) ≪서하객유기 · 전유일기 徐霞客遊記 · 滇遊日記≫ ; 東北一峰東突.
8) ≪한비자 韓非子≫<유로 喩老> ; 百丈之室, 以突隙之煙焚.

菟	돌 tū	무우. 곤돌풀.	
堗	돌 tú	굴뚝.	

97. 립(立) 부

서다 립(立)

①갑골문	②금문	③소전	④해서
			立

①은 지면[—>ㅡ]에 사람[大>大>亣>亠]이 정면으로 서 있으므로, 선다[立>立>立>立]는 뜻의 상형자이다. ②는 보다 사실적일 뿐 ①과 자형이 같고, ③은 획이 절제되면서, 상형성을 잃어 사람이 서 있음을 알기가 쉽지 않다. ④는 ③이 정형화한 것이나, 사람을 찾을 수 없다.

립(立)의 본래 뜻은 '선다'이다. "화원은 도망쳐 와서 문 밖에 서[立] 있었다"[1]는 예가 이것이다. '선다'에서 널리 '세운다'로 쓰인다. "각각 때에 따라 법을 세워야[立] 한다"[2]는 예가 이것이다. '세운다'에서 다시 '즉위한다'로 쓰인다. "장양왕이 죽자 그의 아들 정이 즉위하였다[立]. 그가 진시황제이다"[3]라는 예가 이것이다. 한 곳에 선다는 것은 결국 한정된 동안일 뿐이므로, 립(立)은 '곧바로'로 쓰인다. "즉시[立] 조무상을 처형하였다"[4]라는 예가 이것이다.

입지(立地)란 '선 자리'로, 짧은 시간을 비유한 말이다. "고치에 햇볕 쪼이고, 실을 펴서 늘자, 선 자리[立地]에서 마른다"[5]는 예가 이것이다.

립(立)은 부수자이다. 이를 구성소로 하는 글자는 대부분 '선다'는 '움직임'과 연관이 있다. 아우르다 병(竝<並), 바르다 단(端), 편안하다 정(靖), 마치다 준(竣) 등이 이것이다.

立 m	립 lì	서다. 세우다.	
笠	립 lì	삿갓.	

---

1) ≪좌전 左傳≫<선공2년 宣公二年> ; 華元逃歸, 立于門外.
2) ≪상군서 商君書≫<갱법 更法> ; 各當時而立法.
3) ≪사기 史記≫<진본기 秦本紀> ; 莊襄王卒, 子政立, 是爲秦始皇帝.
4) ≪사기 史記≫<항우본기 項羽本紀> ; 立誅殺曹無傷.
5) 양만리(楊萬里) <강산도중잠맥대숙 江山道中蠶麥大熟> ; 曬繭攤絲立地乾.

砬	립	lá	산 위에 우뚝 선 큰 바위.
拉*	랍	lā	끌다. 당기다.
拉*	랍	lǎ	분지르다.
昱	욱	yù	햇볕. 밝게 비치다.
泣 [m]	읍	qì	작은 소리로 흐느껴 울다. 눈물.
翌	익	yì	금년이나 오늘의 다음.

아우르다 병(並)

①갑골문	②금문	③소전	④a해서	④b해서	⑤간체자
			竝	並	并

①은 지면[一>一>一]에 두 사람[大大>大大>大大>大大]이 정면으로 함께 서 있는 모양으로, 힘께한다[竝>竝>竝>竝>並]는 뜻의 회의자이다. ②는 ①과 자형이 같으며, ③은 획이 절제되었을 뿐 ②와 자형이 비슷하다. ④a는 ③이 정형화한 것이며, ④b는 획이 절제된 이체자이다.

병(並)의 본래 뜻은 '나란히 선다'이다. "자신을 탕왕이나 무왕과 나란히 두려[並] 한다"[6]는 예가 이것이다. 나란히 선다는 데서 널리 '아우른다'거나 '병합한다'로 쓰인다. "진나라는 처음으로 천하를 병합하였다[並]"[7]는 예가 이것이다. 아우른다는 데서 널리 '함께'로 쓰인다. "어부는 이들을 함께[並] 잡을 수 있었다"[8]는 예가 이것이다. 널리 '버린다'로 쓰이기도 한다. "자기의 사사로운 욕심을 버린다[並]"[9]는 예가 이것이다. 다만, 이는 머지않아 '물리친다' 병(屛)에 분화되었으므로, 현대중국어에는 독음도 3성의 삥(bǐng)으로 읽어, 4성의 삥(並 bìng)과 구분한다.

병(並)과 병(幷>倂)은 서로 쓰임이 구분된다. '병합한다'거나 '물리친다'는 뜻으로는 병(幷>倂)을 쓸 뿐이며, '함께'나 '짝한다'는 뜻으로는 병(並)만을 쓸 뿐이다.

並 [h]	*병*	*bìng*	*나란히 하다. [=병竝]*
普	보	pǔ	보편적으로.

---

6) ≪순자 荀子≫<강국 强國> ; 欲自並乎湯武.
7) ≪사기 史記≫<진시황본기 秦始皇本紀> ; 秦初並天下.
8) ≪전국책 戰國策≫<제책 · 2 齊策 · 二> ; 漁者得而並擒之.
9) ≪순자 荀子≫<강국 强國> ; 並己之私欲.

아이 동(童)

①갑골문	②금문	③소전	④해서
			童

②는 위는 형벌도구[辛>辛>立<辛]이고 가운데는 눈[目>目]이므로 형벌도구로 눈을 멀게 한 노예의 뜻이며, 아래는 획의 일부가 생략된 중(重>重>里<重) 자로 음결이므로, 형성자이다. ③은 눈[目]이 생략되었을 뿐, ②와 자형이 비슷하며, ④는 형벌도구[辛]에 손잡이[丨]가 생략되었을 뿐, ③과 자형이 비슷하다.

동(童)의 본래 뜻은 '노예'이다. "장량의 집에는 노예[童]가 3백 명이다"[10]라는 예가 이것이다. 관청이나 사가에서 주로 문구관련 잡무를 돌보던 종을 서동(書童)이라 하거나, 거문고 연주를 돕는 시동을 금동(琴童)이라 한 것도 이와 같은 예이다. 점차 노비 중 미성년을 일컬으면서 널리 '아이'를 가리키기도 한다. "사람들이 원망하면 아이들[童]이 이를 노래하고, 하늘이 재앙을 내리면 악귀가 전염병을 퍼뜨린다"[11]는 예가 이것이다. 다만, 이는 머지않아 새로운 형성자 동(僮)으로도 쓰인다. "탁왕손의 집에는 노비[僮]가 8백 명이었다"[12]는 예가 이것이다. 아이라는 데서 뿔이 채 나지 않은 '어린' 소나 양을 가리킨다. "어린[童] 양은 죽이지 않는다"[13]는 예가 이것이다. 다시 널리 산에 '초목이 없음'을 가리키기도 한다. "이 때문에 산림에 초목이 헐벗지[童] 않으므로, 백성들에게는 여분의 목재가 생긴다"[14]는 예가 이것이다. 초목이 없다는 데서 널리 '머리카락이 없다'로도 쓰인다. "머리숱이 성기고[童] 이가 빠진다"[15]는 예가 이것이다.

동자(童子)는 '아이'를 가리킨다. "남자 여자 할 것 없이 모두가 눈물을 흘렸고, 아이들[童子]은 노래 부르지 않았다"는 예가 이것이다. 맑은 아이 얼굴의 양쪽 머리꼭대기에 묶은 검은 총각머리채 같다는 데서 널리 '눈동자'를 가리키기도 한다. "주생이란 이도, 순임금은 눈에 동자(童子)가 두 개씩이었다고 하였다"[16]는 예가 이것이다. 다만, 이는 머지않아 동(瞳)에 분화되어 쓰인다.

東 m 동 dōng　　동쪽. 주인. 초대자.

---

10) 유향(劉向) ≪설원 · 복은 說苑 · 復恩≫ ; (張)良家童三百人.
11) 한유(韓愈) <만추언성야회련구 晩秋郾城夜會聯句> ; 人怨童聚謠, 天殃鬼行瘧.
12) ≪사기 史記≫<사마상여열전 司馬相如列傳> ; 卓王孫家僮八百人.
13) ≪태평어람 太平御覽≫<84권 卷八四> ; 童羊不殺.(引≪周書≫)
14) ≪순자 荀子≫<왕제 王制> ; 故山林不童而百姓有餘材也.
15) 한유(韓愈) <진학해 進學解> ; 頭童齒豁.
16) ≪한서 漢書≫<항적전 · 찬 項籍傳 · 贊> ; 周生亦有言, 舜蓋重童子.

重*[m]	중	chóng	중복하다. 겹치다.
重*[m]	중	zhòng	무게. 무겁다.

童 [m] 동 tóng 어린이. 아이.

僮	동	tóng	아이. 하인.
潼	동	tóng	강 이름.
曈	동	tóng	동트다. 날이 새다.
朣	동	tóng	달이 뜨다. 흐리다.
橦	동	tóng	목면나무.
瞳	동	tóng	눈동자. 동공.
穜*	동	tóng	늦벼.
穜*	충	zhǒng	품종.
穜*	충	zhòng	뿌리다. 심다.
憧	동	chōng	그리워하다. 그리움.
鐘 [m]	종	zhōng	종. 시계. 시간.
幢*	딩	chuáng	옛날 깃발의 일종.
幢*	당	zhuàng	동棟. 집 채.
撞	당	zhuàng	치다. 두드리다.
噇	당	chuáng	절제 없이 먹고 마시다.

동(童)을 3단계 바탕 음결으로 쓰는 기타 자들은 뒷쪽 룡(龍) 부의 용 룡(龍) 자도 참조.

98. 죽(竹) 부

대나무 죽(竹)

①갑골문	②금문	③소전	④해서
		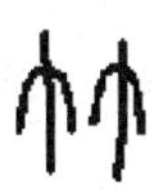	竹

②는 두 가닥 가지가 각각 잎을 드리우고 있는 대나무[>>竹]로, 상형자이다. ③은 ②와 자형이 같고, ④는 이들이 정형화한 것이다.

죽(竹)의 본래 뜻은 '대나무'이다. 예로부터 한기를 이기는 그 품격이나, 기상을 흠모한 이가 많았다. "아름드리 나무들 곧고, 매끈한 대[竹] 잎에는 이슬 앉았는데, 기암들 우뚝 솟았구나"1)라는 예가 이것이다. 대의 고운 결을 종이 삼아 썼으므로, 널리 '죽간'을 가리킨다. "진나라가 만든 소전 자로도 이를 다 쓰지 못하였고, 초나라가 쓰던 죽간[竹]으로도 이를 다 실을 수 없었다"2)는 예가 이것이다. '죽간과 비단[竹帛]'이란 곧 옛날의 '서적'을 가리킨다. "서적(竹帛)에 기록하여 온 세상에 펴기를 바랐다"3)는 예에서 죽백(竹帛)이 이것이다.

죽(竹)은 퉁소나 피리, 생황 같은 관악기를 가리키기도 한다. 그러므로 사죽(絲竹)이란 실을 매어 튕기는 거문고 같은 현악기와 이 관악기를 함께 들어, 그 외 타악기를 포함한 모든 '악기'나 그 '음악', 곧 '8음'을 함께 일컫는 말이다.

죽(竹)은 부수자이다. 이를 구성소로 하는 글자는 모두 대나무와 관련이 있다. 피리 적(笛), 퉁소 소(簫), 붓 필(筆), 채 기(箕), 죽순 순(筍), 젓가락 쾌(筷), 대롱 관(管), 화살 전(箭) 등이 이것이다.

竹 *[m]* *죽* *zhú* *대나무*

竺 축 zhú 나라 이름. 대나무.
筑 축 zhù 악기 이름.

붓 필(筆)

①갑골문	②금문	③소전	④해서	⑤간체자
			筆	笔

①은 오른편 위는 손[又>又>彐>⺕]이고, 왼편은 붓털, 혹은 댓가지의 빗살꼴 촉이 아래로 향하게 세워 든 붓[木>木>木>木]이므로, 붓, 혹은 이를 들고 쓴다[聿>聿>肀>聿]는 뜻의 회의자이다. ②는 ①과 자형이 같고, ③은 붓대[丨]가 손[彐]에 들려 있고, 붓털[巾] 사이에 음결 일(一>一)이 첨가되며 형성자로 바뀐 것이다. ④는 ③의 본디자 율(肀>聿) 위에, 이것이 대[竹]로 만든 것임을 덧붙여 보였으므로, 위뜻[竹] 밑음[聿]의 회의 겸 형성자이다. ⑤는 붓대[竹]에 붓털[毛]을 단 것이 붓임을 가리킨 새 회의자이다.

필(筆)의 본래 뜻은 '쓰다', 혹은 '붓'이다. "많은 화공들이 몰려와 배우느라 허리 굽히고

---

1) 유종원(柳宗元) <고무담 서편 언덕 유람기 鈷鉧潭西小丘記> ; 嘉木立, 美竹露, 奇石顯.
2) ≪북제서 北齊書≫<문원전 · 번손 文苑傳 · 樊遜> ; 秦篆無以窮書, 楚竹不能盡載.
3) ≪사기 史記≫<문제본기 文帝本紀> ; 請著之竹帛, 宣布天下.

서서 붓[筆]을 입에 물고 먹을 풀고 있었다"[4]는 예에서 필(筆)은 '붓'의 뜻이다. 그리고 "쓸[筆] 것은 쓰고[筆], 삭제할 것은 삭제하였다"[5]는 예에서 필(筆)은 '쓴다'는 뜻이다. '쓴다'는 데서 널리 '산문'을 가리킨다. "사현훈은 시에 뛰어났고, 임언승은 산문[筆]에 능숙하였다[6] 할 때 필(筆)은 시에 대비된 문체로서 산문을 가리킨다.

필찰(筆札)이란 '붓과 종이'를 가리킨다. 다만, "담소를 즐겼고, 서신[筆札]도 정채로왔다"[7]는 데에서 필찰(筆札)은 널리 '편지'를 가리킨다.

음결이 같은 자들의 체계는 앞쪽 일(一) 부의 하나 일(一) 자를 참조.

키 기(箕)

①갑골문	②금문	③소전	④해서
			箕

①과 ②는 쭉정이를 가려내는 농기구 키[ᗜ>⊠>⊠>甘]이다. 가운데 버들이나 대의 격자 무늬[㐅]도 보이므로 상형자이다. ③은 '키'[⊠]가 쭉정이 섞인 곡식을 그위에 쌓았음(六>丌)을 밝힌 '키' 기(其) 자를 새 형성자의 음곁으로 쓰며, 다시 이것이 대[𥫗>竹]로 만든 것임을 보여, 위뜻[竹] 밑음[其]의 회의 겸 형성자로 바뀐 것이다. ④는 ③이 정형화한 것이다.

기(箕)의 본래 뜻은 '키'이다. "키[箕]는 쭉정이를 까불려 가려내는 일을 도맡았다"[8]는 예가 이것이다. 까불릴 곡식을 담았던 데서 널리 퇴비나 쓰레기를 담는 '삼태기'를 가리킨다. "삼태기[箕]는 가슴에 닿게 들고, 그 위에 빗자루를 얹는다"[9]는 예가 이것이다. 키는, 뒷막이가 난 뒤는 좁고, 터진 앞은 넓게 벌어져 있으므로, '무릎을 세운 채 다리를 벌려 뻗고 앉은 모양'에 비유되어, 이를 기거(箕踞)라 한다. "장자의 아내가 죽어 혜자가 조문하러 갔더니, 장자는 막 무릎을 세운 채 다리를 벌려 펴고 앉아[箕踞] 동이를 두드리며 노래하고 있었다"[10]는 예가 이것이다.

其*	기	jī	인명에 쓰이는 글자.
其*ⓜ	기	qí	그의. 그들의.
箕	*기*	*jī*	*키. 쓰레받기.*

4) ≪장자 莊子≫<전자방 田子方> ; 衆史皆至, 受揖而立, 舐筆和墨.
5) ≪사기 史記≫<공자세가 孔子世家> ; 筆則筆, 削則削.
6) ≪남사 南史≫<심약전 沈約傳> ; 謝玄暉善爲詩, 任彦升工于筆.
7) ≪송사 宋史≫<전희전 錢熙傳> ; 善談笑, 精筆札.
8) 이우(李尤) <기명 箕銘> ; 箕主簸揚, 糠粃及陳.
9) ≪관자 管子≫<제자직 弟子職> ; 執箕膺揲, 厥中有帚.
10) ≪장자 莊子≫<지락 至樂> ; 莊子妻死, 惠子弔之, 莊子則方箕踞叩盆而歌.

화살통 복(箙)

①갑골문	②금문	③소전	④해서
			箙

①은 화살[矢]을 넣은 대통[凵>口]이므로, 화살통[箙]의 상형자이다. ②는 화살[矢矢]의 수가 늘어 가지런히 놓였을 뿐 ①과 자형이 같으며, ③은 위뜻 대[⺮>竹] 밑음 복(𠬝>服)의 형성 겸 회의자로 바뀌며, 화살통이 옛날 대나무로 만들던 것임을 밝힌 것이다. 후대에는 짐승가죽으로도 만들었으므로, '화살갑'이라 할 수도 있겠다. ④는 ③이 정형화한 것이다.

복(箙)의 본래 뜻은 '화살통', 혹은 '화살갑'이다. "추석에는 화살과 화살갑[箙]을 바친다"[11]는 예가 이것이다.

음결이 같은 자들의 체계는 월(月) 부의 옷 복(服) 자를 참조.

99. 미(米) 부

쌀 미(米)

①갑골문	②금문	③소전	④해서
			米

"나는 다섯 말 쌀[米]을 위하여 허리를 굽힐 수가 없다"[1] 할 때의 미(米) 자이다. ①은 주변에 점점이 흩어진 곡물[∴∵]과 이를 탈곡한 다음 남은 줄기가지[—]의 상형부호이므로 탈곡한 곡물[∴>米>米]의 상형자이다. ③은 줄기가지[—] 상형부호가 십(十) 자로 바뀌었을 뿐 ①과 자형이 같으며 ④는 이들이 정형화하며 아래 두 점이 각각 삐침[丿]과 파임[㇏]으로 변한 것이다.

미(米)의 본래 뜻은 '탈곡하는 곡물'이다. 쌀을 대미(大米)라 하고, 좁쌀을 소미(小米)라 하며, 옥수수를 옥미(玉米)라 하는 예가 이것이다. 널리 껍질 안에 싸인 '곡물의 속'을 가리킨

11) ≪주례 周禮≫<하관・사궁시 夏官・司弓矢> ; 中秋獻矢箙.

1) ≪진서 晋書≫<은일전・도잠 隱逸傳・陶潛> ; 吾不能爲五斗米折腰.

다. “아홉 가지 곡물 가운데 메기장, 차기장, 벼, 조, 줄 열매, 콩은 껍질 안에 곡물 속[米]이 있고, 마나 팥, 밀은 곡물 속[米]이 없다”[2]는 예가 이것이다. ‘곡물의 속’에서 널리 ‘속’을 가리킨다. 껍질 벗긴 새우 속만 말린 것을 “하미[蝦米]”라 하는 예도 이와 같다. 곡물이라는 데서 널리 ‘쌀’을 가리킨다. 쌀밥을 현대중국어에 미환(米飯 mǐfàn)이라 한 예가 이것이다. 쌀이 작은 낟알인 데서 미염(米鹽)이란 널리 ‘잗다란 것’의 비유로 쓰인다. “그는 잗다란 일[米鹽]까지 관리하였다”[3]는 예가 이것이다.

미(米)는 부수자이다. 이를 구성소로 하는 글자는 모두 식량과 관계가 있다. 쌀알 립(粒), 메벼 갱(粳), 겨 강(糠), 조 속(粟) 등이 이것이다.

米 *m*	*미*	*mǐ*	*쌀. [탈곡하지 않은 것은 도稻라고 함]*
眯*	미	mī	실눈을 뜨다. 잠깐 졸다.
眯*	미	mí	눈에 티가 들어가다.
迷 h	미	mí	헷갈리다. 헤매다.
麋	미	mí	고라니.
洣	미	mǐ	강 이름.
敉	미	mǐ	어루만지다. 안정시키다.

조 속(粟)

①갑골문	②금문	③소전	④해서
			粟

“봄에 낟알 볍씨[粟] 심어, 가을에 구슬알을 수도 없이 거둔다”[4] 할 때의 속(粟) 자이다. ①은 가운데 벼[] 그루터기와 그 주위에 흩어진 무수한 낟알[]로 내[]를 나타내었으므로 상형자이다. ③은 위 음결 조(>卣)[5]와 밑 뜻결 곡물[>米]의 형성자가 된 것이며, ④는 위 음결 조(卣)가 ‘껍질에 쌓인 것’이라는 뜻의 위 뜻결 아(襾)로 고정되었을 뿐, ③이 정형화한 것이다.

---

2) ≪주례 主禮≫<지관 · 사인 地官 · 舍人> ; 九穀之中, 黍, 稷, 稻, 粱, 苽, 大豆, 六者皆有米, 麻與小豆, 小麥, 三者無米.(賈公彦疏)
3) ≪한서 漢書≫<혹리전 · 함선 酷吏傳 · 咸宣> ; 其治米鹽.
4) 이신(李紳) <민농 憫農> ; 春種一粒粟, 秋收萬顆珠.
5) 소(卣) 자는 밤나무[栗]의 열매를 상형한 것으로, 중고음이 ‘도료절(徒遼切)’, 상고음이 단옥재(段玉裁)의 제3부인 데 반하여, 속(粟)은 중고음이 ‘상옥절(相玉切)’, 상고음 역시 제3부여서, 이들의 상고음이 비슷함.

속(粟)의 본래 뜻은 '벼'이다. 널리 탈곡하지 않은 곡물을 통틀어 가리킨다. "이미 방아찧은 것은 '미'라 하고, 채 방아찧지 않은 것은 속(粟)이라 한다"[6]는 풀이가 이와 같다. 다시 널리 '양식'을 가리킨다. "땅이 넓은 이는 양식[粟]이 많다"[7]는 예가 이것이다. 양식이란 데서 널리 '녹봉'의 뜻으로 쓰인다. "속(粟)이란 녹봉이다"[8]라는 풀이가 이것이다. 곡식은 낟알이 작으므로 작은 물건을 비유하기도 한다. "푸른 바다의 한 톨 좁쌀[粟]"[9]이 이것이다.

속(粟)과 률(栗)은 자형이 비슷하여 혼동하기 쉽다. 속(粟)은 쌀이나 좁쌀 같은 5곡을 가리키므로 밑이 쌀[米]이며, 밤[栗]은 나무의 열매이므로 밑이 나무[木]인 점, 주의해야 한다.

粟 *h* 속 sù *조. 곡식. 오곡의 총칭.*

傈 속 sù 중국 소수민족 리수(傈僳 lìsù)족의 이름.

100. 멱(糸) 부

가는 실 멱(糸)

①갑골문	②금문	③소전	④해서	⑤간체자
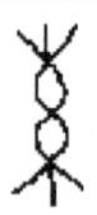			糸	纟

①은 풀리지 않도록 꼬은 누에실[>>>糸]이므로, 실의 상형자이다. ②와 ③은 ①과 자형이 같으며, ④는 이들이 정형화한 것이다. ⑤는 초서를 간체자화한 것이나, 다른 구성소와 어울려 쓰일 때의 자형일 뿐, 홀자로는 쓰이지 않는다.

멱(糸)의 본래 뜻은 '가는 실'이다. "누에 한 마리가 자은 실을 홀(忽)이라 하고, 10홀을 사(絲)라 하니, 멱(糸)이란 5홀이다"[1]라는 예가 이것이다.

멱(糸)은 부수자로, 이를 구성소로 하는 글자는 모두 '실', 혹은 '천짜기'와 관련된 것이다. 날실 경(經), 섬유 섬(纖), 엮다 인(紉), 깁 사(紗), 끈 륜(綸) 등이 이것이다.

糸 사 sī 극히 적은 수.*

---

6) ≪주례 主禮≫<지관・사인 地官・舍人> ; 已舂者爲米, 未舂者爲粟.(孫詒讓正義)
7) 이사(李斯) <간축객서 諫逐客書> ; 地廣者粟多.
8) ≪광아 廣雅≫<석고 釋詁> ; 粟, 祿也.
9) 소식(蘇軾) <적벽부 赤壁賦> ; 滄海一粟.

1) 서개(徐鍇) ≪설문해자계전 說文解字繫傳≫ ; 一蠶所吐爲忽, 十忽爲絲, 糸, 五忽也.

糸* 멱 mì 가는 실.
糸糸 예 ruǐ 밑으로 늘어진 모양.

매다 계(系)

①갑골문	②금문	③소전	④해서
		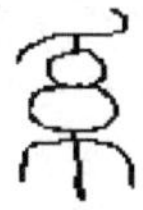	

①은 손[[illegible]>[illegible]>[illegible]>[illegible]]이 아래로 실 두 가닥[[illegible]>[illegible]>[illegible]>糸]을 잡고 있어, '매단다[[illegible]>[illegible]>[illegible]>系]'는 뜻의 회의자이다. ②와 ③은 실가닥이 많거나, 적을 뿐, ①과 자형이 비슷하며, ④는 ③이 정형화한 것이다.

계(系)의 본래 뜻은 '걸다', 혹은 '매달다'이다. "갈대 이삭에 둥지를 매달아[系], 바람이 불어 이삭이 꺾이면 알이 깨지고 새끼가 죽는다"2)는 예가 이것이다. '걸다'나 '매단다'는 뜻에서 널리 '잇는다'거나 '계속한다'로 쓰인다. "비범하고 총명한 인재들이 꼬리 물고 잇달았다[系]"3)는 예가 그것이다. '계속한다'는 데서 널리 '세대의 계보'로 쓰인다. "그의 선조는 말갈족의 추장으로, 나중에 중국에 들어왔으나, 세대의 계보[系]는 아득한 일이라 모른다"4)는 예가 이것이다. '계보'라는 데서 널리 '묶는다'로 쓰인다. "그들의 발을 묶는다[系]"5)는 예가 그것이다. 다만, 이 뜻은 머지않아 계(繫)에 분화되어 쓰인다.

계(系)와 계(係), 계(繫) 등은 '잇는다'는 뜻으로서 대개 통용된다. 다만, '연관된다'는 추상적인 뜻에는 대개 계(繫)나 계(係)만 쓰고, 계(系)는 쓰지 않는다. 다만, '계통'의 뜻으로는 계(系)만 쓸 뿐, 계(係)와 계(繫)는 쓰지 않는다. 그러므로, 대학의 '학과'는 현대중국어에 시(系 xì)라고만 말할 수 있다. 계(係)는 '이다'라는 뜻의 판단사로, 현대중국어의 '스(是 shì)'에 해당하는 근대한어[白話]로 쓰였다. "정도를 때려죽인 범인 노달을 살았더니, 다름 아닌 경략부의 제할관이었다[係]"6)는 예가 그것이다. 간체자를 정하며, 계(係)와 계(繫)는 폐지되고, 지금은 계(系)만 쓰인다. 예컨대, '묶는다'거나 '매듭짓는다'고 할 때, 현대중국어에 지(系 jì)라 읽히는 것은 고대한어의 계(繫 jì)에 대신 쓰인 글자이기 때문이다. "신끈을 묶었다[系]"7)는

2) ≪순자 荀子≫<권학 勸學>; 系之葦苕, 風至苕折, 卵破子死.
3) ≪진서 晉書≫<극세전 郤詵傳>; 聖明系踵.
4) ≪당서 唐書≫<이다조전 李多祚傳>; 其先靺鞨酋長, 後入中國, 世系煙遠.
5) ≪회남자 淮南子≫<정신 精神>; 系絆其足.
6) ≪수호전·3회 水滸傳·三回≫; 捕捉打死鄭屠犯人魯達, 即係經略府提轄.
7) 현대한어(現代漢語); 把鞋帶系上.

예가 그것이다.

系[h] 계 xì　　　계통. 계열. 학과.*
系[h] 계 jì　　　<매다 계繫의 간체자>*

奚 [h] 해 xī　　　왜. 어째서. 어찌.
鯀　　곤 gǔn　　　큰 물고기.

실 사(絲)

①갑골문	②금문	③소전	④해서	⑤간체자

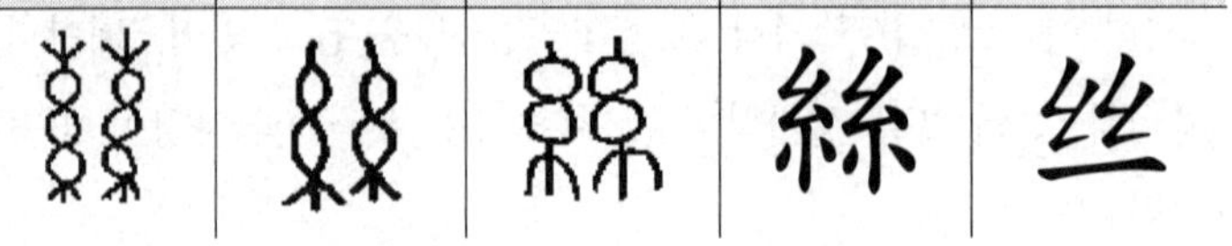

①은 꼬은 누에실[> > >糸]을 두 줄 나란히 모은 모양으로 실[> > >絲]을 가리키는 회의자이다. ②와 ③은 ①과 자형이 비슷하고, ④는 이들이 정형화한 것이며, ⑤는 초서를 간체자 삼은 것이다.

사(絲)의 본래 뜻은 '누에실'이다. "봄누에는 죽어서나 실[絲] 잣기 그치고, 초는 재나 되어 눈물 겨우 마른다네"8) 한 예가 그것이다. '누에실'에서 널리 '견직물', '비단'을 가리킨다. "옛날 민중들은 70세가 된 다음에나 비단[絲] 옷을 입었다"9)는 예가 이것이다. 누에실은 가늘므로 길이, 부피, 무게의 최소단위로도 쓰이는데, 1사(絲)란 1/1000푼[分]을 가리킨다. 널리 '아주 미세함'을 가리킨다. "충성을 팔아 지위를 얻거나, 간언을 팔아 녹봉을 구하다 보면, 더러 이득은 조금[絲毫]도 없이, 깨닫지 못 한 괴로움만 있다"10)는 예가 이것이다.

사(絲)는 호금, 비파 등 현악기를 널리 가리키며, 죽(竹)은 피리, 퉁소 등 관악기를 널리 가리키므로, 악기나 음악을 널리 일컬을 때, 이들을 함께 들어 사죽(絲竹)이라 하였다. "음악[絲竹] 소리만 들어도, 온 세상이 다스려진다"11)라는 예가 이것이다. 그 외에, 사동(絲桐)이란 오동나무[桐]에 현[絲]을 맨 '거문고'를 달리 부른 말이다. "거문고[絲桐]도 사람의 마음을 느껴, 나에게 슬픈 가락 들려준다"12)는 예가 이것이다.

絲 [m] 사 sī　　　실. 명주실.

---

8) 이상은(李商隱) <무제 無題> ; 春蠶到死絲方盡, 蠟炬成灰淚始乾.
9) ≪염철론 鹽鐵論≫<산부족 散不足> ; 古者庶人耋老而後衣絲.
10) 안지추(顔之推) ≪안씨가훈 顔氏家訓≫<성사 省事> ; 賈誠以求位, 鬻言以干祿, 或無絲毫之益, 而有不誠之困.
11) ≪상군서 商君書≫<화책 畵策> ; 聽絲竹之聲, 而天下治.
12) 왕찬(王粲) <칠애시 七哀詩> ; 絲桐感人情, 爲我發悲音.

玆* h	자	zī	이것. 지금. 여기에.
玆*	자	cí	서역의 고대 나라 구자龜玆의 이름.
絲	사	sī	물풀의 이름. 새삼.
滋	자	zī	늘어나다. 번식하다. 생기다.
孳	자	zī	번식하다. 무성해지다.
慈 m	자	cí	자애롭다. 어머니의 미칭.
磁	자	cí	자성. 자기.
鶿	자	zē	가마우지.

날실 경(經)

①갑골문	②금문	③소전	④해서	⑤간체자
			經	经

②는 베를 짤 때 실을 받치는 아래의 공구[工>工] 위로 세가닥 날실[巛]이 이어진 모양으로, 날실[巠>巠>巠]을 가리킨 상형자이다. ③은 실[糸>糸]을 강조한, 왼뜻[糸] 오른음[巠>巠]의 새 회의 겸 형성자이다. ④는 ③이 정형화한 것이며, ⑤는 초서를 간체자화한 것이다.

경(經)의 본래 뜻은 '날실'로, 위(緯)가 '씨실'을 가리키는 것과 상대된다. "날실[經]을 바로 잡은 뒤에 씨실을 짜 넣듯, 조리가 정해진 다음에 말이 펼쳐진다"[13]는 예가 그것이다. 가로에 대한 세로라는 뜻에서 널리 동서[緯]에 대하여 '남북'을 경(經)이라 한다. "나라 안에는 남북[經]으로 길이 아홉이요, 동서로 길이 아홉이다"[14]라는 예가 이것이다. 경(經)은 위(緯)를 짜나갈 근간이므로, 인체의 혈맥 통로의 근간으로서 '경맥'을 가리키기도 한다. "경맥[經]이 낙맥과 만나는 곳, 살이 뼈나 근육과 부딪히는 곳도 건드린 적 없으니, 하물며 대퇴부 따위에 부딪히랴"[15]라는 예가 이것이다. 근간으로 작용한다는 데서 사상과 도덕의 최고 기준이 되는 서적, 곧 '경전'을 가리킨다. "'4부'란 서적을 갑·을·병·정 차례로 분류한 것으로, 갑부는 경전[經]에 해당하는 책들이다"[16] 라는 예가 이것이다. '경전'이라는 데서 널리 '다스린다'거나 '관리한다'로 쓰인다. "국가를 관리[經理]한다"[17]는 예가 이것이다.

실을 짠다는 데서 '거치다'로도 쓰인다. "군사와 국가의 중요한 기밀이 그의 손을 거치지

13) ≪문심조룡 文心雕龍≫<정채 情彩> ; 經正而後緯成, 理定而後辭暢.
14) ≪고공기 考工記≫<장인 匠人> ; 國中九經九緯.
15) ≪장자 莊子≫<양생주 養生主> ; 技經肯綮之未嘗, 而況大軱乎.
16) ≪당서 唐書≫<경적지·상 經籍志·上> ; 四部者, 甲乙丙丁之次也, 甲部爲經.
17) ≪사기 史記≫<진시황본기 秦始皇本紀> ; 經理宇內.

[經] 않은 것이 없다"[18]는 예가 이것이다. '거쳐서 지나간다'는 데서 '맨다'로 쓰인다. "마침내 나뭇가지에 그의 목을 매었다[經]"[19]는 예가 이것이다. '맨다'는 데서 널리 '목맨다'로도 쓰인다. "영왕은 목매어[經] 죽었다"[20]는 예가 이것이다. 다만, 이는 머지않아 경(頸)에 분화되어 쓰인다.

경제(經濟)란 '재산 활동' 일체를 가리킨다. 경세제민(經世濟民), 곧 구성원의 재산활동을 전체적으로 이끈다'는 뜻에서 유래한 말이다. "도덕심과 재산활동[經濟]을 자기의 임무로 생각하였다"[21]는 예가 이것이다.

巠[22]	경	jīng	베틀.
涇	경	jīng	물길. 강 이름. 현 이름.
莖	경	jīng	줄기.
經＊[m]	*경*	*jīng*	*날실. 다스리다. 지나다.*
經＊	*경*	*jìng*	*베를 짜기 전에 날실을 걸다.*
剄	경	jǐng	칼로 목을 베다.
頸	경	jǐng	목.
勁＊	경	jìng	힘세다. 강하다. 굳세다
勁＊	경	jìn	힘. 의기. 원기. 사기. 의욕.
逕	경	jìng	좁은 길.
脛	경	jìng	정강이.
徑 [h]	경	jìng	좁은 길.
痙	경	jìng	경련 등의 증세를 수반하는 열병.
烴	경	tīng	탄화수소.
輕 [m]	경	qīng	가볍다. 간편하다. 간단하다.
硜	갱	kēng	딱딱. 쨍강쨍강[돌이 부딪치는 소리].

18) ≪북제서 北齊書≫<한봉전 韓鳳傳> ; 軍國要密, 無不經手.
19) ≪사기 史記≫<전단열전 田單列傳> ; 雖經其頸於樹枝.
20) ≪공양전 公羊傳≫<소공13년 昭公十三年> ; 靈王經而死.
21) ≪송사 宋史≫<왕안석전론 王安石傳論> ; 以道德經濟爲己任.
22) 허신(許愼)은 정(壬)을 음결으로 쓴 형성자로 분석하였으나, 곽말약(郭沫若)은 ≪금문총고 金文叢考≫에서 이를 상형자로 설명하였다. 여기서는 곽말약의 주장을 좇았음.

101. 부(缶) 부

장군 부(缶)

①갑골문	②금문	③소전	④해서
			缶

①은 절구[凵>凵>凵>니]를 위에 공이[↑>个>个>午<杵][1]가 채워진 모양으로, 배는 넓고 목은 좁고 높은 토기의 목을 마개로 깊이 막는 오지장군[缶>缶>缶>缶]을 나타낸 상형자이다. ②와 ③은 ①과 자형이 비슷하며, ④는 이들이 정형화한 것이다.

부(缶)의 본래 뜻은 옥외에서 술을 담던, 목이 좁고 배는 불룩한 '오지장군'이다. "제사 때 5헌까지 하는 자작이나 남작의 술항아리로는, 옥외에서는 오지장군[缶]을 쓰고, 옥내에서는 호병을 쓴다"[2]는 예가 이것이다. "막걸리가 오지장군[瓦缶]에 가득하다"[3]는 예도 '장군'을 가리킨 것이다. 널리 '두레박'이나 '물 장군'을 가리키기도 한다. "두레박줄과 두레박[缶]을 준비한다"[4]는 예가 이것이다.

진나라에서는 부(缶)를 악기로 사용하여, 이를 '질장구'라 한다. "독을 치고 질장구[缶]를 두드린다"[5]는 예가 이것이다.

부(缶)는 부수자이다. 이를 구성소로 하는 글자는 모두 옹기와 관련이 있다. 항아리 항(缸), 질그릇 도(匋), 비다 경(罄) 등이 이것이다.

缶	*부*	*fǒu*	*장군. 그릇.*
缹	부	fǒu	삶다.
寶 h	보	bǎo	보배. 보물.

1) 오(午)는 부(缶)의 음곁으로 여겨지기도 한다. 이는 요(堯) 임금을 도당씨(陶唐氏)라 한 데서 근거를 찾을 수 있다. 요임금은 당후(唐侯)가 되기 전, 제수(濟水)의 북쪽 도구(陶丘)에서 세력을 키웠다. 이곳은 도기문화가 앞섰던 곳이며, 요임금은 도기문화를 선도한 군왕이므로, 도(陶)를 씨족의 이름으로 삼았다. 부(缶)는 도(陶)의 본래자이며, 도(陶)는 '도기' 요(窯) 및 '요임금' 요(堯)와 동일한 대상을 가리키는데, 다시 이들과 음이 비슷한 오(午)가 부(缶)의 구성소로 쓰인 데다, '오지장군'을 나타내는 데 '공이[午>杵]'는 뜻곁으로서 그다지 긴요하지 않은 것이기 때문이다. 이들 음의 유사성을 도식화하면 아래와 같음.
오(午) = 요(窯) = 요(堯) = 요(陶) = 도(匋) = 부(缶)

2) ≪예기 禮記≫<예기 禮器> ; 五獻之尊, 門外缶, 門內壺.

3) 이상은(李商隱) <행차서교작 行次西郊作> ; 濁酒盈瓦缶.

4) ≪좌전 左傳≫<양공구년 襄公九年> ; 具綆缶.

5) 이사(李斯) <간축객서 諫逐客書> ; 擊甕叩缶.

102. 망(网) 부

그물 망(网)

①갑골문	②금문	③소전	④해서a	④해서b
			网	罒

①, ②, ③은 모두 그물[>>>网>罒]의 상형자이다. ④a는 홑자로 쓰일 때의 자형이며, ④b는 구성소로 쓰일 때의 자형이다.

망(网)의 본래 뜻은 '그물'이다. 이는 머지않아 망(罔)에 분화되어 쓰인다. "코 수가 몇 코 안되는 그물[罔]로는 물고기를 잡을 수 없을 것이다"[1]라는 예가 이것이다. 다만, 지금은 망(罔) 역시 드물게 쓰이며, 다시 망(網)을 분화시켜 쓸 뿐이다. 그물로 걷어낸다는 데서, 드물기는 하나 널리 '하지 말라'는 뜻으로 쓰인다. "남의 단점을 말하지 말라[网]"[2]는 예가 이것이다. 다만, 이는 머지않아 막(莫)에 분화되어 쓰인다. 망(网)은 다른 구성소의 위에 쓰일 때 망(罒)으로 변형되어, '눈' 목(目) 자를 눕혀 쓴 목(罒) 자와 혼동되어 구별되지 않는다. 다만, 간체화 이후에는 망(網)이나 망(罔) 대신 다시 망(网)을 돌이켜 간체자로 삼고 있는 점 주의해야 한다.

망(罒<网)은 부수자이다. 이를 구성소로 하는 글자는 모두 그물이나 그 작용과 관련된 것이다. 사다 매(買), 새그물 라(羅), 그물 고(罟), 어망 증(罾) 등이 이것이다.

网　망　wǎng　그물.

冈　강　gāng　산등성이. 언덕. <=강岗>

鋼*[h]　강　gāng　강철.
鋼*　강　gàng　칼을 숫돌 등에 갈다.
綱 [h]　강　gāng　벼리. 그물의 위쪽 고를 꿴 굵은 줄. 사물의 가장 중요한 부분.
剛 [h]　강　gāng　단단하다. 지금. 막.
岗　강　gǎng　작은 언덕. <강冈의 속자>

1) 환관(桓寬) ≪염철론 · 조성 鹽鐵論 · 詔聖≫ ; 夫少目之罔, 不可以得魚.
2) 몽영(夢英) ≪전서천자문 篆書千字文≫ ; 网談彼短.

그물 라(羅)

①갑골문	②금문	③소전	④해서	⑤간체자
			羅	罗

①은 밑의 새[>>隹]가 그물코[>罒<网]에 걸려 빠져나가지 못 하게 한, 그물[]이라는 뜻이므로, 회의자이다. ③은 그물[] 가운데 새[>隹] 외에도 실[>糸]의 뜻을 더하여, 그물이 실로 짠 것[>羅]임을 보인 것이고, ④는 ③이 정형화한 것이며, ⑤는 간체자이다.

라(羅)의 본래 뜻은 '새그물'이다. "온 세상에 새그물[羅]을 쳐놓는다면, 어떤 참새도 휘몰아 놓치지 않을 것이다"[3]라는 예가 이것이다. 새그물이란 데서 널리 '그물질하여 잡는다'로 쓰인다. "한 소년이 산에 들어가 매를 그물질해 잡았다[羅]"[4]는 예가 이것이다. 그물질한다는 데서 널리 '펼친다'로 쓰인다. "덮개 있는 수레와 침대 있는 가마가 멈추자, 보병과 기병이 도열한다[羅]"[5]는 예가 이것이다. 펼친다는 데서 널리 '물색한다'거나 '초빙한다'로 쓰인다. "부귀를 주어서는 초빙할[羅] 수 없다"[6]는 예가 이것이다. 가볍기가 그물 같다는 데서 널리 견사로 짠 얇은 '명주'를 가리키기도 한다. "명주[羅]와 비단을 온 몸에 두른 사람이라면, 누에치기는 아니다"[7]라는 예가 이것이다. 그물을 친다는 데서 널리 '맞닥뜨린다'로 쓰인다. "어찌 엄동과 맞닥뜨리지[羅] 않으랴"[8]라는 예가 이것이다. 다만 이는 머지않아 '재난을 만난다'는 뜻의 리(罹)에 분화되어 쓰인다. 그물에 코가 난 듯 관목의 가지에 드리운다 하여 '여라 덩굴'을 가리키기도 한다. "새삼 덩굴과 여라 덩굴[羅]이 관목에 드리운 듯하다"는 예가 이것이다. 다만, 이는 머지않아 '여라' 라(蘿) 자에 분화되었으므로, '여라 덩굴'을 가리키는 여라(女羅)는 지금은 여라(女蘿)로 쓰인다. "사람이 있는 것 같아라 산모퉁이에, 벽려로 옷을 입고 여라 덩굴[女蘿]로 띠를 매고"[9]라는 예가 이것이다.

羅 [h] 라 luó　　새 그물. 진열하다.

儸　라 luó　　건장하나 부덕하다.
囉*　라 luō　　말이 많다. 수다스럽다.
囉*　라 luó　　소란을 피우다.

---

3) ≪한비자 韓非子≫<난3 難三> ; 以天下爲之羅, 則雀不失矣.
4) 포송령(蒲松齡) ≪요재지이·환사 聊齋志異·豢蛇≫ ; 一少年入山羅鷹.
5) ≪초사 楚辭≫<초혼 招魂> ; 軒輬既低, 步騎羅些.
6) 매요신(梅堯臣·宋) <송정중도관 送正仲都官> ; 富貴不可羅.
7) 장유(張俞) <잠부 蠶婦> ; 遍身羅綺者, 不是養蠶人.
8) 유정(劉楨) <증종제 贈從弟> ; 豈不羅凝寒.
9) ≪초사 楚辭≫<구가·산귀 九歌·山鬼> ; 若有人兮山之阿, 被薜荔兮帶女蘿.

蘿　라 luó　무. 미나리.
邏　라 luó　순찰하다.
鑼　라 lúo　징.
欏　라 luó　돌배나무.
籮　라 luó　키. 광주리.

103. 양(羊) 부

양 양(羊)

①갑골문	②금문	③소전	④해서
			羊

①은 정면에서 바라본 양[ ]의 대가리로, 위의 좌우 양편에 꺾인 것은 뿔[ ]이며, 아래 화살촉 같은 것은 양의 턱[ ]이므로, 양[> > >]을 가리키는 상형자이다. ②는 뿔[ ] 밑의 가로획으로 좌우 두 귀[一]를 더 나타내었을 뿐, ①과 자형이 같다. ③은 턱[▼]이 가로획[一]으로 변했을 뿐 ②와 자형이 같고, ④는 ③에서 아래로 쳐진 쪽의 뿔[ ]이 다시 가로획[一]으로 변하며 정형화한 것이다.

양(羊)의 본래 뜻은 '양'이다. 그래서, '양의 뿔'은 양각(羊角)이라 한다. "맴돌며 솟는 양뿔[羊角] 같은 회오리를 타고 9만 리를 오른다"[1]는 예가 이것이다. "바람은 대추[羊角]나무를 흔든다"[2] 할 때 양각(羊角)은 세 마디쯤 됨직한 큰 대추를 가리키는 말로, 대추의 별명이다. 양호(羊毫)란 '양털'이며, '양털 붓'을 가리키기도 한다. "양털붓[羊毫]은 부드러울 뿐, 끝이 날카롭지 않다"[3]는 예가 이것이다.

양은 의복, 음식, 제물 등 용도가 많았으며 번식도 잘 되었으므로, 널리 '상서롭다'는 뜻으로 쓰인다. "길상[吉羊]"이란 말이 이것이다. 다만 이 뜻은 미지않이 상(祥)에 분화되어 "길상[吉祥]"이라 하므로, 이 때는 '상[羊]'으로 읽는 점, 주의해야 한다.

양(羊)은 부수자이다. 이를 구성소로 하는 글자는 모두 양(羊)과 연관이 있다. 양의 새끼 고(羔), 영양 령(羚), 수양 저(羝), 불깐양 갈(羯), 무리 군(群) 등이 이것이다.

---

1) ≪장자 莊子≫<소요유 逍遙游> ; 搏扶搖羊角以上者九萬里.
2) 간문제(簡文帝) <부조 賦棗> ; 風搖羊角樹.
3) 사조제(謝肇淛) ≪오잡조・물부・4 五雜俎・物部・四≫ ; 羊毫柔而無鋒.

羊 m *양 yáng* *양*

佯		양	yáng	거짓. 가장하다.
洋	m	양	yáng	큰바다. 성대하다.
徉		양	yáng	노닐다.
蛘		양	yáng	바구미. 쌀벌레.
痒		양	yǎng	앓다. 가렵다.
養	m	양	yǎng	기르다. 자식을 낳다.
烊		양	yáng	굽다.
恙		양	yàng	근심. 질병.
羕		양	yàng	강이 길다.
羌		강	qiāng	굳세다. 종족 이름.
姜		강	jiāng	성씨. 굳세다. [=강彊].
庠		상	xiáng	고대의 지방 학교.
祥	h	상	xiáng	상서롭다. 길・흉의 징조.
詳	h	상	xiáng	자세하다.
翔		상	xiáng	빙빙 돌며 날다.

오랑캐 강(羌)

①갑골문	②금문	③소전	④해서

①은 위는 뿔[ᗰ>丫>𦍌>羊]이며, 아래는 사람[ㄋ>ㄋ>儿>儿<人]으로, 짐승의 뿔로 머리 위를 장식한 고대 민족[羌>羌>羌>羌]이므로 회의자이다. ②는 뿔 아래, 양[丫]의 귀[一]가 첨가되며 이미 위 음 양(丫>𦍌>羊) 밑 뜻 사람[ㄋ>儿>儿<人]의 형성자로 바뀐 것이며, ③은 다시 양[𦍌]의 턱[一]이 첨가되었을 뿐, ②와 자형이 같다. ④는 ③이 정형화한 것이다.

강(羌)의 본래 뜻은 감숙성이나 청해 일대의 고대 '유목민족'이다. "강족[羌]의 피리 어찌 버드나무만 원망하리, 봄바람이 옥문관을 건너지 못 한 것을"[4]이라는 예가 이것이다. 머지않아, 특별한 의미 없이 말문을 여는 기능사로 쓰인다. "어찌 그리[羌] 다들 제 소견에 남을 헤아려, 저마다 의심하며 질투하는가"[5]라는 예가 이것이다.

4) 왕지환(王之渙) <양주사 涼州詞> ; 羌笛何須怨楊柳, 春風不度玉門關.

羊 m 양 yáng 양.

羌 강 qiāng 종족 이름. 굳세다.

蜣 강 qiāng 말똥구리. 쇠똥구리.

아름답다 미(美)

①갑골문	②금문	③소전	④해서
			美

①은 아래편의 사람[>大]이 머리 위를 깃털모자[>羊]로 장식하였으므로 사람이 '아름답다[>美]'는 뜻의 회의자이다. ②는 장식물이 보다 사실적일 뿐 ①과 자형이 대개 같고, ③은 ②와 자형이 같다. ④는 이들이 정형화한 것이다.

미(美)의 본래 뜻은 '아름답다'이다. "아내를 얻었더니, 아름다웠다[美]"[6]는 예가 이것이다. '아름답다'에서 널리 '좋다'로 쓰인다. "향기가 좋고[美] 맛이 상큼하다"[7]는 예가 이것이다. 다시 '좋아한다'거나 '찬미한다', 혹은 '아름답다고 여긴다'로 널리 쓰인다. "모장이나 여희는 사람들이 찬미하는[美] 여인들이다"[8]라는 예가 이것이다. 찬미한다는 데서 널리 '좋은 것', 곧 '장점'을 가리키기도 한다. "장점[美]은 가리고 단점 들추기를 좋아한다"[9]는 예가 이것이다.

미인(美人)이란 '용모가 빼어난 사람'이다. 다만, 그와 헤어져 있다면, '좋아하는 사람', 곧 '그리운 사람'을 가리킨다. "그리운 이[美人] 바라느라 하늘 한 쪽 쳐다본다"[10]는 예가 이것이다.

美 m 미 měi 아름답다.

渼 미 měi 물결.
鎂 미 měi 마그네슘Mg.

---

5) 굴원(屈原) <이소 離騷> ; 羌內恕己以量人兮, 各興心而嫉妬.
6) ≪좌전 左傳≫<소공28년 昭公二十八年> ; 娶妻而美.
7) ≪한비자 韓非子≫<양권 揚權> ; 香美脆味.
8) ≪장자 莊子≫<제물론 齊物論> ; 毛嬙, 麗姬, 人之所美也.
9) 굴원(屈原) <이소 離騷> ; 好蔽美而稱惡.
10) 소식(蘇軾) <전적벽부 前赤壁賦> ; 望美人兮天一方.

드리다 수(羞)

①갑골문	②금문	③소전	④해서
			羞

①은 왼편은 양(□>□>□>羊)이고, 오른편은 손[□>□>□>丑]이므로 양을 잡아, '드린다[□>□>□>羞]'는 뜻의 회의자이다. ②는 ①과 자형이 같고, ③은 손이 양을 적극 다잡은 것이 다를 뿐이다. ④는 손[□]이 축(丑)으로 변형되며, 마침내 위뜻 양[羊] 밑음 축(丑)의 형성자로 바뀐 것이다. 삐침[丿]은 자형의 연속성을 추구한, 양(羊) 아래턱선의 변형체이다.

수(羞)의 본래 뜻은 음식을 '드린다'이다. "향풀 영지를 드려[羞] 출출함을 가시게 한다"[11]는 예가 이것이다. 음식을 바친다는 데서 널리 '맛난 음식'을 가리킨다. "중서성 본전의 음식이 먹을 만하지 못 한 것이라고 말하며 집안의 개인요리사에게 맛난 음식[羞]을 들여오게 하였다"[12]는 예가 이깃이다. 그러므로, 신수(珍羞)란 '진귀한 맛난 음식'을 가리키나, '정채로운 음식'의 뜻은 머지않아 수(饈)에 분화되어 쓰인다. 정채로운 음식이란 데서 반어적으로 '치욕스럽다'로 쓰인다. 정채로운 음식이라기에 '부끄럽다'는 뜻이다. "이 네 가지를 제거하지 못 한다면, 나는 부끄럽다[羞] 여길 것이다"[13]라는 예가 이것이다. 수치(羞恥)나 수오(羞惡)라는 말은 이와 같은 예이다. 부끄럽다는 데서 널리 '수줍다'는 뜻으로 쓰이기도 한다. "열넷에 그대의 부인이 되어, 수줍은[羞] 얼굴 채 못 폈었지"[14]라는 예가 이것이다.

丑 [m] 축 chǒu 소. 12지의 둘째.
丑 추 chǒu 수갑. 사람 이름. <추醜의 간체자>

杻* 추 chǒu 수갑의 일종.
杻* 뉴 niǔ 감탕나무[활의 재료로 쓰임].
妞 뉴 niū 계집아이.
紐 뉴 niǔ 끈. 인끈.
忸* 뉴 niǔ 익히다.
忸* 뉵 niǔ 부끄러워하다.
扭 뉴 niǔ 묶다. 체포하다.
狃 뉴 niǔ 친압하다. 탐내다.

---

11) 장형(張衡) <사현부 思玄賦> ; 羞玉芝以療飢
12) ≪신오대사 新五代史≫<한신전·소봉길 漢臣傳·蘇逢吉> ; 謂中書堂食爲不可食, 乃命家廚進羞.
13) 조조(曹操) ≪정제풍속령 整齊風俗令> ; 四者不除, 吾以爲羞.
14) 이백(李白) <장간행 長干行> ; 十四爲君婦, 羞顔未嘗開.

鈕	뉴 niǔ	손잡이. 옷의 단추.
衄	뉵 nǜ	코피 터지다.
羞	*수 xiū*	*바치다. 드리다.*

양의 새끼 고(羔)

①갑골문	②금문	③소전	④해서

①은 양(𠂉>羊>羊>羊)을 불[火>火>火>灬<火] 위에 놓고 굽는 것이나, 고기가 부드러워 송아지나 새끼 양 등 어린 것을 조리하였으므로, 어린양[羔>羔>羔>羔]을 가리키는 회의자이다. ②와 ③은 ①과 자형이 같으며, ④는 이들이 정형화한 것이나, 더러 밑음 조(灬<照)의 형성자로도 여겨진다.

고(羔)의 본래 뜻은 '새끼양'이다. "새끼는 고(羔)이고, 큰 것은 양이다"[15]라거나, "자라는 삶고 새끼 양[羔]은 통째 구워, 사탕수수 장에 재운 요리며"[16]라는 예가 이것이다.

양(恙)은 고(羔)와 자형이 비슷하여 혼동하기 쉽다. 양(恙)은 밑이 불[灬]이 아니라 심(心)자로서, '근심한다'는 뜻이며, 널리 '질병'이나 '재앙'을 가리킨다. "그대가 불행히도 감기는 걸렸으나, 낫지 않을까 근심하심[恙]은 무엇이오"[17]라는 예가 이것이다.

음결이 같은 자들의 체계는 도(刀) 부의 칼 도(刀) 자를 참조.

무리 군(群)

①갑골문	②금문	③소전	④해서	⑤간체자

"덕이 있는 사람은 자부하되 다투지 않으며, 모이되[群] 파벌 나누지 않는다"[18] 할 때의 군(群) 자이다. ②는 위 음결[君>君>君], 아래 뜻결 양[羊>羊>羊]의 형성자이다. ③은 ②와

---

15) 《시경·소남 詩經·召南》<고양 羔羊>; 小曰羔, 大曰羊.(毛傳)
16) 《초사 楚辭》<초혼 招魂>; 胹鼈炮羔, 有柘漿些.
17) 《사기 史記》<평진후주부열전 平津侯主父列傳>; 君不幸罹霜露之病, 何恙不已.
18) 《논어 論語》<위령공 衛靈公>; 君子矜而不爭, 群而不黨.

같으며, ④는 이들이 정형화한 것이며, ⑤는 가로쓰기 한 이체자이면서, 동시에 간체자이다.

군(群)의 본래 뜻은 양의 '떼'이다. "누가 그대더러 양이 없다 했지? 3백 마리 떼[群] 지은 것을"[19]이라는 예가 이것이다. 널리 '무리', 혹은 '종류'로 쓰인다. "사물은 저마다의 무리[群]로 나뉜다"[20]는 예가 이것이다. 다시 무리 지어서 '모인다'는 뜻으로도 쓰인다. "천하의 영재와 호걸들이 한자리에 모였다[群]"[21]는 예가 이것이다. '모인 무리'를 군중(群衆)'이라 하는 예도 이와 같다.

종(從)은 종형제, 곧 사촌형제를 가리키므로, 군종(群從)이란 '많은 사촌형제들'을 가리킨다."많은 사촌형제들[群從]에 학자가 적은 줄만 알았지, 과거 급제 잦을 줄은 짐작이나 했던가"[22]라는 예가 이것이다.

君	m	군	jūn	임금. 그대. 당신.
莙		군	jūn	버들말즘.
鮶		군	jūn	우럭바리.
郡	m	군	jùn	고을.
珺		군	jùn	아름다운 구슬의 하나.
捃		군	jùn	줍다. 주워 가지다.
窘		군	jiǒng	막히다. 궁색하다.
群	*h*	*군*	*qún*	*무리. 떼. 군중.*
宭		군	qún	모여 살다. 떼지어 살다.
裙		군	qún	치마. 스커트.

노린내 전(羴)

①갑골문	②금문	③소전	④해서a	④해서b	⑤간체자
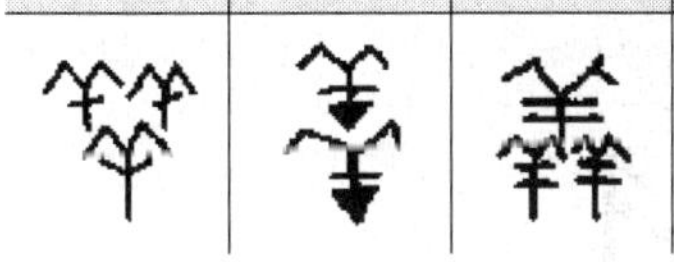			羴	羶	膻

①은 세 마리 양[[illegible]>[illegible]>[illegible]>羴]으로 양떼를 보여, 양떼가 풍기는 누린내[羴]를 나타내었으므로 회의자이다. ②는 양이 두 마리뿐이며, ③은 구성미를 고려하여 배열을 고쳤을 뿐 ①과 자형이 비슷하다. ④a는 ③이 정형화한 것이다. 다만 '양떼[群]'와 혼동되므로, 머지않아 왼뜻

---

19) ≪시경·소아 詩經·小雅≫<무양 無羊>; 誰謂爾無羊, 三百維群.
20) ≪역경 易經≫<계사·하 繫辭·下>; 物以群分.
21) ≪순자 荀子≫<비십이자 非十二子>; 群天下之英傑.
22) 백거이(白居易) <민중이의 급제를 기뻐하며 喜敏中及第>; 自知群從爲儒少, 豈料詞場中第頻.

[羊] 오른음[亶]의 형성자로 이를 대신한 것이 ④b이다. 머지않아 다시 왼뜻 고기[月<肉]의 형성자 전(膻)을 들어, 간체자 ⑤로 삼은 것이며, 이후 나머지는 모두 폐기하였다.

전(羶)의 본래 뜻은 '노린내'이다. "초식동물은 누리다[羶]"[23]는 예가 이것이다. 누리다는 데서 널리 '노린 것', 곧, '육류음식'을 널리 가리킨다. "뜰 사이에 고기[羶]를 버렸더니, 두 마리 까치가 날아와 꼬리를 땅에 끈다"[24]는 예가 이것이다. 전성(羶腥)이란 '노린 것과 비린 것'을 함께 가리키는 말이나, 널리 '세속의 이익'이나 '벼슬과 녹'을 비유하기도 한다. "한사코 벼슬과 녹[羶腥]을 좇았지, 도중에 해어진 나막신처럼 내버리기까지"[25]라는 예가 이것이다. 전(膻)은 전(羶)과 같은 뜻으로 쓰이기도 하는 점 주의해야 한다. 예컨대, "제왕의 시녀가 냄새나고 역겨워[膻惡] 가까이 할 수 없다고 여겼다"[26]는 예에서 전오(膻惡)란 '냄새나고 더럽다'는 뜻이다.

羴　전　shān　양고기의 노린내. [=전羶]

鮮*ⓜ　선　xiān　신선하다.
鮮*ⓜ　선　xiǎn　드물다. 적다.

蘚　선　xiǎn　이끼.
癬　선　xuǎn　옴. 종기. 곰팡이로 생기는 피부병의 총칭.

104. 우(羽) 부

깃털 우(羽)

①갑골문	②금문	③소전	④해서
			羽

①은 나란한 두 깃의 새털[羽>羽>羽]을 상형한 자이다. ③은 선이 부드러울 뿐 ①과 자형이 비슷하며, ④는 이들이 정형화한 것이다.

우(羽)의 본래 뜻은 새의 '깃털'이다. "나는 힘이 3천 근을 들 수는 있어도, 깃털[羽] 한

23) ≪여씨춘추 呂氏春秋≫<본미 本味> ; 草食者羶.
24) 피일휴(皮日休·唐) <희작 喜鵲> ; 棄羶在庭際, 雙鵲來搖尾.
25) 소철(蘇轍) <화왕적한야독서 和王適寒夜讀書> ; 一從慕羶腥, 中棄如弊屐.
26) ≪열자 列子≫<주목왕 周穆王> ; 以爲王之嬪御, 膻惡而不可親.

개는 들지 못 한다"[1]는 예가 이것이다. 널리 '날개'의 뜻으로 쓰인다. "8월엔 베짱이 날개[羽]를 친다"[2]는 예가 이것이다. 날개라는 데서 널리 '새'를 가리킨다. "달이 밝아 애간장을 끊는구나, 새[羽]는 나란히 깃들고"[3]라는 예가 이것이다. 화살대에 대는 깃이란 데서 널리 '활'을 가리킨다. "활[羽] 메고 종군한다"[4]는 예가 이것이다.

우(羽), 익(翼), 시(翅)는 모두 '날개'의 뜻이지만, 쓰임에서 구별되는 점 주의해야 한다. 우선, 우(羽)는 본래 뜻 '깃털'에서 널리 '날개'를 가리키는 자이지만, 익(翼)은 본래 뜻이 '날개'로서 '깃털'의 뜻이 없다. 따라서 '날개를 떨친다'는 뜻의 분익(奮翼)을 분우(奮羽)라고 말할 수는 있지만, '깃과 털'을 가리키는 우모(羽毛)를 익모(翼毛)라고 말하지는 않는다. 시(翅)는 현대의 입말[口語]이다. "하늘에서라면 날개 함께 나누어 펴는 새[比翼鳥] 되리"[5]라는 글말[文言]에서 비익조(比翼鳥)를 비시조(比翅鳥)라 말하지는 않는다.

우(羽)는 부수자이다. 이를 구성소로 하는 글자는 모두 '깃털'이나 '날개'와 연관이 있다. 깃 우(羽), 깃 령(翎), 날다 상(翔), 날다 익(翼) 등이 이것이다.

羽 [h] *우* *yǔ* *깃털. 날개.*

栩 허 xǔ 상수리나무.

詡 후 xǔ 뽐내다. 자랑하다.

익히다 습(習)

①갑골문	②금문	③소전	④해서	④간체자
			習	习

①은 위가 새의 양쪽 날개 깃[>>羽]이며, 밑은 새의 알[⊙]이므로 알에서 부화한 새끼 새가 날갯짓을 익힌다[>>習]는 뜻의 회의자이다. ③은 ①과 비슷하나, 새의 알[⊙]이 음결 백[>白<自]으로 변하였으므로, 형성자로 바뀐 것이다.[6] ④는 ③이 정형화한

1) ≪맹자 孟子≫<양혜왕·상 梁惠王·上>; 吾力足以擧百鈞, 而不足以擧一羽.
2) ≪시경 詩經≫<빈풍·7월 豳風·七月>; 六月莎鷄振羽.
3) 정희수(丁羲叟) <어가오 漁家傲>; 月明腸斷雙棲羽.
4) 강엄(江淹) <별부 別賦>; 負羽從軍.
5) 백거이(白居易) <장한가 長恨歌>; 在天願作比翼鳥.
6) 허신(許愼) ≪설문해자·습부 說文解字·習部≫; 習, 數飛也. 從羽白聲.
허신은 백(白)을 습(習)의 음결으로 분석, 이를 형성자로 여겼다. 백(白)은 자음이나 자의가 전혀 다르던 2자가, 자형뿐만 아니라 자음까지 동화된 자이다. 하나는 '희다' 백(白)으로, 이는 습(習)자와 상관이 없다. 다른 하나는 '말하다' 백(白)으로, 이는 중고음이 자(自)와 함께 '질이절(疾二切)',

것이며, ⑤는 ④의 나래 한 쪽만을 들어 이를 간체로 삼은 것이다.

습(習)의 본래 뜻은 '날기를 익힌다'이다. "매가 이때에 어미에게서 배우며 날기를 익힌다[習]"[7]는 예가 이것이다. 널리 '복습한다'로 쓰인다. "배우며 때마다 복습하기[習]도 즐겁지 않은가"[8]라는 예가 이것이다. 복습한다는 데서 널리 '훈련한다'로 쓰인다. "거주할 때면 주민들에게 활쏘기를 훈련시킨다[習]"[9]는 예가 이것이다. 훈련한다는 데서 널리 '잘 안다'로 쓰인다. "옛날에는 제가 순영과 잘 알았던[習] 까닭에 그를 보좌한 것 뿐, 유능하고 현명해서 그런 것은 아니었습니다"[10]라는 예가 이것이다. 잘 안다는 데서 널리 '익숙해진 것', 곧 '습관'이나 '관습'을 가리킨다. "타고난 성품은 서로 비슷한데, 익숙해진 것[習] 때문에 서로 멀어진 것이다"[11]라는 예가 이것이다. 익숙하다는 데서 '항상'으로 쓰인다. "대개 늘[習] 보던 것은 경시하나, 드물게 듣는 것은 경이로와 한다"[12]는 예가 이것이다.

습습(習習)이란 '자주 나는 모양'의 의태어이다. "안절부절[習習] 장 속 새, 나래쳐 오르며 사방 창살에 부딪친다"[13]는 예가 이것이다.

自	m	자	zì	스스로. 에서. 부터.
習	*m*	*습*	*xí*	*익히다. 연습하다.*
霫		습	xì	비가 오다.
鰼		습	xí	미꾸라지.
褶*		첩	xí	겹옷. 덧옷.
褶*		습	zhě	주름. 구김살.
慴		습	shè	두려워하다. 으르다.

꿩 적(翟)

①갑골문	②금문	③소전	④해서

곧 음이 '지(誌)'에 비슷하던 것이 지금은 '희다' 백(白)과 자형과 자음에서 동화된 것이다. 허신이 습(習)의 음결으로 든 것은, 고대음이 '자(自)'와 비슷하던, '말한다' 백(白) 자임.

7) ≪예기 禮記≫<월령 月令> ; 鷹乃學習.

8) ≪논어 論語≫<학이 學而> ; 學而時習之不亦說乎.

9) 조착(晁錯·漢) <모민실새소 募民實塞疏> ; 居則習民於射法.

10) ≪좌전 左傳≫<양공13년 襄公十三年> ; 昔臣習于知伯[荀罃], 是以佐之, 非能賢也.

11) ≪논어 論語≫<양화 陽貨> ; 性相近也, 習相遠也.

12) 곽박(郭璞) ≪산해경·서 山海經·序≫ ; 翫所習見, 而奇所希聞.

13) 좌사(左思) <영사 咏史> ; 習習籠中鳥, 擧翮觸四隅.

②는 아래는 왼쪽을 향한 새[>>隹]로, 날개[] 아래에는 앙증스런 발[]이 보이며, 대가리 위에는 벼슬[>>羽]이 깃처럼 자라 있으므로 꿩[>>翟]을 가리키는 상형자이다. ③은 4방형의 균형미를 고려하여 배열되었을 뿐 구성소가 ②와 같으며, ④는 이들이 정형화한 것이다.

적(翟)의 본래 뜻은 꽁지가 긴 '꿩'이다. "꿩[翟]이란 장끼와 비슷하지만 크며, 꽁지가 길다"[14]라는 예가 이것이다. 널리 '장끼의 긴 꽁지깃'을 가리킨다. "왼손으로 피리 잡아 불며, 바른손에는 장끼 꽁지[翟]를 펴든다"[15]의 예가 이것으로, 이때 적(翟)이란 무용수가 손가락에 끼워 펴들던 소도구로 쓰인 꽁지깃을 가리킨다. 그들의 장식이 야만적이라는 데서 사방의 이민족을 널리 가리키기도 한다. "서방이나 북방[翟] 이민족의 말은 하나같이 빠르다"[16]는 예는 '북방 민족'을 가리킨 것으로, 이는 머지않아 적(狄)에 분화되어 쓰인다.

翟		*적 dí*	*꿩. 꿩의 깃.*
趯		적 tì	뛰다. 놀라다.
躍	h	약 yuè	뛰다. 뛰어오르다.
燿		요 yào	빛나다. 비치다.
曜		요 yào	햇빛. 요일. 비치다.
耀		요 yào	빛나다. 비치다.
濯	h	탁 zhuó	씻다.
擢		탁 zhuó	뽑다. 발탁하다.

105. 로(老) 부

늙다 로(老)

①갑골문	②금문	③소전	④해서
			老

"늙은[老] 천리마 마구간에 엎디었어도, 마음은 천리밖에 달리고 있다"[1] 할 때의 로(老)

14) ≪산해경 山海經≫<서산경 西山經> ; 翟者, 似雉而大, 長尾.
15) ≪시경 詩經≫<패풍·간혜 邶風·簡兮> ; 左手執籥, 右手秉翟.
16) ≪회남자 淮南子≫<무칭훈 繆稱訓> ; 戎翟之馬, 皆可以馳驅.

자이다. ①은 왼쪽으로 내뻗은 손[﹀]에 지팡이[/]를 짚고, 머리에는 두건[ノ]을 맨,[2] 등이 굽은[乁] 늙은이[𠑷>耂>耂>老]를 가리키는 상형자이다. ②는 여전히 등이 굽은 몸[乁] 위에, 머리[﹀]를 상징하는 가로획이 있으며, 그 위에 두건[﹀] 넘어 머리카락[丶]이 흩뜨려져 있다. 다만, 손[ノ] 아래 지팡이[ㄴ]는 이미 지팡이임을 알기가 어렵다. ③은 머리[﹀]를 상징하던 가로획이 두건[﹀] 위의 머리카락[ㄱ]과 섞여 구분되지 않았을 뿐, ②와 자형이 비슷하다. ④는 이들이 정형화한 것이다. 두건[﹀]에 매인 머리카락[ㄱ]과 머리의 상형부호 가로획[﹀]이 모두 가로획으로 쓰여 토(土) 자로 잘못 동화되어 있고, 굽은 등과 팔[乛]은 삐침[ノ]으로 잘못 변형하였으며, 지팡이[ㄴ]는 비(匕) 자로 잘못 동화되어, 이미 '지팡이를 들고 두건을 맨, 등 굽은 노인'의 뜻은 찾아 볼 수 없다.

로(老)의 본래 뜻은 지팡이를 들고 두건을 쓴 '노인'이다. "지금 나는 한낱 천한 노인[老]"[3] 이라는 예가 이것이다. 널리 '늙음'을 가리킨다. "늙음[老]이 장차 올 것도 잊었다"[4]는 예가 이것이다. 늙었다는 데서 '오래되었다'로 쓰인다. "집이 오래되고[老] 허물어졌다"[5]는 예가 이것이다. 오래되었다는 데서 반어적인 '원래'라는 뜻으로 쓰인다. "원래[老] 지방으로 돌아가거라!"[6]라는 예가 이것이다. 다시 널리 '노련하다'로 쓰인다. "매승은 문장이 노련하다[老]"[7]는 예가 이것이다. 노련하다는 데서 널리 '피곤하다'로 쓰인다. "초나라 군대는 지쳤으니, 반드시 질 것이다"[8] 피곤하다는 데서 널리 '죽었다'로도 쓰인다. "사람이 죽었다[老了]"[9]는 예가 이것이다. 대놓고 죽었다[死]고 말하기가 꺼려질 때는, 현대중국어에서도 위 예와 같이 2음절로 '라오러(老了)'라고 말한다.

로(耂<老)는 부수자이다. 이를 구성소로 하는 글자는 모두 '노인'과 관계가 있다. 살피다 고(考), 효도 효(孝), 어른 장(長) 등이 이것이다.

---

1) 조조(曹操) <보출하문행 步出夏門行> ; 老驥伏櫪, 志在千里.

2) 갑골문 ①은 머리카락을 싼 두건이 드리운 자형이며, 금문 ② 이후는 머리에 맨 두건 위로 머리카락이 드리운 모양이다. 두건으로 맨 머리카락은 자형이 조수(鳥獸)의 깃, 혹은 꼬리와 오히려 비슷하여, 갈래난 세 올 머리카락이 한 데 모이는 점이 있으며, 이 점이 두건을 맨 곳에 해당한다. 이는 장(長) 자에 쓰인 긴 머리카락에는 모이는 점이 없는 예와 구별되므로, 이를 '두건으로 맨 머리카락'이라 한 것이다. "흰머리 긁을수록 숱이 적어져, 거의 비녀조차 못 이긴다(白頭搔更短, 渾欲不勝簪)" 하고 노래한 두보(杜甫)의 <춘망 春望> 시구처럼, 노인은 머리카락 숱이 성기고 올이 연약하여 비녀도 감당하기 어려워, 두건에 매거나 싼 채 그냥 늘여뜨렸으므로, 두건, 혹은 두건으로 맨 머리카락으로 노인을 나타낸 것이다. 뒤쪽 장(長)과 앞 쪽 과(寡)와 비교할 수 있음.

3) 두보(杜甫) <태자장사인유직성욕단 太子張舍人遺織成褥段> ; 今我一賤老.

4) ≪논어 論語≫<술이 述而> ; 不知老之將至云爾.

5) 엽적(葉適·宋) <구산양선생사당기 龜山楊先生祠堂記> ; 屋老且敗.

6) 모순(茅盾) ≪子夜·3 子夜·三≫ ; 回老地方去罷!

7) 두보(杜甫) <봉한중왕수찰 奉漢中王手札> ; 枚乘文章老.

8) ≪국어 國語≫<진어·4 晉語·四> ; 楚師老矣, 必敗.

9) ≪홍루몽 · 15회 紅樓夢 · 十五回≫ ; 老了人口.

老 [m] 로 lǎo　　늙다. 오래된.

栳　로 lǎo　　버들고리. 고리.

铑　로 lǎo　　로듐Rh.

살피다 고(考)

①갑골문	②금문	③소전	④해서
			考

①은 두건 위로 머리카락을 늘인 등 굽은 노인[illegible]이 손잡이 가지가 있는 지팡이[illegible]를 손에 들고 있으므로, '장수를 누린다[illegible>illegible>illegible>考]'는 뜻의 상형자이다. ②는 지팡이[illegible]가 정(丁) 자꼴로 잘못 변형하였으나 이는 실은 고(丂) 자로, 상형자 로(老)에서 위뜻[耂] 밑음[丂]의 새 형성자로 파생 변화한 자이다.[10] ③은 고(丂)를 보다 분명히 구분할 수 있을 뿐, ②와 자형이 같으며, ④는 ③이 정형화한 것이다.

고(考)의 본래 뜻은 '장수를 누린다'이다. "뭇 사람들 건강하고 편안하게, 장수 누려[考] 천명을 다한다"[11]는 예가 이것이다. 장수를 누렸다는 데서 널리 '선친'의 뜻으로 쓰인다. 돌아가신 아버지를 고(考)니 현고(顯考)니 선고(先考)라 이른 예가 이것이다. "살아계실 때는 부(父), 모(母), 처(妻)라 하고, 돌아가신 후에는 고(考), 비(妣), 빈(嬪)이라 한다"[12]는 풀이도 이와 같다. 지팡이를 울린다는 데서 널리 '두드린다'로 쓰인다. "쇠나 돌이 소리가 난다지만, 두드리지[考] 않으면 울지 않는다"[13]는 예가 이것이다. 다만, 이는 머지않아 '두드린다' 고(敲)에 분화되어 쓰인다.

考 [m] 고 kǎo　　곰곰이 생각하다. 죽은 아버지

栲　고 kǎo　　모밀잣밤나무. 북나무.

---

10) 곧, 허신(許愼)이 ≪설문해자 說文解字≫에서 말한 '전주(轉注)'의 용례이다. 허신은 '한자를 만드는 방법(造字之法)'이라 전제하고 '6서(六書)' 가운데 '전주(轉注)'를 두어 많은 오해를 낳기도 하였으나, 6서의 '전주'는 '가차(假借)'와 함께 '한자를 운용하는 상반된 두 가지 방법' 중 하나인 점 주의해야 한다. 이는 그가 전주와 가차를 설명하기 위하여 든 예자의 상호관계를 통하여 간접으로 파악할 수 있다. 허신의 6서 중 '전주'에 관한 서술은, "'전주'란, 동일한 어근에다 뜻결이나 음결을 세움으로써, 같은 뜻을 나누어 가는 파생법으로, 고(考)가 로(老)에서 파생된 예가 이것이다(轉注者, 建類一首, 同意相受, 考老是也.)"라고 풀이를 참고할 수 있음.

11) ≪한서 漢書≫<원제기 元帝紀> ; 黎庶康寧, 考終厥命.

12) ≪예기 禮記≫<곡례・하 曲禮・下> ; 生曰父, 曰母, 曰妻, 死曰考, 曰妣, 曰嬪.

13) ≪장자 莊子≫<천지 天地> ; 金石有聲, 不考不鳴.

106. 이(而) 부

수염 이(而)

①갑골문	②금문	③소전	④해서
			而

②는 코[一>一>丆]의 상형부호 아래 뺨과 턱에서 각각 드리운 수염[冂>冂>冂]을 두 줄로 늘이고 있다. ③은 ②와 자형이 같다. 다만, ④는 이들이 정형화한 것이나, 수염인 줄 알기가 쉽지 않다.

이(而)의 본래 뜻은 '수염'이다. "뺨 곁에서 위로 나 있는 것은 구레나룻이라 하고, 아래로 드리운 것은 턱수염[而]이라 한다"[1]는 예가 이것이다. 다만 일찌감치 '너'의 뜻으로 빌려 쓰였다. "나는 네[而]게 죄가 없는 줄을 안다"[2]는 예가 이것이다.

이(而)는 흡사 수염을 드리우듯, 말을 길게 잇는 기능사로 쓰인다. 이어진 말이 맺는 논리 관계는 다양하다. "배는 이미 흘렀으나[而] 칼은 흐르지 않았다"[3] 할 때는 역행하는 상황이 상대 논리로 이어진다. "배우고[而] 자주 익히면 또 기쁘지 않은가?"[4] 할 때는 순행하는 상황이 점층 논리로 이어진다. "자산이 죽으면[而], 누가 그를 이을꼬?"[5]라는 예에서는 가정된 상황과 그 결과가 조건 논리로 이어진다. 이들은 이(而)의 쓰임이 서로 다른 것이 아니라, 이어진 말 자체의 논리 관계가 서로 달랐던 때문인 점, 주의해야 한다.

"덕성이 제왕의 요구에 부합하고[而], 민중의 신임에 걸맞다"[6] 할 때, 이(而)는 역시 위에서 살펴본 접속의 기능사이다. 다만 이를, "덕성은 제왕의 요구에 부합하고, 능력[而]은 민중의 신임에 걸맞다"[7]고 보기도 한다. 이는 이(而)의 옛음이 능(能)과 비슷한 데서 대신 빌려 쓰였을 것으로 본 때문이다. 실제로, 내(耐)가 이(而)를 음결으로 쓴 형성자라는 점에서, 이(而)는 내(耐)와 옛음이 비슷했을 것이며, 따라서 능(能)과도 비슷했을 것임을 시사한다. 다만, 중요한 사실은 이 결과 이(而)가 접속의 기능을 맡지 못 하더라도, 이 문장의 논리

1) ≪주례 周禮≫ ; 頰側上出者曰之, 下垂者曰而.(戴震注)
2) ≪좌전 左傳≫<소공20년 昭公二十年> ; 余知而無罪也.
3) ≪여씨춘추 呂氏春秋≫<찰금 察今> ; 舟已行矣, 而劍不行.
4) ≪논어 論語≫<학이 學而> ; 學而時習之, 不亦說乎?
5) ≪좌전 左傳≫<양공30년 襄公三十年> ; 子産而死, 誰其嗣之?
6) ≪장자 莊子≫<소요유 逍遙游> ; 德合一君, 而徵一國.
7) 곽경번(郭慶藩)의 주장이다. ≪장자독본 莊子讀本≫(삼민서국 三民書局)의 황금횡(黃錦鋐) 주를 참고할 수 있음.

맥락은 아무 영향을 받지 않는다는 점이다. 이는 이(而)를 위시한 소수의 글자들이 문법 기능의 표지로 쓰일 뿐, 실제 의미 정보를 전혀 담고 있지 않기 때문인데, 바로 이 점이, 이들을 ‘기능사’라고 부르게 된 이유이다.

이(而)는 부수자이다. 이를 구성소로 한 글자는 모두 수염이나 구레나룻과 관련이 있다. 드리우다 염(冉), 구레나룻 깍다 내(耏) 등이 이것이다. 다만, 염(冉)자는 현대사전에 멀다 경(冂) 부수에 편입되어 있으므로 이 책에서도 해당 부수에서 참조할 수 있다.

而	*[m]*	*이*	*ér*	*말을 잇다.*
洏		이	ér	눈물을 흘리는 모양. 삶다.
胹		이	ér	삶다. 문드러지게 삶다.
輀		이	ér	영구차. 상여차.
鴯		이	ér	제비.
耐	[h]	내	nài	참다. 견디다.
需	[h]	수	xū	구하다. 바라다.
耎		연	ruǎn	부드럽다. 가냘프다.

107. 이(耳) 부

귀 이(耳)

①갑골문	②금문	③소전	④해서
			耳

①은 귀[>>>耳]의 상형자이며, ②는 ①과 자형이 비슷하다. ③은 ②가 구성미를 고려하여 변형한 것이며, ④는 ③이 정형화한 것이다.

이(耳)의 본래 뜻은 ‘귀’이다. “5음은 이를 구분하는 행위 자체가 사람의 귀[耳]를 먹게 한다”[1]는 예가 이것이다. 귀라는 데서, 널리 ‘귀 모양으로 돌출된 것’을 가리키기도 한다. “도량기의 귀[耳]는 깊이가 세 치이고, 용량이 한 되이다”[2]라는 예가 이것이다. 귀라는 데서

---

1) ≪노자 老子≫ ; 五音令人耳聾.
2) ≪주례 周禮≫<고공기 · 율씨 考工記 · 栗氏> ; 其耳三寸, 其實一升.

널리 다 익은 곡물이 '비를 맞아 싹틔운 것'을 가리키기도 한다. "가을에 갑자기 비가 내리면, 벼이삭에 귀가 난다[耳]"[3]는 예가 이것이다. 귀가 난다는 데서 널리 '버섯'을 가리킨다. 고목의 버섯류를 '목이(木耳)'라 하고 참나무버섯을 은이(銀耳)라 하며, 식용의 버섯류를 통틀어 '이채(耳菜)'라 하는 예도 이와 같다. 다만 송이버섯은 송이(松栮)로도 쓰던 데서, 송용(松茸)이라 쓰면서 혹은 송이(松茸<松耳)라 읽으나, 이는 관용음일 뿐인 점 주의해야 한다. 용(茸)이란 풀 싹이 '부드럽다'거나 '우거지다'의 뜻으로, 부드러운 짐승의 뿔을 가리키기도 한다. 사슴의 뿔을 녹용(鹿茸)이라 하는 예가 이와 같다. 귀라는 데서 '듣는다'로 쓰인다. "새로운 소리를 듣고[耳] 질주한다"[4]는 예가 이것이다. 듣는다는 데서 널리 '귀엣말한다'로 쓰인다. "발끝으로 살금살금 다가가 그에게 귀엣말하였다[耳]"[5]는 예가 이것이다. 말끝에 쓰여, 그렇게 들었다는 데서 널리 '그러할 뿐'이라는 단정의 어감을 보이는 기능사로 역할하기도 한다. "입과 귀[耳]는 사이가 네 치 뿐이다[耳]"[6]라는 예에서, 말끝에 쓰인 이(耳)가 이것이다.

이순(耳順)이란 나이 60을 가리키는 숙어이다. "부인은 나이 예순[耳順]이 넘어도, 보고 듣는 것이 약해지지 않았다"[7]는 예가 이것이다. 이는 "예순이 되자 귀가 사리를 좇았다[耳順]"[8]는 공자의 말을 출전 삼아, '무슨 말이든 그 진위를 분간하고, 시비를 분별할 수 있게 되었음'을 말한 데서, 그럴만한 나이를 가리키게 된 숙어이다.

이(耳)는 부수자이다. 이를 구성소로 하는 글자는 모두 '귀'와 관계가 있다. 성인 성(聖), 취하다 취(取), 듣다 령(聆), 귀머거리 농(聾), 듣다 문(聞), 소리 성(聲) 등이 이것이다.

耳 [m] 이 ěr 귀. 뿐. 따름.

洱 이 ěr 강 이름.
珥 이 ěr 귀엣고리. 귀걸이.
鉺* 이 ěr 에르븀Er.
鉺* 이 èr 갈고리.
餌 이 ěr 먹이. 이익.
弭 미 mǐ 활고자[활 양끝의 시위를 거는 부분].
恥 [h] 치 chǐ 부끄러워하다. 수치.
茸* 용 róng 풀 따위가 여리고 부드럽다. 녹용.
茸* 용 rǒng 털이 가늘고 부드럽다.

---

3) 장작(張鷟·唐) <조야첨재 朝野僉載> ; 秋雨甲子, 和頭生耳.
4) 노신(魯迅) <분·인지역사 墳·人之歷史> ; 耳新聲而疾走.
5) ≪삼국지 三國志≫<위지 · 유방전 魏志 · 劉放傳> ; 躡其足, 耳之.
6) ≪순자 荀子≫<권학 勸學> ; 口耳之間則四寸耳.
7) 유신(庾信) <백모이씨묘지명 伯母李氏墓志銘> ; 夫人年逾耳順, 視聽不衰.
8) ≪논어 論語≫<위정 爲政> ; 六十而耳順.

성스럽다 성(聖)

①갑골문	②금문	③소전	④해서	⑤간체자
			聖	圣

①은 오른편 사람[[illegible]>[illegible]>𡈼>𡈼]에게 귀[[illegible]>[illegible]>[illegible]>耳]가 부각되어 있고, 그 왼편 아래에는 입[ㅂ>ㅂ>ㅂ>口]이 있어, 널리 들어서 아는 바가 비범하거나, 감화력이 뛰어남[[illegible]>[illegible]>[illegible]>聖]을 가리키는 회의자이다. ②는 사람과 입의 위치가 바뀌었을 뿐, ①과 자형이 같다. ③은 사람[[illegible]]이 정(𡈼>𡈼) 자에 잘못 동화되며, 믿음 정(𡈼)의 형성자로 바뀌었을 뿐, ②와 자형이 비슷하나, 구성미에 치중하고 있다. ④는 ③이 정형화한 것이며, ⑤는 간체자이다.

성(聖)의 본래 뜻은 '비범하다'이다. "사리에 통달하지 못 한 데가 없으면 '비범하다[聖]' 한다"[9]는 풀이가 이와 같다. 비범하다는 데서 널리 '총명하다'로 쓰인다. "예지[聖]를 끊어내고, 지혜를 버린다면, 민중들은 백 배나 이로워질 것이다"[10]라는 예가 이것이다. "듣기만 해도 알면 비범하다[聖] 하고, 보고 알면 지혜롭다 한다"[11]는 말은 비범함[聖]과 귀[耳]의 관계를 지적한 말이다. "덕이 가득 차서 광채를 내며, 이것으로 남을 감화시키는 이를 비범하다[聖]고 한다"[12]는 말은 그것의 감화력을 지적한 말이다.

성선(聖善)이란 부모를 대신 일컫는 말이다. "조식 그대는 주나라 무왕과 주공의 자질을 본받고, 부친[聖善] 조조의 가르침을 받았다"[13]는 예에서는 '부친'을 가리킨다.

𡈼 정 tǐng 착하다. 마룻대.

呈 정 chéng 드리다. 바치다.

聖 [m] *성 shèng 성스럽다. 신성하다.*

檉 성 chēng 위성류.
蟶 정 chēng 맛조개. 긴맛.

---

9) ≪서경 書經≫<홍범 洪範> ; 於事無不通謂之聖.(孔傳)
10) ≪노자 老子≫ ; 絶聖棄智, 民利百倍.
11) ≪문자 文子≫<도덕 道德> ; (老子曰), 聞而知之, 聖也, 見而知之, 智也.
12) ≪맹자 孟子≫<진심・하 盡心・下> ; (充實而有光輝之謂大) 大而化之之謂聖.
13) 양수(楊修) <답임치후전 答臨淄侯箋> ; (君侯曹植) 體[周武王]發[周公]旦之資, 有聖善[曹操]之教.

소리 성(聲)

①갑골문	②금문	③소전	④해서	⑤간체자
			聲	声

①은 오른편 손[ㅋ>又]에 경쇠채[ㄱ>ᄅ>几]를 들고 왼편 위의 경쇠[声>声>声]를 두드릴 때, 귀[耳>耳>耳]에 들려오는 '소리[聲>聲>聲]'라는 뜻의 회의 겸 위음 경(殸>殸<磬)의 형성자이다. ③은 구(ㅂ)를 없애고, 경쇠채를 든 손[又]이 수(殳>殳)로 정형화하였을 뿐, ①과 자형이 비슷하다. ④는 ③이 정형화한 것이며, ⑤는 ④의 왼쪽 위만을 써서 간략화하였다.

성(聲)의 본래 뜻은 '소리'이다. "태어나며 내는 소리[聲]는 같으나, 자라면서 풍속에 따라 말은 달라진다"[14]는 예가 이것이다. 음악적인 소리를 음(音)이라 한 데 반하여, 시끄러운 소리를 가리키며, 널리 '소리친다'로 쓰인다. "밤새 비바람 소리쳤으니[聲], 꽃은 얼마나 졌을지"[15]라는 예가 이것이다. 소리친다는 데서 널리 '소문'이나 '명성'을 가리킨다. "명성[聲]이 천리밖에 퍼졌다"[16]는 예가 이것이다. 동사로서 '알린다'로 쓰이기도 한다. "그의 죄를 널리 알린다[聲]"[17]는 예가 이것이다. 알린다는 데서 널리 '말'을 가리키기도 한다. "사귈 때나 절교할 때나 나쁜 말[聲]을 하지 않는다"[18]는 예가 이것이다. 널리 '음악'을 가리키기도 한다. "조나라 왕은 진왕이 진나라 음악[聲]을 잘 연주한다는 소문을 듣고, 진왕에게 질장군을 타주하여 함께 즐기기를 청하였다"[19]는 예가 이것이다.

성색(聲色)이란 '음성과 안색'을 가리킨다. "외모에 드러나고, 음성과 안색[聲色]에 나타난다"[20]는 예가 이것이다. 때로는 '가무와 여색'을 가리키기도 한다. "가무와 여색[聲色]을 없애고, 오락과 탐욕을 금지시켰다"[21]는 예가 이것이다.

殸	경	qìng	경쇠.<磬과 고금자>
謦	경	qǐng	기침. 기침소리. 속삭이다.
聲[m]	*성*	*shēng*	*소리. 마디. 말하다.*
馨	형	xīn	먼 곳까지 퍼지는 향기.

14) 《순자 荀子》<권학 勸學> ; 生而同聲, 長而異俗.
15) 맹호연(孟浩然) <춘효 春曉> ; 夜來風雨聲, 花落知多少.
16) 《회남자 淮南子》<수무훈 修務訓> ; 聲施千里.
17) 《국어 國語》<진어 晉語> ; 聲其罪.
18) 《사기 史記》<악의열전 樂毅列傳> ; 交絶不出惡聲.
19) 《사기 史記》<염파인상여열전 廉頗藺相如列傳> ; 趙王竊聞秦王善爲秦聲. 請奏盆缶瓦秦王, 以相娛樂.
20) 유소(劉劭·魏) 《인물지·구징 人物志·九徵》 ; 著乎形容, 見乎聲色.
21) 《회남자 淮南子》<시칙훈 時則訓> ; 去聲色, 禁嗜欲.

108. 육(肉) 부

고기 육(肉)

①갑골문	②금문	③소전	④해서
			肉

"일흔 넘은 노인이 고기[肉]를 먹을 수 있다"[1]고 할 때의 육(肉) 자이다. ①은 칼로 잘라낸 한 덩이의 고기[[illegible]>[illegible]>月<肉]로, 상형자이다. ③도 고깃덩이[[illegible]]이나, 가운데 두 선[[illegible]]은 갈비, 혹은 근육 무늬이다. ④는 ③이 정형화한 것이다.

육(肉)의 본래 뜻은 '살코기'이다. "칼을 뽑아 살코기[肉]를 베어 먹었다"[2]는 예가 이것이다. '살코기'에서 널리 야채나 열매 등에서 껍질과 씨를 제거한 '속살'을 가리킨다. '대추 속살'을 조육(棗肉)이라 하며, '죽순의 속살'을 순육(筍肉)이라 하는 예가 이것이다.

엽전이나 옥가락지의 텅 빈 속을 호(好)라 하는 데 반하여, 테두리의 살을 가리키기도 한다. "살[肉]의 두께가 속 지름의 배인 옥을 '벽'이라 하고, 속 지름이 살[肉] 두께의 배인 옥을 '원'이라 하며, 살[肉] 두께와 속 지름이 같은 옥을 '환'이라 한다"[3]는 예가 이것이다.

육(肉)이 짐승의 살코기를 가리키는 데 반하여, 기(肌)란 사람의 살을 가리킨다. 다만, 기(肌)는 여전히 짐승의 살코기를 가리키지 못 하나, 육(肉)은 널리 사람의 살도 가리킨다. "육성[肉]과 악기소리가 뒤섞여 난다"[4]는 예가 이것이다. '피붙이'를 혈육(血肉)이라 하는 예도 이와 같다.

육(肉)은 부수자이다. 다만, 뜻 곁으로 쓰일 때는 자형이 달[月]과 동화되어 쓰인다. 자형으로 구분되지는 않으나, 쓰임이 분명히 나뉘므로 구성소를 분간하기는 어렵지 않다. 동물이나 몸을 뜻하는 글자는 모두 육(肉)을 구성소로 한 것이다. 창자 장(腸), 배 두(肚), 간 간(肝), 허파 폐(肺), 다리 각(脚), 이마 액(腋), 뺨 검(瞼) 등이 이것이다. 시간이나 자연현상을 뜻하는 글자는 모두 달[月]을 구성소로 한 것이다. 밝다 랑(朗), 기약하다 기(期), 섣달 랍(臘), 달이 뜨다 동(曈), 풍부하다 몽(朦), 흐릿하다 롱(朧) 등이 이것이다.

肉 m 육 *ròu* *고기.*

育 m 육 yù 기르다. 양육하다.

---

1) ≪맹자 孟子≫<양혜왕・상 梁惠王・上>; 七十者可以食肉矣.
2) ≪漢書 한서≫<번쾌전 樊噲傳>; 拔劍切肉食之.
3) ≪이아 爾雅≫<석기 釋器>; 肉倍好謂之璧, 好倍肉謂之瑗, 肉好若一謂之環.
4) ≪요재지이 聊齋志異≫<서호주 西湖主>; 肉竹嘈雜.

搖　　요 yáo　　흔들다

밥통 위(胃)

①갑골문	②금문	③소전	④해서
			胃

②는 위는 동물의 밥통[⊕>⊠>田]으로, 가운데 미(米) 자꼴 부호는 가득 찬 음식[⁜]의 상형부호이며, 아래는 살[肉>⺼>肉<月]로 곧 짐승의 장기[胃>胃>胃]임을 나타내므로 상형 겸 회의자이다. ③은 밥통이 방형으로 바뀌었고 음식의 상형부호가 고쳐 배열되어 균형감을 높인 점 외에는 ①과 자형이 같으며, ④는 ③이 정형화하되, 가득찬 음식[⋈]이 십(十) 자꼴로 간소해진 것이다.

위(胃)의 본래 뜻은 '위'이다. 위구(胃口)란 널리 '식욕'을 가리킨다. "먹는 것에 식욕[胃口]이 전혀 없었다"[5]는 예가 이것이다. 널리 별자리 28수의 서쪽 별자리 7수 중 한 이름으로 쓰이기도 한다. 위수(胃宿)가 이것이다.

주(冑)는 '귀족 자제'나 '투구'의 뜻이나, 위(胃)와 자형이 비슷하므로 혼동하지 않도록 주의해야 한다.

胃 [h] 위 wèi　　밥통. 위.

蝟　　위　wèi　　고슴도치.
渭　　위　wèi　　강 이름.
謂 [h]　위　wèi　　말하다. 알리다.
喟*　　위　kuì[6]　　한숨쉬다.

갑옷 주(冑)

①갑골문	②금문	③소전	④해서
			冑

5) ≪이십년목도지괴현상 二十年目睹之怪現狀≫ ; 吃的我胃口都沒了.
6) 중국음 kuì는 우리 음 '괴'에 상당하나, 이미 '위'를 관용음으로 씀.

②는 눈[目>目] 위를 안전하게 보호하는 투구[冑]이므로, 회의자이다. ③은 위음[由>由] 밑뜻 모자[冃>月<冒]의 형성자로 변한 것이며, ④는 ③이 정형화한 것이다.

주(冑)의 본래 뜻은 '투구'이다. "전차의 좌우 병사가 투구[冑]를 벗고 수레에서 내렸다"[7]는 예가 이것이다. 모자[月<冒]를 구성소로 쓰는 '투구' 주(冑)와 달리 '자손' 주(胄)는 밑을 육(⺼<肉)으로 써서 제왕이나 귀족의 후대를 가리킨다. 육(⺼<肉)을 쓴 것은 혈연관계를 나타낸 것이다. 자형으로 구분할 수 없을 뿐만 아니라, 음도 같으므로, 문맥을 보아서 '투구'인지 '후손'인지를 분별해야 한다. 예컨대, "장군은 황제 가문의 후손[胄]인데다, 신의로 사방에 이름높다"[8]고 할 때의 주(胄)는 '후손'의 뜻이다.

주(胄)를 위(胃)라 읽으면 웃음거리가 될 것이다. 위(胃)는 위가 전(田)이고 주(胄)는 위가 유(由)이므로 혼동하지 않도록 주의해야 한다.

由 m 유 yóu 말미암다. 원인. 이유.

袖 수 xiù 옷소매. 소매 속에 넣다.
岫 수 xiù 산봉우리.
油 m 유 yóu 기름.
蚰 유 yóu 그리마. 절족동물.
柚* 유 yóu 티크.
柚* 유 yòu 유자나무.
笛 적 dí 피리.
迪 적 dí 나아가다. 이끌다.
頔 적 dí 아름답다.
宙 m 주 zhòu 집. 하늘.
胄 주 zhòu 맏아들. 핏줄. 투구.
抽 h 추 chōu 빼다. 뽑다.
軸* 축 zhòu 중요하다.
軸* 축 zhóu 굴대. 북. 축. 얼레.
舳 축 zhú 고물. 배의 뒤쪽.

7) ≪좌전 左傳≫<희공33년 僖公三十三年> ; 左右免胄而下.

8) ≪삼국지 三國志≫<촉지 · 제갈량전 蜀志 · 諸葛亮傳> ; 將軍旣帝室之胄, 信義著於四海.

돼지 돈(豚)

①갑골문	②금문	③소전	④해서
			豚

①은 머리가 위를, 꼬리가 아래를, 그리고 배가 왼쪽을 향한 돼지[> > >豕]로, 왼편 배 아래에 살코기[> > >月<肉]가 놓여 있어, 이것이 식용임을 가리키는 회의자이다.[9] ②는 오른편 돼지[ ]의 둔부에 손[>又]이 하나 첨가되어 돼지를 '잡는다[> >豚]'는 뜻이 더하였을 뿐, ①과 자형이 비슷하며, ③은 ②와 자형이 같다. ④는 이들이 정형화한 것으로, 손[ ]이 생략된 대신 돼지의 등 부분에 꼬리가 한 획 늘었다.

돈(豚)의 본래 뜻은 '돼지'이다. "돼지[豚]며 물고기며 닭, 이 셋은 옛날 노인께 봉양하던 짐승이다"[10]라는 예가 이것이다. 식용으로는 어린 돼지의 살코기가 부드러우므로, 널리 '어린 돼지'를 가리킨다. "돈(豚)이란 어린 돼지이다"[11]라는 예가 이것이다. 그래서 자기 자식을 낮추어 '돈아(豚兒)'라고도 하였다. "잠시후 소년이 밖에서 들어오자, 늙은이는 '이 애가 새끼 돼지놈[豚兒]입니다' 하였다"[12]는 예가 이것이다. 돼지가 막고 누운 듯하다는 데서 널리 '제방'을 가리키기도 한다. "미리 흙으로 제방[豚]을 쌓아 호수의 물길을 막아 끊었다"[13]는 예가 이것이다. 다만, 이는 머지않아 '제방'의 뜻인 돈(墩)에 분화되어 쓰인다.

豚　돈　tún　새끼 돼지. 돼지.

遯　돈　dùn　달아나다. 숨다. <본디음은, 둔>

있다 유(有)

①갑골문	②금문	③소전	④해서
			有

①은 '오른손'을 가리키는 우(又)자와 자형이 같으나, 이 경우는 '손에 잡고 지닌다'[> >

---

9) 수퇘지는 살코기[月<肉] 자리에 성기[⊥]가 놓여 있으므로, 이들이 동일한 방식으로 만들어진 회의자임을 알 수 있음.
10) 한유(韓愈) <고태학박사이군묘지명 故太學博士李君墓志銘> ; 豚魚鷄三者, 古以養老.
11) ≪설문해자 說文解字≫<돈부 豚部> ; 豚, 小豕也.
12) 포송령(蒲松齡) ≪요재지이 · 청봉 聊齋志異 · 青鳳≫ ; 俄少年自外入, 叟曰, "此豚兒也."
13) ≪삼국지 三國志≫<위지 · 장제전 魏志 · 蔣濟傳> ; 預作土豚, 遏斷湖水.

ヨ>ナ<又]는 뜻으로서의 상형자, 혹은 지사자이다. ②는 오른손[ヨ] 아래 고기[[illegible]>[illegible]>月]를 더하여, 고기를 가지고 있다[有>有>有]는 뜻의 회의 겸 위음 우(又>ヨ>ナ<又)의 형성자로 바뀐 것이며, ③은 ②와 자형이 같다. ④는 ③이 정형화한 것이다.

유(有)의 본래 뜻은 '가진다'이다. "세상을 지닐[有] 수 있는 사람은 반드시, 세상을 얻으려고 일을 꾸미는 법이 없다"[14]는 예가 이것이다. 가진다는 데서 널리 '있다'로 쓰인다. "그의 부인에게 태기가 있다[有]고 들었다."[15]는 예가 이것이다. 가지고 있다는 데서 널리 '존재하고 있다'로도 쓰인다. "동쪽에는 샛별이 있다[有]"[16]는 예가 이것이다. '지닌다'는 데서 널리 '다스린다'거나 '친애한다'로 쓰이기도 한다. "나라를 다스리는[有] 주요한 바탕이다"[17]라거나 "반응하지도 않고, 감동하지도 않는다면 아래위가 친애할[有] 방도가 없다"[18]는 예가 이것이다. 다만, '친애한다'는 뜻은 머지않아 '벗' 우(友)에 분화되어 쓰인다. 있다는 데서는 널리 '또 더한다'로도 쓰인다. "모두 삼백에 육십을 또 더한[有] 수이다"[19]라는 예가 이것이다. 정수와 우수리 사이에 쓰여 이들을 합하게 만드는 역할은 머지않아 '또한' 우(又)에 분화되어 쓰이므로, 이때는 현대중국어음에 3성의 여우(有yǒu)가 아닌 4성의 여우[有<又yòu]로 읽는다. 다만, 우리 음에는 차이가 없다. 15를 십유오(十有五)[20]라 읽는 예가 그러하다. 너한다는 데서 다시 널리 '많다'로 쓰인다. "한 해 수확이 풍성했다[有]"[21]라는 예가 이것이다. 유년(有年)이란 곧 '풍년'을 가리킨다. "오곡이 모두 익어, 풍년[有年]이 되었다"[22]는 예가 이것이다.

又 m 우 yòu 또. 한편. 오른손.

有 m 유 yǒu 가지고 있다. 소유하다.
有 유 yòu 또.

銪 유 yǒu 유로퓸Eu.
侑 유 yòu 권하다.
囿 유 yòu 우리[동물을 가두어 기르는 곳].
宥 유 yòu 용서하다. 이해해 주다.
洧 유 wěi 강 이름.
痏 유 wěi 상처. 흉터. 멍.

---

14) ≪문자 文子≫<수진 守眞> ; 能有天下者, 必無以天下爲也.
15) ≪후한서 後漢書≫<가복전 賈復傳> ; 聞其婦有孕.
16) ≪시경 詩經≫<소아 · 대동 小雅 · 大東> ; 東有啓明.
17) 채옹(蔡邕) <문열후양공비 文烈侯楊公碑> ; 有國之大本也.
18) ≪순자 荀子≫<정론 正論> ; 不應不動, 則上下無以相有也.
19) ≪역경 易經≫<계사 · 상 繫辭 · 上> ; 凡三百有六十.
20) ≪논어 論語≫<위정 爲政> ; 吾十有五而志於學.
21) ≪시경 詩經≫<노송 · 유필 魯頌 · 有駜> ; 歲其有.
22) ≪곡량전 穀梁傳≫<환공3년 桓公三年> ; 五穀皆熟, 爲有年也.

鮪	유	wěi	다랑어.
郁	욱	yù	향기가 진하다. 성하다.
蛕	회	huí	회충. 회蛔와 같은 글자.
賄	회	huì	뇌물.

능하다 능(能)

①갑골문	②금문	③소전	④해서
			能

②는 왼쪽에는 귀가 솟은 머리[ʓ>ㄹ>厶<巳] 아래 벌린 입[⺼>⺼>月]이 있고, 그 오른쪽으로 두 다리[⺃⺃>⺃⺃>⺃]가 난 몸[⺇] 끝에 짧은 꼬리[⺊]가 있으므로, 곰[能>能>能]의 상형 겸 왼위음 이(ʓ>ㄹ>厶<巳)의 형성자이다. ③은 좀 더 구성미에 치중하였을 뿐 ②와 구성소가 대개 같으나, 다만 밑에서 벌리고 있는 입[⺼>月]이 머리와 떨어져 두 다리[⺃⺃>⺃]곁에 나란히 놓이므로서, 곰의 상형성이 약해졌으며, ④는 ③이 정형화하며 두 다리도 머리에서 떨어져 오른곁에로 밀려나면서 곰의 상형성을 완전히 상실한 것이다.

능(能)의 본래 뜻은 '곰'이다. "꿈에 누런 곰[能]이 침실 문으로 들어왔다"[23]는 예가 이것이다. 다만, 이는 머지않아 위음 능(能) 밑뜻 불[灬<火]의 새 형성자 웅(熊)에 분화되어 쓰이며, 곰이 은인자중한다는 데서 널리 '능력'의 뜻으로 쓰인다. "지난날 시험삼아 기용하고, 선제께서는 그를 능력 있다[能]고 칭찬하였다"[24]는 예가 이것이다. 능력이란 데서 널리 '재능'으로도 쓰인다. "천하에 너와 재능[能]을 겨룰 사람이 없다"[25]는 예가 이것이다. 재능이란 데서 널리 '화목하다'로도 쓰인다. "어찌 평소에 조참과 화목하게[能] 지나지 못했던가"[26]라는 예가 이것이다. 화목하다는 데서 다시 널리 '인내한다'로 쓰이기도 한다. 다만, 이는 머지않아 내(耐)에 분화되어 쓰이므로, 음도 내(能 nài)라 읽는 점 주의해야 한다. "새나 짐승 중에 털이 적은 것은 추위를 인내하는[能] 성질이 있다"[27]는 예가 이것이다.

능(能)을 구성소로 하는 글자는 모두 곰과 연관이 있다. 곰 웅(熊), 말곰 비(羆) 등이 이것이다.

23) ≪국어 國語≫<진어·8 晉語·八>; 夢黃能入寢門.
24) 제갈량(諸葛亮) <전출사표 前出師表>; 試用於昔日, 先帝稱之曰能.
25) ≪서경 書經≫<대우모 大禹謨>; 天下莫與汝爭能.
26) ≪사기 史記≫<소상국세가 蕭相國世家>; 何素不與曹參相能.
27) 조착(晁錯) <언수변략새소 言守邊略塞疏>; 鳥獸希毛, 其性能暑.

厶 이 yǐ 써.<이以 혹은 이已, 이 등과 고금자>

异[28] 이 yì 다르다. 기이하다.
台[29]* 이 yí 나[1인칭]. 기쁘다. 기르다.
台* 대 tái <돈대 대臺의 속체자 겸 간체자>
台* 태 tāi 지방 이름.
允 윤 yǔn 허가하다. 공평하다.
似 [h] 사 sì 닮다. 같다.
耜 사 sì 보습.
矣 [m] 의 yǐ 어기사.
能 [m] 능 néng 재능. 할 수 있다.

熊 웅 xióng 곰.
態 [h] 태 tài 모양. 태도.
螚 내 nài 등에.

109. 신(臣) 부

신하 신(臣)

①갑골문	②금문	③소전	④해서
			臣

①은 밑으로 내려간 눈[>>>]이며, 머리를 조아렸으므로[>>>], 포로[>>>臣]라는 뜻의 상형자이다. ②는 ①과 자형이 비슷하다. ③은 ②와 자형이 같으나, 눈동자가 없어졌으며, ④는 ③이 정형화한 것이다.

신(臣)의 본래 뜻은 '포로'이다. "포로[臣]를 바치려면, 왼손으로 그들을 끌어야 한다"[1]는 예가 이것이다. 포로는 노예로 부렸으므로 널리 '종'을 가리킨다. 특히 하녀를 첩(妾)이라 한 데 반하여 '하인'을 가리킨다. "배와 수레가 교통하는 곳이면, 모두를 하인[臣]과 하녀로

---

28) 윗 부분 이(巳)는 이(以)의 옛 자형 이()가 정형화한 것임.
29) 윗 부분 이(厶)는 이(以)의 옛 자형 이()가 간략한 형태로 정형화한 것임.

1) ≪예기 禮記≫<소의 少儀> ;.獻臣, 則左之.

삼았다"[2]는 예가 이것이다. 다시 널리 '서민'을 가리킨다. "도성에 거주하면 도회지의 서민[臣]이라 하고, 시골에 거주하는 이를 초야의 서민[臣]이라 한다"[3]는 예가 이것이다. 군왕의 하인이라는 데서 널리 관리로서 '신하'를 가리킨다. "군왕은 명철하고 신하[臣]는 충성되며, 윗사람은 겸양하고 아랫사람은 분발한다"[4]는 예가 이것이다. 신하라는 데서 자신의 겸칭으로 쓰인다. "제[臣]가 듣기로, 귀신은 사람을 사귀는 것이 아니라, 덕행에만 근거한다 합니다"[5]라는 예가 이것이다.

이(𦣝)는 신(臣) 자와 자형이 비슷하므로, 주의해야 한다. 이(𦣝)는 '턱'의 상형자이다. 머지않아 이(頤)로 이를 대신하였다. 이를 구성소로 하는 자에는 빛나다 희(熙), 턱 이(頤), 계집 희(姬) 등이 있으며, 신(臣)을 구성소로 하는 자에는 눕다 와(臥), 벼슬 환(宦) 등이 있다.

臣 ⓜ *신* *chén* *신하.*

嚚 은 yín 어리석다. 벙어리.

110. 자(自) 부

스스로 자(自)

①갑골문	②금문	③소전	④해서
			自

"사람은 반드시 스스로[自] 업신여기는 이를 남도 업신여긴다"[1] 할 때의 자(自)이다. ①은 위는 미간의 콧대[ㅅ>ㅅ>人>ㄥ]이고, 아래는 양편 콧방울[ㄴ>()>U>凵]이며, 가운데의 두 줄은 콧등의 주름살[≈>=>=>二]이다. ②는 ①과 자형이 같고, ③도 같은 모양이나, 양 코끝이 이어졌다. ④는 ③이 정형화한 것이나, 코였음을 알아볼 수가 없다.

자(自)의 본래 뜻은 '코'이다. 다만, 이 뜻은 머지않아 위 뜻결[自] 밑 음결 비(畀)의 새

---

2) ≪한서 漢書≫<식화지 · 상 食貨志 · 上> ; 舟車所通, 盡爲臣妾.
3) ≪맹자 孟子≫<만장·하 萬章·下> ; 在國曰市井之臣, 在野曰草莽之臣.
4) ≪좌전 左傳≫<양공9년 襄公九年> ; 君明臣忠, 上讓下競.
5) ≪좌전 左傳≫<희공5년 僖公五年> ; 臣聞之, 鬼神非人實親, 唯德是依.

1) ≪맹자 孟子≫<이루 · 상 离樓 · 上> ; 人必自侮, 然後人侮之.

형성자 비(鼻)에 분화되어 쓰인다. 자(自)가 옛날에는 비(鼻)와 음이 비슷했던 때문이며,[2] '시조'를 비조(鼻祖)라 하는 것은, 코가 사물의 가장 돌출된 부분을 가리키게 된 데에 연유한 예이다. 가장 돌출된 7공의 한 기관이라는 데서 널리 '자신'을 상징한다. "남을 알면 지혜롭다 하고, 자기[自]를 알면 현명하다 한다"[3]는 예가 이것이다. 자기란 데서 널리 '몸소'의 뜻으로 쓰인다. "한나라 고조가 몸소[自] 부대를 이끌었다"[4]는 예가 이것이다. 자기를 기점으로 우주가 인식된다는 데서 널리 출발점을 가리키는 기능사로 쓰이기도 한다. "벗이 있어 멀리로부터[自] 온다면, 이 또한 기쁘지 않은가?"[5]라는 예가 이것이다. 시작된다는 데서 널리 '말미암는다'는 뜻으로도 쓰인다. "작위는 자신의 능력에 말미암아[自] 얻고, 자신의 잘못에 말미암아[自] 잃은 것이니, 한탄 할 것이 없다"[6]는 예가 이것이다.

자(自)는 부수자이다. 이를 구성소로 하는 글자는 '코'와 관계가 있다. 냄새 취(臭), 쉬다 식(息) 등이 이것이다.

自 *m* *자* *zì* *스스로. 자기. 부터.*

洎 계 jì 물을 붓다. 적시다. <본디음은, 기>
習 m 습 xí 익히다. 연습하다.
息 h 식 xī 숨쉬다. 호흡. 이자. 자식.
臬 얼 niè 말뚝. 과녁.
替 h 체 tì 대신하다. 쇠퇴하다. 버리다.

냄새 취(臭)

①갑골문	②금문	③소전	④해서
			臭

①은 두 다리와 그 사이의 배를 오른쪽으로 향한 채 긴 꼬리를 밑으로 늘인 개[>>犬]가 아래에 있고, 귀가 쫑긋이 솟은 낯의 코끝 위에 코[>>自]가 놓여, 개[犬]는 코[自]가 예민하여 '냄새를 맡는다[>>臭]는 뜻의 회의자이다. ③은 ①과 자형이 같으며, ④는 이들이 정형화한 것이다.

2) ≪설문해자 說文解字≫ ; 自, 讀若鼻.
3) ≪노자 老子≫ ; 知人者智, 自知者明.
4) ≪사기 史記≫<소상국세가 蕭相國世家> ; 高祖自將.
5) ≪논어 論語≫<학이 學而> ; 有朋自遠方來, 不亦樂乎?
6) ≪한서 漢書≫<관부전 灌夫傳> ; 侯自我得之, 自我捐之, 無所恨.

취(臭)의 본래 뜻은 '냄새맡다'이다. "짐승이 지나간 자취를 냄새맡아[臭] 아는 것이 개다"[7]라는 예가 이것이다. 널리 '향기'의 뜻으로 쓰인다. "마음 맞는 사람의 말은 향기[臭]가 난초와 같다"[8]는 예가 이것이다. 좋은 향기와 나쁜 냄새를 함께 일러 널리 '기미'의 뜻으로도 쓰인다. "자연섭리의 일이란 소리도 없고 기미[臭]도 없다"[9]는 예가 이것이다. 냄새맡는다는 데서 널리 '구리다'는 뜻으로도 쓰인다. "소, 양, 돼지는 고기가 구려서[臭] 먹을 수 없다"[10]는 예는 초식동물의 고기에 고유한 냄새를 가리킨다. 널리 '악취'를 가리킨다. "착하지 못한 사람과 함께 있으면, 절인 어물전에 있는 것과 같아 이내 악취[臭]를 맡지 못한다"[11]는 예가 이것이다.

'향기'라는 뜻은 향(香)에 분화되어 쓰이고, '냄새맡는다'도 머지않아 새 형성자 후(嗅)에 분화되어 쓰였으므로, 취(臭)는 점차 '악취'만을 가리키게 되었다.

臭 ㉻ *취* *chòu* *썩다. 냄새. 향기.*

殠 추 chòu 썩은 냄새. 고약한 냄새가 나다.
糗 구 qiǔ 미숫가루. 볶은 쌀.

111. 지(至) 부

이르다 지(至)

①갑골문	②금문	③소전	④해서
			至

①은 밑의 가로획은 표적[—>一]이며, 그 위에 화살이 꽂혔으므로, 이르렀다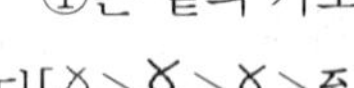는 뜻의 지사자이다. ②는 ①과 자형이 같고, ④는 ③이 정형화한 것이다.

지(至)의 본래 뜻은 '이른다'이다. "진나라 군대가 다시 이르렀다[至]"[1]는 예가 이것이다.

7) ≪설문해자 說文解字≫<견부 犬部> ; 禽走臭而知其適者, 犬也.
8) ≪주역 周易≫<계사·상 繫辭·上> ; 同心之言, 其臭如蘭.
9) ≪시경 詩經≫<대아·문왕 大雅·文王> ; 上天之載, 無聲無臭.
10) 중장통(仲長統) ≪창언·이란 昌言·理亂≫ ; 三牲之肉, 臭而不可食.
11) ≪공자가어 孔子家語≫<6본 六本> ; 與不善人居, 如入鮑魚之肆, 久而不聞其臭.

본래 뜻에서 널리 '정점에 이른다'로 쓰인다. "만물은 정점에 이르면[至] 되돌아간다"[2]는 예가 이것이다. '정점'이란 데에서 널리 '가장'의 뜻으로 쓰인다. "죄는 가장[至] 무거우나, 형벌은 가장[至] 가볍다"[3]는 예가 이것이다. 지금도 가장 사귐이 깊은 친구를 '지교(至交)'라 하고, 가장 깊은 성의를 '지성(至誠)'이라 하며, 가장 높은 지위를 지존(至尊)이라 하고, 가장 고상한 덕행을 지덕(至德)이라 한다.

지행(至行)이란 가장 덕성스러운 행위를 말한다. 현대중국어에서는 고음을 좇아 이때의 행(行)을 싱(行 xìng)으로 읽어, '간다'는 뜻의 싱(行 xíng)과 구별한다.

至 m 지 zhì 이르다. 도달하다. 지극히.

姪 질 zhí 조카. 친구의 아들.
桎 질 zhì 족쇄. 차꼬.
郅 질 zhì 대단히. 극히. 고을 이름.
厔 질 zhì 지명 이름.
窒 질 zhì 막히다. 메다. 억제하다.
蛭 질 zhì 거머리. 간디스토마.
銍 질 zhì 낫. 벼를 베다.
膣 질 zhì 여자의 생식기.
垤 질 dié 작은 언덕. 작은 구릉. 개밋둑.
絰 질 dié 띠[옛날 상복 입을 때, 머리띠와 허리띠].
耋 질 dié 70~80세의 노령.
致 m 치 zhì 주다. 보내다. 전념하다.
室 m 실 shì 방. 아내. 칼 따위의 집.

---

1) ≪좌전 左傳≫<문공2년 文公二年> ; 秦師又至.
2) ≪사기 史記≫<춘신군열전 春申君列傳> ; 物至則反.
3) ≪순자 荀子≫<정론 正論> ; 罪至重而刑至輕.

112. 구(臼) 부

절구 구(臼)

①갑골문	②금문	③소전	④해서

①은 절구[凵>凵>臼>臼]의 단면으로, 상형자이다. ②는 절구[凵>凵>凵>凵] 안의 벽면 양편에 곡식[八>八>八]이 붙어 있으며, ③은 곡식[八]의 상형부호가 많을 뿐, ②와 자형이 같다. ④는 ③이 정형화한 것이다.

구(臼)의 본래 뜻은 '절구'이다. "절구[臼]에 찧고, 쭉정이겨를 까불린다"[1)]는 예가 이것이다. 널리 절구 역할을 하는 것도 구(臼)라 하여, '어금니'를 구치(臼齒)라 한다. 절구가 곡식을 가두어 놓는 틀이라는 데서 널리 '진부함'을 가리키기도 한다. "마음껏 한담해도 진부하지[臼窠] 않았지"[2)]라는 예에서, 구과(臼窠)는 '상투에 젖는다'는 뜻으로, 현대중국어로는 이를 커지우(窠臼 kējiù)라 한다.

구(臼)는 부수자이다. 이를 구성소로 하는 글자는 모두 '절구'나 '구덩이'와 관련이 있다. 퍼내다 요(舀), 끼우다 삽(臿), 찧다 용(舂) 등이 이것이다.

臼	*구*	*jiù*	*절구*
舅	구	jiù	외삼촌. 처남. 시아버지.
舊 ⓜ	구	jiù	옛날의. 과거의. 오래 되다.

퍼내다 요(舀)

①갑골문	②금문	③소전	④해서

②는 손[爪>爪>爪<爪]으로 절구[凵>凵>凵] 속에서 곡식[八>八>八]을 퍼내는 모양[舀>舀>舀]으로, 회의자이다. ③은 ②와 자형이 비슷하며, ④는 ③이 정형화한 것이다.

---

1) 왕충(王充) ≪논형・양지 論衡・量知≫ ; 春之於臼, 簸其粃糠.
2) 황정견(黃庭堅) <무구염자의 시운에 맞추어 次韻無咎閻子常携琴入村> ; 取意閑談沒臼窠.

요(舀)의 본래 뜻은 '퍼낸다'이다. "지금 가서 한 쪽박 물을 퍼[舀] 와서 네게 마시게 해 주랴!"[3]라는 예가 이것이다. 푼다는 데서 널리 '퍼담는다'로 쓰인다. "저쪽 것을 떠서 이쪽에 쏟아 붓는 것을 모두 요(舀)라 한다"[4]는 풀이가 이와 같다. 광동 지방에 '술 퍼담기' 풍습이 있다. 현대중국어로 야오지우(舀酒 yǎojiǔ)라 하는 것이 이것이다. 향시에 합격했거나 수재가 되어 태학에 입학하게 되었다는 소식을 들으면, 대문 앞에다, 빈 단지 하나와 술항아리 몇 개를 놓아두고 마을 사람이나 행인들이 마음대로 그 술을 마시면서 빈 단지에다 항아리의 술을 옮겨 퍼담게 하는 풍습이다.

舀　요　yǎo　국자 · 바가지 따위로 퍼내다.

蹈　도　dǎo　밟다. 걷다.
稻 h　도　dào　벼.
慆　도　tāo　기뻐하다. 방자하다.
滔　도　tāo　물이 차고 넘치는 모양.
搯　도　tāo　꺼내다. 퍼내다.
縚　도　tāo　여러 가닥으로 땋은 끈.
韜　도　tāo　감추다. 활집.
䵚　도　tǎo　옥수수.

찧다 용(舂)

①갑골문	②금문	③소전	④해서

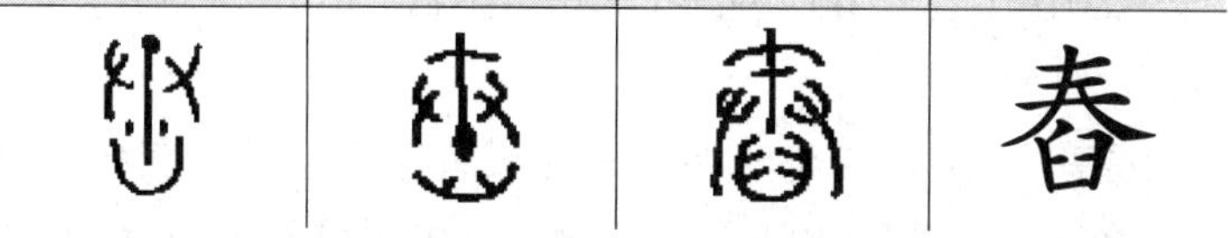

①은 위의 좌우 양편에서 두 손[illegible]이 가운데 절구공이[illegible]를 들고, 아래 놓인 절구[illegible]를 찧는다[illegible>舂]는 뜻이므로 회의자이다. 절구 아래 좌우 양편 두 점은 벼[illegible]를 상징한 것이다. 공이는 대개 아래, 위 각각에 두께가 굵은 곳이 있음을 나타내는 두 점이 있어, ②는 굵은 공이 손잡이[illegible]임을 나타내던 위의 점이 가로획[illegible]으로 변한 것이며, ③은 공이의 굵은 밑임을 나타내던 아래 점[illegible]도 가로획[illegible]으로 변한 것으로, ②와 자형이 비슷하다. ④는 ③이 정형화하면서, 공이[illegible]와 이를 잡은 손[illegible]이 함께 춘(春)의 윗부분[illegible]과 잘못 동화됨으로써, '손으로 공이를 잡고' 라는

---

3) 노신(魯迅) ≪열함·사희 吶喊·社戲≫ ; 現在去舀一瓢水來給你喝罷!
4) ≪설문해자 說文解字≫<구부 臼部> ; 凡酌彼注此皆曰舀.(段玉裁注)

뜻은 찾을 수 없고, 다만 아래 절구[臼]만 원형을 보존하고 있다.

용(舂)의 본래 뜻은 '벼를 찧는다'이다. "농촌은 추수하느라 고되구나, 이웃 부녀는 추운 밤늦도록 벼를 찧고[舂]"[5]라는 예가 이것이다. 널리 '절구'를 가리키기도 한다. "돌 절구[舂]를 들어올릴 수 있다"[6]는 예가 이것이다. 널리 '부딪친다'는 뜻으로도 쓰인다. "탁한 물결 발 밑에 눈송이를 뒤집는 듯하고, 큰 파도 아득히 하늘에 부딪칠[舂] 듯하다"[7]는 예가 이것이다. 다만, 이는 머지않아 충(衝)에 분화되어 쓰인다.

舂　용 chōng　찧다. 빻다.

惷　용 chōng　어리석다. 우둔하다.

일어나다 흥(興)

①갑골문	②금문	③소전	④해서	⑤간체자
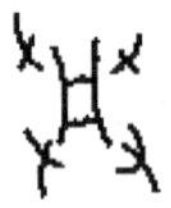			興	兴

①은 마주난 두 쌍의 손[[illegible]>[illegible]>[illegible]>[illegible]]이 가운데 기물[[illegible]>[illegible]>[illegible]>同]을 마주 든다[[illegible]>[illegible]>[illegible]>興]는 뜻의 회의자이다. ②는 아래위 한 쌍씩의 손이 서로 다른 기물[[illegible]]을 들었을 뿐, ①과 자형이 비슷하며, ③은 가운데 기물이 동([illegible]>同) 자로 잘못 변한 것이니, 이는 당시에 흥(興)이 이미 '힘을 합해[同] 일으키다'는 뜻이었음을 말해준다. ④는 ③이 정형화한 것이며, ⑤는 초서를 간체화한 것이다.

흥(興)의 본래 뜻은 '들어올린다'이다. "지혜 있는 사람을 맞아들이고, 공적 있는 사람을 들어올린다[興]"[8]는 예가 이것이다. 널리 '일어난다'로 쓰인다. "새벽같이 일어나[興] 밤 깊어 자리에 든다"[9]는 예가 이것이다. 일어난다는 데서 널리 '일으키다'로 쓰인다. "한나라가 군사를 크게 일으켜[興] 흉노를 정벌하였다"[10]는 예가 이것이다. 일으킨다는 데서 널리 '흥겹다'로도 쓰인다. "여산의 노래 즐겨 지으리, 흥겨움[興]이 여산에서 일어나니"[11] 라는 예가 이것이다. 흥취(興趣)니 흥미(興味)니 하는 예가 모두 같은 예이다. 다만 현대중국어로는

5) 이백(李白) <오송산 아래 순온의 집에 묵으며 宿五松山下荀媪家> ; 田家秋作苦, 隣女夜舂寒.
6) 포송령(蒲松齡) ≪요재지이・왕사수 聊齋志異・汪士秀≫ ; 能擧石舂.
7) 공사태(貢師泰) <하결 河決> ; 濁浪近翻雪, 洪濤遠舂天.
8) ≪주례 周禮≫<하관・대사마 夏官・大司馬> ; 進賢興功.
9) ≪시경 詩經≫<위풍・맹 衛風・氓> ; 夙興夜寐.
10) ≪사기 史記≫<장탕전 張湯傳> ; 漢大興兵伐匈努.
11) 이백(李白) <여산요 廬山謠> ; 好爲廬山謠, 興因廬山發.

이를 4성으로 싱(xìng)이라 읽어, '일으키다'는 뜻인 1성의 싱(xīng)과 구분한다. '기분 좋다'는 말은 현대중국어의 까오싱(高興 gāoxìng)이며, '유행한다'는 현대중국어에 싱카이(興開 xīngkāi) 라고 구분하여 읽는 예가 이것이다.

興 흥 xīng 일으키다. 성행시키다. 시작하다.*
興*[m] 흥 xìng 흥미. 취미. 재미.

옛 구(舊)

①갑골문	②금문	③소전	④해서	⑤간체자
			舊	旧

"맹자는 옛[舊] 학술을 고수할 뿐, 세상 일을 알지 못 한다"12) 할 때의 구(舊) 자이다. ①은 머리[[illegible]] 위에 뿔 모양 털[[illegible]]이 선명한 부엉이[[illegible]>[illegible]>[illegible]>萑]가 남의 둥지[[illegible]>[illegible]>[illegible]>臼]를 침범하여 능멸한다[[illegible]>[illegible]>[illegible]>舊]는 뜻의 회의자이나, 구[臼]는 음겹으로도 쓰였으므로, 회의 겸 형성자이다. "올빼미, 올빼미야, 내 새끼를 먹었구나, 둥지는 부수지 마라"13)는 노래는 올빼미과 새의 습관을 읊은 것이다. ②와 ③은 모두 ①과 자형이 같다. ④는 뿔 모양 털[[illegible]]이 초(++)와 잘못 동화되었을 뿐, ③이 정형화한 것이다. ⑤는 초서를 정형화한 간체자이다.

구(舊)의 본래 뜻은 '침범한다', 혹은 '능멸한다'이다. "회수의 이민족이 우리나라를 침범한다[舊]"14)는 갑골 점괘의 예가 이것이다. 올빼미과의 새들은 대개 야행성이어서 낮에 움직이지 않고 오랫동안 가만히 있을 때가 많다는 데서 널리 '오래다'로 쓰인다. "그것이 유래된 지가 오래다[舊]"15)는 예가 이것이다. 오래다는 데서 널리 '오랜 사귐'을 가리키기도 한다. "두 사람은 저와 십 년 간의 오랜 사귐[舊]이 있습니다"16)라는 예가 이것이다. 다시 널리 '옛'의 뜻으로 쓰인다. "옛[舊] 산하를 되찾았다"17)는 예가 이것이다.

臼 구 jiù 절구.

舅 구 jiù 외삼촌. 처남. 시아버지.
舊 [m] 구 jiù 옛날의. 과거의.

---

12) 환관(桓寬) ≪염철론 · 논유 鹽鐵論 · 論儒≫ ; 孟軻守舊術, 不知世務.
13) ≪시경 詩經≫<빈풍 · 치효 豳風 · 鴟鴞> ; 鴟鴞鴟鴞, 旣取我子, 無毁我室.
14) 갑골복사(甲骨卜辭) <혜갑반 兮甲盤> ; 淮夷舊我.
15) 황조영(黃朝英) ≪정강상소잡기·2권 靖康緗素雜記·卷二≫ ; 其來舊矣.
16) 이공좌(李公佐) <남가태수전 南柯太守傳> ; 二人與臣有十年之舊.
17) 두보(杜甫) <근심을 풀며 散愁> ; 收取舊山河.

113. 설(舌) 부

집 사(舍)

①갑골문	②금문	③소전	④해서

"나그네 숙소[舍] 짙푸르니 버들 빛 새롭고"[1] 할 때의 사(舍) 자이다. ②는 경사진 지붕[人>人>人] 아래 동량[T>T>T]과 대들보[->U>一]가 있고, 그 아래 토대[ㅁ>ㅁ>口]가 있으므로, 집[舍>舍>舍]을 그린 상형자이다. ③은 ②와 자형이 같으나 예술화하였으며, ④는 이들이 정형화한 것이다.

사(舍)의 본래 뜻은 '집'이다. "여식이 7세, 사내가 9세가 되어 어릴 때의 약한 신체가 온전해지면 다른 집[舍]에 맡긴다"[2]는 예가 이것이다. 집이란 데서 널리 '객사'로도 쓰인다. "그대는 쉬며 객사[舍]에 머물라"[3]는 예가 이것이다. 다시 널리 '묵다'로 쓰인다. "장자는 산에서 내려와 옛 친구 집에 묵었다[舍]"[4]는 예가 이것이다. '행군 중에 묵다'는 뜻도 있다. "군대가 하룻밤 묵는 것을 사(舍)라 한다"[5]는 예가 이것이다. 묵다는 데서 널리 '그친다'로도 쓰인다. "음악 좋아하기는 세상이 다 같으니, 못 하게 한들 어찌 그칠[舍] 수 있으랴"[6]는 예가 이것이다. '그친다'는 데서 널리 '버린다'로도 쓰인다. "어찌 자기가 즐기는 것을 버리고[舍], 두려운 것을 좇을 수 있으랴"[7]는 예가 이것이다. 이는 머지않아 왼뜻[扌] 오른음[舍]의 새 형성자 사(捨)로 분화되어 쓰인다. 다만 간체자에는 다시 사(舍)에 동화되어 사(捨)가 쓰이지 않으므로, 옛 글자를 되찾은 셈이다.

舍 ⓜ 사 shè 집. 가옥.*
舍 사 shě <사捨의 간체자>*

捨 ⓗ 사 shě 버리다. 포기하다.
余 ⓜ 여 yú 나. <여餘의 간체자>

---

1) 왕유(王維) <송원이사안서 送元二使安西> ; 客舍靑靑柳色新.
2) ≪후한서 後漢書≫<공융전 孔融傳> ; 女年七歲, 男年九歲, 以其幼弱得全, 寄它舍.
3) ≪장자 莊子≫<설검 說劍> ; (趙文王說)夫子休就舍.
4) ≪장자 莊子≫<산목 山木> ; 夫子出于山, 舍于故人之家.
5) ≪좌전 左傳≫<장공3년 莊公三年> ; 師, 一宿爲舍.
6) 왕안석(王安石) <우언·13 寓言·十三> ; 好樂世所共, 欲禁安能舍.
7) 혜강(嵇康) <여산거원절교서 與山巨源絶交書> ; 安能舍其所樂, 而從其所懼哉?

騇		사 shě	암말.
涻		사 shè	물이름.
餘	m	여 yú	남기다.
除	m	제 chú	없애다. 나누다. 섬돌. 층계.
徐	h	서 xú	천천히.
斜	h	사 xié	비스듬하다. 기울다.
途	h	도 tú	길. 도로. 역정.
涂		도 tú	도랑.

114. 천(舛) 부

춤추다 무(舞)

①갑골문	②금문	③소전	④해서
			舞

"넓은 소매 훨훨 춤추게[舞] 날리며"[1] 할 때의 무(舞) 자이다. ①은 중간은 정면으로 서 있는 사람[大]이며, 양손에 소의 꼬리 같은 장식[ ]을 잡고 춤추는 모양[> > >無]으로,[2] 상형자이다. ②는 윗부분은 ①의 춤추는 사람 왼편 아래에 척(>彳)을 더하고 오른편 아래에 지(>止)를 더한 '착(辵)' 자로 춤동작의 '움직임'을 보이는 회의 겸 위음 무(> >無)의 형성자로 바뀐 것이다. ③은 ②보다 조금 간단하나, 아래에 두 개의 발[>舛]을 더하여, 역시 도약하는 동작임을 표시하였다. ④는 ③을 성형화한 것이다.

---

1) 이백(李白)의 <고구려 高句驪> 한 구절이다. 전편은 아래와 같다.

金花折風帽,	금빛 꽃잎 같은 절풍모 받쳐쓰고,
白馬小遲回.	백마 타고 잠시 머뭇 돌아가시네.
翩翩舞廣袖,	넓은 소매 훨훨 춤추게 날리며,
似鳥海東來.	새처럼 해동에서 오셨다가.

2) 청해(青海) 대통하(大通河) 상류의 대략 5천년 전 무덤에서 출토된 채도(彩陶) 항아리의 '춤 무늬[舞蹈紋]'에는 5인의 군무(群舞)가 그려져 있다. 5인은 한결같이 머리에 새 깃 같은 꾸미개를 달았고, 엉덩이에는 짐승꼬리 모양의 장식을 늘이고 있다. 이로 보아 고대인들은 가무나 제사 활동 중에 자신들을 수렵의 대상이나 씨족을 상징하는 동물로 분장한 것 같음.(中華五千年文物集刊編, 손경자역≪中國服飾5000年 · 上≫p.54)

무(舞)의 본래 뜻은 '춤춘다'이다. "방패와 도끼를 들고 춤춘다[舞]"[3]는 예가 이것이다. '춤춘다'는 데서 널리 '권모술수를 쓴다'로 쓰인다. "권모술수를 써서[舞] 남을 부린다"[4]는 예가 이것이다.

𣞤	*m*	*무*	*wǔ*	*춤. 무용.<舞와 고금자>*
舞	m	무	wǔ	춤. 무용.
無	m	무	wú	없다.
嫵		무	wǔ	어여쁘다. 곱다.
憮		무	wǔ	어루만지다. 애무하다.
廡		무	wǔ	곁채. 거느림채. 행랑. 집.
潕		무	wǔ	물 이름.

115. 주(舟) 부

배 주(舟)

①갑골문	②금문	③소전	④해서
			舟

①은 양편에 낮은 뱃전이 난 나룻배[>>>舟]이다. 국립중앙박물관에 소장된 김홍도의 그림 <도강도>에 보이는 나룻배는 이 배[舟]를 옮겨 그려놓은 듯하다. 이인문의 <어초도>에는 노 젓는 사람이 버티고 선 발 아래, 양 뱃전을 잇는 버팀목까지 사실적으로 그려져 있다. ②는 ①과 자형이 같고, ③은 뱃전이 후미의 노처럼 예술화한 것이며, ④는 ③이 정형화한 것이다.

주(舟)의 본래 뜻은 '배'이다. "나무 속을 파내 배[舟]를 만든다"[1]는 예가 이것이다. 다주(茶舟)란 찻잔이 받침쟁반에 놓인 듯하다 하여 배를 이르던 말로, 지금은 다선(茶船)이라 한다. 주집(舟楫)이란 '노'의 뜻이지만 널리 '배'를 가리키기도 한다. "넓은 강을 건넘에, 너를 배[舟

---

3) ≪한비자 韓非子≫<오두 五蠹> ; 執干戚舞.
4) ≪사기 史記≫<장탕전 張湯傳> ; 舞智以御人.

1) ≪역경 易經≫<계사·하 繫辭·下> ; 刳木爲舟.

楫] 삼았음과 같다"[2]는 예가 이것이며, 여기서는 '신하'의 역할을 배에 비유한 것이다. 배라는 데서 널리 '배를 탄다'거나 '배로 건넌다'로 쓰인다. "길은 가되 소로에는 들지 않으며, 배는 타되[舟] 헤엄치지는 않으니, 감히 돌아가신 부모가 남긴 몸으로 위태로운 일을 하지는 않는다"[3]는 예가 이것이다. '배에 실어 나른다'로 쓰이기도 한다. "쌀을 배에 실어 나르는[舟] 상인들의 행렬이 이어졌다"[4]는 예가 이것이다.

주(舟)는 부수자이다. 이를 구성소로 하는 글자는 모두 배와 관련되어 있다. 배의 후미 축(舳), 건너다 항(航), 배 방(舫), 싸움배 함(艦), 큰 배 가(舸), 키 타(舵), 앞 전(前) 등이 이것이다.

舟 [h] *주* *zhōu* *배.*

侜	주	zhōu	속이다.
輈	주	zhōu	끌채. 수레의 채.
鵃	주	zhōu	멧비둘기.
受 [m]	수	shòu[5]	받다.
朝* [m]	조	cháo[6]	조정.
朝* [m]	조	zhāo	아침. 하루 날.

김홍도金弘道 <도강도 渡江圖>

이인문李寅文 <어초도 漁樵圖>

2) ≪서경 書經≫<설명 · 상 說命 · 上> ; 若濟巨川, 用汝作舟楫.
3) ≪예기 禮記≫<제의 祭義> ; 道而不徑, 舟而不游, 不敢以先父母之遺體行殆.
4) 이고(李翱·唐) <고동천절도사노공전 故東川節度使盧公傳> ; 商人舟米以來者相望.
5) 수(受) 자의 '冖'을 음결 '주(舟)'의 생략표기로 본 것임.
6) 조(朝) 자의 음결은 주(月<舟)임.

116. 초(艸) 부

풀 초(草)

①갑골문	②금문	③소전	④해서a	④해서b
			艸	草

"무성한 들 풀[草]은, 해마다 한 번 피고 지고. 들불도 태워 못 없애지, 봄바람 불면 다시 사니"[1] 할 때의 초(草) 자이다. ①은 대지에 떼지어 난 풀[ΨΨ>ΨΨ>ΨΨ>++<艸]의 회의자이다. ②, ③, ④a는 ①과 자형이 같으며, ④b는 위뜻[++] 밑음 조[早]의 형성자로 바뀐 것이다.

초(草)의 본래 뜻은 '풀'이다. "나무도 풀[草]이라 할 수 있다"[2]는 예가 이것이다. '풀'에서 널리 '황무지'를 가리킨다. "밭을 경작하고 황무지[草]를 개간하여 민중의 생산량을 증가시킨다"[3]는 예가 이것이다. 널리 '거칠다'는 뜻으로도 쓰인다. "조악한 밥과 거친 야채 반찬[草]을 차려 초나라 사신에게 대접하였다"[4]는 예가 이것이다.

초(艹<草)는 부수자이다. 초(艸)는 원래 4획(++)인 것을 3획(艹)으로 쓰기도 하였으나, 간체화 이후에는 3획으로만 쓰인다. 이를 구성소로 하는 글자는 모두 식물과 관련이 있다. 지초 지(芝), 회향풀 회(茴), 연 하(荷), 콩 숙(菽), 나물 채(菜), 원추리 훤(萱), 저물다 막(莫), 과일 꼭지 체(蔕) 등이 이것이다.

早	m	조	zǎo	새벽. 이른 아침.
草	*m*	*초*	*cǎo*	*풀.*
騲		초	cǎo	가축의 암컷. 암말.

1) 백거이(白居易) <부득고원초송별 賦得古原草送別> ; 離離原上草, 一歲一枯榮. 野火燒不盡, 春風吹又生.
2) 풍몽룡(馮夢龍) ≪고금담개 · 색어 古今譚概 · 塞語≫ ; 木亦可謂之草.
3) ≪한비자 韓非子≫<현학 顯學> ; 耕田墾草以厚民産也.
4) ≪사기 史記≫<진승상세가 陳丞相世家> ; 以惡草具進楚使.

꽃 화(華)

①갑골문	②금문	③소전	④해서	⑤간체자
			華	华

"일찍이 이 뜰에 귤이 있었는데, 십 년을 꽃피우지[華] 않더니, 이 해에 꽃피었다[華]"[5] 할 때의 화(華) 자이다. ②는 위는 꽃잎[[illegible]]과 꽃받침[[illegible]]이며 아래는 줄기[[illegible]]이므로 꽃[[illegible]>[illegible]>華]의 상형자이다. ③은 균형미에 치중하였을 뿐, 자형이 ②와 비슷하며, ④는 ③이 정형화한 것이다. ⑤는 간체자로, 위음에 화(化), 밑뜻에 꽃잎과 줄기의 상형부호[十]를 쓴 새 형성자이다.

화(華)의 본래 뜻은 '꽃'이다. 특히 나무에 핀 꽃을 가리키기도 한다. "나무에 핀 꽃은 '화(華)'라 하고, 풀에서 핀 꽃은 '영'이라 한다"[6]는 예가 이것이다. 꽃이란 데서 널리 '꽃피운다'로 쓰인다. "늦봄 5월에 오동은 꽃피우기[華] 시작한다"[7]는 예가 이것이다. 꽃빛이라는 데서, '반백의 머리'를 화발(華髮)이라 칭한다. "평생토록 변방이며 강남을 좇다, 반백머리[華髮] 창백한 얼굴로 돌아온다"[8]는 예가 이것이다. 꽃과 같다는 데서 널리 '화려하다'로도 쓰인다. "살아서는 화려한[華] 집에 머물다, 죽어서는 산언덕에 묻힌다"[9]는 예가 이것이다.

화(花)는 머지않아 화(華)를 고쳐 쓴 자로, '꽃'을 가리킬 때는 이후 모두 화(花)를 쓸 뿐, 화(華)는 쓰지 않았다. "꽃[花]은 홀로 떨어지고, 물은 홀로 흐르듯, 한 가지 그리움이 따로 나뉘어 사무친다"[10]는 예가 이것이다. 꽃 같다는 데서 '미혹시킨다'거나 '상처'의 비유로 쓰이기도 한다. "미혹시키는 말[花言巧語]"이라는 예에서 화(花)는 '미혹한다'는 뜻이며, "지난번 대구 전투에서 상처[花]를 입었다"[11]는 예에서는 '상처'를 비유한 것이다.

華[m]*	*화*	*huā*	*꽃.*
華[m]*	*화*	*huá*	*광채. 광휘. 중국의 이름.*
*華**	*화*	*huà*	*성姓. 산 이름.*
譁*	화	huā	쾅. 철커덩. [문 따위가 닫히는 소리]
譁*	화	huá	시끄럽다. 떠들썩하다.

---

5) 후방역(侯方域) <정씨동원기 鄭氏東園記>; 先是園中有橘, 十年不華, 而是歲華.
6) ≪이아 爾雅≫<석초 釋草>; 木謂之華, 草謂之榮.
7) ≪예기 禮記≫<월령 月令>; (季春之月)桐始華.
8) 신기질(辛棄疾) <청평악·박산 왕씨의 암자에 홀로 머물며 淸平樂·獨宿博山王氏庵>; 平生塞北江南, 歸來華髮蒼顔.
9) ≪진서 晉書≫<사안전 謝安傳>; 生存華屋處, 零落歸山丘.
10) 이청조(李淸照) <일전매 一剪梅>; 花自飄零水自流, 一種相思, 兩處閒愁.
11) 양삭(楊朔) <상위동지 上尉同志>; 上回打大邱掛了花.

鏵	화 huá	보습.
樺	화 huà	자작나무. 벚나무.
鞾	화 xué	장화. 부츠.

저물다 막(莫)

①갑골문	②금문	③소전	④해서
			莫

①은 위와 아래 사방이 풀밭[艸>艸>茻>茻<茻]이며, 그 가운데 태양[日>日>日>日]이 지고 있다[莫>莫>莫>莫]는 뜻의 회의 겸 겉음 망(艸>艸>茻>茻<茻)의 형성자이다. ②와 ③은 ①과 자형이 같다. ④는 아래의 풀[廾]이 대(大)와 잘못 동화되며 정형화한 것이다.

막(莫)의 본래 뜻은 '날이 저문다'이다. "새벽 일찍 아니면 날 저물어서[莫]"[12]라는 예가 이것이다. 저문 뒤에는 해가 없어진다는 데서 널리 '없다'는 뜻으로 쓰인다.[13] "하늘에서 해나 달보다 밝은 것은 아무것도 없다[莫]"[14]는 예가 이것이다. 없다는 데서 널리 '못 한다'로 쓰인다. "한 병사가 관문을 지키면 만군도 열지 못 한다[莫]"[15]는 예가 이것이다. 못 한다는 데서 널리 '하지 말라'로 쓰이기도 한다. "용건 없는 사람은 들어오지 마시오[莫]"[16]라는 예가 이것이다. 막(莫)이 '없다'거나 '하지 말라'는 뜻으로 쓰임이 고정되자, '날이 저문다'는 뜻은 해[日]를 또다시 첨가하여 위음[莫] 밑뜻[日])의 새 형성자 모(暮)에 분화시켜 나타내게 되었다. 이 때문에 막(莫)도 '날이 저문다'는 뜻으로 쓰인 경우에는 모(莫>暮)'로 읽는 점 주의해야 한다.

"넓고 아득한[莫] 들판"[17]이라는 예에서 막(莫)은 '아득히 넓다'는 뜻으로서, 머지않아 막(漠)에 분화되어 쓰이는 글자인 점 주의해야 한다.

茻	망 wāng	잡풀우거지다.
*莫**	*모 mò*	*저물다. 나물. 푸성귀.*

12) ≪시경 詩經≫<제풍·동방미명 齊風·東方未明>; 不夙則莫.
13) 막(莫: 慕各切), 혹은 모(莫: 莫故切)는 무(無: 武夫切)와 고음이 비슷하다. 연(燕)나라 사람들은 '없다' 할 때 '모(毛: 莫袍切)'라고 말하였다 하며, 청대에는 이미 '무유(無有)'를 '몰유(沒有)'라 하였다 한 것이 이와 같음.(≪說文解字≫<無條>의 段玉裁注 참조)
14) ≪순자 荀子≫<천론 天論>; 在天者莫明于日月.
15) 이백(李白) <촉도난 蜀道難>; 一夫當關, 萬夫莫開.
16) 현대한어(現代漢語); 閑人莫入.
17) ≪장자 莊子≫<소요유 逍遙游>; 廣莫之野.

莫[m] 막 mù 하지 말라.*

摸*	모	mō	찾다. 어루만지다.
摸*	모	mó	본떠 그리다.
謨	모	mó	꾀. 책략.
模*[h]	모	mó	법. 본보기.
模*	모	mú	틀. 거푸집.
募 [h]	모	mù	모으다. 널리 구하다.
慕 [h]	모	mù	그리워하다. 사모하다.
暮 [m]	모	mù	저물다. 늦다.
墓 [h]	묘	mù	무덤. 묘.
膜	막	mó	막. 얇은 꺼풀.
漠 [h]	막	mò	사막. 아득하다.
寞	막	mò	쓸쓸하다.
瘼	막	mò	질병. 고통.
幕 [h]	막	mù	막. 장군의 군막.
葬 [h]	장	zàng	장사지내다.

일만 만(萬)

①갑골문	②금문	③소전	④해서	⑤간체자
			萬	万

①은 전갈[[illegible]>[illegible]>[illegible]>萬]로, 위는 집게와 입[[illegible]>[illegible]>[illegible]>艹]이고, 가운데는 몸뚱이[[illegible]>[illegible]>[illegible]>田]이며, 아래는 꼬리[[illegible]>[illegible]>[illegible]>禸]이므로, 상형자이다. ②는 ①과 자형이 같다. 다만, 꼬리에 가로 놓인 손[[illegible]]은 갑골문의 합문(合文)[18]에서 '1만'임을 가리키던 '1[一]'이 잘못 변형된 것이다. ③은 ②와 자형이 같으나, 전갈[[illegible]>[illegible]]과 손[[illegible]>[illegible]]이 모두 알아보기 쉽지 않다. ④는 ③이 정형화한 것이며, ⑤는 속자를 빌어 간체자로 삼은 것이다.

만(萬)의 본래 뜻은 '전갈'이다. 번식하는 수가 많은 데서 머지않아 많은 수, '만'을 가리킨다. "만 가지[萬] 일을 다 완비하였는데, 동남풍만 빠져있다"[19]는 예가 이것이다. 1만이란 데서 널리 '많다'로 쓰인다. "많은[萬] 산이 첩첩 놓였다"[20]는 예가 이것이다. 만 번이라는 데서

18) 갑골문에는 두 글자를 한 글자로 겹쳐쓴 예가 적지 않으므로, 이를 합문이라 한다. 예컨대, 천(千)은 '1인(一亻)'을 겹쳐 쓴 것이며, 백(百)은 '1백(一白)'을 겹쳐 쓴 예가 이것임.

19) ≪삼국연의 三國演義≫<49회 四九回> ; 萬事俱備, 只欠東風.

널리 '아무리 많더라도'로 쓰인다. "아무리 어려워도 물러서지 않는다(萬難不辭)"는 예가 이것이다.

묵사(万俟)란 북방민족에게서 유래한 2자 성씨이다. 간체화 이전부터 묵(万)이라 읽고 쓰던 자이므로, 만(萬)과는 다른 자이나, 간체화 이후 동화되어 구별되지 않으므로, 주의해야 한다.

萬 [m]	*만*	*wàn*	*1만. 매우 많은.*
勱	매	mài	힘쓰다. 애쓰다. 노력하다.
蠆	채	chài	전갈류의 독충.

재주 예(藝)

①갑골문	②금문	③소전	④해서a	④해서b	⑤간체자

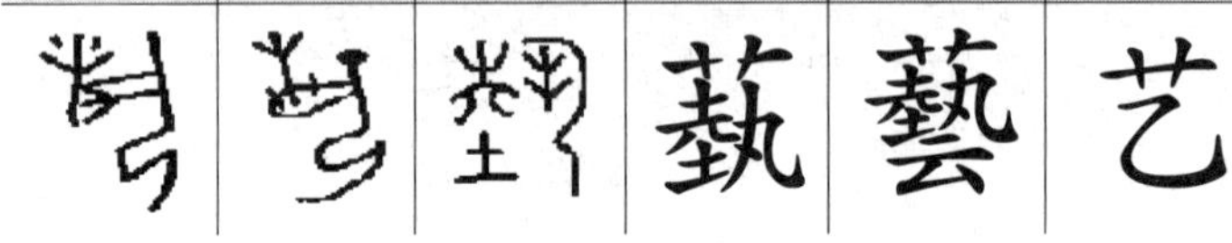

①은 꿇어앉은 사람[[illegible]>[illegible]>[illegible]>[illegible]]이 손[[illegible]>[illegible]>[illegible]>[illegible]>[illegible]]에 모종[[illegible]>[illegible]>[illegible]>[illegible]]을 들고 땅에 심으려는 모양으로, 심는다[[illegible]>[illegible]>[illegible]>埶]는 뜻의 회의자이다. ②는 ①과 자형이 같으며 ③은 왼편에 흙[土>土] 위에 모종[[illegible]>[illegible]]이 있으며, 오른편의 사람[[illegible]]이 이를 잡고[[illegible]>丸<丮] 있어 ②와 맥락이 같다. 예(埶) 자가 이것이다. ④a는 위에 뜻결 풀[艹]을 덧붙였으며, ④b는 다시 음결 운(云)을 첨가하여 형성자로 변하였다. 이때는 아마 운(云)과 예(藝)가 자음이 비슷했을 것이다. ⑤는 간체자로, 위뜻[艹] 밑음[乙]의 새 형성자를 이룬 것이다. 을(乙)은 현대중국어에 이(yǐ)로 읽혀 예(藝)의 현대중국어음 이(yì)와 음이 비슷하기 때문이다.

예(藝)의 본래 뜻은 '심다'이다. "곡식을 심을[藝] 수가 없다"[21]는 예가 이것이다. 원예(園藝)라고 할 때의 예(藝)도 이와 쓰임이 같다. 환경에 맞추어 잘 심는다는 데서 널리 '재능'이나 '기능'을 가리킨다. "재능[藝]의 길을 널리 열었다"[22]는 예가 이것이다. 심는 시기나 방법에 규범이나 표준이 있다는 데서 널리 '준칙'으로 쓰이기도 한다. "사람을 씀에 준칙[藝]이 없다"[23]는 예가 이것이다.

20) 심종문(沈從文)≪종문자전·나 자란 곳 從文自傳·我所生長的地方≫; 萬山重疊.
21) ≪시경 詩經≫<당풍·보우 唐風·鴇羽>; 不能藝黍稷.
22) ≪사기 史記≫<구책열전 龜策列傳>; 博開藝能之路.
23) ≪국어 國語≫<월어·하 越語·下>; 用人無藝.

蓺	예	yì	묘목을 심다.
藝 ⓜ	*예*	yì	*식물을 심다. 기술. 기예.*
褻	설	xiè	더럽다. 속옷. 얕보다.
勢 ⓜ	세	shì	권세. 기세.
槷	얼	niè	기둥. 옛날 해 그림자를 재던 막대.
熱 ⓜ	열	rè	뜨겁다. 덥다. 가열하다.

117. 호(虍) 부

범 호(虎)

①갑골문	②금문	③소전	④해서
			虎

①은 옆으로 난 입[] 이 크고, 세로무늬가 난 몸[] 밑에 꼬리[]를 말아 올렸으므로, 범[>>>虎]의 상형자이다. ②는 꼬리[]가 말려 오르고 큰 입[] 위로 이빨[]이 솟아, 아직 범의 모습이 일부 남아 있으나, ③은 큰 입[]의 양쪽 아래위로 이빨[]이 사납게 난 머리[>虍]와 아래 몸[>儿]이 분리되어 범의 형상을 찾기가 어렵다. ④는 ③이 정형화한 것이다.

호(虎)의 본래 뜻은 '범'이다. "경양 고개에서 무송이 범[虎]을 때려잡았다"[1]는 예가 이것이다. '무용'에 비유되기도 하여, 호신(虎臣)이란 무신을 가리킨다. "늠름한 무신들[虎臣], 반궁에서 적들에게서 잘라온 왼 귀를 바친다"[2]는 예가 이것이다. '흉포한 것'에 비유되기도 한다. "범처럼[虎] 노려본다"[3]는 예가 이것이다. 널리 '재빠르다'는 뜻으로도 쓰인다. "불길 가에서 재빨리[虎] 일어났다"[4]는 예가 이것이다.

호(虎)는 구성소이다. 이를 구성소로 하는 글자는 호랑이와 관련이 있다. 문채날 표(彪), 부르짖을 호(號) 등이 이것이다.

---

1) ≪수호전 水滸傳≫<23회 二十三回> ; 景陽岡武松打虎.
2) ≪시경 詩經≫<노송・반수 魯頌・泮水> ; 矯矯虎臣, 在泮(宮)獻馘.
3) ≪역경 易經≫<이괘 頤卦> ; 虎視眈眈.
4) 요설은(姚雪垠) ≪이자성 李子成≫ ; 從火邊虎地站起來.

虎 m 호 hū　　호랑이.

琥　　호 hǔ　　호박.
唬*　　호 hǔ　　으르다. 위협하다.
唬*　　호 xià　　놀라다. 무섭게 하다.[=하嚇]

문채 나다 표(彪)

①갑골문	②금문	③소전	④해서
			彪

②는 왼곁은 범[[illegible]>[illegible]>虎]인데, 몸의 세로무늬[[illegible]>[illegible]>彡]가 등 바깥에 부각되어 있으므로, 범의 무늬가 선명한 작은 범[[illegible]>[illegible]>彪]을 가리키는 회의자이다. ③은 범의 세로무늬가 등에 옮겨 그려졌을 뿐, 자형은 ②와 비슷하며, ④는 이들이 정형화한 것이다.

표(彪)의 본래 뜻은 '작은 범'이다. "곰과 작은 범[彪]이 돌아보는 듯하고, 물고기며 용이 요동치는 듯하다"[5]는 예가 이것이다. 표호(彪虎)란 작은 범과 범을 아울러 말한 것이다. "비록 삼척동자라 하여도, 범[彪虎]이 날개를 단 것 같다고들 한다"[6]는 예가 이것이다. 작은 범의 선명한 무늬라는 데서 널리 '문채난다'로 쓰인다. "그가 속으로 가득 차고, 겉으로 문채나기[彪] 때문이다"[7], "태산에서 아득히 듣자면, 하늘의 소리 늠름하여 넉넉히 문채났으리[彪]"[8]라는 예가 이것이다. 표환(彪煥)이니 표병(彪炳)이니 한 것은 그 문채가 찬란함을 말한 것이다. "주렴에 문채가 찬란하다[彪煥]"[9]라는 예가 이것이다.

彪　　표 biāo　　범의 가죽 무늬. 무늬.

滮　　표 biāo　　물이 흐르는 모양.

5) 유신(庾信) <고수부 枯樹賦> ; 熊彪顧盼, 魚龍起伏.
6) ≪삼국연의 三國演義≫<43회 四十三回> ; 雖三尺童蒙, 亦謂彪虎生翼.
7) 양웅(揚雄) ≪법언 · 군자 法言 · 君子≫ ; 以其弸中而彪外也.
8) 유협(劉勰) ≪문심조룡·봉선 文心雕龍·封禪≫ ; 逖聽高岳, 聲英克彪.
9) 소통(蘇統) <칠계 七契> ; 珠簾彪煥.

118. 훼(虫) 부

벌레 충(蟲)

①갑골문	②금문	③소전	④해서	⑤간체자
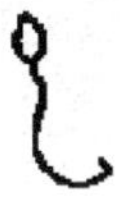			蟲	虫

"책은 펴지 않으면 벌레[蟲]가 인다"1) 할 때의 충(蟲) 자이다. ①은 대가리[◊]가 삼각형이고, 몸[ᒐ]은 요동치며, 꼬리[↘]는 말린 벌레[ᒐ>ᒐ>蟲>蟲]이므로, 상형자이다. ②는 선이 굵을 뿐 ①과 자형이 같다. ③은 세 마리를 어울러 그 군집[蟲]하는 특성을 보였으므로, 회의자로 바뀐 것이다. ④는 ③이 정형화한 것이며, ⑤는 본래자이던 훼(虫)를 다시 들어 이를 간체자로 원용한 것이다.

충(蟲)의 본래 뜻은 '벌레'이다.2) "이름 모를 벌레들[小蟲] 헤아릴 수도 없다"3)는 예가 이것이다. 벌레에서 널리 '미물'을 함께 일컫기도 한다. "조류[羽蟲]의 정수는 봉황이며, 갑각류[介蟲]의 정수는 거북이며, 어류[鱗蟲]의 정수는 용이다"4)라는 예가 이것이다. 다시 널리 '짐승'을 통틀어 일컫기도 한다. "흰 이마에 눈이 찢어진 호랑이[大蟲]가 한 마리 튀어 나왔다"5)는 예에서 대충(大蟲)은 호랑이를 가리킨다.

충치(蟲豸)란 발이 있거나 없는 '미물'을 함께 일컫은 말로,6) 널리 천하게 일컬을 때 쓰인다. "남녀가 벌거벗고도 부끄럽다 여기지 않으니, 이점에서는 미물[蟲豸]이라 하겠다"7)는 예가 이것이다. 복충(蝮蟲)이란 '살무사'이다. "우산 지역은 아래는 연못이 많고, 위로는 내리는 비가 많아, 초목이 없고, 살무사[蝮蟲]가 많다"8)는 예가 이것이다.

훼(虫)는 부수자로, 이를 구성소로 하는 글자는 모두 '벌레'와 관련이 있다. 왕개미 의(蟻), 누에 잠(蠶), 뱀 사(蛇), 촉나라 촉(蜀) 등이 이것이다.

---

1) ≪논형 論衡≫<상충 商蟲> ; 書卷不舒有蟲.
2) '충(蟲)'은 '뱀'을 가리키기도 한다. 동북(東北), 산동(山東), 혹은 서안(西安) 사람들은 지금도 뱀을 현대중국어로 '츠앙츠옹(長蟲)'이라 한다. 이는 뱀이 미물의 하나인 때문이기도 하겠거니와, 파생되면서 '뱀'을 가리켰던 훼[虫]의 본래 의미를 이어받은 까닭이기도 함.
3) 한유(韓愈) <분지 盆池> ; 小虫無數不知名.
4) ≪대대례기 大戴禮記≫<증자천원 曾子天圓> ; 羽蟲之精者曰鳳, 介蟲之精者曰龜, 鱗蟲之精者曰龍.
5) ≪수호전·23회 水滸傳·二三回≫ ; 跳出一隻吊睛白額大蟲來.
6) ≪이아 爾雅≫<석충 釋蟲> ; 有足謂之蟲, 無足謂之豸.
7) ≪삼국지 三國志≫<오지·설종전 吳志·薛綜傳> ; 男女倮體, 不以爲羞, 由此言之, 可謂蟲豸.
8) ≪산해경 山海經≫<남산경 南山經> ; 羽山, 其下多水, 其上多雨, 無草木, 多蝮蟲.

蟲 [m] 충 chóng 벌레. 곤충.

融 융 róng 녹다. 화합하다.
瀜 융 róng 물이 깊고 넓은 모양.

무지개 홍(虹)

①갑골문	②금문	③소전	④해서
			虹

①은 무지개[ ]이다. 다만 양쪽에 뱀 대가리[ ]가 있어, 이를 생명체로 여기고 있었음을 알 수 있는 상형자이다. 갑골문의 점괘 가운데 "북쪽에 무지개가 나와 황하를 마신다"[9]는 말이 있어 고대인의 관점을 엿볼 수가 있다. ③은 무지개를 생명체로 여긴 관점을 반영하여, 왼뜻[>虫] 오른음(>工)의 형성자로 고친 자형이다. ④는 ③이 정형화한 것이다.

홍(虹)의 본래 뜻은 '무지개'이다. "늦봄 5월이면 무지개[虹] 뜨고, 개구리밥풀 나기 시작한다"[10]는 예가 이것이다. 무지개 같다는 데서 아치꼴의 '다리'에 비유되기도 한다. "봄 강물 가로질러, 허물어진 다리[虹] 건넌다"[11]는 예가 이것이다. 다시 '오색깃발'에 비유되기도 한다. "선명한 오색깃발[虹]의 화려한 소꼬리기를 세운다"[12]는 예가 이것이다.

음결이 같은 자들의 체계는 앞쪽 공(工) 부의 장인 공(工) 자를 참조.

뱀 사(蛇)

①갑골문	②금문	③소전	④해서
			蛇

①은 위는 대가리[> > >]이고, 아래는 몸뚱이[> > >匕]가 긴 뱀[> > >它]의 상형자이다. ②는 몸뚱이가 굵어졌을 뿐 ①과 자형이 같으며, ③은 턱이 부풀어

9) <갑골복사 甲骨卜辭> ; 有出虹自北, 飮于河.
10) ≪예기 禮記≫<월령 月令> ; (季春之月) 虹始見, 萍始生.
11) 육구몽(陸龜蒙) <화습미영고교 和襲美咏皇橋> ; 橫截春流架斷虹.
12) ≪초사 楚辭≫<원유 遠游> ; 建雄虹之彩旄.

올라 독사를 닮았을 뿐, ②와 비슷하다. ④는 왼뜻[虫] 오른음[它]의 새 형성자 사(蛇)를 이룬 것이다.

사(蛇)의 본래 뜻은 '뱀'이다. "산에 오르자 범을 보고, 연못에 이르자 뱀[蛇]을 보았다"[13]는 예가 이것이다. 띠를 말할 때는 여섯 번째 지지 '사(巳)'에 배합시키는 짐승이다. "'진'은 용이고, '사'는 뱀[蛇]이다"[14]라는 예가 이것이다. 띠를 말할 때, 중국인은 토끼띠를 천마(天馬)띠라 하고, 뱀띠를 소룡(小龍)띠라 하는데, 이는 그들이 뱀이나 토끼로 불리는 것을 꺼리는 때문이다.

사(蛇)의 본래자이던 타(它)는 '뱀'이라는 본래 뜻을 사(蛇)에 분화시킨 다음, 3인칭의 대명사로 쓰인다. "모든 장군들이 다 공적을 다투는데, 그는[它] 오히려 제 공을 언급하지 않았다"[15]는 예가 이것이다. 다만, 간체화 이후에는 사물과 동물을 가리킬 때만 쓸 뿐, 사람을 가리키지 못 한다.

它*	타	tā	다르다.
它*	타	tuō	뱀.
他 m	타	tā	그. 그 사람. 다른.
佗	타	tuó	짊어지다. 편안하다.
拖	타	tuō	끌다. 잡아당기다.
蛇 h	*사*	*shé*	*뱀.*
*蛇**	*이*	*yí*	*구불구불한 모양. 따르다.*

촉나라 촉(蜀)

①갑골문	②금문	③소전	④해서

①은 아래는 애벌레[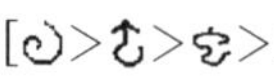虫]이며, 위는 이를 감시하는 눈[罒]이므로, 해충으로 여겨진 '나비애벌레'[蜀]를 가리키는 회의자이다. ②는 눈[] 아래 팔다리[]가 첨가되었을 뿐 ①과 자형이 비슷하고, ③은 ②와 자형이 비슷하며, ④는 이들이 정형화한 것이다.

---

13) ≪설원 說苑≫<군도 君道> ; 上山見虎, 下澤見蛇.
14) ≪논형 論衡≫<언독 言毒> ; 辰爲龍, 巳爲蛇.
15) 주희(朱熹) ≪주자어류 · 4 朱子語類 · 四≫ ; 諸將皆論功, 它却不自言也.

촉(蜀)의 본래 뜻은 '나비애벌레'이다. "누에와 나비애벌레[蜀]는 생김새가 비슷하나 익충과 해충의 차이가 있다"[16]는 예에서 촉(蜀)은 해충을 가리킨 것임을 알 수 있다. "촉(蜀)은 해바라기 밭의 애벌레이다"[17]라고 한 것은 해충의 기생하는 특성을 말한 것이다. 다만, 이는 머지않아 '나비애벌레' 촉(蠋) 자에 분화되고, 널리 '홀'의 뜻으로 쓰인다.[18] "복주 지방은 1을 촉(蜀)이라 발음하여, 1척, 1장, 1백, 1천을 촉(蜀)척, 촉(蜀)장, 촉(蜀)백, 촉(蜀)천이라 하되, 음이 모두 '속(束)'과 같다"[19]는 예가 이것이다. 사실 복주(福州) 사투리에는 지금도 '1'을 '속', 혹은 '소'라 발음한다.[20] 다만, 이는 머지않아 독(獨)에 분화되었다. "촉(蜀)은 독(獨)과 같다"[21]는 풀이가 바로 이것이다.

홀이라는 데서 홀로 '우뚝 솟은 산'을 가리킨다. "홀로 솟은 산을 촉(蜀)이라 한다"[22]는 풀이가 이것이다. 사천(四川) 지방에 촉(蜀)이라 불리는 민족이 살았다거나, 진(秦)나라가 이곳에 촉(蜀) 군을 두었던 것은 이곳의 이러한 산세와 관계된 표현이다. "촉산[蜀] 길 오르기 어려워, 청천에 오르기보다 고되다"[23]라는 예가 이것이다. 다만, 홀로 우뚝 높다는 뜻은 머지않아 촉(矗)에 분화되었으므로, 논개의 충심이 서린 진주의 누각은 촉석루(矗石樓)라 불리운다. 삼국시대의 유비(劉備)는 익주(益州)에 웅거하였으나, 사천 태생이었으므로 자신의 나라를 촉한(蜀漢)이라 칭하여, 널리 땅 이름으로도 썼다. 현대에는 이곳을 천(川)이라고 약칭하므로, 사천요리는 현대중국어에 츠우안차이(川菜 chuāncaì)라고 말한다.

蜀	*촉*	*shǔ*	*나라 이름[주나라의 제후국].*
歜	촉	chù	화내다.
觸 [h]	촉	chù	닿다. 접촉하다.
髑	촉	dú	해골.
蠋	촉	zhú	나비 · 나방 따위의 유충.
燭 [h]	촉	zhú	촛불. 등불. 비추다.
躅	촉	zhú	머뭇거리다. 밟다.
屬*	촉	zhǔ	잇다. 부탁하다.
屬* [h]	속	shǔ	같은 종류.
獨 [m]	독	dú	홀로. 늙어서 자식이 없는 사람.

16) ≪설문해자 說文解字≫<훼부 虫部> ; (淮南子曰)蠶與蜀相類, 而愛憎異也.(段玉裁注)
17) ≪설문해자 說文解字≫<훼부 虫部> ; 蜀, 葵中蠶也.
18) 양웅(揚雄) ≪방언 · 12 方言 · 十二≫ ; 一, 獨也, 南楚謂之蜀.
19) 장병린(章炳麟) ≪신방언 · 석언 新方言 · 釋言≫ ; 福州謂一爲蜀, 一尺一丈一百一千, 則云蜀尺蜀丈蜀百蜀千, 音皆如束.
20) 북경대학편(北京大學編) ≪한어방언사휘 漢語方言詞彙≫570-588쪽 참조.
21) 양웅(揚雄) ≪방언 · 12 方言 · 十二≫ ; 蜀, 猶獨耳.(郭璞注)
22) ≪이아 爾雅≫<석산 釋山> ; (山)獨者蜀.
23) 이백(李白) <촉도난 蜀道難> ; 蜀道之難, 難於上青天.

濁 h 탁 zhuó　흐리다.
鐲　탁 zhuó　팔찌. 발지.

119. 혈(血) 부

무리 중(衆)

①갑골문	②금문	③소전	④a해서	④b해서	⑤간체자

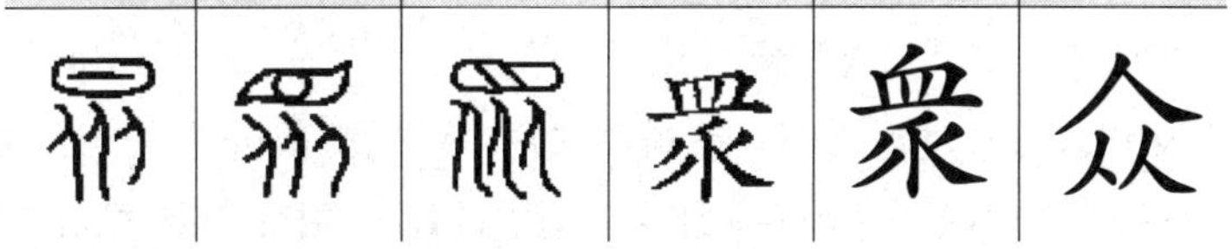

①은 중천에 솟은 태양[⊖>日] 아래, 많은 사람[⺍]이 허리 굽혀 나란히 일하므로, 밭일하는 많은 노예[䍃>䍃>䍃>眾>衆]를 가리키는 회의자이다. ②는 세 사람[⺍>⺍] 머리 위의 태양[⊖]이 눈[目>目>罒]으로 잘못 변하여 흡사 구리방울 같은 큰 눈이 노예를 감시하는 것 같다. ③은 ②와 자형이 같고, ④a도 아래의 사람[从>乑]이 변형이 심할 뿐, ③과 자형이 같다. ④b는 위의 눈[罒]이 혈(血)로 잘못 변형하였을 뿐 아니라, 밑에서도 사람[人]을 찾기가 어렵다. ⑤는 밑의 사람[人] 셋만 들어 간체자로 삼은 새 회의자로서, “세 사람이면 무리[衆]를 이룬다”[1]는 말이 곧 이것이다.

중(衆)의 본래 뜻은 ‘많은 사람’이다. “많은 사람들[衆]이 감히 하지 못 했다”[2]는 예가 이것이다. 사람이 많다는 데서 널리 ‘많다’로 쓰인다. “천하에 학문을 하는 사람은 많으나[衆], 어진 사람은 적다”[3]는 예가 이것이다.

중심(衆心)이란 ‘민심’을 가리킨다. “민심[衆心]을 얻은 이가 흥성하지 않은 예는 아직 없다”[4]는 예가 이것이다.

衆 m 중 zhòng　많다. 많은 사람.

---

1) 《한서 漢書》〈고혜고후문공신표 高惠高后文功臣表〉; 三人爲衆.
2) ≪사기 史記≫<고조본기 高祖本紀>; 衆莫敢爲.
3) ≪묵자 墨子≫<법의 法儀>; 天下之爲學者衆而仁者寡.
4) ≪청사고 淸史稿≫<이밀친왕윤잉전 理密親王允礽傳>; 得衆心者未有不興.

120. 행(行) 부

가다 행(行)

①갑골문	②금문	③소전	④해서
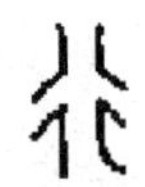	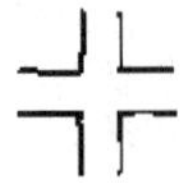		行

①은 네 갈래 난 길[>>>行]의 상형자이다. ②도 ①과 자형이 같다. ③은 예술화하여 도로의 모양을 찾기 어렵고, ④는 정형화한 것이다.

행(行)의 본래 뜻은 '길'이다. "저기 좁은 길[行]을 따라, 여기 연한 뽕잎 따며"[5]라는 예가 이것이다. 길에서 널리 '간다'로 쓰이며, "팔준마는 하루에 삼천리를 간다[行]"[6]는 예가 이것이다. 간다는 데서 널리 '떠난다'로 쓰인다. "그의 남편이 유반을 쳐서 죽이고, 자기 아내와 떠났다[行]"[7]는 예가 이것이다. 떠난다는 데서 널리 '시집간다'로도 쓰인다. "시집가지[行] 못 하고 죽었다"[8]는 예가 이것이다. 떠나보낸다는 데서 '장사지낸다'로도 쓰인다. "생전에는 섬기되, 죽으면 장사지내[行]는 것이 예의이다"[9]라는 예가 이것이다. 사방으로 가게 한다는 데서 널리 '퍼뜨린다'로 쓰인다. "말을 글로 옮기지 않으면, 퍼뜨리되[行] 오래가지 못한다"[10]는 예가 이것이다. 편다는 데서 널리 '악곡'이나 '시'를 가리키기도 한다. "사마상여는 사양하고 거절하다가, 그를 위하여 한두 악곡[行]을 연주하였다"[11]거나, 두보가 붙인 "병거행(兵車行)" 같은 시 제목이 이것이다. 시가 흡사 문장을 편 듯하다 하여 붙인 이름으로서, 문장을 편 듯 하되 특히 노래할 수 있는 시 형식을 가행체(歌行體)라 부르기도 한다.

대열이나 배열을 가리킬 때는 이를 항(行)이라 읽는다. 항렬(行列)이나 항오(行伍)가 이것이다. 점포를 가리킬 때는 비록 업종의 배열에서 유래한 것이지만, 여전히 행(行)이라 읽는 점 주의해야 한다. 서양식 점포를 '양행(洋行)'이라 한 예가 이것이다.

여행자가 휴대하는 짐은 현대중국어로 싱리(行李 xíngli)라 한다. 행리(行李)란 '가서 처리한다'는 뜻으로서, 실은 행리(行理)로 쓰여야 할 것이 은어화 된 데 유래한 말이다. "진나라 사신[行李]이 왕래하는데, 부족한 물자나 양식을 정나라에서 공급하였다"[12]는 예가 이것이다.

---

5) 《시경 詩經》<유풍·칠월 豳風·七月>; 遵彼微行, 爰求柔桑.
6) 이상은(李商隱) <요지 瑤池>; 八駿日行三千里.
7) 《좌전 左傳》<양공22년 襄公二十二年>; 其夫攻子明(游販)殺之, 以其妻行.
8) 《문선 文選》<고당부 高唐賦>; 未行而卒.(注引《襄陽舊傳》)
9) 《곡량전 穀梁傳》<장공원년 莊公元年>; 生服之, 死行之, 禮也.
10) 《좌전 左傳》<양공25년 襄公二十五年>; 言之無文, 行而不遠.
11) 《사기 史記》<사마상여열전 司馬相如列傳>; 相如辭謝, 爲鼓一再行.

다만, 현대중국어의 싱(行 xíng)은 '간다'로는 뜻으로 이미 쓰이지 않으며, 주로 '된다'거나, '능력있다'로만 쓰인다. 현대중국어의 뿌싱(不行 bùxíng)은 '안된다'는 뜻이며, 현대중국어의 전싱(眞行 zhēnxíng)은 '정말 능력 있다'로 쓰이는 예가 이것이다. '간다'는 뜻으로 현대중국어에는 쩌우(走 zǒu)를 쓸 뿐이며, 고대한어의 주(走)가 나타내던 '달린다'는 뜻은 현대중국어에 파오(跑 pǎo)라고만 말하는 점 주의해야 한다.

*行*m 행 xíng 가다. 걷다.*
行 항 háng 줄. 열. 형제의 항렬.*
行 항 hàng 강건한 모양. 그렇게 늘어선 모양.*
行 항 héng 수행의 조예.*

荇 행 xìng 노랑머리 연꽃.
絎 행 háng 이불·솜옷 따위를 누비다.
珩* 형 háng 호닝horning.
珩* 형 héng 패옥 중에서 위쪽의 것을 가리킴.
衡 형 héng 저울대.
桁* 형 héng 도리 받침대.
桁* 항 háng 차꼬[형구의 하나]. 부교.
衍 연 yǎn 넘치다. 흐르다.

호위하다 위(衛)

①갑골문	②금문	③소전	④해서	⑤간체자
			衛	卫

①은 위는 왼쪽을 향한 초병의 발[止]이고, 아래는 오른쪽을 향한 발[止]이며, 가운데 위(口>口) 자는 어떤 구역, 또는 성을 표시한다. 초병이 그 주위를 돌며 이를 '지킨다[韋>韋]'는 뜻의 회의 겸 속음 위(口>口)의 형성자이다. ②는 초병의 발이 많아져 [衛] 사방을 에워쌌다. ③은 갑골문의 위(韋>韋) 자를 가운데 두고 행(行>行) 자로 이를 에워싸 초병의 움직임, 혹은 성에 이어진 길을 나타내며, 겉뜻[行] 안음[韋]의 새 형성자가 되었다. ④는 ③이 정형화한 것이며, ⑤는 군사행동[卩]을 강조한 새 회의자를 간체자로 삼은 것이다.

위(衛)의 본래 뜻은 '호위한다'이다. "친구들이 서로 호위한다[衛]"[13]거나 "왕궁을 호위한

12) ≪좌전 左傳≫<희공30년 僖公三十年> ; (秦)行李之往來, (鄭)共其乏困.

다[衛]"[14]는 예가 이것이다. '호위한다'는 본래 뜻에서 널리 '호위병'으로 쓰인다. "진 목공이 딸 문영의 호위병[衛] 3천을 진(晉) 나라까지 따라 보냈다"[15]는 예가 이것이다.

위(衛)는 엉뚱하게 '당나귀'를 가리킨 예가 있지만, 이는 대개 하남성 일대 옛 위나라[衛] 땅에 당나귀가 많았다고 붙여진 별명이다. "함께 당나귀[衛] 고기를 먹자고 하였다"[16]는 예가 이것이다. 위나라 영공(靈公)이 당나귀가 끄는 수레 타기를 좋아해서 당나귀를 위자(衛子) 라고 불렀다는 예도 이와 같다.

위생(衛生)은 지금은 '청결'의 뜻으로 널리 쓰이지만, 옛날에는 보다 근원된 '생명 보전'의 뜻으로서, '양생(養生)'과 비슷한 말이었다. "생명 보전[衛生]의 도리라면, 천성을 간직할 수 있겠느냐?"[17]라고 한 예가 이것이다.

囗	위	wéi	위圍의 옛글자.
韋	위	wéi	무두질한 가죽.
湋	위	wéi	물이 돌아 흐르다. 강 이름.
幃	위	wéi	장막. 휘장.
違 h	위	wéi	어기다. 위반하다.
闈	위	wéi	고대, 궁궐의 쪽문.
圍	위	wéi	둘러싸다. 에워싸다.
偉 m	위	wěi	위대하다. 웅장하다.
葦	위	wěi	갈대.
緯 h	위	wěi	씨실. 직물의 가로 짜인 실이나 선.
煒	위	wěi	매우 밝다. 빨갛다.
瑋	위	wěi	옥 이름. 진기하다.
暐	위	wěi	환히 빛나는 모양. 햇빛.
韡	위	wěi	빛이 찬란한 모양.
韙	위	wěi	바른 것. 옳은 일.
衛 h	*위*	*wèi*	*지키다. 호위하다.*
褘	위	huī	옛날 왕후의 제사 옷.
諱	휘	huì	꺼리다.
禕	의	yī	이름답다.

13) ≪공양전 公羊傳≫<정공4년 定公四年> ; 朋友相衛.
14) ≪전국책 戰國策≫<조책 · 4 趙策 · 四> ; 以衛王宮.
15) ≪좌전 左傳≫<희공24년 僖公二十四年> ; 秦伯(穆公)送(文嬴)衛于晉三千人.
16) 풍몽룡(馮夢龍·明) ≪지낭보·담지 智囊補·膽智≫ ; 云"共食衛肉".
17) ≪장자 莊子≫<경상초 庚桑楚> ; 衛生之經, 能抱一乎?

121. 아(襾) 부

서녘 서(西)

①갑골문	②금문	③소전	④해서
			西

"가을[西] 바람에 해는 기우는데, 늙은 까마귀 울며 마른 나무에 오른다"1) 할 때의 서(西)자이다. ①은 둥지[[illegible]>[illegible]]의 상형자이다. ②는 ①과 자형이 비슷하며, ③은 오른편 아래로 꼬리를 드리운 새[[illegible]]의 상형부호가 첨가되어 새가 깃든다[[illegible]>西]는 뜻의 상형자이다. ②와 자형이 비슷하다. ④는 ③이 정형화한 것이다.

서(西)의 본래 뜻은 '둥지', 혹은 '깃들인다'이지만, 버시않아 본래 뜻은 서(棲)에 분화되고, 널리 해가 지는 '서쪽'을 가리킨다. 서호(西湖)는 성의 서쪽에 있으므로 붙여진 호수 이름이다. "서호(西湖)를 서시에게 견줄까, 엷은 단장 짙은 화장 모두 어울리니"2)라는 예가 이것이다. 옛날 제왕이 스승으로 삼은 사람을 자신의 오른쪽, 곧 서쪽에 앉혀 동쪽을 바라보게 배려하였던 데서, 댁에 모신 스승이나 고문을 서석(西席), 혹은 서빈(西賓)이라 존칭한다. "그는 가정교사[西席]를 한 분 모셔다 딸을 가르치려 한다"3)는 예가 이것이다.

西 m	*서*	*xī*	*서쪽. 서양.*
恓	서	xī	당황하여 허둥지둥하다. 놀라 쩔쩔매다.
栖*	서	xī	마음이 불안정한 모양.
栖*	서	qī	새가 깃들이다. 서식하다.[=서棲]
粞	서	xī	싸라기. 겯겨. 왕겨.
迺	내	nǎi	겨우. 오히려. 마침내. 드디어.
洒	쇄	sǎ	물을 뿌리다. 음식 따위를 엎지르다.
哂	신	shěn	미소짓다. 빙그레 웃다. 비웃다.
茜	천	qiàn	꼭두서니. 빨간 색. 풀이 무성하다.
垔	인	yīn	막다.

1) 진유숭(陳維崧·淸) 〈백자령 百字令〉; 西風夕照, 老雅啼上枯樹.
2) 소식(蘇軾) <음호상초청후우 飮湖上初晴後雨>; 欲把西湖比西子, 淡妝濃抹總相宜.
3) ≪홍루몽 紅樓夢≫<2회 二回>; 他正要請一西席, 敎訓女兒.

122. 의(衣) 부

옷 의(衣)

①갑골문	②금문	③소전	④해서
			衣

"동방이 채 밝지도 않아, 바지, 저고리[衣]도 뒤집어 입네"[1] 할 때의 의(衣) 자이다. ①은 저고리[…>…>…>衣]이다. 목덜미쪽 옷깃[∧>∧>人>亠] 아래 양편 겨드랑이와 아래로 여민 앞가슴 선[…>…>…>𧘇]이 있으므로, 상형자이다. ②와 ③은 자형이 같으며, ④는 이들이 정형화한 것이나, 옷인 줄 알기가 어렵다.

의(衣)의 본래 뜻은 '저고리'이다. "녹색 저고리[衣]에 노랑 치마"[2]라는 예가 이것이다. '저고리'에서 널리 '옷'을 가리킨다. "옷[衣]이 없기를 거친 베옷조차 없으면"[3]이라는 예가 이것이다. 널리 '입는다'로도 쓰인다. "밭 갈지 않으면서 먹고, 베 짜지 않으면서 입는다[衣]"[4]는 예가 이것이다.

앵의(鶯衣)란 '꾀꼬리의 깃털'을 가리킨다. "보슬비에 꾀꼬리 깃털[鶯衣]이 젖네"[5]라는 예가 이것이다.

의(衣)는 부수자이다. 이를 구성소로 하는 글자는 옷이나 포목과 관계가 있다. 처음 초(初), 속옷 츤(襯), 적삼 삼(衫), 웃옷 오(襖), 가죽옷 구(裘) 등이 이것이다.

의(衣)가 다른 구성소와 함께 쓰여 왼곁에 놓일 때의 자형은 의(衤)이다. 이는 '보이다' 시(示) 자가 왼곁에 놓일 때의 자형 시(礻)와 자형이 비슷하여 혼동하기 쉬우므로, 의(衤)가 시(礻)보다 한 획 점이 많은 점 주의해야 한다. 귀신 신(神), 제사 사(祀) 등은 모두 시(礻)를 구성소로 하는 자이다.

*衣**	*m*	*의*	*yī*	*옷.*
*衣**		*의*	*yì*	*옷을 입다.*
依	m	의	yī	의지하다.
扆		의	yǐ	병풍.
哀	m	애	āi	슬프다. 애달프다.

1) 《시경 詩經》〈제풍 齊風〉; 東方未明, 顚倒衣裳.
2) ≪시경 詩經≫<패풍 · 녹의 邶風 · 綠衣>; 綠衣黃裳.
3) ≪시경 詩經≫<빈풍 · 7월 豳風 · 七月>; 無衣無褐.
4) ≪장자 莊子≫<도척 盜跖>; 不耕而食, 不織而衣.
5) 육유(陸游) <소원독립 小園獨立>; 細雨濕鶯衣.

처음 초(初)

①갑골문	②금문	③소전	④해서
			初

"묵은 해 어제 다하고, 오늘 새해 시작한다[初]"6) 할 때의 초(初) 자이다. ①은 왼곁은 옷[>>>衤<衣]이며, 오른곁은 칼[>>>刀]이므로, 칼로 옷을 마름질하며 옷을 만들기 시작한다[>>>初]는 회의자이다. ②와 ③은 ①과 자형이 같고, ④는 이들이 정형화한 것이다.

초(初)의 본래 뜻은 '시작한다'이다. "천지는 과연 시작[初]이 없는가?"7)라는 예가 이것이다. 널리 '처음'의 뜻으로 쓰인다. "처음[初]에 정나라 무공이 신나라에서 여인을 맞이하였다"8)는 예가 이것이다. '처음'에서 널리 '막'의 뜻으로도 쓰인다. "천하가 막[初] 안정되었다"9)는 예가 이것이다.

초복(初服)이란 '업무를 새로 시작한다'는 뜻이다. "왕이 새로 정사를 시작하였다[初服]"10)는 예가 이것이다.

初 [m] *초* *chū* *처음.*

가죽옷 구(裘)

①갑골문	②금문	③소전	④해서
			裘

"살진 말을 타고 가벼운 가죽옷[裘]을 입는다"11) 할 때의 구(裘) 자이다. ①은 양 겨드랑이가 있고, 그 아래로 털이 난 가죽옷[]의 상형자이다. ②는 겉은 옷[>>衣]이나 옷안에 구(>>求)가 있어, 겉뜻[衣] 안음[求]의 형성자가 되었다. ③은 구성미에 치중하였을 뿐, ②와 자형이 같다. ④는 위음[求] 밑뜻[衣]의 새 형성자로 정형화한 것이다.

---

6) 야율초재(耶律楚材) 〈임년원일 壬年元日〉; 舊歲昨日盡, 新年此日初.
7) 유종원(柳宗元) <봉건론 封建論>; 天地果無初乎?
8) ≪좌전 左傳≫<은공원년 隱公元年>; 初, 鄭武公娶于申.
9) ≪사기 史記≫<진시황본기 秦始皇本紀>; 天下初定.
10) ≪상서 尙書≫<소고 召誥>; 王乃初服.
11) 《논어 論語》 〈옹야 雍也〉; 乘肥馬, 衣輕裘.

구(裘)의 본래 뜻은 '가죽옷'이다. "한 남자가 양가죽 옷[裘]을 입고 연못에서 낚시하였다"[12]는 예가 이것이다. 널리 '가죽옷을 입는다'로 쓰인다. "겨울에는 벌거벗어도 몸이 따뜻하고, 여름에는 가죽옷을 입어도[裘] 몸이 시원하다"[13]는 예가 이것이다.

구마(裘馬)란 '가벼운 가죽옷과 살진 말(輕裘肥馬)'의 줄임말로 생활의 호화로움을 형용하는 말이다. "가벼운 가죽옷 입고, 살진 말을 타며[裘馬] 사뭇 매인 데가 없었다"[14]는 예가 이것이다.

求	[m]	구	qiú	바라다. 구하다.
裘		*구*	*qiú*	*가죽옷. 모피로 만든 옷.*
逑		구	qiú	배필. 배우자.
毬		구	qiú	공. 볼.
俅		구	qiú	공손하다.
球	[h]	구	qiú	공. 볼ball. 지구.
賕		구	qiú	뇌물을 주다.
銶		구	qiú	고대에 쓰이던 끌의 일종.
捄		구	jiù	담다. 길다.
救	[m]	구	jiù	돕다. 구제하다. 구원.

123. 견(見) 부

보다 견(見)

①갑골문	②금문	③소전	④해서	⑤간체자
			見	见

①은 아래는 오른쪽으로 꿇어앉은 사람[> > >儿]인데 사람의 머리 위에 가로 놓여 있는 큰 눈[> > >目]이 강조되어 본다[> > >見]는 뜻으로 쓰인 상형자이다. ②는

12) ≪후한서 後漢書≫<엄광전 嚴光傳> ; 有一男子, 披羊裘, 釣澤中.
13) 혜강(嵇康) <답난양생론 答難養生論> ; 冬倮而體溫, 夏裘而身涼.
14) 두보(杜甫) <장유 壯游> ; 裘馬頗淸狂.

아래는 반쯤 서 있는 사람[]이 왼쪽을 향하고 있으며 머리의 큰 눈[]에 눈빛이 또렷하다. ③은 아래 사람[>人<儿]은 모양이 사람 같지 않게 변하였고 머리의 큰 눈[]도 목(>目)으로 변했다. ④는 해서의 자형으로 ③이 발전된 것이다. 위는 여전히 목(目) 자이며 아래의 사람[人<儿]은 그 모양을 전혀 알아볼 수 없다. ⑤는 간체자이다.

견(見)의 본래 뜻은 '본다'이다. "마음이 이곳에 있지 않으면, 보아도 보이지[見] 않는다"[1]는 예가 이것이다. 본다는 데서 널리 '만난다'로 쓰인다. "하루도 만나지[見] 않으면, 삼 년만 같네"[2]라는 예가 이것이다. 만난다는 데서 널리 '접견한다'로 쓰인다. "진나라 왕은 장대에 앉아 인상여를 접견하였다[見]"[3]는 예가 이것이다. 보인다는 데서 '당한다'로 쓰이기도 한다. "분성괄은 죽임을 당하였다[見]"[4]는 예가 이것이다. 다시 널리 '이미 갖추어져 있다'는 뜻으로 쓰인다. "군중에 마련된[見] 양식이 없었다"[5]는 예가 이것이다. 다만, 이는 머지않아 현(現)에 분화되어 쓰이므로, 독음도 '현'으로 읽는다. '현'이라 읽을 때에는 '알현한다'나 '추천한다'는 뜻으로 쓰이기도 한다. "왜 나를 왕에게 추천하지[見] 않는가?"[6]라는 예가 이것이다. 역시 머지않아 현(現)에 분화된 쓰임이다.

견(見)과 시(視)는 모두 '본다'는 뜻이지만, 어감이 다르다. 시(視)는 '본다'는 동작을 나타내고, 견(見)은 '보인다'는 동작의 결과를 나타낸다.

見 m 견 jiàn 보이다. 만나다.*
見 m 현 xiàn 나타나다. 현존하다.*

梘 견 jiǎn 홈통.
筧 견 jiǎn 대 홈통.
蜆 현 xiǎn 가막조개. 바지라기.
峴 현 xiàn 작고 가파른 산. 재.
莧* 현 xiàn 비름.
莧* 한 wǎn 빙그레 웃는 모양.[=완莞]
現 m 현 xiàn 나타나다 이제.
晛 현 xiàn 햇살. 햇빛.

1) ≪예기 禮記≫<대학 大學> ; 心不在焉, 視而不見.
2) ≪시경 詩經≫<왕풍 · 채갈 王風 · 采葛> ; 一日不見, 如三秋兮.
3) ≪사기 史記≫<염파인상여열전 廉頗藺相如列傳> ; 秦王坐于章臺, 見相如.
4) ≪맹자 孟子≫<진심 · 하 盡心 · 下> ; 盆成括見殺.
5) ≪사기 史記≫<항우본기 項羽本紀> ; 軍無見糧.
6) ≪묵자 墨子≫<공수 公輸> ; 胡不見我于王?

124. 각(角) 부

뿔 각(角)

①갑골문	②금문	③소전	④해서
		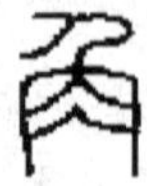	角

①과 ②는 소나 양의 뿔[>>>角]을 부각시킨 모양으로 상형자이다. ③은 ①, ②가 예술화한 자형이며, ④는 ③이 정형화한 것이다.

각(角)의 본래 뜻은 '뿔'이다. "사슴의 뿔[角]은 개를 들이받을 만하다"[1]는 예가 이것이다. 짐승은 뿔로 힘을 겨루므로, 널리 '겨루다'로 쓰인다. "지금은 마땅히 중원을 두고 무력을 겨루어야[角] 한다"[2]는 예가 이것이다. '겨루며 밀어젖힌다' 하여 씨름을 각저(角抵)라 한 것도 이와 같은 예이다. 뿔이라는 데서 널리 짐승을 가리키기도 한다. "산에 짐승[角]이 없고, 강에 물고기가 없다"[3]는 예가 이것이다. 불거졌다는 데서 다시 널리 '모서리'를 가리키기도 한다. "돌 모서리[角]에 옷이 걸려 찢어졌다"[4]는 예가 이것이다. 다시 널리 뿔 같은 모서리가 아가리 양쪽에 뻗친 청동 술잔을 가리킨다. "지위 높은 이는 3홉 청동배를 들며, 지위 낮은 이는 4홉 청동배[角]를 든다"[5]는 예가 이것이다. 4홉 청동배를 가리키던 데서 널리 계량 단위가 되었다. "먼저 술 두 잔[角]을 가지고 왔다"[6]는 예가 이것이다. 계량단위란 데서 널리 현대중국의 화폐단위로 쓰인다. 10전[分]은 1각(角)이며, 10각(角)은 1원(元)이다.

각(角)은 부수자이다. 이를 구성소로 하는 글자는 모두 그릇이나 뿔과 연관이 있다. 10말들이 곡(斛), 술잔 고(觚), 술잔 상(觴), 풀다 해(解) 등이 이것이다.

角[m] 각 jiǎo 뿔. 나팔.*
角 각 jué 배역. 배우. 다투다. 경쟁하다.*

埆 각 què 토지가 메마르다.
桷 각 jué 네모진 서까래. 아그배나무.
确 학 què 자갈땅. 확실하다.
斛 곡 hú 휘[용량의 단위].

---

1) ≪논형 論衡≫<물세 物勢> ; 鹿之角, 足以觸犬.
2) ≪삼국지 三國志≫<오지 吳志> ; 今當角力中原.
3) 양웅(揚雄) ≪태현·궁 太玄·窮≫ ; 山無角, 水無鱗.
4) 두보(杜甫) <봉배정부마위곡 奉陪鄭駙馬韋曲> ; 石角鉤衣破.
5) ≪예기 禮記≫<예기 禮器> ; 尊者擧觶, 卑者擧角.
6) ≪수호전 · 제11회 水滸傳 · 第十一回≫ ; 先取兩角酒來.

풀다 해(解)

①갑골문	②금문	③소전	④해서
			解

①은 아래에 소[ψ>Y>半>牛]가 있으며, 소의 윈 뿔 언저리에 뿔[A>角>角>角]이 부각되어 있는데, 양손[ㅣ𠃌]으로 이를 잡고 자르느라 주변에 두 점 피[･･]가 튀고 있으므로, 쇠뿔을 가른다[解>解>解>解]는 뜻의 회의자이다. ②는 ①과 자형이 비슷하나, 피[･･]를 상징하던 두 점 등 일부 글자의 획이 정리되며 자형이 간단해졌다. ③은 구성미에 치중하여 정돈되면서 양손[ㅣ𠃌]이 한 손[ㄎ]으로 간단해졌으나, 이 과정에 손[ㄋ]이 칼[ㄎ>刀]로 잘못 변형하여, 쇠뿔을 칼로 가르다[7]는 뜻의 회의자로 바뀌었으며, ④는 ③이 정형화한 것이다.

해(解)의 본래 뜻은 짐승을 '가르다'이다. "요리사가 문혜군을 위하여 소를 갈랐다[解]"[8]는 예가 이것이다. 널리 인체에 대해서도 쓰인다. "사지가 찢겨도[解] 나는 변치 않으리"[9]라는 예가 이것이다. 가르나는 데서 널리 '쪼갠다'로 쓰인다. "진나라 문공은 조나라 땅을 쪼개어[解] 제후들에게 나누어주었다"[10]는 예가 이것이다. 쪼갠다는 데서 널리 이치를 따져 '밝힌다'는 뜻으로도 쓰인다. "진고가 왕을 알현하고 이를 밝히고자[解] 하였다"[11]는 예가 이것이다. 밝힌다는 데서 널리 '깨닫는다'로도 쓰인다. "크게 미혹된 사람은 죽도록 깨닫지[解] 못 한다"[12]는 예가 이것이다. 다시 널리 '벗어난다'로도 쓰인다. "죄가 커서 벗어날[解] 수 없다"[13]는 예가 이것이다. 벗어난다는 데서 널리 '멈춘다'로 쓰인다. "전쟁은 언제나 멈출까[解]?"[14]라는 예가 이것이다.

해수(解手)란 '손을 푼다'는 데서 '헤어진다'는 뜻이다. "헤어져[解手] 못 본지 어느덧 11년"[15]이란 예가 이것이다. 다만, "위생은 일어나 용변 보러[解手] 갔다"[16]는 예에서는 '용변 본다'는 뜻으로 쓰이기도 한다.

일을 손에서 뗀나는 네서, '게으르다'로 쓰이기도 한다. "밤낮 게으름피지[解] 않는다"[17]는

---

7) 허신(許愼) 《설문해자·해조 說文解字·解條》; 刀判牛角.
8) ≪장자 莊子≫<양생주 養生主>; 庖丁爲文惠君解牛.
9) 굴원(屈原) <이소 離騷>; 雖體解吾猶未變兮.
10) ≪국어 國語≫<노어 · 상 魯語 · 上>; 晋文公解曹地以分諸侯.
11) ≪맹자 孟子≫<공손추 · 하 公孫丑 · 下>; (陳)賈請見而解之.
12) ≪장자 莊子≫<천지 天地>; 大惑者, 終身不解.
13) ≪역경 易經≫<계사 · 하 繫辭 · 下>; 罪大而不可解.
14) 두보(杜甫) <팔애 八哀>; 戰伐何當解?
15) 한유(韓愈) <제하남장원외문 祭河南張員外文>; 解手背面, 遂十一年.
16) ≪경본통속소설 京本通俗小說≫<착참최녕 錯斬崔寧>; 魏生起身去解手.
17) ≪시경 詩經≫<대아 · 증민 大雅 · 烝民>; 夙夜匪解.

예가 이것이다. 다만, 이는 머지않아 '게으르다' 해(懈)에 분화되어 쓰이므로, 현대중국어로 읽을 때는 지에(解 jiě)로 읽지 않고, 해(懈)의 음을 따라 시에(xiè)라 읽는 점에 주의해야 한다.

解[m]*	*해*	*jiě*	*풀다. 해석하다.*
*解**	*해*[18]	*jiè*	*호송하다. 압송하다.*
*解**	*해*	*xiè*	*게으르다.[=해懈] 우연히 만나다.[=해邂]*
懈	해	xiè	게으르다. 느슨하다.
嶰	해	xiè	산골짜기.
廨	해	xiè	고대의 관청.
澥	해	xiè	물을 타서 묽게 만들다.
獬	해	xiè	짐승 이름. 굳센 모양.
邂	해	xiè	우연히 만나다. 해후하다.
蟹	해	xiè	게.

125. 언(言) 부

말씀 언(言)

①갑골문	②금문	③소전	④해서

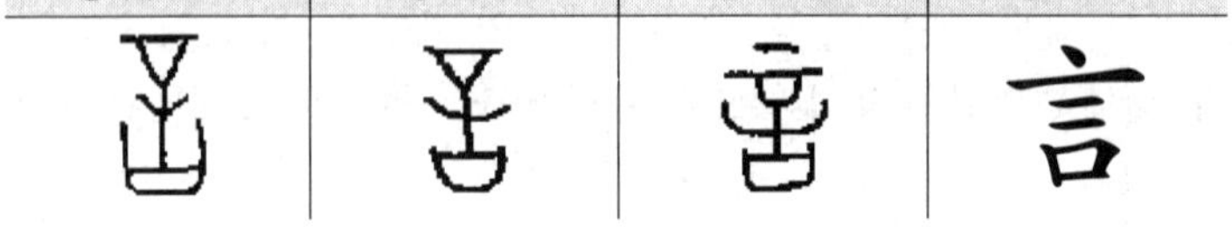

"앵무는 말할[言] 줄 알지만, 새에 지나지 않는다"[1]고 할 때의 언(言) 자이다. ①은 위 음결 신(▽>辛>亠<辛), 아래 뜻결 입[凵>口>口>口]이므로, 입으로 내는 소리[言>言>言>言]를 가리키는 형성자이다. ②와 ③은 ①과 자형이 비슷하며, ④는 ③이 정형화한 것이나, 신(辛>亠) 자가 특이하게 정형화한 것이다.

언(言)의 본래 뜻은 입으로 내는 '소리'이다. "큰 퉁소를 '소리[言]'라 하였다"[2]는 예가 대개 이와 비슷하다. 다만, 이는 머지 않아 '소리' 음(音)자에 분화되고, 널리 '말한다'로 쓰인

---

18) 중국음 jiè는 우리 음 '개'에도 상당하나, 이미 '해'를 관습음으로 씀.

1) 《예기 禮記》〈곡례·상 曲禮·上〉; 鸚鵡能言, 不離飛鳥.
2) ≪이아 爾雅≫; 大簫謂之言.

다. “말한다면[言] 못다 말할 게 없다”[3]는 예가 이것이다. 말한다는 데서 널리 ‘의논한다’로 쓰인다. “예법에 구애받는 사람과는 함께 일을 의논하고[言] 싶지 않다”[4]는 예가 이것이다. 의논한다는 데에서 널리 ‘언론’으로 쓰인다. “언론[言]이 도리에 맞지 않으면 따르지 않는다”[5]는 예가 이것이다. 말을 이루는 단위로서, ‘음절’을 일컫기도 한다. 1구가 5음절인 시를 5언(言) 시라 하고, 1구가 7음절인 것을 7언(言) 시라 한 예가 이것이다. 몇 음절이 모인 단위로서의 ‘마디’를 가리키기도 한다. “시경 3백 편을 한 마디[言]로 말하자면, ‘상념이 순수하다’ 하겠다”[6]는 예가 이것이다. “한 마디[言]로 결정한다”[7]는 현대중국어도 이와 같은 예이다. 말한다는 데서 널리 ‘말하자면’이라는 설명의 어투를 보이는 접두사로 쓰이기도 한다. “동맹을 맺은 이후에는, 이를테면[言], 우호가 처음과 같으리라”[8]는 예가 이것이다.

언(言)은 부수자이다. 이를 구성소로 하는 글자는 ‘말’과 관계가 있다. 말하다 화(話), 말씀 어(語), 의논하다 의(議), 말하다 론(論), 말씀 설(說), 비평하다 평(評), 외우다 풍(諷) 등이 이것이다.

辛	신	xīn	맵다. 고생하다.
言 m	*언*	*yán*	*말씀. 언어.*
狺	은	yín	으르렁거리다. 개가 짖는 소리.
這	저	zhè	이. 이것.
唁	언	yàn	위문하다. 조문하다.

허락하다 허(許)

①갑골문	②금문	③소전	④해서	⑤간체자

②는 왼편은 절구공이[↑>午>午]이고, 오른편은 언(言>言>言) 자로, 오른뜻 ‘말하다’[言]에 왼음 오(午)의 형성자이다. ③은 위치가 서로 바뀌었을 뿐 ②와 자형이 비슷하고, ④는 이들이 정형화한 것이며, ⑤는 간체자이다.

3) ≪북제서 北齊書≫<고덕정전 高德政傳> ; 言無不盡.
4) ≪상군서 商君書≫<경법 更法> ; 拘禮之人不足與言事.
5) ≪상군시 商君書≫<군신 君臣> ; 言不中法者, 不聽也.
6) ≪논어 論語≫<위정 爲政> ; 詩三百, 一言以蔽之, 曰思無邪.
7) 현대한어(現代漢語) ; 一言爲定.
8) ≪좌전 左傳≫<희공9년 僖公九年> ; 旣盟之後, 言歸于好.

허(許)의 본래 뜻은 '허락한다'이다. "진나라가 성 열 다섯을 내어놓고 화씨벽과 바꾸자 하였으니, 조나라가 허락하지[許] 않는다면, 허물이 조나라에 있다"[9]는 예가 이것이다. 허락한다는 데서 널리 '찬양한다'로 쓰인다. "당시에 그를 찬양하지[許] 않는 이가 없었다"[10]는 예가 이것이다. 찬양한다는 데서 널리 '바란다'로 쓰인다. "이는 제가 밤낮으로 몰래 바라던[許] 것이오"[11]라는 예가 이것이다. 기대한다는 데서 '남짓'이나 '쯤'의 어림수로도 쓰인다. "연못에는 물고기가 100여[許] 마리를 헤아린다"[12]는 예가 이것이다. 다만, 물리적 거리에 대한 어림수로 쓰이면, 하(何) 자 등과 함께 쓰이기도 한다. "선생이 어떤[何許] 사람인지는 모른다"[13]는 예가 이것이다.

午	m	오	wǔ	일곱째 지지. 정오.
迕		오	wǔ	만나다.
忤		오	wǔ	거스르다. 거역하다. 위반하다.
仵		오	wǔ	검시하다. 검시관.
卸		사	xiè	짐 등을 풀다. 부리다. 벗기다.
許	*m*	*허*	*xǔ*	*허락하다. 아마도. 쯤.*
滸*		호	hǔ	물가.
滸*		호	xǔ	지명에 쓰이는 글자.

원수 수(讎)

①갑골문	②금문	③소전	④해서	⑤간체자
			讎	仇

②는 마주 바라보는 새 두 마리[[illegible]>[illegible]>雔]의 가운데에 언([illegible]>[illegible]>言) 자가 있어, 두 마리 새가 마주 화답한다[[illegible]>[illegible]>讎]는 뜻의 회의 겸 겉음 수([illegible]>[illegible]>雔)의 형성자이다. ③과 ④는 이들이 정형화하는 과정이며, ⑤는 간체자이다.

수(讎)의 본래 뜻은 '화답한다'이다. "응답되지[讎] 않는 말이란 없듯이, 보답되지 않을 덕은 없다"[14]는 예가 이것이다. 응답한다는 데서 널리 '효력 있다'로 쓰인다. "자기가 가진

9) ≪사기 史記≫<염파열전 廉頗列傳>; 秦以城求(和氏)璧, 而趙不許, 曲在趙.
10) ≪삼국지 三國志≫<촉지 · 제갈량전 蜀志 · 諸葛亮傳>; 時人莫之許也.
11) 악비(岳飛) <주걸출사찰자 奏乞出師札子>; 此臣夙夜所自許者.
12) 유종원(柳宗元) <지소구서소석담기 至小丘西小石潭記>; 潭中魚可百許頭.
13) 도잠(陶潛) <오류선생전 五柳先生傳>; 先生不知何許人也.

술수를 다 써봤지만, 그다지 효력이[讎] 없었다"[15]는 예가 이것이다. 무릇 응답하자면 대등한 상대가 있어야 한다는 데서 널리 '대등하다'는 뜻으로 쓰인다. "공로가 모두 대등하다[讎]"[16]는 예가 이것이다. 대등하다는 데서 '적대한다'거나 '원수가 된다'는 뜻으로 쓰인다. "노예나 평민이 궐기하여 노예주와 적대하였다[讎]"[17]는 예가 이것이다. 수(讎)는 수(讐)로도 쓰였으나, 간체자에는 모두 구(仇)에 동화되어 쓰인다. 구(仇)는 원래 '짝'을 가리켜, 배우자를 구우(仇偶)라 하였으나, 널리 '원수'를 가리키기도 하던 자이다. "한사코 집안의 재물로 자객을 구하고 진나라 왕을 암살하여, 한나라의 원수[仇]를 갚고자 하였다"[18]는 예가 이것이다. 다만, 수(讎)의 간체자라면 이를 '수'(仇<讎)라 읽는 것이 옳다.

雔	수	chóu	가죽나무고치. 새 한 쌍.
犨	주	chōu	소가 숨을 헐떡거리는 소리.
讎	*수*	*chóu*	*짝. 원수. 원한.*
售	수	shòu	팔다.

126. 두(豆) 부

콩 두(豆)

①갑골문	②금문	③소전	④해서
			豆

①은 목이 높은 접시용 식기[>豆]의 상형자이다. ②는 ①과 자형이 비슷하나, 대개 뚜껑이 있었으므로, 뚜껑[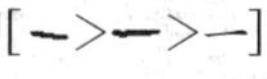]이 식기[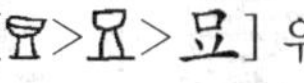] 위의 가로선으로 부호화하였다. ③은 ②와 자형이 비슷하며, ④는 이들이 정형화한 것이다.

두(豆)의 본래 뜻은 접시용 '식기'이다. "한 잔 술, 한 접시[豆] 고기, 한 찬합의 밥"[1]이라는

---

14) ≪시경 詩經≫<대아 · 억 大雅 · 抑>; 無言不讎, 無德不報.
15) ≪사기 史記≫<봉선서 封禪書>; 其方盡, 多不讎.
16) ≪한서 漢書≫<곽광전 霍光傳>; 皆讎有功.
17) ≪상서 尙書≫<미자 微子>; 小民方興, 相爲敵仇.
18) ≪사기 史記≫<유후세가 留侯世家>; 悉以家財求客刺秦王, 爲韓報仇.

1) ≪국어 國語≫<오어 吳語>; 觴酒豆肉簞食.

예가 이것이다. 식기를 헤아리던 데서 널리 '용량단위'로 쓰인다. "제나라 옛날 도량에는 너 되가 한 말[豆]이었다"[2]는 예가 이것이다. 다시 널리 '콩과식물의 총칭'으로도 쓰인다. "4월 비가 철 맞춰 내리면, 콩, 팥 같은 콩과식물[豆] 심기에 알맞다"[3]는 예가 이것이다. '콩과'라는 데서 널리 '콩'을 가리킨다. "한나라는 지형이 험악해서 산에 거주하므로, 오곡이 자란다는 게, 보리 아니면 콩[豆]이다"[4]라는 예가 이것이다. 이는 머지않아 숙(菽)으로도 쓰인다.

두(豆)는 부수자이다. 이를 구성소로 하는 글자는 대개 그릇과 연관이 있다. 넉넉하다 풍(豐), 나무그릇 두(梪), 오르다 등(登) 등이 이것이다.

豆 m	*두*	*dòu*	*콩. 옛날 제사기구의 하나.*
荳	두	dòu	콩.
逗	두	dòu	머무르다. 던지다.
頭* m	두	tóu	머리.
頭*	두	tou	명사의 뒤에 쓰임.
脰	두	dòu	목. 목줄기.
剅	두	lóu	조금 쪼개다.
餖	두	dòu	늘어놓다.
痘	두	dòu	천연두. 마마.
短 m	단	duǎn	짧다. 결핍되다.
裋	수	shù	거친 베옷.
豎	수	shù	더벅머리. 내시.

넉넉하다 풍(豐)

①갑골문	②금문	③소전	④a해서	④b해서	⑤간체자
			豐	豊	丰

①은 목이 높은 접시용 식기[> > >豆]와, 그 위에 담긴 풍성한 음식, 혹은 화려한 술잔[> > >山] 겸 음결 봉(> > >丰)의 상형 겸 형성자이다. ②와 ③은 ①과 자형이 비슷하며, ④a는 이들이 정형화한 것이나 글자의 획이 번거로우므로 현재 ④b의

2) ≪좌전 左傳≫<소공3년 昭公三年> ; (齊舊)四升爲豆.
3) 가사협(賈思勰) ≪제민요술 · 대두 齊民要術 · 大豆≫ ; 四月時雨降, 可種大小豆.
4) ≪전국책 戰國策≫<한책 · 1 韓策 · 一> ; 韓地險惡山居, 五穀所生, 非麥而豆.

풍(豊)[5] 자를 대신 널리 쓰고 있다. ⑤는 음곁[丰]을 간체자로 삼은 것이다.

풍(豐)의 본래 뜻은 '잔받침'의 예기이다. "향사례 주관자가 마루채의 서쪽에 이르러, 젊은 이들에게 잔받침[豐]을 배열하게 한다"[6]는 예가 이것이다. 잔받침이란 데서 널리 '넓고 크다'는 뜻으로 쓰인다. "명제는 태어날 때 아래턱이 넓고 컸으며[豐], 10세에 춘추를 이해하였으므로 무제가 그를 기특하다 여겼다"[7]는 예가 이것이다. 넓고 크다는 데서 널리 '풍성하다'는 뜻으로 쓰인다. "풍성하나[豐] 한 마디도 헛된 말이 없고, 간략하나 한 단어도 빠뜨린 생각이 없다"[8]는 예가 이것이다. 풍성하다는 데서 자태가 '풍만하다'로도 쓰인다. "헛되이 일신만 영화로와, 육신만 풍만해진다[豐]"[9]는 예가 이것이다. 널리 '무성하다'로도 쓰인다. "수목은 무리져 자라고, 온갖 풀은 무성히[豐] 우거졌다"[10]는 예가 이것이다. 무성하다는 데서 널리 '짙다'로도 쓰인다. "짙은[豐] 안개 풀꽃에서 찬란하고, 높은 달은 구름 낀 벼랑에 빛난다"[11]는 예가 이것이다. 풍부하고 성대하다 하여 '풍성(豐盛)하다'고도 한다. "상으로 내린 돈과 비단이 풍성(豐盛)하기 비길 바 없다"[12]는 예가 이것이다.

풍(豊)은 자형과 자의가 비슷하던 례(豊)를 빌려 쓴, 풍(豐)의 약자이다. 풍(豐)이 의례용 기물이던 것처럼, 례(豊)는 제례용 기물로 주로 제사에 쓰인 식기이기 때문에 이체자로 여기게 된 것이다. "병란이 일지 않고, 전염병이 돌지 않으며, 오곡을 풍성히[豊] 수확한다"[13]는 예가 이것이다.

豐 [m]	*풍*	*fēng*	*풍부하다. 풍년.*
酆	풍	fēng	나라 이름.
澧	풍	fēng	강 이름.

례(豊)를 음곁으로 쓴 자들과 비교해 보기

豊	례	lǐ	예의를 행하던 기물
禮 [m]	례	lǐ	예절. 예식.
醴	례	lǐ	단술.

5) 이 글자는 '례'라고도 읽힌다. 례(禮)자의 음곁이 '례'인 예가 이것임.
6) ≪의례 儀禮≫<향사례 鄕射禮> ; 司射適堂西, 命弟子設豐.
7) ≪후한서 後漢書≫<명제기 明帝紀> ; 帝生而豐下, 十歲能通春秋, 光武奇之.
8) 한유(韓愈) <지등주북기상서 至鄧州北寄上書> ; 豐而不餘一言, 約而不失一辭.
9) 조식(曹植)<구자시표 求自試表> ; 徒榮其軀而豐其體.
10) 조조(曹操) <보출하문행 · 관창해 步出夏門行 · 觀滄海> ; 樹木叢生, 百草豐茂.
11) 포조(鮑照) <임천왕복경환전리 臨川王服竟還田里> ; 豐霧粲草華, 高月麗雲崿.
12) ≪후한서 後漢書≫<광무곽황후 光武郭皇后> ; 賞賜金錢縑白, 豐盛莫比.
13) ≪돈황변문집 敦煌變文集≫<부처의 아미타경 강연 佛說阿彌陀經講經文> ; 病戈不起, 疫癘休生, 五穀豊登.

體*[m]	체	tǐ	몸. 신체.
體*	체	tī	스스로. 몸소. 친히.
軆	체	tǐ	체體의 이체자.
鱧	례	lǐ	가물치.

127. 시(豕) 부

돼지 시(豕)

①갑골문	②금문	③소전	④해서
			豕

"그들이 개, 돼지[豕]며 승냥이, 이리며 순록, 사슴인 줄은 내가 안다"[1] 할 때의 시(豕) 자이다. ①은 불거진 주둥이[ˋ]와 벌린 양쪽 귀[⌒], 불룩한 배[ㅁ]와 짧은 꼬리[,]로 돼지[豕>豕>豕>豕]를 상징한 상형자이다. ②는 불거진 주둥이[ˋ] 아래 벌린 양쪽 귀[⌒]가 돼지임을 상징할 뿐, 배가 없이, 꼬리[ˊ]는 등[\]에 올라붙어 있다. ③은 불거진 주둥이와 양쪽 귀를 가로선[一]으로 상징하였을 뿐, ②와 자형이 비슷하나, 등끝의 꼬리[\]가 구성미를 고려하여 말려 있다. ④는 ③이 정형화한 것이다.

시(豕)의 본래 뜻은 '돼지'이다. "돼지[豕]가 사람처럼 일어서서 울었다"[2]는 예가 이것이다. 옛날에는 돼지 중 큰놈을 시(豕)나 체(彘)라 하였으며, 작은놈을 저(豬)와 돈(豚)이라 하여 구분하였다. 그래서, '멧돼지처럼 맹렬히 내달음'을 시돌(豕突)이라 하였다. 지금은 돼지를 널리 일컬어 저(豬)라 하므로, '저돌(豬突)적이다'라고 할 뿐이다.

시뢰(豕牢)란 돼지우리이다. "왕은 돼지우리[豕牢]에 놓아두도록 명령하였다"[3]는 예가 이것이다. 다만, "뒷간[豕牢]에서 오줌을 누다가, 문왕을 낳았다"[4]고 할 때는 '뒷간'을 가리키기도 한다.

시(豕)는 부수자이다. 이를 구성소로 하는 글자는 모두 돼지와 연관이 있다. 돼지 해(亥),

---

1) 한유(韓愈) 〈획린해 獲麟解〉; 吾知其爲犬豕豺狼麋鹿.
2) ≪좌전 左傳≫<장공8년 藏公八年>; 豕人立而啼.
3) ≪후한서 後漢書≫<동이전·부여 東夷傳·夫餘>; 王令置於豕牢.
4) ≪국어 國語≫<진어·4 晉語·四>; 少溲于豕牢, 而得文王.

코끼리 상(象), 큰돼지 견(豣), 돼지새끼 종(豵), 멧돼지 희(豨), 수돼지 가(豭), 수돼지 종(豵)
등이 이것이다.

豕	*시*	*shǐ*	*돼지.*
彖	수	suì	따르다. 좇다.
遂* h	수	suì	이루다. 마침내.
遂*	수	suí	반신불수.
蕤	유	ruí	꽃이 드리운 모양. 관이나 기의 드리운 장식.
隊 h	대	duì	열. 무리.
燧	수	suì	부싯돌. 봉화. 횃불.
隧	수	suì	굴. 터널.
邃	수	suì	멀다. 깊다. 심오하다.
墜	추	zhuì	떨어지다.

코끼리 상(象)

①갑골문	②금문	③소전	④해서
			象

①은 코끼리[>>>象]이다. 큰 머리에서 긴 코가 위로 솟으며 뻗친 상형자이다. ②는 필기방식이 문자라기보다 그림이며, ③은 큰 귀[]가 머리[] 왼편에, 긴 코[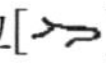]가 칼[刀]처럼 변형되어 머리[>] 위에 놓였고, 왼편과 아래로 네 다리[]가 난 등[]의 오른편 끝으로 꼬리[]를 들어 드리우고 있으나, 한 눈에 코끼리인 줄 알기가 쉽지 않으며, ④는 ③이 정형화한 것이나, 이미 코끼리 형상은 찾을 수 없다.

상(象)의 본래 뜻은 '코끼리'이다. 아름답기는 하나 현실성이 없는 좁은 세계의 낭만적인 경향을, '죽은 코끼리 어금니가 쌓여 이루어진 탑'에 비유하여 "상아탑(象牙塔)"이라 일컬었던 예가 이것이다. 코끼리의 거대한 몸집에 유래하여, 널리 '형상'의 뜻으로 쓰인다. "흐릿하고 멍한 가운데 형상[象]이 있다"[5]는 예가 이것이다. 형상이라는 데서 널리 '상징'의 뜻으로 쓰인다. "바다의 신선향이나 거북 같은 것을 상징하였다[象]"[6]는 예가 이것이다. '징조'의 뜻으로도 쓰인다. "5성이 정수 별자리에 모였으니, 천하를 얻을 징조[象]이다"[7]라는 예가

5) ≪노자 老子≫ ; 惚兮恍兮, 其中有象.
6) ≪한서 漢書≫<교사지 · 하 郊祀志 · 下> ; 象海中神山龜魚之屬.

이것이다. 형상이란 데서 다시 널리 '모습'의 뜻으로 쓰인다. 예컨대, 만물상(萬物象)이란 '만물의 모습'이며, 기상(氣象)이란 '천기의 모습'이다. "아침에 햇살 비치다가도 저녁이면 흐려, 천기의 모습[氣象]이 천만 번 바뀐다"[8]는 예가 이것이다. 모습이란 데서 널리 '닮는다'거나 '본뜬다'는 뜻으로 쓰인다. 예컨대, 상인(象人)이란 '사람을 닮는다'는 뜻이다. "인형[象人]은 백만이 있다 하여도 강하다고 할 수 없다"[9]는 예가 이것이다. 특히 '인위적인 모습'은 머지않아, 상(像)에 분화시켜 나타낸다. 따라서 화상(畵像)이니 소상(塑像)이니 동상(銅像)이니 하는 말에는 상(象)을 쓰지 않으며, 형상(形象)이며, 인상(印象)이며 상징(象征)이며 하는 '자연스런 형상'에는 상(像)을 쓰지 않는다.

象 [h] 상 xiàng 코끼리. 모양.

像 [h] 상 xiàng 본뜬 형상. 닮다.
橡 상 xiàng 고무. 고무나무. 도토리나무. 참나무.

128. 치(豸) 부

벌레 치(豸)

①갑골문	②금문	③소전	④해서
			豸

②은 위는 머리[]인데, 벌린 입[] 안에 날카로운 이빨[]이 보이며, 머리 오른쪽 끝에 동그란 귀[]가 있으며, 머리 아래로 다리[]와 꼬리[]가 난 짐승[>>豸]의 상형자이다. ③은 꼬리만 보이지 않을 뿐 ②와 자형이 같으며, ④는 ③이 정형화한 것이다.

"치(豸)란 등을 늘이는 짐승이다. 등을 움츠리거나 늘이며 간다 함은 사냥감을 노리고자 하는 모양이다"[1] 하였으니 '고양이과의 동물'이다. 널리 사슴 모양을 한 전설상의 외 뿔 짐승 '해치'를 가리킨다. 해치는 능히 옳고 그름을 판단하여 그릇된 사람을 들이받는다고

---

7) 순열(荀悅) ≪한기 · 성제기 · 4 漢紀 · 成帝紀 · 四≫ ; 五星聚東井(宿), 得天下之象也.
8) 범중엄(范仲淹) <악양루기 岳陽樓記> ; 朝暉夕陰, 氣象萬千.
9) ≪한비자 韓非子≫<현학 顯學> ; 象人百萬, 不可謂强.

1) 허신(許愼) ≪설문해자 · 치부 說文解字 · 豸部≫ ; 豸, 獸長脊, 行豸豸然, 欲有所司殺形.

한다. 초나라 문왕이 해치의 외뿔 모양 관을 즐겨 쓰자 초나라 사람들이 이것을 본받았다고 하며,[2] 진나라 때는 법관이 이것을 머리에 썼다고 한다. "어사대가 탄핵하고자 하면, 고소장을 낼 필요도 없이 해치[豸] 관을 쓴다"[3]는 예가 이것이다. 다만, 등을 움츠렸다 늘였다 할 수 있다는 데서 널리 '굼벵이나 지렁이 같은 벌레'들을 가리키기도 한다. "발이 있는 벌레는 '충'이라 하고, 발이 없는 벌레는 치(豸)라 한다"[4]는 예가 이것이다. 이는 머지않아 '그친다' 지(止)에 동화되어 쓰이기도 한다. "재앙이 초목에까지 이르고, 재난이 벌레[止]와 짐승에게 미친다"[5]는 예가 이것이다.

치(豸)는 부수자이다. 이를 구성소로 하는 글자는 짐승과 연관이 있다. 승냥이 시(豺), 표범 표(豹), 담비 초(貂), 오소리 학(貉) 등이 이것이다.

豸　　치 zhì　　발이 없는 벌레의 총칭. 해태.

오소리 학(貉)

①갑골문	②금문	③소전	④해서
			貉

②는 왼음 각([illegible]>[illegible]>各) 오른뜻 짐승[[illegible]>[illegible]>豸]의 형성자이다. ③은 구성소의 위치가 바뀌었을 뿐, ②와 자형이 같으며, ④는 이들이 정형화한 것이다.

학(貉)의 본래 뜻은 '오소리'이다. 같은 통속임을 가리켜, "한 언덕의 오소리[貉]"[6]라 하는 예가 이것이다. 널리 고대 북방의 우리민족을 가리키기도 한다. 다만 이는 머지않아 맥(貊)에 분화되어 쓰이므로, 이때는 '맥'이라 읽는 점 주의해야 한다. "맥(貉)은 동북 지방에 있으며, 3한 같은 나라가 모두 맥(貉)족이다"[7]라는 예가 이것이다.

各*　　각 gě　　특별하다. 유별나다.
各*[m]　각 gè　　여러. 갖가지. 각각.

袼　　각 gē　　소매. 겨드랑이의 솔기.
閣*[h]　각 gé　　문설주. 누각.
閣*　　각 gǎo　　신상을 모셔 놓고 제사 지내는 건물.

---

2) ≪회남자 淮南子≫<주술훈 主術訓> ; 楚文王好服獬(豸)冠, 楚國效之.
3) ≪구당서 舊唐書≫<숙종기 肅宗紀> ; 御史臺欲彈事 不須進狀, 仍服豸冠.
4) ≪이아 爾雅≫<석충 釋蟲> ; 有足謂之蟲, 無足謂之豸.
5) ≪장자 莊子≫<재유 在宥> ; 災及草木, 禍及止蟲.
6) ≪한서 漢書≫<양운전 楊惲傳> ; 一丘之貉.
7) ≪한서 漢書≫<고제기・상 高帝紀・上> ; 貉在東北方, 三韓之屬皆貉類也.(顔師古注)

胳*	각	gē	팔.
胳*	각	gā	겨드랑이.
胳*	각	gé	간지럽다.
恪	각	kè	삼가다.
骼	격	gé	뼈.
格*	격	gē	껄껄[우렁찬 소리로 웃는 소리].
格* [h]	격	gé	바로잡다.
咎	구	jiù	허물.
洛	락	luò	강 이름.
酪	락	lào	식초.
絡* [h]	락	luò	헌 솜. 명주. 덮다.
絡*	락	lào	뜻은 絡luò와 같음.
烙*	락	lào	다리다. 다리미질하다.
烙*	락	luò	고대의 형벌. 지지다.
略 [h]	략	lüè	생략하다. 계획.
輅	로	lù	수레.
路 [m]	로	lù	길. 도로.
賂	뢰	lù	뇌물 주다. 재물. 금품.
*貉**	맥	*mò*	*오랑캐.*
*貉**	학	*háo*	*오소리. 담비.*
*貉**	학	*hé*	*오소리. 담비.*

129. 패(貝) 부

조개 패(貝)

①갑골문	②금문	③소전	④해서	⑤간체자

①은 마주보는 두 쪽의 조개껍데기[貝>貝>貝>貝]이다. ②는 조개껍데기가 이어져 있을 뿐, ①과 자형이 같으며, ③은 구성이 단순화하여 조개껍데기임을 알기 쉽지 않다. ④는

③이 정형화한 것이며, ⑤는 초서를 간체자로 삼은 것이다.

패(貝)는 본래 뜻이 '조개'이다. "입술은 짙은 단사 같고, 이빨은 가지런한 조개[貝] 같다"[1]는 예가 이것이다. 조개모양을 한 것을 널리 가리키기도 하는데, 악기로서는 '소라나팔'을 가리킨다. "새벽과 밤에 예불을 드리면 북을 치고 소라나팔[貝]을 분다"[2]는 예가 이것이다. 옛날부터 귀하게 여겼으므로, 널리 '화폐의 일종'을 가리키기도 한다. "농산물과 공산품의 상품에 교역의 길이 트이면서, 거북전, 조개전[貝], 금붙이, 엽전, 도전, 포전 등 화폐가 유통되었다"[3]는 예가 이것이다.

패(貝)는 부수자이다. 이를 구성소로 하는 글자는 대부분 돈과 재물 혹은 귀중하다는 뜻과 관련이 있다. 재물 재(財), 재화 화(貨), 꿰다 관(貫), 빌리다 대(貸), 바꾸다 무(貿), 하례하다 하(賀), 귀하다 귀(貴), 뇌물 회(賄), 뇌물주다 뇌(賂), 장물 장(贓), 품팔이 임(賃), 구휼하다 진(賑), 재물 자(資), 조세 부(賦), 주다 뢰(賚), 넉넉하다 섬(贍) 등이 이것이다.

貝 m	*패*	*bèi*	*조개. 보물.*
狽	패	bèi	이리.
棍	패	bèi	패엽나무. 인도에서 나는 상록 교목.
鋇	패	bèi	쇠뭉치. 바륨Barium.
唄	패	bài	부처의 공덕 찬미하다.[범어 Pathaka의 준말]
敗 m	패	bài	깨트리다. 부수다. 패하다. 지다.

곧다 정(貞)

①갑골문	②금문	③소전	④해서	⑤간체자

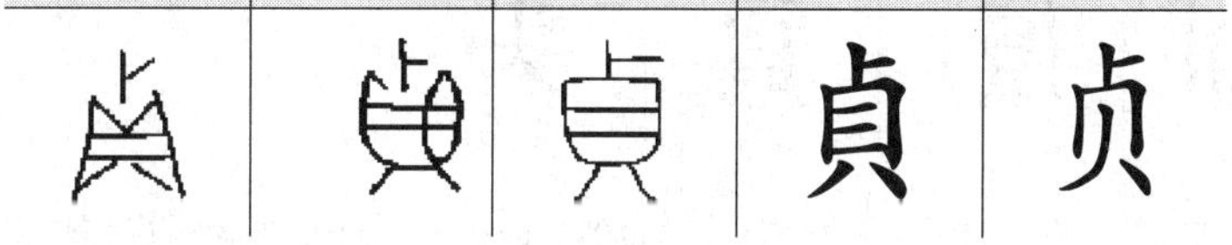

①은 위에는 복([illegible]>卜) 자이고 아래는 솥[[illegible]>貝<鼎]이다. 정(鼎)이란 다리가 셋인 솥, 즉 제사용 화로로서 점괘를 얻기 위하여 거북껍데기를 굽던 도구이므로, 솥[鼎]에 구워 묻는다[卜]는 뜻의 회의 겸 밑음 정([illegible]>貝<鼎)의 형성자이다. 복(卜) 자가 없이 정([illegible]<鼎<貞)으로만 쓰인 것은 '솥에 굽는다'는 과정을 말한 것이나, 널리 가차자로 여기기도 한다. ②는 정([illegible]>鼎)자가 보다 사실적이며, ③에서 솥[[illegible]]이 조개[[illegible]>貝]로 바뀐 것은 잘못 동화된

1) ≪장자 莊子≫<도척 盜跖>; 脣如激丹, 齒如齊貝.
2) 양현지(楊衒之·北魏) ≪낙양가람기 洛陽伽藍記≫; 晨夜禮佛, 擊鼓吹貝.
3) ≪사기 史記≫<평준서론 平準書論>; 農工商交易之路通, 龜貝金錢刀布之幣興焉.

결과이다. ④는 ③이 정형화한 것이며, ⑤는 초서를 반영한 간체자이다.

정(貞)의 본래 뜻은 ‘점친다’이다. “명년의 길흉을 점친다[貞]”[4]는 예가 이것이다. 의혹을 푼다는 데서 널리 ‘바로 잡는다’거나, ‘곧다’로 쓰인다. “곧은[貞] 선비는 한결같이 굳게 자신을 단속한다”[5]는 예가 이것이다. ‘곧다’는 데서 널리 ‘꿋꿋하다’로 쓰인다. “저는 보필하는 힘을 다할 뿐 아니라, 한갓 되고 꿋꿋한[貞] 마음을 기울일 것입니다”[6]라는 예가 이것이다. ‘꿋꿋하다’는 데서 다시 널리 ‘정조’의 뜻으로 쓰인다. “정조 있는[貞] 여인은 두 남자를 섬기지 않는다”[7]거나, “그대 못난 여인을 미워마오, 못난 여인 목숨 바쳐 정조[貞]를 지켰거니”[8]라는 예가 그것이다.

鼎	정	dǐng	솥. 남비. <정貝은 구성소로 쓰일 때의 간체형으로, 패貝와 동화된 자형>
貞 m	*정*	*zhēn*	*정조. 정절. 곧바름.*
偵	정	zhēn	몰래 살피다.
遉	정	zhēn	몰래 살피다.
湞	정	zhēn	물 이름.
禎	정	zhēn	상서로움.
楨	정	zhēn	단단한 나무. 기둥.
赬	정	chēng	붉은 색.

사다 매(買)

①갑골문	②금문	③소전	④해서	⑤간체자
			買	买

①은 위는 그물[>>>罒<网]이고 아래는 조개[>>>貝]이므로, 그물로 조개를 채취한다[>>>買]는 뜻의 회의자이다. ②는 그물[]의 모양이 간단할 뿐 대체로 ①과 자형이 같다. ③은 ②가 구성미에 치중하여 변형한 것이며, ④는 ③이 정형화한 것이다.

매(買)의 자급자족경제 시기의 원래뜻은 조개 같은 것을 ‘채취한다’이다. “내가 어찌 명예를 주워 챙기고[買] 직위를 찾아 구하는 사람이겠느냐?”[9]라는 예가 이것이다. 물물교환경제

4) ≪주례 周禮≫<춘관・천부 春官・天府> ; 以貞來歲之媺惡.
5) 동중서(董仲舒) <사불우부 士不遇賦> ; 貞士耿介而自束.
6) ≪좌전 左傳≫<희공9년 僖公九年> ; 臣竭股肱之力, 加之以忠貞.
7) ≪사기 史記≫<전단열전 田單列傳> ; 貞女不更二夫.
8) 유차(劉叉) <고원시 古怨詩> ; 君莫嫌醜婦, 醜婦死守貞.

시대에는 팔고 사는 행위를 구분하지 않고, 널리 '맞바꾼다'로 쓰인다. "이를 두고 원망을 사 모으고 재앙을 맞바꾸었다[買] 하는 것이다"[10]라는 예가 이것이다. 이런 동일시는 국어에도 마찬가지여서, 쌀을 사면서 "판다"고 하거나, 묵은 된장 같은 것을 거두어 사는 사람이 오히려 "사라"고 외치기도 하였다. 화폐경제가 정착하면서 팔고 사는 행위가 서로 구분되기 시작하자, 매(買)는 '산다'는 의미로만 쓰였고, '판다'는 뜻은 매(賣)를 분화시켜 나타내게 되었다. "비싸면 팔고[賣], 싸면 산다[買]"[11]는 예가 이것이다.

買 m 매 mǎi 사다. 구입하다.

賣 m 매 mài 팔다.
鷶 매 mǎi 접동새.
嘪 매 mǎi 양 울음소리.

쌓다 저(貯)

①갑골문	②금문	③소전	④해서	⑤간체자

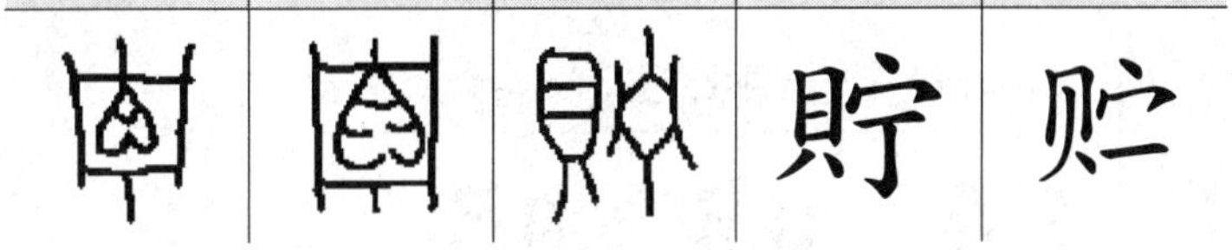

①은 궤[[illegible]>[illegible]>[illegible]>宁] 속에 조개[[illegible]>[illegible]>[illegible]>貝]를 넣었으므로, 갈무리한다[[illegible]>[illegible]>[illegible]>貯]는 뜻의 회의자이나, 저(宁)가 음결이기도 하므로, 회의 겸 형성자이다.[12] ②는 ①과 자형이 비슷하며, ③은 조개[[illegible]>貝]를 궤[[illegible]>宁] 밖에 옮겨 놓아, 왼뜻[貝] 오른음 저(宁)의 회의 겸 형성자로 바뀐 것이다. ④는 ③이 정형화한 것이며, ⑤는 간체자이다.

저(貯)의 본래 뜻은 '갈무리 한다'이다. "양식과 재물을 쌓고 갈무리하는[貯] 일은 세상에서 부여받은 중요한 과업이다"[13]라는 예가 이것이다. 널리 책의 '보존본'을 가리키기도 한다. "갑, 을, 병, 정으로 분야를 나누어 각각 3부씩을 보관하는데, 정본이며, 부본이며, 보존본[貯]이라 한다"[14]는 예가 이것이다. 갈무리한다는 데서 널리 '채운다'로 쓰인다. "금이며 동이며

---

9) ≪남사 南史≫<우기전 虞寄傳> ; 吾豈買名求仕者乎?
10) ≪전국책 戰國策≫<한책 · 1 韓策 · 一> ; 此所謂市怨而買禍者也!
11) ≪한서 漢書≫<식화지 · 하 食貨志 · 下> ; 貴則賣之, 賤則買之.
12) ≪설문해자 說文解字≫ 〈저부 宁部〉 에 "저(宁)란 물건을 구별해 쌓는다는 뜻이다(宁, 辨積物也.)" 하여, '우두커니 서다' 저(宁>佇)의 본래뜻은 '쌓는다'여서, 저(貯)의 본래자이므로, 저(貯)는 회의 겸 형성자임을 알 수 있음.
13) 가의(賈誼) <적저소 積貯疏> ; 夫積貯者, 天下之大命也.
14) ≪신당서 新唐書≫<백관지 · 2 百官志 · 二> ; 以甲乙丙丁爲部, 皆有三本, 一曰正, 二曰副, 三曰貯.

옥 주발에 개똥을 채워[貯] 놓았으니, 정말 나가서 친구들을 볼 낯이 없다"15)는 예가 이것이다.

저(佇) 역시 저(宁)에서 분화된 글자로서, 궤짝은 움직이지 않고 서 있어서 '우두커니 선다'는 뜻으로 쓴다.

宁	저	zhù	조회 열리는 곳. 멈추다.
宁	녕	níng	<안녕하다 녕寧의 간체자>
佇	저	zhù	오랫동안 서있다. 우두커니.
苧	저	zhù	모시풀.
竚	저	zhù	우두커니 저佇와 같은 글자.
紵	저	zhù	모시풀. 모시베.
詝	저	zhǔ	슬기롭다. 지혜롭다.
貯 ⓜ	*저*	*zhù*	*모아두다. 저장하다.*

도적 적(賊)

①갑골문	②금문	③소전	④해서	⑤간체자
			賊	贼

"사람을 쏘려면 먼저 말을 쏘고, 도적[賊]을 사로잡으려면 먼저 왕을 사로잡지"16) 할 때의 적(賊) 자이다. ②는 왼편은 칼[[illegible]>[illegible]>+]이고 오른편은 창[[illegible]>[illegible]>戈]인데, 가운데 재물[[illegible]>[illegible]>貝]이 있으므로, 칼과 창을 들고 재물을 해친다[[illegible]>[illegible]>賊]는 뜻의 회의 겸 왼음 칙([illegible]>[illegible]<則)의 형성자이다. ③은 구성소의 위치가 바뀌었을 뿐 ②와 자형이 비슷하며, ④는 해서의 자형으로 ③과 자형이 대체로 같다. ⑤는 간체자이다.

적(賊)의 본래 뜻은 '훼손한다'거나 '해친다'이다. "이는 천하의 사람들을 해치는[賊] 것이다"17)라는 예가 이것이다. '해친다'에서 다시 '죽인다'로 쓰인다. "두 사람이 서로 증오하며 서로를 죽이[賊]고자 하였다"18)는 예가 이것이다. 다시 널리 '잔인하다'로도 쓰인다. "동탁은 패악스럽고 잔인하였다[賊]"19)는 예가 이것이다.

15) 포송령(蒲松齡) ≪요재지이・가봉치 聊齋志異・賈奉雉≫ ; 以金盆玉椀貯狗矢, 眞無顔出見同人.
16) 두보(杜甫) 〈전출새 前出塞〉 ; 射人先射馬, 擒賊先擒王.
17) ≪묵자 墨子≫<비유 非儒> ; 是賊天下之人者也.
18) ≪한비자 韓非子≫<내저설・하 內儲說・下> ; 二人相憎, 而欲相賊也.
19) ≪삼국지 三國志≫<위서・동이원류전 魏書・董二袁劉傳> ; 董卓狼戾賊忍.

적(賊)은 '노예'나 '농민봉기군'을 일컫기도 한다. "붉은 눈썹의 봉기군[賊]이 함곡관을 침입하였다"[20]는 예가 이것이다. 이는 서한 말엽 농민 봉기군을 비하한 표현이다.

則*[m]	칙	zé	규칙. 본받다.
則*[m]	즉	zé	곧.
賊 [*h*]	*적*	*zéi*	*도둑. 반역자.*
側*[h]	측	cè	옆. 곁. 기울이다.
側*	측	zè	측성仄聲.[평성平聲에 대비된 한시 음률상 용어]
側*	측	zhāi	기울다. 기울어지다.
測 [h]	측	cè	측량하다. 추측하다.
惻	측	cè	슬프다. 정성스럽다.
廁	측	cè	뒷간. 참여하다. 끼여들다.

130. 적(赤) 부

붉다 적(赤)

①갑골문	②금문	③소전	④해서
			赤

①은 위가 사람[大>大>大>土<大]이고 아래는 불[火>火>火>小<火]로, 사람이 불에 쬐여 붉게[赤>赤>赤>赤] 비치므로, 회의자이다. ②와 ③은 ①과 자형이 같고, ④는 이들이 정형화한 것이나, 사람[大]이 토(土) 자 꼴로 잘못 변형되었다.

적(赤)의 본래 뜻은 불에 쪼여 '붉다'는 뜻이다. "색이 붉은[赤] 고추가 좋다"[1]는 예가 이것이다. 적일(赤日)이란 '붉게 내리쬐는 태양'으로서 곧 '뙤약볕'을 가리킨다. "뙤약[赤]볕 몹시 뜨거워 불이 타는 듯하다"[2]는 예가 이것이다. '붉다'에서 널리 '순수하다'나 '성실하다'로 쓰인다. "반드시 순수한[赤] 마음으로 기뻐하고 근심하는 곳을 따를 것이다"[3] 한 예가 이것이

20) ≪후한서 後漢書≫<광무기 光武紀> ; 赤眉賊入函谷關.

1) 가사협(賈思勰) ≪제민요술 · 종초 齊民要述 · 種椒≫ ; 色赤椒好.
2) ≪수호전 · 16회 水滸傳 · 十六回≫ ; 赤日炎炎似火燒.
3) ≪순자 荀子≫<왕제 王制> ; 必將於愉殷赤心之所.

다. '적담충심(赤膽忠心)'이란 숙어가 있다. '성실한[赤] 용기와 정성스런 마음'이란 뜻이다. 살빛을 붉다고 여겨 널리 '살갗이 드러나 보임'을 가리키기도 한다. "어찌 맨[赤]발로 겹겹이 얼음을 밟을 수 있으리"[4]라는 예가 이것이다. 적나라(赤裸裸)하다는 것은 "온통 벗은[赤] 알몸"[5]을 가리키는 말임도 이와 같은 예이다.

붉은 색을 가리키는 글자는 많다. 붉은 빛의 농도가 얕은 것부터 배열하자면, 대개 홍(紅), 비(緋), 단(丹), 적(赤), 주(朱), 강(絳), 안(殷)의 순서로 여겨진다. 강(絳)은 심홍색이며, 안(殷)은 적흑색, 즉 검붉은 빛이다. 그 외 동(彤)도 붉은 빛이다. 단오절에 중국인은 마귀를 쫓는 종규라는 신을 주홍색으로 그려 걸곤 하는데, 이 그림을 동채종규(彤彩鍾馗)라 부른다.

赤 [m] *적 chì* *붉다.*

赦 사 shè 죄를 용서하다.
郝 학 hǎo 고을 이름.

131. 주(走) 부

달리다 주(走)

①갑골문	②금문	③소전	④해서
			走

②는 양 팔을 마주 굽힌 사람[大>大>土<大] 아래 발[止>止>止<止]이 놓였으므로, 달린다[走>走>走]는 뜻의 회의자이다. ③은 ②와 자형이 같으며, ④는 ③이 정형화한 것이나, 사람[大]이 토(土) 자 꼴로 잘못 변형되었다.

주(走)의 본래 뜻은 '달린다'이다. "여러 장수 모두가 다투어 금은비단 재물이 쌓인 곳간을 향해 내달았다[走]"[1]는 예가 이것이다. 달린다는 데서 '달아난다'로 쓰인다. "갑옷을 버리고 무기를 끌며 달아난다[走]"[2]는 예가 이것이다.

4) 두보(杜甫) <조추고열 早秋苦熱> ; 安得赤脚踏層冰.
5) ≪삼국연의 三國演義≫<84회 八十四回> ; 赤身裸體.

1) ≪사기 史記≫<소상국세가 蕭相國世家> ; 諸將皆爭走金帛財物之府.
2) ≪맹자 孟子≫<양혜왕 · 상 梁惠王 · 上> ; 棄甲曳兵而走.

하인이 시중들 때는 쫓아다니듯이 한다. 그래서 하인을 '마소부림이(牛馬走)'라 한다. '소나 말처럼 헌신하는 하인'이라는 뜻이다. "태사공 벼슬 마소부림이[牛馬走] 사마천이 엎디어 아룁니다"[3]라는 예가 이것이다. '부림이(走)'라고만 겸칭하기도 한다. "제[走]가 비록 민첩하지 못하나"[4]라는 예가 이것이다.

주(走)는 고대에 '달린다'로 쓰였으나, 현대중국어에는 '간다'로 쓰인다. '간다'는 뜻으로서는 고대에 행(行)이라 하였다.

走 m 주 zǒu　　달리다. 걷다. 이동하다. 가다.

132. 족(足) 부

발 족(足)

①갑골문	②금문	③소전	④해서

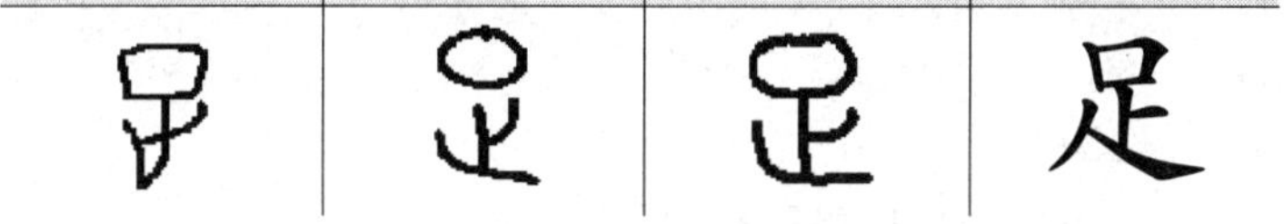

"창랑강의 물이 흐려도, 내 발[足]은 씻을 수 있다"[5] 할 때의 족(足) 자이다. ①은 발가락이 위로 난 왼발[ㅂ>ㅛ>止>止<止]이 종아리[口>○>○>口] 아래 놓였으므로, 사람의 다리[足>足>足>足]를 가리키는 상형자이다. ②와 ③은 ①과 자형이 같으며, ④는 이들이 정형화한 것이다.

족(足)의 본래 뜻은 사람의 '다리'이다. 다만, 사람의 '다리'는 머지않아 각(脚)에 분화되어 쓰이고, 널리 동물이나 사물의 '다리'를 가리킨다. "오나라의 세력이 강해져, 솥의 다리[足]처럼 3국이 대치하는 형세가 된다"[6]는 예가 이것이다. 다리라는 데서 널리 '발'을 가리킨다. "그녀는 온 몸에 노란 도포를 입고, 발[足]에는 노란 신을 신었다"[7]는 예가 이것이다. 다리라는 데서 널리 '일어난다'로 쓰인다. "아내를 얻어 상점을 열자, 장사가 몹시 흥성하였다[足]"[8]는 예가 이것이다. 흥성한다는 데서 널리 '많다'로 쓰인다. "이곳은 모래가 많아[足] 쉽사리

---

3) 사마천(司馬遷) <보임안서 報任安書> ; 太史公牛馬走司馬遷拜言.
4) 장형(張衡) <동경부 東京賦> ; 走雖不敏.
5) 《초사 楚辭》 〈어부 漁父〉 ; 滄浪之水濁兮, 可以濯吾足.
6) ≪삼국지 三國志≫<촉지 · 제갈량전 蜀志 · 諸葛亮傳> ; 荊吳之勢彊, 鼎足之形成矣.
7) 장한수(張恨水) ≪81몽 · 72몽 八十一夢 · 七十二夢≫ ; 他身被黃袍, 足踏黃靴.
8) ≪경세통언 警世通言≫<왕교란백년장한 王嬌鸞百年長恨> ; 聚妻開店, 生意甚足.

바람을 노하게 한다"[9]는 예가 이것이다. 많다는 데서 널리 '충분하다'로 쓰인다. "문헌이 충분치[足] 못한 때문이다. 충분하다면[足] 내가 이를 증명할 수 있을 것이다"[10]라는 예가 이것이다. 충분하다는 데서 널리 '할 수 있다'로 쓰인다. "백 번 쏘아 한 번을 실수하더라도, 잘 쏜다 할 수[足]는 없다"[11]는 예가 이것이다. 널리 '할 만한 가치가 있다'로도 쓰인다. "외부인에게 말할 만한 가치[足]는 없소"[12]라는 예가 이것이다.

"낮으로 밤을 보충한다[足]"[13]는 예에서처럼 '보탠다'는 뜻으로 쓰일 때는 주(足)라 읽으므로, 자음에 주의해야 한다. 현대중국어로는 족(足)을 주(zú)라 읽는 대신 주(足)는 쥐(jù)라 읽는다. '지나치다'는 뜻일 때도 마찬가지여서, 주공(足恭)이란 '지나치게 공손함'을 가리킨다.

족(足)은 부수자이다. 이를 구성소로 하는 글자는 '발'과 관련이 있다. 발꿈치 근(跟), 밟다 도(蹈), 길 로(路), 발뒤꿈치 종(踵), 뛰다 도(跳), 밟다 천(踐) 등이 이것이다.

*足**	*m*	*족*	*zú*	*발.*
*足**		*주*	*jù*	*보태다. 지나치다.*
娖		착	chuò	삼가다.
捉	h	착	zhuō	손에 잡다.
浞		착	zhuó	젖다. 적시다.
鋜		착	zhuó	족쇄.
躅		촉	zhú	발자국. 자취. 머뭇거리다.
促	h	촉	cù	재촉하다. 다그다.

길 로(路)

①갑골문	②금문	③소전	④해서

②는 왼뜻곁 걷다[[illegible]>[illegible]>足]에 오른음곁 각([illegible]>[illegible]>各)인 형성자이다. ③은 ②와 자형이 같으며, ④는 이들이 정형화한 것이다.

로(路)의 본래 뜻은 '길'이다. 널리 사상이나 행위의 경로로서의 '길'을 가리키기도 한다.

9) 원굉도(袁宏道) <형주 길의 큰 바람 邢州道上大風> ; 此地多黃沙, 易作風神怒.
10) ≪논어 論語≫<팔일 八佾> ; 文獻不足故也, 足則吾能徵之矣.
11) ≪순자 荀子≫<권학 勸學> ; 百發失一, 不足謂善射.
12) 도잠(陶潛) <도화원기 桃花源記> ; 不足外人道也.
13) ≪열자 列子≫<양주 楊朱> ; 以晝足夜.

"충성스런 간언의 길[路]을 막는 것이다"[14]라는 예가 이것이다. 길이란 데서 널리 '노정'을 가리킨다. "30년 공명의 세월을 흙먼지 속에서, 8천 리 노정[路]을 구름과 달이 되어"[15]라는 예가 이것이다. 큰길을 가리켰던 데서 널리 '크다'는 뜻으로 쓰이기도 한다. "큰[路] 활에 화살을 잰다"[16]거나, '귀족의 큰 수레'를 노거(路車)라 한 예가 이것이다. 노거(路車)는 때로 '노(路)'라고만 쓰이기도 한다. "초나라 선왕은 섶나무 수레[路]와 남루한 옷차림으로 산림을 개척하였다"[17]는 예가 이것이다.

各* 각 gě 특별하다. 유별나다.
各*ⓜ 각 gè 여러. 각자. 각각.

路ⓜ 로 lù 길.

潞 로 lù 강 이름.
璐 로 lù 아름다운 옥.
露* 로 loù 나타나다. 드러나다.
露*ⓜ 로 lù 이슬.
鷺 로 lū 해오라기.

133. 신(身) 부

몸 신(身)

①갑골문	②금문	③소전	④해서

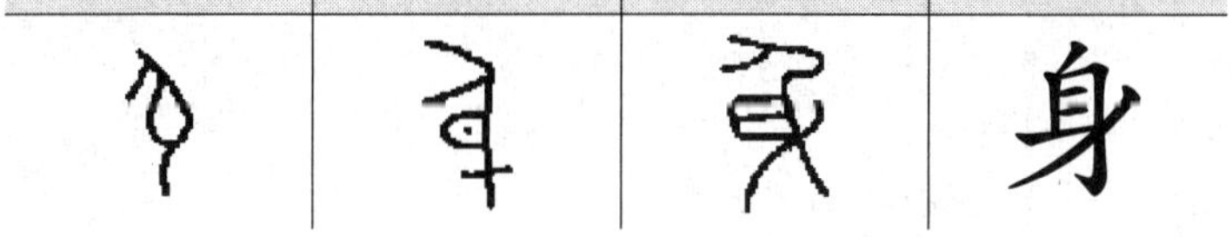

"하늘과 땅을 향해 신세[身] 처지 한탄한다"[1] 할 때의 신(身) 자이다. ①은 팔을 드리운 채 왼쪽을 향해 선 사람[ ]의 복부가 불룩하므로, 임신 중인 무거운 몸[> > >身]을 가리키는 상형자이다. ②는 ①과 자형이 비슷하나, 복부[ ]의 배꼽[·] 같은 점은 잉태한 생명의

14) 제갈량(諸葛亮) <출사표 出師表> ; 以塞忠諫之路也.
15) 악비(岳飛) <만강홍 滿江紅> ; 三十功名塵與土, 八千里路雲和月.
16) ≪사기 史記≫<무제본기 武帝本紀> ; 路弓乘矢.
17) ≪좌전 左傳≫<선공12년 宣公十二年> ; (楚)篳路藍縷, 以啓山林.

1) 두보(杜甫) 〈진주잡시 秦州雜詩〉 ; 俯仰悲身世.

상징부호이므로, 여인이 임신 중이며, 복부 아래 가로선은 무거워진 배를 받치고 있는 한 손[ㅡ]이다. ③은 ②가 예술화한 자형이나, 상체에서 분리된 팔[ノ]과 배[⊟]를 신(申) 자로 여겨 이때부터 이를 상형 겸 형성자로 여기기도 하며, ④는 ③이 정형화한 것이다.

신(身)의 본래 뜻은 '임신하여 무거운 몸'이다. "태임씨 무거운 몸[身] 있더니, 이 분 문왕을 낳고"[2]라는 예가 이것이다. '임신한 몸'에서 널리 '생명'을 가리킨다. "곤은 강직해서 생사[身]를 돌보지 않다가, 끝내 우산들에서 죽었지"[3]라는 예가 이것이다. '생명'에서 널리 '몸'을 가리킨다. "몸[身]의 키가 7자이다"[4]라는 예가 이것이다. '몸'에서 다시 널리 '자기 자신'으로 쓰인다. "토끼는 다시 얻지 못 하고, 자신[身]은 온 송나라 사람의 웃음거리가 되었다"[5]는 예가 이것이다. '자신'에서 널리 '이 몸', 혹은 '나'로 쓰인다. "나[身]는 장익덕이다"[6]라는 예가 이것이다.

신독(身毒)[7]이란, 한나라 이래로 인도(印度)를 가리키던 산스크리트어의 '신두(Sindhu)', 이란어 '힌두(hindukh)'의 음을 옮긴 글자로, 신(身)의 본래 뜻과는 무관하다. 당나라 전후에는 인도를 천축(天竺)[8]이라 음역하였는데, '천(天)'을 고대 황하 중류 하남성 주변에서는 현대중국어음의 '시엔(顯 xiǎn)'과 비슷하게 읽었으므로,[9] 역시 신독(身毒)과 동일한 음에 대한, 음역 상의 다른 표기법임을 알 수 있다.

申	m	신	shēn	아홉째 지지. 서남쪽.
伸	h	신	shēn	펼치다. 진술하다.
神	m	신	shén	신령. 정신. 신비롭다. 총명하다.
紳		신	shēn	예복의 큰 띠. 신사紳士.
*身**	*m*	*신*	*shēn*	*몸. 신체. 자신.*
*身**		*신*	*yuán*	*옛날 인도를 일컫던 말.*
陳	h	진	chén	벌여놓다. 오래되다. 낡다.
電		전	diàn	번개. 전기.
鰰		신	shēn	고기이름.
鉮		갱	kēng	치다. 물건의 소리.
抻		갱	kēng	기지개 켜다.

2) ≪시경 詩經≫<대아 · 대명 大雅 · 大明> ; 大任有身, 生此文王.
3) 굴원(屈原) <이소 離騷> ; 鮌婞直以亡身兮, 終然殀乎羽之野.
4) ≪순자 荀子≫<비상 非相> ; 身長七尺.
5) ≪한비자 韓非子≫<오두 五蠹> ; 兎不復得, 而身爲宋國笑.
6) ≪삼국지 三國志≫<촉서 · 장비전 蜀書 · 張飛傳> ; 身是張翼德也.
7) ≪사기 史記≫ 및 ≪한서 漢書≫에 보임.
8) ≪후한서 後漢書≫<서역전 西域傳>에 보임.
9) ≪석명 釋名≫ ; 天顯也.…… 豫司兗冀以舌腹言之.

134. 차(車) 부

수레 차(車)

①갑골문	②금문	③소전	④해서	⑤간체자
	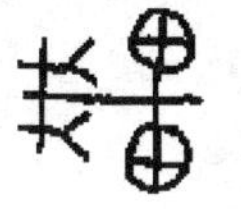		車	车

"수레[車]는 소란하고, 말들은 우는데, 군사는 허리마다 활과 화살을 찼다"[1] 할 때의 차(車) 자이다. ①은 수레[>>車>車]를 내려다 본 모습으로, 가운데 긴 세로선은 끌채[丨]이고 끌채의 윗끝에는 말을 매는 횡목[一] 이며 두 원은 바퀴[]이므로, 상형자이다. ②는 ①과 자형이 같다. ③은 구성미를 갖추느라 바퀴[⊕]가 한 개만 남았을 뿐, 구성소가 비슷하다. ④는 ③이 정형화한 것이며, ⑤는 간체자이다.

차(車)의 본래 뜻은 '전차'이다. "공자려에게 명하여 전차[車] 2백 량을 이끌고 경성을 공격하게 하였다"[2]는 예가 이것이다. 널리 '수레'를 가리킨다. "수레[車]가 차축의 길이를 같이하고, 글자가 자형을 같이하게 되었다"[3]는 예가 이것이다. 널리 잇몸의 비유로 쓰인다. "광대뼈와 잇몸[車]은 서로 의지한다"[4]는 예가 이것이다.

거기(車騎)란 흔히 '수레와 말'을 가리킨다. "항상 거마[車騎]가 골목을 메웠고, 빈객들이 좌중을 채웠다"[5]는 예가 이것이다. 다만 거기(車騎)의 기(騎)는 승마용 말을 가리키는 명사이다. 초(軺)는 가벼운 쾌속 마차를 가리킨다.

차(車)는 부수자이다. 이를 구성소로 하는 글자는 대부분 수레나 수레의 동작과 관련된 것이다. 군사 군(軍), 가마 교(轎), 길 궤(軌), 돌다 전(轉), 싣다 재(載), 바퀴 륜(輪) 등이 이것이다.

車[m]*	*차*	*chē*	*수레. 자동차. 바퀴 달린 기구.*
車[m]*	*거*	*jū*	*수레.*
唓	차	chē	동쪽귀신.
硨	차	chē	조개이름.
俥	거	chē	인력거.

1) 두보(杜甫) 〈병거행 兵車行〉; 車轔轔, 馬蕭蕭, 行人弓箭各在腰.
2) ≪좌전 左傳≫<은공 · 원년 隱公 · 元年>; 命子封(公子呂)帥車二百乘以伐京.
3) ≪사기 史記≫<진시황본기 秦始皇本紀>; 車同軌, 書同文.
4) ≪좌전 左傳≫<희공5년 僖公五年>; 輔車相依.
5) ≪삼국지 三國志≫<위지 · 왕찬전 魏志 · 王粲傳>; 常車騎塡巷, 賓客盈坐.

庫 [h]	고	kù	창고. 곳간.
軲	고	gū	수레.

군사 군(軍)

①갑골문	②금문	③소전	④해서	⑤간체자
			軍	军

②는 진영[>>冖]에 전차[>>車]를 갖춘 모습으로, 군대[>>軍]를 가리킨 회의자이며, ③은 ②와 자형이 같다. ④는 ③이 정형화한 것이며, ⑤는 간체자이다.

군(軍)의 본래 뜻은 '군대'이다. "어제 밤 군사[軍] 소집서를 보았지, 왕이 대군을 소집했다네"6)라는 예가 이것이다. 군대에서 널리 '주둔한다'로 쓰인다. "팽성의 동쪽에 주둔하였다[軍]"7)는 예가 이것이다. 군대의 편제 단위를 가리키기도 한다. "만 명이 하나의 군[軍]을 이룬다"8)는 예가 이것이다.

군문(軍門)은 진영의 문이다. "오왕은 진영의 문[軍門] 밖에서 사흘 동안 울었다"9)는 예가 이것이다. 군용(軍容)이란 군대의 '무기'나 '장비', 혹은 '기상'이나 '위용'을 널리 가리킨다. "군장비[軍容]는 쓰이기를 기다리고, 무기는 겹겹이 쌓여 있다"10)는 예가 이것이다.

軍 [m]	*군*	*jūn*	*군사.*
暈*	운	yūn	기절하다.
暈*	운	yùn	멀미하다. 해나 달의 무리.
葷*	훈	hūn	파・마늘 따위의 냄새나는 채소.
葷*	훈	xūn	북방의 종족 이름.
惲	운	yùn	도탑다. 중후하다.
運 [m]	운	yùn	돌다.
諢	원	hùn	농담을 하다.
渾	혼	hún	물이 흐리다.
揮 [h]	휘	huī	휘두르다. 지휘하다.

6) ≪악부시집 樂府詩集≫<목란시 木蘭詩> ; 昨夜見軍帖, 可汗大點兵.
7) ≪사기 史記≫<항우본기 項羽本紀> ; 軍彭城東.
8) ≪관자 管子≫<소광 小匡> ; 萬人爲一軍.
9) ≪좌전 左傳≫<애공10년 哀公十년> ; 吳子三日哭于軍門之外.
10) 좌사(左思) <오도부 吳都賦> ; 軍容蓄用, 器械兼儲.

輝 h 휘 huī 빛나다.
暉 휘 huī 햇빛.
皸 군 jūn 추위로 피부가 트다.
鵾 곤 kūn 큰 닭. 봉황의 다른 이름.
琿* 혼 huī 지명 이름.
琿* 혼 hún 아름다운 옥.
鼲 혼 hún 다람쥐.
翬 휘 huí 훨훨 날다. 비상하다.

수레 여(輿)

①갑골문	②금문	③소전	④해서	⑤간체자
			輿	舆

①은 상하에 두 쌍의 손[[illegible]>[illegible]>舁]이 가운데 수레[[illegible]>[illegible]>車]를 들고 있으므로, 가마[[illegible]>[illegible]>輿]를 가리키는 회의 겸 겉음 여([illegible]>[illegible]>舁<舁)의 형성자이다. ③은 ②가 구성미를 갖춘 것이며, ④는 이들이 정형화한 것이며, ⑤는 간체자이다.

여(輿)의 본래 뜻은 '가마'로서, 바퀴가 없는 '수레 차체'를 가리킨 것이다. "여(輿)는 든다는 뜻이다"[11]라는 풀이가 이와 같다. "목재란 굽은 것은 바퀴에 쓰이기 마련이고, 곧은 것은 가마[輿]에 쓰이기 마련이다"[12]라는 예가 이것이다. 널리 '수레'로 쓰인다. "나서면 수레[輿]를 함께 탔고, 앉으면 좌석을 나란히 하였다"[13]는 예가 이것이다. 여러 사람이 이를 든다는 데서 '많다'로 쓰인다. "진나라 제후는 많은[輿] 사람의 의론을 들었다"[14]는 예가 이것이다. '많은 사람의 의론'을 여론(輿論)이라 하는 예도 이와 같다. 연(輦)도 '가마'이다. 이는 한나라 이후 특히 황제가 타는 수레를 가리켰다.

舁 여 yú 마주 들다.

輿 h 여 yú 수레.
與 여 yú 주다.

---

11) ≪광아 廣雅≫<석고 釋詁>; 輿, 擧也.
12) 왕부(王符) ≪잠부론·상렬 潛夫論·相列≫; (木材)曲者宜爲輪, 直者宜爲輿.
13) ≪삼국지 三國志≫<촉서·선주전 蜀書·先主傳>; 出則同輿, 坐則同席.
14) ≪좌전 左傳≫<희공28년 僖公二十八年>; 晉侯聽輿人之誦.

135. 신(辛) 부

맵다 신(辛)

①갑골문	②금문	③소전	④해서
			辛

①은 위의 칼날[▼]이 평평하고 아래에는 손잡이[丨]와 손잡이가리개[ᐯ]가 난 형벌도구[Ÿ<辛]로,[1] 전쟁포로에게 묵형을 가하거나, 상처를 내던 형벌도구가 그 '죄'[Ÿ>辛>辛>辛]를 가리킴으로, 지사자이다. ②는 ①과 자형이 대개 같으나, 칼날[▽] 위에 상처를 뜻하는 가로획[一]이 첨가되고, 손잡이[•]는 굵은 점으로 부각되어 있다. ③은 손잡이[•]를 부각시키던 점이 가로획[ㅡ]으로 잘못 변한 자형이며, ④는 ③이 정형화한 것이다.

신(辛)의 본래 뜻은 '죄'이다. "처자식으로 죄[辛]에 연루된 자는 감옥에 가둔다"[2]는 예가 이것이다. 다만 이는 머지않아 '죄(罪)'에 분화되고, 묵형을 받아 노예가 된다는 데서 널리 '고되다'로 쓰인다. "농부는 더욱 고되고[辛] 괴롭다"[3]는 예가 이것이다.

고되다는 데서 널리 맛이 '맵다'로도 쓰인다. "생강이나 계수가 땅에서 자라긴 하나, 매운맛[辛]은 타고난 성품에 갖추어진 것이다"[4]는 예가 이것이다.

맵다는 데서 널리 '아파한다'거나 '애통해 한다'로 쓰인다. "오래도록 모두가 슬퍼하고 아파한다[辛]"[5]는 예가 이것이다.

10천간의 제 8위이기도 하며, 이는 5행의 금(金)이며, 4계로서는 가을에 해당하므로, 수고 끝에 만물이 새롭게[新] 맺으므로, 이를 신(辛)이라 일컬었다고 여겨지기도 한다. 신(辛)은 행(幸)과 자형이 비슷하여 잘못 읽고 쓰기 쉬운 점에 주의해야 한다. '죄' 고(辜)나 '재상' 재(宰)는 모두 형벌도구[辛]를 뜻곁으로 쓴 자이다.

'재상'이란 원래 '가사 일을 돌보는 노예'라는 뜻이 널리 쓰인 예이므로, 형구[辛]가 뜻곁임을 알 수 있다.

신(辛)은 부수자이다. 이를 구성소로 하는 글자는 모두 '죄'나 '고통'과 관계가 있다. 재상 재(宰), 첩 첩(妾), 아이 동(童),[6] 맵다 랄(辣) 등이 이것이다.

---

1) 섬서성이나 산서성에서 출토된 20여Cm 길이의 '뱀대가리 칼[蛇頭劍]', 혹은 '숟갈 모양 형기[匙型器]'가 이것임.
2) ≪청사고 淸史稿≫<융과다전 隆科多傳> ; 妻子入辛者庫.
3) 백거이(白居易) <고열 苦熱> ; 農夫更辛苦.
4) ≪문심조룡 文心雕龍≫<사류 事類> ; 薑桂因地, 辛在本性.
5) 이백(李白) <중산유자첩가 中山孺子妾歌> ; 萬古共悲辛.

辛 [m] 신 xīn 맵다. 괴롭다.

莘*	신	shēn	많은 모양. 길다.
莘*	신	xīn	족두리 풀.
亲	신	xīn	장작나무.
新 [m]	신	xīn	새롭다.
親* [m]	친	qīn	가깝다. 부모. 인척. 혼인.
親*	친	qìng	사돈.
薪	신	xīn	섶나무. 땔나무.
襯	츤	chèn	속옷. 안감. 안에다 대다. 돋보이게 하다.
儭	츤	chèn	보시하다. 시주하다.
櫬	츤	chèn	관. 널.

136. 착(辵) 부

쉬엄쉬엄 가다 착(辵)

①갑골문	②금문	③소전	④a해서	④b해서

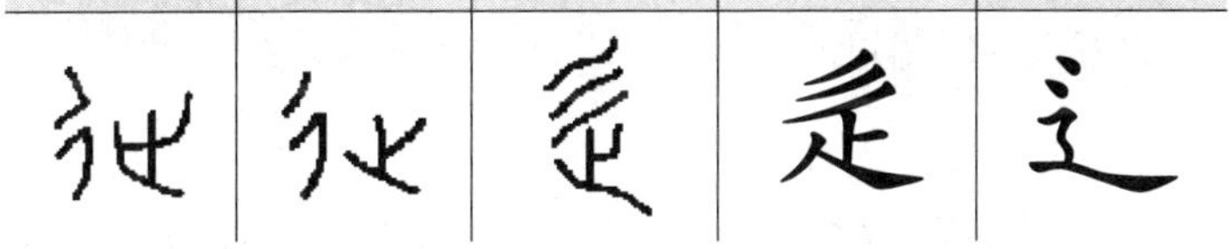

①은 행(行)의 왼결[彳>彳>彡>彳<彡]과, 한 쪽 발[止>止>止>止<止]만 모아 만든, '4거리[行]를 걷는다[步]'는 뜻의 회의자이다. ②는 ①과 자형이 같으나, 이들이 단독으로 쓰인 예는 없다. ③은 구성미를 고려하여 상하로 배열되었을 뿐, ①, ②와 자형이 같으며, ④a는 이들이 정형화한 것이다. ④b는 다른 자의 구성소로 쓰일 때의 자형이다.

착(辵)의 본래 뜻은 '간다'이다. 부수자로 쓰이며, 이를 구성소로 하는 글자는 모두 '간다'는 뜻을 지닌다. 쫓다 축(逐), 좇다 추(追), 지나다 과(過), 나아가다 진(進) 등이 이것이다.

*辵**	*착*	*chuò*	*쉬엄쉬엄가다. 달리다.*
*辶**	*착*	*chuò*	*착辵과 같은 글자.*

---

6) 재상[宰]은 '임금의 집안일 노예'이며, 첩(妾)은 '여자노예', 동(童)은 '사내노예'임.

나아가다 진(進)

①갑골문	②금문	③소전	④해서	⑤간체자
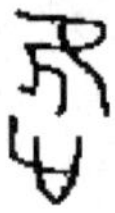			進	进

①은 위음 린(>>>隹<闇), 밑뜻 발[>止]로서, 앞으로 나아간다[>>>進]는 뜻의 형성자이다. ②는 발[>止] 위에 사거리[>彳]가 첨가되었을 뿐, 의미가 비슷하다. ③은 척(>彳)과 지(>止)를 상하로 배열한 것 뿐, ②와 자형이 비슷하며, ④는 ③이 정형화한 것이다.

진(進)의 본래 뜻은 '앞으로 나아간다'이다. "초나라가 여러 차례 앞으로 나아가[進] 공략하였으나, 앞서 진섭과 항량이 모두 패하였다"[7]는 예가 이것이다. 앞으로 나아간다는 데서 널리 조정에 '벼슬한다'로 쓰인다. "벼슬하면[進] 군주에게 아첨하고, 물러나면 사욕을 꾀한다"[8]는 예가 이것이다. 벼슬한다는 데서 널리 '추천하다'로 쓰인다. "유능한 이를 바치고 어진 사람을 추천한다[進]"[9]는 예가 이것이다. 추천한다는 데서 널리 '바친다'로 쓰인다. "남은 음식이 있느냐고 물으면, '없습니다. 이제 새로 지어서 바치겠습니다[進]'고 말한다"[10]는 예가 이것이다.

閵	진	zhèn	수레에 오르다.
閵	린	lìn	새 이름. 밟다.
藺	린	lìn	골풀. 성姓 이름.
進 ⅿ	*진*	*jìn*	*나아가다. 전진하다.*
躪	린	lìn	짓밟다. 유린蹂躪하다.
璡	진	jīn	옥과 비슷한 돌.

7) ≪사기 史記≫<고조본기 高祖本紀> ; 楚數進取, 前陳王[涉]項梁皆敗.
8) ≪상군서 商君書≫<농전 農戰> ; 進則曲主, 退則慮私.
9) ≪국어 國語≫<진어·9 晉語·九> ; 獻能而進賢.
10) ≪맹자 孟子≫<이루·상 離婁·上> ; 問有餘? 曰, "亡矣, 將以復進也."

거스르다 역(逆)

①갑골문	②금문	③소전	④해서
			逆

①은 다리가 위로 향하여 거꾸로 놓인 사람[]이므로, 바른 자세에 거스른다[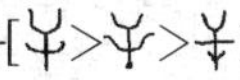>屰]는 뜻의 상형자이다. ②는 ①과 자형이 같다. ③은 머리[]를 나타내던 원이 뾰족한 촉[]으로 바뀌고, 양손[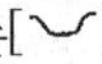]은 가로선[—]으로 잘못 변하여 사람인 줄 알기가 쉽지 않으며, ④는 상형자에서 위뜻 겸 음 역[屰] 밑뜻[辶<辵]의 회의 겸 형성자로 정형화한 것이다.

역(逆)의 본래 뜻은 '거스른다'이다. "정성된 말은 귀에는 거슬리나[逆], 행동하는 데는 이롭다"[11]는 예가 이것이다. 거스른다는 데서 널리 '맞이한다'로 쓰인다. "선공이 제나라로 가서 아내를 맞이하였다[逆]"[12]는 예가 이것이다. 맞이한다는 데서 '받아들인다'로도 쓰인다. "유한한 국토로 진나라의 무한한 요구를 받아들인다[逆]"[13]는 예가 이것이다.

역명(逆命)이란 '명령을 거역한다'는 뜻이다. "제나라의 경봉은 오직 제나라 군주의 명을 거역했기[逆命] 때문에, 이 지경에 있다"[14]는 예가 이것이다. 다만, 때로는 '명을 받든다'는 뜻으로도 쓰인다. "병사들이 모두 명을 받들어[逆命], 물리치지 않았다"[15]는 예가 이것이다.

屰 역 nì 거스르다.

逆 m *역* *nì* *거스르다. 배반하다.*
朔 h 삭 shuò 초하루. 북쪽.
咢 악 è 놀라다.

齶 악 è 잇몸. 입천장.
鶚 악 è 물수리.
愕 악 è 놀라다.
顎 악 è 턱.
鄂 악 è 끝. 가. 중국 호북성의 별칭.
萼 악 è 꽃받침.
鰐 악 è 악어

---

11) ≪사기 史記≫<유후세가 留侯世家>; 忠言逆耳利於行.
12) ≪좌선 左傳≫<성공14년 成邛十四年>; 宣公如齊逆女.
13) ≪사기 史記≫<소진열전 蘇秦列傳>; 以有盡之地而逆無已之求.
14) ≪좌전 左傳≫<소공4년 昭公四年>; (齊)慶封唯逆命. 是以在此.
15) ≪의례 儀禮≫<빙례 聘禮>; 衆介皆逆命, 不辭.

쫓다 축(逐)

①갑골문	②금문	③소전	④해서
			逐

①은 위는 돼지[豕>豕]이고 아래는 발가락이 위로 향한 발[止>止]로, 돼지를 쫓는다[逐>逐>逐>逐]는 뜻의 회의자이다. ②는 길[彳>彳]이 첨가되었을 뿐, ①과 자형이 비슷하며, ③은 구성미를 고려하여 길[辵>彳]과 발[止>止]을 상하로 배열하였다. ④는 ③이 정형화한 것이다.

축(逐)의 본래 뜻은 '쫓다'이다. "한 마리 토끼가 달아났는데, 백 명이 이를 쫓는다[逐]"16)는 예가 이것이다. 널리 '내쫓는다'는 뜻으로도 쓰인다. "참으로 죄 없이 버림받고 내쫓겼으니[逐], 어찌 밤낮으로 이것을 잊으랴"17)라는 예가 이것이다. 쫓는다는 데서 다시 널리 '따른다'로 쓰인다. "지방마다 어긋난 습속을 따라[逐] 문자로 지어 옮겼을 뿐이다"18)라는 예가 이것이다. 다시 널리 하나하나 마다 차례로 좇아 '하나씩'이라는 뜻으로 쓰인다. "하나하나 씩[逐] 처음부터 이야기한다"19)는 예가 이것이다. 따라잡는다는 데서 널리 '겨룬다'로도 쓰인다. "오랜 옛날에는 도덕심을 겨루었고[逐], 가까운 옛날에는 꾀와 술수를 겨루더니[逐], 지금은 기세와 힘을 다툰다"20)는 예가 이것이다.

축(逐)자는 '마침내' 수(遂)자와 모양이 비슷하나, 수(遂)는 두 점[丷]이 많은 수(㒸)를 음결으로 쓴 형성자인 점 주의해야 한다.

逐 [h] *축* *zhú* *쫓다. 쫓아가다.*

鱁 축 zhú 창난젓

잡다 체(逮)

①갑골문	②금문	③소전	④해서
			逮

---

16) ≪상군서 商君書≫<정분 定分>; 一兎走, 百人逐之.
17) 굴원(屈原)<구장 · 애영 九章 · 哀郢>; 信非吾罪而棄逐兮, 何日夜而忘之.
18) ≪안씨가훈 顏氏家訓≫<서증 書證>; 逐鄉俗訛謬造作書字耳.
19) ≪경본통속소설 京本通俗小說≫<착참최녕 錯斬崔寧>; 逐一從頭說來.
20) ≪한비자 韓非子≫<오두 五蠹>; 上古逐于道德, 中世逐于智謀, 當今爭于氣力.

②는 오른편 위의 손[ㄡ>ヨ>⺕<又]이 손 밑에 보이는 꼬리[尾>氺>氺]를 잡고 있으므로, 붙잡는다[隶>隶>隶]는 뜻의 회의자이다. ③은 구성미를 고려하여 손과 꼬리가 상하로 배열되었을 뿐 ②와 자형이 같고, ④는 움직임을 강조하느라 착(辵<辶)을 첨가하여, 뒤따라 가 붙잡는다는 뜻의 회의 겸 형성자로 정형화한 자형이다.

체(逮)의 본래 뜻은 '붙잡는다'이다. 체포(逮捕)한다는 말이 이것이다. "옥리에게 조서를 내려 태창령을 붙잡아[逮] 장안으로 압송하게 하였다"[21]는 예가 이와 같다. 붙잡는다는 데서 널리 '따라잡는다'로 쓰인다. "위나라 무후가 일을 계획하니 타당하여, 신하들이 따라잡을[逮] 수 없었다"[22]는 예가 이것이다. 따라잡는다는 데서 널리 '～이르다'거나, '～미치다'로 쓰인다. "밤이 이르러[逮] 제나라에 도착하였다"[23]는 예가 이것이다.

隶*	대	dài	미치다. 더불어.
隶*	이	yì	밑.
*逮**	*체*	*dǎi*	*잡다. 붙잡다. 체포하다.*
逮*	태	dài	이르다. 미치다.
肆	사	sì	방자하다.

137. 읍(邑) 부

고을 읍(邑)

①갑골문	②금문	③소전	④해서
			邑

①은 성곽[口>口>口>口] 아래 꿇어앉아 명령을 받는 관리[卩>卩>卪>巴]가 있으므로, 행정지역[邑>邑>邑>邑]을 의미하는 회의자이다. ②와 ③은 ①과 자형이 비슷하며, ④는 ③이 정형화한 것이나, 이미 명령받는 사람을 찾을 수 없다.

읍(邑)의 본래 뜻은 '도읍'으로, 주나라 이후의 '수도'에 버금가는 개념이다. "상나라의 도읍지[邑]는 화려하고 규모 있다"[1]는 예가 이것이다. 점차 종묘가 모셔진 곳을 도성이라

21) ≪사기 史記≫<문제본기 文帝本紀> ; 詔獄逮(太倉令)徙繫長安.
22) ≪순자 荀子≫<요문 堯問> ; 魏武侯謀事而當, 群臣莫能逮.
23) ≪좌전 左傳≫<애공6년 哀公六年> ; 逮夜至于齊.

한 데 대하여, 종묘가 없는 '성읍'을 가리키다가, 널리 작은 '고을'을 가리킨다. "작으면 고을[邑]을 얻었고, 크면 도성을 얻었다"[2)]는 예가 이것이다.

읍읍(邑邑)이란 '근심하는' 모양이다. "사람이 한 세상 살아, 어찌 이처럼 근심스러울[邑邑] 수 있을까?"[3)]라는 예가 이것이다. 다만, 이는 머지않아 왼뜻[忄<心] 오른음[邑]의 새 형성자 읍(悒)에 분화되어 읍읍(悒悒)이라 쓰인다.

읍(邑)은 부수자이다. 다만, 구성소로 쓰일 때는 대개 자형이 읍(阝)으로 바뀌는데, '언덕' 부(阝<阜)와는 자형이 같으나, 오른곁으로만 쓰이는 점에서 구분된다. 이를 구성소로 하는 글자는 모두 도시나 고을, 지명과 관련이 있다. 나라 방(邦), 도읍 도(都), 성 곽(郭), 이웃 린(鄰), 고을 군(郡), 두메 비(鄙) 등이 이것이다.

邑 [m]	*읍*	*yì*	*고을. 마을.*
唈	읍	yì	한탄하다.
悒	읍	yì	근심하다.
挹	읍	yì	뜨다. 푸다.
浥	읍	yì	젖다. 적시다.
裛	읍	yì	향내가 배다. 덮어 싸다.

나라 방(邦)

①갑골문	②금문	③소전	④해서
			邦

"나라[邦]는 백성을 근본으로 삼는다"[4)] 할 때의 방(邦) 자이다. ①은 위음 봉[丯>丯>丯>丰] 밑뜻 땅[田>田]으로 형성자이다. ②는 구성소의 배치가 바뀌고 땅[田]이 도읍[邑>邑>阝<邑]으로 바뀌었을 뿐, ①과 자형이 비슷하고, ③은 ②와 자형이 비슷하며, ④는 ③의 오른곁 읍(邑>邑)이 우부방[阝]으로 정형화한 것이다.

방(邦)의 본래 뜻은 '책봉된 지역', 혹은 '제후국'이다. "모든 제후국[邦]들이 화합한다"[5)]는 예가 이것이다. 널리 '책봉한다'로도 쓰인다. "많은 제후를 책봉한다[邦]"[6)]는 예가 이것이다.

---

1) ≪시경 詩經≫<상송・은무 商頌・殷武> ; 商邑翼翼.
2) 소순(蘇洵) <육국론 六國論> ; 小則獲邑, 大則得城.
3) ≪사기 史記≫<회남형산열전 淮南衡山列傳> ; 人生一世閒, 安能邑邑如此?
4) 두보(杜甫) 〈송고팔분문학적홍길주 送顧八分文學適洪吉州〉 ; 邦以民爲邦本.
5) ≪서경 書經≫<요전 堯典> ; 協和萬邦.

제후국이라는 데서 널리 '나라'로도 쓰인다. "이 큰 나라[邦]를 통치한다"[7]는 예가 이것이다.

丰　봉 fēng　예쁘다. 풀이 무성한 모양.

邦 [h] 방 bāng　나라. 국가.

帮　방 bāng　돕다. 거들어 주다.
梆　방 bāng　목어. 목탁. 딱따기.
綁　방 bǎng　동여매다.

138. 유(酉) 부

술병 유(酉)

①갑골문	②금문	③소전	④해서

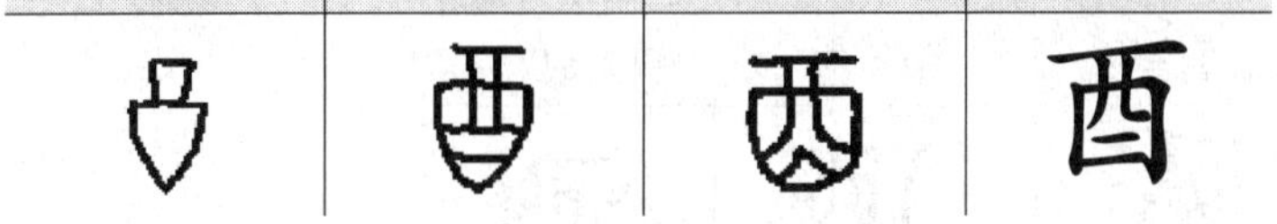

①은 술병[酉>酉>酉>酉]으로, 상형자이다. ②는 손잡이 같은 무늬[丷>丷>丷]가 그려져 예술화한 것이며, ③은 무늬[丷]가 현란해졌을 뿐, ②와 자형이 비슷하다. ④는 ③이 정형화한 것이다.

유(酉)의 본래 뜻은 '술병'이다. "유(酉)란 술통이다"[1]라는 예가 이것이다. 다만, 이 뜻은 머지 않아 유(卣)에 분화되어 쓰이고, 널리 '술'을 가리킨다. "농가에 거주하는 백성들은 감히 소금과 술[酉]을 생산하지 못 한다"[2]는 예가 이것이다. 다만, 이 또한 머지않아 주(酒)에 분화되어 쓰이고, 널리 '열 번째 지지', 곧 12진법 중 제 10위의 순서를 가리키는 말로 빌려 쓰이면서, 한해로서는 음력 8월, 하루로서는 17시부터 19시경을 가리킨다.

유(酉)는 부수자이다. 이를 구성소로 하는 글자는 모두 '술'과 연관이 있다. 따르다 작(酌), 술 사다 고(酤), 즐기다 감(酣), 취할 취(醉), 술 빚다 양(釀) 등이 이것이다.

酉 [m] 유 yǒu　술을 담는 그릇. 12지의 열번째[닭].

酒 [m] 주 jiǔ　술.

6) 유종원(柳宗元) <봉건론 封建論> ; 邦群后.
7) ≪시경 詩經≫<대아 · 황의 大雅 · 皇矣> ; 王此大邦.

1) 정초(鄭樵) ≪통지·육서·4 通志·六書·四≫ ; 酉, 卣也.
2) 진묘죽간(秦墓竹簡) ≪전율 田律≫ ; 百姓居田舍者毋敢醯酉.

醜 [h] 추 chǒu 추하다.
留 [m][3] 류 liú 머무르다. 주의하다. 받다. 전하다.
劉 류 liú 도끼 모양 무기. 성姓 이름.
柳 [m][4] 류 liǔ 버드나무.

溜* 류 liū 미끄러지다. 빵소니치다. 힐끗 보다. 아첨하다.
溜* 류 liù 세찬 물살.
飀 류 liǔ 미풍.
熘 류 liū 볶다.
鎦 류 liú 도금하다.
餾 류 liú 증류하다.
榴 류 liǔ 석류.
霤 류 liù 낙숫물. 물받이.
瀏 류 liú 물이 맑고 투명한 모양.

술 주(酒)

①갑골문	②금문	③소전	④해서
			酒

①은 가운데 술병[…>…>…>酉]에서 넘치는[…>…>氵<水] 술[…>…>酒]을 가리키는 회의자이나 유(酉)는 음곁이기도 하므로, 회의 겸 형성자이다. ②는 술병[…]만 그려진 것이고, ③은 ①과 구성소가 비슷하며, ④는 ③이 정형화한 것이다.

주(酒)의 본래 뜻은 '술'이다. "술[酒]은 군대와 같다. 오랫동안 쓰지 않을 수는 있지만, 하루도 준비하지 않을 수는 없다"[5]는 예가 이것이다. 널리 '술을 마신다'로 쓰인다. "정권을 쥔 대신이나 일을 맡은 관리나 술을 늘 마시지는[酒] 말라"[6]는 예가 이것이다.

주인(酒人)이란 '술꾼'이다. "형가가 비록 술꾼[酒人]들과 교유하나, 사람됨이 사려 깊고 책 읽기를 즐겼다"[7]는 예가 이것이다. 술을 양조하는 관리를 가리키기도 한다. "양주관[酒人]은 5개 등급의 청・탁주와, 3종 숙성주 모두를 맡아 양조한다"[8]는 예가 이것이다.

---

3) 유(丣)는 유(酉)의 옛 자형으로, 유(戼)와 유(卯)는 모두 유(丣)의 이체자이다. 다만, 넷째 지지 묘(卯)는 이와 다른 자인 점 주의해야 함.
4) 류(柳)의 옛 자형은 류(桺)임.
5) ≪남사 南史≫<진훤전 陳喧傳> ; 酒猶兵也, 兵可千日而不用, 不可一日而不備.
6) ≪서경 書經≫<주고 酒誥> ; 有正有事, 無彝酒.
7) ≪사기 史記≫<자객열전 刺客列傳> ; 荊軻雖遊於酒人乎, 然爲人沈深好書.

주병(酒兵)이란 '술'의 다른 이름이다. "오랫동안 안 마실 수는 있지만, 하루라도 마시고서 취하지 않을 수는 없다"9)는 데서 얻은 이름이다. "술[酒兵]로도 근심스런 마음 이길 길 없구나"10)라는 예가 이것이다.

음결이 같은 자들의 체계는 앞 쪽 술병 유(酉) 자를 참조.

짝 배(配)

①갑골문	②금문	③소전	④해서

①은 왼결은 술병[□>□>□>酉]이고 오른결은 꿇어앉아 이것을 드는 사람[□>□>□>己]이니, 술을 나눈다[□>□>□>配]는 뜻이므로 회의 겸 오른음 기(己)의 형성자이다. ②는 ①과 자형이 같으며, ③은 오른결이 사람[□]인 줄을 알아보기가 어려울 뿐, ②와 자형이 비슷하다. ④는 ③이 정형화한 것으로, 사람[□]이 기(己)로 잘못 변형하였다.

배(配)의 본래 뜻은 '할당한다'이다. "바탕실 엇섞어 색상을 할당하고[配], 자수실 덧대어 무늬가 도드라지게 한다"11)는 예가 이것이다. 할당하여 배합한다는 데서 널리 '짝한다'로 쓰인다. "어쩌면 군자와 짝하여[配], 함께 난새 타고 금슬 좋게 날까?"12)라는 예가 이것이다. 널리 '필적한다'로도 쓰인다. "베풀며 소유하지 않을 수 있다면, 천지와 필적할[配] 것이다"13)라는 예가 이것이다. 다시 널리 '유배 간다'는 뜻으로도 쓰인다. "유배간[配] 곳을 찾아가, 부자가 마주 보며 한바탕 울었다"14)는 예가 이것이다.

己	m	기	jǐ	자기. 여섯째 천간.
紀	h	기	jì	벼리. 실마리.
記	m	기	jì	기록하다.
忌	h	기	jì	시기하다. 꺼리다.
杞		기	qǐ	구기자나무.
改	m	개	gǎi	고치다.

8) ≪주례 周禮≫<천관 · 주인 天官 · 酒人>; 酒人掌爲五齊三酒.
9) ≪남사 南史≫<진훤전 陳喧傳>; 酒可千日而不飮, 不可一飮而不醉.
10) 당언겸(唐彦謙) <무제 無題>; 酒兵無計敵愁腸.
11) 도종의(陶宗儀) ≪철경록 · 황도파 輟耕錄 · 黃道婆≫; 錯紗配色, 綜線挈花, 各有其法.
12) 이백(李白) <감흥8수 · 6 感興八首 · 其六>; 安得配君子, 共乘雙飛鸞?
13) ≪관자 管子≫<형세 形勢>; 能予而無取者, 天地之配也.
14) ≪홍루몽 · 119회 紅樓夢 · 一一九回≫; 趕到配所, 父子相見, 痛哭一場.

配	h	배	pèi	술의 빛깔. 아내.
妃	h	비	fēi	왕비.

못나다 추(醜)

①갑골문	②금문	③소전	④해서	⑤간체자
			醜	丑

①은 왼음 유([illegible]>[illegible]>酉) 오른뜻 귀신[[illegible]>[illegible]>鬼]으로, 악하다[[illegible]>[illegible]>醜]는 뜻의 형성자이다. ③은 ①과 자형이 같으며, ④는 ③이 정형화한 것이다. ⑤는 현대중국어의 음이 같으므로, '소' 축(丑) 자를 빌어 간체자로 삼는 것이다.

추(醜)의 본래 뜻은 '악하다'이다. "간교하고 경솔하니, 그의 무리는 몹시 악하다[醜]"[15]는 예가 이것이다. 악하다는 데서 널리 '못났다'거나 '밉다'로 쓰인다. "서씨에게도 못난[醜] 데가 있다"[16]거나 "아침에는 미소년이 저물 녘엔 미운[醜] 노인"[17]이라는 예가 이것이다. 널리 '수치스럽다'로 쓰인다. "평생의 수치[醜]"[18]라는 예가 이것이다. 다시 널리 '미워한다'로도 쓰인다. "나는 매우 그를 미워한다[醜]"[19]는 예가 이것이다. 다시 널리 '견준다'로 쓰이기도 한다. 예컨대, 추류(醜類)란 '같은 부류를 견주어 본다'는 말이다. "옛날의 학자는 사물을 비교하고 같은 부류를 견주었다[醜類]"[20]는 예가 이것이다.

음결이 같은 자들의 체계는 앞쪽의 술병 유(酉) 자를 참조.

---

15) 한유(韓愈) <제동상공문 祭董相公文> ; 有狡有狂, 其羣孔醜.
16) ≪회남자 淮南子≫<설산훈 說山訓> ; 西施有所醜.
17) 완적(阮籍) <영회 · 4 詠懷 · 四> ; 朝爲媚少年, 夕暮成醜老.
18) ≪장자 莊子≫<외물 外物> ; 終身之醜.
19) ≪순자 荀子≫<영욕 榮辱> ; 我甚醜之.
20) ≪예기 禮記≫<학기 學記> ; 古之學者, 比物醜類.

139. 변(釆) 부

나눈다 변(釆, 辨)

①갑골문	②금문	③a소전	③b소전	④a해서	④b해서

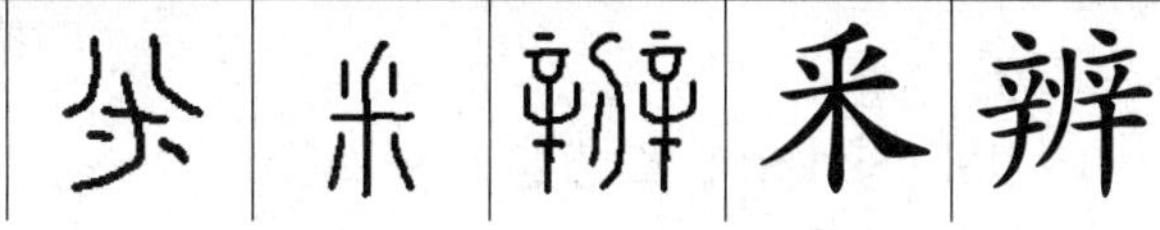

②는 짐승의 발자국[釆>釆>釆]이다. 발자국으로 그 짐승을 구분한다는 뜻의 상형자이다. ③a는 평(平) 자와 자형이 비슷하여 혼동되었으므로,[1] 차츰 부수자로만 쓰일 뿐, 홑자로 쓰일 때는 ③b와 같이 가운데 뜻 '나눈다'[刀>刂<刀]와 가음 변(辛辛>辡)의 새 형성자에 분화되어 쓰였다. ④a와 ④b는 ③a와 ③b가 각각 정형화한 것이다.

변(釆, 辨)의 본래 뜻은 '나눈다'이다. 변(釆)은 변(辨)의 옛글자이지만, 홑자로는 변(辨) 자만 쓰였으므로, 이 자를 들어 살핀다면, "남자와 여자는 나뉨[辨]이 있다"[2]는 예가 이것이다. 나눈다는 데서 널리 '구별한다'로 쓰인다. "물건을 구별해[辨] 쌓았다"[3]는 예가 이것이다. 구별한다는 데서 널리 '분명하다'로 쓰인다. "분명해졌다[辨], 그가 논설로 짐을 수긍시켰다"[4]는 예가 이것이다. 분명하다는 데서 널리 '밝힌다'로 쓰인다. "한 집안을 들어 효성스럽다 여겼으니, 이는 한 고을이 모두 효성스럽지 못하였음을 밝힌[辨] 셈이다"[5]라는 예가 이것이다. 밝힌다는 데서 널리 '따진다'로 쓰인다. "예로부터 이제까지 일들의 옳고 그름을 따진다[辨]"[6]는 예가 이것이다. 다만, 이 뜻은 머지않아 '말 잘한다' 변(辯) 자에 분화되어 쓰인다. 따진다는 데서 널리 '다스린다'로 쓰이기도 한다. "병사들을 먼저 다스려놓지[辨] 않는다면 적을 이길 수가 없다"[7]는 예가 이것이다. 다만, 이 뜻은 머지않아 '힘쓴다'는 뜻의 판(辦) 자를 분화시켜 쓰므로, 고문을 읽을 때는 '판'이라 읽는 것이 옳다.

변(釆)은 채(采)와 자형이 근사하므로, 혼동하지 않도록 주의해야 한다. 변(釆)은 가운데 내려긋는 획이 끊이지 않으며, 끊인 것은 채(采) 자이다. 또한 판(判)과 별(別)은 모두 자형만 다를 뿐 변(辨)과 뜻이 비슷하며, 음도 비슷하다.

변(釆)은 오늘날 부수자로만 쓰이며, 이를 구성소로 하는 자는 모두 '분별'과 연관이 있다.

---

1) 《서경 書經》〈요전 堯典〉의 '平章百姓'이란 '釆章百姓'의 잘못인 예가 이것임.
2) ≪묵자 墨子≫<비명·상 非命·上> ; 男女有辨.
3) ≪설문해자 說文解字≫<저부 宁部> ; 辨積物也.
4) ≪여씨춘추 呂氏春秋≫<순설 順說> ; 辨矣, 客之以說服寡人也.
5) 한유(韓愈) <호인대 鄠人對> ; 旣以一家爲孝, 是辨一邑里皆無孝矣.
6) 한유(韓愈) <송석처사서 送石處士序> ; 辨古今事當否.
7) 원강(袁康·漢) ≪월절서 越絶書≫ ; 兵不先辨, 不可以勝敵.

풀다 석(釋), 광택 유(釉) 등이 이것이다. 변(釆)이나 새 형성자 변(辨)과 음곁이 같은 자들은 아래와 같다.

釆	*변*	*biàn*	*변별하다.*
番*[m]	번	fān	차례.
番*	번	pān	중국 광동성의 지방 이름.
墦	번	fán	묘. 무덤.
幡	번	fān	깃발. 상가집의 조기.
燔	번	fán	태우다. 굽다.
蕃*	번	fān	외국. 이민족.
蕃*	번	fán	무성하다.
飜 [h]	번	fān	번역하다. 뒤집다. 배로 증가하다.
潘	반	pān	쌀뜨물.
卷*[m][8]	권	juàn	책. 권. 시험답안지. 서류. 문건.
卷*[m]	권	juǎn	말다. 휩쓸다. 말린 물건.
券 [h]	권	quàn	낱장의 표. 권. 증권.
眷	권	juàn	돌아보다.
拳 [h]	권	quán	주먹. 권법.
圈*	권	quān	동그라미. 원.
圈*	권	juàn	울. 우리.
圈*	권	juān	가두다.

변(辡)을 음곁으로 쓴 자들과 비교해 보기

辡	변	biàn	죄인들이 마주 고소하다.
辨 [h]	*변*	*biàn*	*분별하다.*
辯 [h]	변	biàn	말 잘하다.
辮	변	biàn	땋다.
辦	판	bàn	힘쓰다.
瓣	판	bàn	외씨.
斑[9]	반	bān	얼룩.

8) 주먹밥 권(卷) 자의 옛 자형은 변(釆)을 음곁으로 하고 있음.
9) ≪설문해자 說文解字≫에는 반(斑)을 반(辬)의 속자로 소개하고 있음.

캐다 채(采)

①갑골문	②금문	③소전	④해서
			采

①은 위는 손[[illegible]>[illegible]>[illegible]>爫<爪]이고 아래는 과실이 열린 나무[[illegible]>果]로, 손으로 과실을 딴다[[illegible]]는 뜻이므로 회의자이다. ②와 ③은 ①과 자형이 비슷하나, 과실[[illegible]]의 상형부호가 생략되어 나무[[illegible]<[illegible]>木]만 남았으므로 나무를 캔다[[illegible]>[illegible]>采]는 뜻으로 잘못 변형된 것이다. ④는 ③에서 발전된 것이다.

채(采)의 본래 뜻은 '딴다', 혹은 '캔다'이다. "마구 자란 마름풀 이리 저리 캐고요[采]"[10]라는 예가 이것이다. 캔다는 데서 널리 '모은다'로 쓰인다. "옛날 시를 모으는[采] 관리가 있었다"[11]는 예가 이것이다. 다시 널리 '채택한다'로 쓰인다. "진나라 시황은 아주 오랜 옛날 임금의 호칭에서 채택하여[采], 황제라 일컬었다"[12]는 예가 이것이다. 다만, '캔다'는 뜻은 머지않아 채(採)에 분화되어 쓰인다. 다만 간체자는 다시 채(采)로 쓰므로 옛 글자를 회복한 것이다. 옛날에는 풀을 물감의 원료로 썼으므로, 널리 '채색'의 뜻으로 쓰인다. "의복은 5색[采]을 갖추었다"[13]는 예가 이것이다. 채색이란 데서 다시 널리 '수식'으로 쓰인다. "번거로운 수식[采]에는 정감이 담기지 못 하니, 음미하면 싫증나기 마련이다"[14]라는 예가 이것이다. 다만, 이는 머지않아 채(彩)에 분화되어 쓰인다. 이상의 현대중국어 음은 모두 차이(采 cǎi)이다. 다만, 나무를 캐듯, 그곳에서 세금을 거둔다는 데서 널리 고대 귀족이나 대부가 책봉받은 땅, 곧 채읍(采邑)이나 채지(采地)를 가리키기도 하나, 이때는 현대중국어에 차이(采 cài)로 읽어 그 쓰임을 구분한다. 그러나 우리 음에는 차이가 없다. "대부에게는 채읍[采]이 있어 자손들이 이곳에 살게 한다"[15]는 예가 이것이다.

*采**	*채*	*cǎi*	*따다. 뜯다. 채취하다.*
*采**	*채*	*cài*	*녹봉으로 지급되는 토지.*
採* [m]	채	cǎi	따다. 캐다. 채취하다.
採*	채	cài	녹봉으로 지급되는 토지.
彩 [h]	채	cǎi	색깔. 색채.

10) ≪시경 詩經≫<주남・관저 周南・關雎> ; 參差荇菜, 左右采之.
11) ≪한서 漢書≫<예문지 藝文志> ; 古有采詩之官.
12) ≪사기 史記≫<진시황본기 秦始皇本紀> ; (秦始皇)采上古帝位號, 號曰皇帝.
13) ≪순자 荀子≫<정론 正論> ; 衣被則服五采.
14) ≪문심조룡 文心雕龍≫<정채 情采> ; 繁采寡情, 味之必厭.
15) ≪예기 禮記≫<예운 禮運> ; 大夫有采以處其子孫.

睬	채	cǎi	주목하다.
寀*	채	cǎi	고대의 관리.
寀*	채	cài	녹봉으로 지급되는 토지.
菜 m	채	cài	채소.

140. 리(里) 부

마을 리(里)

①갑골문	②금문	③소전	④해서
			里

②는 위는 밭[⊕>田>田]이고 아래는 흙[土>土>土]이다. 농작물을 기르는 밭 가까이 주거지 삼은 땅을 가리키므로 마을[里>里>里]의 회의자이다. ③은 흙덩이[•]가 가로획[—]으로 변한 것 이외에는 ②와 자형이 같고, ④는 ③이 정형화한 것이다.

리(里)의 본래 뜻은 '마을'이다. "내 마을[里]로 넘어 들어오지 마오"[1]라는 예가 이것이다. '마을'에서 널리 '거주 단위'로 쓰인다. 선진(先秦) 시대에는 5가구를 린(隣)이라 하고, 다시 5린을 리(里)라 하였으니, 25가구 정도의 마을인 셈이다. 그러나, 후대에는 1백 가구 남짓을 리(里)라 하기도 한다. 리(里)가 거주 단위를 가리키는 점은 요즘도 여전하다. 예컨대, 중국의 남방 일부 대도시는 현대중국어의 리농(里弄 lǐnòng)이라는 거주단위를 사용한다. '거리'라는 말이다. 현대중국어의 시앙리(鄉里 xiānglǐ)란 '농촌 마을'을 가리키는 단위로, 흔히 '고향'을 가리키기도 한다. 마을에서 널리 '거리'를 재는 단위로 쓰여, 150길[丈]을 1리(里)라 한다. 거리의 단위에서 널리 '면적'의 단위로도 쓰인다. 150길은 대개 300보[2]이므로, 면적을 말할 때는 사방 각 300보를 1리(里)라고도 말한다. "탕왕은 70리[里]의 영토로 은나라를 세웠으며, 문왕은 백 리[里]의 영토로 주나라를 일으켰다"[3]는 예가 이것이다. 따라서 원래 문왕의 나라는 영토가 종횡 각 40km에 불과한 작은 제후국이었음을 알 수 있다.

1) ≪시경 詩經≫<정풍 · 장중자 鄭風 · 將仲子> ; 無踰我里.
2) 사람의 보폭은 대개 두 걸음에 자기 키 한 길 만큼을 걸을 수 있다. 따라서 1장(丈)을 2보(步)로 셈할 때의 1보란 성인 남자의 한 걸음, 곧 대개 0.9m를 가리킨다. 다만, 1보가 두 걸음, 곧 대개 1.8m를 가리킬 때도 있음.
3) ≪맹자 孟子≫<공손추·상 公孫丑·上> ; 湯以七十里, 文王以百里.

리(裡)는 '안' 리(裏)의 이체자로서, 간체화 이후 이들은 동화되어, 모두가 리(里)를 함께 쓰므로, 언어환경을 보아 이들을 혼동하지 않도록 주의해야 한다. 예컨대, '겉과 속'을 표리(表裏)라 하는데, 북경의 현대중국어에는 빠오리(表里 biǎolǐ)로 쓰이는 점, 주의해야 한다.

里 m 리 lǐ　　마을. 이웃. 고향. <리裏의 간체자>

俚　리　lǐ　　천하다. 속되다.
貍　리　lí　　삵괭이. 너구리.
狸　리　lí　　리貍와 같은 글자.
梩　리　lí　　가래. 흙을 나르는 기구.
娌　리　lǐ　　동서.
悝*　리　lǐ　　근심하다. 걱정하다.
悝*　회　kuī　　놀리다. 조롱하다
理 m　리　lǐ　　결. 다스리다.
裏 h　리　lǐ　　속. 안쪽.
鯉　리　lǐ　　잉어.
埋* h　매　mái　　묻다. 숨기다.
埋*　매　mán　　<감추다 만瞞과 같은 쓰임>

들 야(野)

①갑골문	②금문	③소전	④해서
	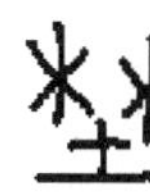		

①은 양쪽이 산림[𣏟>林]이고, 가운데 흙[⊥<土]이 있어서, 이곳이 들[埜]임을 나타내므로, 회의자이다. ②도 흙[土>土]이 숲[林<林] 아래 있을 뿐, 구성소는 같다. ③은 왼편 위는 밭[田>田]이고 아래는 흙[土>土]이므로, 마을을 싸고 밭이 난 들[里>里]을 나타내며, 오른곁은 여(予>予) 자이므로, 왼뜻[里] 오른음[予]의 형성자로 변한 것이다. ④는 ③이 정형화한 것이다.

야(野)의 본래 뜻은 '교외'로, "영주 교외[野]에 특이한 뱀이 난다"[4]는 예가 이것이다. 교외에서 널리 '민간'을 가리킨다. "조정이 깨끗하고 민간[野]이 편안하면, 나라는 부유하고 병사는 강해진다"[5]는 예가 이것이다. 또한 교외의 물성은 모두 야성 그대로 세련되지 않은

4) 유종원(柳宗元) <포사자설 捕蛇者說> ; 永州之野産異蛇.
5) ≪진서 晉書≫<두예전 杜預傳> ; 朝野淸晏, 國富兵强.

것이므로, '사납다'로 쓰인다. "이리는 새끼도 본성이 사납다[野]"[6]는 예가 이것이다. 널리 사람의 '경솔'함이나 '야비'함도 나타낸다. "경솔[野]하구나, 자로는"[7]이라 한 예가 이것이다.

야화(野火)란 마른풀을 태우려 들판에 놓는 불이다. "들불[野火]도 태워 못 없애지, 봄바람 불면 다시 사니"[8]라는 예가 이것이다. 다만 "사람의 피가 도깨비불[野火] 된다"[9] 할 때, 야화(野火)란 '도깨비불'을 가리키는 말이다. 야심(野心)이란 옛날에는 '야성', 곧 사나워 길들여지지 않는 성질을 가리켰다. 오늘날은 명예나 권위에 대한 강하고 분수에 넘는 욕망을 일컫기도 한다. 야심가(野心家)란 말이 이것이다. "한가한 마음[野心] 늘 번거로울까 두렵다"[10]고 할 때, 야심(野心)은 '한가로운 마음'을 가리키기도 한다.

予* h	여	yú	나.
予* h	여	yǔ	주다.
好	여	yú	여자 관리.
豫 h	예	yù	즐겁다. 기쁘다. 편안하다. 미리. [=預]
預 h	예	yù	미리. 사전에. 참여하다. 참가하다.
芧*	서	xù	도토리나무.
芧*	서	zhù	모시풀.[=苧]
舒	서	shū	펴다.
抒	서	shū	푸다. 펴내다.
杼	저	zhù	베틀의 바디. 베틀의 북. 도토리.
野 m	*야*	*yě*	*들. 평야.*
墅	서	shù	별장. 빌라.

6) ≪좌전 左傳≫<선공4년 宣公四年> ; 狼子野心.
7) ≪논어 論語≫<宣公四年>野哉, 由也!
8) 백거이(白居易) <부득고원초송별 賦得古原草送別> ; 野火燒不盡, 春風吹又生.
9) ≪열자 列子≫<천서 天瑞> ; 人血之爲野火.
10) 백거이(白居易) <조수동주자사병불부임 詔授同州刺史病不赴任> ; 野心常怕鬧.

141. 금(金) 부

쇠 금(金)

①갑골문	②금문	③소전	④해서
			金

②는 오른곁의 위는 화살촉[illegible], 밑은 도끼날[illegible]이며, 왼곁의 두 점은 이들을 주조한 금속[:]을 상징한 회의자이다. ③은 위음 금(亼>亼<今) 밑뜻 흙[土>土] 및 흙에 함유된 금속[八>丷]의 형성자로 바뀐 것이며, ④는 ③이 정형화한 것이다.

금(金)의 본래 뜻은 청동 같은 '쇠붙이'이다. "새기기를 중도에 그치지만 않으면, 쇠[金]와 돌도 조각할 수 있다"[1]는 예가 이것이다. 오래 흙에 묻혀 있어도 녹이 슬지 않으며, 아무리 단련해도 무게가 줄지 않으므로[2] 쇠붙이 중의 으뜸이라 여겨, 널리 '황금'을 가리킨다. "순금[眞金]에는 황금[金]을 입히지 않는다"[3]는 예가 이것이다. 널리 금속 악기나 무기를 가리킨다. "징[金] 소리를 듣자 멈추었다"[4]는 예에서는 악기를 가리킨 것이다. 아악을 연주하는 악기의 재료로는 질을 만드는 흙[土], 생황을 만드는 박[匏], 북을 만드는 가죽[革], 관을 만드는 대[竹], 현을 만드는 실[絲], 경쇠를 만드는 돌[石], 축을 만드는 나무[木] 등이 있는데, 쇠[金]와 더불어 이들을 '8음'이라 한다. 쇠[金]라 한 것은 종(鐘)을 위시하여 징[鑼], 바라[鈸], 방울[鈴] 등을 함께 뜻한 것이다. "숫돌은 날카롭지 않으나 칼[金]을 날카롭게 할 수 있다"[5]는 예는 무기를 가리킨 것이다.

황금은 변치 않는 덕성을 가졌으므로, 후세에 '귀중한 말'을 금언(金言)이라 하고, 굳은 우정을 '금석지교(金石之交)'라 한다. 그 외에도 '금성석실(金城石室)'이란 견고한 성지를 가리킨 말이며, 금오(金烏)니 금토(金兎)라 하여 해와 달을 별칭한 것은 해나 달의 빛을 '황금'에 비유한 것이다.

금(金)은 부수자이다. 이를 구성소로 하는 글자는 모두 금속과 연관이 있다. 바늘 침(針), 쇠 철(鐵), 구리 동(銅), 주조하다 주(鑄) 등이 이것이다.

今 m 금 jīn　　이제. 지금.

---

1) ≪순자 荀子≫<권학 勸學> ; 鍥而不舍, 金石可鏤.
2) ≪설문해자 說文解字≫<금부 金部> ; 久薶不生衣, 百鍊不輕.
3) 이신(李紳) <답장효표 答章孝標> ; 若是眞金不鍍金.
4) ≪한서 漢書≫<이릉전 李陵傳> ; 聞金聲而止.
5) ≪회남자 淮南子≫<설산훈 說山訓> ; 砥石不利而可以利金.

金 *m* *금* *jīn* *쇠.*

鍂 h 금 jǐn 색체와 무늬가 있는 비단.
唫* 금 jìn 입을 닫다.
唫* 금 yín 읊다. 음영吟咏하다.
欽 흠 qīn 공경하다. 존경하다.

주조하다 주(鑄)

①갑골문	②금문	③소전	④해서	⑤간체자
			鑄	铸

"좋은 쇠로 칼과 창을 주조한다[鑄]"[6] 할 때의 주(鑄) 자이다. ①은 두 손[ㅌ ㅋ]이 그릇[凡]을 잡아 아래 거푸집[亞]에 쇳물[ㅂ]을 부어넣고 있으므로, 주조한다[𤔲]는 뜻의 회의자이다. ②는 두 손[ㅌ ㅋ]이 없고 쇳물[ㅂ]이 점[∵]으로 변했을 뿐, ①과 자형이 비슷하다. ③은 왼뜻 쇠[金>金] 오른음 수(𠷎>壽)의 형성자로 바뀐 것이다. ④는 ③이 정형화한 것이다.

주(鑄)의 본래 뜻은 '주조하다'이다. "형벌도구 솥을 주조하고[鑄], 범선자가 만든 법조를 그곳에 새겼다"[7]는 예가 이것이다. 빚는다는 데서 널리 인재를 '양성한다'는 뜻으로 쓰인다. "공자는 안연을 양성하였다[鑄]"[8]는 예가 이것이다.

壽 수 shòu 목숨. 나이. 수명.

鑄 *h* *주* *zhù* *주조하다.*
禱 도 dǎo 기도하다.
濤 도 tāo 큰 파도.
籌 주 chóu 산 가지.
儔 주 chóu 짝. 벗.
懤 주 chóu 걱정하는 모양.
躊 주 chóu 주저하다. 망설이다.
譸 주 zhōu 저주하다. 속이다.
燾 도 dào 비추다.

6) 《국어 國語》〈제어 齊語〉; 美金以鑄劍戟.
7) ≪좌전 左傳≫<소공29년 昭公二十九年> ; 鑄刑鼎, 著范宣子所謂刑書焉.
8) ≪법언 法言≫<학행 學行> ; 孔子鑄顔淵矣.

142. 장(長) 부

어른 장(長)

①갑골문	②금문	③소전	④해서	⑤간체자

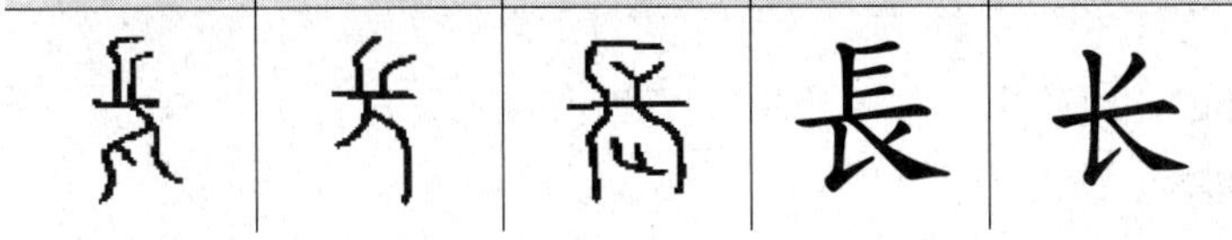

①은 머리[一>一>一>一]의 상형부호인 가로획 위로 끝이 꺾인 두 올 머리카락[彡>彡>彡>彡]을 길게 드리운[1] 노인[人>人>人>人]이 왼쪽으로 뻗은 팔[丿] 끝에 손잡이 가지가 난 지팡이[卜]를 들었으므로, 긴 머리카락을 드리운 '어른[長>長>長>長]'의 상형 겸 음결망(亡>亡>亡>亡<亡)의 형성자이다. ②는 지팡이[卜>卜>丿]가 없을 뿐, ①과 자형이 같다. ③은 노인의 팔과 다리[人]가 팔(八) 자 꼴로 나뉘어 쓰였고, 지팡이[卜]도 더는 지팡이임을 알아볼 수 없이 변형하였으며, 머리기락[山]도 예술화하여 새 대가리꼴[旦]을 하였으므로 머리카락임을 알아보기가 어렵다. ④는 ③이 정형화한 것이며, ⑤는 ④의 초서를 간화한 것이다.

장(長)의 본래 뜻은 '어른'이다. "어른[長]과 아이의 구별"[2]이란 예가 이것이며, 오늘날 장로(長老)니 연장(年長)이니 하는 말이 다 이 뜻이다. '어른'에서 널리 서열상 '으뜸'을 가리키기도 한다. 오늘날 장자(長子)니 장녀(長女), 장손(長孫)이니 하는 예가 이것이다. '으뜸'에서 널리 단위 조직의 '수장'을 가리키기도 한다. 오늘날 이장(里長), 동장(洞長)이니 교장(校長), 학장(學長)이니 하는 말이 모두 이 뜻이다. 현대중국어에 이들은 모두 장(zhǎng)으로 읽힌다. 수장이란 데서 다시 널리 '길다'는 뜻으로도 쓰인다. "긴[長] 칼 차고 진나라 땅의 활 매었으니"[3]라는 예가 이것이다. '길다'에서 널리 '장점'을 가리킨다. "남의 단점은 꼬집지 말고, 저의 장점[長]은 내세우지 말라"[4]는 예가 이것이다. 현대중국어에 이들은 모두 츠앙(cháng)으로 읽힌다.

'길다'는 데서 널리 '많다'는 뜻으로도 쓰인다. "이는 안정된 세상이 적어야 했던 까닭이며, 혼란한 세상이 많아야[長] 했던 까닭이기도 하다"[5]는 예가 이것이다. 다만, 이때 장(長)은 현대중국어에 4성의 장(zhàng)으로 읽혀야 할 것이나, 쓰임이 드물어지다가[6] 간체화 이후의

1) 장(長)의 갑골문 및 금문은, 머리의 상형부호인 가로선 위에 끝이 꺾인 두세 줄 수선이 그어져 있다. 이는 미(眉) 자에서 눈썹을 가로선 위에 끝이 꺾인 세 줄 수선으로 그렸던 방법과 동일하여, 이것이 모발을 형상하는 전형적인 방법임을 알 수 있음.
2) ≪순자 荀子≫<영욕 榮辱> ; 長幼之差.
3) 굴원(屈原) <구가 · 국상 九歌 · 國殤> ; 帶長劍兮挾秦弓.
4) 최원(崔瑗 · 漢) <좌우명 座右銘> ; 無道人之短, 無說己之長.
5) ≪여씨춘추 呂氏春秋≫<관세 觀世> ; 此治世之所以短, 而難世之所以長也.

현대중국어에는 아예 3성으로 고쳐 읽는다.

亡*[m]	망	wáng	망하다. 죽다.
亡*	무	wú	없다. [=무無]
長[m]*	*장*	*cháng*	*길다. 길이.*
長[m]*	*장*	*zhǎng*	*나이가 많다. 항렬이 높다.*
張 [h]	장	zhāng	베풀다.
帳	장	zhàng	휘장. 막사.
倀	창	chāng	미치다. 넘어지다.
鋹	창	chǎng	날카롭다. 예리하다.
悵	창	chàng	슬퍼하다.
韔	창	chàng	활집.

143. 문(門) 부

문 문(門)

①갑골문	②금문	③소전	④해서	⑤간체자

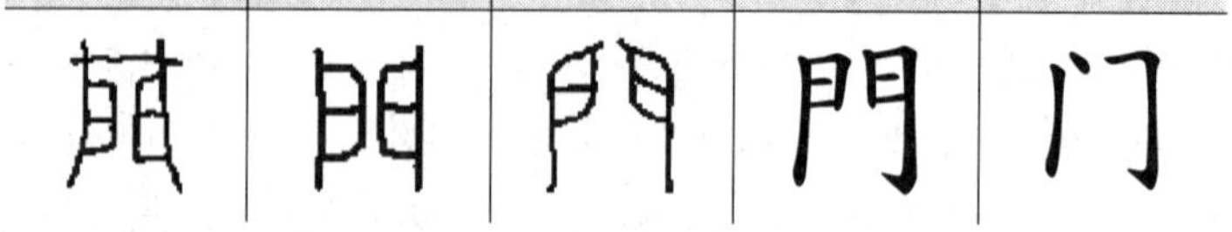

①은 위에 횡목[一]을 대어 고정시킨 문설주[丨丨>丨丨>丨丨>丨丨] 가운데에 두 짝의 문[日日>日日>日日>日日]이 마주 닫혀 있으므로, 문[門>門>門>門]의 상형자이다. ②와 ③은 문설주 위의 횡목이 없을 뿐 문짝은 여전하다. ④는 이들이 정형화한 것이다.

문(門)은 본래 뜻이 '문'이다. "문(門)은 항상 닫혀 있다"[1]는 예가 이것이다. 널리 '출입구'로 쓰인다. "동굴의 출입구[門]가 매우 협소하다"[2]는 예가 이것이다. 한 문(門) 안에 일가 모두가 살므로, '집', 또는 '가문'의 뜻으로 쓰인다. "너는 함부로 말하지 말라. 우리 가문을 멸망시킬

---

6) 주몽양(周夢暘・明) ≪상담고오・장음장 常談考誤・長音仗≫ ; 長字三音.……平上二聲人多知之, 去聲鮮有不誤者.

1) ≪묵자 墨子≫<호령 號令> ; 門常閉.
2) ≪서하객유기 徐霞客游記≫<초유일기 楚游日記> ; 洞門甚隘.

것이다"[3] 한 예가 이것이다. '가문'에서 널리 분류된 '부문'을 쓰인다. "이 책은 모두 아홉 갈래 부문[門]에 도합 2백권이 있다"[4]는 예가 이것이다.

문첩(門帖)이란 양쪽 문설주에 마주 붙이는 '대련', 즉 대구를 이루는 시구 한 쌍이므로, 문련(門聯)이라고도 한다. 간혹 집이나 밭을 판다는 '광고'를 문설주에 붙였으므로 이를 문첩(門帖)에 빗대어 말하기도 하였다. "백성들이 어떻게 집을 산다고, 집에다 '파는 집'이라 문첩(門帖)을 쓰랴?"[5]는 예가 이것이다.

문(門)은 부수자로, 문(門)을 구성소로 하는 글자는 모두 문이나 그 움직임에 관련이 있다. 닫다 폐(閉), 사이 간(間), 한가하다 한(閑), 문빗장 갑(閘) 등이 이것이다.

門 [m] *문* *mén* *문*

捫 문 mén 어루만지다. 누르다.
聞 [m] 문 wén 듣다.
問 [m] 문 wèn 묻다.
悶* 민 mēn 답답하다. 갑갑하다.
悶* 민 mèn 마음이 펀치 않다. 울적하다.
閩 민 mǐn 종족 이름.
誾 은 yín 온화하다.

한가하다 한(閑)

①갑골문	②금문	③소전	④해서	⑤간체자
			閑	闲

②는 두 짝 문(門>門>門) 가운데 놓은 목책[木>木>木]을[6] 기리기는 회의자이다. ③은 ②와 자형이 같고, ④는 이들이 정형화한 것이다.

한(閑)의 본래 뜻은 대문의 '목책'이다.[7] "왕이 도중에 수레를 멈추고 묵으면, 왕의 숙소 목책[閑]을 지킨다"[8]는 예가 이것이다. 목책이란 데서 널리 울짱으로 가려놓은 '말 사육장'으

---

3) ≪삼국지 三國志≫<촉서 · 선주전 蜀書 · 先主傳> ; 汝勿妄言, 滅吾門也.
4) ≪구당서 舊唐書≫<두우전 杜佑傳> ; 書凡九門, 計二百卷.
5) ≪남사 南史≫<유고지전 庾杲之傳> ; 百姓那得家家題門貼賣宅?
6) 《설문해자 說文解字》〈문부 門部〉; 閑, 闌也. 从門中有木.
7) 본래 뜻을 '틈'으로 보기도 한다. 다만 '틈'을 본래 뜻으로 하는 금문에는 이미 한(閒) 자가 있으므로, 이는 타당하지 않음.
8) ≪주례 周禮≫<하관·호분씨 夏官·虎賁氏> ; 舍, 則守王閑.

로 쓰인다. “천자는 열 두개의 마장[閑]이 있으며, 말이 여섯 종류이다”[9]라는 예가 이것이다. 울짱으로 말을 가두므로, 널리 ‘범위’로 쓰인다. “예를 제정하여 범위[閑]를 넘지 않는다”[10]는 예가 이것이다. 문지방에서 다시 널리 ‘막는다’로 쓰인다. “준칙을 세워 사악한 기운을 막는다[閑]”[11]는 예가 이것이다. 목책으로 출입을 막으므로 널리 ‘한가하다’로도 쓰인다. “거울 같은 바위에 한가히[閑] 비추자니 마음이 맑아져라”[12]는 예가 이것이다. 다만 이는 머지않아 한(閒)에 분화시켜 쓴다. “자태가 단정하고[閑] 용모가 곱다”[13] 할 때, 한(閑)은 ‘우아하고 단정하다’는 뜻이지만, 이는 머지않아 한(嫻)에 분화시켜 쓴다.

한(閑)은 한(閒)과 다른 글자이지만, 음이 같아 일찍부터 같은 의미로 쓰였으나, 간체자화 이래로는 한(閑) 자만 쓸 뿐, 한(閒)은 쓰이지 않는다.

閑 [m] *한 xián 한가하다.*

鷴 한 xián 흰꿩. 소리개. [=한鷳]

닫다 폐(閉)

①갑골문	②금문	③소전	④해서	⑤간체자
	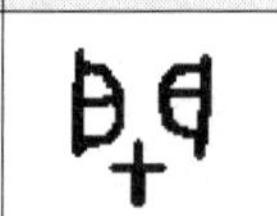			

①은 소[𠂆>牛]를 가두느라 문(門>門)을 닫음[一]을 나타낸, 회의자이다. ②는 ①의 문 위에 놓였던 소[牛]가 아래로 옮겨지며 소[十]로 잘못 변형된 자형이다.[14] ③은 소[牛>十]가 재(才>才) 로 잘못 변형되었고, ④는 ③이 정형화한 것이다.

폐(閉)의 본래 뜻은 ‘닫다’이다. “문이 이미 닫혔다[閉]”[15]는 예가 이것이다. 널리 ‘다물다’로도 쓰인다. “진진이 입을 다물고[閉] 다시는 말하지 않았으면 한다”[16]는 예가 이것이다. 닫는다는 데서 다시 널리 ‘막는다’로도 쓰인다. “사사로이 낸 길을 막고[閉] 끊는다”[17]는

---

9) ≪주례 周禮≫<하관·교인 夏官·校人>; 天子十有二閑, 馬六種.
10) ≪한서 漢書≫<무오자전 武五子傳>; 制禮不逾閑.
11) 유우석(劉禹錫) <천론 天論>; 建極閑邪.
12) 이백(李白) <여산요 廬山謠>; 閑窺石鏡淸我心.
13) 송옥(宋玉) <등도자호색부 登徒子好色賦>; 體貌閑麗.
14) ②를 관(關)의 금문으로 여기는 이도 있다. 소의 상형부호[+]를 방패[ϕ,ϕ]로 보기 때문이다. 청대 이래로는 소의 상형부호[+]를 ‘빗장’으로도 여긴다. 다만, 빗장[-]이 쓰인 ‘빗장’ 산(門)이 따로 있고, 둘째, 《설문해자 說文解字》에 ③의 재(才)는 재(十)로 쓰이기도 하는데, 이는 다시 우(牛)와 자형이 비슷하기 때문에 여기서는 소로 여김.
15) ≪사기 史記≫<강숙세가 康叔世家>; 門已閉矣.
16) ≪사기 史記≫<장의열전 張儀列傳>; 願陳子(陳軫)閉口, 無復言.
17) ≪한서 漢書≫<이심전 李尋傳>; 閉絶私路.

예가 이것이다.

閉 m 폐 bì　　　닫다.

사이 간(間)

①갑골문	②금문	③소전	④해서	⑤간체자

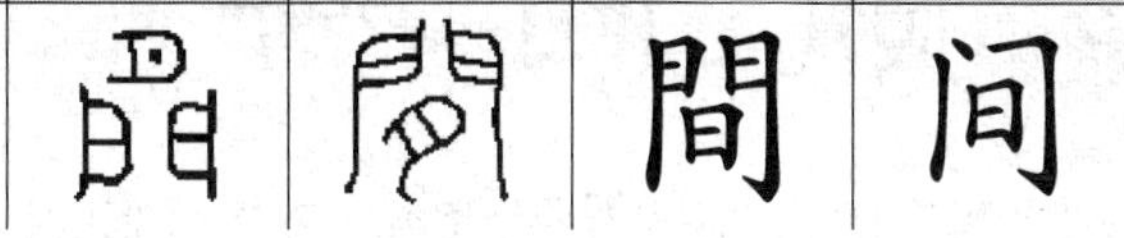

②는 문[門>門>門]을 닫아도 달빛[月>月>月]이 들어옴을 보여, 문에 난 틈, 혹은 사이[閒>閒>間]를 나타내는 상형자이다. ③은 달[月]을 문[門]안에 옮겨 문안에 비친 달빛[閒]임을 보였을 뿐, ②와 자형이 같으며, ④는 정형화하면서 달[月>月]이 해[日]로 변한 것이다. 따라서 간(間) 자는 소전 이후 한(閒) 자에서 분화된 것임을 알 수 있다. ⑤는 간(間)을 택하여 이를 간체자 삼은 것이다.

간(間)의 본래 뜻은 '사이', 혹은 '틈'이다. 간(間)이 아직 없을 때는 한(閒)만 쓰였으므로, 고전에서 한(閒)이 '사이'나 '틈'의 뜻일 때는 간(間)으로 읽어야 옳다. "아내가 문 틈[閒]으로 그의 남편을 엿보았다"[18]거나, "임금과 신하 사이에는 간격[閒]이 있어야 한다"[19]는 예가 이것이다. 한(閒)이 '안'이나 '속'의 뜻일 때, 즉 어떤 시간이나 공간을 전체로 말할 때도 간(間)으로 읽어야 한다. "덕 있는 사람은 식사 한 끼 마치는 속[閒]에도 어짐을 어기지 않는다"[20]는 예가 이것이다.

이상은 모두 한(閒)을 들어 간(間)을 설명하였다. 옛날에는 간(間) 자가 아직 없었기 때문이다. 다만, 간체화된 현대중국어에는 거꾸로 한(閒)은 쓰지 않고, 대신 간(間)과 한(閑)만 쓰인다는 점 주의해야 한다.

間 m 간 jiān　　사이.
閒* 간 jiàn　　틈. <간間의 이체자>
閒* 한 xián　　한가하다.

覵　한 jiàn　　훔쳐보다. 엿보다.
澗　간 jiàn　　계곡. 산골물.
簡 h 간 jiǎn　　간단하다. 죽간.
癎　간 xián　　간질. 전간. 지랄병.

---

18) ≪사기 史記≫<관안열전 管晏列傳> ; 妻從門閒而窺其夫.
19) ≪좌전 左傳≫<애공27년 哀公二十七年> ; 君臣有閒.
20) ≪논어 論語≫<이인 里仁> ; 君子無終食之閒違仁.

癇　간 xián　癎의 속자.

열다 벽(闢)

①갑골문	②금문	③소전	④해서	⑤간체자
			闢	辟

②는 두 짝의 문[門]을 두 손[廾]으로 '연다[開]'는 뜻이므로 회의자이다. ③은 두 손[廾] 대신 벽(辟>辟)자가 쓰여, 겉뜻 문[門>門] 안음 벽(辟>辟)의 형성자로 변하였다.[21] ④는 ③이 정형화한 것이다. ⑤는 음결 벽(辟)자만 취하여 간체자로 삼은 것이다.

벽(闢)의 본래 뜻은 '연다', 또는 '펼친다'이다. "새벽에 가보았더니, 침실의 문이 벌써 열려 있었다"[22]는 예가 이것이다. '연다'에서 널리 '개척한다'로 쓰인다. "땅을 개간하고[闢] 곡식을 심은 이가 후직이다"[23]라는 예가 이것이다. '개척한다'에서 널리 '나눈다'로 쓰인다. "하늘과 땅이 나뉘었다[闢]"[24]는 예가 이것이다. 나눈다는 데서 널리 '제거한다'로 쓰인다. "듣고 보고 싶어하는 욕심을 제거한다[闢]"[25]는 예가 이것이다. 제거한다는 데서 널리 '도피한다'로 쓰인다. 벽세(闢世)란 '세상을 도피한다'는 뜻이다. 다만, 이 뜻은 머지않아 피(避)에 분화되어 쓰였으므로, 지금은 이를 피세(避世)라고만 말한다. 나눈다는 데서 널리 '엿본다'로도 쓴다. "두 궁전 사이를 엿[闢]보았다"[26]는 예가 이것이다. 이는 머지않아 비(睥)에 분화되어 쓰인다. 다시 널리 '치우친다'로도 쓰인다. "스승은 극단적이다[闢]"[27]라는 예가 이것이다.

辟*　벽 bì　군주. 법도. 물리치다. 징집하다.
辟*　피 bī　피하다[=피避]
辟*　피 pì　법. 법률.

壁 [h]　벽 bì　벽.
躄　벽 bì　앉은뱅이.

---

21) 형성자로 회의자를 대신하는 이 과정에는 표의문자이던 한자가 표음문자로 발전하고자 하던 추세가 반영되어 있다. 알파벳화 하면서 사문자가 된 이집트 상형문자의 발전추세와 비교한다면, 한자가 형성자로써 회의자를 대신하고 있는 이러한 변화의 동기를 이해하기가 쉬움.
22) ≪좌전 左傳≫<선공2년 宣公二年> ; 晨往, 寢門闢矣.
23) ≪한시외전 韓詩外傳≫ ; 闢土植穀者, 后稷也.
24) ≪원포경전 元包經傳≫ ; 天地闢矣.
25) ≪순자 荀子≫<해폐 解蔽> ; 闢耳目之欲.
26) ≪사기 史記≫<위기무안후열전 魏其武安侯列傳> ; 闢倪兩宮間.
27) ≪논어 論語≫<선진 先進> ; 師也闢.

薜 벽 bì 당귀. 승검초.
霹 벽 pī 벽력. 벼락.
劈* 벽 pī 쪼개다. 패다.
劈* 벽 pǐ 가르다. 쪼개다. 나누다.
癖 벽 pǐ 중독. 고질.
擗 벽 pǐ 꺾다. 따다.
僻 벽 pì 외지다. 후미지다
澼 벽 pì 빨다. 씻부시다.
闢 벽 pì 열다. 개척하다.
檗 벽 bò 황벽나무.
擘* 벽 bò 엄지손가락.
擘* 벽 bāi 손으로 물건을 쪼개다. 뜯다.
避 h 피 bì 피하다.

144. 부(阜) 부

언덕 부(阜)

①갑골문	②금문	③소전	④해서
			阜

①은 층계가 진 가파른 벼랑이므로, 산언덕[>>>阜]을 가리키는 상형자이다. ②와 ③은 ①과 자형이 비슷하다. ④는 이들이 정형화한 것으로 가파른 산언덕의 형상을 찾기 어렵다.

부(阜)의 본래 뜻은 '언덕'이다. "바늘은 산과 언덕[阜]에서 산출된다"[1]는 예가 이것이다. 널리 언덕은 높고 크다는 데서, 풍성하다는 뜻으로도 쓰인다. "온갖 곡물이 다양하고 풍성하다[阜]"[2]는 예가 이것이다.

부(阝<阜)는 '언덕' 부(阜)가 구성소로 쓰일 때의 자형이다. 자형이 우부방(阝<邑)과 같으나, 소전(小篆) 이후로는 왼곁으로만 쓰이므로 이를 좌부방(阝)이라 한다. 좌부방을 구성소로

1) ≪순자 荀子≫<부편 賦篇> ; (箴)生于山阜.
2) 장형(張衡) <서경부 西京賦> ; 百物殷阜.

하는 글자는 산언덕이나 층계와 관련이 있다. 내리다 강(降), 오르다 척(陟), 언덕 릉(陵), 층계 계(階) 등이 이것이다.

阜　부 fù　언덕. 흙산.

한도 한(限)

①갑골문	②금문	③소전	④해서
			限

"백발은 한정[限] 없이 찾아오고, 청산은 기약하고 돌아가는 것"[3]이라 할 때의 한(限) 자이다. ②는 오른쪽을 향한 오른편 사람[[illegible]>[illegible]>[illegible]]의 등 위에 눈동자[[illegible]>目>[illegible]]가 있어 그 눈길이 뒤를 돌아보는데, 왼편 언덕[[illegible]>[illegible]>阝<阜]에 눈길이 막혔으므로, 높은 언덕이 시야를 가로막는다[[illegible]>[illegible]>限]는 뜻의 회의 겸 오른음 간([illegible]>[illegible]>艮)의 형성자이다. ③은 눈[[illegible]>目]의 형상이 구성미를 갖추었을 뿐 ②와 자형이 비슷하여 아직 뒤돌아보는 몸[[illegible]]의 형상이 조금 남아 있으며, ④는 ③이 정형화한 것이나 이미 돌아보는 사람의 형상을 찾을 수 없다.

한(限)의 본래 뜻은 '가로막다'이다. "남방은 무산과 귀주성으로 막혀[限] 있다"[4]는 예가 이것이다. 막는다는 데서 널리 '한정한다'로 쓰인다. "이 몸 뜬구름 같으니, 남북을 어찌 한정하리[限]?"[5]라는 예가 이것이다. 다시 널리 '한계'나 '경계'의 뜻으로도 쓰인다. "동쪽으로 낭야대를 경계 삼는다[限]"[6]는 예가 이것이다. 경계라는 데서 널리 '문지방'을 가리키기도 한다. "어양 땅 만리 먼 길, 내실 문지방[限] 보다 가까워라, 문지방[限]은 어쩌다 건너건만, 어양은 늘 눈 속에 있으니"[7]라는 예가 이것이다.

艮*　간 gěn　어긋나다. 거스르다.
艮*　간 gèn　주역 8괘의 하나.

限 [m]　한 xiàn　한도. 한계.

懇 [h]　간 kěn　정성스럽다.

---

3) 백거이(白居易) 〈병들어 동주자사에 부임치 못 하며 詔授同州刺史病不赴任〉; 白髮來無限, 靑山去有期.
4) ≪전국책 戰國策≫<진책·1 秦策·一>; 南有巫山黔中之限.
5) 두보(杜甫) <별찬상인 別贊上人>; 是身如浮雲, 安可限南北.
6) 사조(謝脁) <화왕저작팔공산 和王著作八公山>; 東限琅邪臺.
7) 맹교(孟郊) <정부원 征婦怨>; 漁陽萬里遠, 近于中門限. 中門逾有時, 漁陽常在眼.

내리다 강(降)

①갑골문	②금문	③소전	④해서
			降

“때맞춘 비가 내림[降]과도 같아, 기뻐하지 않을 이가 없다”[8] 할 때의 강(降) 자이다. ①은 언덕[阝>阝>阝>阝<阜>] 오른편에 발가락이 밑을 향한 양발[夅>夅>夅>夅]이 아래위로 놓였으므로, 언덕을 내려온다[降>降>降>降]는 뜻의 회의 겸 오른음 강(夅>夅>夅>夅)의 형성자이다. ②는 ①과 자형이 같고, ③은 발가락이 각각 길어져 아래위로 놓인 양발임을 알기가 쉽지 않으며, ④는 ③이 정형화한 것이다.

강(降)의 본래 뜻은 ‘내려온다’이다. “진나라의 목공도 한 계단 내려와[降] 사양하였다”[9]는 예가 이것이다. 내려온다는 데서 널리 ‘이후로’, 혹은 ‘아래로’ 와 같이 범위를 한정하는 말로 쓰인다. “진이며 한나라 이후로[降]는 이제껏 말하지 않았다”[10]는 예가 이것이다. 널리 ‘낳는다’로 쓰인다. “오! 경인일에 나를 낳으셨다[降]”[11]는 예가 이것이다. 깃발을 내린다는 데서 ‘투항한다’는 뜻으로 쓰이면 항(降)이라 읽힌다. ‘항복(降服)한다’거나, “제나라 군대에 투항하였다[降]”[12]는 예가 이것이다. ‘즐겨 복종한다’는 뜻도 역시 항(降)이라 읽는다. “이미 함께 있으니, 내 마음 즐겨 복종한다오[降]”[13]라는 예가 이것이다. 항복(降服)을 ‘강복(降服)’이라 읽으면, ‘옷을 벗는다[降]’는 뜻이 된다. “공자 중이는 두려워, 옷을 벗고[降服] 회영에게 사죄하였다”[14]는 예가 이것이다.

夅	강	jiàng	내려오다.<강降의 본디자>
降[m]*	*강*	*jiàng*	*내려오다. 떨어지다.*
降[m]*	*항*	*xiáng*	*항복하다. 굴복하다.*
隆*	륭	lōng	아주 캄캄하다.
隆*[h]	륭	lóng	크다. 성대하다.

8) 《순자 荀子》〈의병 議兵〉; 若時雨之降, 莫不說喜.
9) ≪좌전 左傳≫<희공23년 僖公二十三年>; (穆)公降一級而辭焉.
10) 한유(韓愈) <동공행장 董公行狀>; 由秦漢以降, 未嘗言.
11) ≪초사 楚辭≫<이소 離騷>; 惟庚寅吾以降.
12) ≪좌전 左傳≫<장공8년 莊公八年>; 降于齊師.
13) ≪시경 詩經≫<소남·초충 召南·草蟲>; 我心則降.
14) ≪좌전 左傳≫<희공23년 僖公二十三年>; 公子(重耳)懼, 降服而囚(懷嬴).

오르다 척(陟)

①갑골문	②금문	③소전	④해서

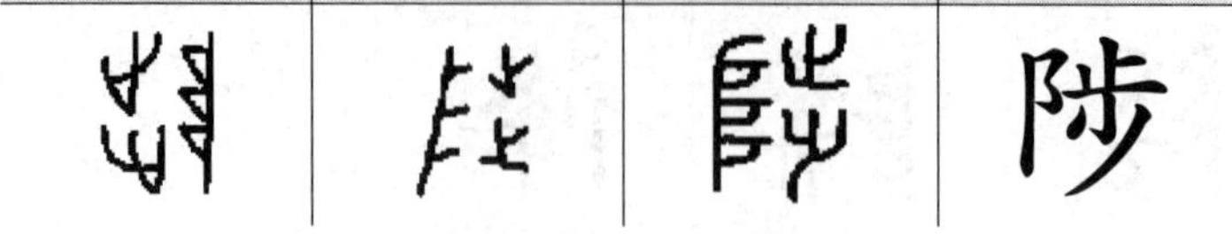

①은 오른곁 언덕[> > >阝<阜]의 왼곁에 양 발[> > >步]이 위를 향하여 나란히 놓였으므로, 언덕을 오른다[> > >陟]는 뜻의 회의자이다. ②와 ③은 언덕이 왼곁으로 옮겨졌을 뿐 자형이 ①과 비슷하며, ④는 이들이 정형화한 것이나, 오른곁의 보(步)자가 아래위로 놓인 양발임을 알기가 쉽지 않다.

척(陟)의 본래 뜻은 '오른다'이다. "높은 산 능선을 오르느라[陟], 내 말은 병들고"[15]라는 예가 이것이다. 오른다는 데서 널리 '발탁한다'거나 '승진한다'는 뜻으로 쓰인다. "좋고 나쁨을 가려 발탁하거나[陟], 처벌한다"[16]는 예가 이것이다.

陟　척　zhì　　오르다. 올리다.

騭　즐　zhì　　숫말. 안정하다.

빠지다 함(陷)

①갑골문	②금문	③소전	④a해서	④b해서

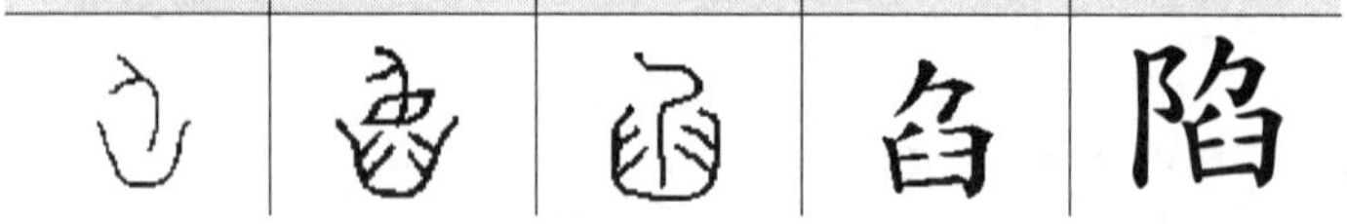

①은 위는 왼쪽으로 팔을 편 사람[> > >]이며, 아래 곡선은 함정[> > > 臼]이므로, 사람을 빠트리는 함정[> > >臽]함의 회의자이다. ②는 함정이 절구[臼][17]로 잘못 변하였을 뿐 ①과 자형이 비슷하다. ③은 ①과 자형이 같고, ④a는 ③이 정형화한 것이다. 다만 함정임을 알기가 어려우므로, ④b는 기어올라야 한다는 데서 왼뜻[阝] 오른음[臽]의 새 회의 겸 형성자 함(陷)을 만든 것이다.

함(陷)의 본래 뜻은 '함정'이다. "죄를 짓게 하고 이를 죽임은 백성들에게 함정[陷]을 놓은 것이다"[18]라는 예가 이것이다. 함정에서 널리 '빠진다', 혹은 '빠트린다'로 쓰인다. "죄에

---

15) ≪시경 詩經≫<주남 · 권이 周南 · 卷耳> ; 陟彼高岡, 我馬玄黃.
16) ≪삼국지 三國志≫<촉지 · 제갈량전 蜀志 · 諸葛亮傳> ; 陟罰臧否.
17) 구(臼)는 '절구'의 상형자이다. '함정' 정(阱)의 상형자도 이에 동화된 것이다. 그 외에도 여(舁), 여(與) 등은 아래를 향해 편 양손의 상형자로, 후대에 구(臼)와 혼동된 예됨.
18) ≪한비자 韓非子≫<6반 六反> ; 犯而誅之, 是爲民設陷也.

빠진[陷] 다음 뒤따라 형벌을 준다면 이는 백성을 그물질하는 일이다”[19]라는 예가 이것이다. 빠트린다는 데서 널리 ‘뚫는다’로 쓰인다. “내 방패는 견고하여 무엇으로도 뚫을 수가 없다”[20]는 예가 이것이다. 뚫는다는 데서 널리 ‘함락시킨다’로 쓰인다. “부딪쳐 깨트리지 못 한 것이 없고, 찔러 함락시키지[陷] 못 한 것이 없다”[21]는 예가 이것이다.

함닉(陷溺)이란 ‘물에 잠긴다’는 뜻이다. “백성들은 수해[陷溺]의 근심이 없다”[22]는 예가 이것이다. 널리 ‘해를 입다’로도 쓰인다. “백성이 한창 해를 입었다면[陷溺], 군왕이 어찌 구원하지 않으리요?”[23]는 예가 이것이다.

요(舀)는 ④a와 자형, 자음, 자의가 모두 다르므로 주의해야 한다. 요(舀)는 위가 손 조(爫)이므로, 절구[臼]에 손을 넣어 곡식을 긁어낸다는 뜻이다. 요(舀)를 음곁으로 쓰는 자에는 밟을 도(蹈), 물 질펀히 흐를 도(滔), 칼집, 혹은 감출 도(韜), 벼 도(稻) 등이 있다. 함(臽)을 음곁으로 쓰는 자에는 빠지다 함(陷), 마을 염(閻), 불빛 염(焰) 등이 있다.

臽	함	xiàn	함정
陷 [h]	*함*	*xiàn*	*함정. 빠지다. 결점. 결함.*
餡	함	xiàn	떡·만두 따위를 넣는 소.
淊	함	yān	잠기다. 빠지다.
埳	감	kǎn	둔덕. 두렁. 구덩이.
欿	감	kǎn	만족해하지 아니하다. 시름겹다.

무리 대(隊)

①갑골문	②금문	③소전	④해서	⑤간체자
			隊	队

①은 산언덕[阜>阝>阝>阝<阜] 오른편에 사람[古]이 머리를 아래로 향하였으므로, 떨어져 내려온다[陆]는 뜻의 회의자이다. ②는 ①의 산언덕 오른편의 사람[古]이 ‘돼지’ 시(豕>豕)로 바뀌어 음곁으로 쓰였으므로, 형성자로 바뀐 것이다. ③은 시(豕>豕)가 수(㒸>㒸>遂)로 바뀌었을 뿐, ②와 자형이 비슷하며, ④는 ③이 정형화한 것이다. ⑤는 간체자로 오히려 ①과

19) ≪맹자 孟子≫<양혜왕·상 梁惠王·上> ; 及陷於罪, 然後從而刑之, 是罔民也.
20) ≪한비자 韓非子≫<난일 難一> ; 吾楯之堅, 物莫能陷也.
21) ≪여씨춘추 呂氏春秋≫<귀졸 貴卒> ; 所擊無不碎, 所衝無不陷.
22) ≪후한서 後漢書≫<명제기 明帝紀> ; 百姓無陷溺之患.
23) ≪신서 新書≫<주전 鑄錢> ; 百姓方陷溢, 上且弗救乎?

자형이 비슷해졌다.

대(隊)의 본래 뜻은 '떨어진다'이다. "별이 떨어지고[隊], 나무가 우는 것은, 천지의 변화 현상이다"[24]라는 예가 이것이다. 떨어진다는 데서 널리 '잃는다'로 쓰인다. "선왕 이후로 제 나라를 잃었던[隊] 자는 없었다"[25]는 예가 이것이다. 다만, 이들은 머지않아 위음[隊] 밑뜻[土]의 새 형성자 추(墜)에 분화되었으므로, 이들도 모두 '추(隊)'라 읽는다. 추(墜)가 분화된 이후, 대(隊)는 널리 '부대'나 '행렬'을 가리킨다. "궁중의 미녀 180인을 뽑아 손자는 두 부대[隊]로 이들을 나누었다"[26]는 예가 이것이다.

음결이 같은 자들의 체계는 앞쪽 시(豕) 부의 돼지 시(豕) 자를 참조.

145. 추(隹) 부

새 추(隹)

①갑골문	②금문	③소전	④해서
			隹

①은 부리가 왼쪽을 향하고, 오른쪽으로 난 날개깃 아래에는 발이 있는 새[>>>隹]의 상형자이다. ②는 획이 많아졌을 뿐, ①과 자형이 비슷하며, ③은 구성미에 치중하였으나 ②와 자형이 비슷하며, ④는 ③이 정형화한 것이나, 새인 줄 알기가 어렵다.

추(隹)의 본래 뜻은 '새'이다. '새' 조(鳥)에 대하여, 꼬리가 짧은 새를 모두 일컫는다고도 하나, 구성소로만 쓰일 뿐, 홑자로 쓰인 예가 거의 없는 점이 조(鳥)와 다를 뿐, 어원이 같은 글자이다.

추(隹)는 가(佳)와 곧잘 혼동된다. 가(佳)의 오른곁은 규(圭)이므로 토(土)를 상하로 겹쳐 쓴 것이며, 추(隹)의 오른곁은 점 아래 가로획 넷을 하나의 세로획에 꿰어 쓴 것이다.

추(隹)는 부수자이다. 이를 구성소로 하는 글자는 모두 새와 연관이 있다. 타다 초(焦), 모이다 집(集), 꿩 치(雉), 참새 작(雀), 독수리 조(雕) 등이 이것이다.

隹　　추 zhuī　　꽁지 짧은 새.

---

24) ≪순자 荀子≫<천론 天論> ; 星之隊, 木之鳴, 是天地變.
25) ≪국어 國語≫<초어・하 楚語・下> ; 自先王莫隊其國.
26) ≪사기 史記≫<손자오기열전 孫子吳起列傳> ; 出宮中美女, 得百八十人, 孫子分爲二隊.

推* [m]	추	tuī	옮기다. 궁구하다.
推*	퇴	tuī	밀다.
椎*	추	chuí	채. 방망이.
椎*	추	zhuī	척추. 등골뼈. 노둔하다.
錐	추	zhuī	송곳.
騅	추	zhuī	오추마.
誰*	수	shéi	誰shuí의 표준음.
誰* [m]	수	shuí	누구. 아무개.
惟 [h]	유	wéi	다만. 오로지. 생각하다.
唯	유	wéi	다만. 단지. 예[대답하는 소리].
帷	유	wéi	휘장.
維 [h]	유	wéi	매다. 밧줄,
准	준	zhǔn	승인하다. 표준.
隼	준	sǔn	새매.
雋*	준	juàn	새가 살찌다. 의미심장하다.
雋*	준	jùn	뛰어난 인물. 준걸.
崔	최	cuī	높고 크다.
稚	치	zhì	어리다. 유치하다.
堆	퇴	duī	쌓이다. 쟁이다. 무더기. 언덕.
睢	휴	suī	부릅떠 보다. 우러러 보다.
雖 [m]	수	suī	비록.

한 마리 척(隻)

①갑골문	②금문	③소전	④해서	⑤간체자

"첩첩 산중 속에 제 그림자 하나[隻] 뿐"[1]이라 할 때의 척(隻) 자이다. ①은 한 마리 새[[illegible]>[illegible]>[illegible]>隹]가 손[[illegible]>[illegible]>[illegible]>又] 위에 잡혀 있어, 손에 잡은 것이 한 마리[[illegible]>[illegible]>[illegible]>隻]임을 나타내는 회의자이다. ②는 자형이 ①과 비슷하나, 그림에 가까운 필기방식의 차이가 대비적이다. ③은 구성미에 치중하였을 뿐, ①, ②와 자형이 같으며, ④는 ③이 정형화한

1) 소식(蘇軾) 〈송금산향승귀촉개당 送金山鄉僧歸蜀開堂〉; 隻影千山裏.

것이나, 새를 손에 쥔 자형임을 알기가 쉽지 않다. ⑤는 간체자로, 동음자인 '다만' 지(只)와 동화된 자형이다.

척(隻)의 본래 뜻은 '한 마리'이다. "숲 속에 깃든 저 새, 짝지어 깃들다가, 어느 아침 한 마리[隻] 된 듯"[2]이라는 예가 이것이다. 널리 '하나'로 쓰인다. "한 몸이 두 세상 고쳐 살며, 제 그림자 하나[隻] 뿐 몸이 외롭다"[3]는 예가 이것이다. 널리 '홀수'를 가리킨다. "숙종 이래로 홀수[隻] 날은 조정을 지키나, 짝수 날은 업무를 보지 않는다"[4]는 예가 이것이다. '짝' 쌍(雙)과 대비되어 쓰인 '홀'의 뜻에서는 '홀' 단(單)과 쓰임이 비슷하다.

지(只)는 '다만'의 뜻이다. "다만[只] 나무를 볼 뿐, 숲을 보지 못 한다"[5]는 예가 이것이다. 간체화 이후는 척(隻)의 간체자가 이와 동화되어 자형에서 구분되지 않으므로, 문맥을 보아 쓰임을 구분하여야 한다.

隻　척 zhī　새 한 마리.

참새 작(雀)

①갑골문	②금문	③소전	④해서
		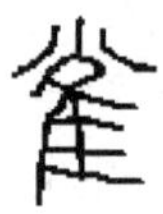	雀

①은 머리가 부각되어 그려진 새로, 공작처럼 머리 위에 우관(羽冠)이 있는 새[>雀>雀]를 가리키는 상형자이다. ③은 ①이 구성미를 갖춘 자형으로, 머리 위의 관[小]이 소(小)자 같으며, ④는 ③이 정형화한 것이다.

작(雀)의 본래 뜻은 '공작'을 가리킨 듯하다. "푸른 용과 흰 범, 붉은 공작[雀]과 검은 뱀거북은 하늘의 네 신령이다"[6]라는 예가 이것이다. 널리 '새'를 아울러 일컫는다. "뭇 새[雀]들 애처롭다, 암수를 서로 잃고"[7]라는 예가 이것이다. 특히 '작은 새'를 가리킨다. "매가 새[鳥雀]를 쫓음과 같다"[8]는 예가 이것이다." 작다는 데서 널리 '참새'를 가리킨다. "누가 참새[雀]에게 뿔이 없다 하는가? 내 집 처마는 무엇으로 뚫었다고?"[9]라는 예가 이것이다. 마작(麻雀)이니,

2) 반악(搬岳・晋)<도망 悼亡>；如彼翰林鳥, 雙栖一朝隻.
3) 한유(韓愈) <제십이랑문 祭十二郎文>；兩世一身, 形單影隻.
4) ≪송사 宋史≫<장계전 張洎傳>；肅宗而下, 咸隻日臨朝, 双日不坐.
5) 왕조문(王朝聞) <논봉저 論鳳姐>；只見樹木, 不見森林.
6) ≪삼보황도·미앙궁 三輔黃圖·未央宮≫；青龍白虎朱雀元武, 天之四靈.
7) 송옥(宋玉) <고당부 高唐賦>；衆雀嗷嗷, 雌雄相失.
8) ≪좌전 左傳≫<양공25년 襄公二十五年>；鷹鸇之逐鳥雀也.
9) ≪시경 詩經≫<소남・행로 召南・行露>；誰謂雀無角, 何以穿我屋.

황작(黃雀)이니 하는 것은 모두 참새로, 늙어서 무늬가 있는 것은 마작이며, 어려서 부리가 노란 것은 황작이다. 황작이란 꾀꼬리를 가리키기도 한다.

작(爵)은 옛날, 청동으로 만든 술잔이다. 음이 작(雀)과 비슷한 데다, 술잔의 턱 모양이 그 부리를 닮았다 하여 '새'를 가리키기도 한다. "숲으로 새[爵]를 쫓아 들게 하는 것은 매이다"10)라는 예가 이것이다.

雀　작　qiāo　주근깨.*
雀　작　qiǎo　참새[일부 구어口語에서 사용].*
雀　작　què　참새. 작은 새.*

모이다 집(集)

①갑골문	②금문	③소전	④해서
			集

①은 나무[>>>木] 위에 새[>>>隹]가 있어 가지 위에 모인다[>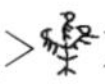>>集]는 뜻의 회의자이다. ②는 세 마리 새[<]를 모아, 군집의 뜻을 강화한 것이며, ③은 ②와 자형이 비슷하다. ④는 번잡한 자형을 피하느라, ①을 되돌이켜 정형화한 것이다.

집(集)은 본래 뜻이 '모인다'이다. "꾀꼬리 날아, 관목에 모인다[集]"11)는 예가 이것이다. 시나 산문을 모아 엮은 책을 시집(詩集)이니, 문집(文集)이니 한 것도 같은 예이다. 널리 '시장'을 가리키기도 한다. "시골 읍내에 사람들이 모여 물건을 사고 파는 곳을 북방 사람들은 '장[集]'이라 하니, 모여드는 측면에서 말한 것이다"12) 라는 예가 이것이다. 널리 '화목하다'는 뜻으로 쓰인다. "천하가 막 안정되었으나, 먼 곳은 민심이 채 화합하지[集] 않았다"13)는 예가 이것이다.

集 [m] 집 jí　모이다. 모으다.

雜 [h] 잡 zá　섞이다. 뒤섞이다.

---

10) ≪맹자 孟子≫<이루 · 상 離婁 · 上> ; 爲叢毆爵者鸇也.
11) ≪시경 詩經≫<주남 · 갈담 周南 · 葛覃> ; 黃鳥于飛, 集于灌木.
12) 양소임(梁紹壬 · 淸) ≪양반추우암수필 · 집허 兩般秋雨盦隨筆 · 集虛≫ ; 鄉城聚衆貿易之處, 北人曰集.
13) ≪사기 史記≫<진시황본기 秦始皇本紀> ; 天下初定, 遠方黔首未集.

꿩 치(雉)

①갑골문	②금문	③소전	④해서
			雉

①은 왼음결 시[>>矢] 오른뜻결 새[>>隹]로 꿩[>>雉>雉]을 가리키는 형성자이다. ③은 ①이 구성미를 갖춘 것이고 ④는 ③이 정형화한 것이다.

아주 오랜 옛날 새들 가운데서 꿩은 주요한 사냥감이었으므로 나중에 치(雉)는 특히 꿩을 지칭하게 되었다. "습지의 꿩[雉]은 십 보마다 한 번 모이를 먹고 백 보마다 한 모금 물을 마신다"[14]는 예가 이것이다. 치(雉)는 널리 성벽의 면적을 셈하는 단위에 빌려 쓰인다. "대부의 도성이 규모가 백 치(雉)를 넘는다면, 그 제후국의 위협이 될 것이다"[15]라는 예가 이것이다. 널리 성벽을 치(雉)라 하기도 한다.

矢	h	시	shǐ	화살. 맹세하다.
雉		*치*	*zhì*	*꿩.*
知	m	지	zhī	알다.
医		의	yì	동개[등에 지는 활과 화살 집]
彘		체	zhì	돼지.
肄		이	yì	익히다.
疑	h	의	yí	의심하다.
疾	h	질	jí	병.
智	h	지	zhì	지혜.
蜘		지	zhī	거미.
癡		치	chī	어리석다.
痴		치	chī	치癡의 속자.
嫉		질	jí	시기하다.
凝	h	응	níng	엉기다.
醫	m	의	yī	의원.
翳		예	yì	깃으로 꾸민 일산.

14) ≪장자 莊子≫<양생주 養生主> ; 澤雉十步一啄, 百步一飮.
15) ≪좌전 左傳≫<은공원년 隱公元年> ; 都城過百雉, 國之害也.

닭 계(雞)

①갑골문	②금문	③소전	④해서	⑤간체자
			雞	鸡

①은 왼음 해(> > 奚) 오른뜻 새[> > 隹]로 닭[> > 雞]을 가리키는 형성자이다. ②는 머리에 관이 난 수탉[ ]으로 상형자이다. ③은 ①을 되돌이켜 구성미를 갖춘 것이며, ④는 ③이 정형화한 것이다. ⑤는 부호[又][1]를 사용하여 만든 간체자이다.

계(雞)의 본래뜻은 '닭'이다. "초가 주막에 남은 달빛에 닭[雞]이 운다"[2]는 예가 이것이다. 농촌생활의 평화스러움을 계견상마(鷄犬桑麻)라 한다. "개와 닭이 울고, 뽕과 삼이 자라는[鷄犬桑麻] 평화로운 광경이 그대로 남아 있었다"[3]는 예가 이것이다.

음결이 같은 자들의 체계는 앞쪽 대(大) 부의 어찌 해(奚) 자를 참조.

짝 쌍(雙)

①갑골문	②금문	③소전	④해서	⑤간체자
			雙	双

"짝지어[雙] 날며 부러움 사는구나"[4] 할 때의 쌍(雙) 자이다. ②의 위는 주둥이가 왼쪽을 향한 한 쌍의 새[> > 隹隹]이고, 아래는 오른손[> > 又]이므로 손으로 새 두 마리를 잡는다[> > 雙]는 뜻의 회의자이다. ③과 ④는 자형이 ②와 같으며, ⑤는 새[隹] 대신 손[又]을 짝지어 간체화한 새 회의자이다.

쌍(雙)의 본래뜻은 '두 마리'이다. "경대부의 관사 식사에는 매일 두 마리[雙] 닭이 나온다"[5]는 예가 이것이다. '두 마리'라는 데서 널리 '짝진 것'을 가리킨다. "한 쌍[雙]의 수심찬, 먼 산 빛 눈썹"[6]이란 예가 이것이다. '짝을 이룬다'는 데서 널리 '짝수'로 쓰여, '홑[單]',

1) 우(又)는 획수를 특별히 줄이기 곤란한 구성소 대신 쓰인 부호로, 어렵다 난(難), 소곤거리다 섭(聶), 요란한 소리 굉(轟), 나무 수(樹), 봉황 봉(鳳), 성 이름 등(鄧) 등은 모두 이 부호를 이용하여 간체자를 만듦.
2) 온정균(溫庭筠·唐) 〈商山早行〉; 雞聲茅店月.
3) ≪문명소사 文明小史≫ 〈53회 五十三回〉; 大有'鷄犬桑麻'光景.
4) 이백(李白) 〈쌍연리 雙燕離〉; 雙飛令人羡.
5) ≪좌전 左傳≫ 〈양공28년 襄公二十八年〉; 公膳, 日雙鷄.

또는 '외짝[隻]'과 상대된다. "당나라에 유래하는 옛일로, 홀수 날은 일을 보되, 짝수[雙] 날은 자리를 지키지 않았다"7)는 예가 이것이다. 짝지어 놓으면 이를 비교할 수가 있으므로, 널리 '견준다', 또는 '필적한다'는 뜻으로 널리 쓰인다. "그 자태 겨룰[雙] 사람 없어라"8)는 예가 이것이다.

雙 ⓗ *쌍* *shuāng* *두 쌍.*

篗 쌍 shuāng 대나무 발로 만든 돛.

146. 우(雨) 부

비 우(雨)

①갑골문	②금문	③소전	④해서

①은 가로획으로 구름[一>一>一>一]을, 세로 점[⁞⁞>⁞⁞>雨>雨]으로 비[雨>雨>雨>雨]를 나타낸 상형자이다. ②는 세로점들이 구성미를 갖추어 구획되었을 뿐, ①과 자형이 비슷하다. ③은 구름[一] 위에 다시 하늘[一]을 그렸을 뿐, ②와 자형이 비슷하며, ④는 ③이 정형화한 것이다.

우(雨)의 본래뜻은 '비'이다. 수호전의 송강은 별명이 급시우(及時雨)이다. 남의 어려움을 잘 도우므로, '때맞춰 내리는 비[雨]'에 비유한 이름이다. 우로(雨露)란 '비와 이슬'을 가리키며, 나아가 군왕의 은택이 고루 미침을 비유하기도 한다. "딸 여섯이 하나같이 자색이 뛰어나, 군왕의 은택을 입는[雨露] 집안이 혼인을 원하여도 허락하지 않았다"1)는 예가 이것이다. 널리 비를 '내린다'로도 쓰인다. "옛날 창힐이 문자를 만들자, 하늘이 곡식을 내렸다[雨]"2)는 예가 이것이다. 다만, 현대중국어에는 이를 4성으로 위(雨 yù)라 읽어 '비'라는 뜻의 3성의 위(雨 yǔ)와 구별한다.

---

6) 위장(韋莊·前蜀) 〈하엽배 荷葉杯〉; 一雙愁黛遠山眉.
7) ≪송사 宋史≫ 〈예지 禮志〉; 唐朝故事, 隻日視事, 雙日不坐.
8) 송옥(宋玉) 〈신녀부 神女賦〉; 其像無雙.

1) 왕인유(王仁裕) 〈개원천보유사 開元天寶遺事〉; 有女六人, 各有姿色, 雨露之家, 求之不允.
2) ≪회남자 淮南子≫ 〈본경훈 本經訓〉; 昔者蒼詰作書, 而天雨粟.

우(雨)는 부수자이다. 이를 구성소로 하는 글자는 모두 구름이나 비와 연관이 있다. 구름 운(雲), 서리 상(霜), 노을 하(霞), 이슬 로(露) 안개 무(霧) 우레 뢰(雷) 등이 이것이다.

*雨** m 우 yǔ *비.*
*雨** 우 yù *비나 눈 따위가 내리다.*

黍 서 shǔ 기장.

구름 운(雲)

①갑골문	②금문	③소전	④해서	⑤간체자

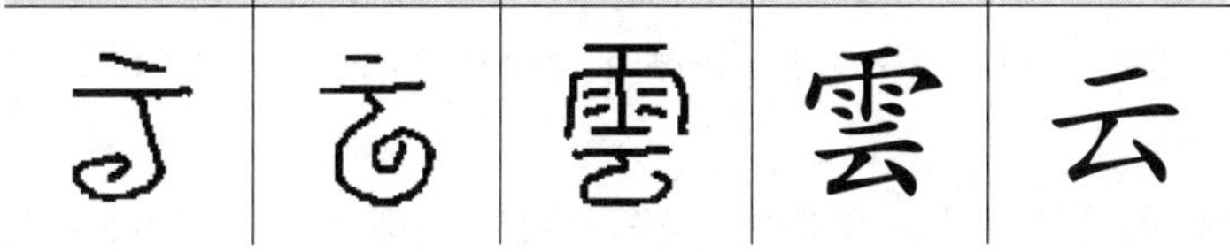

①은 구름[ᘐ]이 하늘[⁓]에 퍼진 모양[ᘐ>ᘐ>云>云]이므로 상형자이다. ②는 ①과 자형이 비슷하나, ③은 '구름' 운(云)이 이미 '말한다'는 뜻으로 쓰이게 된 다음, 밑음[云>云] 위뜻[雨>雨]의 새 형성자로 바뀐 것이다. ④는 ③이 정형화한 것이며, ⑤는 다시 ①, ②의 자형을 돌이킨 간체자이다.

운(雲)의 본래뜻은 '구름'이다. "문강의 친정 나들이에, 수행원 구름[雲] 같구나"[3]라는 예가 이것이다. 널리 '허공'을 대신 일컫기도 한다. "긴 옷자락은 바람에 날리고, 슬픈 노래는 허공[雲]에 퍼진다"[4]는 예가 이것이다.

云 m 운 *yún* *말하다. 이르다.*

雲 m 운 yún 구름.
芸 운 yún 향초 이름.
耘 운 yún 김매다. 제초하다.
紜 운 yún 어지럽다. 번잡하다.
沄 운 yún 소용돌이치다.

蕓 운 yún 평지. 유채.
澐 운 yún 큰 물결.
魂 h 혼 hún 넋.

---

3) ≪시경 詩經≫ 〈제풍·폐구 齊風·敝苟〉; 齊子(文姜)歸之, 其從如雲.
4) 조식(曹植) 〈칠계 七啓〉; 長裾隨風, 悲歌入雲.

우레 뢰(雷)

①갑골문	②금문	③소전	④해서
			雷

①은 가운데 섬광이 찢기는 듯 갈라지는 번개[<申]의 좌우에 북을 상징하는 작은 원[] 들이 흩어져 있어, 여러 개 북을 함께 치는 소리를 상징하므로, 우레 소리[>>>雷]의 지사자이다. ②는 북[]이 수레바퀴[]로 바뀌어 여러 대 수레가 함께 구르는 소리를 상징하였을 뿐, ①과 자형이 비슷하나, 비[>雨]가 첨가되어 회의자로 바뀐 것이며, ③은 구성미를 갖추며 수레바퀴[畾]가 음결 뢰(畾>田)로 정형화하며 형성자로 바뀐 것이다. ④는 ③이 간략해지며 정형화한 것이다.

뢰(雷)의 본래뜻은 '천둥'이다. "번개는 채찍이며 천둥[雷]은 수레바퀴이다"[5]라는 예가 이것이다. 뇌우(雷雨)란 천둥을 동반한 비를 가리킨다.

畾 뢰 léi 밭 갈피. 밭 사이의 땅.

壘 루 lěi 성채. 진지. 보루.
纍 류 léi 갇히다.
礧 뢰 léi 바위너설. 돌 굴려 내리다.
櫑 뢰 léi 옛날에 사용하던 술잔.
罍 뢰 léi 술독. 세숫대야.
儡 뢰 lěi 초췌하다. 나약하다.
雷 [h] *뢰* *léi* *천둥.*

擂* 뢰 lēi 때리다.
擂* 뢰 léi 연마하다. 갈다.
擂* 뢰 lèi 연무대.
檑 뢰 léi 뇌목[무기 이름].
礌 뢰 léi 돌 굴려 내리다. 돌무더기.
蕾 뢰 lěi 꽃봉오리.
瘤 뢰 lěi 부스럼. 작은 종기.

5) ≪회남자 淮南子≫〈원도훈 原道訓〉; 電以爲鞭策, 雷以爲車輪.

147. 면(面) 부

낯 면(面)

①갑골문	②금문	③소전	④해서
			面

①은 겉은 얼굴의 윤곽[ ]을 형상한 것이며 가운데는 큰 눈[<目]으로, 낯[> >面]의 상형자이다. ③은 ①과 자형이 비슷하며, ④는 ③이 정형화한 것이다.

면(面)의 본래뜻은 '낯'이다. "작년 오늘 이 문안에, 여인의 낯[面]이 복사꽃과 붉은 빛을 겨루더니. 여인의 낯[面]은 어디 가고, 복사꽃만 예처럼 봄바람에 웃네"1) 할 때의 면(面)자이다. '낯'이라는 데서 널리 '마주한다'로 쓰인다. "장수가 천자의 용안을 한 번 마주하지[面]도 못 한 채 떠난다"2)는 예가 이것이다. 마주한다는 데서 널리 '만난다'로 쓰인다. "나아가 문인들을 만났다[面]"3)는 예가 이것이다. 만난다는 데서 널리 '직접'으로 쓰인다. "또 사정을 직접[面] 말하고 싶어, 조서를 내려 불러주기를 청하는 상서를 올렸다"4)는 예가 이것이다. 마주한다는 데서 다시 널리 '향한다'로 쓰인다. "성스러운 이가 남방을 향하여[面] 천하를 살핀다"는 예가 이것이다. 향한다는 데서 널리 '방향'이나 '방면'으로 쓰인다. "어느 방면에 있는가? 오늘은 죽기살기로 결단을 내리리라"5)라는 예가 이것이다. 방면이라는 데서 널리 '정면'을 가리킨다. "오수전 화폐를 다시 주조하였는데, 뒷면과 정면[面], 원주, 사각의 구멍 모두에 두드러진 테의 윤곽이 생겼다"6)는 예가 이것이다. 정면이라는 데서 널리 '평면'을 가리킨다. "육면체의 평면[面] 각각은 육면체가 아니다"7)라는 예가 이것이다.

면우(面友)란 '면식만 있는 벗'을 가리킨다. "비록 벗이라 하여도 마음을 알지 못한다면 낯만 아는 벗[面友]일 뿐이다"8)라는 예가 이것이다.

면(面)이 낯을 가리키는 데 반하여, 렴(臉)은 처음에는 뺨, 곧 부녀자가 연지를 바르는 부분이었으나, 널리 낯을 가리키게 된 자이다. 간체화 이후에는 '밀가루' 면(麵) 자도 면(面)으

1) 최호(崔護·唐) ; 去年今日此門中, 人面桃花相映紅. 人面不知何處去, 桃花依舊笑春風.(孟棨≪本事詩≫)
2) 소식(蘇軾) 〈조사부정주론사장 朝辭赴定州論事狀〉; 將帥不得一面天顔而去.
3) 임서(林紓) 〈증마통백선생서 贈馬通伯先生序〉; 出面士流.
4) 한유(韓愈) 〈송후참모부하중막 送侯參謀赴河中幕〉; 又欲面言事, 上書求詔徵.
5) ≪후한서 後漢書≫ 〈단경전 段熲傳〉; 在何面? 今日欲決死生.
6) ≪자치통감 資治通鑒≫ 〈수선제태건13년 隋宣帝太建十三年〉; 更鑄五銖錢, 背, 面, 肉, 好, 皆有周郭.
7) ≪묵자 墨子≫ 〈대취 大取〉; 方之一面, 非方也.
8) ≪법언 法言≫ 〈학행 學行〉; 友而不心, 面友也.

로 쓰고 있으므로, 간체자로 쓰인 문헌이라면, 문맥을 보아 '밀가루'인지 '낯'인지를 분별해야 한다.

面 [m] *면 miàn　얼굴. 낯. 향하다.*

偭	면	miǎn	위반하다.
勔	면	miǎn	근면하다. 부지런하다.
愐	면	miǎn	생각하다. 근면하다.
湎	면	miǎn	술에 빠지다. 탐닉하다.
緬	면	miǎn	가는 실. 아득하게.
麵	면	miàn	밀가루 면麪과 같은 글자.

148. 혁(革) 부

가죽 혁(革)

①갑골문	②금문	③소전	④해서
		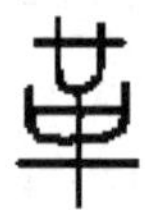	革

②는 위는 짐승의 대가리[ㅂ>廿>卄]이며, 그 아래 일자로 늘어진 몸[丨>丨>丨]과 가로 뻗은 다리[一>一>一]가 있는데, 가운데 이를 손질하는 양손, 혹은 털 제거용 도구[ㅌ彐>ㅂ>口]가 있으므로, 손질한 가죽[革>革>革]을 가리키는 상형자이다. ③은 ②와 자형이 비슷하나 양손, 혹은 털 제거용 도구[ㅌ彐]가 구[ㅂ>口] 자로 잘못 변하였으며, ④는 ③이 정형화한 것이다.

혁(革)의 본래뜻은 손질하여 털을 없앤 짐승이 '가죽'이다.[1] "새끼양 가죽[革], 흰 실토 누벼 바느질한다"[2]는 예가 이것이다. 가죽은 무사의 호신복장으로 쓰였으므로, 병혁(兵革)이란 '무기와 병사'를 가리켜 '군대'를 상징한다. "군대[兵革]가 크고 강하면, 제후는 두려워한다"[3]는 예가 이것이다. 가죽을 손질하여 쓰임새에 맞게 한다는 데서 널리 '고친다'거나 '바꾼

1) ≪주례 周禮≫〈천관·장피 天官·掌皮〉; 連毛者曰皮, 裘材也. 去毛者曰革, 練治之革曰韋.(孫詒讓正義)
2) ≪시경 詩經≫〈소남·고양 召南·羔羊〉; 羔羊之革, 素絲五緎.
3) ≪전국책 戰國策≫〈진책 秦策〉; 兵革大强, 諸侯畏懼.

다'로 쓰인다. "천지가 바뀌면서[革] 4계절이 생겨난다"[4]는 예가 이것이다.

혁(革)은 부수자이다. 이를 구성소로 하는 글자는 모두 가죽과 연관이 있다. 가죽신 화(靴), 짚신 혜(鞋), 고삐 파(靶), 안장 안(鞍), 칼집 초(鞘), 채찍 편(鞭) 등이 이것이다.

*革*m 혁 gé 가죽. 피부.*

革 극 jí 위급하다.*

緙 격 kè 꿰매다.

149. 혈(頁) 부

머리 혈(頁)

①갑골문	②금문	③소전	④해서	⑤간체자
			頁	页

①은 꿇어앉은 사람[> > > 八] 위에 눈과 눈썹[> > > 百]이 강조된 낯을 부각시켜, '머리[> > > 頁]'를 뜻한[1] 상형자이다. ②는 ①과 자형이 같으나, 눈썹[ ]이 눈두덩[ ]에 그려져 있으며[ ], ③은 이것이 예술화한 것이다. ④는 ③이 정형화한 것이며, ⑤는 간체자이다.

혈(頁)의 본래뜻은 '머리'이다. 다만, 이는 대개 구성소로서 나타내는 뜻이며, 홑자로 쓰일 때는 낯이라는 데서 널리 책의 '쪽'을 가리킨다. 한쪽 면만 쓴 종이에서는 한 장을 가리키며, 양쪽 면을 쓴 종이에서는 한 페이지를 가리킨다. 예컨대, "세월은 달력 위에서 한 장[頁], 한 장[頁] 뜯겨져 나갔다"[2]는 예에서는 한 쪽 면만 쓰인 종이의 쪽이며, "지금은 몇 째 쪽[頁]

---

4) ≪역경 易經≫〈혁괘 革卦〉; 天地革, 而四時成.

1) 머리카락과 눈썹은 사람한테 고유한 것이므로, 갑골문은 이처럼 눈썹이 난 눈으로 낯을 그리거나, 머리카락을 그려 사람의 머리를 짐승의 대가리와 구별하였다. 일반 성인은 대개 눈썹을 그렸고, 아기[子]나 노인[老], 전사[鬪]들은 머리카락을 그렸다. 눈썹은 미(眉), 하(夏), 혈(頁) 등 글자에서처럼 눈[目]과 함께 그려지며, 그렇지 않은 것은 머리카락이다. 장(長), 발(髮) 등 글자가 이것이다. 우(牛), 양(羊), 록(鹿), 봉(鳳), 수(首) 등 짐승의 대가리는 뿔이나 관 등이 있을 뿐 머리카락이나 눈썹은 없다. 뿔, 혹은 깃이 사람에게서 보이는 것은 대개 여인의 장식이다. 강(姜), 미(美) 등 글자가 이것임.

이 펼쳐져 있어야 하는 것일까?"[3]라는 예에서는 양쪽 면이 쓰인 책의 한 쪽 면을 가리킨다. 다만 이들의 현대중국어음은 예(頁 yè)라 읽히는 점 주의해야 한다.[4]

혈(頁)은 부수자이다. 이를 구성소로 하는 글자는 모두 머리와 관련이 있다. 머리 수(首), 수염 수(須), 목 경(頸), 이마 액(額), 광대뼈 관(顴) 등이 이것이다.

頁　혈 yè　머리. 수首의 옛글자. 쪽.

수염 수(須)

①갑골문	②금문	③소전	④a해서	④b해서	⑤간체자
			須	鬚	须

"행군하던 이들 나부를 보자 하니, 갈래 늘인 수염[須]을 쓸어 내린다"[5] 할 때의 수(須)자이다. ②는 머리[>頁], 곧 몸[>>八] 위의 눈썹[]이 양편 위로 난 눈[>>百] 오른편에 수염[>>彡]이 드리워져 있으므로, 수염[>>須]이라는 뜻의 회의자이다. ③은 수염[]이 머리[>頁] 왼편으로 옮겨졌을 뿐 구성소가 ②와 같으며, ④a는 ③이 정형화한 것이다. ④b는 수(須)가 '반드시'라는 뜻으로 쓰이자, '머리털' 표(髟)를 뜻곁으로 첨가하여 새로 만든[鬚] 회의 겸 형성자이다. ④b는 획수가 너무 번거로우므로, ⑤는 다시금 ④a를 간체자로 삼은 것이다.

수(須)의 본래뜻은 '수염'이다. "수염(須髥)이 아름다웠다"[6]고 할 때의 수(須)가 이것이며, 이 때는 대개 염(髥) 자와 어울려 쓰이는 때가 많다. 머지않아 '반드시'라는 뜻으로 빌려 쓰인다. "밝은 한낮 반드시[須] 노래하고 취하리, 푸른 봄빛 짝하여 고향 찾기 좋아서"[7]라는 예가 이것이다.

수미(須眉)란 '수염 나고 눈썹 짙다'는 말로 '남자'를 대신 일컬은 말이다. "나는 당당한 남자[須眉]이다"[8]라는 예가 이것이다.

---

2) 단목홍량(端木蕻良) ≪과이심기초원·19 科爾沁旗草原·十九≫; 時間在日曆上一頁一頁扯去.
3) 육문부(陸文夫) ≪평원적송가 平原的頌歌≫; 現在該翻開第幾頁!
4) 朱駿聲 ≪설문통훈정성 說文通訓定聲≫; 頁卽首字, 今音誤同葉.
5) ≪악부시집 樂府詩集≫〈상화가사·맥상상 相和歌辭·陌上桑〉; 行者見羅敷, 下擔捋髭須.
6) ≪사기 史記≫〈고조본기 高祖本紀〉; 美須髥.
7) 두보(杜甫) 〈관군이 하남, 하북을 평정했다는 소식 듣고 聞官軍收河南河北〉; 白日放歌須縱酒, 青春作伴好還鄉.
8) ≪홍루몽·1회 紅樓夢·一回≫; 我堂堂須眉.

須 ㎥ *수* *xū* *모름지기. 수염.*

盨 수 xù 그릇.

150. 식(食) 부

먹을 식(食)

①갑골문	②금문	③소전	④해서

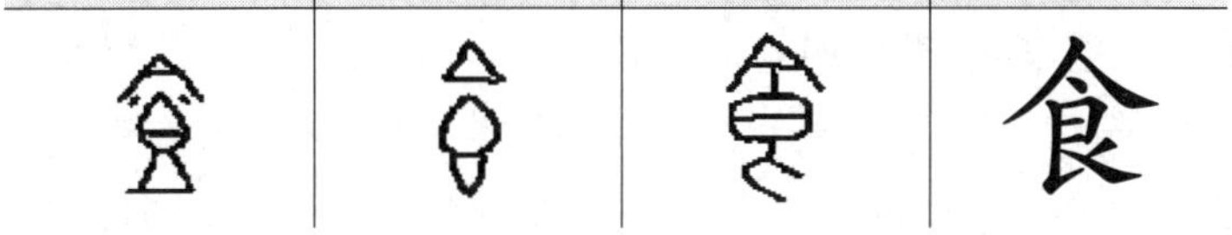

①은 뚜껑[A>Δ>∧>亼] 아래의 그릇[皀>皀>皀>艮]에 음식이 넘치게 담겨 있고, 두 점은 음식 낟알[· ·]의 상형부호이므로, 밥[食>食>食>食]을 가리키는 상형자이다. ②는 두 점이 없을 뿐, 자형이 ①과 비슷하며, ③은 이들이 구성미를 갖추며, 식기의 목[V]이 숫가락[匕>匕<匙]으로 바뀌어, 뚜껑 있는 식기 속의 음식임을 알기가 쉽지 않다. ④는 ③이 정형화한 것이다.

식(食)의 본래뜻은 '음식'이다. "거친 음식[食]을 항우의 사신에게 먹였다"1)는 예가 이것이다. 널리 '먹는다'로 쓰인다. "먹어도[食] 그 맛을 알지 못하다"2)는 예가 이것이다. 먹는다는 데서 '먹힌다'로도 쓰인다. 해가 삼켜 먹히듯 하는 현상을 일식(日食)이라 하고, 달이 삼켜 먹히듯 하는 현상을 월식(月食)이라 하는 것도 이와 같은 예이다. 다만, 이는 머지않아 '좀먹는다'는 뜻의 식(蝕)에 뷰화되어 쓰인다. 음식이란 데서 널리 '봉급'을 가리킨다. "연말이면 그의 치료 업적을 살펴, 봉급[食]을 정한다"3)는 예가 이것이다. 먹는다는 데서 다시 널리 '심는다'로도 쓰인다. "내가 죽으면, 곡식을 심지[食] 못 할 땅을 골라 장사지내라"4)는 예가 이것이다.

먹는다는 데서 널리 남에게 '먹인다'로도 쓰인다. 다만, 이때는 사(食)라 읽는 점 주의해야 한다. "마시게 하고 먹이며[食], 가르치고 깨우친다"5)거나, "거친 음식을 항우의 사신에게

1) ≪사기 史記≫ 〈항우본기 項羽本紀〉; 以惡食食項王使者.
2) ≪예기 禮記≫ 〈대학 大學〉; 食而不知其味.
3) ≪주례 主禮≫ 〈천관·의사 天官·醫師〉; 世終則稽其醫事, 以制其食.
4) ≪예기 禮記≫ 〈단궁·상 檀弓·上〉; 我死, 則擇不食之地而葬我焉.
5) ≪시경 詩經≫ 〈소아·면만 小雅·綿蠻〉; 飮之食之, 敎之誨之.

먹였다[食]"[6]는 예가 이것이다. 특히 곡식을 익힌 주식으로서 '밥'을 가리킬 때는 '음식'과 구분하여 사(食)라 읽으므로, 이 점도 주의해야 한다. "한 그릇 밥[食]과 한 바가지 물"[7]이라는 예가 이것이다.

식(食)은 부수자이다. 이를 구성소로 하는 글자는 모두 음식과 연관이 있다. 밥 반(飯), 떡 병(餠), 대접하다 향(饗) 등이 이것이다.

食[m] 식 shí 먹다. 음식.*
食 사 sì 먹이다. 기르다. 밥.*
食 이 yì 사람 이름.*

蝕 식 shí 좀먹다.
飾 식 shì 장식하다.
飭 칙 chì 삼가다. 경계하다.

마시다 음(飮)

①갑골문	②금문	③소전	④해서	⑤간체자

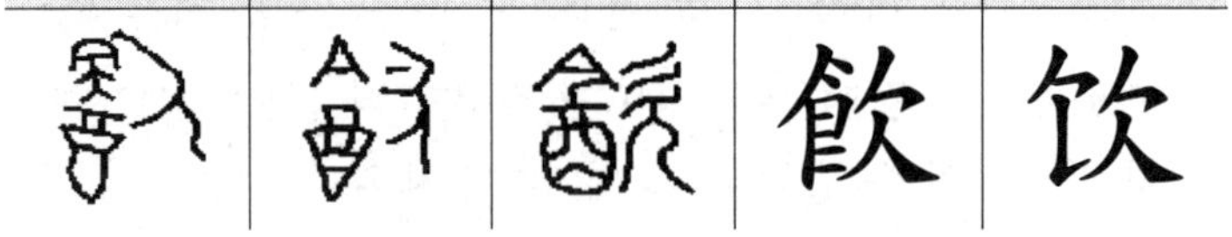

①은 왼편 아래의 술항아리[□>□>□>酉] 오른편에서, 사람[□>□>□>欠]이 혀[□]를 내민 입[A]을 항아리 위에 드리우고 있으므로, 술을 마신다[□>□>□>飮]는 뜻의 회의자이다. ②는 술항아리 위의 혀[□]가 가로획[一]으로 입[A]이 'A'로 바뀌었을 뿐 ①과 자형이 비슷하다. ③은 입[A>集]이 금(□>今) 자로 잘못 변형되어 음곁으로 쓰였으므로 회의 겸 형성자가 된 것이며, ④는 ③이 정형화하면서, 왼곁[□]이 식(食) 자와 동화된 것이며, ⑤는 ④를 간체화한 것이다.

음(飮)의 본래뜻은 '마신다'이다. "마시되[飮] 먹지 않는 것은 매미이다"[8]라는 예가 이것이다. 마신다는 데서 마실 것을 널리 가리킨다. "한 그릇 밥과 한 바가지 물[飮]"[9]이라는 예가 이것이다. 널리 '삼킨다'로도 쓰인다. "화살이 화살깃까지 삼켰다[飮]"[10]는 예가 이것이다.

다만, "장성 아래 굴 속 샘물을 말에게 먹이네[飮]"[11]라는 예에서 음(飮)은 남에게 '마시게

---

6) ≪사기 史記≫ 〈항우본기 項羽本紀〉; 以惡食食項王使者.
7) ≪논어 論語≫ 〈옹야 雍也〉; 一簞食, 一瓢飮.
8) ≪순자 荀子≫ 〈대략 大略〉; 飮而不食者, 蟬也.
9) ≪논어 論語≫ 〈옹야 雍也〉; 一簞食, 一瓢飮.
10) ≪여씨춘추 呂氏春秋≫ 〈정통 精通〉; 矢及飮羽.

한다'는 뜻으로, 우리 음은 차이가 없으나, 현대중국어에서는 이때, 원래 3성이던 인(飮 yǐn)이 4성의 인(飮 yìn)으로 읽히는 점 주의해야 한다.

今 m	금	jīn	지금. 현재.
酓	염	yǐn	술맛이 쓰다.
飮 m*	*음*	*yǐn*	*마시다.*
*飮**	*음*	*yìn*	*마시게 하다.*

기르다 양(養)

①갑골문	②금문	③소전	④해서	⑤간체자

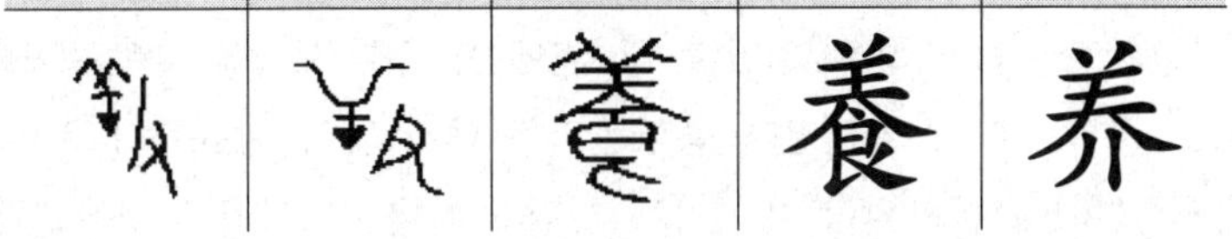

①은 왼편은 양(𦍌>𦍋>𦍋>羊)이고, 오른편은 채찍 든 손[攴>攵>攴]으로 양을 방목한다[羧]는 뜻이므로 회의자이다. ②는 ①과 자형이 같다. ③은 복(攵>攴) 자 대신 식(食>食)을 양(𦍋>羊) 아래 더하여 회의 겸 형성자로 변하였다. 양(羊)에게 음식(食)을 대주어 기른다[養>養]는 뜻인 점은 회의자이며, 위 음곁[羊] 밑 뜻곁[食]인 점은 형성자이기 때문이다. ④는 ③이 정형화한 것이다.

양(養)의 본래뜻은 '기른다'이다. "30년 재목을 길러야[養], 겨우 마룻대나 들보 감이 된다"[12]는 예가 이것이다. 널리 '배양한다'거나 '가르친다'는 뜻으로도 쓰인다. "재능 있는 사람은 재능이 없는 사람을 가르치므로[養], 사람들은 어진 부모형제가 있음을 즐거워한다"[13]는 예가 이것이다. 양을 기르자면 품을 저장해둔다는 데에서 널리 '저장하다'는 뜻으로 쓰이기도 한다. "모든 새들이 먹이를 저장한다[養]"[14]는 예가 이것이다.

羊 m	양	yáng	양.
養 m	*양*	*yǎng*	*기르다.*
癢	양	yǎng	가렵다. 근질근질하다.
瀁	양	yàng	내 이름. 물이 넘치는 모양.

---

11) ≪악부시집 樂府詩集≫ 〈상화가사·음마장성굴 相和歌辭·飮馬長城窟〉; 飮馬長城窟.
12) 백거이(白居易) 〈우의 寓意〉; 養材三十年, 方成棟梁姿.
13) ≪맹자 孟子≫ 〈이루·하 離婁·下〉; 才也養不才, 故人樂有賢父兄也.
14) ≪예기 禮記≫ 〈월령 月令〉; 群鳥養羞.

대접하다 향(饗)

①갑골문	②금문	③소전	④해서	⑤간체자
			饗	飨

①은 가운데 음식이 가득 찬 식기[[illegible]]를 두고 좌우에 두 사람[[illegible]]이 마주 앉았으므로, 손님을 불러 마주 식사한다[[illegible]]는 뜻의 회의자로, 앞 조의 경(卿)과 자형이 같다. ②는 ①과 자형이 비슷하나, ③은 마주한 사람들[[illegible]]이 마주한 마을[[illegible]]로 잘못 변형되면서, 위음[[illegible]>鄕] 밑뜻[[illegible]>食]의 새 형성자로 변한 것이다. ④는 ③이 정형화한 것이다.

향(饗)의 본래뜻은 '대접한다'이다. "두 병 술로 손님을 대접하며[饗], 새끼 양을 잡는다"[15]는 예가 이것이다. 널리 '흠향한다'는 뜻으로 쓰인다. "12월에는, 온갖 제물을 갖추고, 모든 귀신을 모셔다 흠향한다[饗]"[16]는 예가 이것이다. 흠향한다는 데서 널리 '향유한다'로 쓰인다. 다만, 이는 머지않아 향(嚮)에 분화되어 쓰이기도 한다. "이미 그 이익을 향유한[嚮]자라면 유덕한 사람일 것이다"[17]라는 예가 이것이다. 그러나, 향(嚮)은 다시 머지않아 향(享)에 분화되어 쓰인다.

음결이 같은 자들의 체계는 앞쪽 백(白) 부의 고소하다 흡(皀) 자를 참조.

151. 수(首) 부

머리 수(首)

①갑골문	②금문	③소전	④해서
			首

①은 수(首) 자의 초기 자형으로, 뿔[[illegible]]이 난 짐승의 대가리[[illegible]]이므로, 상형자이다.[1]

---

15) ≪시경 詩經≫〈빈풍·7월 豳風·七月〉; 朋酒斯饗, 曰殺羔羊.
16) ≪예기 禮記≫〈교특생 郊特牲〉; 十二月, 合聚萬物而索饗之也.
17) ≪사기 史記≫〈유협열전 游俠列傳〉; 已嚮其利者爲有德.

1) 눈썹이 난 눈으로 낯을 그려 사람의 머리임를 보일 때는 대개 신체[人] 위에 놓인다는 점이 짐승의 대가리[首]와 구별된다. 혈(頁), 하(夏), 과(寡), 수(須) 등이 이와 같다. 미(眉)는 '머리'가 아니라 '눈썹'

②는 눈[ ]과 뿔[ ]로, 짐승 대가리[ ]를 상징한 것이며, ③은 ②가 구성미를 갖춘 것으로, 혈(>頁)에 보이는 사람의 낯[>面<百]과 동화되었으며, 뿔[ ]도 이미 머리[ ] 위의 머리카락[巛]이 되었다. ④는 ③이 정형화한 것으로, 뿔[ ]이 초(艹) 자의 속자[䒑]에 동화되었다.

수(首)의 본래뜻은 '짐승대가리'이다. "누가 시켰는가? 왕이 말 머리[首] 돌려, 정성을 다해 천하를 다투도록"[2]이라는 예가 이것이다. 널리 '머리'를 가리킨다. "짐짓 몸을 숨기고 나서지 않았더니, 머리[首] 쥐어뜯으며 안절부절을 한다"[3]는 예가 이것이다. 머리에서 널리 '우두머리'를 가리킨다. "업적을 이루면 군왕[首]이 되고, 못 이루면 꼬리를 감춘다"[4]는 예가 이것이다. 널리 '머리카락'도 가리킨다. "장부가 동방에 정벌간 뒤로는, 머리카락[首] 날리는 쑥대 같아라"[5]라는 예가 이것이다. 다시 널리 '처음'의 뜻으로 쓰인다. "대개 예절이라 하는 것이 정성과 신의가 부족한 것이니, 혼란의 발단[首]이다"[6]라는 예가 이것이다. 수석(首席)이라는 말도 이와 같은 예이다. 다시 널리 '참수된다'로 쓰인다. "어떤 사람은 도읍의 저자에서 참수되고[首] 어떤 사람은 쫓겨난 나그네가 되었다"[7]는 예가 이것이다. "수미(首尾)"란 '시작에서부터 끝까지'를 가리킨다. 널리 그간의 '관계'나 '남녀관계'를 가리키기도 한다. "네가 어차피 저 아낙과 아무 관계[首尾]도 없다면, 어째서 함께 가고 머무는가?"[8]라는 예가 이것이다.

首 [m] *수 shǒu　　머리. 최고의. 우두머리.*

152. 마(馬) 부

말 마(馬)

①갑골문	②금문	③소전	④해서	⑤간체자
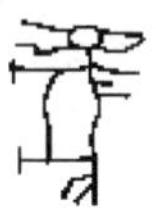			馬	马

의 뜻이므로 제외함.
2) 한유(韓愈) 〈과홍구 過鴻溝〉; 誰勸君王回馬頭, 眞成一擲賭乾坤?
3) ≪시경 詩經≫ 〈패풍·정녀 邶風·靜女〉; 愛而不見, 搔首踟躕.
4) ≪장자 莊子≫ 〈도척 盜跖〉; 成者爲首, 不成者爲尾
5) ≪시경 詩經≫ 〈위풍·백혜 衛風·伯兮〉; 自伯之東, 首如飛蓬.
6) ≪노자 老子≫; 夫禮者, 忠信之薄而亂之首.
7) ≪신당서 新唐書≫ 〈유총전 劉總傳〉; 或首於都市, 或身爲逐客.
8) ≪경본통속소설 京本通俗小說≫ 〈착참최녕 錯斬崔寧〉; 你旣與那婦人沒甚首尾, 却如何與他同行同宿?

①은 대가리[… > … > … > 目]를 위로 향하고, 배[…]는 오른편을, 꼬리[… > … > … > …]는 아래를 향한 말[… > … > … > 馬]의 상형자이다. ②는 ①과 비슷하나, 목에서 등줄기까지 갈기[… > … > …]가 강조되어 있다. ③은 ②와 비슷하나, 차츰 추상화하기 시작하였으며, ④는 ③의 발[…]이 네 개의 점[…]으로 바뀌었을 뿐, ③이 정형화한 것이다. ⑤는 이를 단 3획으로 형상화한 것이다.

마(馬)의 본래뜻은 '말'이다. "사람을 쏘려면 먼저 말[馬]을 쏜다"[1]는 예가 이것이다. '말'에서 널리 '말을 탄다'로 쓰인다. "북방민족은 말타기[馬]를 편히 여기고, 월나라 사람은 배타기를 편히 여긴다"[2]는 예가 이것이다.

'말'을 타고 기동하였다는 데서, 수나 업적을 헤아리던 부호로서의 산가지도 '말'이라고도 불렀다. 윷놀이에서 '말'을 쓴다고 할 때의 '말'과 용례가 비슷하다. "이긴 사람을 위해 말[馬]을 세운다"[3]는 예가 이것이다. '부호'라는 이 뜻은 머지않아 마(碼)에 분화되었다. 아라비아숫자는 가장 보편화된 현대의 부호이므로, 현대중국어에 '번호의 아라비아 숫자'를 하오마(號碼 hàomǎ)라 하며, '전화의 아라비아 숫자'를 띠엔마(電碼 diànmǎ)라 하는 것이 이것이다.

"마수시첨(馬首是瞻)"이란 '누군가의 지휘에 복종한다'거나, '누군가를 즐겨 좇는다'는 속뜻으로 쓰인다. "닭이 울면 수레를 몰되, 우물을 막고 부엌을 허문 다음, 오직 내 말머리(馬首)가 향하는 곳(是)을 지켜 보라(瞻)"[4] 한 데서 기원한 말이다.

마(馬)는 부수자로, 이를 구성소로 하는 글자는 모두 말, 혹은 가축과 관계가 있다. 부리다 어(馭), 망아지 구(駒), 부리다 가(駕), 씩씩하다 교(驕), 당나귀 려(驢), 노새 라(騾) 등이 그것이다.

馬 [m] *마* *mǎ* *말.*

媽	마	mā	어머니. 엄마.
碼	마	mǎ	숫자를 나타내는 부호.
榪	마	mà	가로 막대.
禡	마	mà	제사 이름.
罵	매	mà	욕하다. 질책하다.

1) 두보(杜甫) 〈전출새 前出塞〉; 射人先射馬.
2) ≪회남자 淮南子≫ 〈제속 齊俗〉; 胡人便於馬, 越人便於舟.
3) ≪예기 禮記≫ 〈투호 投壺〉; 爲勝者立馬.
4) ≪좌전 左傳≫ 〈양공14년 襄公十四年〉; 鷄鳴而駕, 塞井夷竈, 唯余馬首是瞻.

부리다 어(馭)

①갑골문	②금문	③소전	④해서	⑤간체자
			馭	驭

①은 위는 머리를 위로 향한 말[>>>馬]이고, 아래는 손[>>>又]이므로, 손으로 말을 부린다[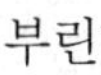>>>馭]는 뜻의 회의자이다. ②는 손에 채찍[>攴]이 들렸을 뿐, ①과 구성이 비슷하고, ③은 ①에서 정형화한 것이며, ④와 ⑤는 모두 ③이 정형화한 것이다.

어(馭)의 본래뜻은 '말을 부린다'이다. "이 세상 천리마가 어찌 없으랴, 왕량 만큼 잘 부릴[馭] 사람이 없을 뿐"5)이라는 예가 이것이다. '부린다'는 데서 널리 '제어한다'로 쓰인다. "이것이 어찌 윗사람을 편안케 하고, 아래를 제어할[馭] 도리라 하겠는가?"6)라는 예가 이것이다. 현대중국어에도 '마부'는 위서우(馭手 yùshǒu)라 한다.

어(御)는 '말을 부린다'는 본래뜻이 어(馭)와 비슷하였던 자이다. 다만, 어(御)는 한편으로는 널리 '말을 다스린다'거나 '제어한다'는 뜻으로 쓰이다가, 널리 '막다' 어(禦) 자로 분화되었으며, 다른 한편으로는 존귀한 이를 위하여 '말을 부린다'는 데서, 널리 '모신다'거나 '바친다'는 뜻으로 쓰이면서, 어(馭)와 쓰임이 구분된 자이다. "예의란 민중을 다스리는[御] 것이요, 고삐란 말을 제어하는[御] 것이다"7)라는 것이 한 예이며, "천자가 친히 왕림하면, 후비가 9빈들을 거느리고 모신다[御]"8)는 것이 또 한 예이다.

馭　　어 yù　　거마를 부리다. 몰다.

153. 고(高) 부

높다 고(高)

①갑골문	②금문	③소전	④해서
			高

5) 동방삭(東方朔) 〈7간 七諫〉; 當世豈無騏驥兮, 誠無王良之善馭.
6) ≪진서 晉書≫ 〈요홍재전 姚泓載傳〉; 豈是安上馭下之理乎?
7) ≪설원 說苑≫ 〈수문 脩文〉; 禮者所以御民也, 轡者所以御馬也
8) ≪예기 禮記≫ 〈월령 月令〉; 天子親往, 后妃帥九嬪御.

"백아가 높은[高] 산을 마음에 그리며 거문고를 타면, 종자기는 듣고 '아름답구나! 우뚝함이 태산 같으니' 한다"[1] 할 때의 고(高) 자이다. ①은 관문[冋>冋>冋>冋] 위의 망루[亼>亼>亼>亠]로, 높다[高>高>高>高]는 뜻의 회의 겸 위뜻 망루[亯<京] 밑음 구(口)의 형성자이다. ②와 ③은 ①과 자형이 비슷하며, ④는 ③이 정형화한 것이다.

고(高)의 본래뜻은 '높다'이다. "높은[高] 산이며 흐르는 물이, 정취가 한이 없다"[2]는 예가 이것이다. 널리 '높이'를 가리킨다. "사방 7백 리에 높이[高]가 만 길이다"[3]라는 예가 이것이다. 높다는 데서 '많다'로도 쓰인다. "이때 주상은 나이가 많았다[高]"[4]는 예가 이것이다. 많다는 데서 정도가 '깊다'거나 분위기가 '짙다'로도 쓰인다. "서리 깊어[高] 잎 다 지운 가지는 비었는데, 달도 져 빛을 잃은 하늘은 어두워라"[5]라는 예가 이것이다. 높다는 데서 다시 재주 같은 것이 '뛰어난다'는 뜻으로도 쓰인다. "제가 보건대 태자는 재목이 뛰어나고[高] 지혜가 남다릅니다"[6]라는 예가 이것이다.

高 [m]	*고*	*gāo*	*높다. 존경하다.*
膏*	고	gāo	기름.
膏*	고	gào	차축이나 기계 따위에 윤활유를 치다.
篙	고	gāo	상앗대. 삿대.
搞	고	gǎo	옆으로 치다. 만들다.
槀	고	gǎo	마르다. 시들다.
槁	고	gǎo	고槀와 같은 글자.
稿 [h]	고	gǎo	볏짚. 초고. 원본.
縞*	고	gǎo	분명하다. 똑똑하다.
縞*	호	hào	희다.
敲	고	qiāo	두드리다.
毫 [h]	호	háo	가는 털.
豪 [h]	호	háo	호걸.

1) ≪열자 列子≫ 〈탕문 湯問〉; 伯牙鼓琴, 志在高山, 鍾子期曰, 善哉! 峩峩兮若泰山.
2) 왕안석(王安石) 〈차운화장중통 次韻和張仲通〉; 高山流水意無窮.
3) ≪열자 列子≫ 〈탕문 湯問〉; 方七百里, 高萬仞.
4) ≪한서 漢書≫ 〈여태자거전 戾太子据傳〉; 是時上[漢武帝]春秋高.
5) 육유(陸游) 〈기러기 소리 들으며 聞雁〉; 霜高木葉空, 月落天宇黑.
6) ≪한서 漢書≫ 〈조착전 晁錯傳〉; 臣竊觀太子材智高奇.

154. 투(鬥) 부

싸우다 투(鬪)

①갑골문	②금문	③소전	④해서	⑤간체자
			鬪	鬥

'투쟁(鬪爭)한다' 할 때의 투(鬪) 자이다. ①은 마주 서있는 두 무사[ ]로 머리에는 투구[ ]를 쓰고, 팔을 뻗쳐[ ] 서로 겨루고 있으므로[> >鬥], 상형자이다. ③은 획이 절제되었을 뿐, 여전히 두 사람[ ]이 각각 팔[ ]을 뻗고 있어 ①과 자형이 비슷하며, ④는 ③이 정형화하면서 겨루고 있는 무사[>鬥]의 형상을 전혀 찾을 수 없을 뿐만 아니라 후대에 음결[尌]이 첨가되어 있다.[1] ⑤는 간체자로 음이 비슷한 '말' 두(斗)에 동화된 것이다.

투(鬪)의 본래뜻은 '싸운다'이다. "백성들은 공적인 전투에는 용감하나, 사적인 싸움[鬪]에는 겁을 낸다"[2]는 예가 이것이다. 널리 '문득'으로 쓰인다. "그대 시 다 읊고 양 귀밑머리를 보니, 문득[鬪] 흰 머리칼이 반은 늘었구려"[3]라는 예가 이것이다. 이는 머지않아 '문득' 두(陡)에 분화되어 쓰인다. 투차(鬪茶)란 차의 좋고 나쁨을 겨룬다는 뜻이다.

투(鬥)는 투(鬪)의 이체자였으나, 간체자에서 두(斗)에 동화된 이후는 모두 폐기되고 쓰이지 않는다.

鬥	투	dòu	싸우다.<투鬪의 본디자>
鬪 [h]	*투*	*dòu*	*싸우다. 투쟁하다.*

---

1) ≪설문해자 說文解字≫에는 투(鬥) 자뿐, 아직 투(鬪) 자는 보이지 않음.
2) ≪사기 史記≫〈상군열전 商君列傳〉; 民勇于公戰, 怯于私鬪.
3) 한유(韓愈) 〈답장십일공조 答張十一功曹〉; 吟君詩罷看雙鬢, 鬪覺霜毛一半加.

155. 력(鬲) 부

솥 력(鬲)

①갑골문	②금문	③소전	④해서
			鬲

①은 3발 솥[[illegible]>[illegible]>[illegible]>鬲]의 상형자이다. ②는 ①과 자형이 비슷하다. ③은 솥의 배에 무늬[[illegible]]가 첨가되고 구성미를 갖추었으나, 솥의 목[[illegible]]이 배[[illegible]]와 분리되어 솥[[illegible]]임을 알기가 쉽지 않다. ④는 ③이 정형화한 것이다.

력(鬲)의 본래뜻은 '솥'이다. "다리가 굽은 솥을 력(鬲)이라 한다"[4]는 예가 이것이다. 음식이 불과 직접 부딪치지 않게 하는 기구라는 데서 널리 '막는다'로 쓰이나, 이때는 격(鬲)이라 읽는 점 주의해야 한다. "음양이 막혀[鬲] 통하지 않는다"[5]는 예가 이것이다. 다만, 이는 머지않아 새 형성자 격(隔)에 분화되어 쓰인다.

력(鬲)은 부수자이다. 이를 구성소로 하는 글자는 모두 솥과 연관이 있다. 녹다 융(融), 삶다 상(鬺), 죽 죽(鬻) 등이 이것이다.

鬲 력 lì 속이 비고 굽은 세 발 달린 솥의 일종.*
鬲 격 gé 오지병.*

隔 [h] 격 gé 막다. 막히다. 사이를 두다.
嗝* 격 gé 트림. 딸꾹질.
嗝* 격 gě 횡격막. 격막.
滆 격 gé 호수 이름.
膈* 격 gé 횡격막. 격막.
膈* 격 gě 죽다.
鬲金 력 lì 다리 굽은 솥.

4) ≪한서 漢書≫〈교사지상 郊祀志上〉; 空足曰鬲.
5) ≪한서 漢書≫〈설선전 薛宣傳〉; 陰陽否鬲.

156. 귀(鬼) 부

귀신 귀(鬼)

①갑골문	②금문	③소전	④해서
			鬼

①은 산 사람과 다르게 눈이 넷인 큰 가면[甶]을 쓰고, 왼쪽으로 꿇어앉은 제사장[儿]이 분장한 귀신[鬼]의 상형자이다. ②는 ①과 자형이 비슷하며, ③은 '사사롭다' 사(厶<私)를 첨가하여, 이것이 신(神)과 구분되는, 사사로운 존재임을 나타낸 회의자이다. ④는 ③이 정형화한 것이다.

귀(鬼)의 본래뜻은 '죽은 사람'이나. "죽으면 반드시 흙으로 돌아가니, 이를 귀(鬼)라 한다"[1]는 예가 이것이다. 죽은 사람이라는 데서 널리 '선조'를 가리키기도 한다. "자신의 선조[鬼]가 아닌데 제사지낸다면 아첨이다"[2]라는 예가 이것이다. 널리 죽음의 신비에 비유하여 '헤아릴 수 없다'는 뜻으로 쓰인다. "밝은 군주가 인재를 기용함은 헤아릴 수가 없다[鬼]"[3]는 예가 이것이다. 널리 신비스런 일 중 부정의 측면을 가리켜 '미신한다'는 뜻으로 쓰인다. "재앙이 많으면 사람들은 미신하며[鬼], 사람들이 미신하면[鬼] 제사가 요사해진다"[4]는 예가 이것이다. 널리 신비스런 일 중 긍정의 측면을 가리켜 '초인적이다'로 쓰인다. "초인의[鬼] 솜씨와 초인의[鬼] 기량이 발휘할수록 더욱 환상적이다"[5]라는 예가 이것이다. 널리 '지겨운 것'의 비유로 쓰이기도 한다. 현대중국어에 '술고래'를 지우꿰이[酒鬼 jiǔguǐ]니, '꼬마자식'을 샤오꿰이[小鬼 xiǎoguǐ]니 하는 말들이 이것이다.

귀(鬼)는 부수사이나. 이를 구성소로 하는 글자는 모두 귀신과 연관이 있다. 넋 혼(魂), 혼 백(魄), 마귀 마(魔), 도깨비 매(魅) 등이 이것이다.

鬼 *h* *귀* *guǐ* *귀신. 도깨비.*

傀* 괴 guī 괴이하다.
傀* 괴 kuǐ 꼭두각시. 괴뢰.

---

1) ≪예기 禮記≫〈제의 祭義〉; 死必歸土, 此之謂鬼.
2) ≪논어 論語≫〈위정 爲政〉; 非其鬼而祭之, 諂也.
3) ≪한비자 韓非子≫〈팔경 八經〉; (明主)其用人也鬼.
4) ≪일주서 逸周書≫〈명훈 命訓〉; 極禍則民鬼, 民鬼則祭淫.
5) 원매(袁枚) 〈수원시화 隨園詩話〉; 鬼工鬼斧, 愈出愈奇.

魁	괴	kuí	우두머리. 두목.
愧 h	괴	kuì	부끄럽다. 부끄러워하다.
媿	괴	kuì	부끄러워하다. 창피 주다.
槐	괴	huái	홰나무. 회화나무.
塊 h	괴	kuài	덩어리.
嵬	외	wéi	높다. 우뚝하다.
廆	외	wěi	담[牆].

157. 어(魚) 부

물고기 어(魚)

①갑골문	②금문	③소전	④해서	⑤간체자

만물이 제각각 성품대로 즐거워함을 가리켜, “솔개 하늘에 솟아 날고, 물고기[魚] 못에 튀어 오른다”[1] 할 때의 어(魚) 자이다. ①은 주둥이가 위를 향한 물고기[> > >魚]이다. 밑에 꼬리[ ]가 있고, 배와 등 양결에 지느러미[ ]가 있으므로 상형자이다. ②는 ①과 자형이 같으나 꼬리[ ]나 지느러미[ ]가 획이 번거로우며, ③은 주둥이[>]가 도(刀) 자 꼴을 하고, 몸의 비늘[ ]도 구성미를 갖추느라, 물고기임을 알기가 쉽지 않으며, ④는 ③이 정형화한 것이나, 이미 물고기의 형상은 잃고 없다. ⑤는 간체자로 네 점이 가로획으로 변한 것이다.

어(魚)의 본래뜻은 ‘물고기’이다. “고물에서 첨벙 물고기[魚] 튀어 오른다”[2]는 예가 이것이다. 어목(魚目)이란 눈물이 고여 물고기 눈처럼 ‘어린 눈’이다. “화려한 등잔 빛이 눈물고인 눈[魚目]에 비친다”[3]는 예가 이것이다. 어육(魚肉)이란 ‘물고기와 고기’를 가리키는 말이지만, 때로 핍박받는 사람들의 비유로 쓰인다. “지금, 사람들은 한창 도마에 올라 칼 아래 유린되며, 나는 물고기와 고기처럼 핍박받으니[魚肉], 무엇을 사양하리?”[4]라거나, “백성을

---

1) ≪시경 詩經≫ 〈대아·한록 大雅·旱麓〉; 鳶飛戾天, 魚躍于淵.
2) 두보(杜甫) 〈만성 漫成〉; 船尾跳魚撥剌鳴.
3) 이하(李賀) 〈제귀몽 題歸夢〉; 花燈照魚目.
4) ≪사기 史記≫ 〈항우본기 項羽本紀〉; 如今人方爲刀俎, 我爲魚肉, 何辭焉?

핍박하여[魚肉], 욕심을 채운다”[5]는 예가 이것이다. 어수(魚水)란 ‘물고기와 물’의 뗄 수 없는 관계를 가리킨다. “물고기와 물[魚水]인듯 삼고초려 끝에 모이자, 사방에 풍운이 일어났다”[6]는 예에서는 유비와 제갈량의 군신 관계를 비유한 것이다.

어(魚)는 부수자이다. 이를 구성소로 하는 글자는 모두 물고기와 연관이 있다. 미련하다 로(魯), 잉어 리(鯉), 붕어 부(鮒), 신선하다 선(鮮) 등이 이것이다.

魚 ⓜ *어* *yú* *물고기.*

漁 ⓜ 어 yú 물고기를 잡다. 잇속을 채우다.[7]
魯 로 lǔ 둔하다. 어리석다.

櫓 로 lǔ 배의 노. 큰 방패. 망루.
穭 로 lǚ 야생하다.
蘇 ⓗ 소 sū 차조기. 소생하다. 쉬다.

미련하다 로(魯)

①갑골문	②금문	③소전	④해서	⑤간체자

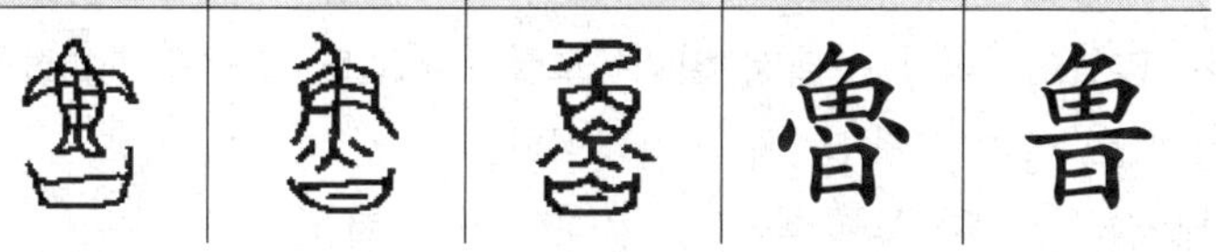

①은 물고기[>>>魚]가 연못[>>>曰]의 상형부호 위에 놓였으므로, 물고기를 낚는다[>>>魯]는 뜻의 회의 겸 위음 어(魚)의 형성자이다. ②는 ①과 자형이 같다. ③은 연못[]이 ‘말하다’ 백(>白)으로 잘못 변하였으며, ④는 다시 ‘말하다’ 왈(曰)로 잘못 변하였을 뿐, ①과 자형이 비슷하다. ⑤는 간체자로, 네 점이 가로획으로 바뀐 자형이 어(魚) 자에서의 변화와 같다.

로(魯)의 본래뜻은 ‘물고기를 얻는다’이다. 널리 해산물이 흔한 바닷가 산동성의 나라 이름으로 빌려 쓰인 예가 이것이다. 물고기가 미끼를 탐한다는 데서, 널리 ‘미련하다’로 쓰인다. “증삼은 미련하다[魯]”[8]는 예가 이것이다.

음결이 같은 자들의 체계는 앞쪽의 어(魚) 부 물고기 어(魚) 자를 참조.

---

5) ≪후한서 後漢書≫ 〈중장통전 仲長統傳〉; 魚肉百姓, 以盈其欲.
6) 이백(李白) 〈독제갈무후전 讀諸葛武侯傳〉; 魚水三顧合, 風雲四海生.
7) 어(漁)는 어(魚)에서 파생된 자이므로, 같은 자로 여겨 어(魚)에 포함시켰음.
8) ≪논어 論語≫ 〈선진 先進〉; (曾)參也魯.

신선하다 선(鮮)

①갑골문	②금문	③소전	④해서	⑤간체자
			鮮	鲜

②는 위음 전(羊>羊>羊<羴) 밑뜻 물고기[魚>魚>魚]의 형성자로, 물고기의 이름[鮮>鮮>鮮]이다.[9] ③은 왼뜻 오른음의 위치가 바뀌었을 뿐, 구성소가 ②와 같으며, ④는 ③이 정형화한 것이다.

선(鮮)의 본래뜻은 물고기 이름이었으나, 널리 '물고기'를 아울러 일컬었다. "큰 나라를 다스리기는 작은 물고기[鮮]를 삶는 듯해야 한다"[10]는 예가 이것이다. 널리 '살아 있는 물고기' 혹은 '갓 잡은 물고기'를 일컫는다. "물고기[鮮]를 잡으면, 통발은 잊어버린다"[11]는 예가 이것이다. 갓 잡았다는 데서 널리 '신선하다'로 쓰인다. "향기로운 풀들은 신선하고[鮮] 아름다웠다"[12]는 예가 이것이다. 다만, 이는 머지않아 선(鱻)에 분화되었으나, 지금은 다시 선(鮮)만 쓰일 뿐, 선(鱻)은 쓰이지 않는다. 널리 '선명하다'로 쓰인다. '선명한[鮮] 피'를 "선혈(鮮血)"이라 한 예가 이것이다. 다시 널리 '적다'로도 쓰인다. "덕 있는 사람의 도리가 드물어졌다[鮮]"[13]는 예가 이것이다. 이는 머지않아 선(尟)에 분화되었으나, 역시 지금은 선(鮮) 만 쓰일 뿐, 선(尟)은 쓰이지 않는다. 적다는 데서 널리 '요절한다'로도 쓰인다. "요절한[鮮] 이를 장사지낼 때는 서문으로 나간다"[14]는 예가 이것이다.

음결이 같은 자들의 체계는 양(羊) 부의 누린내 전(羶) 자를 참조.

158. 조(鳥) 부

새 조(鳥)

①갑골문	②금문	③소전	④해서	⑤간체자
			鳥	鸟

9) ≪설문해자 說文解字≫〈어부 魚部〉; 鮮魚也, 出貉國.
10) ≪노자 老子≫; 治大國若烹小鮮.
11) 호세안(胡世安·明) ≪이어도찬보인 異魚圖贊補引≫; 獲鮮可以忘筌.
12) 도잠(陶潛) 〈도화원기 桃花源記〉; 芳草鮮美.
13) ≪역경 易經≫〈계사·상 繫辭·上〉; 君子之道鮮矣.
14) ≪좌전 左傳≫〈소공5년 昭公五年〉; 葬鮮者自西門.

①은 새[>>>鳥]의 상형자이다. ②는 머리[]에는 관[]이 있고[] 꼬리[]가 강조되었을 뿐 ①과 자형이 비슷하다. 꼬리가 짧은 새를 추(隹)라 하는 데 대하여, 꼬리가 긴 새를 가리킨다고도 한다. ③은 구성미를 갖추고 있을 뿐, ②와 자형이 비슷하며, ④는 ③이 정형화한 것으로, 발[]이 네 점[灬]으로 바뀌었다. ⑤는 간체자로 네 점이 가로획으로 변한 것이다.

조(鳥)의 본래뜻은 '새'이다. "봄 밤 잠결에 새벽인 줄도 모를 것을, 곳곳에 새들[鳥]이 지저귄다"[1]는 예가 이것이다.

조감(鳥瞰)이란 새처럼 높은 곳에서 내려본다는 말로, 널리 '개괄한다'는 뜻으로 쓰인다. "우리들에게 개괄해[鳥瞰] 보도록 한다"[2]는 예가 이것이다.

조(鳥)는 오(烏)와 자형이 매우 비슷해서 자칫 틀리기 쉽다. 까마귀는 깃털이 검어 눈을 분간하기 어려운 새인 점 주의해야 한다.

조(鳥)는 부수자이다. 이를 구성소로 하는 글자는 모두 날짐승과 관계 있다. 앵무 앵(鸚), 닭 계(鷄), 울다 명(鳴), 오리 압(鴨), 거위 아(鵝) 등이 이것이다.

鳥 m 조 niǎo 새.*
鳥 조 diǎo 좆.*

蔦 조 niǎo 담쟁이덩굴.
鵰 조 diāo 수리. 독수리.
窵 조 diào 깊고 멀다. 아득하다.

봉황 봉(鳳)

①갑골문	②금문	③소전	④해서	⑤간체자

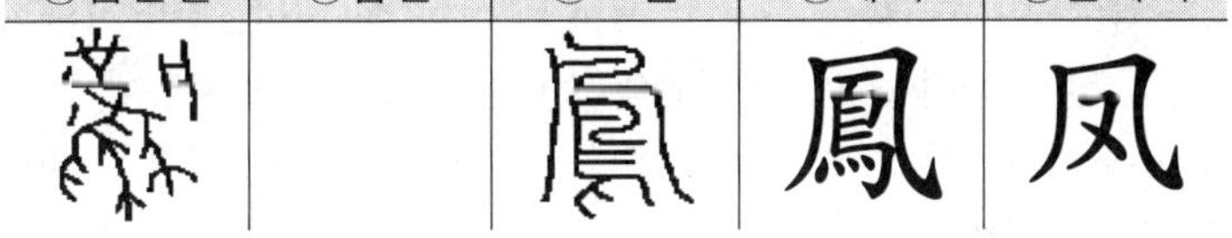

①은 가운데는 왼쪽을 보고 있는 봉황 머리[]이다. 머리 위에는 아름다운 관()이 있고 아래에는 긴 꼬리[]와 발[]이 있으며 오른편에는 자음을 표시하는 범(>凡)이 있다. 봉황[]은 고대에 신령스런 새로 알려져 있었지만 실은 공작에 해당한다. ③은 범(>凡)을 위로 옮기고, 아래 부분의 중간에 조(>鳥)를 끼워 범(凡)과 조(鳥)가 외성내형의 형성자를 이루었다. ④는 ③이 정형화한 것이며, ⑤는 간체자이다.

---

1) 맹호연(孟浩然) 〈춘효 春曉〉; 春眠不覺曉, 處處聞啼鳥.
2) 주자청(朱自淸) 〈백채적시 白彩的詩〉; 使我們鳥瞰了過去.

봉(鳳)의 본래뜻은 '봉황'으로, 날짐승의 왕에 견주던 새이다. "새에는 봉황[鳳]이 있고 어류에는 곤어가 있다"[3]는 예가 이것이다. 널리 재주와 덕행이 높은 것을 '봉덕(鳳德)'이라 하고, 수도를 봉성(鳳城)이라고도 한다. "은하수는 멀리 수도[鳳城]에 이어졌다"[4]는 예가 이것으로, 단봉성(丹鳳城)이라고도 한다.

봉황(鳳凰)은 숫컷 봉(鳳)과 암컷 황(凰)을 함께 일컬은 말이다. 봉황(鳳皇)이라고도 쓰나, 봉(鳳)은 이를 함께 부른 것이다.

凡 [m] 범 fán 무릇. 평범하다. 속세. 모두.

鳳 [h] 봉 fèng 봉황.
帆 범 fān 돛.
汎 범 fàn 뜨다.
釩 범 fán 떨치다.
風 [m] 풍 fēng 바람. 풍속. 습관. 풍경.

울다 명(鳴)

①갑골문	②금문	③소전	④해서	⑤간체자
			鳴	鸣

①은 오른편 새[>>>鳥]가 부리를 열고 말[ㅂ>ㅂ>ㅂ>ㅁ]하므로 새가 운다[>>>鳴]는 회의자이다. ②는 ①과 구성소가 비슷하며, ③은 이들이 구성미를 갖춘 것이다. ④는 ③이 정형화한 것이며, ⑤는 간체자이다.

명(鳴)의 본래뜻은 새가 '운다'이다. "학이 그윽한 늪에서 우니[鳴], 울음소리 하늘까지 퍼지네"[5]라는 예가 이것이다. 널리 들짐승이나 벌레들의 소리를 모두 명(鳴)이라 한다. 사슴의 울음소리를 녹명(鹿鳴)이라 하고 천둥소리를 뇌명(雷鳴)이라 한 예가 이것이다. 심지어는 사람이 소리치는 것도 명(鳴)이라 한다. "전문가마다 다투어 외치나[鳴] 어떤 것은 전수되고, 어떤 것은 전수되지 않는다"[6]는 예가 이것이다. 멀리까지 들린다는 데서, '명성을 떨친다'로도 쓰인다. "문장으로 강동 땅에 명성을 떨쳤다[鳴]"[7]는 예가 이것이다.

鳴 [m] 명 míng 짐승·벌레 등이 울다.

---

3) 송옥(宋玉)의 〈대초왕문 對楚王問〉; 鳥有鳳而魚有鯤.
4) 두보(杜甫) 〈야 夜〉; 銀漢遙應接鳳城.
5) ≪시경 詩經≫ 〈소아·학명 小雅·鶴鳴〉; 鶴鳴于九皐, 聲聞于天.
6) 유월(兪樾·淸) ≪춘재당수필집 春在堂隨筆集≫; 百家爭鳴, 或傳或不傳.
7) ≪원사 元史≫ 〈양재전 楊載傳〉; 以文鳴江東.

159. 록(鹿) 부

사슴 록(鹿)

①갑골문	②금문	③소전	④해서
			鹿

①은 머리 위에 길고 아름다운 뿔[]이 났으며, 꼬리는 짧으므로 사슴[>>>鹿]의 상형자이다. ②는 ①과 자형이 비슷하며, ③은 구성미를 갖추면서 사슴의 형상을 잃었으나, 뿔[]과 다리[] 등에 여전히 사슴의 특징을 찾아볼 수 있다. ④는 ③이 정형화한 것이나, 이미 사슴의 형상은 찾기가 어렵다.

록(鹿)의 본래뜻은 '사슴'이다. "사슴[鹿]을 가리켜 말이라 한다"[1]는 예가 이것이다. 널리 정권이나 작위의 비유로도 쓰인다. "진나라가 제위[鹿]를 잃자, 천하가 모두 이를 추구하였다"[2]는 예가 이것이다. 녹거(鹿車)란 '사슴이 끄는 수레'이다. "마차와 우차, 사슴수레[鹿車]가 있어, 사슴을 기르는 게 마치 중국에서 소를 기르는 것 같다"[3]는 예가 이것이다. 다만, "작은 수레[鹿車]를 끌고, 고향에 돌아간다"[4]는 예에서는 사슴 한 마리 실을 만한 '작은 수레'를 가리킨다.

"곡식창고[囷鹿]가 텅 비었다"[5]는 예에서는 원형의 창고를 균(囷)이라 한 데 대하여 '방형의 창고'를 가리켜 록(鹿)이라 한 것이다. 다만, 이는 머지않아 '곳집' 록(廘)에 분화되어 쓰인다.

록(鹿)은 부수자이다. 이를 구성소로 하는 글자는 모두 사슴과 연관이 있다. 노루 궤(麂). 순록 미(麋), 사향노루 사(麝), 노루 장(麞) 등이 이것이다.

鹿 *h* 록 *lù* *사슴.*

漉 록 lù 거르다. 여과하다. 흠뻑 젖다.
簏 록 lù 대나무 상자.
轆 록 lù 도르래.
麓 록 lù 산기슭.

1) ≪사기 史記≫ 〈진시황본기 秦始皇本紀〉; 指鹿爲馬.
2) ≪사기 史記≫ 〈회음후열전 淮陰侯列傳〉; 秦失其鹿, 天下共逐之.
3) ≪남사 南史≫ 〈동이전·부상 東夷傳·扶桑〉; 有馬車牛車鹿車, 國人養鹿如中國畜牛.
4) ≪후한서 後漢書≫ 〈포선처전 鮑宣妻傳〉; 挽鹿車, 歸鄕里.
5) ≪국어 國語≫ 〈오어 吳語〉; 囷鹿空虛.

산기슭 록(麓)

①갑골문	②금문	③소전	④해서
			麓

①은 숲[> >林]이 좌우로 나뉜 곳을 사슴[> >鹿]이 뛰고 있어, 사슴 뛰노는 산기슭[> > >麓]을 가리키므로, 회의 겸 형성자이다. ②는 가운데 사슴[ ]이 '나무 깎다' 록[>彔]으로 바뀌었으므로, 단순 형성자로 변한 것이다. ③은 ①을 되돌이키되 구성미를 갖춘 것이며, ④는 ③이 정형화한 것이다.

록(麓)의 본래뜻은 '산기슭'이다. "대운산 북쪽 기슭[麓]에 계곡이 있다"[6]는 예가 이것이다. 널리 '산비탈'을 가리키기도 한다. "뜬구름은 수레 아래 바퀴에 일고, 가랑비는 산비탈[麓] 아래 숲에 모인다"는 예가 이것이다. "천산의 남쪽 비탈(天山南麓)"이니, "곤륜산의 북쪽 비탈(昆侖山北麓)"이니 하는 예도 이와 같다. 산비탈이란 데서 산아래 숲을 가리킨다. "산림 속의 숲[麓]과 늪은 사람이 사는 곳은 아니나, 새나 짐승이 예의를 몰라 내 마음을 수고롭게 한다"[7]는 예가 이것이다.

음곁이 같은 자들의 체계는 앞 쪽 록(鹿) 부 사슴 록(鹿) 자를 참조.

순록 미(麋)

①갑골문	②금문	③소전	④해서
			麋

순록은 송아지만큼 크며, 뿔은 사슴 같으나, 낙타의 목에 노새꼬리를 한 사슴이다. ①은 순록[> >鹿]을 상형한 자이다. 다만 순록의 머리와 뿔[ ]이 특이하게 '눈썹' 미(眉)의 갑골문[ ]과 자형이 같아, 미(眉)가 동시에 음곁으로 쓰였음을 알 수 있으므로, 이는 상형 겸 형성자이다. ③는 위뜻 사슴[>鹿] 밑음 미(>米)의 형성자로 바뀐 것이며, ④는 ③이 정형화한 것이다.

미(麋)의 본래뜻은 '순록'이다. "순록[麋]이 어찌 뜰에서 먹이를 찾을까?"[8]라는 예가 이것

---

6) 왕부지(王夫之) 〈소운산기 小雲山記〉; 大雲之北麓有溪焉.

7) 초공(焦贛·漢)≪역림·명이지리 易林·明夷之離≫; 山林麓藪, 非人所處, 鳥獸無禮, 使我心苦.

8) ≪초사 楚辭≫ 〈구가·상부인 九歌·湘夫人〉; 麋何食兮庭中.

이다. "이윤의 생김새는 낯에 수염도, 눈썹도[麋] 없다[9]는 예에서 미(麋)는 '눈썹'의 뜻이다. 다만, 이는 머지않아 미(眉)에 분화되어 쓰인다. "황하 강가[麋]에 산다오"[10]라는 예에서 미(麋)는 '물가'라는 뜻이다. 이도 역시, 머지않아 미(湄)에 분화되어 쓰인다.

음결이 같은 자들의 체계는 앞 쪽 미(米) 부의 쌀 미(米) 자를 참조.

160. 서(黍) 부

기장 서(黍)

①갑골문	②금문	③소전	④해서
			黍

①은 오른편은 익은 곡식과 떨어진 낟알[[illegible]>[illegible]>[illegible]>禾]이며 아래는 술[[illegible]>[illegible]>[illegible]>水]이므로, 익어 황주를 담그는 곡식으로 기장[[illegible]>[illegible]>[illegible]>黍]을 가리킨 회의자이다. ②는 오른편 곡식[[illegible]]의 획이 절제되었을 뿐 ①과 구성소가 같으며, ③은 구성미를 갖추면서 술[[illegible]]이 음결 우([illegible]<雨)의 형성자로 바뀌었을 뿐 ②와 구성소가 비슷하다. ④는 ③이 정형화한 것이다.

서(黍)의 본래뜻은 '기장'이다. "기자는 은나라 옛터를 지나다 무너진 궁궐터에 조와 기장[黍]이 자라는 데서 감회가 일었다"[1]는 예가 이것이다. 서(黍)는 '술그릇'을 가리키기도 한다. "서 되들이[黍] 술을 바쳤다"[2]는 예가 이것이다.

서척(黍尺)이란 기장 낟알 백 개를 늘여세운 길이를 1자의 기준으로 삼았던 도량형이다.

음결이 같은 자들의 체계는 502쪽 우(雨) 부의 비 우(雨) 자를 참조.

9) ≪순자 荀子≫〈비상 非相〉; 伊尹之狀, 面無須麋.
10) ≪시경 詩經≫〈소아·교언 小雅·巧言〉; 居河之麋.

1) ≪사기 史記≫〈송미자세가 宋微子世家〉; (箕子)過故殷虛, 感宮室毁壞, 生禾黍.
2) ≪여씨춘추 呂氏春秋≫〈권훈 權勳〉; 操黍酒而進之.

161. 맥(麥) 부

보리 맥(麥)

①갑골문	②금문	③소전	④해서	⑤간체자

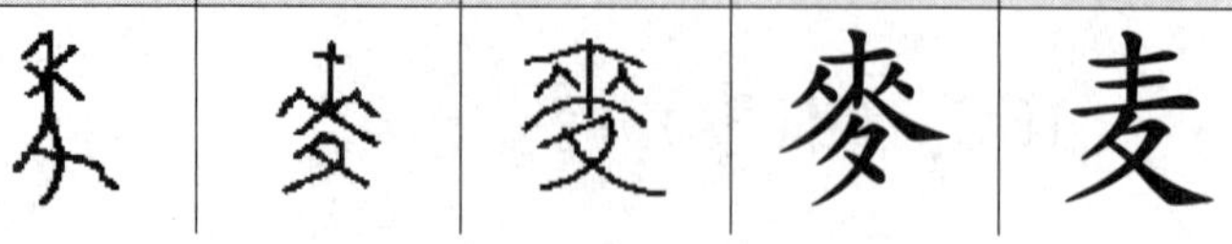

①은 위는 한 그루 보리[[illegible]>[illegible]>[illegible]>來]이다. 이삭[丿]이 왼편으로 기울었고, 보리[[illegible]] 아래에는 발가락이 아래를 향한 발[[illegible]>[illegible]>[illegible]>夊]이 보인다. 아래를 향한 발은 '온다[[illegible]>[illegible]>[illegible]>麥]'는 뜻이다. 맥(麥)은 원래 '온다[來]'는 뜻의 본래자이며, 이와는 반대로 래(來)는 지금 살피는 '보리[麥]'의 본래자이다. '온다'는 뜻의 갑골문에 맥(麥) 자는 적고, 래(來) 자는 많이 쓰이면서 이런 호환현상이 생겼다. 결국 '보리'의 뜻이던 래(來)는 '온다'는 래(來)가 되고, 원래 '온다'는 뜻이던 맥(麥)은 '보리' 맥(麥)이 되어, 끝내 원래대로 되돌아가지 못 하였다. ②는 보리의 이삭[[illegible]]과 잎[[illegible]], 뿌리[[illegible]]가 보다 분명히 나뉘었으며, ③은 잎[[illegible]]이 이삭[[illegible]]에 올라붙어, 고개 숙인 이삭[[illegible]]처럼 보일 뿐, ②와 대동소이하다. ④는 이들이 정형화된 자형이며, ⑤는 초서를 간체자 삼은 것이다.

맥(麥)의 본래뜻은 '전래되어 온다'이나, 래(來)에 본래뜻이 분화되면서, 대신 래(來)의 본래뜻이던 '보리'를 가리킨다. "삘릴릴리, 소치기는 보리[麥]피리 불고요"[3] 라는 예가 이것이다. 맥추(麥秋), 곧 '보리 가을'이란 '보리 수확기'를 가리키는 말이다. "모든 곡물은 각각 그 생장이 시작하는 때가 봄이며, 익는 때가 가을이다. 그래서, 보리[麥]는 초여름을 가을 삼는다"[4]고 한다. "보리 익을 무렵[麥秋] 장마비는 강동 땅을 두루 적시네"[5] 라고 한 예가 이것이다.

麥 [m] 맥 mài　　보리.

---

3) ≪중국언어자료 中國諺語資料≫; 八九七十二, 養牛吹麥布.
4) 채옹(蔡邕) 〈월령장구 月令章句〉; 百穀各以其初生爲春, 熟爲秋, 故麥以孟夏爲秋.
5) 나은(羅隱) 〈기진사노휴 寄進士盧休〉; 麥秋梅雨遍江東.

162. 마(麻) 부

삼 마(麻)

①갑골문	②금문	③소전	④a해서	④b해서	⑤간체자
			麻	蔴	麻

"삼[麻]이 쑥 가운데 자라면, 받쳐 주지 않아도 곧아진다"[1) 할 때의 마(麻) 자이다. ②의 위는 '한(厂>厂)'으로 처마나 광의 형상이며, 아래는 말리려고 올올이 걸어놓은 삼[𣏟>𣏟>林]이므로, 삼[麻>麻>麻]을 가리키는 회의자이다. 삼은 이렇게 말려두었다가 가공할 때 삶아서 쓴다. ③은 처마[厂>厂]가 집[广>广]으로 바뀌었을 뿐 자형이 같으며, ④a는 ③이 정형화한 것이며, ④b는 위뜻[艹]을 첨가하여 만든 새 회의 겸 형성자이나, 여전히 ④a가 널리 쓰인다. ⑤는 소전③의 자형을 되찾은 초서를 간체자 삼은 것이다.

마(麻)의 본래뜻은 '삼'이며, 그 껍질로 만든 섬유는 밧줄을 엮거나 베를 짜는 데 쓰인다. "뽕과 삼[麻]을 재배하고, 온갖 가축을 기르면, 군중은 부유해질 것이다"[2)]라고 한 예가 이것이다. '삼'이란 데서 널리 '삼베'를 가리킨다. "삼베[麻] 짜다 던져놓고, 시장 가서 춤 한 바탕"[3)] 이라는 예가 이것이다. '삼베'에서 널리 '옷', 특히 채색하지 않은 '상복'이나 '조복(朝服: 深衣)' 등을 가리키기도 한다. "옷[絲麻]과 양식은 모두 천민이 만들지만, 귀족들에게도 요긴하다"[4)] 거나, "상복[麻]은 길복 겉에 덧입지 않는다"[5)]는 예가 그것이다.

'참깨'는 비록 껍질을 쓸 수는 없지만, 마(麻) 속에 속하므로, 마(麻)는 '참깨'를 가리키기도 한다. "초가을에는 흰빛의 옥을 차고, 참깨[麻]와 개를 먹었다"[6)]는 예가 이것이다. 현대중국어에는 이를 즈마(芝麻 zhīmá)라고 한다. 현대중국어에는 곰보를 마쯔(麻子 mázi: pockmarks)라고 한다, "소아는 온 얼굴이 곰보딱지[麻子]였다"[7)]는 예가 이것이다. 이는 홍역[麻疹]이나 마마[天花]의 흉터가 남은 얼굴로서, 역시 삼[麻]이 거친 데서 널리 쓰인 것이다. 삼[麻]은 마취성분이 있어 민간 진통제로 쓰였으므로, 널리 '마비시킨다'는 뜻으로도 쓰인다. "상점 주인은

---

1) ≪순자 荀子≫ 〈권학 勸學〉 ; 麻生蓬中, 不扶則直.
2) ≪관자 管子≫ 〈목민 牧民〉 ; 養桑麻, 育六畜, 則民富.
3) ≪시경 詩經≫ 〈陳風·東門之枌〉 ; 不績其麻, 市也婆娑.
4) 노신(魯迅) ≪고사신편·비공 故事新編·非攻≫; 絲麻米穀, 都是賤人做出來的東西, 大人們就都要.
5) ≪예기 禮記≫ 〈잡기·하 雜記·下〉 ; 麻不加於采.
6) ≪예기 禮記≫ 〈월령 月令〉 ; (孟秋之月)服白玉, 食麻與犬.
7) ≪성세항언 醒世恒言≫ 〈양현령경의혼고녀 兩縣令競義婚孤女〉 ; 蕭雅一臉麻子.

한 주먹 얻어맞자, 마비되어[痲] 버렸다."[8]는 예가 이것이다. '마비시킨다'는 데서 '얼얼한' 맛을 가리키기도 한다. "사천지방의 고추는 사람을 얼얼하게[痲] 만들지만, 물을 마시면 풀린다"[9]는 예가 이것이다.

*痲** h	*마*	*má*	*삼.*
*痲**	*마*	*mā*	*어둑어둑하다.*
麽	마	má	무엇.
痲	마	má	마비되다. 문둥병. 홍역.
摩*	마	mā	손으로 매만져서 구김을 펴다.
摩*	마	mó	마찰하다. 비비다. 어루만지다.
魔	마	mó	마귀. 악마. 귀신.
磨* h	마	mó	마찰하다. 비비다. 닳다. 갈다.
磨*	마	mò	맷돌. 갈다.
麾	휘	huī	군대를 지휘하다.

163. 황(黃) 부

누렇다 황(黃)

①갑골문	②금문	③소전	④해서
			黃

①은 정면으로 선 사람[[illegible]>[illegible]>[illegible]>[illegible]]이 허리에 찬 옥[▭>⊖>⊖>日]이므로, '패옥[[illegible]>[illegible]>黄>黃]'을 가리키는 회의지이다. ②와 ③은 패옥[○]에 이를 엮은 구슬고리[−]가 보이고, 머리[ㅂ,廿]가 첨가되었을 뿐, ①과 구성소가 같으며, ④는 이들이 정형화한 것이다.

황(黃)의 본래뜻은 '패옥'이다. 다만, 머지않아 이는 '패옥' 황(璜) 자에 분화되자, 널리 노란 색의 옥을 가리킨다. "관의 귀막이에 황옥[黃]을 드리웠다"[1]는 예가 이것이다. 관의

---

8) ≪수호전 水滸傳≫ 〈32회 三十二回〉 ; 這店主人吃了這一掌, 打得痲了.
9) 주이정(周履靖·明) ≪군물기제 群物奇制≫; 川椒痲人水能解.

1) ≪시경 詩經≫ 〈제풍·저 齊風·著〉 ; 充耳以黃乎而.

귀막이란, 귀에 들리는 말들을 경계하여 가려 들으라는 교훈으로 삼기 위하여, 면류관 같은 관의 양쪽에 매어 귀 곁에 드리워 놓던 솜덩이로, 그 아래 옥을 묶어 놓았다 한다. 황옥이란 데서 널리 '황색'을 가리킨다. "하늘은 검고 땅은 누렇다[黃]"[2]는 예가 이것이다. 누렇다는 데서 '그런 색의 물건'을 널리 가리키기도 한다. 예컨대, "하늘이 땅의 바깥을 감싼 모양은 마치 껍질이 노른자위[黃]를 싸고 있는 것 같다"[3]는 예는 달걀의 '노른자위'를 가리킨 것이며, "흐트러진 핀만 여태 살짝에 얹혔을 뿐, 엷은 땀에 황색 곤지[黃] 다 지워졌다"[4]는 예에서는 여인의 화장법에서 '황색의 곤지'를 가리킨 것이다. 황색은 사방의 한 가운데 놓인 땅의 '중앙 방위 순색'이라는 5행의 개념에서 널리, 황하 문명의 시조로, 의복에 처음 수를 놓아 입었다 여겨지는 군주 헌원씨(軒轅氏) '황제(黃帝)'를 가리키기도 한다. "신불해의 학문은 황제[黃]와 노자에 바탕하였으나, 형벌과 법률을 위주로 하였다"[5]는 예가 이것이다. 황제는 도가의 시조로 여겨졌으므로, 널리 '도가'를 가리키기도 한다. "불가를 높이고 도가[黃]를 억눌렀다'[6]는 예가 이것이다.

黃[7] [III] *황 huáng 누렇다.*

濆 황 huáng 웅덩이.
璜 황 huáng 서옥.
簧 황 huáng 악기의 혀.

164. 흑(黑) 부

검다 흑(黑)

①갑골문	②금문	③소전	④해서
			黑

2) ≪역경 易經≫ 〈곤괘 坤卦〉; 天玄而地黃.
3) ≪송서 宋書≫ 〈천문지·1 天文志·一〉; 天包地外, 猶殼之裹黃也.
4) 양굉(梁鍠·唐) 〈비인춘와 美人春臥〉; 落釵仍卦鬢, 微汗欲消黃.
5) ≪사기 史記≫ 〈노자한비열전 老子韓非列傳〉; 申子[不害]之學本於黃老而主刑名.
6) 악가(岳珂·宋) ≪정사·고소이이인 程史·姑蘇二異人≫; 頗崇緇抑黃.
7) 황(黃)의 바탕음곁을 허신(許愼)은 광(艾>光) 자로 보았으나, 이는 갑골문의 자형과 부합되지 않으므로, 여기서는 황(黃)을 바탕음곁으로 여겼음.

②는 윗부분은 굴뚝[[illegible]>[illegible]>[illegible]]의 연기가 나오는 곳이고, 그 가운데 점은 연기의 검댕이[∷]며, 아래는 불[[illegible]>[illegible]>炎>[illegible]]이다. 연기에 그을린 검댕이 검다[[illegible]>[illegible]>黑]는 뜻이므로 회의자다. ③은 ②와 자형이 비슷하며, ④는 ③이 정형화한 것이나, 위의 불꽃[[illegible]>火]이 흙[土]으로 잘못 변하였다.

흑(黑)의 본래뜻은 '검다'이다. "까마귀는 날마다 검정을 칠하지 않아도 검다[黑]"[1]거나, "왼쪽 넓적다리에 일흔 두개의 검은[黑] 반점이 있다"[2]는 예가 이것이다. 검다는 데서 널리 '밤'을 가리킨다. "밤[黑] 들 무렵, 열 지어 나는 기러기 한두 소리 울음"[3]이라는 예가 이것이다. 근대 이후에는, '밤'이라는 데서 널리 '음성적이고 역행하는 경향'을 가리키기도 한다. "아무리 나쁘고 아무리 반동했더라도[黑] 여전히 한 명 사람이다"[4]라는 예나, "암시장[黑市]의 장사라는 걸, 당신은 알잖아"[5]라는 예가 이것이다. "땅은 검은 반점[黑子] 만할 따름이다"[6] 할 때의 '흑자(黑子)'란 '검은 반점'으로, 작음을 비유한 것이다.

黑	*m*	*흑*	*hēi*	*검정색. 밤. 야간.*
墨	m	묵	mò	먹. 먹물.
默	h	묵	mò	말이 없다. 묵묵하다. 잠잠하다.
嘿*		묵	mò	고요하다. 입을 다물다.
嘿*		묵	hēi	어이. 여보시오.

165. 정(鼎) 부

솥 정(鼎)

①갑골문	②금문	③소전	④해서

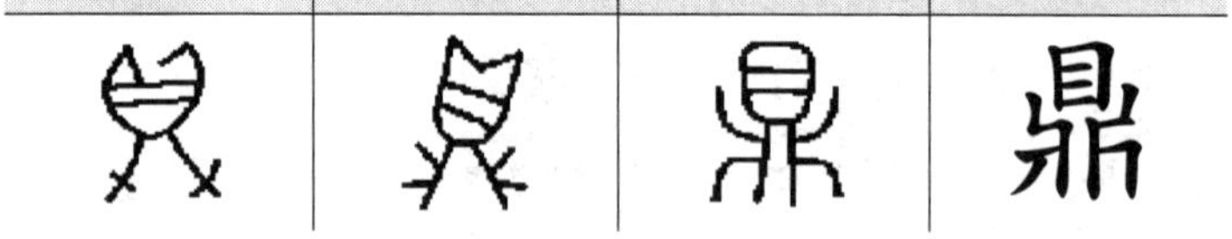

"솥[鼎]의 다리처럼 3국이 대치하는 형세가 된다"[7] 할 때의 정(鼎) 자이다. ①은 위는

1) ≪장자 莊子≫ 〈천운 天運〉; 烏不日黔而黑.
2) ≪사기 史記≫ 〈고조본기 高祖本紀〉; 左股有七十二黑子.
3) 왕건(王建) 〈화문하무상공춘효문앵 和門下武相公春曉聞鶯〉; 侵黑行飛一兩聲.
4) 고화(古華) ≪부용진·3장 芙蓉鎭·三章≫; 再壞再黑也是個人.
5) 이할인(李劼人) ≪천마무·25장 天魔舞·二十五章≫; 黑市的生意, 您曉得的.
6) 유신(庾信) 〈애강남부 哀江南賦〉; 地惟黑子.

솥[[illegible]>[illegible]>目>目]의 두 귀[[illegible]]이고, 가운데는 배[[illegible]]이며, 아래는 발[[illegible]>[illegible]>[illegible]>[illegible]]이다. 이는 청동으로 만든 솥[[illegible]>[illegible]>鼎>鼎]의 상형자로, 원형에 발이 셋이거나, 방형에 발이 넷이며, 양쪽에는 손잡이가 있다. ②는 ①과 자형이 같으며, ③은 구성미를 갖추는 대신, 솥의 형상을 잃고 있으며, ④는 ③이 정형화한 것이나, 솥의 몸과 다리가 분리되어, 이미 솥임을 알기가 어렵다.

정(鼎)의 본래뜻은 '솥'이다. 이는 대개 예기로 쓰인 것으로, 군주가 소유하였으므로 '정권'을 상징하였다. "초왕이 주나라 솥[鼎]의 무게를 물었다(楚子問鼎)"는 예가 이것으로, 제위를 찬탈하려는 의도가 있었음을 말한 것이다. 그 외에 군주는 3공을 두었으므로, 솥의 발은 곧 이들 중신에 비유되어 이들을 '정신(鼎臣)'이라고도 하였다. 혹은 세력이 3분된 형세를 가리키기도 한다. "최근 한나라가 쇠퇴하여 약해지자, 세 군데 세력이 정립(鼎立)하였다"[8]는 예가 이것이다.

정정(鼎鼎)은 '쟁쟁하다'는 뜻이다. "명성도 쟁쟁한[鼎鼎] 성도의 명사이시다"[9]라는 예가 이것이다. 다만 움직임을 말할 때는 '늑장부린다'는 뜻으로도 쓰인다. "황급하면 상스럽고, 늑장부리면[鼎鼎] 옹졸하니, 덕 있는 이는 서둘지도 늦추지도 않는다"[10]는 예가 이것이다.

정(鼎)은 구성소로 쓰인다. 이를 구성소로 하는 글자는, 모두 솥과 연관이 있다. 솥뚜껑 멱(鼏), 가마솥 내(鼐) 등이 이것이다.

음결이 같은 자들의 체계는 패(貝) 부의 곧다 정(貞) 자를 참조.

166. 고(鼓) 부

북 고(鼓)

①갑골문	②금문	③소전	④해서
			鼓

"만물을 선동해[鼓] 춤추게 하는 것은 우레와 바람이다"[1] 할 때의 고(鼓) 자이다. ①은

7) ≪삼국지 三國志≫ 〈촉지·제갈량전 蜀志·諸葛亮傳〉; 荊吳之勢彊, 鼎足之形成矣.
8) ≪삼국지 三國志≫ 〈오서·오주전 吳書·吳主傳〉; 近者漢之衰末, 三家鼎立.
9) 곽말약(郭沫若) ≪반정전후·제1편 反正前後·第一篇≫; 一位鼎鼎大名的成都名士.
10) ≪예기 禮記≫ 〈단궁·상 檀弓·上〉; 騷騷爾則野, 鼎鼎爾則小人, 君子蓋猶猶爾.

왼곁은 북[> 壴]으로, 위가 장식[> > > 士]으로 꾸며진 좌대[> > >]에 북[> > > 口]이 앉은 모양이며, 오른곁은 북채를 잡은 손[> > > 支]이므로, 북을 친다[> > > 鼓]는 뜻의 회의 겸 왼음 주(> 壴)의 형성자이다. ②는 왼곁과 오른곁의 위치가 바뀌었을 뿐 ①과 자형이 비슷하고, ③은 북채를 든 손[ ]이 지(> 支)로 잘못 바뀌었을 뿐 ①과 자형이 비슷하며, ④는 이들이 정형화한 것이다.

고(鼓)의 본래뜻은 '북을 친다'이다. "처음에 북을 울리면[鼓] 사기가 솟구치나, 두 번째에는 가라앉고, 세 번째에는 말라 버린다"[2]는 예가 이것이다. 북을 친다는 데서 널리 '북소리'를 가리킨다. "마음을 쏟지 않으면, 우레 같은 북소리[鼓]가 곁에서 나도 귀에 들리지 않는다"[3]는 예가 이것이다. 북소리란 데서 널리 '북'을 가리킨다. 북소리를 '고성(鼓聲)'이니 '고음(鼓音)'이니 하는 예가 이것이다. 다시 널리 타악기를 '탄다'는 뜻으로도 쓰인다. "큰 거문고를 타고[鼓], 거문고를 탄다[鼓]"[4]는 예가 이것이다. 고취(鼓吹)란 '타악과 취주악'을 함께 일컫는 말이다. 다만, 널리 '선양한다'로도 쓰인다 "6경의 의미를 선양하기[鼓吹]에는 부족합니다"[5]라는 예가 이것이다.

壴		주	zhǔ	악기 이름.
鼓	h	*고*	*gǔ*	*북. 치다. 두드리다.*
尌		주	zhù	세우다.
樹	m	수	shù	수목. 나무.
廚		주	chú	부엌.

167. 제(齊) 부

가지런하다 제(齊)

①갑골문	②금문	③소전	④해서	⑤간체자
			齊	齐

1) 양웅(揚雄) ≪법언·선지 法言·先知≫; 鼓舞萬物者, 雷風乎.
2) ≪좌전 左傳≫ 〈장공10년 莊公十年〉; 一鼓作氣, 再而衰, 三而竭.
3) ≪순자 荀子≫ 〈해폐 解蔽〉; (心不使焉則)雷鼓在側而耳不聞
4) ≪시경 詩經≫ 〈소아·고종 小雅·鼓種〉; 鼓瑟鼓琴.
5) 두보(杜甫) 〈進雕賦表〉; 不足以鼓吹六經.

①은 이삭이 가지런히 팬 모양[> > > 齊]으로 상형자이다. ②는 ①과 자형이 같으며, ③은 보리 이삭[ ]의 가지런한 모양이 ①, ②와 비슷하다. 가운데 한 줄기 이삭이 솟은 것은 구성미에 치중한 변형이며, 줄기[ ] 부분의 두 줄 가로획은 지면[=]을 상징한다. ④는 ③이 정형화한 것이나 이삭의 형상을 찾아볼 수 없다.

제(齊)의 본래뜻은 '가지런하다'이다. "조조는 멀리 손권의 군대를 바라보다, 그 가지런함[齊]과 엄숙함에 탄복하였다"[6]는 예가 이것이다. 가지런하다는 데서 널리 '일제히'로 쓰인다. "일제히[齊] 밭갈이 노래를 불렀다"[7]는 예가 이것이다.

제(齊)는 다양한 뜻을 지닌 말이다. 머지않아 각각의 뜻을 좇아 분화되어 나온 글자는 배꼽 제(臍), 조제하다 제(劑), 재계하다 재(齋) 등이 있다. 이 글자들은 옛날에 모두 제(齊)로도 쓰였다. 그중 어떤 의미로 쓰인 것인가는 앞뒤의 문맥을 보아 결정할 문제이다.

*齊**	*제*	*jì*	*조미료. 양념. 합금.*
齊[h]*	*제*	*qí*	*가지런하다. 같다.*
*齊**	*자*	*zī*	*옷자락. 상옷 아래 단하다.*
*齊**	*재*	*zhāi*	*재계하다.*
躋	제	jī	오르다. 올리다. 떨어지다.
隮	제	jī	오르다. 무지개. 떨어지다.
齏	제	jī	다지다. 잘게 부수다. 생선회.
擠	제	jǐ	밀치다.
濟*	제	jǐ	강 이름.
濟*[h]	제	jì	강을 건너다. 구제하다. 도움.
劑	제	jì	조제한 약. 제[탕약을 셀 때 쓰는 단위].
霽	제	jì	날이 개다.
嚌	제	jì	맛보다.
臍	제	qí	배꼽. 게의 배딱지.
蠐	제	qí	굼벵이.
儕	제	chái	동료. 같은 또래.
齎	재	jī	물건을 보내다.
齋	재	zhāi	재계하다.

6) ≪삼국지 三國志≫ 〈오서·오주전 吳書·吳主傳〉; 曹公望權軍, 歎其齊肅.
7) 유우석(劉禹錫) 〈삽전가 揷田歌〉; 齊唱田中歌.

168. 치(齒) 부

이 치(齒)

①갑골문	②금문	③소전	④해서	⑤간체자
	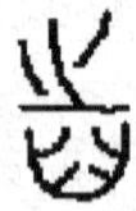		齒	齿

"입술이 없어지면 이[齒]가 시리다"[8] 할 때의 치(齒) 자이다. ①은 벌린 입의 아래위에 이가 보이므로, 이[[illegible]>[illegible]>[illegible]>[illegible]]를 가리키는 상형자이다. ②는 위에 지([illegible]>[illegible]>止)를 더하여, 위음 지(止) 밑뜻 이[[illegible]]의 상형 겸 형성자로 바뀐 것이다. ③은 ②와 자형이 비슷하고, ④는 ③이 정형화한 것이다.

치(齒)의 본래뜻은 '이빨'이다. "작년에는 어금니 하나 빠지더니, 금년에는 앞니[齒] 하나 빠진다"[9]는 예가 이것이다. 소나 말은 어릴 때 해마다 한 개씩 이가 나므로, 널리 '나이'를 가리킨다. "당신은 나이[齒]가 많아, 남을 섬길 수가 없다"[10]는 예가 이것이다. 나이라는 데서 널리 '동년배'를 가리킨다. "동년배[齒] 벗과 교류하는 것도 오히려 부끄럽다"[11]는 예가 이것이다. 치아가 가지런한 데서 널리 '나란히 선다'는 뜻으로 쓰인다. "모든 관리는 이런 덕성에 비추어 나란히 정사를 맡는다[齒]"[12]는 예가 이것이다. 가지런히 둔다는 데서 다시 '기용한다'로도 쓰인다. "먼 지방에 쫓아내고 끝내 기용하지[齒] 않는다"[13]는 예가 이것이다.

치냉(齒冷)이란 웃느라 입을 열어 '이가 차갑다'는 말이므로, '비웃는다'는 뜻이다. "중원 땅을 비웃느라[齒冷] 웃음이 그치지 않는다"[14]는 예가 이것이다.

치(齒)는 부수자이다. 이를 구성소로 하는 글자는 모두 이빨이나 나이와 관련이 있다. 나이 령(齡), 잇몸 은(齦) 등이 이것이다.

止 [m]	지	zhǐ	발. 정지하다. 멈추다.
沚	지	zhǐ	물가.
址	지	zhǐ	터.

---

8) ≪좌전 左傳≫ 〈희공5년 僖公五年〉; 脣亡齒寒.
9) 한유(韓愈) 〈낙치 落齒〉; 去年落一牙, 今年落一齒.
10) ≪좌전 左傳≫ 〈소공20년 昭公二十年〉; 子之齒長矣, 不能事人.
11) 유종원(柳宗元) 〈상대리최대경 上大理崔大卿〉; 游於朋齒, 且有愧色.
12) ≪장자 莊子≫ 〈천하 天下〉; 百官以此相齒.
13) ≪예기 禮記≫ 〈왕제 王制〉; 屛之遠方, 終身不齒.
14) 사공도(司空圖) 〈남북사감우·2 南北史感遇·二〉; 齒冷中原笑不休.

芷	지	zhǐ	구리때. 향기물의 뿌리.
祉	지	zhǐ	복. 행복.
趾	지	zhǐ	발가락. 발.
企 [h]	기	qǐ	꾀하다. 계획하다. 바라다.
齒 [m]	*치*	*chǐ*	*이빨. 연령.*

169. 룡(龍) 부

용 룡(龍)

①갑골문	②금문	③소전	④해서	⑤간체자
			龍	龙

①은 위는 머리. 아래는 꼬리인 용[>>>龍]의 상형자이다. ②는 머리 위에 뿔[]이 있고, 왼쪽으로 벌린 입에 날카로운 이빨[]이 있는 용[]의 상형자이나, 뿔[]이 한편으로 음곁 동[>>立<童]의 기능도 하므로, 상형 겸 형성자가 된 것이다. ③은 ②가 구성미를 갖추며 점차 용[]의 형상이 사라지자 다시 오른곁에 용[]의 형상을 보충한 것이며, ④는 ③이 정형화한 것으로, 용의 뿔[立]이 왼위음 동(立<童)의 생략형이기도 하므로, 여전히 상형 겸 형성자로 정형화한 것이다. ⑤는 주로 ④의 오른곁을 간체자화한 것이다.

룡(龍)의 본래뜻은 '용'이다. "나르는 용(龍)이 구름을 탄다"[1]는 예가 이것이다. 용은 신령한 동물이므로, 위엄과 고귀함에 비유되었다. 용포(龍袍)니 용안(龍顔)니 용상(龍牀)이니 하는 예가 그것이다.

용손(龍孫)이란 준마의 이름이다. "지금도 청해에는 준마 용손(龍孫)이 있네"[2]라는 예가 이것이다. '죽순'을 가리키기도 한다. "봄날 한창 좋으니, 죽순[龍孫]들 터져 나오네"[3]라는 예가 이것이다.

룡(龍)은 부수자이다. 이를 구성소로 하는 글자는 모두 용이나 크다는 뜻과 관계가 있다. 크다 방(龐) 등이 이것이다.

---

1) ≪한비자 韓非子≫ 〈난세 難勢〉; 飛龍乘雲.
2) 이상은(李商隱) 〈과화청내구문 過華淸內廐門〉; 至今青海有龍孫.
3) 신기질(辛棄疾) 〈만강홍 滿江紅〉; 春正好, 見龍孫穿破.

東 m 동 dōng 동쪽. 주인. 초대자.

重* m 중 chóng 중복하다. 겹치다.
重* m 중 zhòng 무게.

童 m 동 tóng 어린이. 아이. 미혼의. 옛날.

龍 h 룡 lóng 용. 천자. 훌륭한 사람.

矓 롱 lóng 흐리다.
嚨 롱 lóng 목구멍.
攏 롱 lóng 누르다. 쓰다듬다.
隴 롱 lóng 고개이름.
曨 롱 lóng 어슴푸레하다.
朧 롱 lóng 흐릿하다.
瓏 롱 lóng 옥소리.
礱 롱 lóng 연자방아. 맷돌.
聾 롱 lóng 귀가 먹다. 사리가 어둡다.
籠* 롱 lóng 바구니. 시루. 찜통.
籠* 롱 lǒng 덮어씌우다. 포괄하다.
壟 롱 lǒng 언덕. 이랑.

170. 귀(龜) 부

거북 귀(龜)

①갑골문	②금문	③소전	④해서	⑤간체자

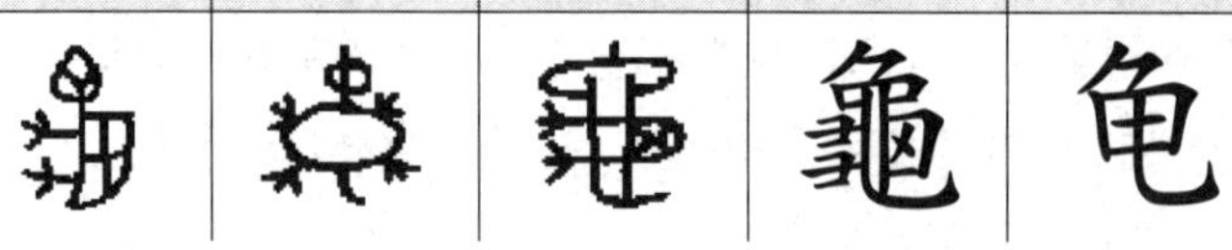

①은 머리를 위로 향하고 두 발을 오른쪽으로 향한 거북[>>>龜]의 상형자이다. ②는 아래로 내려다 본 거북[]이며, ③은 ①에서 변형한 거북[]의 측면도이다. ④는 ③이 정형화하며 획이 많아졌으나, ⑤는 이를 간체화한 것이다.

귀(龜)의 본래뜻은 '거북'이다. "장강 가에 집을 둔 사람은 언제나 거북[龜]을 기른다"[1)]는 예가 이것이다. 손잡이에 거북을 조각한다 하여 '인장'을 가리키기도 한다. "한 광주리 금덩이를 상으로 주고, 인장[龜]과 인끈을 하사하였다"[2]는 예가 이것이다. 널리 '거북딱지'를 가리키기도 한다. "대쪽 점은 영험치 못 하고, 거북딱지 점[龜]은 영험하니, 영험한 쪽을 따름만 못 하다"[3]는 예가 이것이다. 거북의 등딱지에는 거칠게 터진 금이 있으므로, 널리 '피부가 추위에 얼어 터진다'는 뜻으로 쓰인다. "손이 얼어 터져[龜] 붓도 잡기 어렵다"[4]는 예가 이것이다. 다만 이는 머지않아 '손이 튼다'는 뜻의 균(皸) 자에 분화되었으므로, 음도 균(龜)이라 읽는 점 주의해야 한다.

귀(龜)는 부수자로 쓰이기는 하나 이를 구성소로 하는 글자는 거의 없다.

龜*[h]	*귀*	*guī*	*거북.*
龜*[h]	*균*	*jūn*	*균열하다. 갈라지다.*
龜*[h]	*구*	*qiū*	*나라 이름.*

1) ≪사기 史記≫ 〈귀책열전 龜策列傳〉; 江傍家人常畜龜.
2) ≪후한서 後漢書≫ 〈서역전론 西域傳論〉; 賞籯金而賜龜綬.
3) ≪좌전 左傳≫ 〈희공4년 僖公四年〉; 筮短龜長, 不如從長.
4) 범성대(范成大) 〈차운이자영설중장구 次韻李子永雪中長句〉; 手龜筆退不可捉.

찾아보기